《中国学术》十年精选

实践与记忆

刘 东 主编

商务印书馆
2014年·北京

图书在版编目(CIP)数据

实践与记忆/刘东主编.—北京:商务印书馆,2014
(《中国学术》十年精选)
ISBN 978－7－100－10167－7

Ⅰ.①实… Ⅱ.①刘… Ⅲ.①社会科学—文集
Ⅳ.①C53

中国版本图书馆 CIP 数据核字(2013)第 177091 号

所有权利保留。
未经许可,不得以任何方式使用。

《中国学术》十年精选
实 践 与 记 忆
刘 东 主编

商 务 印 书 馆 出 版
(北京王府井大街36号 邮政编码 100710)
商 务 印 书 馆 发 行
北京瑞古冠中印刷厂印刷
ISBN 978－7－100－10167－7

2014 年 6 月第 1 版　　开本 787×960 1/16
2014 年 6 月北京第 1 次印刷　印张 32¾
定价:75.00 元

《〈中国学术〉十年精选》总序

刘 东

越来越显然,已经很少有人不在抱怨那个既外行又强势的学术体制了,却又很少有人能够摆脱它那全能型的"宰制意志"。网上甚至有人用这样的语言,来夸张地形容它那吞噬式的诱惑——"你要我的钱,我要你的命"。正因为这样,也就难怪有年轻学子在模糊的对比中,恍然觉得就连那个战乱频仍、物价飞涨且经常欠薪的民国时代,都要比现在这种窒息的氛围更适于做学问。

可是私下里,自己却在内心中唱着反调:即使在那个思想遭禁锢的苏联,不也还出现了肖斯塔科维奇的音乐么?即使在已被炸成残垣废墟的列宁格勒,老肖不还是写出了他的《第七交响乐》么?所以说,相对于"并非衰落"的民国学术本身,我们这一代人更应当记取的,还是当时的学人以内心中的坚持、以"不被决定"的坚毅精神,来守护他们毕生挚爱的学业。设非如此,他们又岂会在如此艰危的时局中,为我们留下了可供承继的一线学脉?

同样的,眼下的这四卷《〈中国学术〉十年精选》,也可以属于一种"未被决定"的"例外"。——这倒不必非要等到后世,大家现在来平心读它一过,也就可以确信无疑地知道,无论当今的学界怎样被批评为"堕落",但只要哪位学人的良心尚没有跟着堕落,而不在乎短时间是否被承认,不在乎各种以"基金"名义掷下的"封赏",那么,他就仍然可以做到"立地成佛",从而以自己坚忍的努力来证明:毕竟在偌大的一个中国,真正称得上"研究"的严肃学术,还不可能被横蛮的外力彻底荡平。

非但如此,在当今的这种环境中,我们还可以趁着全球化的契机,包括不断扩充的图书馆收藏,快速迅捷的国际互联网,日益密切的学界互访和渐趋多元的财力资源,来向往日的学术记录发起极限冲击。正是上述昔年无法想象的便利,使我们比起前几代的师尊们,有了更加优越充裕的治学条件,所以在这种情况下,也完全有理由反过来说,要是我们还没有能把学问做好,那么归根结底,病根还在于自己内心的缺失,——正所谓"非不能也,是不为也"!

的的确确,随意打开这套《精选》的任一卷,无论是它的《德性与价值》或《实践与记忆》,还是它的《艺术与跨界》或《融合与突破》,都可以看到群星灿烂般的作者群,其中不少还是国际学界的领军人物,注定要被永久性地写入学术史。——而如果再考虑到,他们在这里所发表的论文,都还是经过严格匿名评审、细细切磋打磨的作品,而且这些作品在最初刊发时,按照《中国学术》的操作规程,基本上都还属于"全球首发",那么,读者们也就不难想象到,当代的知识生产已经走多远了!

当然,还是有必要来预先提醒,由于这只是篇幅有限的选集,规定了每人仅能被各选一篇,所以还只是一番匆匆的巡礼;而读者们如想更多地了解,还只能是经由这里的指南,去阅读更加浩繁厚重的原刊。不过即使如此,这种学术选集的存在本身,却已经可以示范性地证明:如果更相信自己的学术判断,更听从内心学术良知的感召,而不是任由外在蛮力的牵引,那么,尽管我们脚下的土地并不完美,但我们仍可能就在这块土地上,去逐渐打造出一个国际级的学刊,并且就在这样的学刊上,去为我们自己的子孙后代,逐渐苦熬出一种可资承继的学统。

正因此,尽管这里只给出了少量样品,仍希望邀请读者借此鉴定一下,这本学刊究竟在多大程度上,实现了自己在"发刊词"中的愿望:"**提升我国人文及社科的研究水准,推展汉语世界的学术成就;增强文化中国的内聚力,促进中外学术的深度交流;力争中文成为国际学术的工作语言,参赞中国文化现代形态在全球范围内的重建**。《中国学术》的涉猎范围,囊括人文及社科诸方面,但更提倡此二翼渗透和互动,即人文研究指向社会问题,社科研究显出人文视界,力争以'人文与社会'为轴心,追求学科交叉和科际整合。"当然,这决不意味着我已认定,本刊业已切实达到了这个目标,但我却敢向大家这样来担保:无论在过去还是未来的操作中,我们都时刻牢记着这样的目标。

另一方面,读者们还自可明鉴,尽管这里的作者都属于"一时之选",而且这些作品也都是他们的"精心之作",但这也并不自动地意味着,他们由此所达到的学术结论,就已经可以代表"真理本身"了。即使我们仍然愿意相信,"真理"这东西总还是存在的,它也只存在于这类学者的艰深对话中,而且这类的对话、辩难与检讨,还将是开放性的和永无止境的。——事实上,就我个人所面临的工作抉择而言,认识到此种"对话性"的关键作用,正是创办这本学刊的主要动力,否则的话,我当初就会把自己主要的精力,投放到多写几本只属于个人的著作。

在这个意义上,创办和坚守这样一本学刊,如果仅就个人的治学而言,或许仍可以算作一种"牺牲"。这是因为,就算是再愚钝再木然,我也并非完全不知道,在验收学术成果的现行机制下,如果太去放纵作为"大我"的想象,那么,对于"小我"只能是有百害无一利。不过,对于这样的一种"牺牲",我本人却并没有什么好抱怨的。——这又是因为,从自己的学术训练和学术良知出发,我无论如何也忍受不了那种"杨朱式的"想象:可以任由中国文化无论变得怎样破败,而只要自己个人作为一位翘楚级的学者,对于它的"研究"还能堪称一流、还能受到认可。

正因为这样,真正要在这里特别感谢的,还是十几年来一直在默默支撑着本刊的、奋勇地冲击在学术一线的作者们。他们不仅以其深湛的求学态度,在共同确保着本刊的论证质量,还更以其职业化的诚敬精神,来忍耐本刊率先施行的、有时难免显得严苛的"双向匿名评审"制度。此外尤其重要的是,他们还更和本刊编者站在一起,拒不相信在这个日渐"扁平"的世界上,还有比学者本身更懂得学术的人,——不管这些人打着怎样令人目眩的名义,也不管这些人掌管着多少令人艳羡的、原应能做点好事的资源。

2013 年 4 月 19 日于清华园立斋

目　录

史傅德　实际工作中的卡尔·马克思 …………………………… 001
马日诺·普列若　瓦尔特·本雅明与青年运动的体验 ………… 026
于尔根·科卡　多元的现代性与协商的普遍性 ………………… 072
耶尔恩·吕森　危机、创伤与认同 ……………………………… 082

克雷格·卡洪　后民族时代来到了吗？ ………………………… 106
苏珊·弗里德曼　定义之旅："现代"/"现代性"/"现代主义"的
　　含义 ………………………………………………………… 134
阿里夫·德里克　殖民主义再思索：全球化、后殖民主义与
　　民族 ………………………………………………………… 177
杜赞奇　后殖民史学 …………………………………………… 202

谢里·奥特纳　实践中的文化 …………………………………… 219
路德·马丁　认识、社会与宗教：文化研究新方法 …………… 243
李湛忞、爱德华·利普马　流通文化 …………………………… 271
王国斌　历史变革和政治可能性
　　——中西社会理论的比较 ………………………………… 296

王斯福　社会自我主义和个人主义
　　——一位西方汉学人类学家在费孝通教授的中西比较中
　　遭遇的称奇之处和提出的问题 …………………………… 318

郭于华、孙立平　诉苦：一种农民国家观念形成的中介机制……338
阎云翔　中国北方农村的个人和彩礼演变…………366
怀默霆　中国家庭中的赡养义务：现代化的悖论…………407

孟悦　"世界主义"景观与双重帝国边界上的都市社会………430
叶凯蒂　从十九世纪上海地图看对城市未来定义的争夺战……481

实际工作中的卡尔·马克思

史傅德（法国巴黎第八大学）

一、引言

三十年前，当我还在读大学的时候，我在一家小书店很偶然地看到了一部马克思写的《政治经济学批判概论》（*Grundrisse der Kritik der Politischen Ökonomie*）。该书分上下两卷，分别于1939年和1941年在莫斯科出版，印数很少。书中的内容涉及马克思1857—1859年的手稿。通读之后，我的感觉首先是为它的气势所震慑，同时也为在这些被马克思称作自省（*Selbstverständigung*）、内心对话、自我诠释的文字中所显示出的那种思想的灵活性所震撼。其次我发现，马克思的这些论说建立在深厚的资料基础之上，其中既包括历史文献，也有经济和政治文献。最后我又发现，这部著作还参考了马克思的大量尚未公布的手稿或工作笔记。当时我想当然地以为这些笔记一定都收藏在莫斯科。不曾想——也是一次偶然的幸遇，在一处很不显眼、几乎被遮蔽了的页边附注中，我发现这些不为人知的手稿竟然就收藏在阿姆斯特丹的国际社会史研究所。写信一问，果不其然！那里的人还告诉我说，这些档案全是对公众开放的，只是从来无人问津。我就专程跑过去看了一眼，结果这一眼就使我和这些档案结下了整整十四年的缘分。

关于马克思，人们熟悉他的《资本论》，也了解他对政治生活的参与，他在共产主义者团体和第一国际中的活动，他在德国流亡者中进行的争论，他反对蒲鲁东、巴枯宁、拉萨尔的斗争——由此可以清晰地看到马克思和政治行动之间的直接关联，以及他的共产主义理论的正面阐述，还有他随时准备将这一理论付诸实施并迅速完成共产主义社会建设的姿态。然而,马克思的另一面(这一面他本人不仅从来不曾掩饰过,反而常引为自豪)——他那种明显学者式的独处生活,他的种种研究计划,他的藏书,他的阅读内容,以及由此而来的他的所有精神疑虑、理论风险和思想赌注,几乎全都被严严实实地包裹起来了。

"我是一台机器,注定要辛辛苦苦地去吞噬图书,目的是要把它们以另一种形式扔到历史的垃圾堆上去"——马克思在晚年就是这样谈论其工作方式之特点的。人们刚刚把他个人藏书书目的一大部分发掘出来,共计2000多册,其中德文书占三分之一,法文书和英文书各占四分之一。约莫40000张书页上有他的批注。但这远不是马克思读过的所有东西,因为他还在各种图书馆尤其是伦敦大不列颠博物馆(他曾是那里的一位常客)读过成千上万种其他的书籍。

马克思是一个只会在书写中思想的人,不记笔记就读不了书。他的思想不是从天上掉下来的,或者说并非来自神启,而是来自极其广泛的阅读,来自一种系统的、着了魔一样的工作。结果,他留下了数以百计的笔记本,这些资料先是在他最密切的合作者和朋友恩格斯的帮助下被收藏于德国社会民主党(SPD)的档案室,1933年之后才被转移到阿姆斯特丹社会史国际研究院(IISG)。

马克思的这些笔记本向我们展示的是这位思想家在十九世纪中期从事之思想实验的全过程。首先,它们具有百科全书的特点:涉及的领域包括了哲学、历史学、经济学、自然科学、工程技术、美学、民族学、语言学、地理学、军事战略学、外交学,甚至还有音乐。其次,它们是马克思的一些完全不为人所知的研究踪迹的系统记录。就政治经济学批判而言,人们可以找到好几种选择,尤其是在有关全球化进程的推论方面。另一方面,马克思还循着黑格尔的一条人们不大清楚的思路,设想了一种法律社会学。他的一些形式上已很完善的文字,已被明确地认为是迪尔凯姆(Emile Durkheim)和费弗尔(Lucien Febvre)的心理机制(outillages mentaux)及社会事实(faits sociaux)理论的预示。这里还凸现出一部不是以西方为中心的世界史,一部妇女史,一部父权史,一部美学提纲。通过这个马克思,我们看到的是一座国际图书馆,是全球化高潮中在欧美社会奔腾激荡的一股思想急流。

这些手稿之所以特别令人感兴趣,是因为它向我们展示了实际工作中的马克思——那是一位思想没有受到任何约束的马克思,他在提出——或者不如说是在提供——各种各样的分析方法,而这些方法至今还不为人们所知。这位马克思讨论的问题,与资本主义由西方到全球的发生和成功息息相关。如今,这位马克思已成为一个政治上独立的国际学界合作研究与出版项目的工作对象,我和巴黎第八大学及柏林科学院出版委员会的一个工作小组目前就在为这个项目工作。

二、实际工作中的马克思

谈到马克思(还有恩格斯)未出版的手稿,人们首先关心的自然是这些手稿涉及哪些领域,里面都有些什么东西,尤其是有没有什么新的东西。要回答这些问题,首先要了解马克思的工作方法,更确切地说是要了解他从资料上组织其研究的方式。这工作看上去可能枯燥乏味,但对于理解马克思来说却是必不可少的。马克思不是一个天才,他的思想不是从天上掉下来的,实际上正相反,他只是一个非常用功的读书人。

首先,他做学问时需要使用笔记本,而且主要是他自己亲手缝制的笔记本。提及这一细节可能会显得琐屑可笑,但知道这一点对于我们的研究却是至关重要的。为什么呢?就因为人们已经把那些前后相续的资料连在了一起,去掉了其中原有的纱线、夹子之类所有可能对手稿有害的东西,这样很多笔记本就被拆散了。通过对针洞(这些针洞很不规则,因为全是手工穿的)的办法,我们至少已经部分地把一些笔记本复原了。另一方面,这些笔记本所使用的纸张很大一部分都带有制造商的水印,常常还带有制造日期,这有助于确定手稿的日期,因为它们不可能写于这些纸张的制造日期之前。

马克思用墨水笔书写。用的墨水是黑色的,但这黑墨水今天已褪成了棕色。随着一种氧化的过程,再加上光线的作用,这墨水渐渐地侵蚀了纸张,以致手稿边缘的字迹已变得不可辨认。这个时期最好的纸张在光线的影响下都会发生氧化并碎裂成灰,十八世纪中期留下的手稿都有这样的现象,这是很多人都知道的。

人们常说马克思的手稿没法辨读,这纯属奇谈,或者至少是一种夸张。为什么?理由有三。首先,要知道马克思同时代的人都能很容易地辨读他的手稿。只有一点,就是在那个时候,人们用德文写作时用的是我们今天很少人能识别的哥特字体。如果马克思用英文或法文书写,那文字就好读多了。第二,像所有文人一样,马克思也好用个人的缩略词。但这不要紧,只要熟悉了就行。最后,马克思的字写得很小,这是因为当时的纸很金贵的缘故。因此马克思用的钢笔笔尖非常细,一支笔用久了,字迹就会变粗,这时他就会换一支笔以便继续用小字写。事实上马克思手稿中的字迹都是清晰可认的。

另一方面,这种细密、简括但又很清晰的书写,使马克思得以在笔记本中的小小页面上"贮存"下大量文本资料。结果马克思的所有这些手稿虽然内容浩瀚,但占的地方并不大。这些资料保存得都很完整,只是缺了几个本子,但我们也能把它们复原出来(这个问题我们后面还要谈到)。事实上首要的是必须证明,在所有这些材料的细节方面,马克思的手稿与其同时代人的手稿并没有什么两样。

当然,马克思的手稿还是有所不同——因为马克思的工作方式与众不同,而他的那些笔记本的编排方式也最能说明其工作方式的特点。首先,马克思是一个读书狂。一旦他对某个问题感兴趣了,他就会全身心地投入对这个问题的钻研。他会尽可能地找到一切有关的图书,并翻遍相关的期刊。和一种已被普遍接受的观点(而这与他本人也并非毫无干系)正相反,他不仅会参考各古典名家的作品,而且还会参考一些在那个时候就已经被边缘化了的作家的东西——这些著作今天已无人知晓,但当时他们对马克思的启示却非同小可。我们以后还会回头来谈这个问题。

马克思的私人藏书有2000多种,这些书他当然可以随意使用。要知道,那个时候的书是很贵的，马克思为买书花掉了他和他的朋友恩格斯的大部分收入，而每本书在买回后，书名都会被列入他的藏书清单。马克思逝世后，这些藏书就在恩格斯的帮助下转入了德国社会民主党的图书馆，后来就散失了。其中一些很重要的部分，经历史学家汉斯-彼得·哈斯蒂克（Hans-Peter Harstick）协调下的一支国际研究团队的努力，现已在阿姆斯特丹、斯皮尔（Spyre）、柏林、莫斯科和其他一些地方找到了。这些书都带有很多页边批注。

除了使用这些私人藏书之外，马克思还经常出入各种图书馆，主要是大不列颠博物馆，在那里不厌其详地做着读书笔记。其原因似乎不难理解：他手头没有这些书，而他却想在一种思想和理论都改变了的不同环境下，无须重读就能确定无疑地利用它们。不过，有些书（如李嘉图、斯密等人的书）他还是读了两遍甚至三遍，而且每次都做笔记。

看看马克思是如何从他读过的这些文献中获得启示的，人们会感到非常吃惊。马克思读过的这些文献不仅形成了他的思想和理论的材料基础，而且对他起过根本性的启发诱导作用。甚至可以说，马克思的任何一个观点都是有来源的，没有任何无中生有的天才创造，一切都扎扎实实地建筑在他的广博而且全面的阅读基础之上。这样说并没有丝毫的夸张，即使后面我们会看到这种说法尚且存在着的一些缺漏。

换言之，对于马克思来说，阅读以及通过阅读所获得的启示具有关键的意义。例如，1857—1858年间写在七册多大笔记本里的那个名为《政治经济学批判概论》的宏大写作计划（被认为是《资本论》的雏形），其源头就很简单，这是关于一个名叫达里蒙（Darimon）的没什么重要性的边缘文人写的一本书的阅读笔记和批判性评论。但《资本论》这个重大计划就是从这里而不是从古典经济学家那里起步的。另一方面，这项研究计划也迫使马克思重新阅读了古典经济学作品。比如，正是在1857—1858年间，马克思重新阅读了黑格尔，后来还反复读过多次。

在马克思的工作中，人们可以很容易地看出他的笔记本实际上分好几个层次。基础层次是他的读书随记，其内容很接近原文，但也有一些混合着不同语言的解述文字，其间常常还加入了一些评论从而与原文拉开了一定的距离。第二层次是从这些读书随记中做的一些摘录，内容编排有序，并被赋予某种尚未定型的结构——用这种办法，他一瞥之下就可以对自己读过的东西了然于胸，并随时可以回头重读那些摘自原文的笔记。但有时也会发生这样的情况，就是这些读书笔记的笔记，夹带着各种评论，已远远离开了原文，以至于在马克思发表的文章里出现的一些引文根本就不对，至少和原文不很相符。（此外，那些佚失笔记本的复原工作，也正是依据这第二层次的笔记本来做的）接下来便是第三层次的笔记本，那是一些围绕着某一个他认为合适的原著整理出来的笔记。第四层次的笔记本则是他为自己的原始手稿写的一个索引，目的是要对这些手稿进行重新组织，然后写出准备付梓的手稿——即他的第五层次、也是最后一个层次的笔记本。

所有这些笔记本都是注有日期的。读书随记——也就是第一层次的笔记本——每一本都编了号，而且有日期顺序，即使马克思有时会同时使用两三个笔记本以处理不同的主题。每个笔记本都有一个索引，有时还有一些尚须进一步阅读的出版物的题目。第三层次的笔记本也是编了号的，并注明和第一及第二层次的哪些笔记本相对应。比如，"V,13"指的(直接或间接)是同一系列的第五个笔记本的第13页。在第五层次的笔记本(为出版而准备的笔记本)中，马克思就不再参照自己的读书笔记了，而是直接引用原文，即使那只是依据他的读书随记或索引笔记引用的原文。

由此可见，马克思的这些手稿组织得很严密，形成了一套系统高效的工作机制。在铺展到一张书桌上的时候，这些由多个层次组成的手稿就成了一部阅读记忆管风琴的巨大键盘，可以随时让人查证原始资料，因而也就成了一部写书和编书的有效工具。实际上，这就是马克思所描述的那部机器，它把成堆成堆的书吞噬掉，目的就是要通过思想上的过滤和"消化"，以另一种形式把它们"吐"出来，而在此时，它们就会被赋予马克思自己的批判意义。

马克思的这些手稿按其形式可以分出好几个系列，而这些系列和马克思工作计划的不同时期多少有点对应关系，如：1848—1849年革命前后在德国、巴黎、曼彻斯特和布鲁塞尔写下的笔记;1850 到 1857 年流亡伦敦期间写下的一系列笔记,在 1859 年《政治经济学批判导言》出版之前于 1857—1859 年间写下的手稿,此外还有一系列与马克思从 1867 年开始发表的《资本论》有关的笔记,那实际上是这部巨著之手稿的基本资料依据(《资本论》共有四个不同版本,其中德文版本两个,法文和英文版本各一,而所有这些版本使用的笔记资料都还是人们不曾见过的东西,尽管后来又出版了恩格斯编辑的《资本论》第二、三卷,以及好几卷以《剩余价值理论》(*Theorien über den Mehrwert*)之名而流传于世的著作)。其他一些写于十九世纪六十至八十年代的笔记系列,主题已与政治经济学无关,涉及的是另一些研究计划,包括那个著名的世界历史研究计划(马克思为之在 1880—1882 年间写下了好几巨册约 1200 页的笔记),其内容也是既鲜为人知,又令人咋舌的。

三、编辑问题

这里不是讲述马克思和恩格斯手稿编辑史的地方。我们只需记住这一点:写出这些笔记本的马克思在思想方面完全是无拘无束的,一点也不讨心怀猜忌的政府机构的喜欢,以至于他们手稿的编辑工作经历了一个两起两落的过程。第一次的计划是编一套《马克思恩格斯全集》(*Marx-Engels-Ge samtausgabe*,简称为 MEGAI),那是在二十世纪二十至三十年代由莫斯科马列主义学院和美因河畔法兰克福的社会研究所合作实施的。这两个机构,前者从属于苏联共产党,后者则是个教育机构,在政治上是独立的,但为自由马克思主义思想(Karl Korsch,Theodor Adorno,Max Horkheimer 等人的批判理论)所裹挟,并且与掌握着所有这些编辑过和没有编辑过的手稿的德国社会民主党(SPD)有联系。基于这一合作框架,莫斯科马列学院院长大卫·李阿扎诺夫(David B. Riazanov)于 1927 年开始编辑《马恩全集》第一版。原计划出 42 卷,1935 年出了 13 卷后出不下去了,因为李阿扎诺夫本人在三十年代的大清洗中消失了。斯大林领导的苏联共产党对出版这些手稿没有表现出什么特别的兴趣,由此看来1939年《政治经济学批判概论》能够在阿多拉茨基耶（Adoratskij）的主持下出版，算得上是一个引人注目的例外。

1933年德国纳粹上台后，德国社会民主党的档案资料全都被秘密转移到了国外，马克思和恩格斯的手稿则被转移到了阿姆斯特丹的国际社会史研究院，该机构是历史学家波塞穆斯（Posthumus）创立的，没有任何政治背景。

二十世纪六十年代，柏林和莫斯科的一些只愿意编像《马恩选集》（*Marx-Engels-Werke*（MEW））这种大众读物的马列学院，终于开始注意提高他们的科学水平，决定编辑出版一套新版的《马恩全集》（以下简称MEGA2）。为此他们和阿姆斯特丹的国际社会史研究院签订了一项合同。德国和俄国的编辑人员们都是马恩手稿的专家，在一些特别的学校接受过专业训练。这个版本注释不详，导读文字还带有政治上的框框。根据编者宣布的意向，编这一版《马恩全集》的目的，就是为发动"马克思列宁主义的国际攻势"服务的。这个意思在这套书的所有导言和注释中都有清楚的显示。不过，当时东德和苏联共产党的领导们也并没有对这套马恩全集的编辑工作表现出过多的热情，实际上这个工作的很大一部分都是在教育界的历史学家们的支持下完成的。

1989年政治变化的发生，导致这项编辑工作的基础突然坍塌。两国共产党的马列学院都宣告关张，编辑们拿不到工资了，参与这一工作的学界人士们也都丢了饭碗。在这一情况下，阿姆斯特丹社会学国际研究所提出动议，建立一个国际基金会，叫作国际马克思恩格斯基金会（*Internationale Marx-Engels-Stiftung*（IMES）），以保证马恩手稿出版工作继续进行，而这项编辑工作今后将由柏林、莫斯科、波士顿、巴黎和东京的一些研究团体来承担，并由新成立的柏林-勃兰登堡科学院来统一协调。那些研究团体在日常工作中将通过一个高效率的互联网来保持联络。经过了一些独立的评审程序之后，如今这项编辑工作已被确定为柏林-勃兰登堡科学院的一个重点项目，并得到了来自德国、荷兰、美国、日本的大量政府和民间的资助。

1994年，一个国际历史与批评编辑专家小组经过研究，对编辑工作的原则做了重大调整。一方面，人们提出要保证手稿的整体性和完整性，这个想法是过去不曾有过的。另一方面，本编辑工作现在被确定为一项真正的历史研究项目，而不再只是简单地把手稿的内容刊印出来并附上冗长的注释就完了。手稿要经过非常仔细的抄写，内容介绍和注释都是由一些熟谙有关资料的历史学家写的。例如，如果马克思读的是有关苏格兰银行制度的出版物，注释就由研究那个时代经济问题的历史学家来写；如果事关货币和贸易制度，同样如此；涉及机械、化学、数学的手稿，就由科学史家来处理；有关政治问题的手稿，便由研究社会运动的历史学家来介绍。还有一些特别的历史学家专门研究有关旧制度法国社会经济史的笔记本，如此等等。

现在的问题是，人们在这项研究和出版工作中究竟有哪些新发现，以及那些还不曾出版过的手稿里都写了些什么。

先回答第一个问题。我们认为：

1. 马克思首先是一个严肃的学者，而且是十九世纪最早的社会学家之一，他使用的资料是一些如今几乎已无人知晓的学者所留下来的文献。

2. 此项编辑工作因此实际上是一种历史研究，一种学术批评，而不是一项政治任务。它和任何政党都没有瓜葛，也不受制于任何政府。编辑人员们是作为历史学家而不是作为马克思主义者来工作的。

3. 本研究项目所展示的马克思不是"定型的"，这将大异于马克思死后的其他相关出版物，包括恩格斯的作品。我们将展示马克思留下的所有研究选择，其中有些内容可能并不符合马克思主义的正统信条。所以这不是一个马克思主义的研究项目。

我们的兴趣是一种历史研究的兴趣，涉及思想史、哲学史、社会学史和政治史。但也必须看到，这个尚不为人们所知的马克思已接触到了一些当今世界的现实问题，如金融市场问题、全球化问题、世界史问题（什么样的世界史？）、社会成员的个人化和原子化问题、不平等和社会破裂问题、科技、信息和传播在社会再生产中的作用问题（即所谓的"新经济"问题）等。

由于这些情况，我们认定马克思首先是一个属于十九世纪的人物：他是一个杰出的知识分子，但也总是被套在十九世纪中期这个框架之内。他有可能犯错误,但他的错误也不会犯得太大,因为他总能及时地改弦更张。只有这样,通过这种严格意义上的历史研究方法,我们才能够分辨出马克思在哪里是他那个时代的人,又在哪里藉由他的批判分析远远超越了他的时代——他关于国际金融市场和各种有限公司在其中的作用的分析和推论,就属于后一种情况。他对于学术研究和各种实用科学、技术作用的分析,也是一个例子。有一段手稿,描述的实际上是我们今日称之为"全球化"现象的矛盾结构。还有一段讨论了市场社会中的文化和日常生活,或者说从文化方面讨论了工业化与资本主义现象。奇怪的是,我们这个时代最优秀的一些理论家包括历史学家、哲学家、社会学家、政治学家,常常都和这位马克思非常接近,尽管他们不可能知道他有类似的思想。其中最好的例证之一便是当代德国社会学家尼古拉·卢曼(Nikolas Luhmann)关于社会史和全球化的研究工作。

下面我们就通过一些例子,来看看马克思这些笔记本里的具体内容,看看他的研究主题、研究计划、资料来源和工作方法。

四、早期的成果

1. 青年马克思

按 MEGA2 的新研编规则所出版的第一批材料,来自马克思笔记本的第四卷第三册。它向我们展示了青年马克思的一些未曾面世的文件资料。他从 1843 年 10 月(当时他 25 岁)起就住在巴黎,一直住到了 1845 年 2 月,然后迁往布鲁塞尔并在那里一直住到 1848 年 3 月。在 1845 年 7—8 月间,他去他未来的流亡地英国旅行了一次。MEGA2 计划第一批出版的就是他从 1845 年夏到 1847 年年初写下的笔记。这时的马克思,曾写过《法德年鉴》、《论费尔巴哈》、《神圣家族》(与恩格斯合作)等作品。

对于马克思来说,未来的德国,就是其时之英国和至少部分意义上的其时之法国:到处都将是私有财产、货币、资本主义、工资、工厂和机器,还有一种社会主义的工人运动。这种现代性是不可避免的,但其很大一部分都还不为德国人所知。马克思希望把这一前景介绍给他的国人。1845年2月,他就写作《国家政治与经济批判》(他在手稿中常以"经济批判等等"之名提及)一书和汉堡的一位出版商C. W. 莱斯克签了一个合同。有一本资料摘录和六本阅读随笔展现了马克思为这个出版计划所做的大量研究。这项研究在1850年曾一度中断,因为那段时间里他又重新拾起了在大英博物馆的研究工作。

马克思的研究方法是有条不紊的:他常把自己已有的书、需要购买的书和需要进一步阅读的书——记录下来,做成一种内容翔实的书单,就像一些书店和图书馆(如布鲁塞尔王家图书馆和曼彻斯特的一些图书馆)的图书书目。在这些笔记中我们还看到他曾打算编一套"外国优秀社会主义作家文库"——当然,这个"外国"是从德国的立场来说的。

马克思在布鲁塞尔的笔记丢失了一本,但人们仍可以根据后来的引用情况把它恢复出来。这里面显示出马克思看了很多很有意思的书,其中包括瑞士经济学家安托万-艾利塞·谢布列斯(Antoine-Elisée Cherbuliez)的一本令人震惊的书——《财富与贫穷》(1841年),一本如今实际上已无人知道的书,可马克思对它的评价却特别高:"总之,人们将会注意到谢布列斯的一小段文章比大多数多卷本的学位论文都要高超。"我们理解他为什么会这么喜欢此书:马克思在他自己关于资本主义的批判中,曾大量参考过谢布列斯的著作。不过像西斯梦第、斯多赫、兰盖、威克菲尔德这样一些作家,其实也都配得上这样的赞美。

可以肯定,这个马克思并不是写出了那部出版于二十年以后的《资本论》的马克思。但有很多次,他重新阅读并整理过这些笔记,为的是能在最后作出一个初步的综合,而这也就是人们在他的1857—1858年的笔记本里看到的那篇文字。当时正在发生第一次世界性的资本主义经济危机,这场危机从物质上对传统的**国民性**经济提出了质疑。经过研究,马克思确信:**货币体系**既已全面确立,资本主义从此便具有全球性了。这件事还将促使马克思多次重读他的老师黑格尔,因为黑格尔早已断定私有财产权将在全世界普遍确立。

如果要根据马克思在工作手稿里记述下的那些文字(那是他那些已发表之作品的补白)来对他在1849年的观点做一个概括,那就必须说明以下几个问题:

(1)受费尔巴哈的影响,他反对关于国家和社会的哲学与政治学抽象,在这方面的确是一个唯物主义者。

(2)他期待一场革命,但同时也看到了事物的长期延续性,看到了市场社会、货币体系、资本等因素的发展,这种发展甚至可能会持续几代人的时间。

(3)他反对盲目唯意志论的政治活动主义(activisme),强调社会"事物的力量"。

(4)他因此觉得要诉诸政治行动,首先必须对资本主义和与之相应的市民社会作出分析。

(5)这种分析应当对资本主义的全球性质作出解释,因为资本主义并无意于停留在已经形成的民族国家的疆界以内,实际上它已经超越了这些疆界。

(6)世界历史被系统地理解为世界市场的历史,同时也被理解为全球交往的历史。

(7)马克思积极主张开展一场大规模的研究工作,来探讨一整套尚未得到解决,甚至尚未得到清楚表述的问题。

在他第一次逗留于曼彻斯特的时候,他已经讨论过资本主义工业化的力量问题。他对于这个项目的正式研究,则开始于他流亡伦敦期间。而整个研究过程,都在作为其思想实验室的工作笔记中留下了详尽的资料记载。

2. 货币体系的全面确立,1851—1856年

十九世纪五十年代,马克思的观点随其研究的进展而发生了根本性的转变。他的笔记本向我们生动地展示了这个思想实验的过程。

首先应该说,这些研究工作是真正百科全书式的,不仅包括了历史、政

治和外交、各种社会科学,而且还包括了自然科学、各种新兴技术、数学、文学、古典哲学、民族学——还有很多其他学科,这里列出的只是几个例子而已。一位名叫卡尔·海因岑(Karl Heinzen)的流亡美国的德国社会主义者,曾在芝加哥做过一些公开讲座,讲的内容不仅涉及包括婚姻在内的男人和女人之间的关系史,而且还涉及某种如今天人们所说的女性主义的社会主义。就是这些讲座促使马克思展开了一系列有关妇女史、父权史和真正的性别身份学的研究。他从1852年8月就开始搜集一切可以找到的相关的资料,其中有Jung, Meiners, Segur, Alexander, Thomas, Unger, Millar, Arnould, Bresson等人的作品。显然,马克思当时对法国社会主义的"女性主义"方面(尤其是圣西门学派的女性主义思想)早已是了然于胸的。但是,激励他去研究这些书目的动因,却是海因岑在美国的活动,而马克思做这些研究的目的,也正是为了告诉人们:这位德国社会主义者其实并没有说出什么新的东西。

可这个系列的笔记本所关注的中心问题,还是关于现当代社会、工业化、市场社会、资本和资本主义的分析。这也就是马克思在这些笔记本里称为**全面确立的货币体系**(*Das vollendete Geldsystem*)的那种东西。言之"全面确立",是因为在这个社会里一切都可以买卖,而没有钱就什么也干不成。货币已成为特定的人类条件,它统治并调节着人与人之间的关系。它还将逐渐改变各种文明的一切社会。

至少从十八世纪开始,就有一些社会运动在抗议这种货币的统治。这种统治带有谜一样的色彩。人们谴责的是信贷的利息,是投机的利润,是过于高昂因而被认为是"不正当的"价格。"正当价格"成为一种恒常而持久的社会要求,尤其是当事情涉及人民最基本之粮食需求的时候。面包的价格是人民起义最常见同时也是最有影响力的原因之一,而政府也总是试图对这些价格加以调控,只是成效总是不大,直到今天也还是这样。

在十九世纪的工人运动中,"正当价格"的观念被沿用到了工资问题上,因为人们认为工人没有全额获得他们劳动的价值,或者说人们认为企业主总以较高的价格出售工人劳动的产品从而获利。从这两个假定来看,商品的价格似乎受到了那些涨价者之不正当的人为操纵。

在英国和法国的工人运动中，人们对这个问题提出并实行了两个解决办法。第一个办法是绕过**中间人**也就是为赢利而做买卖的企业主，使之靠边站不再起作用。这个办法主要实行于十九世纪三十至四十年代的英国，其间工人们创建了一些银行，这些银行发行一种叫作"工时券"的货币，它们为一些连锁商店和市场所接受。这意味着工人们已经用合作的方式自己管起了商品的生产。

马克思熟谙这段历史。在他的笔记本里，Robert Owen, John Bray, Thomas Edmonds, John Gray, Thomas Hodgskin, Thomas Attwood 这些名字，还有伯明翰学派，频频出现。

第二种解决办法是法国人提出来的，并在法国的各种社会运动中十分流行。该办法从英国的榜样那里汲取过灵感，但也包含了一些追随傅立叶、圣西门和安凡丹（Enfantin）的法国社会主义者们的思想。根据这个办法，货币体系被接受了，但同时也被扩大了——扩大到贵金属被一种纸币所取代，而这种纸币也是能生息的。于是工人变成了公司的股东，并将全身心参与公司的活动以推动生产的发展。这个理论的关键人物是蒲鲁东，他是一些相关行动计划的精心制订者，在法国工人中影响极大——就像马克思在1848年革命中所看到的那样。此外，蒲鲁东和他的追随者们还拥护拿破仑三世的统治，赞成第二帝国时期各种信贷机构的创设。

这些情况马克思也是非常清楚的，他研究得最仔细的就是蒲鲁东的著作。

而这样一来，马克思的问题也就变得非常关键了。他满可以在蒲鲁东的这些计划即将落实的时候发起攻击，揭露其丝毫不触动货币体系及资本之结构与功能的弊端。然而，他又提不出任何其他的东西来取代这些计划，既不能提出一套包含这个体系的理论，又不能提出一个计划来超越那些还相当模糊的、纲领性的社会革命思想。就是由于这个原因，他于1850年在伦敦开始写的那一系列笔记，关注的基本上都是货币体系及其历史的问题，以及围绕这些问题发生的各种政治争论和理论辩驳。

首先应指出,货币和银行体系在十八、十九世纪一直是公共讨论的一个热门话题,也受到政府部门的高度关注。人们还不曾就这个问题建立起任何经得起推敲的经济理论。面对一种虽然很成功但却是完全盲目的经济实践,理论界和政治界呈现的整个是一片混乱:各种重商主义(这种理论主张一个政府应当尽可能多地获取并积累金银)的思考,跟关于货币数量与商品价值之间的关系、关于信贷与资本等问题的抽象论点搅和在一起,最后再加上大小商人和实业家们的实际经验——这些人提出的理论,显然和政治家或学问家的理论不是一个风格。

这些经济理论首先与银行有关。当时的银行主要是私营的,也有一些半公营的,它们有权发行货币(硬币和纸币)和按各种利率发放信贷。在这方面存在着两个互相对立的学派。一个是保守派,他们坚持货币发行量多少应与银行的金银储备量相符的原则。货币发行量的增加自然会导致货币价值的下降,从而引起商品价格的上涨。而且所有的人随时都应该有权以纸币兑换金银。另一个学派奉行的则是苏格兰银行的原则,这种银行自十八世纪以来一直是按流通的需要量来发行纸币的。如果纸币的发行量与商品的交换量相符,那就既不会有通货膨胀,也不会出现价格方面的紧缩。银行的信贷则是与其发行的纸币完全不同质的东西,不会对流通产生任何影响。

马克思对货币原则和银行原则之间的这些争论做过大量的研究,同时也没有忘记自己的中间观点。他使用的资料主要是《经济学家》杂志和 Samuel Bailey, John Fullarton, William Jacob, Thomas Joplin, John Locke. James Steuart, Thomas Tooke 及 William Newmarch, Robert Torrens, James Wilson 等人的著作。但到最后,他还是接受了银行原则的理论和实践,而这个原则是反对一切政府干预的。在这个意义上,也就是说就他相信国家调控在市场经济中一定效率低下而言,马克思显然不同于他的朋友恩格斯,是一个坚定的自由派。

但是,这种制度也不是什么时候都灵光的。在发生经济危机的时候,尤其是在出现生产过剩因而无法实现商品之价值的时候,这时纸币的持有者就会涌进银行将纸币换成金银。

在马克思看来,苏格兰银行家约翰·劳在法国的经历极有意思。正是摄政王奥尔良的菲力普的政府干预(它在1720年5月21日通过滥发纸币,使纸币的价值猛跌了50%)导致了银行的破产。马克思指出:"这么一停顿,整个机制就一团糟了。……然而,所谓的困难,全都只是理论家脑袋里的东西。"实际上,只要理论家和政治家不干预,银行就一定能顺顺利利地运行。

因此,货币这东西很复杂,必须按照它的不同功能来区别对待。伴随并围绕着货币,存在着各种不同的惯例,如价格、流通手段、一般商品、资本等,由此形成了一个将所有要素紧紧联系在一起的体系。但这些要素并不是同一的。货币的所有这些功能,都是马克思从十八、十九世纪的一些经济学家那里发掘出来的。

另一方面,马克思还发现了一个很重要的问题:市场、价值和货币,所有这些都不是自然的,而是具有社会性质的东西。而且,需要让人们经过一个特别的社会化过程,需要对人们进行一种思想的培训(马克斯·韦伯将来也会谈到这种培训的问题),为的是使他们能够把种种产品转化为有价的商品,能够通过观察市场(也就是市场上的其他人)来实现这些商品的价格,并接受由种种货币手段对这些产品作出的抽象表达。换言之,没有这种集体的心理培训,没有这些思想上的形式,也就不会有什么货币、市场、现代社会,也就不会有什么资本。

在马克思看来最有新意的,也就是这个问题了。某些集体的抽象并非某种哲学的或政治的神话,而是活生生的社会现实。没有这些抽象,市场社会就根本无法运作。但这些抽象都是以准自动的方式不假思索地作出的,被牵扯进去的人们不仅在制作这种抽象,同时他们自己的生存也离不开这些抽象。市场就是这样以思想和心理的方式建构起来的。与此同时,市场也决定着参与其活动的人们的命运。

至于马克思是怎样展开讨论这一令他着迷的问题的,我们以后再说。与这个货币体系密切相关的,还有一个不同国家之间的贸易问题。这个问题也极复杂,其中交织着资本需求、消费信贷、内部流通、货币价值、贵金属进口、汇票交换等许多不同的问题。

在这里,一种激进自由主义的观点得到了马克思的热烈赞同。国家保护主义,对市场的政府调控,这在他看来是毫无用处的政策,因为无法真正贯彻落实。通过历史研究,他发现无论什么形式的政府干预,实际上都很难左右市场的运行。经济一旦资本主义化了,就不可能还属于某一国家,学院派所鼓吹的"国民经济"(*Nationalökonomie*),只是一种十八世纪的、仍与重商主义有密切关联的理论。货币、资本这东西,是不承认任何国界的。当然,不以民族国家提供的基础机构为依托,资本的运作也是不可能的。

我们注意到,在整个十九世纪五十年代期间,马克思都没有找到一种他认为合适的关于资本运作的理论。其实,在这个问题上他和他的劲敌蒲鲁东并没有什么真正的分歧(那本小手稿《完全确立的货币体系》就可以说明这一点)。另一方面,这些手稿还表明,马克思在有关货币、银行、资本的问题上,实际上已经在和公开赞同国家干预主义的恩格斯渐行渐远,尽管他对此没有明说。此外,在关于社会主义的看法上,马克思也同样显出了和恩格斯的差异。恩格斯认为社会主义就是夺取政权并通过一个国营中央银行来管理政治和社会。而马克思的看法正好相反,他认为某种国立革命银行的计划,将很快为资本主义市场的现实所吞没。这就再次表明,马克思在政治经济学方面是一个现实主义的自由派。

3. 一个真正的抽象世界:《资本论》(1857 年)

1857 年爆发了资本主义的第一次世界性经济危机。这场危机持续了两年多之久。说其是世界性的经济危机,因为全世界的金融市场这时已通过电报和通讯电缆直接而紧密地连成了一气。另外,有赖于这些市场的企业越来越多,尤其是那些集中了巨额资本的有限公司,更是须臾不能与之分离。在一个大笔记本(这个本子是买来的,被名为《危机之书》(*Book of the Crisis*))里,在为他提供第一手资料的恩格斯的帮助下,马克思以一种无比紧张的心情跟踪着事态的发展。首先,这场危机证实了他的一些起始假设,为维护这些假设他曾与形形色色固守国家框架的社会主义者们争论过。诚如西蒙德·德·西斯蒙第所言，只存在一种市场，那就是世界市场。从今往后，资本主义就是一个全球性的事实了，这场危机最生动地证明了这一点。

但作为学者，马克思并不完全了解这个使世界发生了革命性变化的事件。所以，这位本来就酷爱钻图书馆的人，更是没日没夜地泡在了图书馆里，一边追踪事态的发展，一边系统地修订他的研究笔记。也就是在这种极其紧张的思想氛围中，一个关于一本很不起眼之著作的读书笔记引发了一项极其伟大的著述工作，其效率之高几乎空前绝后：在六个月的时间里马克思写满了整整七个巨大的笔记本，约合900多个印刷页。

我们可以看到马克思是按下面这一套步骤展开他的工作的：他把第一层次的读书笔记铺展在案头，把第二层次带有索引的笔记本放在一边作为定向手段，试图对自己就原始文本所做的工作进行一个综合。

第一步观察：他参照我们前面提到的那些他所读过的书，对货币作为商品价格、流通手段、财富等等的不同功能进行仔细的厘定。不过他也做了一点自己的补充，那就是把价格和价值区分了开来，同时也把"市场价值"和"实际价值"区分了开来。实际价值只能有一种**理想的**存在，它不停地由市场价值**否定之否定规律**——亦即由被置于市场之价格的永恒矛盾游戏——重建着。在价格和价值之间建立同一关系是不可能的，圣西门派、蒲鲁东派、艾特伍德（Attwood）和伯明翰学派、欧文派、英国合作派等等都曾试图这样做，结果全是徒劳。至于货币，它也只是各种交换价值之间关系的物质存在，而且这种存在采取的必然是一种独立于理想价值之外的方式。所以要货币直接体现价值，无论从理论上看还是从实践上看都是不可能的。

这种差异十分引人注目。价格是一种随时都在由全凭经验行事的人建立着的抽象——这些人经常观察市场上其他人给出的价格，希图通过一种出售行为来实现之。至于价值，恰恰相反，那是一种以客观的社会方式吸引人们注意的抽象。它只是作为市场的后果显现出来的（这能让人想起亚当·斯密的那个"看不见的手"之喻）。稍后，马克思又借助另一个例证，把价值说成是实现了的价格之平均值。其实他懂得，实际上发生的是两种数量不同的抽象，一种是个人的，一种是社会的，前者在尽可能地但也是盲目地向后者靠拢。而最后结账的总是社会的抽象，其结果决定着个人的命运。这就说明了"货币的先验力量"的效力和表象：它是一切商业交易的先存形式，是一切超越了简单交换的经济活动的必要条件。分头行动的人们都在不断地生产和再生产着这种把物品转换成价格的心理活动，同时通过价格来破译物品。但就这些人的总体来说，他们实际上又都串在一起，一边生产和再生产着货币的先验性，同时也生产和再生产着价值的理想性——一种对市场活动拥有最终决定权的东西。

不过，在发现市场运作的这一神秘现象方面，马克思仍不是第一人——当然也不是最后一人。在他之前就有一些作者以各自不同的方式讨论过这个现象。况且，那些成天在市场上钻营的人，那些批发商，对这个现象更是有着完全清醒的意识，只是他们并不理解究竟是什么机理在左右着他们的经营活动、决定着他们的成败。也正是由于这个原因，这些人总显得要么像个虔诚的宗教信徒，要么就特别迷信。

但这样讨论市场问题，在马克思那里是非同寻常的。这说明马克思的基本立场发生了决定性的转变。因为马克思原本是个费尔巴哈学派的唯物主义者，而费尔巴哈又是个黑格尔批评家，曾把黑格尔斥为"唯心主义者"。没有这种心理机制的驱动，不在这种驱动下生产和再生产"抽象"的种种思想形式以推动市场经济的运作，现代社会肯定是一天也维持不下去的。不仅如此，现代社会中的人们自身也处在他们自己在一起创造的种种抽象的包围之下并必须依附于这些抽象，然而他们在碰到这些抽象时却又全然不认识它们，感到它们是一种陌生和无名的力量。他们"觉得自己受到了某些抽象的控制，在被它们牵着鼻子走"。

显然，这样一来，马克思所参与的那种费尔巴哈对黑格尔的批判就成了问题了。这里涉及的不是那种由某些理论家或某一类哲学家所作出的轻率的和可以推翻的抽象，而是由社会本身作出的一些真正的抽象（*Realabstraktionen*，Sohn-Rethel 语），而且这个社会对于这种抽象的再生产也是必不可少的。我们看到，马克思的这些思考，实际上预示了半个多世纪以来，从韦伯和西美尔直到迪尔凯姆、吕西安·费弗尔和马克·布洛赫的现代社会科学之某些方面的内容。

马克思走到这一步后,还决心继续前进。他开始重新阅读黑格尔,并在1857—1859年间多次回到黑格尔的著作。他重读了黑格尔的大《逻辑学》,也重读了《哲学全书》中的"小逻辑"。而且尤其是,他还在有关市民社会(即资产阶级社会,一种在国家形成之前就自我赋予了某种自治结构的社会)的那些章节里谈到了《法哲学》。

黑格尔当年就提出,两个人之间的契约能创造**价值**,而当所有的人都由契约关系相互联系起来的时候,这种价值就成了整体的社会现实。他认为在凭经验行事的人们之间,这种价值是实在的实体,而在整个社会的层面上,它就是理想的实体了。说完这些意思之后,黑格尔接着从法律制度方面详述了理想实体的问题。马克思则另辟蹊径,从市场和资本社会制度方面来对这个问题加以说明,并认为这两个制度是互补的。当然马克思也有此说:经济制度是"基准",是社会制度的物质基础。但他又承认,经济制度需要一个框架,一种保证各种市场规则都能得到尊重的结构。

可见,对于黑格尔的那种旧式的唯名论的批判,正在发生根本性的变化。如果拥有货币体系的现代社会是由一些经济抽象统治着的话,那就肯定有一些法律和政治的社会抽象与之相呼应。交换能带来和促进有产者的平等与自由(这两个概念都是深奥难解的),并由此排除一切武力干涉和一切人身依附关系。这种法律给人们带来了安全,保障了他们的自由和平等,以及他们肉体与精神人格的完整。相反,一切在人与人之间实施暴力、强制和人身依附的行为,都必将扰乱市场秩序。当然,资本也有可能酿造出一些例外的情形,如美国的奴隶制度——这还是马克思的看法,不过他仍正确地把这种奴隶制看成是由资本本身造成的一种暂时的例外。

至此,马克思开始探讨对"资本"这个东西究竟该怎么理解的问题,但手头始终没有放下黑格尔以及其他一些人的著作。他的第一步观察是:货币体系中等价物之间的交换运动是毫无意义的兜圈子,从中找不到任何理由来解释为什么所有的人都必须在一个无休无止同时也是无意识的社会化进程中来实现这些巨大的经济、社会和政治的抽象活动。不愿参与这些活动的人,要么必须在经济上自给自足——当然也将在社会上陷于孤立——要么就只能灭亡。第二步观察:可能改变这种状态的唯一行动是财富(尤其是货币形式的财富)的积累。但即使在这里,交换运动也还是没有什么意义,因为货币退出了流通,被孤立在社会状态之外了。何况,这种财富尽管能发生量的积累,但却不会有任何质的变化。它就如黑格尔所言,是一种简单的无限进程,永远也不会完结(*schlecht unendlicher Prozeβ*),反映了一种"眩晕和衰败"(*Schwindel und Fallen*)的反常精神状态。在这里,马克思想起了古希腊神话里的米达斯,他是饿死的,因为他碰到什么什么就会变成黄金;还想起了巴尔扎克一部小说里的某一个人物,他聚积了大量财富而且秘不示人,结果因此而疯狂。但这种财富不是资本。货币体系只有当财富被重新投入流通以期获得增值时才有意义,而财富的这种增值也只有通过物质生产即劳动才有可能。也是通过这种方式,资本才变成了一种总体性,一种囊括了所有他者的抽象,并统治了整个物质的和社会的世界。这些情况只有在货币、商业化或资本化的条件下才能存在。

同样,马克思在这里仍不是一个满脑子天启观念的思想之神。他需要参考他的文献资料,需要借助于他读过的各种书籍。西斯蒙第和亨利·斯多赫(Henri Storch)等经济学家早就对由货币尤其是资本引起的社会抽象做过大量研究。我们还可以也应该提到像 Simon Linguet 或 Edward Wakefield 这样一些"实用派"(Pragmatiques),他们探讨了在历史上暴力是怎样推动过一种制度的建立,该制度又设立了一种社会、经济的和政治制度,后者除了国家政府行使的暴力之外,制止并谴责一切诉诸暴力的行为。

就像市场上的价值一样,资本在客观上也具有反省性(reflexif)。资本必须每时每刻、持续不断地以各种方式在市场上运作。但涉足市场的人们的心理活动却并非如此,而是仍停留在价格和货币的层面上。我们甚至还可以确信(这仍然是马克思的观点):资本的反省(reflexion)受到了排斥,而这必然会对市场和资本的正常运作产生有害的影响;所以市场和资本的运作本来就是盲目的。或者说,正如我们前面提到的,这个制度并不是什么时候都灵光的(卢曼语),诚哉斯言。

奇怪的是，在关于新市民社会的表述上，马克思十九世纪五十年代在其政治经济学批判中的说法，比其在已经出版的四个《资本论》版本中的说法，更契合霍布斯、洛克、孟德斯鸠、卢梭、康德、黑格尔等一干人的观点。这一点与政治上的代议制度有关。这种社会的 corpus fictum（虚构团体，英文叫 ficticious body），实际上就是和那些在物质上占统治地位的经济抽象——如价值、资本之类——相呼应的。甚至还存在着完全类似的东西：议会代表的并不是作为选民的人民，而是一种理想的人民，恰恰就像价格，一种在市场上表现并实现（或不实现）自身的"市场价值"，不同于"理想价值"的存在一样。而且马克思的批判矛头也不再像在十九世纪四十年代那样直指那种经济抽象本身了。他这时最关注的是这种抽象社会的**各种理论**——那其实就是这种抽象社会在通过自己的心理机制批判自己的种种表象。正是由于这个原因，他把自己的这些出版物命名为**政治经济学**批判，而不直接称之为一种资本主义批判。这本来就是一种对资本主义的批判，只是采取了一种间接的方式。其理由很简单：既然事关一种通过心理机制建构起来的社会，人们自然倾向于结合这些心理机制来直接理解这个社会。无论是学界理论，还是社会运动，其中发生的其实都是这种认识活动。所以，要使批判有实效，就必须后退几步，保持一段理论距离。马克思在这里所做的，实际上就是通过批判这个社会制度的一些范畴来批判这个社会制度。

4. 马克思研究工作的其他一些踪迹

马克思的工作并没有就此止步。在他的工作笔记里，我们还看到了一堆从未发表过的与《资本论》有关的手稿。此外，还有一些涉及科学、机械、技术、电、化学以及农业和农艺的手稿，其中数学研究占了很大的比重。有一套笔记专门讨论那种今天人们习惯于称之为"社会性别研究"（gender studies）的问题和民族学问题。在他生命的最后岁月里，他还启动了一个大型世界历史研究计划，其中不仅有西方历史，而且有其他各大陆的历史（也就是所谓的前殖民、殖民和后殖民的历史）。至于经济史和社会史，它们则是时刻都在场的。

如此说来，所有这些手稿、笔记都将按照新版《马恩全集》（MEGA2）的出版计划悉数面世了，不再做任何挑选、省略和"纠错"。这样我们就能完完整整地看到马克思作出的全部理论选择，即使这些选择时常是互相冲突的，或者说看起来是自相矛盾的。这样我们也能看到马克思在写作中所犯的各种常常是很显见的错误。因此，呈现在世人面前的将是一个完整的马克思，一个由他本人记录的马克思。这套书是一个实实在在的思想实验室，那里有一个尚待发现的、和人们所熟悉的马克思不一样的马克思。

五、代结语

最后，作为一个暂时的结论，我们来看看马克思究竟做了些什么。

首先，他是十九世纪的一位智力超凡而且思想完全自由的人，他不从属于任何人。当德国社会民主党的创始者们开始以马克思主义者自居的时候，马克思曾报以这样的嘲弄："我只知道我不是马克思主义者。"确实，马克思也热衷于政治论战，是一个优秀的党派作家，一个杰出的新闻工作者。但作为学者的马克思，却又完全是另一个人了。他一身而兼任数种角色，却从不混淆，并乐此不疲。

他做的工作，是十九世纪下半叶在一种百科全书式阅读的基础上所进行的知识大综合——这种综合在学术界各学科发生决定性的分门别类之前，恐怕是最后一次了；他是黑格尔忠实的学生，并从经济领域为一直停留在法学领域的黑格尔作出了重要补充；他认定有全球化这一事实的存在，从而首次超越了国民经济理论；他还在迪尔凯姆这样的社会学家和费弗尔这样的历史学家之先，鉴别并分析了一些被这些后来人描述为"社会事实"和"心理机制"的东西；直到今天，他的思想还在启迪着许多历史学和各类社会科学的研究者。如果说这些研究者都一方面完全赞同马克思的分析，另一方面却不接受马克思提出的政治解决办法，就像社会学家卢曼和历史学家霍布斯鲍姆那样，原因只有一个，那就是这些解决办法带有十九世纪的空想印记，不符合资本充分发展时期的社会现实。但似乎可以肯定，资本这东西还是会一再引起他们关注的。只要人们还没有找到办法来解决由这种制度再生产出来的社会和政治的不平等,这个马克思就不会过时。但这个马克思并不意味着盲目的政治活动主义,而将只引导人们去从事冷静的研究。这种研究常常是枯燥乏味的,但却肯定是我们这几代人必须做的事情。至少就目前而言,我看不到有什么别的办法。只是需要刻意保持的,是一种批判的分析精神。

后 记

目前,在柏林、波士顿、莫斯科、巴黎、东京正活跃着一些研编新版《马恩全集》(MEGA2)的团体。还有约70卷书待编。这个编辑工程实际上是在倡导一次大规模的研究,尤其是对十八、十九世纪西方历史的研究。它期待着中国学者——尤其是硕士和博士研究生这个层次的青年学者——的参与:欢迎你们加入这个由柏林-勃兰登堡科学院和阿姆斯特丹国际社会史研究所(荷兰皇家科学院)牵头组织的国际网络。

(高毅 译)

(原载《中国学术》第十九、二十合辑)

附图：马克思1825年8月第19号笔记本上的一页手稿

瓦尔特·本雅明与青年运动的体验

马日诺·普列若(巴黎高等社会科学学院)

二十世纪初那场青年运动(Jugendbewegung)的体验,是新教德国的一个特殊现象,甚至可能是某种独一无二的现象,因为它在文化和"意识形态"领域影响巨大,甚至超出了由忠实信徒、中学生和大学生组成的与此有关的团体[1]……而在此种现象产生和发展之后的数年中,这场运动成为一个吸引着国内各种活跃力量,特别是各类精英(教育家、社会学家、宗教人士和各领域改革者)注意力的一大主题。它成为有关民族的未来这一争论当中的一个部分。[2]

青年运动在与它所抨击的威廉二世时代构成的一种相互矛盾的关系中发展,同时,在错综复杂的变动当中产生新的价值,其中改革的尝试(在青年人、理想主体的自治的意义上)与对撼动了传统价值与等级观念的现代化的敌视反应相混合。我们处于"现代风格"或青春派艺术(Jugendstil)这一对矛盾的中心——需要基于德语的用词以便准确理解——三十年之后,本

---

[1] Studenten 一词指大学生,Schüler 指低年级的大学生。

[2] 在这一方面,瓦尔特·拉克尔(Walter Laqueur)看到了德国社会的一个缩影。参见 Walter Laqueur, *Young Germany*, 1962 年,德语版译名为 *Die deutsche Jugendbewegun*, Nottbeck, Köln, 1978 年,第 7 页。这位历史学家在该书第二版的前言当中联想到这场运动同 1968 年那场运动惊人的相似之处。这同样也是档案馆出版图书的一个主题:青年运动者(Jugendbewegungen)的链条再次作为令社会**重新焕发青春**的浪漫主义的源泉。青年运动(Jugendbewegung)的档案(以及该运动的杂志和其他材料)从运动开创之初(1922 年)便保存在图林根(Thuringe)的路德维希斯坦堡(Burg Ludwigstein)。三十年以来,这里出版了《德国青年运动档案年鉴》(*Jahrbuch des Archivs der deutschen Jugendbewegungen*),有助于——依据其创办者之意——有关青年运动这段现代历史的编纂工作……也受到神话学和运动当中自动产生的语言的影响。

雅明对此作出了恰如其分的评价。[3]

"崇尚青年"是这一时代反复出现的词语:托马斯·曼(Thomas Mann)在小说《浮士德博士》第十四章(在这一部分,神学系的学生们正讨论德国的特殊道路(Sonderweg))中就曾使用过该词。文中写道:"在这个时代,只需说一句'我对生活有特殊的感受',便足以使人向你致敬。青年运动在某种程度上是毫无风险的。此外,如果青年一代与他们所处的时代相互理解,便无言以加了……"[4]

同样的表述很快便再次出现在下文当中:

> 这种认同更多地来自于教育理念,[5]也就是说老一代,而不是青年一代本身。青年一代某一天由同样被冠以"孩童的世纪"并开创了妇女解放的时代,强加上了"独立生活方式"的称号。

名叫多伊奇林(Deutschlin)的泛日耳曼主义学生表现出德国式的不问政治(Unpolitische),而托马斯·曼本人在某一时期也曾经常如此:

> 在最高的意思层面上,青年与政治历史毫无共同之处……他们是纯粹精神上的给予,一种核心的事物、一种结构和一种命运……[6]

---

3 参见瓦尔特·本雅明(W. Benjamin):《拱廊研究计划》(Das Passagenwerk),节选 S 5,3:"我们或许应该尝试循着现代风格乃至其在青年运动中的伸展来把这个研究一直进行到'战争的前夜'",见《作品集》(Gesammlte Schriften),V. 2,Frankfurt am Main,1982 年,第 686 页。"青年运动"(Jugend-bewegung)和"青春派艺术"(Jugend-styl)同属一场历史运动,而本雅明在 1914 年进行的青年运动的体验成为三十年代的马克思主义作家对于青春派艺术进行回溯性批评的内容。

4 参见《浮士德博士》(Doktor Faustus),巴黎,1950 年,第 164 页。托马斯·曼(Thomas Mann)描写了一群大学生在无限神秘的大自然中发现的德国森林当中散步。哈雷(Halle)是在柏林之前的普鲁士(Prusse)的一座"历史性"大学,以及一个(特别是虔信派教徒同莱布尼茨理性主义的代表,哲学家克里斯蒂安·沃尔夫(Christian Wolf)的信徒们之间)进行神学辩论的场所。

5 从历史的角度来看,青年运动与教育改革运动属于同一时期(各不相同的人物都参与其中,例如古特利(Gurlitt)、凯兴斯泰纳(Kerschensteiner)、利茨(Lietz)和维内肯(Wyneken),维内肯还尝试将两种经验结合起来,并通过自己的信徒,例如瓦尔特·本雅明,渗透进入青年运动)。

6 我自己的书(Le désir d'authenticité. Walter Benjamin et l'héritage de la Bildung allemande,Paris:Bayard,2005)中重新描述了自十八世纪即诺瓦利斯(Novalis)和荷尔德林(Hölderlin)的时代以来,德国青年文化(Jugendkult)的诞生过程。最后一次没落的示威游行由斯特凡·格奥尔格(Stefan George)的圈子组织,以表达对马克西米努斯(Maximin)的崇拜。

1896年至1901年之间,在大柏林(当时的)边缘地带的乡间小镇施特格利茨(Steglitz),青年运动产生了。诞生之初,它形成了一个学习速记法的小圈子,随后在柏林大学学生赫尔曼·霍夫曼·弗尔克桑布(Hermann Hoffmann Fölkersamb)的带领下,演变为远足者协会。霍夫曼在施特格利茨中学的学生当中进行招募,而该校校长(其儿子也是该协会的成员之一)的支持也起到了至关重要的作用……协会首先在柏林周边地区组织各种出游和远足活动(旅行(Fahrten),一个核心词),接下来是在哈茨山区(Harz)、图林根地区(Thuringe),以及将巴伐利亚州(la Bavière)和波希米亚(la Bohême)分割开来的波希米亚林山(Böhmerwald)地区活动……1901年,在施特格利茨镇政府餐厅的一个房间内,候鸟协会(Wandervogel,候鸟或徒步旅行者协会)正式成立。一个由成年成员组成的团体主持着青年组织(自称为自治组织)的各项活动:成员中包括沃尔夫冈·基希巴赫(Wolfgang Kirchbach)和最后一位民族(völkisch)作家与回归乡村理论家海因里希·泽恩雷(Heinrich Sohnrey)等多位作家。[7]施特格利茨中学教师、改革派教育家和坚定的非宗教人士路德维希·古特利(Ludwig Gurlitt)(他主持无教派协会(Komittee Konfessionslos),正如当时广泛流传的说法所描述的那样,为"政教分离,学校与教堂的分离"而奋斗[8]),对于这场运动得到承认给予了决定性的支持。

候鸟协会的领军人物名叫卡尔·菲舍尔(Karl Fischer),是一名永远的学生(ewiger Student)(大学教员,施特格利茨当地居民还称之为"疯子菲舍尔"),他从霍夫曼手中接过火炬,并将这场运动传播到德国各地以及德国

---

[7] 泽恩雷创办了《国家》杂志(Das Land)(1901年)。也可参见 Der Zug vom Lande und die soziale Revolution,莱比锡(Leipzig),1894年,对日益加快的工业化和城市化进行的批判。他与保守派建筑师保罗·舒尔茨-瑙姆堡(Paul Schulze-Naumburg),以及浪漫歌曲专家、音乐学家恩斯特·鲁道尔夫(Ernst Rudorff)一道创建了保卫家乡联盟(le Heimatschutzbund)。

[8] 古特利在教育改革(以学生的"个性"为中心)和政教分离方面"有种族思想"。他是民族主义者(有某种民族(völkisch)倾向)。他教授的关于《伊利亚特》以及尼伯龙根人(les Nibélunges)("萨迦"作为资产阶级小说的反例十分流行)的课程令他的学生们(例如汉斯·布吕赫(Hans Blüher))兴奋不已。

以外的地区,一直延伸到维也纳和布拉格。他主持整个组织(协会性质的组织,由地区单位和团体组成,最终由其统一管理)的工作。菲舍尔确立了艰苦旅行的规矩(远途旅行,只坐三等车厢,接下来还要长途跋涉,一直走得精疲力竭,一路上只能围着篝火取暖过夜,或者借宿在好心的老乡家中,睡在稻草垫子上),而这很快就遭到了富家子弟的反对。菲舍尔还规定了敬礼致敬(Heil)的规矩和着装要求,这并非严格意义上的统一制服(像二十年代的联盟组织(le Bünde)那样),但必须能够将新入会的年轻成员同真正的流浪汉区分开来。[9]此种装束参照的是中世纪四处漫游的学生(fahrende Scholasten)(或流浪学生(clerici vagantes))穿着的式样,约瑟夫·冯·艾兴多夫(Joseph von Eichendorff)在一篇家喻户晓的短篇小说中就对此进行过描述(一个一无所长之人生活的场景)。该团体由新生(Burschen)[10]和领导者(Bachanten)组成。

这一成功的经验来自于其特有的模式:它将年轻人组织起来,几乎全部是初中生和高中生,在学校和家庭之外(团队建立之初仅有一名工人成员)[11],由一名年纪稍长、得到"自愿"认可的"指引者"(一名大学生)全权管理,而他属于青年人。在寻求自主的青年动荡不定的(jugendbewegt,带有盲目崇拜色彩的词语)经验基础上,习俗的权威的领导原则(Führerprinzip)被取代。[12]

9　身穿短裤,脚踏羊毛靴,头顶毡帽,脖子上系一块方围巾的旅行者。

10　Bursche最初(十五世纪)指大学生的集体住所,后指代大Bursch(十七世纪)。退一步而言,在菲舍尔的组织当中,我们又发现了les Füchse(幼狐,该词起源于十七世纪,指大学第一学期的学生)。

11　沃尔夫·迈恩(Wolf Meyen)选择了这个从艾兴多夫(Eichendorff)的抒情诗中借用的名字(并由奥托·罗凯特(Otto Roquette)的模仿者毕德麦耶尔派(Biedermeier)诗人使用隐喻之意用于其指代)。事实上,这位年轻的机械师在达勒姆区(Dahlem)的一块落石的铭文中发现了这一切(拉克尔(Laqueur),第24页)。

12　等级制度十分严格:"四处漫游的学生"(Scholaren),新生,必须恭敬地同领导们(Bachanten)讲话(尊称其为先生)。他们要向领导者、至高无上的指引者、至高领袖菲舍尔(l' *Oberbachant* Fischer)宣誓效忠:"我发誓对其尊重、忠诚并服从。"(Ich gelobe Respekt, Treue und Gehorsam)经过这般程序,方可领取学生证……

青年人的"社团"与成年人的社会相对立……能够帮助我们了解这一运动的重要文献之一便是社会学家费迪南德·滕尼斯（Ferdinand Tönnies）的《共同体与社会》（Gemeinschaft und Gesellschaft）（1887 年）。[13] 从此之后，它指的是一个建立在个人关系和引导者个人魅力基础之上的小型社会。[14] 这里所说的是构建于寻找和体验自我所获得的一种形式的个人主观性之上的生活共治（Lebensgemeinschaften）（介于社会（Gesellechaft）和共同体（Gemeinschaft）之间的中间形式）。

候鸟协会的成员年龄从 12 岁至 19 岁不等。而"指引者"要年长 3 至 6 岁，但没有固定的准则。每一个基本单位——部落（horde）——由 7 至 8 名成员组成，但最多不超过 20 人，因为人数过多，人与人之间的关系便会让位于机械性的官僚组织形式……同一座城市中的小组共同组成地方团体（Ortsgruppe），

---

13 该书第二版（1912 年）对威廉二世时代的青年运动产生了一定的影响……《共同体与社会》（Gemeinschaft und Gesellschaft）属于一场广泛的文明批判（Zivilisationskritik）运动的范畴，该运动在 1900 年前后愈加激化，而这部著作本身也起到了推波助澜的作用：建设性的元素与历史哲学并存。滕尼斯不顾科学的规划，描述了世俗化－衰败进程的形式中理想－典型的对立（参见 Winfried Gebhard, *Erneuerte Religion aus erneuerter Gemeinschaft. Ferdinand Tönnies als Religionssoziologe*, V. Krech et H. Tyrrel, *Religionssoziologie um 1900*, Würzburg, 1995 年, 第 296 页），从"人民"（Volk）扎根立足的有机体的形式（家庭、乡村、宗教）直到"社会"、国家、大城市（Großstadt）和工业经济（例如社会时代（Zeitalter der Gesellschaft））的"人为机械聚合体"。描述完共同体（Gemeinschaft）的人际关系之后（热情与邻近），特尼厄斯在描述社会（Gesellechaft）的缺陷及缺乏可靠性时，不仅变换了语气，而且改变了观念认识……共同体是最为新颖和崇高的形式，而社会则被设计为一种清除形式（Verfallsform）。格巴尔（Gebhard）得出的结论是，滕尼斯是一个文化悲观主义者（Kulturpessimist）（将现代化视为一种异化形式和人民的死亡）。事实上，同一个滕尼斯（作为自称积极的社会学家）也考虑到社会内部的共同体和社团的重生（作为现代社会"社会化"的范例，参见其文章"Gemeinschaft und Individuum", *Die Tat* 6 [4], 1914 年, 第 401—409 页）。共同体的"传奇"将成为政治激进主义取之不尽的源泉，在这方面，可参见赫尔穆特·普勒斯讷（Helmuth Pleßner）的哲学论文：*Grenzen der Gemeinschaft. Eine Kritik des sozialen Radikalismus*, dans Plessner, 1924 年，见《作品集》（*Gesammelte Schriften*），V, Frankfurt am Main, 1981 年, 第 11—133 页。

14 可以找到它与新教教堂边缘形成的小社团的相似之处，它们集中在享有特殊威望的"指引者"周围（诸如克利斯朵夫·施朗普夫（Christoph Schrempff）和卡尔·雅托（Carl Jatho）等"异端分子"）。

而多个此类组织便形成了被称作区域(Gau)的中央组织(在地方团体的基础之上)的最初形式。但这还不等同于群众组织:区域的成员人数不超过一千名,且与一些个人关系密不可分。[15]

施特格利茨位于大城市的边缘地带,候鸟协会常被定义为一场进行逃离和躲避的运动……这一用词含义模糊,它一方面让人联想到运动创立的意识形态,另一方面又联想到对该意识形态批判的同样属于意识形态的观念。就前者而言,汉斯·布罗伊尔(Hans Breuer)——候鸟协会行吟诗歌集的出版者——描述了柏林-巴比伦(Berlin-Babylone)这座大城市腐化的影响(在年轻的本雅明的作品里,我们也能找到同样的描述)。[16]在布罗伊尔的作品当中,就曾有这样的描述:

> 大城市使青年人堕落,破坏他们的天性,使其远离自然和谐的生活方式而逐步丧失自我。[然而,]新的理想从[这些]高楼大厦的海洋中渐渐升起:还给自己自由,拿起朝圣的手杖,[出发]去别处,重新寻找丢失的人性,一个单纯、完整、自然的人。青年一代就是这样自己找到了全新的真实和自我的拯救者。

牧师威廉·斯塔兰(Wilhelm Stählin)提出了"走进大自然的热切渴望"(brennende Sehnsucht nach der Natur),来鼓动大城市里的孩子们。[17]这场运

---

15 关于该运动及其"生活"形式的描述,参见 Walter Laqueur, *Die deutsche Jugendbewegung*, Köln,1978(第一版 *Young Germany*,出版于 1962 年)。又见 Harry Pross, *Eros, Jugend, Politik*, München,1963; Karl Seidelmann［éd.］, *Die deutsche Jugendbewegung*, Bad Heilbrunn,1966。

16 参见本雅明:《浪漫主义》(*Romantik*)(1913 年),见《作品集》,II. 1, Frankfurt am Main,1977,第 45 页。

17 参见 *Der neue Lebensstil*, Jena,迪德里希斯(Diederichs)出版社,1918 年。充满活力的大自然是拯救这一代人的唯一可能("出色的福利力量"(wunderbare Heilskraft)),"这代人每天都历经我们这些城市——租住的营房(Mietkasernen)——致命的疾病,在这里,一层石头,一层厚厚的结壳将人们与地壳实实在在地分割开来。"拯救(或者不如说健康)来自于德国传统的迁移(la Wanderung),它能够让人们恢复"身心健康"(gesund an Leib und Seele)。观念学者(反犹派)汉斯·布吕赫也持有同样的观点,他在 *Gechichte einer Jugendbewegung*(1912 年)当中提到了一个"灵魂新生、净化[清洁]的自然过程"。青年运动与同样的用语,即"回归自然"(Rückkehr zur Natur),不谋而合。

动也是威廉二世时代新浪漫主义（Neuromantik）（赫尔曼·黑塞（Hermann Hesse）、出版商迪德里希斯等等）的一部分。[18] 这一运动同样与生活改革（Lebensreformen）十分相似，两者共同的思想体系都在于重新建立起已被现代发展打破的自然统一（或宇宙秩序）这一理想：裸身文化（Freikörperkultur）、素食主义、重返自然，所有这些都需要一种依靠自然的医疗，能够治愈独特的现代病。

青年运动是信仰新教的德国的一个特殊现象，其传播的过程也证实了这一点：它符合自主的原则，宣扬自我价值（自我（Selbst）充斥在这场运动的用语当中），崇尚内在性（既有新宗教主义的主观性，也有托马斯·曼所定义的内心世界的炮火般的力量（machtgeschützte Innerlichkeit））。这一"宗教"内涵同样符合运动本身及其思想家们所提供的自我诠释。[19] 从威廉二世时代直到二十年代的大量文学作品都是有力的证明……[20] 青年运动

18　我们可以想一想它属于何种性质？是否仅是个简单的倒退现象？凭借四通八达的现代铁路交通网，我们可以走遍（重新了解）德国……我们在自然主义先锋派中重新发现了这种双重性，他们自定义为现代派（Die Moderne）：威廉曼·伯尔舍（Wilhelmem Bölsche）（小说家及达尔文主义的传播者）在古斯塔夫·费希讷（Gustav Fechner）的影响下，从艺术的科学理论（左拉的法国自然主义典型）转向新浪漫主义和德国式的自然哲学……Hinter der Weltstadt（1901年）讲述了这支从柏林尘土飞扬之地诞生的自然主义先锋派的迁移，他们逃离大都市，在首都周边地区的大自然中安营扎寨：这是阿特（Hart）兄弟从腓德烈斯哈根（Friedrichshagen）到西拉特湖（Schlachtensee）的新式共同体（la Neue Gemeinschaft）的体验……在小说 Die Mittagsgöttin 当中，主人公多次不疲地往返于柏林和施普雷河（la Sprée）周边森林中的小城堡之间，那里是一派自然主义和象征主义的景致（梅特林克（Maeterlinck）的梅利桑德（Mélisande）森林）。极不自然的自然风光，让人产生幻觉的变形之地。

19　同样可参见威廉·施泰林牧师的 Der neue Lebensstil，见 Werner Kindt（éd.），Grundschriften der deutschen Jugendbewegung，Düsseldorf-Köln，1963，第320—321页。青年是宗教感情的真正表露，施泰林引用了一名候鸟协会成员（Wandervogel）的原话："我们的这场运动归根到底是一场宗教运动……"（Unsere ganze Bewegung ist im Grund eine religiöse Bewegung...）

20　青年运动在宗教方面的诠释来自于一批新教作者的作品，例如卡尔·布希霍尔茨（Karl Buchholz）、埃贝哈德·阿诺尔德（Eberhard Arnold）、诺尔曼·科尔伯尔（Normann Körber）（Das Bild vom Menschen in der Jugendbewegung unserer Zeit，Berlin，1927），

带有这种形式的流浪者的宗教感情(漫游的宗教性或自由地发展的宗教性),其觉醒(正如我们到处所说的)似乎还伴随着基督教的历史危机。"新的"宗教需求以一种大自然神秘论[21]或新异教徒宗教感情的形式表现出来……[22]

在另一方面,汉斯·波尔曼(Hans Pöhlmann)将特勒尔奇(Troeltsch)的三元类型学运用到"青年运动"当中:第三种类型(由特勒尔奇开创,代表新的现代宗教感情的"神秘主义")与威廉二世时代的候鸟协会结合在一起。[23]如此这般,人们走出这场运动的神话学,转而分析这种众多专家(特勒

以及奥托(Otto)兄弟和威廉·施泰林……也可参见汉斯·J. 舍普斯(Hans J. Schoeps):"Die Religiosität der deutschen Jugend",发表于 *Junge Menschen*,8(1927):266—269,这篇文章读起来与众不同,它摆脱了神话的内容,首先锁定新的体验形式……在舍普斯看来,候鸟协会和青年运动的"根本动力"来自于"宗教"。特别是自由德国(freideutsch)式的典型,最具宗教性,且最为深入,具有"宗教实体"(不知不觉地),舍普斯提及了迈森高地(Hoher Meißner)想象的用语(自由德国青年(la Freideutsche Jugend)的铭言和规划,1913年)和关于真实性以及个人"责任"的格言,能够引向"宗教性质的决定"。舍普斯将迈森人表达形式(Meißnerformel)真实"内在的"宗教感情同另一种类型的宗教感情对立起来,后者在一场并非对此漠不关心的运动中传播开来,并类似于一种"表面泛神论",对于从歌德以来受过教育的资产阶级的消费……

21 参见 Winfried Mogge,"Naturmystik und kosmisches Lebensgefühl",Arno Schilson, *Gottes Weisheit im Mysterium*,Mainz,1989,第231页。默格在自己的文学作品中参照运动的自我解释……威廉·施泰林提到了一种"泛神论的生活神秘主义"(Pantheistische Lebensmystik)。

22 崇尚(野营……)的篝火和阳光,德意志传统中的"森林神秘主义"("Waldmystizismus"),向在民族(völkisch)意识内部得以弥补的新异教主义的(néo-païenne)笃信宗教的形式逐步转变的种种迹象……我们在一位被青年运动所崇拜的著名画家的转变中看到了这一点,例如菲德斯(Fidus)(别名奥普纳(Höppener)):对阳光的崇拜是他对自然主义风格诠释的核心所在,如 *Die Sonnenwender*,并对霍赫·迈斯讷(Hoher Meißner)进行了表达,祈祷光明是新青年笃信宗教的先知(正如瓦尔特·本雅明后来在《拱廊研究计划》中写过的:"青春派艺术培育出光韵,并将其控制。阳光从未像在菲德斯笔下拥有那样美丽的光环")。在年轻的远足者们培育的神秘的泛神论的直接来源当中,可参见《候鸟协会》(*Der Wandervogel*),1908年,n. 5:"Das Fest der siegenden Sonne zu feiern"。以及《候鸟协会》,1910年,n. 5:"Das Fest der siegenden Sonne zu feiern"。

23 参见其文章"Die Mobilisierung der Jugend",1914年发表于 *Die Christliche Welt*,第250页。施泰格利茨的远足者们代表着神秘的类型(集体化的宗教"个人主义")。

尔奇)试图给出定义,而改革家们则尝试能够领会并引入新计划的个人宗教感情……

候鸟协会的"文化"建立在恢复民间传统形式的基础之上(例如从宗教的角度收集的民歌民谣(Volkslieder)——又一次来自海德堡,沿着克莱门斯·布伦塔诺(Clemens Brentano)的足迹——以及民间舞蹈(Volkstänze)):民风民俗从此慢慢向民族主义转移,正如汉斯·布罗伊尔在其行吟诗歌集中评论的变化(越来越沙文主义)所表现出来的那样[24]……乔治·L. 莫斯(George L. Mosse)[25]强调了这场运动同民族(völkisch)思想体系的同源性:拉加德(Lagarde)(*le Praeptor Germaniae*)、尤利乌斯·朗贝恩(Julius Langbehn)(*Rembrandt als Erzieher*,1890 年),以及——温和的版本——出自崇尚扎根自然风景、批判城市资产阶级的赫尔曼·里尔(Hermann Riehl)之手的《国与民》(*Land und Leute*,经典著作,1853 年)等作品……排犹主义的思想在一些集团内部根深蒂固[26];1913 年,还展开了关于是否吸纳犹太人以及……妇女成员的讨论。菲舍尔和布吕赫的小组拒绝多样化(而维内肯(Wyneken)和本雅明的团队——我在此先说一句——却主张丰富多样化,并就女性充满神秘色彩的本性进行耐心而长久的研究工作)。

走向极端政治化的不问政治(Unpolitische)在文化领域中起着主导作用,人们惋惜阶级与政党的划分,期望深层次的国家统一(但面临小德意志国(la petite Allemagne)和俾斯麦的限制)。这里还要强调一点,1914 年之前的团体仅局限于小型的自治社团,而人民共同体(Volksgemeinschaft)的思

24　*Le Zupfgeigenhansl*(1909)。在这本大获成功的小书第 10 版的前言当中(1913 年 2 月),经典民歌的内容代表着(健康)人类的整体。唯有青年人保存着回归此种未被腐蚀的源泉的能力,有明显的怀旧情绪,在歌曲中寻找永福,并将现代没落转化为新青春的焕发。在 1912 年的前言当中,希望民歌能够尽其可能地帮助"实现德意志精神",而在 1913 年的前言当中,口气则更为咄咄逼人:"新的战争的迫切需要和新的民族动荡也成为新的民歌……"

25　参见 *The Crisis of German Ideology*,New York,1968。

26　宣称的泛德意志主义者(Les Alldeutsche,泛日耳曼主义者)和排犹主义者,例如伯恩哈德·弗尔斯特(Bernhard Förster)试图操控运动的一些圈子。

想体系要等到1918年以后才得以确立:维内肯[27]的前弟子库雷拉(Kurella)从中看到了国家统一的计划,一个德意志的科学想法,以及民族主义者(völkische)和"社会主义者"("西方"自由民主的敌人,与德意志思想截然不同)的综合概括。特别是在维内肯周围,我们将区分出候鸟协会的思想体系及其作为一种全新的本真经验的集体主体的价值。

候鸟协会在1900年至第一次世界大战期间迅速获得成功,并快速传播开来……这同时也是一段充斥着与不同组织形式间冲突(通常都是由个人间的争端引起)和不断分化(最初形成一些新的小组)的历史[28]……威廉二世时代的青年运动的另一个源头是在汉堡的"远足者协会"(Wandererverein),由约翰纽姆实科中学(Realgymnasium am Johanneum)(一所理工科中学)的两名高三毕业生克诺德·阿尔博恩(Knud Ahlborn)和费迪南德·戈贝尔(Ferdinand Göbel)于1905年春天创建。[29]次年,《漫游者》杂志(Der Wanderer)创刊,副标题为"荒原研究机关报"(Organ für Heideforschung):其内容为了解并保护文化领域,特别是遭到现代文明威胁的吕内堡(Lüneburg)荒原。维护"剥除政治"[30]意义的国家、故乡,甚至自然保护联盟(le Naturschützbund)的一些社团,例如丢勒联盟(le Dürerbund)和家乡风土文物保护联盟(le Heimatschutzbund),也有着跟由参与1913年建立德国自由青年组织的"成年人"之一的费迪南德·阿韦纳里乌斯(Ferdinand Avenarius)所领导的《艺术看守人》杂志(Der Kunstwart)极为相似的担忧。[31]

---

[27] 作为性学专家之子,"青年运动"激进活动分子库雷拉(Kurella)在二十世纪二十年代加入了德国共产党,并在第二次世界大战之后成为DDR机构的成员。

[28] 证明了该运动"宗派主义"(同时也是个人主义)的特征……伴随着这种现象,还出现了或多或少具有自治性的地方小组的激增。

[29] 同在柏林一样,这样的组织也是由中学生发起建立的,他们希望用自主性和"自主管理"的创新方式取代或整合校园。

[30] 在政治意义上,国家即祖国(le Vaterland)。

[31] 戈贝尔(Göbel)在创建荒原研究委员会(Ausschuß für Heideforschung)(1906年)的过程中起到了决定性的作用,同样参与创建吕内堡(Lüneburg)荒原自然公园的民

一部分汉堡的"徒步旅行者"(Wanderer)宣扬回归自然,一部分则力主组织文化工作小组,工作的核心在于多样化的利益中心和丰富多彩的活动,而并非仅仅围绕在人际亲缘关系和文化领袖(Führerkultus)周围。同弗兰克·菲舍尔的候鸟协会一样,组织参观工厂。[32]该运动的思想偏向保守(wertkonservativ):卡莱尔的理想主义(及其在实际生活中的现代"英雄"[33]),以及清教派联盟[34]共同对此产生了重要的影响。克诺德·阿尔博恩(Knud Ahlborn)在大学内成立了一个"致力于大学生生活改革这场战斗的联盟"(Kampfbund zur Reform des deutschen Studententums),很快被命名为德国自由学术联合会(Deutsche Akademische Freischar,简称 DAF),同社团的霸权以及世风日下作着斗争。[35]自由联合会在德

族作家赫尔曼·隆斯(Hermann Löns)也是其中一员,正如他1909年在《艺术看守人》杂志中所描写的那样(参见"An den Unfern der Orte",*KW* 1909, n. 19,第27页)。按照戈贝尔的规划,保护自然景观在地区特色方面同保护文化传统密不可分:这是乡土艺术(la Heimatkunst)或乡土文学(Heimatliteratur)的计划(参见 Friedrich Lienhard, *Los von Berlin*,对首都知识分子先锋力量的"专制"提出抗议)。阿韦纳里乌斯(Avenarius)的杂志的创办是源自一场保护因修建大坝计划而面临威胁的劳芬施泰因(Laufenstein)急流的声势浩大的运动。以马克斯·韦伯为首的威廉二世时代的知识分子们(一大批学院院士加入丢勒联盟(Dürerbund))也参与其中。我们看到的是早期的生态保护主义者,作为受到教育的资产阶级(Bildungsbürgertum)(当时的布波族),既悲痛地意识到这一点,同时也懂得根深蒂固的理论。

32　需要使浪漫的风景同工作空间和谐一致。青春沐浴在大自然当中能够进入和谐的生产体系。

33　特别是文学之士……托马斯·卡莱尔是德意志文化的欣赏者和费希特实践唯心主义的信徒……他批判历史至上主义,与此同时,他对年轻人的影响同尼采并驾齐驱。在德国,卡莱尔是穆勒(Stuart Mill)和自由主义者的对手。

34　这一时期以反对酗酒(由盎格鲁-撒克逊国家发起)和烟草的各个联盟的传播为特征……这些联盟的德国信徒(增加了意识形态层面)起名为"禁欲者"(Abstinenten),他们杜绝此类恶习,特别是大学生集体当中的旧习惯……

35　"联合会、社团"(Verbindungen)。荣誉规则(斗剑(Mensur))以及决斗的习惯(面部有刀伤的人),同时还有其他并非贵族的方式,例如大学生酒会(Kneipkomment,集体饮酒)或成群结队出入娱乐场所……我们可以区分出两类组织:其一为团体(Corps),在资产阶级贵族当中招募高级官员和资本家;另一类为学生社团(Burschenschaft),招募文化资产阶级(Bildungsbürgertum)的子女,在精英主义方面略逊一筹的特点使这些学生

国各主要城市散播开来。

因此,在本雅明所说的"大学生生活"的组织内部分为三级。[36]克诺德·阿尔博恩(Knud Ahlborn)的自由联合会(La Freischar)要求扮演中间角色,即介乎于行会精英和集中在"自由大学生联盟"(Freie Studentenschaft)内部(即不加入任何行会的自由大学生,本雅明鼓吹维内肯的圣言)的大学生群体(处境低微一些)之间的"第三种力量"。[37]

由此,自治"青年"的理想便演变为从高等学校延伸到大学的一场运动的积极方针……自由联合会同候鸟协会,或者不如说同布罗伊尔的组织(德国候鸟联盟(Wandervogel deutscher Bund,简称 WdB),同忌酒者反对酗酒的项目结合在一起)结为联盟。而这些组织在联盟当中各司其职:候鸟协会负责中学生,而自由联合会——凭借内容丰富的文化计划——则专司大学生。克诺德·阿尔博恩的德国大学志愿者协会(DAF)在自由德国青年联盟(la Freideutsche Jugend)的创立和组织过程中发挥了根本性的作用……这是在多如繁星的不同团体和小圈子的基础上,第一次正式尝试开创

社团显得与众不同(然而,1813 年的精神已不复存在,而最初的自由主义也在向民族主义转变)。社团所占的比例不断攀升,一直延续到 1890 年(团体中共有 2 900 名成员,而学生社团的成员则达到 3 000 名)。成年人(年长的男子)在其中发挥着决定性的作用,从人数上便可见一斑:分别为 30 000 人和 11 000 人。这同样也是一个能够为年轻的毕业生提供帮助的客户网络。

[36] 参见《大学生生活》(Das Leben der Studenten),1914 年,《作品集》,II.1,第75—87 页。

[37] "自由大学生"组织(La "Freie Studentenschaft")尝试将出生中小资产阶级的大学生组织成为新的潮流。该组织维护宽容的原则,反对反犹民族主义(它接收了大批遭到社团排挤的犹太学生)。它维护学院自由的洪堡理想,在政治上有自由主义,而并非社会主义的倾向。自由建立的工作部门,文化、科学,甚至体育利益中心的内部组织是民主的……该项目的核心点在于要求"代表原则"(Vertreterprinzip):它声称代表所有不属于社团成员的大学生;学院的领导部门予以反对,由此产生的争论甚至致使一些社团组织解散,例如在柏林。自 1912 年大学夏季学期开始,在弗莱堡(Fribourg)和布里斯古(Brisgau),接下来是在柏林(1913/1914 年在柏林、弗莱堡和布里斯古之间),维内肯曾试图把自由大学生争取到自己的教育整体改革项目中来,在将年轻的瓦尔特·本雅明招至麾下之前,这主要是通过克里斯蒂安·帕普梅耶尔(Christian Papmeyer)进行的。

统一的青年运动。[38]德国自由学术联合会(DAF)作为中心,即核心组成部分,竭力兼顾不同的要求和利益。至于联盟的名称,则采纳了弗里德里希·W.富尔达(Friedrich W. Fulda)的提议,形容词"自由德国的"(freideutsch)让人联想到爱国者们在对抗拿破仑军队的独立战争中重新赢得的"德意志自由":学生社团(Burschenschaft)加入其中,并主要扮演着象征性的角色。[39]

纪念莱比锡战役(1813年)胜利一百周年是官方庆祝活动的核心内容。然而,年轻人渴望自己的庆祝方式,不同于喧嚣得令人生厌的爱国主义宣传和开怀畅饮以示庆祝的酒馆精神(这些年轻的爱国者对四处泛滥的酒精倍感担心,他们更喜欢简朴的方式)。唤醒莱比锡的那段记忆应该成为第二次民族崛起的时机(伴随着深层次的、包含政治统一所隐藏的神话),新青年预示着德国的未来。他们将在一次同时代表真正的百年庆祝活动的"节日"(或集会)中组成联盟。汉堡的年轻人首先发起,并挑选了活动场所:位于卡塞尔森林(Kassel)附近的一小块地方,迈森高地,(即1913年发生了Jugendbewegung聚会的小山丘)……十三个青年人协会加入了此次活动:其中包括德国候鸟联盟(汉堡)和志愿军协会,两个候鸟协会,耶拿和马堡的两个"学院组织"(Akademische Vreinigungen)(由前候鸟协会组成),鼓吹节制的赫尔曼·波波特(Hermann Popert)的"先驱者"协会[40],以及教育改革、利茨(Lietz)的寄宿生(索灵山的乡村学校(Landschulheim am Solling))和古斯塔夫·维内肯(Gustav Wyneken)建立的"自由学校社团"(Freie Schulgemeinde)的代表们。在这些代表当中,就有

---

[38] 它并非群众组织。据拉克尔(Laqueur)介绍,青年运动的参加者从中学生到大学生,共计60 000余名。

[39] 参见年轻的本雅明对格哈德·豪普特曼(Gerhart Hauptmann)的节日戏剧(Festspiel)的评论,将爱国主义比喻为理想的青年转变(jugendbewegt)和反庸俗主义(见《作品集》,II,第56—60页)。

[40] 波波特(Popert)是一部大获成功的小说 *Helmut Harringa*(1910年)的作者。小说讲述了汉堡的一位"年轻"的法官一生致力于铲除恶习的传奇故事:他同卖淫活动、以淫媒为业者,以及沉溺于酒精的现象进行不懈的斗争。最大的危险便是性病(梅毒)和可能摧毁人民(Volk)组织的恶习的"传染"……波波特创立了"先锋"(Der Vortrupp)组织,并创办了同名杂志,以宣传这些观点。在"节日"项目的支持者中,还有反对酗酒的学生联盟。

年轻的本雅明。[41]

"成年人"在争取自治的组织中发挥了一定的作用。其中灰衣主教式的人物是出版商欧根·迪德里希斯,正是他负责接待年轻人,并在(耶拿)预备会议期间对其进行指导。[42]他安排鼓吹民族自由的牧师和异端神学家戈特弗里德·特劳布(Gottfried Traub)作为官方演说者……他还将学者们(很大一部分是迪德里希斯出版社的作者或合作者)的祝词集中起来,编辑出版了一本《纪念文集》(Festschrift)。维内肯大受吸引,以竞争者的身份加入其中;他自己也成为演讲者中的一员,同年轻人们一道慷慨陈词……[他代表"左派"的立场,如果说这一短语在这一历史时期有其意义的话]。迈森山(Hoher Meißner,随后将成为神话)的"表现形式"体现了威廉二世时代几乎成为禁忌者们(Abstinenten)实践上十分偏执的自治理想和(伦理)理想主义(事实上却是大众理想主义)的综合。[43]

威廉二世时代的知识分子精英的兴趣是显而易见的。在对投入运动的青年或多或少给予支持的人们当中,有哲学家、社会学家、教育家和艺术家:其中有刚刚完成一部关于1813年的剧本(却遭到查禁)创作的剧作家格哈德·豪普特曼(Gerhart Hauptmann);自由主义女权运动家格特鲁德·博伊

---

[41] 由于与严格意义上的青年自治不可调和的小组的出现,候鸟协会中的一部分组织出现收缩:这便是在学校和家庭之外实施其教育计划的"青少年辅导专家们"(维内肯主义者和忌酒者们便是这种情况)。这个有关自治的问题甚至在自由德国青年联盟(la Freideutsche Jugend)成立之后还在继续激化。这便成为此后驱逐维内肯及其拥护者的借口……至于候鸟协会,除了个别成员正式背叛之外,大多数参加"节日"活动的年轻人都成为其成员,或已经是其成员。

[42] 迪德里希斯是左派及右派批判性和激进知识分子的出版商:先锋出版商和色拉圈子的庇护者。色拉圈子是大学生团体中的一个,经常光顾耶拿的这家出版社,并在节日庆祝活动中作为一个小组加入其中。

[43] 文章中这样写道:"自由德国青年联盟想要在内在的事实中以自己的责任,按照自己的意愿形成自己的存在形式……在一切情况下,该联盟表现得团结一致,以维护这种内在的自由。……自由德国青年联盟的所有活动都拒绝酒精和尼古丁。"德国伦理组织内在自由超越了先验哲学的范围,突破了洪堡"学院"的边框,达到节制者的箴言……

默尔(Gertrud Bäumer);历史决定论的反对者卡尔·兰普雷希特(Karl Lamprecht);牧师及左派自由政治家弗里德里希·瑙曼(Friedrich Naumann);自由派政治家汉斯·德尔布吕克(Hans Delbrück);布雷斯劳(Breslau)的哲学教授欧根·屈内曼(Eugen Kühnemann);提出社会教育学理论,即将个人同社会、共同劳动综合概括的教育模式的马堡(Marbourg);新康德主义哲学家保罗·纳托普(Paul Natop);马克斯的兄弟阿尔弗雷德·韦伯(Alfred Weber);莱昂哈德·内尔松(Leonard Nelson);一元论者、维护法国模式的世俗学校的弗兰茨·约德尔(Franz Jodl);路德维希·古利特(Ludwig Gurlitt)和凯兴斯泰纳(Kerschensteiner)(自习学校创始人),以及其他教育家;画家菲德斯(Fidus,别名奥普纳(Höppener))和他的朋友迪德里希斯·普勒维茨(Diederichs Prellwitz),后者提出了自由恋爱和人民(Volk)才华的理论;带有文艺复兴色彩的出版商费迪南德·阿韦纳里乌斯(Ferdinand Avenarius)和迪德里希斯也活跃在其中,还有支持宣扬圣方济会的朴素教义和道教的素食主义的"预言家"古斯多·格拉泽尔(Gusto Gräser)。[44]

---

44 东方成为一种时尚,仿佛西方资本主义、生产本位主义的反例……青年运动和维内肯的圈子都对道教萌生了浓厚的兴趣(通过马丁·布贝尔(Martin Buber)进行接待,他翻译了 *Die Reden und Geheimnisse des Tschunang-Tse*,1910;布贝尔所做的跋,"Die Lehre von Tao",成为传播道教的基本文章,还有为迪德里希斯出版社翻译了老子和庄子的汉学家里夏德·威廉(Richard Wilhelm)所做的科学性的工作)。老子"无为"的学说成为和平主义运动的灵感源泉(阿尔费德·德布林(Alfed Döblin)、莱昂·福伊希特万格(Leon Feuchtwanger)、黑塞(Hesse)、克拉邦德(Klabund)、胡戈·巴尔(Hugo Ball),也可参见 Ingrid Schuster,"Die Philosophie der Gewaltlosigkeit:Wu Wei",见 *id.*,*China und Japan in der deutschen Literatur 1890—1923*,Bern/München,1977,第 147 页)。在转向遥远的东方的过程中,同一时期(世纪末,战争爆发前夕)也产生了一种特殊形式的新佛教(适应德国人民的需要),吸引着医生和科学家们,寻找一种能够兼容进化论的宗教信仰(不同于基督教的一神论和圣经启示)。因此,东方成为一种对唯物主义文明进行批判的方式,一种相对于威廉二世时代的知识分子及其文化批评家(Kulturkritiker)的反例:诸如赫尔曼·黑塞这位作家就是其中一例(*Die Kunst des Müssiggangs*,1904年)。在更加偏向政治的方面,欧根·迪德里希斯发表了一部著作,*Chinas Verteidigung gegen europäische Ideen*(Jena,1911 年),这是一部汇集了反对帝国主义和对传统进行保守的维护的抨击文章的小册子。维内肯对此书大加赞赏,年轻的本雅明也读过此书,并在 1913 年 1 月 7/9 日写给路德维希·施特劳斯(Ludwig Strauss)的信中提到过它(参见《通信集》(*Gesammelte Briefe*),卷 I,1910—1918 年,Frankfurt am Main,1995 年,第 77 页)。

聚集了2 000名学生的"节日庆祝活动"在1913年10月11日和12日举行,既有民俗风情,又有几分浮夸之风。学生们尽情地唱歌、跳舞、演奏音乐、开展运动,或聚在一起聆听演说家们喋喋不休的训诫,例如克诺德·阿尔博恩的"篝火营地周围"(Feuerrede),他将宗教的形容词多样化……维内肯批评候鸟协会"天真"的风格及其令人无法忍受的舞蹈方式,即无休无止的小型舞会(la Tanzerei)。他抨击奥地利人凯勒(Keil)和库切拉(Kutschera)(奥地利候鸟协会的领导人,该协会想要把整个运动引向泛日耳曼主义、反斯拉夫主义和反闪米特主义的方向)的沙文主义。维内肯本人试图主宰这场运动,但却徒劳无功。

维内肯及其拥护者企图强调这一节日的积极因素:尽管矛盾重重,它填补了空白,开创了青年运动的先河……而本雅明(我在此提前说一句)的情况却并非如此,他发表了一篇关于迈森高地(Hoher Meißner)的题为"青年人缄口不言"(Die Jugend schwieg)的文章(在1914年"之前")。[45]本雅明谴责这一庆祝活动的气氛,(在他看来)其特点为以一种软弱的一致性为依托的反犹主义。他对于费迪南德·阿韦纳里乌斯(Ferdinand Avenarius)的那些老好人式的言辞(堪称大叔)感到厌恶。[46]本雅明的批评特别针对迈森人会议的(被认为)弱智和毒化环境的"党棍们"的晦涩行话……正是年轻人的理想主义对威廉二世时代的改革运动(Reformerei wilhelmienne,维内肯的用词)及其替代理想(真实的体验)给予了抨击:既有种族的纯净,也有土地改革(Bodenreform)或反对酗酒联盟的节制。[47]

---

[45] 参见《作品集》(GS) II. 1,第66—67页;文章刊登于10月18日的《行动》杂志(l'Aktion)(表现派的杂志),是对其主任弗兰茨·普费姆普费尔特(Franz Pfempfert)的一篇振奋人心的文章的间接回应:《青年人开口讲话!》(Die Jugend spricht ! /La jeunesse a parlé !)(普费姆普费尔特是激进资产阶级的左派人物,与维内肯的圈子走得很近)。我们注意到年轻的本雅明很快便和他曾属其中一员的知识分子圈子划清了界限。

[46] Onkelhafte Wörter,我们将看到这同大叔的圈子(l'Onkelkreis,阿韦纳里乌斯(Avenarius)周围的圈子得此称呼)之间的词汇游戏。阿韦纳里乌斯对这位柏林大学生的文章将使用一些颇具挑衅性的用词,视其为一种关于未必有的青年文化的一派胡言式的理想主义(青年文化成为维内肯及其追随者的座右铭)。

[47] 《作品集》,II. 1,第66页。

阿多诺提到过年轻的本雅明在青年运动"左翼"中的体验。这部分青年由维内肯的信徒们组成,致力于为以学生为主题的学校改革而战。[48]其基础为一种新型寄宿学校的尝试,被称为"农村寄宿学校"(Landerziehungsheim,乡村教育之家,学生们在这里同样可以远离城市腐化的影响)。埃尔曼·利茨(Hermann Lietz)重新采用英国学校的模式,即采齐勒·雷蒂(Cecil Reddie)在德比郡(Derbyshire)开办的阿伯次霍尔姆新式学校(New Scholl Abbotsholm),并亲自任教……在 1897 年回到德国之后,他还于次年在哈尔茨山区(le Harz)的伊尔森堡(Ilsenburg)创办了他的第一所寄宿学校。[49]1900 年,施托尔佩(Stolpe)在万湖(le Wannsee),1901 年,豪宾达(Haubinda)在图林根森林脚下都先后开始了这种牧歌般的乡间生活……[50]这正是他教育尝试理想的核心所在(他在这里辞世并栖身于此)。"学校应教会生活":建立在教育和道德价值基础之上的教育型学校,跟教学型学校和公立学校"积极"的教育理念(此乃宗教改革运动通俗版本)背道而驰。学校被设计成一种社会的缩影(小社会,一个共同体内部的生活景象:社会的理想主导着威廉二世时代的教育法)。身为农民之子,利茨将学校培训同(乡间)体力劳动融合在一起:他力图超越现代社会的划分方法,而重新划分人民的组成,它更像民族主义者和国家主义者……[51](可

48　伯恩菲尔德(Bernfeld)作为分析家们在美洲关于培训学院僵化不进的"说教者"和批评家:其观念如出一辙……

49　"德国农村寄宿学校"(D. L. H. E.)。

50　正如他在回忆录中亲笔写到的:"在这个偏远之处,是纯粹的田园风光。"在方圆五公里的区域内,"满眼尽是树林、田野和丘陵,一派图林根地道的风景……"利茨得到了一处庞大的地产,饲养着大批骏马、猪群、奶牛、母羊和家禽……花园中和道路两旁栽满了"美不可言的果树",更有"美丽的鲤鱼在池塘中腾身跃起……"铁匠铺、石磨坊、面包烤箱、地窖……自给自足的生活主宰着这里的一切,学习各种手艺也毫不含糊。利茨呈现出一个封闭的商业国家,与歌德教育之省结合在一起……

51　利茨于 1868 年出生在一个农民家庭,家中排行第八(他本身就是农田耕种者和园艺师)。他在哈勒(Halle)学习神学,接下来在耶拿攻读哲学和教育学。新费希特主义(néo-fichtéisme)的领头人物鲁道夫·奥伊肯(Rudolf Eucken)参加了他的论文答辩(论文的主题为奥古斯特·孔德的社会理想)。费希特派国家教育者应超越阶级区分,重建民族统一。利茨考虑将体力劳动与脑力劳动结合在一起。

惜,由于费用高昂,前来学校的均为贵族子弟,其中还有对教学法实验感兴趣的犹太人。)

我们将会注意到这样的事实,维内肯的信徒们将候鸟协会和改革寄宿学校运动,即农村寄宿学校运动(Landerziehungsheimbewegung),视为两个同类现象[52]:一边是大自然(青年人的率真坦诚),而另一边是文化,过渡的途径是让青年人发挥主要作用的校园改革,并且是在维内肯提出的理智主义的意义上。[53]

古斯塔夫·维内肯[54]出生在一个家族整整八代——包括他的父亲——均为路德教派牧师的家庭。他先在哈勒学习神学(深受自由神学大师哈纳克(Harnack)的影响),之后来到格赖夫斯瓦尔德(Greifswald)(哥廷根)研修哲学;他关于黑格尔批判康德的论文(1898年)使其成为摆脱了经验主义和经验批判主义的新唯心主义潮流中的一员。他同利茨先后在伊尔森堡(1900—1903年)[55]和豪宾达(1903—1906年)进行合作,后终因在教学法和协会成立思想等方面的分歧而决裂。[56]维内肯采用自由且世俗的观点将一个关于宗教教育的特殊问题诠释成为一段宗教历史(以及不同宗教的比较史)。[57]维内肯拒绝利茨的保守主义和潜在的排犹主义(这已

---

52 一个在1901年产生于(图林根)豪宾达,另一个也是在1901年诞生在(柏林)施特格利茨区(Steglitz)。

53 参见 Georg Gretor, Die entschiedene Jugendbewegung, 见 Die Aktion, 1918, 第161页;奥尔格参考维内肯式的"自由人教育小组"。改革运动以三种基本形式展开:候鸟协会(或大自然)和威克尔村(Wickersdorf,寄宿学校)组成相互交替的两极。第三种用语(概括)是《源头》杂志(Der Anfang)小组(他同维也纳人西格弗里德·伯恩菲尔德(Siegfried Bernfeld)共同负责)。这当中不乏青年自治和学术交流。

54 古斯塔夫·阿道夫·维内肯(Gustav Adolf Wyneken, 1875—1964)出生在施塔德(Stade)(汉诺威)。他的父亲曾是一所女子学校的校长,后来成为牧师。维内肯最初进入了哈尔茨山区伊尔费尔德(Ilfeld)一所修道院附设的学校(1888—1893年)。在父亲的辅导下,他开始阅读哲学书籍(包括康德和马克思)。

55 最初担任教师,后来成为校长。

56 整整一批教师分裂出来:如马丁·卢泽尔克(Martin Luserke)、保罗·格黑布(Paul Geheeb)、古斯塔夫·哈尔姆(Gustav Halm)。

57 这将成为他同当局长期分歧的根源及其离开威克尔村的原因。

造成利茨同特奥多尔·莱辛(Theodor Lessing)的决裂)。他在威克尔村创办了自己的学校,这在后来成为其改革计划的象征,而此项改革计划在青年本雅明的作品当中无处不在。[58] 如果说利茨的模式依旧是专制的,维内肯的模式则建立在青年人(大学生)自治这一概念的基础之上,实则是一个鼓励师生同等合作(口号为同志情谊,即 Kamaradschaft)的计划。这主要是维内肯本人及其合作伙伴们的个性使然,例如其中的古斯塔夫·哈尔姆(Gustav Halm)(一位钟爱布鲁克讷(Bruckner)的音乐学家,他在本雅明停留豪宾达期间起到了至关重要的作用)。

经过改革的寄宿学校从反对资产阶级的立场出发,提议一种相对封闭的教育形式。[59] 远不同于候鸟协会提出的"回归大自然"和利茨的农民神话,维内肯在更为坚固的知识基础上发展他环环相扣且又激进的教育计划。他本人曾这样解释道,他的学校奠基于德国唯心主义哲学之上(从康德到费希特,再到黑格尔派,事实上,他参加了十九世纪末兴起的新-唯心主义运动,批判实证主义和经验批判主义:这对本雅明产生了潜在的影响)。[60] 学校并非像天真的改革人士认为的那样,是一次试验[61]:按照艺术

---

[58] 同保罗·格黑布一道。1909 年,格黑布与维内肯关系破裂,并离开了威克尔村。(在诸多原因当中,有一条便是两人争夺该计划创始人身份的竞争。埃伦·凯(Ellen Key)在 1908 年由迪德里希斯带到这里,后来成为格黑布的情人。)1910 年,维内肯与托管当局就宗教教育问题产生了分歧。

[59] 我们从中可以看到新费希特理想主义的影响:我在我的书中,就柏林建立(1810 年)和此前的那场争论(也可参见出色的 Renaut/Ferry/Pesron 分册:《大学哲学》,巴黎,1979 年)之后理想的大学模式,反复强调了这些方面。框架是相同的,即把青年一代从家庭和资产阶级社会使人堕落的影响下争取回来,进行分离式教育:国家教育的目的就在于帮助这些未来公民摆脱自私自利的思想。

[60] 在 1912 年 10 月 10 日写给路德维希·施特劳斯的一封信中,他提到了建立在"黑格尔哲学"基础之上的学校(《通信集》,I,第 70 页)。他自己对此并不甚了解,因为他在信中向我们提起的大学规划是关于康德和新康德主义的。回到康德已经包含了新理想主义的某些成分,而维内肯及其集中于青年文化的客观思想的教育方法一直影响到 1917 年试验"未来哲学"的教育法(Uber das Programm der kommenden philosophie,《作品集》,II. 1,第 157—171 页)。

[61] Kein Experiment, ... nicht eine aus dem Stückwerk von Reformen zusammengesetztze Maschine, 参见"Was ist Jugendkultur"(1913), Werner Kindt(éd.), *Grundschriften der deutschen Jugendbewegung*, Düsseldorf/ Köln, 1963, 第 122 页。

作品的模式,维内肯构想它就是一切,是"充满活力的精神组织"。[62]伴随着尼采的影响(批判自由主义的无修养,将其视为平庸的根源)[63],还有来自费希特——作为即将成为新人类的新一代青年的教育者——的影响。[64]然而,根本概念依旧是黑格尔的客观精神(l'objektiver Geist),并且被诠释为一种造物主般的组织力量、一种现实[65],或一种责任、一项人人需要承担的"任务"。[66]在人类文化的发展进程中,精神成为"社会精神",并在唯心主义和进步哲学的综合中,决定着这一发展过程的目的。[67]此

---

[62] 具有一致性与完整性,如同一件艺术作品或活生生的实物(Ein Einheitliches und Ganzes, wie ein Kunstwerk oder ein lebendiges Wesen),艺术或生物学、生活的范围作为经验的源泉,超越康德的界限。

[63] 维内肯批判个人文化同形式教育的贵族阶级理想,其思想倾向于完整性和绝对性(《学校与青年文化》(Schule und Jugendkultur),第 27 页)。

[64] 参见题为"教育者费希特"(Fichte als Erzieher)的文章(1814 年 6 月 29 日,逝世百年之际),《为青年而战》(Der Kampf für die Jugend)卷中,1919 年。费希特反对资产阶级思想和教育个人主义,他主张全民教育……他称之为实践英雄主义。"康德的德国民族精神在费希特那里得到强化……通过一种精神的强力(也就是他称为实践的英雄主义),费希特对个人的习性毫无尊重,……他想消解自由意志,以神的意志来替代……他依他的意愿召唤一种国家的教育制度,一种全民(Volk)的教育,而不是那种培养渊博学者或是有教养的阶层的教育。"

[65] 参见《学校与青年文化》,第 7 页:"因为,正如黑格尔所命名的那样,客观精神确实存在。这并非基于各种个人理解力的抽象思维,而是一种真实的存在,即一个法则(ein wirkliches Wesen, nämlich ein Gesetz),可与一种自然力量相提并论,但作为思想,它超越自然。"

[66] 参见同上,第 9 页:"人类的真正本质在于由精神支配,有明确的任务和目标。我们没有其他选择;我们只是个体的人,或一些**自我**,因为我们已经受到客观精神的支配,它确立我们的目标,其实是它的目标;即它的表现。人类并非自身的目的,而是为精神服务,这让我们感到可怖。然而,这种感觉基于思想上认识的不清,至少部分如此。因为人类,作为人类本身这一事实,就是精神的一种表现;在此种意义上,人类依旧是人类的目标。"

[67] 这是在整个过程(进化论的前景)中起主导作用的精神史(Geistesgeschichte)的目的论原则。参见同上,第 5 页:"人类生活的进化分作三个阶段:人类作为个体动物产生,由快乐与不快的纯粹主观感觉支配。这个阶段,即真实的初期,代表人类的过去,其生物史前历史……通过学习语言,社会精神开始产生。在学习语言的同时,很快便产生了对于在家庭内部权利与义务的印象,即人类进入第二个阶段。"自然、科学原则(弗洛伊德的欲望原则)被降至历史初期。接下来,天然状态开始向社会文化国家(Kulturstaat)逐步发展,同时,某种区别于海克尔(Haeckel)的唯灵一元论也趋向于此。

外，它在本质上具有社会性和集体性，源于自然（kata physin）……[68]（候鸟协会和生态学家）从自然向文化的过渡，由此培养出小学教员的唯心社会主义（此乃威廉二世时代教育改革的共同前景，从新康德派——例如社会教育学理论家保罗·纳托普（Paul Natorp）——到加强国家教育的理论家）。[69]

在本雅明对教育自由主义的批判及其推崇的社会理想当中，《学校与青年文化》（Schule und Jugendkultur）的影响可见一斑，但他更强调精英主义。[70]而与此同时，他并未认同维内肯提出的"社会主义"（诸如"社会意愿"（Sozialwille）或社会理解力等概念）的某些特征性要素，甚至还以模糊的方式进行了批判，正如他在1912年的《关于宗教感情的对话》中所表述的那样。[71]本雅明摒弃了维内肯左派（若埃尔（Joël））[72]提出的社会实践主义，

---

[68] "精神具有社会性"（维内肯引用自亚里士多德）。精神是一种"集体精神"（Kollektivgeist）。

[69] 维内肯将他的黑格尔学说构建于基本社会形式（例如家庭）向国家的过渡：正如（对他而言）存在一种"客观"或社会理解力，语言作为第一表现形式，在国家当中同样存在一种客观意愿或社会意愿（Sozialwille），同义务一样——应该（als ein soll）——与个人意愿相对立。然而，从意愿伦理学的角度来看，国家可作为唯一的原则。国家作为"一种绝对的自我保存意愿"（黑格尔）的表现或外部组织形式（维内肯在这里似乎映射某种对机械论国家的批判），在我们看来更像是客观意愿极端权力的代表。这种客观化形式正是第二阶段（开化阶段）的特征，而维内肯宣扬的"解放"则出现在第三个阶段（回归自我的阶段，简言之，就是人类与主体（l'Humanité-Sujet）的概括和调和阶段），它自然而然的出路符合伦理唯心主义的要求。由此，国家的必要性——依旧在精神史的范畴内——并非代表顶峰时刻，维内肯批判把国家最为绝对意愿的崇拜（没有文化作为中介，他将其充分发展称作社会理解力（Sozialintellekt），参见《学校与青年文化》，第10页）。

[70] 在"接受"马克思主义之后，集产主义教育法此后占据主导。

[71] "社会"意义上的现代转变在其中作为一大分析要素，推动年轻的本雅明寻找本真经验的源泉……他更倾向于"团体"这一面，这代表着他推崇交流的理想。

[72] 同他竞争柏林自由大学生协会（Étudiants libres berlinois）的领导权……他的"社会工作"小组得到了 Comeniusgesellschaft（Comeniusgesellschaft 是一个专有名词，取名于Comenius的Comenius协会，又名Komensky）的支持，在莫阿比特（Moabit）区给工人的孩子们上课。

同时特别忠实于精神哲学和大师演讲中的"尼采"元素(文化特性(Geniuskultus)也在维内肯派的圈子内传播开来)。他同样批判历史决定论。在1913年的一篇文章当中,他就提出"确定精神目标"(zielsetzender Geist)决定时代的连续性及其意义。[73]年轻的本雅明从维内肯(和尼采)那里衍生得出对相对历史意义(historischer Sinn)的否定。

本雅明在豪宾达遇到了维内肯,在经历了一次公立学校中并不愉快的遭遇之后,这个身患疾病的少年被送到了此处,并且从1905年至1907年在这里度过了两年时光。因此,在维内肯于1906年离开豪宾达之前,本雅明有幸连续数月亲身感受他的教育方法……这段经历在本雅明的记忆中留下了不可磨灭的印记。被称作"小教堂"(Kapelle)的早期(关于戏剧和音乐)自由文化辩论小组成立早于柏林的演讲大厅(Sprechsäle berlinois)。在1912年为高级中学毕业考试(Abitur)准备的个人简历当中,本雅明将这段经历和维内肯的教育描述为自身知识个性形成的启蒙,而这种个性已表现出兼有哲学与文学批评。[74]

1912年4月,他选择布里斯古的弗莱堡开始大学第一学期的学习[75]——他注册语史学系,后研习哲学[76]——是因为受到为维内肯思想而战的精神影响。这符合维内肯的战略,他尝试将大学生引入这些组织当中,来宣传他

---

[73] 参见《教育改革,文化运动》(Die Schulreform, eine Kulturbewegung),《作品集》,II. I,第13—14页。

[74] 参见《简历》(Lebenslauf),《作品集》,VII. 2, Frankfurt am Main, 1991, 第531—532页。

[75] 他在1912年2月末3月初刚刚通过了中学毕业会考。

[76] 在1925年为申请取得法兰克福大学教授资格(一次以失败而告终的痛苦经历)而准备的简历当中,本雅明这样概括他的学习经历:"我在布里斯古的弗莱堡大学、柏林、慕尼黑和伯尔尼学习。兴趣爱好:哲学、德国文学和艺术史。特别选修了下述各位老师的课程:弗莱堡的科恩(Cohn)、克吕热(Kluge)、李凯尔特(Rickert)和维特科普(Witkop);柏林的卡西尔(Cassirer)、埃德曼(Erdmann)、戈尔施密特(Goldschmidt)、赫尔曼(Hermann)和西美尔(Simmel);慕尼黑的热日尔(Geiger)、冯·德·莱恩(von der Leyen)和韦尔夫林(Wölfflin);伯尔尼的哈贝尔林(Häberlin)、赫伯茨(Herbertz)和迈恩斯(Maync)。"(《作品集》,VI, Frankfurt am Main, 1985, 第215页)

的总体改革方案。[77]

本雅明加入了维内肯派在其中充当先锋力量的"学校改革部"。他以极端轻蔑的态度看待自由大学生(Freistudenten)(将其视为普通大众的一部分[78])。[79]此后,他将这项活动扩展到柏林,并一直留在同一分会(自由大学生当中)内部。1913年,应维内肯的请求,本雅明回到弗莱堡,继续夏季学期的学习。本雅明是学校改革部(Abteilung für Schulreform)的负责人,他希望该组织向文化方向,而非机构工程学方向转变(改革)。他有意要求新

---

[77] 正如他所表现的那样,是"学校改革的英雄和科学的牺牲者"(1912年6月21日写给贝尔莫雷(Belmore)的信件),应该配合将威克尔村的信息传播到自由大学生(Freistudenten)当中。几个月以前,维内肯曾在他的《自由学校市镇杂志》(Die Freie Schulgemeinde)中发表了一篇关于"大学生运动的发起人与学校改革"(Studentenschaft und Schulreform)的文章(1911年10月刊),文章在"自由大学生"团体内部分发(该杂志的每一期中都有一篇维内肯的重要文章,并分到到德国的各大高等院校),其战略目标在于为成立特殊"分会"准备条件,以便开展以促进大学内部展开思考并解决教育学问题为任务的学校改革。自1910年起,维内肯在各大高校举办讲座,宣传并维护其纲领。此项活动大获成功,特别是在弗莱堡,克里斯蒂安·帕普梅耶尔(Christian Papmeyer)(1911—1912年)同维内肯关系密切,并通过不知疲倦的活动,促成了学校改革部(l'Abteilung für Schulreform)的创办——其创建者期望它成为未来运动的第一个核心(帕普梅耶尔认为该组织应该将开展青年运动同建立致力于改革教育体制的组织联盟结合起来)。它组织以现实课题为主题的讲座和辩论会(弗里德里希·尼采与未来的学校),当然还邀请路德维希·古特利和古斯塔夫·维内肯等重要人物参加。它筹划编制名为《大学生与学校改革》(Student und Schulreform)的成卷图书,收录讲座的文章和其他对辩论有益的文章,例如帕普梅耶尔和本雅明的文章(如1912年6月末完成的《教育改革,文化运动》(Die Schulreform, eine Kulturbewegung)一文),甚至还有年轻的瓦尔特很不欣赏的一位著名的学校改革(Schulreformer)人物,化学家威廉·奥斯瓦尔德(Wilhelm Ostwald)的文章。维内肯宣扬"按照青年人的思想建立学校",同时,以批判的眼光看待其他更为现代的构想技术和教育意义上的改革的观念。印刷了10 000份的宣传册被免费发送到德意志帝国的各所大学,为开展运动做着准备。

[78] 参见1913年6月15日写给卡拉·塞利格松(Carla Seligson)的信件:"还有自由大学生这些抽象的普通大众……"(见瓦尔特·维内肯引用,《书信集》(Correspondance),I,巴黎,1979年,第54页)。

[79] 参见1912年5月27日写给维利·沃尔夫拉特(Willi Wolfradt)的信件。本雅明将自由大学生(Freistudenten)描述为一群夸夸其谈,却毫无能力的大学生(《通信集》,I,第52页)。他加入学校改革分会,但只是作为最后的选择。

入会的同志大量阅读维内肯和施皮特勒(Spitteler)的著作。然而,维内肯派的影响依然十分有限。弗莱堡自由大学生们的正式刊物《上莱茵地区大学生月刊》(*Studentische Monatshefte vom Oberrhein*)似乎对本雅明和安勒(Heinle)付出的努力视而不见。与此同时,该刊物(1913年7月18日刊)对《起源》杂志(*Anfang*)——维内肯柏林支持者的杂志——过于知识性且"每况愈下"的纲领进行了批判。

在1913年的一篇文章中,本雅明把代表新式大学生(转变青年(jugendbewegt))的(克诺德·阿尔博恩(Knud Ahlborn)的)自由联合会(Freischaren)和局限于组织广大大学生进行墨守成规的活动的自由大学生(Freistudenten)(例如他们并不关心的有关代表性的问题和多种多样的社会活动)区分开来。这一切都缺乏真实性,或更应说独创性和天然性(Ursprünglichkeit)。自由联合会(La Freischar)的功绩在于首次将青年精神引入大学内部,而这在所有关于大学改革的辩论中尚处于空白。然而,他们封闭在一些秘密小会和小范围的精英团队内部。维内肯派需要对两者取长补短。本雅明选择了"诸说混合"的战略,目的在于调和青年一代(社会活动主义被压低,好学生熟视无睹)的理想(甚至自我意识)同大学生"整体"的关系。由此,维内肯派进入自由大学生组织开展工作(无论在弗莱堡还是在柏林),该组织在大学校园中招募新成员,并对其进行统一管理,以确保不偏离学生运动的根基(因为这里是大学生扎根的真正土地,整个大学生群体都建基其上)。与此同时,与自由联合会(Freischaren)结盟使得维内肯派在自治"青年运动"中实现了一次飞跃,此时的"青年运动"正准备在迈森高地庆祝莱比锡战役胜利一百周年。其目标在于将青年运动与教育改革以及大学生运动综合起来。[80]

---

80 参见本雅明的文章, 'Ziele und Wege der studentisch-pädagogischen Gruppen an reichsdeutschen Universitäten mit besonderer Berücksichtigung der "Freiburger Richtung"',发表于 *Student und Pägagogik II. Erste studentisch-pädagogische Tagung zu Breslau am 6. und 7.*,1913年10月6日及7日,Leipzig-Berlin: Alfred Mann,1914年,第26—30页。也可参见《作品集》,II.1,第60—66页:这是1913年10月6日和7日在布雷斯劳(Breslau)

在有关青年的作品中,有一部分专门涉及学校和教育培训的问题。本雅明批判"专家们"的改革方案和关于学业规划无休止的争论等等。改革是一场文化运动。这一范畴又回到价值问题(威廉二世时代文化哲学的核心内容)。教育本身就是一次"价值的宣传"(Fortpflanzung der Werte)。从维内肯的观点来看,这包含着历史——作为精神史和文化史[81]——的连续性(有效的连续性(sinnvolle Kontinuität)):与历史相对主义相对立的连续性(而它自然又成为历史至上主义(l'Historismus)批判的范畴)。但这一(教育的和文化的)过程不可简化为已有价值的一次简单传播(而改革也不可简化为一次传播技术的简单修正/对过去文化内容的复制)。第二阶段,也是教育家和这场运动所感兴趣的一个阶段,则致力于"修正价值"。[82]指定来对价值进行保存的学校需要青年人(主体),来保障

举办的首届大学生教育日(Première journée pédagogique estudiantine)上所做的讲话内容。维内肯派的路线与威廉·施特恩(Wilhelm Stern)教授的路线(布雷斯劳的路线)完全对立。后者局限于学校各项改革的计划,而维内肯派则瞄准来自于自治主体的文化综合:理想主义的青年文化(Jugendkultur)作为一切改革的前提。演讲一开始,本雅明便以纯粹有关"教学改革"的华丽而空泛的词句展开了论述……此项改革的必要性(及其潮流)引发了人们的思考……大部分学生支持施特恩教授的论述,而本雅明引为参照的"柏林-弗莱堡-耶拿"小组则是例外。

[81] 参见维内肯:《什么是青年文化?》(Was ist Jugendkultur?),第68页。这一过程的核心精神是:精神,即在文化当中表现出来……

[82]《作品集》,II.1,第13页:"我们超越现时而不断扩大。我们不仅在永恒的相下(sub specie aeternitatis)考虑问题(在进行教育的同时,我们便在永恒的相下生活并采取行动)。我们希望一切发展都具备符合逻辑的连续性:即历史不会受到某个时期甚至个人的特殊意愿支配而发展;而我们所相信的人类的逐步发展不再会走向迟钝的满不在乎,而是合乎精神的目的性。我们想要的——便是担负起人类自然而然的逐步发展:[这便是该词的含义]文化。能够总结此种意愿的词汇是:教育。从此,传播价值同时代表另外的含义:不仅包含传播精神物质,在这样的含义下,文化成为显著的问题,而且还包含精神的传播(第二种要求)。正是在这其中产生了围绕着我们想要当作最崇高的遗嘱留给繁荣作为遗产的价值进行的提问。学校改革并非仅仅为价值传播的改革:它同时也是价值的修正。[因此]这便是它对于文化生活的第二种根本意义。"

它始终面向未来(以及感官"视野")。[83]这最接近维内肯的观点,而有关价值的问题也让我们想到李凯尔特(维内肯曾是他的学生)和巴德(Bade)的新康德主义学校。[84]

年轻的本雅明维护反对社会活动主义的思想,而这种思想似乎在改革运动以及他为赢得广大大学生所付出的努力中占据着主导地位。[85]对于弗莱堡派,或更应该说是维内肯的支持者们来说,主题依旧是青年一代。[86]不变的是对把"社会性"当作借口(而无须考虑)进行的批判,而这主要体现在一篇关于大学生生活的论文当中,此文标志着这一时期的终止。[87]这成为与恩斯特·若埃尔产生分歧(关于柏林青年运动(Freie Studentenschaft)的领导权)的基础,且出现在马克思主义者本雅明与激进知识分子(或更应该说"左倾"激进分子(linksradikal))、激进民主主义和活动主义分子针锋相对的论战之中。

在1913年的一篇文章《教学与评价》(Unterricht und Wertung)中,本雅明对学校"语史学"(使用区分法)进行了尼采式的批判[88],并大力维护真正的普鲁士-德意志高级文科中学(Gymnasium)刚强有力的人道主义模

---

[83] 《作品集》,II. 1,第15页:"文化与学校改革之间最直接的关系,便是构成这一关系的青年人。学校是将人类的征服作为遗产进行保存的机构,并总是重新提出建议。然而,学校能够提供的一切非已成为过去的功勋和产品,即使间隔并不久远。面向未来,它能够提供的只有关注与敬意。而学校为其服务的青年一代能够带给它未来。诚然,学校迎接的这代人缺乏保障……可能还有些自私自利,学识浅薄,冲动而粗俗……然而,他们同时满脑子装满对未来的国家的憧憬。未来的文化便是……学校的目的,而面对青年迎面走来的未来,学校必须沉默不语。"

[84] 因此,一方面,哲学从传递下来的文化遗产(历史文化财富)当中寻找价值,并进行"整理",而另一方面,应该转而面向未来,李凯尔特提到了"未来产品"(Zukunftsgüter)(意思在于从历史的角度来看,该体系的建立尚未完成),并对进步哲学的原则进行了定义。

[85] 参见《目标》(Ziele),《作品集》,II. 1,第60页:"在社会学和社会义务感的影响下,我们习惯于将改革的动力与未来的支撑都归结在大学生身上。"

[86] 同上,第62页:"并非学校或学校改革,而是青年人占据着弗莱堡思想界的中心。"

[87] 《作品集》,II. 1,第78页,批判颇受限制的社会活动。

[88] 《作品集》,II. 1,第36—37页,主题的划分。

式,而丝毫没有对改革派学校采取开放的态度。[89]因此,"轻视妇女"(frauenverachtend)的古希腊文明能够和迄今已有百年传统的魏玛神话(le mythe de Weimar)相呼应,与本雅明同一时期的另一篇文章中曾提及的新人道主义教育(Bildung)或世界古典主义这些的范式相呼应。[90]

维内肯支持建立统一的现代化高中这一计划,他的这位学生却似乎出于对实科中学(Realgymnasium)和一切当时建立在进步主义和国家主义两个阵线(参见拉加德(Lagarde)和弗里德里希·朗格(Friedrich Lange))之串通基础上的国家教育计划的憎恶之情而极力反对。古典主义与现代性是两种现代潮流或思想:唯心主义者将教育(Bildung)视为相对于启蒙运动(Aufklärung)及其教育学的一大进步。[91]又一百年之后,特勒尔奇为此种德国模式的简洁进行了辩护,抨击鼓吹唯心主义的那个世纪[92](另有些人称之为实证主义的第二次启蒙运动)。本雅明时代的年轻人要在停滞僵化地继

---

89 《作品集》,II.1,第40页:"我们完全可以承认在内心深处对传统学校(就其人文主义教育)满怀好感。我们的这种偏爱是强烈而持久的,因为在传统学校的身上,我们能够看到一种懂得如何保持泰然处之的高尚态度,抵制在教育的其他领域大肆盛行的达尔文功利主义思想的教育理念(坚信学校的理念)……然而,我们能够感觉到我们需要怎样的学校,我们当中的一些人甚至已有想法。这绝不是一所按照温克尔曼(Winckelmann)的方式(长久以来,崇高的简洁性与从容的高尚成为女学生高等教育招致不幸的特权)教授希腊文明的学校(最佳含义)。我们的学校应该参照尼采和他的哲学评论《历史的用途与滥用》。带着对满腔热情追随尼采的青年人的信任,(学校)应该将这些小改革派全部从当今的教育领域剔除(一小拨现代改革教育家)。而不是追赶现代风尚,到处宣扬教育全新神秘的作用。这样的学校传播的希腊文明不应该成为和谐与理想根本靠不住的王国——恰恰相反,它有的是重男轻女的伯里克利希腊文明、贵族阶级、奴隶制度、埃斯库罗斯晦涩的神话。这便是我们的学校需要正视的东西……教育家们将思考能否建立这样的一所学校,它同现今的学校势不两立,非民主但快乐的,而不应该随随便便地同实用中学、实科中学以及其他经过改革的学校同流合污……"

90 参见《浪漫主义》(Romantik)(1913年),《作品集》,II.1,第43页:"这同样的……席勒的贞洁素朴的人和世界主义式的经典主义。"

91 参见 Streit des Philanthropinismus und Humanismus de Caspar I, Niethammer, 1808年。

92 参见1903年的哲学评论《当今的神学与宗教状况》(Die theologische und religiöse Lage der Gegenwart)。

承新人文主义模式和生产的资产阶级(banausie)之间做出选择……对教育(Bildung)的继承成为一个真正的问题,即如何在全新的计划中诠释自主性或者说个人的自主培养,而这与寻找本真经验不谋而合。在年轻的本雅明看来,解决的方式便是组建团体,并挽救个人体验:这是反对大学退化为制造文凭、进行职业(Beruf)(借用威廉二世时代的辩论中使用的词语)培训之机构的大学生"创造性社团"(schöpferische Gemeinschaft)[93]。实践证明这样的社团依旧只是一些"普通完整的组织"(ganz kleine Geimeinschaft)(在写给卡拉·塞利格松(Carla Seligson)的信中,本雅明称之为极"小型社团"),与广大一无所知的大学生群体相对立。这是追求精神与一般概念的改革者们(维内肯派)的核心所在。[94][荷尔德林之大学精神团体(Communismus der Geister)的另一版本]

　　本雅明的大学生活在弗莱堡和柏林两点间穿插度过,且主要包含两方面的内容:按照维内肯的基调培养的自由大学生,以及《起源》杂志——一份由乔治·格里特(Georg Gretor)和西格弗里德·贝恩费尔德(Siegfried Bernfeld)主持的维内肯派的杂志,是为改革运动在维也纳的通讯者(ACS[95]),更深入地投入政治领域——的拥护者。[96]威克尔村由此成为一项唯心主义文化计划的标志,年轻的本雅明在同路德维希·施特劳斯

　　93　《作品集》,II.1,第82页(下条注释):"创造性的社团在大学内对每一名大学生进行培训:通过哲学的方式。"大学生在以精神为根基的小型组织中同时是"创造者、哲学家和主人"。

　　94　参见《大学生生活》(Das Leben der Studenten),《作品集》,II.1,第76页。本雅明以对完整意义和具有创造性的人的探究来对抗职业(和社团):"有一种评价社团精神价值的极其简单的标准。问题在于:整体在成绩当中是否有其发言权,全体成员是否担负责任,全体成员是否是必不可少的?"(第77页)另见第78页:"每一个成就都是为了整体……"这种全部的投入与作为有限的活动(begrenzte Tätigkeit)的社会成就(die soziale Leistung)进行对抗。存在唯物主义(学者菲希特或尼采派改革家的使命)取代了洪堡模式的学术自由(自由大学生的自由主义)。

　　95　学校改革学院协会(Akademisches Comittee für Schulreform)。

　　96　贝恩费尔德(Bernfeld)同时在精神分析运动中进行培训,是其中的左翼力量、弗洛伊德-马克思主义者和实证论者的代表。

的通信体辩论中把它同作为义务的犹太复国运动对立起来。[97] 对于欧洲的未来而言，这里不愧为孕育中的世界精英的神圣之地。

　　对维内肯的崇拜可谓登峰造极，他是公认的领袖，决定着寻找本真经验形式的方向。[98] 与此同时，本雅明对于学院派哲学也表现出极佳的口才（学院派哲学提供了学术工具与技术语言，参见 1917 年的哲学评论，但在方向问题上不予参与）。年轻气盛的本雅明在大师们面前表现得狂妄自大，甚至连李凯尔特也不放在眼里。[99] 他"在职业哲学家们的小圈子里"感到很不自在，正如他在 1913 年 6 月 5 日写给卡拉·塞利格松的信中声称的那样："我的方式与此大不相同……"[100] 两天之后应邀前往里

---

[97] 参见 1912 年 10 月 10 日写给路德维希·施特劳斯的信件，《通信集》，I，第 70—71 页："我在那里为威克尔村的事业进行招募（原文如此），问题在于人……投身这一想法，满怀激情与活力的人们，很大一部分都是犹太人。我看到的主要都是一些为光明和改革事业而奋斗的犹太人，我自己在威克尔村投入的也是这样的事业。从最个人的方面而言，从他们当中，我看到了一种严格二元论的生活设计，我在自己的身上和威克尔村也看到了这样的生活设计。"

[98] 在 7 月 30 日写给赫伯特·贝尔莫（Herbert Belmore）的信中提到，维内肯的（精神）领导原则达到顶峰。在布雷斯劳的教育大会上推举维内肯作为"指引者"。本雅明主持了庆祝仪式："我对我们应以何种方式表达对维内肯的感激之情进行了探讨。……应该采取个人行动。某个晚上，小范围（最多十二人）聚在一起举行活动，在我看来，这是最好的形式。在整晚的活动过程中，大家对他进行简单的评价，特别强调这一点，即正因为有了他，在我们这个时代，我们才有机会不断成长，并知道了何谓指引者。"（《书信集》，I，第 77 页）这是教育存在的根基，不承认生活或思想的轮环往复。本雅明负责维内肯的"内在使命"，即帮助年轻人找回青春（《通信集》，I，第 155 页）。

[99] 无论是对于大学生还是老师，本雅明的评价在当时都充满蔑视的严厉：约纳斯·科恩（Jonas Cohn）的研修班便是这种情况，"与一切思想格格不入"（《书信集》，I，第 57 页；《通信集》，I，第 112 页：与一切思想格格不入），甚至李凯尔特也不例外（参见 6 月 7 日的通信："研讨会之后……克勒尔和我看法一致，我们自认为比李凯尔特还要挑剔好争"）。然而，青年人典型的狂妄自大还隐藏着——我们这位教育改革的英雄人物——面对正统学院所表现出来的某种不安。有趣的是，这两个不同的方面出现在同一封信中。

[100] 《书信集》，I，第 54 页。"我的想法总是从第一位老师这里出发，又回到这里。即使是关于抽象的问题，我也已经预感到他会以何种方式做出回答。于是，我是和一些朋友，一些文学爱好者一起探讨哲理的。而在这些以另一种坚定的才华高谈阔论的人们当中，我完全不知所措……"（同上，第 54—55 页）

夏德·克勒讷家中参加聚会,他也有同样的感受。[101]

在 6 月 5 日写给卡拉·塞利格松(C. S.)的信件中,"爱好文学"的哲学家,同时也是维内肯的弟子和教育唯心主义的信徒本雅明写道:我们可以称之为内在信仰,共同的言论,普通的组织(la kleine Gemeinschaft)——能够决定方向的活跃力量,而并非学院派。本雅明在同一时期(1912—1914 年)的文章中表现出的对文学的爱好,使他更加接近文学新宗教派人物的形象,而并非掌握严谨科学的哲学家。他对文学的爱好具有更为实际的特征,即更加重视行动。而相对于职业哲学家们在学校的战场而言,本雅明的"思想"尽管尚不完善,但难能可贵的是真实,我在此引用他在给卡拉·塞利格松的信中写到的一句话:"我感到和他们的距离遥远,唯一聊以自慰的便是拥有……诸多想法,还远未全部开发,或者至少拥有那些我知道的真正的思想……"[102]

这样的观念是在生存经验中形成的,而这种经验在最初阶段是以青年人对威廉二世时代的崇拜的形式出现的。[103]我在书中调查了这种崇拜情绪的浪漫主义根源及其追随者。本雅明将荷尔德林的诗歌同维内肯的"青年文化(Jugendkultur)"结合在了一起。[104]

---

101 参见 1913 年 6 月 6 日写给贝尔莫的信件:"最近,我参加了哲学家克勒讷的招待会,置身于那些专业人士当中,我感到自己根本不合适,失望至极。"(《书信集》,第 57 页)

102 《书信集》,I,第 55 页。

103 阿多诺在《书信集》的前言(Correspondance,I,第 17 页)中所述,他对于"青年人怀有崇敬的感觉"。

104 参见前引《什么是青年文化》。(青年人的)精神对抗机械文明的种种危害。维内肯希望重建或实现文化的有机理想的希望寄托在(他领导的)青年人身上(按照经久不衰的古典浪漫主义模式):"一种统一、一种风格、一种以创造性的方式表达出来的共同的本能"。我们距离艺术期待的表达文化(Ausdruckskultur du Kunstwart)并不遥远。[文化并非一些实事、经验和知识的总和。]青年文化是自己领导自己的愿望的同义词。因此,要由维内肯来反驳这些指责他有精英主义与智力至上之嫌的一心拥护民主的人士:"……人们告诉我期待什么——一种新青年文化的想法——对于大众而言难度过大。大众要求一些现代、明确而简单易懂的目标和任务。我很愿意承认,但我对此表示怀疑。现在的大众是否行使着引导者的职责?还是已经忘记了引导者一词的含义?(什么我过去曾经引用过《拱廊研究计划》(Passagenwerk)这篇文章,对应着作家过去的一段经历:青年文化、青年运动和青春派艺术不约而同地出现[105]在步入成熟阶段的本雅明对过去的总结回忆和对一种资产阶级解放形式的追溯性批判当中。[106]"青年"这一概念(和本雅明的亲身体验)起着核心作用。布洛赫(Bloche)在一篇关于美好时代(Belle Époque)的哲学论文中也有同样的论述[107]:"陶醉在未来当中"[108]的威廉二世时代的资产阶级同样的命运。

是引导)因为这意味着那些个体的人,那些最优秀的、最负责任且最深刻的人,真福者、那些走在前面的科学家、创造者——这些人应该成为大众新生活和新精神的源泉。我们目前可以喜欢大众,而仅仅是介于引导者的关系(我们无法直接令大众充满活力,而仅仅是间接地通过他们当中的领袖人物)。比大众能够达到的更高的目标在于承认他们需要引导者,并且需要找到真正的引导者"(参见《什么是青年文化》,第 127 页)。精英应该引导新青年精神史(la Geistesgeschichte)范畴的发展,而并非仅仅在物质文明方面的发展……

105 青春派艺术(本雅明认为的"kat/ùxocøn"风格,《作品集》,V.2,第 691 页)的产生可与候鸟协会全新的生活艺术(neuer Lebensstil),以及维内肯派青年文化的有机模式相提并论。尼采的后继者对文化腐败没落现象的批评(Kulturkritik)同样与现代愚昧之人寻找全新"风格"相对应。

106 逃避是不够的,因为它"总是带着逃避者的印记"(《作品集》,V.2,第 683 页),而本雅明则倾向于"退回"(到自然),对宗教经典进行解释的模式,伴随着"禁欲者的回归"以及错误意识的"幻影"。

107 参见 Ernst Bloch, "Herbst, Sumpf, Heide und Sezession" (1932),见 Ernst Bloch, *Literarische Aufsätze*, Frankfurt am Main, 1973,第 444 页。"是维多利亚时代的衰败及其分散在各类资产阶级解放运动的形式 Wandervögel(迁移候鸟),青年运动,自然主义……这是一个微弱的革命,但这个时代的资产阶级,作为一个没有前途的阶级却只能设想这样一种解放的形式。"布洛赫提及了一个没有前途的班级中的孩子们的一次力量弱小的革命(听从马克思主义者的预言)。

108 我在此援引 *Regard rétrospectif* 中关于斯特凡·格奥尔格的一段内容:"是在 Jugendstil(现代风格,但在德文中,具有 style-*Jugend* 青年风格的含义——本文作者)中,旧的资产阶级掩饰其预感到的弱点,用滥用在所有领域里的'青年'一词来连接其命运。是在这里显示出……社会现实向自然现实和生物现实的退化,显露出危机的征候。"(参见《斯特凡·格奥尔格回顾》(Rückblick über Stefan George),《作品集》,III.2,1993 年,第 394 页:这便是青春派艺术;换句话说即风格,老资产阶级掩饰着对自身弱小的预感,而在各方面释放无尽的热情,并且陶醉在未来当中,滥用青年这个充满魔力的词汇,等等。

本雅明从进行哲学思考之初,便开始寻找另一种形式的经验。在1929年的一篇出版说明中,他转换视点,强调了这个问题的连续性。[109] 在1913年的一篇题为《经验》(Erfahrung)的哲学论文中,经验被描述为幡然醒悟的成年人的面具——"超有力的灰色经验"(die graue, übermächtige Erfahrung)[110] 以及修养浅薄者思想的匮乏(这等同于1932年的哲学论文中提到的经验缺乏(l'Erfahrungarmut)[111])。这是思想正统人士和经验丰富人士以及"友好人士"(Wohlwollenden)和"思想开明人士"(Aufgeklärten)的经验。针对青年人当中谄媚者"虚假的浪漫主义"[112]而反对缺乏修养的论战,同时与诺瓦利斯(Novalis)、布伦塔诺(Brentano)和格雷斯(Görres)……真正的传统联系在一起。这在关于豪普特曼(Hauptmann)的节日(Festspiel)的文章——同样是在1913年——中,在对代表经验(通情达理之人)的"历史感"的批判中还在继续。[113]

作为计划的社会现实退缩在自然、生物的范畴,且其发展从此成为危机的征兆,首次表现出来……)从此以后,我们可以对这个(威廉二世时代精英分子的孩子们)组成的"痛苦的"阶层意识诠释学的范例提出质疑。而关于批评的定论,指的又是何种资产阶级呢?马克思主义的"目的论",判定将在历史的进程中消失,我们重又发现了其中的内在含义,或者这里指的是威廉二世时代的老资产阶级("老中产阶级"(das alte Bürgertum),该词指的是相对于现代资产阶级资本家的德国传统资产阶级):将要真正体验危机的"阶级"(本雅明、布洛赫和卢卡奇等年轻的一代大批地被战争吞噬着生命,而本雅明家族财富的迅速积累并非来源于无产阶级,而是二十年代的通货膨胀)。其他(政治与文化)统治力量也即将启动。

109 本雅明:《作品集》,III.3,第902页:"在我最早的一篇哲学论文当中,我调动了青年所有叛逆的能量,来对抗经验一词。如今,该词已成为我许多作品当中的支撑要素。自此,我始终忠实于自我,因为我的斗争在于挖掘这一词的含义,而不是将其抹杀,这深入到问题的核心。"

110 本雅明:《作品集》,III.1,第55页。

111 《经验与贫乏》(Erfahrung und Armut),《作品集》,II.1,第213—219页。威廉二世时代社会"思想的贫乏",而刚刚经历了第一次世界大战的痛苦体验的世界面临"经验的匮乏"。

112 参见哲学论文《浪漫主义》(Romantik),《作品集》,II.1,第43页。

113 《作品集》,II.1,第46页。

然而，在年轻的本雅明看来，还存在另一种可能的经验，尽管只是通过否定，通过对庸俗无知者浪漫主义（和尼采主义的）灵感的批判[114]对它作出定义。（唯心主义三位一体之真、善、美的）绝对价值取代了缺乏修养者（后来，还有兰克的"智慧"）谨慎的经验。这里所指的是另一种经验（意义）的内容，本雅明使用否定的形式第一次进行了说明："经验只对那些不具有精神的人来讲才缺乏意涵并被精神所遗弃……"[115]

本真经验的内容具有精神的性质，它来源于"我们"，而并非外界或现实的原则。[116]超越庸俗者的是精神的体验（Erfahrung des Geistes）[117]，并在精神与生活（Geist et Erleben）综合概括的范畴内描绘出来……[118]这种新体验的内容和大学生的"生活"一样，具有"宗教性质"。[119]

"新式宗教感情"或宗教觉醒的主题在威廉二世时代德国的文化中占据主导地位，它构成世俗化（新教一边）辩证法的一方，而另一方——最显而易见的——则由历史宗教危机代表。[120]寻找道德教育根基的教育家们对

---

[114] 《作品集》，II.1，第55页："而他们从不明白——庸俗之人——还有其他有价值的经验——为我们服务……"

[115] 同上。

[116] 同上。"我们的所有体验现在均中止。我们自身的精神将赋予它们含义。"

[117] 同上，第56页："违心进行的同样的精神体验，成为精神的缺乏［庸俗之人的同义词］。"

[118] 同上："更何况没有'精神'的'体验'是愉快的，尽管毫无保障。"

[119] 参见《大学生生活》（Das Leben der Studenten），《作品集》，II.1，第80页，依然是消极的表述方式："而今天的大学生绝不会站在诗人一边，绝不会站在宗教生活的源头。"

[120] 神学家、一元论者、泛神论者、知识分子以及不同观点的杂志均在探讨从古老的形式中剥离出的宗教感情的问题（"自由组合的宗教感情"（freischwebende Religiosität）），并将其"引入"新的文化及政治，甚至超越政治的计划当中（迪德里希斯（Diederichs）出版社，其他企图向马克思主义过渡的改革家们，期望重建社会关系的一元论者，想要实现教会组织民主化的神学家，以及希望将基督教日耳曼化，甚至现代化的人士均属此类情况）。笃信宗教一词于十八世纪末进入哲学家们的语言当中，特别是费希特，以及赫尔德和洪堡，前者将这一概念同作为空论派体系的宗教区分开来，以将其定义为"主观宗教"；而后两位则将笃信宗教带入精神和感情的范畴，同建立宗教体系的"观点"完全对立。1900年前后，笃信宗教成为"专门术语"，频繁出现在知识分子的语言当中。

这一现象极为关注：维内肯将"青年－宗教－组织"（Jugend-Religion-Gemeinschaft）这一组概念理论化（宗教的范畴成为在教育家和信徒中的精英的引导或主持下的自治主体——新青年——及其行动的构成部分）。[121]在从1910年（寻找宗教的三者（Die drei Religionssucher））直至战争爆发前夕的一段时期内，这一主题在本雅明有关青年的作品中可谓无处不在。

在1912年的《关于当今宗教感情的对话》（Dialog über die Religiosität der Gegenwart）中，本雅明这位维内肯的学生首先对现象进行了分析（对于争论不休的问题采用了"对话体"的形式）。这关乎"自由宗教运动"（freireligiöse Bewegung）和"新宗教潮流"（neureligiöse Strömungen）（按照当时的语言）的问题。然而，这更多涉及的是这种盛行一时的泛神论（或一元论）的宗教信仰模式，年轻的本雅明对此不予认可。[122]在投身威克尔村中所观察到的正是"文化与宗教混沌"的状态（这两个词汇总是同时出现）。维内肯的这位学生坚信理念（独一无二的）[123]，他试图确定问题的中心线，以将多样化减缩为最后一个，其主题就是在术语学中被戳穿的"世俗化"。[124]

---

[121] 青年运动的世界历史含义概括为文化－青年－组织（Kultur-Jugend-Gemeinschaft）："通过学校社团的建立，像新文化的想法那样设计青年人的想法，在最终的根基上具有宗教性。……三段式概念：文化－青年－组织防止僵化不前。"（参见《宗教教育与教育》一章，参见《学校与青年文化》，*Schule und Jugendkultur*），第166页）

[122] 《作品集》，II.1，第20页（"到处都存在的强大的泛神论"）及第26页。这是宗教之下（Diesseitsreligion）的模式，正如我们在当时所定义的那样，或者不如说是费迪南德·阿韦纳里乌斯和阿图尔·博努斯（Arthur Bonus）在《艺术看守人》杂志专栏中所说的自从歌德以来的"有识人士的秘密宗教"（Geheimreligion der Gebildeten）。年轻的本雅明重点抓住了向美学方向的转变（"作为生活的审美的观念的强力体现的泛神论，人道主义"），正如鲁道夫·奥伊肯（Rudolf Eucken）所定义的那样，这是一种优雅，或者麻木的精神状态，神学家特勒尔奇认为，它"冒充高雅"。

[123] 参见关于大学生生活的哲学论文中关于"历史哲学"（geschichtsphilosophisch）的开篇，《作品集》，II.1，第75页。

[124] 《作品集》，II.1，第18页："世界（Welt）自身在其自身中完成。"在德语中，Säkularisation，Säkularisierung，Verweltlichung是"同义词"，（通常）所指为同一概念，参阅Hermann Zabel，Säkularisation/Säkularisierung，见Brunner/Conze/Koselleck，*Geschichtliche Grundbegriffe*，Stuttgart，1984，第五卷，第789页。Weltlich ＝世俗，尘世，去神圣化的，作者在这里玩Welt一词的连接游戏，世界完成而不是超越。

"我们正经历一场宗教危机……"[125]宗教根基的危机影响整个社会生活。正是这样,"社会活动丧失了它形而上的严肃性。"[126]它成为物质文明的事情:"文明的事物——我要强调这一用语—— 如同电光。"这便是现代病理学,正如生活改革派的行话。[127]伴随着形而上学或宗教的深度日渐衰退,社会性(社团、世俗社会主义或资产阶级约定俗成等方面)日益增强。[128]

接下来是对将工作简缩为技术,而将人简缩为劳动机器的自治性道德世俗化(维内肯—— 区别于宗教深度)的批判。对于一些人,即进步思想的支持者、对话中的朋友而言,不过是与转型过程相关的暂时不适的征兆,而在年轻的本雅明,这位尼采和维内肯的对文化腐败没落现象进行批评的学生看来,这已成为文化领域深层次且不可逆转的危机的证明,而这场危机的唯一出路便来自于一种全新形式的笃信宗教,笃信的是令人失望的宗教(当然是对于知识分子而言),同文学家们的境遇一样。文章整段内容如下:

> 朋友:您的想法令人难以接受,因为它违背历史。但您所言也有一定的道理。我们正处于一场宗教危机当中,而我们尚无能力逃避社会宗教义务的压力,不配成为自由的人。我们还不曾实现道德自治的最终征服。这便是这场危机的核心。宗教作为伦理内容的守卫者,被当作一种形式而得到承认,而我们正在把伦理性作为具有自身证明的事物加以征服。然而,这项工作尚未完成。(我们还有一些过渡现象)……[129]

---

125 《作品集》,II. 1,第20页。

126 同上,第19页。它缩小到实用主义和世俗化职业的范围内……它失去了深度,正如本雅明在1917年的哲学论文中的经验,寻找一种全新的、形而上的或宗教性质的经验形式。

127 同上。"(病弱(An einem krankt))活动的不足之处正是缺乏形而上的深度。"

128 同上,第18—19页:"随着社会中宗教的衰退,使**社会**的成为必要的。"

129 同上,第20页。

本雅明拒绝历史决定论和进化论，以下便是他在同一段论述中的答复：

> ……面对您所描述的伦理自治的景象，我感到厌恶。康德说，宗教便是把我们的义务作为神圣的指令加以承认。也就是说，宗教确保我们每天的工作当中都有一定量的伦理性。这是最为必要的。您著名的道德伦理自治的判断将人变为劳动的机器，为实现在一个无穷无尽的系列内人人相互制约的目的。正如您所设计的那样，道德自治十分荒唐，它会带来一切工作退化为技术的局面。[130]

在1912年的《对话》(Dialog)当中，本雅明对唯理主义的转变进行了批评——即从形式主义（宗教作为形式）向现代生产合理性的规律性的逐步转变……自主性的新教伦理在世俗化职业(Beruf)之（可预见的）出路中构成目标：这一主题出现在他所有关于青年人的文章当中，这意味着他在《对话》中已经提供了一种理论依据。世俗化的"目标"——一个目标会带来其他的目标——仅仅是一些有条件的命令（由此产生宗教的重要性所在，即确保伦理学的内容以及纯洁性）。汲取了宗教源泉的伦理学，那些世俗化和他律的目标也沦为一系列串联，无止境的一系列(in endloser Reihe)，同样的多产的连续……我们又看到了对机械论的唯心主义批判。本雅明寻找"时钟和助学金"以外的另一种"时间"(《有关青年的形而上学》(Metaphysik der Jugend)，1914年）。笃信宗教的目标伴随着这一寻找的过程，以及柏林大学生的智力活动，直至战争将其中断。总而言之，对话引起对现代技术和失去灵魂(Entseelung)这一主题的思索[131]，并直指逐步走向倒退的危险[132]……然而，本雅明似乎想在辩论中将世俗化的问题争论到底，努力在所谓的宗教领域内寻找拯救的可能，而这依然同伦理学、价值和社团组织(Gemeinschaft)密切相关。宗教，或不如说"笃信宗教"仿佛是能在技术合理化的过程中抵御一切价值丧失的医学：它应该能够拯救康德派系纯粹的伦

130　《作品集》, II. 1, 第20页。

131　同上："诚然，技术操作性工作在整个自然当中带来特殊的生活……"

132　参见对话中朋友的驳斥："我们以为您生活在同东方普鲁士的 *Junnkers* 中最反动的那些一样遥远的时代。"（对话发展中的两种立场能够让整个问题脉络清晰。）

理及其自律(生产合理性的逻辑面临被遏止的威胁)。它应该能够确保一种绝对性的形式(在一个幻想破灭的世界)和人类活动的意义……然而,这意味着精神要求,对康德永恒的继承,以及经验概念本身的一种深层次的(再次宗教的)转变。威廉二世时代世俗化的问题促使年轻的本雅明向社团(Gemeinschaft)的宗教经验转变。

对现代性的批判,跟对于现代工作的组织以及实质内容,或者统一性的丧失等的一贯控诉密不可分(如在现代风格或青春派艺术的美学意义中不断体现的如对浪漫主义的继承和手工艺者的神话)。在关于对话的自我的论说中,表达出对现代职业以及经济现代组织形式逻辑的反对(年轻的本雅明一贯如此),而我们可以在合理性伦理和职业伦理"世俗化"的过程中寻找其根源。[133](本雅明关于大学生生活的文章以洪堡模式自由"科学"的名义,来对抗职业以及职业培训的逻辑。[134])在其长期以来被当作重要的参照的著作当中,海因里希·吕贝(Heinrich Lübbe)强调在威廉二世时代智力背景下典型的合理性伦理"世俗化"的一些其他现象,例如德意志伦理文化协会(Deutsche Gesellschaft für ethische Kultur),或一元论。[135]针对道德教育(Moralunterricht)广泛的后信仰式辩论也属于这一观点的范畴。[136]

---

[133] 在这方面,可参见马克斯·韦伯的著名文章《新教伦理与资本主义精神》(1904/1905年):"应该把工作当作自身的目标或使命(职业)那样来完成……"对于韦伯而言,能够像对待"道德义务"或自我控制那样,审时度势,将思想集中于工作的能力是"资本主义要求的工作概念最为有利的土壤"。"建立在克己基础之上的客观工作的神圣性"[如本雅明所述]与此类吸纳了宗教动机的理性伦理十分接近。

[134] 参见《大学生生活》(Das Leben der Studenten),《作品集》,II.1,第76页。(大学成为制造文凭的工厂。)

[135] 参见 Heinrich Lübbe, *Säkularisierung*, Freiburg-München, 1965, 第43—44页。对德意志伦理文化协会(D. G. E. K.)和一元论伦理的批评,可参见 Ernst Troeltsch, *Aus der religiösen Bewegung der Gegenwart*[1910年的哲学论文],见《作品集》(*Gesammelte Schriften*),二卷,Tübingen,1913年,第36页。

[136] 由此,面对合理化的推广,伴随着逐渐形成的反向运动,我们将面临韦伯派或后韦伯派提出的一个问题……我在此举两个例子。**积极的一面**:新教牧师和政治领袖诺曼(Naumann),新教社会代表大会(l'*Evangelisch-sozialer Kongreβ*)的创始人之一。

对于本雅明这位柏林的大学生而言,"拯救者"应该来自于知识分子"阶层",或者按照当时的语言,更应该说是来自于文学家(Literaten):本雅明描述了新式的[137]现代知识分子形象,能够有处于社会边缘的经历;这是"心怀怨愤的阶层",正如沃尔夫·莱佩尼斯(Wolf Lepenies)最近所定义的那样。[138]在本雅明看来,这个阶层"支持奴隶们",支持这以一种饱受苦难

他已经在进一步探讨本雅明近期关于技术的可复制性的专题。在此,我引用他 1904 年的一篇文章("Die Kunst im Zeitalter der Maschine," *Der Kunstwart* 17, 20 [1904],第 317 页):德国人民"装配齐全",同时也是艺术家,精于制造业的民族(Maschinenvolk)以及……懂得艺术的民族(Kunstvolk),完全陷入现代风格和双重性的问题……诺曼维护手工匠——慕拉诺岛(Murano)的玻璃制品工匠,迈森(Meißen)的瓷器制造商——他们代表着生产量化的一面,同工艺美术运动(la Kunstgewerb-ebewegung)(威廉二世时代工艺美术改革运动)同步,同时,他有意将艺术或"质量"引入工业机械当中(参见《艺术与工业》,《艺术看守者》(*Der Kunstwart*),20,3 [1906],第 128 页)。本雅明以辩证的眼光看待(自 1930 年起)这一整套有关艺术与技术主题的"古老的"辩证(同时揭露青春艺术风格不可能做出概括)。**消极的方面**:在新宗教运动内部,一种批评出现了,披露在此种模式中,宗教的使用范围逐步缩小。我在此可引用萨穆尔·卢勃林斯基(Samuel Lublinski)的一段著名的批评,他将资产阶级加尔文派信徒工作的宗教同奥斯曼帝国的士兵们的宗教狂热进行比较(宗教充当组织力量的角色)。卢勃林斯基同时还指出宗教人士(禁欲者)回归到革命思想的形式当中(关于世俗化的又一重要主题)。宗教应摆正自己的真正位置,同时帮助在成熟的文明当中对问题进行"文化总结"(参见 Samuel Lublinski,"Der Organisationsgedanke der Religion," *Die Tat* 3 [9],1911,第 411—419 页;*Die Tat* 3 [10],1911,第 472 页)。

137 "文学"或文学爱好者的类型有别于创造者或天才(同样可参见《大学生作者之夜》,《作品集》,II.1,第 70 页:文学同时也是一名为理想和艺术而战的"士兵":并非作品,而是信仰的"道德纯洁性"对它进行了定义,正如"意愿"对归入同一学者类型的文学艺术爱好者作出了定义)。与创造力丰富的天才(《作品集》,II.1,第 29 页)不同的是,这种全新的类型十分贫乏。就同一个主题,关于文学家们的"宗教",可参见 1912 年 9 月 11 日写给施特劳斯的信件,《通信集》,I,第 63 页(特别是这种产生消极精神的体验苦行和"贫乏"的主题)。同"诗人"(歌德和荷尔德林的神话的延续)截然不同,对于这种某种德国文学传统曾经不屑一顾的文学类型,本雅明凭借自己的方式进行着弥补。"成熟后的"本雅明在他的《波德莱尔》一文中,通过(被迫在市场上自我推销的"诗人"头顶光环的)"消失"这一主题,直截了当地抨击了这一神话。

138 Wolf Lepenies, *Ascesa e declino degli intellettuali in Europe*, Bari, 1998, 第 7 页。

的主体、集体的受难基督形象出现的奴隶们。[139]因此,文学(Der Literat)成为一种新的笃信宗教的载体:作为局外人和现代个体的代表,作为这一时期同社会惰性(soziale Trägheit)持续冲突的主题。本雅明从中看到了现时及未来人类的"赎救者"(Erlöser im Dienste der Menschheit),无止境地为懒惰的庸俗者感到失望,而他毫不犹豫地将现代知识分子的境遇同奴隶身份两相比较。[140]

他另外一篇探讨"新宗教"问题的文章题目为"道德教育"(Der Moralunterricht,1913 年)。所探讨的是一个时事主题:道德教育(Moralunterricht)应取代(对于从古利特到维内肯的改革党派和政教分离党派)宗教教育。[141]年轻的本雅明不相信庸俗的政教分离原则或进步主义能解决问题,他强调一个矛盾:从纯粹康德式伦理的角度看,教育家在纯粹或自主意愿方面没有起到模范的作用(依然是缺乏教养的庸俗者的经验)[142]或发挥影响力(没有产生心理上的压力)。[143]这同样也是教育以

---

139 写给施特劳斯的信中影射"思想的贫乏"和原始的基督教徒(怀有敌意的社会当中真正宗教感情的载体)。

140 《作品集》,II. 1,第 28—29 页:"又一次由于奴隶的存在,宗教形成了……如今支撑着这一历史上十分必要的奴隶制度的社会阶层是否就是文学家的阶层[学者]?他们想要成为最真诚的群体,想要表达对于艺术的热情,对于'远方的迷恋',而社会将他们抛弃——他们必须从反常的自我毁坏的形式当中清除任何活着的人都需要的'过度的人性'(das Allzumenschliche)。这是那些想要将道德标准变为生活准则的人们,而我们的不确定性(Unwahrhaftigkeit)迫使他们陷入边缘的境地(zum Outsidertum),振奋激昂使他们变得贫乏空虚(unfruchtbar)。如果不懂得用我们自己的思想来填补社会生活形式的空白,我们就永远不可能赋予社会契约以精神意义。宗教为每日的生活和成为崇拜对象的社会契约奠定了新的根基,赋予了新的尊严。难道我们不需要精神和文化的契约吗?"[要通过文化"改革"来拯救资产阶级社团,原子物理学家的惯例,让理想化的青年人或新一代文学家、知识分子、文学爱好者,等等,起到基础性的作用。]

141 我们讨论的是"政教分离,学校与宗教分离"的问题,以及 1905 年的法国法律所代表的模式。我们讨论的是德国教派体系的发展和结局,以及可能的转变的问题。激进派(一元论者)想使学校脱离宗教。同一年就举办了多次关于道德教育(Moralunterricht)的国际大会。

142 本雅明在康德反对经验的科学理论的道德方面表现得更为激进。他将巴登地区(德国以斯图加特为首府的地区——译注)新康德主义以及价值哲学提出的要求变得更为强硬,而出发点则为一种超越严苛戒律以及大师们哲学体系之界限的宗教形式。

143 《作品集》,II. 1,第 49 页:"道德教育的目的在于培养道德意愿。然而,这一道德

及一切并非旨在构建(奠基于真正的栽培(Bildung)而非功利主义和宣传教育(Aufklärung)的延续)的教学法领域的矛盾。本雅明再次从大学(和哲学问题)回到威克尔村和自由大学生组织(Freie Schulgemeinde)。正是宗教团体(Gemeinschaft)(小型组织)为问题的解决提供了方案:实现经验论的合法秩序。引文如下:

> 自由学校社团和道德社团的原则在这里显得至关重要。道德教育[在该社团内]的表现形式叫作笃信宗教。该社团自身不断尝试一种能够孕育宗教、唤醒宗教静修的过程,这是一个我们能够称之为"道德观念在形式上的征服"的过程。正如我们刚才看到的那样,道德法则与任何先验道德因素毫无关联;而道德社团不断尝试规则如何能够转变为先验道德的范畴。此种存在的条件便是自由,它能够令合法因素向规范的方向转变。[144]

在这样的前景下,道德教育成为一切。本雅明反对唯理主义,同时为反对向相对主义或怀疑论偏离的危险而捍卫的文化及教育的总体计划,扎根于宗教团体鲜活的经验之中,这些团体成为宗教感情觉醒的(精神)催化剂。同威廉二世时代教育改革(Reformpädagogik)的一切广泛潮流一样,宗教或不如说"宗教感情"应当能够确保道德教育。然而,形式上的征服成为这些团体经历的有机组成(这些社团总有新的体验……)。这是一种具体的体验形式,(尽管康德反对,)它深深地根植于选择文化与教育的总体改革这一方面(威克尔村)。它摆脱了"社会"方面(即经验论的协会团体(la Gesellschaft))已有的经验,反对缺乏修养的庸俗者积累的经验(Erfahrung),同时,也抵制自然主义科学模式的经验。

在本雅明关于道德教育的文章当中,发挥作用的正是宗教团体,它尝试道德观念在形式上的征服,而这在通过更为具体的培养过程解决纯伦理矛盾

意愿比任何事物都难以企及,它并非可以通过[适当的]工具处理的精神实体。在任何产生先验影响的特殊情况下,我们都无法确保原原本本的道德意愿。(确切地说)缺少的是能够操纵道德教育的杠杆(Hebel)。道德法则愈是纯粹,唯一有效的愈是难以实现……教育家们就愈是难以求得纯粹的意愿。"

144 《作品集》,II.1,第50页。

的尝试中存在着出现化圆为方的风险。这一过程将在由本雅明理想化的社团充满活力的背景下实现,仿佛"孕育宗教"的过程:同一性是(id est)一种全新体验的性质,它超越了经验那些有名的"界限",并筑基于自由之上(而非决定经验科学的必要性(la Notwendigkeit)或简单的外在合法性)。道德社团(sittliche Gemeinschaft)在进行尝试、体验培养(最高层次的含义)过程连续性的进程中,表现为纯伦理向经验论的合法秩序"过渡"的桥梁,并通过与自律的原则协调并存的方式,挽救教育(更应该说是教育(Erziehung)而不是教学)的可能性。在这田园牧歌一般,但的的确确真实的范畴内,合法的秩序能够按照规范自由建立,而它本身就体现在集合主体当中。此种观念预先假定了自由这一事实,或者如果我们愿意,也可以说是事实(或某种特殊事实)同康德哲学的假如(l'als ob),以及伦理的理想的巧合。它预先假设了"规范"与集体共同生活(Zusammenleben),以及自律个体的意识之间具体的协调一致。[145] 纯意识——纯伦理的规范——以及(自称依据规范)建立的集体秩序之间的相互渗透依然充满神秘,令人难以把握[146]——本雅明似乎将其列入宗教体验的领域,作为调查和分析之可能性的极致界限。

在发表于 la Tat 杂志(迪德里希斯出版社发行的杂志,该杂志本身就属于新宗教计划[147])的哲学论文《新青年的宗教立场》(Die religiöse Stellung der neuen Jugend, 1914)中,还延续着本雅明关于经验或新主体(青年人)在"宗教方面的"思索。在本雅明的文章当中,探讨的是正在觉醒,还要唤

---

145 《作品集》,II.1,第50页:"只有通过规范,我们才可以达至一个社群的概念。……一方面,在社群的义务意识中所相互蕴涵的严肃的伦理,另一方面,在社群秩序中所表现的族群性,向我们展示一个社群的道德的构成本质。"

146 同上:"然而,一个宗教进程与每一个直接的分析相对立。"

147 1914年5月在 la Tat 杂志(有关德国文化的宗教月刊,"Sozialreligiöse Monatschrift für deutsche Kultur")中发表。该杂志为迪德里希斯出版社文化及社会改革计划的喉舌,新教教义的当代专家之一——冈戈尔夫·许宾格尔(Gangolf Hübinger)将本雅明的文章列为宗教与神学先锋的证明之一,其发展同威廉二世时代青年一代存在的经验正相吻合。

醒整个德国青年人的一场真正的运动……"神圣抉择"使用的修辞学落入了一个杂乱无章的世界(现代世界),那里不再有价值秩序,让人们作出合理的选择[本雅明写道:在这片混乱当中,选择的事物,"神圣的"事物消失得无影无踪]。剩下的便是选择的存在问题,因为青年人"号召进行选择"。而选择(神圣抉择)将创造自己的客体,这便是新宗教运动的意义。我们创造(尼采的观点)价值,在"世界观店铺"(Warenhaus für Weltanschauungen)[148]的背景下。引文如下:

> 正在崛起的青年运动表明了无限遥远的这一点的方向,我们知道那里会有宗教。而对我们而言,这场运动本身就能够深刻地确保它向着正确的方向发展。德国正在觉醒的青年一代同样远离一切宗教和思想信仰团体。他们当然不会站在宗教的立场上。但是,他们对于宗教的意义很大,而宗教也开始在全新的意义上对他们产生影响。青年人站在中心,新生事物从四周向他们走近。他们的需求十分极端,而上帝的帮助距离最近。不像在其他任何地方,在青年人当中,宗教抓不住社团,而同样在青年人当中,宗教的需求也比其他任何地方更为具体、内在且深刻。缺少了宗教,对青年的培养路线(Bildungsweg)便毫无意义,而是依旧空洞无物,偏离方向,无法达到向决定性的自治转变的那一地点。而这一地点对于整整一代人都是相同的;上帝的殿堂也是由此而建立起来的……
>
> 而现在,一部分青年人沉浸在宗教信仰当中———一种成为他们自身肌体的宗教,而他们也从中发现了自身的需要和痛苦。新一代青年人想要站在一个十字路口,但却无从找到。整个青年一代想要选择,而可选的事物早已限定。新一代青年人面对着一片混乱,他们选择的(神圣)事物消失得无影无踪。[他们的道路]再不会有任何纯洁或污浊、神圣或卑劣之分,(而只有允许或禁止这类学校词汇。)他们感觉到

---

148 "世界观店铺",马克斯·韦伯为迪德里希斯出版社发明了这一用语。该出版社充当了前沿知识和生活改革计划的收集者。

孤独无助,不知所措,而这正是他们的宗教严肃性的证明,表明宗教如何不再对他们意味着某种[生活]精神形式,意味着通行的道路,不计其数纵横交错的道路当中的一条,他们能够每天经过的道路。然而,唯有选择,选择的可能和神圣的决定令他们如此这般迫切地期待得到。选择能够形成自身的对象:这便是对宗教最贴近的认识……

自身从事信仰职业的青年人便意味着这种尚未形成的宗教。在人与事一派混乱的包围中……他们祈求进行选择。而在神明重新创造出神圣与非神圣之前,他们无法进行最深刻严肃的选择。他们相信在共同的选择愿望达到至高阶段之时,圣明和魔鬼能够显灵。[149]

为本雅明的大学教育阶段画上句号的那篇关于大学生生活的哲学论文反对职业领域和经济人(l'homo œconomicus)构成的资产阶级社会[150],而"创造者们的团体"(大学生)充当活跃的主体[151]……从前的洪堡之学术自由范畴从今往后变得不合时宜,而本雅明喜欢展现救世主主宰的前景[152]和最早的基督徒的上帝之城(la civitas dei)[153]。青年运动的体验越来越令人

---

149 《作品集》,II. 1,第72—73 页。

150 又是一次对"社会"范畴的批评,参见《作品集》,II. 1,第78 页:"普通人的社会补助金起到……压抑人的内心原初的冲动的作用。"普通人的社会津贴对应庸俗的经验,这里还有多余的异化:从年轻的知识分子精英的角度来看,工作扼杀了内在的人(笃信新教)和(特别是)精神。社会津贴对应的是加以限定的、有限的活动,而活跃的主题面对的是整体。年轻的本雅明在这里使用依旧是尼采式的用语批评现代工作分工,倚仗"自愿主体的完整性",而这在大学中尚无表现……

151 同上,第83 页:"创造者们的团体普及每一种学问:通过哲学的形式……"(共同体(Gemeinschaft)既是大学生共同体,真正的共同体……同时也是本雅明在1913 年8 月4 日写给卡拉·塞利格松的信中提到的"小社团",《通信集》,I, 第161 页。)在1914 年的文章当中,理想的大学生同时是"创造者、哲学家和教师"(《作品集》, II. 1,第82 页),甚至哲学也不再是大学的一门专业,而成为这个富有思想的社团的(存在的和智力的)表达方式……主体同时也是活跃的,正如周围修辞学所希望的那样,致力于教育改革的这位学生考虑的是"精神革命",大学生组织能够成为其中的"伟大的转变力量"(仿佛一个集体性的创造者,以取代个人天才)。

152 参见有关"历史形而上的结构",以及目前前景的不足的最终状态的哲学论文的序言(《作品集》,II. 1,第75 页)。

153 同上,第84 页。

失望,而本雅明也逐渐与之疏远(在几次巨大的挫败之后[154])。战争的爆发彻底结束了这一切,在他的朋友弗里茨·海因勒(Fritz Heinle)逝世之后(1914年遭暗杀),他身边的同事纷纷四散而去,而最终,由于古斯塔夫·维内肯投入好战宣传[155],本雅明最终与他的这位"老师"分道扬镳。

尽管被战争清扫出局,青年运动惨遭失败,但年轻的本雅明却在这一阶段进行了对"本真"经验最早的探索。这位威廉二世时代教育改革(Reformpädagogik)的学生在大学期间经常旁听新康德派老师的课程,而他同时承认在"职业哲学家们的小世界(原文如此)"[156]中感到很不自在:属于他的地盘是柏林同事的圈子(Kreis),而(进行思考)的导师正是古斯塔夫·维内肯。他所寻找的(替代缺乏修养的庸俗者的)经验成型于极端哲学的背景之下[157],即青年运动和维内肯派青年文化的背景。"宗教性"这

---

154 特别是在魏玛所作的关于新式大学的演讲(由此完成了《大学生生活》一文,本雅明添加了形而上的"帽子"(见注释132))。参见1914年6月22日的信件(《通信集》,I,第236页):"突然间变为少数派"是对本雅明的精英主义的回答,他维护精神的观念(反对派的首要人物瓦尔特·A.柏伦生(Walter A. Berendsohn)支持实用主义的观点,"从个人和客观而言,是个毫无文化的人物")。

155 理由并非抽象的和平主义,而是维内肯"背叛"了青年一代,并宣称为了家而将其牺牲,参见1915年3月9日的信件(《通信集》,I,第262页)。针对的是1914年的一部抨击文章小册子《青年与战争》(Jugend und Krieg),其中维内肯将转变青年的(jugendbewegt)理想主义的修辞转变为自愿牺牲的狂热……

156 参见1913年6月5日写给卡拉·塞利格松的信,《书信集》,I,第54页:"我感觉找不到自己的位置,我也经常探讨哲理,但我的方式与此大不相同;我的想法总是从我的第一位老师维内肯这里出发,又回到这里。……我是和一些朋友,一些文学爱好者一起探讨哲理的[我强调]。因此,在这些以另一种坚定的才华高谈阔论的人们当中,我完全不知所措……"本雅明影射的是应邀参加的一次晚会,参见1913年6月7日写给贝尔莫雷的信:"最近,我参加了哲学家里夏德·克勒讷的招待会,置身于那些专业人士的当中,我感到自己根本不合适,失望至极。"(《书信集》,I,第57页)克勒讷是 Logos 杂志的创办人之一,并非等同于传统类型的学院派人物。诚然,本雅明的不自在是因年龄和学识的差距而起的,而这同样也是一个人态度的体现,伴随而来的是本雅明对于他在弗莱堡的老师们(约纳斯·科恩,甚至还有李凯尔特)的毫不留情的评价(这一次甚至相当狂妄自大)。

157 即便新康德派的这位学生尝试接受严格的哲学术语,参见1917年的哲学论文。

一主题在对庸俗"社会"进行批判中起着首要作用[158]，有趣的是，我们发现这同宗教的相遇是在新教的文化环境下，并且早于同肖勒姆（Scholem）（也就是与犹太教）的相遇之前。

这种研究的方向同样出现在本雅明于 1917 年勾勒出的他的首次也是唯一的一次系统思想的尝试中。[159]在《未来哲学计划》（Über das Programm der kommenden Philosophie）这篇论文中，本雅明对经验概念进行了激烈的批评：他想要保留康德的"专用语"（他视为天才的创造），以及系统的要求，围绕一种全新的经验道德观念，同时抛弃哲学家们给予证明的科学经验（l'Erfahrung）的模式。[160]后者具有"最细微的事实"（eine Wirklichkeit niedersten Ranges）的性质，而本雅明则坚持历史定义的特征。[161]我们面对的不仅（且主要不是）是对方法的批评，同时也是对同康德和巴斯多（Basedow）[162]时期密切联系的经验的特殊"内容"的批评，这种经验[163]，被指控为

158　依旧是滕尼斯提纲中的社团（Gesellschaft）"类型"。

159　参见肖勒姆，本雅明，《作品集》，II. 3，第 939 页。

160　马尔堡（Marburg）学校的创建者赫尔曼·柯亨（Hermann Cohen），已经抛弃了经验批判主义，并将先验推理的概念作为其"回归康德"（回归真实）计划的核心。如果说马尔堡依旧和普遍的"科学"（mathésis）联系在一起，在西南地区的学校中，我们更优先对于历史经验的思索（这便是巴登地区新康德主义，本雅明所在的文德尔班和李凯尔特的学校）。至于柯亨的著作（本雅明和肖勒姆在 1918 年一起研读的 la Kants Theorie der Erfahrung），它令这一对朋友大失所望。本雅明提到了"哲学的马蜂窝"和"先验的困惑"，参见 Scholem, Geschichte einer Freundschaft, Frankfurt am Main, 1975 年，第 78 页。他的朋友在寻找一种绝对经验形式：不再是康德意义上的先验经验，而是宗教意义上的，正如我们将看到的那样。

161　《作品集》，II. 1，第 158 页："此种经验，……暂时受到特殊的限制。"（Diese Erfahrung, [...] eine singuläre zeitlich beschränkte）

162　经验丰富的教育改革家德绍（Dessau），"博爱"（原文 Philanthropin，这是这个教育机构的名称，来源于 philanthrope 一词。这是一种面向那种有用的技能教育和学习的博爱互助事业，与那种经典的人文文化教育相对立。）学校的创建者，以及功利主义的理论家（与康德相对立）。

163　这仍然是对庸俗无知的批评，概念水平更高，但同时也是某种浪漫派批评的继续……本雅明提到世界看法（Weltanschauung）（科学表面客观性的背后），并考虑从其"客体"出发，利用历史相对主义的武器（其实遭到唾弃），拆散康德方式手段的内在协调性。

具有"历史和宗教的盲目性"[164]:此种"减缩到零起点和最微小的含义"[165]的经验提供了批判现代贫乏的反模式。[166]

本雅明面对唯心主义对分裂或消灭的经验的贫乏进行的批判所作出的答复定位于宗教领域,正如他在1912—1914年间的文章中提到的发现一种新形式的(青年人的,同时间精神一致的)宗教感情来对抗现代世俗化的形式和特殊化职业的逻辑。对"混沌经验的全部"[167](直接特征)认识上的把握正是康德所排斥的……[168]本雅明对绝对化(或对经验"形而上"的根基)的研究逐渐从超验性的术语向神圣的"教条的"[169]愿望转变[170],正如1918年的《增补》(Nachtrag)确认的那样,宗教构成了最具体现实的全部经验的根基。[171]

(蒋明炜　译)

(原载《中国学术》第二十七辑)

---

[164]　《作品集》,Ⅱ.1,第159页。历史和宗教应为真正的经验提供生命力的源泉(本雅明已经在《大学生生活》(1914年)中勾勒出了一种对"历史的形而上结构,正如救世主降临说火法国革命"的思考方法)(《作品集》,Ⅱ.1,第75页)。他(已经)开始动员各种力量来反对历史至上主义的"科学"(无知者)。

[165]　同上。

[166]　参见《经验与贫乏》(Erfahrung und Armut),1993年,《作品集》,Ⅱ.1,第213—219页。在1917年的哲学论文当中,"阐释(Aufklärung)的典型轮廓[经验的无价值或贫乏]属于整个现代时期"(《作品集》,Ⅱ.1,第159页)。

[167]　《作品集》,Ⅱ.1,第164页。

[168]　对本雅明而言,康德对于经验的局限性已经成为有限的经验形式的历史界限……这令他开始从对于系统的外在批评出发,克服(康德"先验"方法)的障碍。

[169]　本雅明的用语。

[170]　《作品集》,Ⅱ.1,第164页:"形而上学概念的特征显然就是……它通过各种想法,将经验的整体同上帝的概念立即联系在一起的能力。"也可参见1918年1月31日的信件,《书信集》,Ⅰ,第157页:"形而上学是否就是这样一种认识:它倾向于先验地承认科学属于绝对神圣体系的内在范围,该体系的最高领域是教义,其整体和起源是上帝,且仅在这一有序的整体内部认为科学的自治是有意义和可能的。"

[171]　《作品集》,Ⅱ.1,第170页:"……这种经验的具体整体是宗教,不过它还是首先被赋予只是作为一种教义的哲学。但存在的源泉在于经验,并且只在教义中哲学才与作为存在的**绝对**相遇,所以这个在经验的本质中的连续性,被新康德主义者错误地加以忽视……批判主义和科学与他者系统连接……结束了。"

多元的现代性与协商的普遍性

于尔根·科卡(德国柏林社会科学研究中心)

诸如现代性这样的一些概念在传播,且在传播的同时发生了变化。像市民社会这样的一些理想的方案(visions),乃形成于一些特殊的历史文化之中,并且要求在其中得到承认。一旦它们扩大了对于承认的要求并扩展到其他的历史文化中,它们就会发生变化,或者起码它们应该发生变化以避免变成失去效力的或是强加于人的东西。这些假说对最近一段时期尤为重要,因其正经历着全球化的惊涛骇浪。我们的社会及政治语言的基本概念的变化,经常与历史现实的非语义学方面的变化相关。正因此,研究语义学的变化饶有趣味。在扩展或普遍化过程中传播的概念与理想的方案,乃是研究社会、政治与文化的相互关联,或更准确地说,是研究世界的不同空间、不同部分之间(比如西方与非西方之间)遭遇的关键所在。[1]

"现代的"、"现代性"与"现代化"等观念起源于西方,它们首先是欧洲的,稍后成了欧洲与北美的观念。"现代的"一词起码自五世纪起(在拉丁文中)就被使用了,在十七世纪末(在法语中)它变成了一个核心概念,从十八世纪至二十世纪在不同的西方语言中,它继续被频繁地使用,因为艺术、诗歌、社会关系、国家类型、思想观念甚或整个历史时期方面的表述,都具有以下三层含义中的一种所表达的特征:与早先的、从前的相对应的现在的、当前的意思;与旧相对应的新的意思;与永恒相对应的暂时的意思,此即与时间相关的三层含义。人们视何为现代的,以及他们如何评价它(肯定的还是否定的)则随时间的流逝而截然不同。"现代性"这个名词出现于十九世纪

---

[1] 我非常感谢"工作-知识-关联辩论会"("ACORA. Arbeit-Wissen-Bindung")的参与者,这个项目由柏林学术讲座于1999—2001年间赞助主办。

初,德语中"现代的"(Moderne)一词指的是最近社会的、文学的、艺术的各种倾向之集合,它亦受到了不同的评价。[2]

与"现代的"、"现代性"不同,"现代化"一词在美国强大的影响下成为社会科学内外的核心概念则不早于二十世纪五、六十年代。"现代化"有助于重新界定"现代性"一词,后者已被视为现代化的产物或是现代化的基点(reference point)。对"现代化"的见解具有种种精微细小的差别。以下是共同的几条界定的原则,我认为它们是关键性的。首先,现代化的观念与时间相关,指的是新鲜的或现在的事物,它与古老的、过去的,或更恰当地说,即传统的形成对比。更确切地说,它与变化相关,它将从传统的到现代的长时段的转变概念化了。其次,它承继了一条在十八世纪启蒙思想中就已经出现的绵长的社会-历史理论化的路线。启蒙思想视历史的变迁为有方向的、不可逆转的发展,尽管它未曾使用"现代化"一词,而使用了诸如进步、革命、文明、"理性化"、社会分化,或者就是"历史"(单数的)等词汇。第三,"现代化"具有一个系统的范畴,其中涉及经济的、政治的、社会的以及文化的各种转变之间的关联。它强调下列两类现象之间的相互关联是"正常的":比方说,资本主义的出现、工业化、自由民主制度的兴起、民族国家的建立、多元主义社会的出现等现象;和以成就为标准形成社会关系的现象、科学的进步、某些人格的构造、某些信仰体系、心智的状态等诸多方面的情况。不同的作者以不同的语言强调不同的方面,但是他们几乎都看重他们所选择的这些方面之间的相互关联。现代化的第四个常见的含意曾被卡尔·马克思最为明确地指出过(他的观点经不起各个例子之间无可否认的差异的冲击),即较现代的国家向较落后的国家展示了后者最终将如何发展。虽然西方先行发展,但其他国家步其后尘并进行了大体上相类似的"发展"。世界早晚将会变成更加同质的。第五,现代化的整个趋势被视为积极的、令人向往的(可得到"发展"政策的支持),这要比诸如马克斯·韦伯在著作中所说

2　Hans Ulrich Gumbrecht, "Modern, Modernität, Moderne," in: O. Brunner et al. eds., *Geschichtliche Grundbegriffe. Historisches Lexikon zur politisch-sozialen Sprache in Deutschland*, vol. 4, Stuttgart(Klett-Cotta)1978, pp. 93—131.

的更加明确和直截了当,韦伯曾是这类思潮的一位有影响的前辈,尽管他没有大量谈及"现代化",也没有深究它的基本矛盾(basic ambivalence)。[3]

显然,这些都是西方的概念。作为社会史家,我们能够设法重建西欧与北美的经历与根本的组织结构,这些经验与结构导致了这类思想并帮助使之貌似合理,至少就其精英人士而言是如此。然而这一思想路线从十八世纪出现以来就具有全球的维度。现代化哲学的主旨倾向于全人类将以欧洲为中心联合起来,和平地走向更加美好的未来;这种观点是欧洲中心论的,但其要求是普遍性的。当这种理想的方案部分地付诸了实践,尤其是在法国大革命当中,它便在世界历史上产生了反响。而且在此时欧洲的精英和稍后的北美精英创造、构建的这种反应欧洲中心论的西方思想路线,乃是一种正在显现的欧洲的与/或美国的认同的组成部分,这种认同通过与非欧洲的(非西方的)文化的遭遇而受到推动,欧洲人-西方人使他们自己显得不同于后者:十八、十九世纪所谓的东方(Orient),二十世纪所谓的东方(East)和"发展中国家"。两次世界大战成了灾难性的相遇的舞台。换言之,回首往昔可以清晰地发现,最为欧洲中心论的思想一定程度上是超出了西方范围的跨民族的牵连(transnational entanglements)的产物。

自从二十世纪六十年代现代化的种种理论变得强大并居支配地位以来,它们就遭受到了严重的批判。[4]这里无须概述所有这些批评,其中很多都做得过分。但我挑选了两种我认为尤其令人信服的批评。

第一种批评可能与美国的实力以及1945年之后美国知识分子的那种

---

[3] 丹尼尔·勒纳等:《现代化》(Daniel Lerner et al., "Modernization," in: D. L. Sills ed., *International Encyclopedia of the Social Sciences*, vol. 10, New York(Macmillan & Free Press)1968),第386—409页;保罗·诺尔特:《历史中的现代化与现代性》(Paul Nolte, "Modernization and Modernity in History," in: Paul Baltes and Neil Smelser (eds.), *International Encyclopedia of the Social and Behavioral Scierzces*, London (Elsevier) 2001(forthcoming))。

[4] 一个稳妥的观点参见:汉斯-乌尔里希·韦勒:《现代化理论与历史》(Hans-Ulrich Wehler, *Modernisierungstheorie and Ceschichte*, Cöttinger (Vandenhoeck & Puprecht) 1975)。

洋洋得意的情绪有关,这种批评是,二十世纪的大灾难几乎未从经典的现代化理论中反映出来。这需要欧洲的研究者用相当长的一段时间在使现代化理论化时感受到二十世纪的创伤体验与黑暗面。当人们思考福柯,重新解读韦伯,思考齐格蒙德·鲍曼还有埃里亚斯(可用两种方法解读他)时,经典的现代化理论的乐观主义气息就被深深地粉碎了,并引导人们注意到现代化的代价与危机,且减少了现代化的目的论的含义。对于二十世纪主要的欧洲独裁统治的重新解释——认为它们在很大程度上是现代的——是这种再定位(reorientation)的一部分。对于环境危机的发现亦是如此。[5]

第二,将现代化的诸种理论扩展并应用到世界上那些没有这些理论的地区,反而有助于批判这些理论。在最近的全球化浪潮中进一步增加了与非西方世界本已日益频繁的交往,无论是在学术领域还是在其他领域,这导致了对于现代化理论有关同质性逐渐增强的假说的质疑。对历史透彻的比较也会得出相似的结果。日益增加的相互关联并非必然意味着相似性的增强,这一论断正逐渐变得清晰明确。此外,随着时间的推移,更多的基于现代化思想的发展策略失败了。数十年来,人们不得不承认许多传统在现代化的冲击下并没有消失,而是改头换面保存了下来,并有助于为现代化的事业指引方向。在决定哪些现代的因素被选择、被重新界定、被运用于原有文化的过程中,传统亦起到了作用。人们越是用更多的时间来观察非西方世界的以及1990年后欧洲的非西方部分的现代化事业,就越会清晰地发现,在决定经济与政治现代化的机遇、失败和方向的过程中,文化过去是、现在

---

[5] 沃尔夫冈·施卢施特:《现代性的悖论——马克斯·韦伯理论中的文化与行为》(Wolfgang Schluchter, *Paradoxes of Modernity. Culture and Conduct in the Theory of Max Weber*. Stanford (Stanford University Press) 1996);诺伯特·埃里亚斯:《文明的进程》(Norbert Elias, *The Civilization Process*. New York (Urizen Books) 1978—1987);米歇尔·福柯:《临床医学的诞生》(Michel Foucault, *The Birth of the Clinic. An Archeology of Medical Perception*. New York (Vintage Books) 1973);齐格蒙德·鲍曼:《现代性与大屠杀》(Zygmund Baumann, *Modernity and the Holocaust*, Cambridge (Polity Press) 1989);诺贝特·弗赖:《纳粹主义有多现代?》(Norbert Frei, "Wie modern war der Nationalsozialismus?" 载于 *Geschichte und Gesellschaft* 19 (1993)),第367—387页。

也是何等的重要。"植入"(embeddedness)的观念以及有民族学和人类学根据的方法,都已经证实了对有时相当概略的经典现代化理论的批评。[6]

另一方面,有一些契机与发展趋向于巩固经典的现代化理论。共产主义的衰落与苏维埃帝国的崩溃正是这样的契机。这些事件可被视为支持了以下论题,即从长远来看,现代科技的变革与工业的发展必定与宪制的、非独裁的政府相关联,这个政府建立在应有的法律程序之上并拥有一个或多或少开放的社会。正是这种相互之间的关联曾被现代化理论所强调。全世界有许多其他的发展,在我看来往往能用经典现代化的范式来解释。下一个适用的例子可能会是中国。那里的变化,无论最终的结果可能如何,都可能再次展示了,从长远来看一个快速现代化的经济需要伴随着某种社会与政治的现代化。我们有充分的理由解释为什么数十年来经典的现代化范式尽管遭到了非常严厉的抨击但并未被抛弃。[7]

然而经典的现代化范式已然发生了变化,并且还将继续改变。它已经丧失了它那洋洋得意的思想,在内容和方法上都已变得更加谦虚。人们更喜欢多谈现代性而少讲现代化。当然这可能会有失准确并弱化其历史的维度,但这反映了对于文化和一系列更加公开的期望越来越重视。最重要的是,现代性发生了从单数到复数的转变,"多元现代性"的观念已经迅速扎根。艾森斯塔德首创了这一观念,而且他的观点也产生了重要

---

6 《开放社会科学》(*Open the Social Sciences. Report of the Gulbenkian Commission on the Restructuring of the Social Sciences.* Stanford:Stanford University Press,1996),第48—60页;乌尔夫·汉纳兹:《文化的复杂性》(Ulf Hannerz,*Cultural Complexity*,New York:Columbia University Press,1992);乔纳森·弗里德曼:《文化认同与全球进程》(Jonathan Friedman,*Cultural Identity and Global Process.* London:SAGE,1994);艾森斯塔德编:《轴心时代文明的起源与多样性》(Shmuel N. Eisenstadted. ,*The Origins and Diversity of Axial Age Civilizations.* New York:SUNY Press,1986)。

7 自东欧共产主义崩溃以后对现代化理论的一个令人印象深刻的捍卫是,沃尔夫冈·察普夫:《德意志民主共和国的消亡与现代化的社会学理论》(Wolfgang Zapf,"Der Untergang der DDR und die soziologische Theorie der Modernisierung," in:Bernhard Giesen and Claus Leggewie eds. ,*Experiment Vereinigung. Ein sozialer Großversuch.* Berlin 1991),第38—51页。

的影响。[8]这种观点强调全球化的增强意味着相互关联的增加,但并不必然意味着同质化的加深。对于趋同的期待被抛弃了或者被减小了。"现代化"与"西化"的概念得到了明确的区分,并且互相分离。不应该由世界上的一个国家、一个单一的区域来为其他国家提供衡量现代性的准绳。

然而,在现代化在全世界扩展的过程中,现代化范畴的变化、概念的多元化都是要付出代价的。有时候所有的现代性的共同点——即对于概念之核心的界定,在证明使用同一个概念(尽管以复数的形式)是有道理的时候这一核心是不可或缺的——往往是相当单薄或含糊的。比如,依土耳其学者尼吕菲尔·古勒(Nilüfer Göle)之见,现代性最主要的特征仅仅是其持续不断的自我修正的潜能。对瑞典社会科学家比约恩·维特罗克(Björn Wittrock)而言,现代性既非一个统一的文明亦非一个时间段落,而是一种全球性的状况,是一系列的希望与期待,期望获得某些最小限度的充足条件,他还论及一种特殊类型的历史意识,即对于现代思想中思维的、能动的自我的地位以及对于现代思想中自我反省与批评的本质的新的认识。对艾森斯塔德而言,当一种文明的秩序不再是想当然的,而成为持续论争的目标,当抗议运动变得举足轻重并且形成政治合法性的新形式时,这种文明就有资格被视为现代的。现代性的经济与政治制度上的标准依然未被清楚、详细地说明。在这些"软"定义的基础之上不易区分不同程度的现代性。与此同时,现代的与传统的在概念上的二分显然被相对化了,如果不是被抛弃了的话。[9]因而,几乎一切都能被称为现代的。但是众所周知,那些无所不包的概念在分析上的用途不大,而其在外交上的效用可能是非同寻常的。

---

8 艾森斯塔德:《多元现代性》(Shmuel N. Eisenstadt, "Multiple Modernities"-the concept and its meaning, above);艾森斯塔德:《多元现代性》,《代达罗斯》2000年冬季卷(Eisenstadt, "Multiple Modernities", in: *Multiple Modernities*(= Daedalus, Winter 2000)),第1—29页以及前言和此卷的其他文章;又参见《早期的现代性》,即《代达罗斯》1998年夏季卷(*Early Modernities*(= Daedalus, Summer 1998)),特别是艾森斯塔德/沃尔夫冈·施卢施特的文章(第1—18页)和比约恩·维特罗克的文章(第19—40页)。

9 参见艾森斯塔德、古勒与维特罗克在《代达罗斯》2000年冬季卷上的文章,第1—60、91—118页。

另一方面,范式从单数到复数的转变带来的收获颇丰。多元现代性的观念允许我们完全认可现有的复数性质而无须全然放弃一个统一的基点。它允许在全球的范围内比较制度、策略与价值的相似性与差异。此外,它鼓励探索并发现相互间的影响、在各方面相遇的结果、理解的过程、选择、吸收以及内在的牵连。现代世界的相互关联成为了一个话题,绝大多数现象的杂交特征变得清晰。当西方人被警戒避免过高估计他们自身的传统时,非西方世界的知识分子与精英则能发现一些新的、有成效的方式可在全球的背景下来安置他们的经历与传统,而无须如此反对现代性,无须将自身封闭在一个思想上破碎的全球景观中。

这就是在谈到"协商的普遍性"(negotiated universals)时我所想到的东西。我已经提到了,而且人们无论如何也都熟悉这一要求,即,使启蒙运动所产生的现代性哲学得到普遍的承认和遍及全球的有效性,尽管现代性哲学相当独特并且是地域性的——有着欧洲与西方的起源。数个世纪以来,一直存在着不同的途径以将这一普遍的要求在一定程度上变为现实。

第一种策略是通过统治与统治权进行扩展、强加于人,通过施加压力、进行操纵和使用武力来普遍化。殖民主义与帝国主义的历史中包含着许多例子,而且这包括那些非正式的帝国的历史。第二种策略是靠吸引力和模仿。我们又可以从过去和现在中找出例子。西方的文化、政治体系、权利与价值观、甚至经济结构中都包含着许多要素,它们被证明对世界的其他地方,尤其是对其精英——他们力图不加太多改造地来吸收这些要素——具有很强的吸引力。我们应该承认,无论是靠压力来强迫接受还是靠其吸引力而被仿效,这两种普遍化的策略并非总能被明显区分开。

第三条途径是"协商",它允许并欢迎来自所有参与方的贡献与影响。我用"协商"一词是一个比喻。它可以有许多形式并且有许多方面,但基本上它是一个进程,其中概念、理想的方案或计划的适用范围在空间与文化上的扩展,本质上与其主旨的变化密切相关。还以欧洲或西方现代性的范式为例。一方面它不仅是一个西方的特性,它要求更广泛的承认,它倾向于成为普遍的,而且我认为它过去、现在都有许多东西提供给世界上的其他地区。无论如何它已经在传播，而且还将继续传播。另一方面，主要的概念、理论、理想的方案和计划（像我们在这里讨论的这个概念）实际上在某种程度上是取决于语境的，是属于特殊文化的，换言之是"历史性的"，它们不可能被毫发无损地输出、移植到其他文化中。在被推广、移植和接受的过程中，它们必须被选择、重新解释、改造、调整并且被吸收到新的语境中去。转口的货物与四处传播的思想是否能够以这样的方式被改造、调整与吸收，乃是鉴别它们品级的一个标准。原教旨主义至少在理论上是不适合的，而由概念和计划支撑的启蒙运动之所以适合是因为学习的视角被赋予了这些概念和计划。然而，当然，这不仅仅是一个思想上的问题，也是实践、权力与技巧方面的问题。

这一协商的过程也是一个平等交换的过程。它至少拥有两方。对于接受的一方来说，这一过程流向了选择性的接受、重新解释、改造、吸收，通常也会有冲突、胜者与败者、破坏以及新的起点。比如日本自明治维新之后只是部分地接受了西方的模式。然而，对于输出的一方来说，也有或应该有一种反作用，一种变革。当西方的现代性范式被推广与移植到东亚、印度或伊斯兰世界时，它会受到新发现与新竞争的挑战。自我批评与自我的相对化（self-relativization）变得必要了，同时概念也在变化。输出方也可能会产生内部的冲突。这里也会有胜者与败者，一些见解与信念不得不被抛弃，形成新的见解。

我认为从经典的现代化理论到多元现代性观念的转变是我所谓的"协商"的一个恰当的例子。由于对一个核心概念进行了重新协商，结果对多元越来越能够接受，变化变得持续不断。然而与此同时，后现代的分裂、相互的隔绝与忽视被避免了，普遍主义的要素被保存了下来，或更确切地说是：被付诸实践。这依然不仅仅是一个思想的过程，而是一个同时具有实践性的过程。如果它能够奏效——它不是总能奏效——其结果正是协商的普遍性。

这一简短的探讨已经考察了全球的扩张以及因而产生的一种欧洲的观念，西方的见解，欧美的实践的变迁。相反的方向如何呢？东亚或伊斯兰的思想观念、范式或理想的方案中曾经有或者现在拥有相似的普遍性的要求吗？它们还使自身参与到了相似的协商、扩张和变迁的过程中吗？[10]以往的世纪中（直到十八世纪）欧洲多少有几分是作为接受的一方。[11]而过去的两个世纪中，普遍性的协商已经变得十分不对称，都是从西方到世界的其他地区，而很少有反过来的情况。为什么呢？我们应该设法实现更多的平衡吗？

最后，想就商业与科学的比较说几句。科学论证的逻辑（即决定学者成败的领域），与市场的逻辑（决定商业公司赔赚的领域）在很多方面都存在差异。我在此并不做讨论。但是我想指出某些共同的问题与趋向。

无论是科学（在"Wissenschaften"的广义上）还是商业，人们在其中工作的这个领域的范围一直在扩展。它终究是或者将是全球的。在科学与商业中都不会建立边界、限制与围墙来反对国际化。

无论是在科学还是在商业领域中，一个主要的目标就是建立广泛的相互联系、关联，即德语中的"Zusammenhang"，并且从中获益。日益增多的相互联系并不必然意味着日益增长的同质化。它并不意味着全球的抑制了地区的。这种抑制无论对商业（尽管全球资本主义与规模经济获得了胜利），还是对社会科学（尽管量化的方法和系统的宏观方法很重要），都会起到阻碍作用。这两个领域的目标都是要完成全球的与地区的不同融合——并不否认在全球与地区之间常常存在深刻的紧张。相互的关联与网络是后现代的分裂、淡漠的孤立与传统的偏狭的对立物，处于分裂、孤立与偏狭之中，相互的关联与网络对于帮助科学与商业实现其原则至关重要。

通常，与普遍性含义的相互关联是不能简单地由一方强加给其他方的。在科学与商业中都需要互惠的过程、相互的协商与相关的技巧来实现必要的关联。

10　关于"亚洲价值"的普遍性要求与潜在吸引力这一有趣的观点参见：杜维明：《"儒家"东亚的兴起的意义》（Tu Weiming, Implications of the Rise of "Confucian" East Asia, in: ibid.），第195—218页，尤其是第205—208页。

11　参见于尔根·奥斯特哈迈尔：《亚洲魅力不再》（Cf. Jürgen Osterhammel, *Die Entzauberung Asiens. Europa und die asiatischen Reiche im 18. Jahrhundert*, Munich 1998）。

但在这里相似性中断了。如果协商并没有达成不同的科学见解之间的共识,这并不必然是一个失败。与从事科学工作的人相比,在商业或在政治的世界中妥协是更重要的、更适宜的、更必要的。在学术性的话语中对立的尖锐性可能至少与建立共识同等重要。论争是一个重要的部分。妥协可能遮蔽真理;妥协的合理地位在科学的话语中是受限的。我们的概念不应是无所不包的,而应是清晰明确的。

(庞冠群 译)

(原载《中国学术》第十辑)

危机、创伤与认同

耶尔恩·吕森(德国埃森人文科学高等研究所)

> 当历史令其最糟的状况也能转变时
> 它就得到了彻底的思考
> ——弗里德里希·迪伦马特[1]

一、危机-历史认同

在历史意识的领域中,危机没有什么奇特之处。相反,危机构成了历史意识。因此人们可以说,没有危机就没有历史意识。所谓"危机",我指的是对一种时间性变化的某种体验,即对**偶然性**的体验。偶然性是一种事件或事变发生的状况,它与某种预先给定的解释有出入。出于人的生活目的,那种解释本可以使事件易于理解。人们各种期望的图景中都有着时间的性质。因此,比如说,只要人们没有实现他们的活动目的,这种活动的结果就是偶然的。这些结果作为出乎意料的、甚至可能阻挠其原本意图的东西而被体验着。对于这个井井有条的人类的理解力与阐释力的世界来说,偶然性意味着混乱与迷茫。既然作为一种发生在人的世界中的困扰因素,它本质上就是人的心灵要接受的一场无法避免的挑战。哈姆雷特在遇到他父亲的幽灵后所说的话,可以表达这种挑战的特征:

这是一个颠倒混乱的时代;唉,该死的怨恨

1　(A history is thoroughly thought through, when it has taken its utmost worst turn possible.) Friedrich Dürrenmatt: *21 Punkte zu den Physikern*, in: Dürrenmatt, Friedrich: *Die Physiker. Eine Komödie in zwei Akten. Neufassung* 1980. Zürich 1980, p.91.

注定了要我来重整乾坤![2]

下面的话中,莎士比亚也表达了这种特定的时间的性质:

亨利王:噢,上帝!要是一个人可以读到命运之书,

看到时光的流转……

知道命运怎样嘲弄人,

在变迁之杯里

注满了多少种酒液!噢!要是这一切都能见到,

当一个最幸福的青年,遍阅自己一生的经历,

知道过去经历过什么艰险,将来又要遭遇什么,

他将会阖上这本书,坐下来安心等死。[3]

人们在文化上的时间次序中求索人生,对于这种次序来说,偶然性是一种威胁,它将次序变成一片混乱。在时间进程中,人的活动或苦难与人类世界在时间过程中之变化这两者间的关系被人类的心智概念化了,这是偶然性对人类心智提出的挑战。这种时间进程始终有一种"关键性"特征:只将其理解为是深思熟虑的人类活动所产生的变化的结果,还是不够的。相反,它恰恰与预期的目的相悖,或至少是有所偏离。于是,人们经常要用神的力量来解释它。欧里庇得斯(Euripides)的话就是一个典型的例子:

神形多样

诸神所为、违我所愿之事,亦多矣。

人所期望者并不发生,

而神却有办法出人意料。[4]

若没有体验这种阻碍了期望与意图而令人焦虑的时间性变化,没有克服这种变化的努力,也就没有人生。这种断裂和间断性的特定时间体验,由."偶

2　William Shakespeare, *Hamlet*, Act I, Scene V, 189sq. 以下有关莎士比亚的中文译文,均参考了朱生豪译文。

3　William Shakespeare, *King Henry IV* (Second Paft), Act 3, Scene 1, V. 45—56.

4　Alkestis 1159—1163; cf. Reinhardt, Karl, *Die Sinneskrise bei Euripides* (1957). in: ders.: *Tradition und Geist. Gesammelte Essays zur Dichtung*. Göttingen 1060, pp. 227—256(I am grateful to Burkhard Gladigow, who pointed this text out to me.)

然性"一词表达了它的意义。

历史意识是对这种偶然性的挑战的精神回应。[5]因此,当国王亨利四世哀叹"时光流转"时,莎士比亚让大臣华列克用一句清楚准确的话来回答他:

"人的生命中都有一部历史,
它描绘出逝去时间的本质"……[6]

历史学将偶然性置于到一种按时间次序的叙事次序中,它在其中获得了感知与意义。于是,人们的活动能够以一种适当的时间次序进行下去。

在一部中国著作中表达了同样一种关系,即偶然性是挑战,历史是回应。《春秋公羊传》写道:"拨乱世,反诸正,莫近乎春秋。"[7]

因此,我的观点是:历史建立在一种特定的时间体验之上。它就是对"危机"的回应,即"危机"必须通过解释来处理。这种观点也可能从别的方向来理解:如果我们想要理解历史思维的某种表征,我们就必须找到危机,以及它遭遇的"危急的"时间体验。

既然在时间进程中,偶然性搅乱了人类生活原先确定的方向,它就有了与意义的基本模式相联系的那种"危机"的本体论地位。意义的模式指引着人类的活动,使得他们能够追求并实现自己的目的。在活动的目的、手段及实现之间的关系中,人类生活的安全性永远地和根本地被一种经验给搅乱了,这就是:与这些行动相关的事情,其发生的方式在人类活动的工具理性的范围之内无法理解。我想指出,一般来说,世界在时间中的变化若遵循着合目的的因果关系(如一些事情之所以发生,是因为有人希望它发生,并实践他或她的意愿),那是不可能被理解的。[8]

5　Cf. Rüsen, Jörn: *Historische Orientierung. Über die Arbeit des Geschichtsbewuβtseins, sich in der Zeit zurechtzufinden.* Cologne, 1994, p. 3sqq.; *Was ist Geschichtsbewuβtsein? Theoretische Überlegungen und heuristische Hinweise.*

6　William Shakespeare. *King Henry IV* (Second Part), Act 3, Scene 1, V. 45—56.

7　《春秋公羊传·哀公十四年》。

8　这构成了历史解释独具特色的本质。Cf. Rüsen, Jörn: *Rekonstruktion der Vergangenheit. Grundzüge einer Historik II: Die Prinzipien der historischen Forschung.* Göttingen 1986, pp. 22 sqq.

有一种普遍的信念,即,若是没有持久的人类活动来废除、确认和设置(象征意义上的)次序,世界将不断地改变自身的面貌而走向次序的解体。正是通过这种信念,人们认识到这种时间性变化的基本经验。人的心智总是忙于确立意义与价值的模式,它们除了遵循工具理性的逻辑,也遵循其他逻辑。就人类世界的时间性次序来说,正是运用讲故事的逻辑,通过改变人的生活被预先给定的状况,使得不再蜷缩在实现目标这种观念下的偶然性事件有了意义。[9]历史叙述将这些状况在时间中的变动引入一种次序,在这种次序中,危机的偶然性被消解为一种有关人类世界的时间性变化的充满意义的概念。

这就是为什么危机构成了历史意识。我不认为"危机"只是一种没有任何意义的体验。偶然性总是在意义与价值的文化模式的框架内发生,但其发生的途径却是,这些模式通常必须被利用起来,有时甚至改头换面,以便与偶然性事件协调一致。

二、创伤

创伤是一种危机,它损坏了历史感知发生的框架,并阻止其重建一个新框架来填充遭到破坏的框架所具有的同样功能。创伤可以被看成是一种"灾难性"的危机,以此区别于其他类型的危机。我将危机区分为三种类型,它们构成了历史感知发生的不同模式。

这些类型都是韦伯意义上的"理想类型",也就是说,在逻辑上它们无疑是明确的,但在历史学与所有其他的历史思维与意识发生的模式中,它们却以一种混合的形式出现,并且只有在极少的情况下,才能在一种"纯粹"形式中被观察到。

(1)"正常的"危机("normal" crisis)通过运用被事先赋予的文化潜能,

---

[9] Cf. Rüsen, Jörn: *Zerbrechende Zeit. Über den Sinn der Geschichte*. Köln (Böhlau) 2001, chapter 2:"Historisches Erzählen"; idem:"Historical narration: foundation, types, reason," in: id.: *Studies in Metahistory*. Pretoria 1993.

唤起了历史意识,并借此克服危机。这种给人以挑战的偶然性被放置到了一种叙事中,它在这个叙事中产生了意义,因此人的活动能够与这种偶然性相调适,其途径是耗尽文化潜能来给时间性变化赋予意义。在这种叙事中所利用的意义的模式(the patterns of significance)并非新创。事实上,这是对已经获得发展的要素,即在历史文化中事先被赋予的要素进行重新安排。让我们以德国统一为例,说明这种与危机相调适的模式。我认为,一位保守的德国人可能采取一种传统的(排他的)民族历史观念,以便赋予德国统一这种挑战性经验一种"正常的"危机的意义。按照这种观点,统一意味着德国"回归"到民族发展的道路上来,这是十九世纪阐明的模式。这种观念将激怒邻国,并使得欧洲统一进程变得更为艰难。

(2)"危急性的"危机("critical"crisis)要得到解决,只能将历史文化事先被赋予的潜能进行实质上的改变,从而产生新的要素。在此,必须要构成阐述往事的新的意义模式;而历史思维创造并服从于新的范式。在德国统一的例子中,新的范式能够产生一种新的民族认同的观念,它超越了传统的民族主义,产生了一种与欧洲统一进程的必要性相关的,并且更公开、更具包容性的民族主义。

(3)"灾难性的"危机("catastrophic"crisis)摧毁了历史意识的潜能,而那种潜能本可以将偶然性化解为一种充满意义的叙述。在此,那种能使历史叙事首尾一贯,并使意义产生的基本原则自身也受到了挑战。[10]这些基本原则将被逾越而成为一种文化上的空无,甚至被抛弃。因此,那些不得不承受这种危机的人在记忆中不可能为它留有余地。当它发生时,历史感知运用的语言陷入沉默,它变成了创伤性的危机。人们花费时间(有时甚至是

---

[10] 这种挑战的一个典型例子是 Saul Friedländer 的评论:回首二十世纪的历史经验,人们不得不再次提出这样一个问题:人性的本质是什么? Friedländer, Saul:"Writing the history of the Shoa: Some major dilemmas," in: Blanke, Horst-Walter; Jaeger, Friedrich; Sandkühler, Thomas (Eds.): *Dimensionen der Historik. Geschichtstheorie, Wissenschaftsgeschichte und Geschichtskultur heute*. Jörn Rüsen zum 60. Geburtstag. Köln (Böhlau) 1998, pp. 407—414, quotation p. 414.

几个世代)来寻找一种能清楚表述它的语言。[11]继续使用德国统一的例子:当1989年柏林墙倒下的时候,或许原德意志民主共和国的领导人们会有这种创伤体验。

当然,在历史中,大屠杀是这种"灾难性"危机的最极端的体验,至少就犹太人而言是如此,在另一种意义上对德国人也一样。对他们来说,在种族灭绝方面,以及全盘否定和毁灭二者共有的现代文明的基本价值方面,大屠杀是绝无仅有的。就这样,它否定一切,毁灭一切,甚至于历史解释的原则,只要它们是这种文明的一部分。大屠杀时常被描述成感知与意义的"黑洞",它使历史解释的每一个观念都消失了。当丹·迪纳(Dan Diner)将大屠杀描述成"文明的断裂"[12]时,他的意思是,我们必须将它当作一个历史事件来认识,纯粹因为这一事件的发生,它摧毁了我们将其安置在某种历史的时间次序之中的文化潜能。若是在这种时间次序内,我们就能理解它,并且根据这种历史经验安排我们的生活。大屠杀成了一个难题,甚至阻碍了其发生的时间前后的任何尚未中断的(叙事的)相互联系获得意义。这是历史的一种"边缘体验",它不允许自身整合进一种连贯并且有意义的叙述之中。在此,运用历史发展的整全(comprehensive)观念的各种努力都失败了。

然而,有必要承认大屠杀是一个历史事件,并在现代历史的编纂模式中给它留一个位置。在该模式中,我们理解自己,表达我们的希望与未来的威胁,并发展我们与他人交往的策略。倘若我们赋予大屠杀一种"神话般的"意义,从而使它超越于历史之外,它将失去作为一种有经验证据的真实性事件的特征。同时,历史思维在思考过去的经验时将受到限制。这与历史的逻辑相矛盾,因为一个神话与经验无关,后者充当着真实性的必要条件。因而,大屠杀代表着一种"边缘事件",它超越了历史思维主旨的层面,而进入

---

11 这并不意味着没有做出赋予其意义和破除记忆中的禁令的努力。正是因为这些努力的失败,使所发生之事的"关键性"特征变得显而易见。

12 Diner, Dan: "Zwischen Aporie und Apologie. Über Grenzen der Historisierbarkeit des Nationalsozialismus," in: ders. (Ed.): *Ist der Nationalsozialismus Geschichte? Zu Historisierung und Historikerstreit*. Frankfurt am Main, S. 62—73.

了历史思维本身的精神过程的中心。[13]

我在"正常的"、"危急性的"和"灾难性的"危机之间所做的区分,是尝试着迎合大屠杀作为一种历史经验创伤的特性。这种区分还当然只是人为的。(就任何一种理想类型而言,这是历史解释的一种有效方式,这样,它就能与日常生活中活跃着的历史思维模式进行对照。)没有灾难性的因素,就不会有真正具有挑战性的危机;而没有正常形态的因素,灾难性的和危急性的危机甚至不会被确认为一种特殊的挑战,更不用说从根本上改变历史理解与解释的可能性。

就比较的目的来说,我所进行的区分的这种人为性质,恰恰使得它非常有用。它超越了大屠杀及其他类似事件作为历史事实的特殊性,而成为一种抽象概念,因此能够用来对历史经验模式以及与之相关的解释框架进行确认、描述和说明。将不同的"危机"概念引入与其他事件的叙述关系中,这可以用来启发我们从时间性变化的经验与应对这种经验的努力与策略之间,探寻一种特定的相互关系。这有助于区分时间性变化的普遍观念的不同模式。这种观念是历史思维及其内在的并常常隐藏着的"哲学"的基本思想方式。它凭借将挑战性经验置于一种时间次序之中,赋予它历史意义。依据这种时间欢序,人们可以追踪人类活动,并且将人类的自我理解转化成一种可接受的认同概念。

作为危机的三种类型的偶然性都通向历史,然而,它们导致了完全不同的历史解释。第一种情况下,叙事的顺序整合了挑战性的偶然经验,它成了黑格尔意义上的"扬弃"(既否定也保留)。在第二种"危急性"危机的情况下,这种整合只有通过改变叙事顺序才能实现。在导致创伤的情况下,挑战性的经验也变得"历史化"了,但反过来,它又塑造了历史感知的模式。这种模式要么将自身对连贯的叙事顺序(这种顺序能够"覆盖"创伤性事件)的要

---

13 Cf. Rüsen. Jörn: "The Logic of Historicization. Metahistorical Reflections on the Debate between Friedländer and Broszat, " in: *History and Memory*, vol. 9, no. s 1&2. fall 1997, *Passing into History: Nazism and the Holocaust beyond Memory. In Honour of Saul Friedländer on His Sixty-Fifth Birthday*, ed. Gulie Ne'eman Arad, pp. 113—146.

求视为相对的,要么使其真正的内核失去意义。它在由时间性变化的观念而产生的历史面相中,留下了一种不可理解的痕迹。这种时间性变化的观念将过去的经历、现实生活中的活动以及对未来的期望,都转变成时间的统一体,以充当人类生活的一种有意义的次序。作为人类生活的一种必要的文化手段,这种模式在以时间为顺序的历史面相中,留下了动乱与断裂的烙印。在对待时间的体验时,它标明了感知的限度。它还为经验与解释之间的一致性提供了自相矛盾和模棱两可的特征。

三、历史意识

关于历史意识的解释工作是一个建立认同的过程,对个人与集体都是如此。认同是这样一种概念:一个人与他人的关系和与自己的关系,具有一致性。这种一致性具有共时性和历时性两种维度。共时性的认同将一个体的或集体的"自我"与他者的各种不同关系,整合到一个统一体中,在其中,自我意识到自身。它"反映"了自我与他者的关系回到了自身,并且在自我与他者多种多样的关系中形成了一种内在的统一。在历时性上,这种自我的反映与自我的变化相关,也与未来它与他者的关系相关。在这方面,认同是一种连续性概念,它指每个人或集体在其生命过程里必须经历的变化中,他自身始终一致。

以这种抽象的方式谈论认同,可能对其涉及的内容产生一种错误的观念。它不是同样的一件东西或一段闭合线条那样的实实在在的单位,而是某人的(个体的和社会的)自我所具有的不同的与变化着的各种维度之间的某种关系。这些维度包括性别、民族、宗教、地方环境、基本信念、威胁、希望、心愿等等。他们在知觉、意识和取向的自觉或不自觉的层面中显示自己。认同包含了各方面的观点,并且混合了不同的领域、价值、规范和经验。它奠基于人类意识自我关联(self-relatedness)的基础之上,但是,这种自我关联同时受到它与其他个人和群体关系的制约。因此,认同是作为一种关系的复合体和时常存在张力的混合物而被认识的,它依赖于情绪,也依赖于认知过程。它不是在某个单一的意义和价值模式内由不同元素组成的单位,而是各种有着不同归属的单位的一个元单位(meta-unit)。它是流动的而非固定的,是多样的而非统一的,是紧凑的而非松散的。它的一致性能够包含矛盾、偏见和张力。

从共时性的和历时性的角度来看,认同确实如此。认识到这种复杂性,则此种说法——认为某个个人或群体只有一种认同——是否言之成理,看来就不可避免地成了问题。事实上,社会的认同能够由阶级、宗教、性别和诸多其他因素来界定,它在每一种情况下都有所区别,并且具有不同的意义和重要性。然而,尽管如此,用一个表示多样性而非一致性的术语来替代"认同"这个词,仍可能是一种误会。认同是这些不同的"认同"之间的一种关系,后者指的是那种个人与群体为追求其生活所需要的一致性(作为一种自我关联模式)的最低限度。

在进一步的思考中,我将忽略认同在共时性与历时性维度之间的关系,而只讨论历时性维度。在此,我将集中谈两个问题:认同在代际之间的扩展,以及认同之植根于那些靠因果推理和记忆保存至今的过去的事件中。

集体的认同扎根于事件的表述中,也扎根于这些事件与最终延伸到现在和将来的其他事件的叙事联系中。它们以"历史事件"的形式充当根基的角色。"历史的"意味着,事件在人们的生活取向中有一种特别的意义和价值,而人们在反思自己是谁,以及在描述他者的不同之处时,依赖于这些生活取向。因此,一个"历史"事件是以下两个方面的综合:一方面是一种基于经验和因果关系的**事实性**(factuality),另一方面是基于价值、规范和人类精神的创造性力量的**意向性**(传统上被称为精神性(Geistigkeit),现在主要称"虚拟性")。在对通过历史意识建构认同的过程进行分析时,必须仔细区分这两种因素。然而,我们必须记住,一个事件的历史特征,自该事件发生以来,就已然是一种规范与事实的综合了。它原来就是这样被经验的,随后又是这样进入记忆的。区分事实性和意向性是一种人为的行动,但这是必要的,因为建构认同的动力来自于一个精神过程,这个过程就是使某个事件成为历史事件,以及通过解释和表现,将有关过去的经验铸造成了一种充满意义的历史。

对过去的依赖意味着,历史意识在一定的背景中活动:在此背景中,"过去"为记忆它的精神活动提出了前提条件。这些前提不能随意使用,但是在为了从事为过去赋义,以及实践历史意识的定向功能等精神活动时,必须承认这些前提。它们是过去(这种过去决定了现在人们的生活)的发展结果,并被看成是宿命的。因此,与过去相关联的依赖性能够描述成"宿命的因果关系"(Kausalität des Schicksals)。"因果关系"可以具体化为世代形成的链条中的一种结构,它独立于意识之外,也独立于作为链条一部分的人预先设想的与该链条的解释性关系。人们被这根链条束缚,甚至被"抛入"(海德格尔语)其中。在此,过去逐渐成为现今生活的外在和内在的前提与处境。毫无疑问,它有时还对抗那些不得不屈服于它的人的意愿。在这种情况下,历史意识依赖于过去,而这种过去不得不转变为一种充满意义的历史。

在过去与现在之间,这种"因果的"或"宿命的"关系并不局限于人类生活的外在条件,它也包含在其内在条件之中,如将过去加工转化成历史时,精神的意向与可能性也在发生作用。充满宿命的代际之链有一种精神的维度,它在传统、偏见、怨恨、威胁、希望、价值体系、基本信念之中有效,别忘了,它也在由抑制性健忘(suppressive forgetfulness)支配的潜意识态度与本能的力量中有效。

过去的人	过去
⇓	⇓
客观关系模式,"宿命的因果关系"	历史
⇓	⇓
今天的人,其生活条件皆为往事的后果	现在

在另一种视角下,过去本质上作为有意义的历史,依赖于一些人的解释,对他们而言,过去至关重要。事件可以说都是材料,它们必须构成时间性变化的概念,据此,与当前相关的人类活动和遭遇能够面向未来。过去的

重负曾经对人类的认同施压,使之成为人们对其身外发生的事物与事件的责任,现在,它转变成了人类精神的创造力。于是,过去被转换成一种发展的前景,它塑造了人们对于将来的谋划,这其中包括了人们往着自期甚高的方向发展的认同。取代宿命的因果关系的是价值引导的担当(value-guided commitment),它牵涉往事时小心翼翼,就好像这些往事在未来人类世界发生时间性变化的过程中又必须被挽回。[14]

过去的人	过去
⇑	⇑
主观关系模式	历史
⇑	⇑
今天人们的集体认同,是专注于过去的记忆和各种后果的文化活动的产物。	现在

在宿命的因果关系与价值引导的担当之间的张力所构成的框架下,历史意识进行着建构认同的工作。

人类自身在时间上的一致性并不局限在个体生命期间。个体所构成的社会单位营造了集体认同,也将其某个时间内的自我意识与自我关系,延伸到代际之间持久而连续的时期中。个人的认同总是将自身与这种延伸了的时间范围相连。隶属于一个代际间的自我,使个体成员拥有了一种类似于永恒的时间感。他们将自己生活于其中的代际之间的生物链,转换成一种时间上的文化统一体。这种文化统一体能够超越个体的生命期,来理解过去、现在和将来。正是这种时间上的联合,被他们视为超越自身生死之外的

---

14 过去的历史本质依赖于后来依据它们所做的解释和活动。对这种观点的批评,参照 Schulin, Ernst: "'Ich hoffe immer noch, daß gestern besser wird'-Bemerkungen zu einem von Jörn Rüsen gewählten Motto," in: Blanke, Horst-Walter; Jaeger, Friedrich; Sandkühler, Thomas (Eds.): *Dimensionen der Historik. Geschichtstheorie, Wissenschaftsgeschichte und Geschichtskultur heute*. Jörn Rüsen zum 60. Geburtstag. Köln 1998, pp. 3—12.

集体自我,同时这种集体的自我界定了其社会关系的文化本质。

这种集体自我的时间联合体是由历史意识促成的,它包括对过去的经验与对未来的期望的综合。在其中,过去表现为一种精神活动的力量,将人类精神引向未来的所有力量都灌注给了它。正是记忆的力量形成了认同的特征,并使过去成为对未来的谋划。

这样,记忆与历史意识相互间建立了紧密的联系,但它们并不相同。历史意识奠基于记忆的心智能力之上,不过,它在某种关键的性质上超越了记忆:即它令相关的社会集团或单个个人的记忆之外的过去依然保持鲜活。通过人们自己不具备的(或者对个人来说,被遗忘的或被压抑的)概念化经验,它甚至影响或塑造了人们的记忆。历史意识扩大了经验的范围,它为记忆增添了知识,当然,它也将记忆的时间范围,扩展到代际之间的连续性,以及个人和集体自我的持续期之中。这种连续性观念迎合了人们超越生与死的愿望,它朝着文化过程和实践推进。在这些文化过程与实践中的某个社会则反映并强化了自身的团结一致,以及它们与其他社会的差异。

就这三种模式的危机来说,连续性概念存在着本质上的不同。在"正常的"危机中,连续性将过去、现在、将来绑在一起,使其成为某人自身已知的、合法的和完整的统一体。偶然性在历史认同中切开的伤口,当偶然性被植入相关群体的历史文化中时便会愈合。在"危急性"危机中,不存在针对时间次序的痊愈过程。于是,它不得不以"搞明白"所发生的事件的新模式来"发明"一种痊愈方式。这种"发明"并非一种无中生有式的创造,而是将历史叙述的要素重新构造成一种有关时间次序的新概念,或者给它带来一些新的要素。在新的解释模式中,扰乱事件的线索被排除了,时间的断裂也被弥合了。在"灾难性的"或"创伤性的"危机中,时间变化的基本概念,过去、现在与将来所构成的意义统一体,在本质上变得混乱不堪。历史认同的伤口仍然敞开着。

四、认同与历史事件

在通过历史意识建构认同的进程与实践中，事件扮演着至关重要的角色。这些事件事实上具有的偶然性，象征着个人或社会的自我的独特性与唯一性。正是以这样的方式，人们纪念、描绘着这些事件。这些哲学术语描述了一些我们非常熟悉的现象，例如婚姻。婚姻是一种社会认同和个人认同的要素，在一个单一事件中，即一男一女结为夫妻的仪式中，它建立起来并有了依据。人类生活中充满了这样的构成性事件（constitutive events）。施洗礼使一个人成为基督徒；在早期社会，具有社会意义的人类生命周期中，每一个阶段都伴随着一种仪式，它构成了个体认同的一个要素。凭借记忆，这些事件依然鲜活。于是在社会互动和交往中——在其中认同始终直接或间接地面临险境——建构起来的认同被永久性地确立下来。[15]

对于超出个人或一代人的记忆限度之外的历史意识而言，其时效范围同样如此。此处，在形成集体认同的过程中，事件起到了建设性的作用。历史意识借助于一种规范与价值的精神力量——这种精神力量能够依据文化取向与意志目标，来调控人类活动——丰富和塑造了这些事件。

这并不意味着，历史意识只是将现在的价值应用到过去的事件之上（这正是现在的一种普遍观点）。事情较此远为复杂。相关事件，包括它们的规范性力量以及与现在的关联，都被记住了。只有将过去的事情转移到现在，它们才能获得些许重要性：在人类生活的外在和内在环境被那些不得不屈从于环境的人所解释之前，人类生活已经受到过去的制约，而过去则是保留、呈现在这些环境之中的。在过去通过解释成为历史之前，它已经在这种

---

15 参见 Müller, Klaus E. : *Das magische Universum der Identität. Elementarformen sozialen Verhaltens. Ein. ethnologischer Grundriß.* Frankfurt am Main 1987。这种在人类学知识上令人印象深刻的综合，通过强调概念化时间的重要作用来构成认同。另参见 Müller, Klaus E. : "Zeitkonzepte in traditionellen Kulturen", in Müller, Klaus E. : *Das magische Universum der Identität.* , pp. 221—239。

解释过程中产生了作用。因而，认同不仅是在历史文化领域内通过审慎的文化过程而得到的"发明"物，在过去的事件获得其历史意义与价值之前，它又以这些事件本身为前提。另一方面，不管怎么说，这种历史意义和价值既是某种历史的纪念品，也是它的创造性潜能。

其认同受到了关注的社会团体，将自身与其成员的生命期之外的过去联系起来。这些成员以某种方式感受到自身受到过去的约束：他们利用过去，是为了构架、表述、激活和确认其自我的文化模式，这种模式是他们共享、共有的，并赋予他们一种明显的特征，将他们与他者区分、隔离开。因此，例如，在宗教认同的领域内，基督徒通过他们的生活与基督之间的一种基本关系来感知自身的生活。同样，穆斯林提到的则是有关穆罕默德生活的事件。

在历史意识的领域，认同是通过具有规范性力量的事件，以及个体与社会对这些事件的纪念而形成的。如果这些事件是与一般社会领域相关的，它们就可能发生在人们鲜活经验的范围之外。在这种情况下，事件有一种"神秘的"特征。但是，这并不意味着人们认为它没有真实地发生过。相反，这一事件的实在性将得到更高的估计，甚至比所谓的真实世界更为实在。在这方面，神话与历史之间的差别能够被表述如下：神话将事件的本体论地位由一种（与某时某地在内心世界发生的事件相关的）实在性转变成一种（与发生在神的世界的"事实"相关的）"更高的"实在性。对于给叙述提供一种关联性和真理的力量，以便通过人类世界的某种神性次序观念来确定人类活动方向而言，这种"解真实化"（defactualizatuion）是必要的。在历史中，事件必须具有真实性特征，才能产生确定方向的文化动力。

除了神话与历史的差别之外，我用在此处的"历史的"一词，涵盖了这种事件的构成性纪念的全部领域。在狭义上，它指的是构成的事件与人的经验范围（人们是立足于它的）内的事件，有着同样的地位。

当然，构成认同的并非总是某个单一事件，但是，其特征来源于与其他事件在时间上的联系，这种联系使它获得自身特有的价值和构成性力量。始终有一条将今日的处境与一些特别事件结合起来的事件之链。这些事件是人们所依赖的,用来说明他们自己以及和他们一同生活的其他人:他们是谁,他们正常的生活状态是什么,以及他们如何理解其他人的不同。"历史"作为一种历史意识的内容,包含了这条事件的时间之链。它具有形成认同的文化动力。这是一种能够用黑格尔式的"宿命的因果关系"一词来描述的力量。作为一种生活的文化要素,历史是某人自我特性的一种确认,它根本不是由被历史阐释的那些人构成的,倒是在他们的特性及其与他者的差异中,历史构成了他们。

因此,历史认同是通过历史事件在一代代人的时间之链中不断地再现而形成的。决定这些事件之取舍的是,他们构成认同的能力所具有的重要性的不同层次。以一种理想类型的方式,人们能够区分下列各种可能:

(1)具有一种积极的塑造性或构成性功能的事件。著名的例子如:《独立宣言》之于美国公民的政治认同;基督复活之于基督徒;出埃及之于犹太人。

(2)以一种消极方式构成认同的事件。在这种情况下,认同依靠一种简单地否定某人自尊的合法性的事件建构起来。这种反面事件的典型当然是大屠杀,以及它对犹太人、德国人和其他卷入者的历史认同的作用。例如,它在以色列国的自我理解与合法性方面起着重要作用,另外,它也一直是一个德国人必须藉此来妥善面对自己的历史性事件。[16]对于许多至今仍然活着的犹太人来说,大屠杀是其认同的历史核心。[17]另一种反面事件的特点在于它对他人的认同的重要作用。在这种情况下,某人自己的认同不得不加以概念化来区别另一种认同,而不仅仅与那种对某人本身自尊的否定相调适。例如,很长时间以来,在很大程度上,德国的情况就是如此。在其现代

16　Cf. Zuckermann, Moshe: *Zweierlei Holocaust. Der Holocaust in den politischen Kulturen Israels und Deutschlands*. Göttingen 1998.

17　Cf. Webber, Jonathan: "Erinnern, Vergessen und Rekonstruktion der Vergangenheit. Überlegungen anläßlich der Gedenkfeier zum 50. Jahrestag der Befreiung von Auschwitz aus jüdischer Perspektive", in: Fritz Bauer Institut (Ed.): *Auschwitz. Geschichte, Rezeption und Wirkung*. Frankfurt/M. 1996, S. 23—53. Webber states "that to a certain degree the Holocaust has replaced God" in *Jewish self-understandirzg* (p.49).

民族形成中,德国人认同的形成与西方类型(主要是法国)的民族认同模式相反。德国人关注于其强制性的政治价值体系来对抗"1789 年观念"。他们宣扬一条德国的"独特道路"(Sonderweg),它与西方的现代化道路相背离。[18]在德意志民族主义的历史中,没有什么独特的事件能具备规范性的能力,从而构成德意志民族的自我理解(就像美国或法国的革命)。相反,在大多数情况下,充当民族自我理解之焦点的历史事件——如宗教改革,反对法国的解放战争,1870—1871 年战胜法国(在此,色当战役的胜利被推举为意义重大的事件),1914 年 8 月的民族狂热("1914 年精神")——被概念化了,它用来反对其他的民族认同的"观念",主要是法国人那些包括人权和公民权在内的具有普世主义尺度的观念。

(3)将旧有的集体认同概念转变为更切近的事件或系列事件。在这种情况中,被人们纪念的变化(个别地或在社会上)引导出一种自己的规则,根据人们现今的处境及他们对未来的期望,人们认为这种规则更有说服力。这种变化的实例可能有:世俗化过程将一种宗教认同转变成一种非宗教的认同(因而被称为"文化"),或者用一部新宪法替代旧宪法。就目前德意志的民族认同而言,这样的系列事件可以按顺序简要表述如下:纳粹政权战败,西德的新宪法,两德统一。在后一事例中,值得注意并且对于德国民族认同这一专题而言部分地构成其特殊性的是,德国的统一中并没有什么"创建"或"构成"的活动。因此,客观地说,新的德国只是西德一个扩大版,尽管主观上它可能有所区别。这种区别就造成了今日德国的认同问题。[19]

在集体认同的概念中,作为一个历史过程的决定性步骤而被记住的事件,其特征可以进一步区分为下列类型:

---

18 Faulenbach. Bernd: *Ideologie des deutschen Weges. Die deutsche Geschichte in der Historiographie zwischen Kaiserreich und Nationalsozialismus.* Munich 1980.

19 Cf. Jörn Rusen, "Historische Erinnerung-zweideutig-eindeutig. Zum 5. Jahrestag der Deutschen Wiedervereinigung", in: *Schulverwaltung. Zeitschrift für Schulleitung und Schulaufsicht.* Ausgabe Nordrhein-Westfalen, 6. Jg., Nr. 9, September 1995, pp. 239—240.

作为转折点的事件。在此,以德国统一为例。它将德国1945年以后的"民族"认同转变为一种新形式。首先,包括联邦共和国和民主共和国在内,有一种不确定的归属感,它被一种逐渐形成的西德的认同,以及一种增长着的东德的认同所削弱。1989年之后,双方融合为一个政治上统一的完整国度。其他对德国认同产生影响的转折点是与欧洲统一相关的事件。

宣告迄今为止集体认同的有效模式被废止的事件。例如:就传统民族主义而论,1945年德国被打败;与俄罗斯的认同观念相关的是,1989年共产主义体系的崩溃。

更新集体认同的有效模式的事件。如美国内战。

这张清单并不全面,还能进一步增添并加以区分。然而,就我论证的目的来说,它已经足够了。因为它显示出,形成集体认同的历史事件能够以差别很大的方式实现这一点。在此,并非只有一种用形成集体认同的规范性力量来呈现历史事件的模式,我们还能看到一种广泛的变化与多样性。

最后,我愿意保留在"正常的"、"危急性的"和"灾难性的"事件之间做出的区分,并将它与认同形成的文化过程联系在一起。"正常的"危机促成了这样一种历史概念,在其中,表现危机的事件(如法国大革命中攻陷巴士底狱)能够以象征性的方式构成认同;在此,事件象征着起源。一种"危急性的"危机产生了一种较为复杂的认同,其中,变化成为一种根本要素;在此,事件象征着变化与发展。然而,一种"灾难性的"危机产生的事件,阻碍了历史认同的积极构成和发展,也摧毁了将它奠基于危机处境中发生的重要事件之上的可能性。在这种情况下,事件获得了一种针对人类自尊的"创伤性"特征和干扰力。有了这种能力,它们就对认同保持着永久的威胁,并且对人类生活的时间次序中的连贯性保持明确的限制。

五、将创伤历史化?[20]

创伤是一种体验,它破坏了将自身融入解释框架的可能性,而这种解释框架通常用来指导人的活动。创伤使任何东西都没有了意义。在它破坏了这种充当取向系统的颇有成效的意义概念之后,创伤就人们对实际生活的追求而言就成了一个障碍。因此,那些制造了创伤性体验的人不得不努力克服它。他们试图以让它重新产生意义的方式来改造它,即让它与正使用着的各种解释和理解模式相匹配,在此之中,人们忽略或抑制了那些危及各种模式的有效性和合法性的东西。为了与它达成一致,人们可以说这是一种对经验的隔离或篡改。

每一个人都熟悉这种扭曲或疏远。如果某人试图谈论一种独一无二的、并深深震撼着自己心灵的体验,他通常就运用了它。这不仅对有着创伤性质的消极经验是真实的,对于积极的经验也是如此。制造这些经验的人都被排除在他们日常生活、世界观以及自我理解的限度之外。不过,倘若没有了词语,即使是震撼性的事件也不可能保留在意识和记忆之中。因为,正是在此范围内,与事件相关的人都不得不屈服于词语。即使在压抑的暗箱中,这些经验也要找到表达方式:如果人们不能用语言表述,他们就被迫用强制性活动,用其生活方式的空洞与脱节,来替代语言与思想的匮乏。他们不得不在这种"没有词语的语言"中谈论这些经验,因为他们与之相关,进而又必须与这种关系协调一致。

历史化是一种文化策略,可以克服创伤性体验令人烦扰的后果。从开始讲述所发生的故事那一刻起,人们就迈出了将零散的事件与自己的世界观及自我理解融为一体的第一步。最终,历史叙述在事件的时间链上,为这

---

20 下面的思考得益于以"集体认同、危机体验与创伤"为题的会议讨论。这次会议于 1998 年 6 月在德国埃森的人文学科高级研究所举行,它是"比较观点下的中国史学与历史文化"这一研究项目的一部分。这里,我特别要感谢苏珊娜(Susanne Weigelin-Schwiedrzik)。

种创伤所导致的零散事件安排了一个位置。在此，它能产生意义，并因此失去了摧毁意义的能力。通过赋予事件一种"历史的"价值和意义，它的创伤性特征消失了："历史"是各种事件在时间上的一种有意义的相互关系。这种关系将现实生活的境遇与过去的经验结合在一起，其途径是在从过去到现在的变迁中引申出的一种人类活动的未来前景。人类的活动要求某种取向，因此需要这种时间上的连续性观念，对人类的认同而言同样如此。

通过不同的策略将创伤性事件置于历史语境中，历史化就能使创伤弥合：

隐匿化是最平常的一种。它只是防止具有意义的概念遭到干扰。人们在多少是井然有序的世界里，用"黑暗时期"、"命中注定"或"恶魔力量的入侵"等言辞，来指代凶杀、犯罪，以及来自个体的倒行逆施甚或罪行的苦难。[21]

范畴化将创伤抑制在易于理解的发生和发展的支配之下。对那些因为抽象术语的指认而被牵连的人（主要是受害人，但不止他们）来说，创伤失去了其令人烦躁的特性。通常，这些术语将创伤融入一种有意义的时间性发展之中。"悲剧"是个显著的例子。这个词象征着可怕的事件，但它们是作为故事的一部分而发生。故事向那些听讲者，甚至向为自己讲述故事的人传达了某种信息。[22]

---

[21] 这种隐匿的例子有，在第一次战后德国社会学家会议上，威斯（Leopold von Wiese）在就职演说中说道："灾祸从外部降临到毫无准备的人们身上。这是一种形而上学的秘密，社会学家无法感知。"Wiese, Leopold von: "Die gegenwärtrge Situation, soziologisch betrachtet", in: *Verhandlungen des Achten Deutschen Soziologentages*, vom 19. bis 21. September 1946 in Frankfurt am Main. Tübingen 1948, p. 29.

[22] 一个有趣的例子是，著名的德国历史学家（Theodor Schieder）试图处理他自己牵连到的纳粹罪行——只是在最近透露的——的方式。见 Rüsen, Jörn: "Kontinuität, Innovation und Reflexion im späten Historismus: Theodor Schieder", in Rüsen, Jörn: *Konfigurationen des Historismus. Studien zur deutschen Wissenschafiskultur*. Frankfurt (Suhrkamp Taschenbuch Wissenschaft) 1993, pp. 357—397, especially p. 377sqq. (a shortened English version in: Hartmut Lehmann, James van Horn Melton (Eds): *Paths of Continuity. Central Europeab Historiography from the 1930s to the 1950s*. Cambridge University Press 1994, pp. S. 353—388)。

正常化消解了所发生事件的破坏性。在这种情况下,所发生的事件看起来好似某种在任何时空中反复发生的事物。对这些事件的解释是,它们扎根于人性之中,在一切历史变化中,人性都是一样的。"人性"或"人类罪恶"这些促成正常化的范畴经常被运用。

道德化驯化了历史创伤的破坏力。创伤性事件具有一种"案例"的特征,它代表了一种人类活动举止的一般规则,即让人别这样行事。它太恐怖了,带有一种寓意,打动了那些看到这一幕惨剧的人们的心灵。最出色的例子是斯皮尔伯格拍的电影《辛德勒名单》(1994年)。美国的许多大屠杀博物馆采取了这种构成意义的相同策略。当观众看完犹太人不得不承受的恐怖事件,他们获得了一种清晰的道德信息。"世界从大屠杀中学到了什么吗?我们的世界状况促使我们说道:还不够……大屠杀不是不可避免的。是人们的决定造成了大屠杀;是像我们一样的人允许它发生。大屠杀生动地提醒我们,在任何时候,我们每一个人都有责任警惕、反对这样的罪恶。关于大屠杀的记忆有必要充当某种提示物,在我们日常生活的每一个方面,人们必须禁止相互间的罪恶再次发生。必须禁止种族仇恨再次发生,必须禁止种族主义与宗教偏执充斥我们的地球。我们每一个人都要决心再不让大屠杀的惨剧发生。承担这种责任首先从我们中的每一个人开始,从今天开始。"[23]

审美化将创伤性体验呈现给感知。它们被置于使世界能够被理解并成为实践对象的知觉图式中。在画面中,恐怖事件被缓和了,这使得它——在最糟糕的情况下——宜于被人消费。电影工业提供了大量的例子。例如,罗贝尔托·贝里尼(Roberto Begnini)的影片《美丽人生》(1997年)就通过闹剧与伤感的家庭故事的方式,消解了那种令人焦虑的经历。另一个例子是使残留物成为博物馆的展品。它们以这样的方式呈现,即让其恐怖特征变成了一种历史教训的明确性。[24]

---

23 休斯敦大屠杀博物馆(笔者1996年参观)。
24 Cf. Rüsen, Jörn: "Auschwitz——die Symbolik der Authentizität", in: id.: Zerbrechende Zeit. Über den Sinn der Geschichte. Köln (Böhlau) 2001, p. 181 sqq.

目的化调和了创伤性的过去与现在的(或至少是最近的)生活形式,后者与令人信服的合法性及认同观念和谐一致。这种目的化的普遍模式乃是,利用承载着重负的过去,使某种生活次序取得历史上的合法性。这种生活次序声称要防止现实生活返回到过去,或者要为其反抗过去提供保护。在这种历史观中,教训被吸取了,创伤在这种吸取过程中弥合。实例有以色列的西郊—犹太殉难博物馆(Yad Vashem)。循着时间顺序参观博物馆的人,必须先步入集中营与毒气室的恐怖气氛中,以后直到以色列国的建立。

元史学式的反省使创伤性事件那令人痛心的真实性,变成虚无缥缈的抽象空气而蒸发了。由创伤引起并有着挑战性的时间裂痕,引发了通常与历史及其认识原则和表现模式相关的批判性问题。回答这些问题意味着借助于历史变化的观念,克服时间的断裂。在事件之链中,以痛苦的方式"阻断"了的时间之流[25]再次流淌,并与决定现实生活方向的模式相适应。

最后,**专业化**是一种纯粹的学术方法,它使创伤体验的无意义状态被控制。[26]问题被分成不同的方面,它们对不同的专家而言是各种专业的问题。因此,完整的历史图画中那种令人心烦的不和谐消失了。这种专业化策略的最典型例子是,大屠杀研究作为其自身的一个研究领域而出现。在其中,恐怖事件变成了训练有素的专家的独特话题后,趋向于失去它作为针对历史思维的总的挑战的地位。

所有这些历史编纂的策略,都能与诸多克服历史经验中扰人心神的方面的心理过程相配合,那是精神分析学所熟知的。当然,最有效的一种是抑制。但仅仅关注历史叙述的抑制机制,并询问他们没有讲述的是什么,这太简单了。问问他们为了对过去的恐怖经验保持沉默,又将如何讲述过去,这会更有价值。精神分析学能够告诉历史学家,事后用一种消除负担的方式历史地再现过去,从而将过去经验由无意义转变成历史意义,这有许多种可能。那些认识到关乎自身并负有责任的人,通过将这种过去置于他们自己

---

25 丹・迪纳(Dan Diner)的表述。
26 抑制论心理学家用"分裂"这个概念。

的历史领域之外,以及将它投影到他人的领域中,来为自己消除负担。(将精神分析的发现转化成历史编纂的发现是非常容易的。)这种外部化的产生,是通过改变作恶者与牺牲者的角色,和通过对作用与责任的分解和预测。它也可以通过描绘一幅过去的图画而做到,在这幅图画中,尽管某人仍然(客观上)属于构成其自我认同的诸事件,但他自己的面孔在事实的表现中消失了。

如果人们在历史编纂和其他的历史文化形式中——在这些形式中人们能从时间之流中发现自己生活的趋向——寻找创伤的痕迹,所有这些策略便都能被察觉到。创伤的痕迹被记忆与历史遮盖住了,有时,要在集体记忆与历史解释平静的表面下找到混乱的实在性是非常艰难的。

对这些产生历史意义的策略进行判别,将不可避免地导致这样的问题,即历史学家在工作中是怎样处理它们的。人们能够避免将无意义的东西通过隔离和篡改而变成有意义的历史吗?令人担忧的回答是——不能。但这并不意味着,细心的历史研究无法克服抑制性的歪曲和分解,或损害相互关系(包括责任)这样的缺陷。在这方面,历史研究具有为澄清事实而启发批评这一必要的功用。但是,通过对其进行解释,历史学家不得不运用意义的叙述模式,它能赋予创伤性事实一种历史意义。在这方面,**从逻辑上讲,历史研究正是一种消解创伤的文化实践**。它将创伤转化成历史。那么,这是否意味着当历史学接管了对创伤的表现之后,创伤必然消失呢?

在二十世纪的进程中,创伤经历的积累导致了一种对于创伤的历史态度的变化。只要遇难者、幸存者和他们的子孙,还有那些犯下反人类罪行以及与此有牵连的所有其他人,他们在客观上受到这种害人不浅的对常态的偏离的制约,主观上面临正视它的任务,那么,想抚平创伤带来的伤痕就不太可能。

就大屠杀问题来说,这种面对面的关系问题得到了广泛的讨论。在此,我们看到这样一种努力,它试图通过分离仍然鲜活的记忆与迄今为止所发展起来的产生历史意义的策略,来保持这个创伤性事件的特质。神话与历史之间的差异正体现了这种分野的特征。据说,大屠杀的"神话"的方面,成了一种从历史化的消解中拯救其创伤性特征的形式。[27]但是,以这种方式撇开它,意味着在否认惯常的历史化过程的同时,剥夺其威力。如果人们认为创伤是人类世界观的正常状况之外的避难所,那么,它就与已经确立起来的历史文化隔离开了。它在分隔出的意义空间中自在地存在着。这种分隔状态使得历史研究能够正常进行下去,就像什么都没有发生过一样。(将"大屠杀研究"确立为一个单独的学术研究领域,以及将"大屠杀教学"确立为一个教学的单独领域,这是危险的:若与其他学术研究和教学领域分离,大屠杀就间接地并事与愿违地巩固了一种应该受到质疑的思考和讲授方式,至少当大屠杀作为其主题的主体部分时是如此。)因此,由于在文化的力量中,"正常的"历史化无意中使消解创伤合法化了,甚至强化了,这种保持事件的创伤性特征的努力就归于失败。

然而,如何才能阻止这种对创伤的消解呢?我想提出**"二次创伤"**的概念。它指的是,历史研究的模式必须要被改变。我想到一种新的历史叙述,在其中,被讲述的创伤性事件在自身的意义模式中留下了自己的痕迹,而这种意义模式支配着历史学家的解释工作。叙述不得不放弃其封闭性,放弃其遮盖在事件之链上的平滑的盖子。它必须在有条不紊的解释过程以及叙事的表现过程中,表述其担心的事情。

在通过解释事件来生成历史意义的根本原则这个层面上,**无意义必须成为意义本身的构成性要素**。在未及修饰的实在性令人惊讶地裸露之时,所发生的事情理应得到清楚的表述,而不是被隐匿。创伤事件不应纳入有意义的范畴,而应该被置于对传统的历史意义范畴提出质疑的解释模式中。必须保持与"例外事件的正常性"有关的记忆,而不是像消解破坏性因素那样使历史正常化。必须牢记日常生活单薄的遮蔽之下的恐怖、罪恶和不罕见等等。历史解释必须指明道德的限度,要是能指出其内在的脆弱性就更好,而不是将事件道德化。历史表达应该强调灭绝人性事件的残忍和丑陋,而不是进行审美化。必须显示出,在创伤性事件发生的过去与纪念它

---

[27] Cf. Rüsen. Jörn: *The Logic of Historicization. Metahistorical Reflections on the Debate between Friedländer and Broszat* (footnote 12).

们的现在之间的关系中,时间之流是如何被阻断的,而不是靠目的论来使其平缓。不连续性、联系的断绝、残骸遗迹成为了产生意义的时间过程观念的意义的一个面相。[28]元史学式的反思也必须将历史经验的创伤性方面中令人困扰的因素,纳入诸种想法与观念的抽象之中。最后,专业化必须得与历史的"强制性总体解释框架"[29],以及历史的表达重新联系在一起。

当时间进程回归到正常的历史状态,来为其中的人定位,受害者的号泣、作恶者的狂笑和旁观者欲言又止般的沉寂都已逝去。二次创伤正是一种可能性,它赋予这个惨绝人寰的唱诗班某种歌声。以这样的方式记住了它,历史思维也就敞开了预防创伤继续发生的可能性。

(陈新 译)

(原载《中国学术》第九辑)

---

28 一位大屠杀的幸存者鲁思·克卢格(Ruth Klüger)用"玻璃碎片"的隐喻来描述这个概念,如果有人想将它们集拢起来就会割破手。Cf. Ruth Klüger: *Weiter leben. Eine Jugend.* Göttingen 1992, p. 278.

29 Saul Friedländer, "Trauma, Memory, and Transference", in: G. H. Hartman (ed.), *Holocaust rememberance: The shapes of memory*, Oxford 1994, pp. 252—263, here p. 258. Cf. also his "Writing the history of the Shoah: Some major dilemmas", in: Horst Walter Blanke et al (eds), *Dimensionen der Historik: Geschichtstheorie, Wissenschaftsgeschichte und Geschichtskultur.* festschrift Jörn Rüsen, Köln 1998, pp. 407—414.

后民族时代来到了吗?

克雷格·卡洪(美国纽约大学)

1989年以来,人们在谈起全球化时往往是兴高采烈的。这些人里有反共的鼓噪者、企业界的精英,也有福山那种黑格尔式的对历史终结之断言的追随者。左派对于全球化的热情不用说了。即便是在反对融合(anti-corporate)的运动声势日益浩大之时,许多人还在那里迫不及待地宣称,国际公民社会的兴起将超越民族国家的模式。很少有人会注意到,世界上很多地方都存在着的民族国家的斗争其实是少数几种反抗资本主义全球化的可行方式之一。[1]

很多人热心于追求世界主义民主(cosmopolitan democracy)的理想。这便意味着,他们拥护的不仅是对文化多样性的世界主义口味(这一口味常常使文化成为外在消费的物品而不是内在的蕴涵);也不仅是混杂(hybridity)的概念,那种概念强调的是不那么严整的边界以及各种包容性很强而又纷纭复杂的认同;更不仅是强调个人对世界上其他所有人的义务的世界主义伦理观。他们同时还赞同,全球满可以变为一个城邦,而广义的人性则可通过民主的公民身份(democratic citizenship)来体现。[2]这种理想的确很有吸

---

[1] 参见蒂莫西·布伦南:《世界是我家:世界主义来到了》(Timothy Brennan, *At Home in the World: Comopolitanism Now*. Cambridge, MA: Harvard University Press, 1997)。

[2] 阐发世界主义民主的最重要的理论家是赫尔德(David Held, *Democracy and Global Order*. Cambridge: Polity, 1995)。赫尔德利用了哈贝马斯更为普遍的理论,即后民族格局的理论(例如,《后民族格局》(*The Postnational Constellation*. Cambridge, MA: MIT Press, 2001))。其他许多方法也有同样的目标,但细节不尽相同。反映各种思路的论文集包括《世界主义的民主》(Daniele Archibugi and David Held ed., *Cosmopolitan Democracy*. Cambridge: Polity, 1995);《重新想象政治共同体》(Daniele Archibugi, David Held and

引力,不过又是那样难以捉摸。

全球化话语在二十一世纪伊始就不如1990年代那么风光了。股市的肥皂泡破灭了,谁也难以保证它的复苏;股值的回升却并没有创造出来就业机会。世界上唯一的超级大国宣讲并且实行一种对任何被视为威胁的力量采取预防性侵犯的学说。人们更多地意识到宗教的活力在全球范围内的增强,然而不宽容的原教旨主义者似乎也格外地兴盛起来。尽管出现了新的积极干预的学说,但人道主义危机和地方性或地区性冲突却仍然夺去了数以万计的生命,贫困的魔爪更伸向了数百万的无辜百姓。全球化的阴暗面,从SARS到艾滋病,再到妇女买卖、毒品和军火生意,不胜枚举。

如果1989年集中体现了(但只是部分导致了)1990年代的拥护全球化的热情,那么"9·11"事件就象征着(也只是部分导致了)心态的大转折。有人问,我们为什么没看到它的逼近?"9·11"告诉我们,仅仅是一个新事件或一种恶劣的运动就会决定事态的性质——就好像比如说,恐怖主义正是最根本性的问题,而不是由于把国际性组织和通讯媒介,与地方性的痛苦和脆弱合二为一,而在近来变得具有吸引力了的一种策略。我们最好自问为什么没有看到"它"——全球化的阴暗面,至少它的两面性已经存在?

随着1989年以来全球化的发展,人们迎来的是震惊与热情的交替出现。大多数前共产主义国家相对和平的转型——尽管也有困难与混乱——带给人们高涨的热情。苏联和南斯拉夫境内民族战争带来的是震惊。人们对全球经济一体化和亚洲"小虎"的迅猛发展充满热情,但却被1997年的危机吓了一大跳。人们对信息技术情有独钟,将它作为自由沟通与新财富的保障,可是因特网上色情图片与垃圾邮件的泛滥、网络经济的一蹶不振以

Martin Kohler ed., *Re-Imagining Political Community*. Cambridge: Polity, 1988);《世界主义政治:超越民族国家的思考与感受》(Pheng Cheah and Bruce Robbins ed., *Cosmopolitics: Thinking and Feeling Beyond the Nation*. Minneapolis: University of Minnesota Press, 1998);《论辩世界主义政治》(Daniele Archibugi ed., *Debating Cosmopolitics*. London: Verso, 2003);以及《设想世界主义》(Steven Vertovec and Robin Cohen ed., *Conceiving Cosmopolitanism*. Oxford: Oxford University Press, 2002)。最后两部论文集收录了我个人的不那么乐观的论文。

及新一波的审查制度都令人大为震惊。对欧洲一体化的热情时而因为战争在欧洲爆发或欧盟无法实现有效共同防御和外交政策而减退，时而又被移民所导致的种族主义和民族主义情绪所打断。全球民主的幻象也被发生在备受推崇的新兴民主国家的情况打破了，比如埃塞俄比亚和厄立特里亚发生的战争，阿根廷纠缠不清的政治、经济崩溃。人们同样对人权和人道主义干预充满热情，可是当国际社会无法有效解决中非的种族灭绝和种族战争问题而使得这两者之间发生冲突时，大家震惊了。

实际上，对于许多积极拥抱全球化的人来说，要紧的是不仅要明确地攻击民族主义，而且还有国家。其所以如此，不仅是由于对全球公民社会（以及可能存在的支持它的手段，如因特网）信心的增强，而且是受到我们时代的残酷内战和种族屠杀的刺激。时代的阴暗面不仅以极端的方式告诉人们种族性和民族主义所带来的恶果，也同时让大家看到原本可以避免的悲剧却因为自私自利的政府拒绝采取行动——有时以国家主权观念为由——而发生。因此，人们不仅给予危机中的"人道主义"干预措施越来越多的支持，而且更为坚信，危机正说明了国家的失败，而主权不过是个错误的选择。[3]

1990年代的大多数时候，震惊并未能阻止人们的热情。这一点尤为明显地体现在日益流行的对全球化的世界主义设想中。这些设想本身一直包含着种种差异。但是，它们都不同于过于强盛的认同政治或对群体凝聚力（group solidarity）的宣传。它们高奏着人权的凯歌，鼓吹"全球社会"（global society）对地方问题的人道主义干预。它们盛赞混合的、多元的与重叠的政治身份。这些设想大多来自政治中间派与温和左派，不过它们与来自强硬右派的新自由主义共享着对国家的轻蔑，因为它们把国家理解为专制的和危险的。在这方面，它们反映出了1960年代冲突中的自由主义的一面，即新

---

[3] 尽管成功的范例不多——例如莫桑比克，但对人道主义干预的热情并未消散。这种热情的高潮迭起已不再是简简单单的一种实用主义的计算，而是范围更广的社会想象物与伦理立场的一部分。参见卡洪：《紧急状态的想象物》（Calhoun，"The Emergency Imaginary," in D. Caonkar and T. McCarthy ed. , *Modernity and Social Imaginaries*: *Essays in Honor of Charles Taylor*. Minneapolis: University of Minnesota Press, forthcoming）。

左派对福利国家的失望和普遍的反专制潮流。[4] 它们既重视多边机构,又重视个人从团体的局促和限制中解脱出来的可能性。不论他们所关注的领域是伦理的、政治的、社会心理的还是文化的,一个更为普世化世界的鼓吹者不仅拒绝民族主义,至少也还拒绝原教旨主义(如果不是一切宗教的话),还最坚决地拒斥种族集团的强硬要求。因此,"9·11"对于世界主义者来说是个尤为沉重的打击。国家安全措施的加强、宗教和种族认同的巩固,这些对于他们来说是发展道路上令人忧心的退步。

在某种程度上这正是整个现代时期存在着的一种不断加速发展的普遍模式。自启蒙运动以来,或许是自十七世纪以来,对于超越旧的政权形式的热情交替表现为两种形式,一是在混乱中对团结的诉求,一是构建美好社会的国家行为。"在贯穿着欧洲历史的疯狂的崩溃和复苏的进程交替出现的模式中,人们总是对全球主义充满了希望,似乎它即便不是唾手可得,也一定无须太多努力便可实现,可是在现实中人们却发现,全球主义的理想并未实现,他们仍然在为未来的战争做准备。"[5]

当今世界有许多事情让人感到悲观,包括多边机构的危机、反抗的政治集团(包括但不仅限于民族主义者)以及军事力量被用作解决许多关乎全球不平衡与不稳定问题的手段。不过,本文所关心的并非全球化的阴暗面,也不是它们对于世界主义理想的挑战。我们试图提出一些社会学问题,如世界主义作为一个方案而非理想其意义何在,它与民族主义的关系如何等等。我最基本的观点可能就是世界主义和民族主义是相互建构的,而将两者截然对立会引人误入歧途。[6] 将世界主义定义为民族主义(以及种族性和

---

[4] 这导致了哈耶克式的右派和世界主义的左派在攻击国家问题上的异口同声。在福利国家开始解体时,这种协同的攻击大大削弱了福利国家的防卫。对国家怀有的敌意又受到与苏联模式保持距离的愿望的刺激。正如蒂莫西·布伦南所指出的:"对于民族国家的合法性的攻击是对社会主义的攻击的翻版。因为,除了种族纯粹主义者和右翼民族主义者,社会主义者是唯一在全球贱民(global subaltern)的时代仍然维护民族国家主权的人……"参见《世界是我家》,第 301 页。

[5] 布伦南:《世界是我家》,第 139—140 页。

[6] 如梅尼克所主张,"现代观念将世界主义与民族国家感情视为相互排斥、相互斗争、互不相容的两种思想。这一观念无法说服具有对事实更为深刻洞察力以及历时性思

其他集团性(solidarities))的对立物不仅会导致社会学意义上的混乱,也会阻碍更大民主和更完善的跨国机构的实现。我认为,虽然民族主义的方案并不一定都好,但它的存在自有其充足的理由,因而我们也有理由质疑,我们是否真的在进入一个后民族时代?

一、超越民族国家?

世界主义的全球秩序的鼓吹者们常常视之为对民族国家的超越。例如,尤尔根·哈贝马斯就写到过"后民族格局"(post-national constellation)。[7]马丁·科勒(Martin Köhler)看到了"从民族国家的到世界主义的公共领域的发展。由于一些人的社会活动和他们的全心襄助,世界正在发展为一个单一的整体。这些人所共享的价值观和利益观包括人权、民主参与、法治以及保护世界的生态遗产。"[8]科勒当然承认全球范围内的权威结构尚未充分建立;他是一个温和的世界主义者,并未完全抹杀国家的作用。乌尔里希·贝克(Ulrich Beck)则更为极端。在他描绘的"后民族主义的政治"中,"世界主义的方案与民族国家的方案发生冲突,进而取而代之。"[9]

其他许多人也讨论过威斯特法里亚国家体系(主要是指三十年战争结束时出现的国家主权和国家间相互承认的观念)的终结。[10]威斯特法里亚

维的人……"参见《世界主义与民族国家》(Friedrich Meinecke, *Cosmopolitanism and the National State*. Princeton:Princeton University Press,1970),第21页。

[7] 哈贝马斯:《后民族格局》。

[8] 《从民族的到世界主义的公共空间》("From the National to the Cosmopolitan Public Sphere," in Archibugi, Held, and Köhler ed. , *Re-Imagining Political Community*),第231页。

[9] 贝克:《现代性第二阶段的社会学》(Beck, "Sociology in the Second Age of Modernity," in Vertovec and Cohen ed. , *Conceiving Cosmopolitanism*. Oxford:Oxford University Press,2002)。

[10] 参见,例如林克莱特:《后威斯特法里亚时代欧洲国家中的公民身份与主权》(Andrew Linklater, "Citizenship and Sovereignty in the Post-Westphalian European State," in Archibugi, Held, and Köhler ed. , *Re-Imagining Political Community*)。

条约可能是最容易被当作是向民族国家的全球秩序模式转型和国际间处理国家主权的方式之发展过程的标志了。不过，威斯特法里亚条约常常令人夸大了1648年时民族国家已然成为有效且独立的权力实体的程度，那在后来的三个半世纪中成为了国际政治的基本单位。首先，此后的300年间，帝国依然存在，尽管更多地是在海外，而不是欧洲大陆自身。其次，1648年时民族国家的世界秩序即便在欧洲亦远未成型。所以更确切的说法应当是，1648年之后，民族国家的方案逐渐开始影响历史的发展，在国内是使得民族与国家的关系更为紧密的努力，在国际上则是有组织的发生冲突和实现和平的行动。实际上，国内与国际之分正是这些行为的结果；1648年时这一区分只在最小程度上得到阐发，而此后数百年间，民族主义与世界主义之间的相互影响和作用远非简单的对立。[11]

民族国家的概念到十九世纪开始逐渐在欧洲和南北美洲明晰起来，进而占据了主导地位。在世界其他地区，民族主义只是到了二十世纪才蓬勃发展起来，而且要使国家与民族之间关系合理化的努力直到二十一世纪仍很积极。实际上，中亚、巴尔干、中非和南亚地区的冲突不仅反映了历史的恩怨，而且体现了民族主义与民族国家的方案在多大程度上依然存在。而且，这些冲突与欧洲最初出现现代国家之时代的冲突的性质并非截然不同。宗教、文化、语言、亲属关系、蛊惑人心的政客、经济投机分子当时在欧洲同样与对政权、领土和主权的追求交织在一起。欧洲人甚至将问题搞得更复杂，因为他们一方面在巩固民族国家，另一方面却又在寻求海外扩张。法国被多数民族主义理论奉为模范国家，可是统一这片六边形疆域并非仅仅是通过地方战争和国家的权力。即便是在她最革命、最民族主义的时候，法国依然是个帝国。法兰西第一共和国压制海地独立，正如第四、第五共和国压制阿尔及利亚的独立。

因此，威斯特法里亚秩序观轻易地将帝国边缘化了，同时也让人们忽视了在试图使民族国家作为主权和垄断武力的主要组织单位的过程中出现的

11　艾歇：《民族主义的背叛》(Micheline Ishay, *The Betrayal of Nationalism*. Minneapolis: University of Minnesota Press, 1995)；梅尼克：《世界主义与民族国家》。

混乱与冲突。这一观念将一个丰富的时代简化为一种抽象的法律框架。而实际上在那个复杂的时代里，既有历史上最具摧毁力的战争，又不乏现代意义上的种族灭绝行为，同时还出现过一系列的国家间的机构与协议。威斯特法里亚和约当然并未开启350年的和平时代，虽然我们满可以说它启动了对实现永久和平与结束一切战争之战争的哲学与政治设想的循环。[12]

所以，"后威斯特法里亚"秩序意味着什么就不明确了。对一些人来说，尤其是那些言必称欧洲的人，它多多少少与"后民族格局"同义。这里当然既有国内也有国际的意味。首先就是在现代社会，以民族主义的形式组织和动员的文化共性（cultural commonalities）强调公民必须以国家利益为重，不过目前的发展趋势是要超越这一模式。超越的目标无非是以公民对特定政治机构的忠诚作为凝聚力的基础，如哈贝马斯所谓的"立宪的爱国主义"（constitutional patriotism），或者是完全超越小范围的利益而实现某种伦理的世界主义，其中对人性的义务超越了公民身份、共同体和其他更具地方色彩的联系方式。[13]其次，从国际方面来讲，其意味仅仅是国家不能组织全球政治事务，甚至不能担当那些它们作为全球秩序基本单位明显囊括在其自身疆界内的各种事务。

上述讨论的问题之一是它的现实参照物不明确。有人断言"在现代性的第二阶段，国家、商业和由公民组成之社会之间的关系必须重新定义"。[14]什么国家、什么商业、什么公民社会？关于国家是应该在国际关系中变得更

12　参看重访康德关于永久和平的经典世界主义论述的论文集：伯曼、巴赫曼编：《永久和平论：康德世界主义理想论集》（James Bohman and Matthias Lutz-Bachmann ed., *Perpetual Peace: Essays on Kant's Cosmopolitan Ideal.* Cambridge, MA: MIT Press, 1997）。同时参见乔阿斯：《战争与现代性》（Hans Joas, *War and Modernity.* Cambridge, MA: Blackwell, 2002）。

13　哈贝马斯：《包容他者》（Habormas, *Inclusion of the Other.* Cambridge, MA: MIT Press, 1998）；纳斯鲍姆：《爱国心》（Martha Nussbaum, *For Love of Country.* Boston: Beacon, 1996）。同时参见阿奇布基（Daniele Archibugi）编著的《论辩世界主义政治》（*Debating Cosmopolitics*）中收录的文章以及我本人在《世界主义想象物中的归属》（"Belonging in the Cosmopolitan Imaginary"）一文中对世界主义各种形式的讨论。我的文章收录在《多元种族性》（*Ethnicities*, vol. 4 (2003)），第531—553页。

14　贝克：《现代性第二阶段的社会学》，第77页。

为强大有力或减少作用,还是应当保证国内福利的讨论一直在进行,可这些讨论却并未对所讨论的对象加以说明,比如到底谈的是美国还是乍得。在讨论可能的全球"后民族结构"或普世民主时,在论辩欧盟一体化时,也有指涉不明的问题。欧盟一体化可能正是后民族秩序的模型。对此问题,笔者不想再做深究,不过有几点必须提醒读者:(1)我们尚不清楚它进行得怎样,以及(2)虽然欧洲一体化可能是"后"于前此300年的特定民族国家方案的,可是我们也不清楚它是否就不包含着相当类似而非根本不同的新方案。[15]

最后一点很重要。欧盟的建立显然在许多方面都是重要的创新,而且显然超出了威斯特法里亚条约签订者的想象力范围。但是,当我们重点关注延续性而非创新时,我们就会看到欧盟可以进一步实现政治权力的集中,促进国家行政与市民社会的融合。其进程正如今日的法国或德国从曾经分裂和相互竞争的小型政治团体脱胎而来。实际上,哈贝马斯所谓的"立宪的爱国主义"——公民对政治机构而不是任何现存的民族国家效忠——本身就是对公民的民族主义(civic nationalism)的重新表达。[16]

许多关于全球化和全球治理(cosmopolitan governance)的讨论似乎都假设了一个不言自明的前提,即以威斯特法里亚的语言要求主权的特定国家就是有着特定范围的社会组织,而"民族"(nation)一定是指在那些国家的层面上产生的文化团结体(cultural solidarities)和身份认同。但是我们在全世界范围内看见的却是民族国家的范围变化万端,而且极具争议性——这正

---

15 参见贝尔奇、歇恩编:《没有边界的欧洲:在跨民族世代重新图绘领土、公民身份和认同》(M. Berezin and M. Schain ed. , *Europe without Borders*: *Re-Mapping Territory*, *Citizenship and Identity in a Transnational Age*. Baltimore:Johns Hopkins University Press),书中收录了我的《欧洲的民主融合:利益、认同和公共空间》("The Democratic Integration of Europe: Interests, ldentity, and the Public Sphere"),第243—274页。

16 哈贝马斯:《包容他者》。同时参见梅尼克:《世界主义与民族国家》以及科恩:《民族主义的观念》(Hans Kohn, *The Idea of Nationalism*. New York: MacMillan, 1944)谈到德国思想的经典传统时试图说明通常人们所认为的德国人的种族民族主义(ethnic nationalism)中也蕴藏着市民的民族主义的因素(civic nationalism)。正如梅尼克在1928年写道,"最优秀的德国民族主义感情也包括超越民族界限的世界主义理想,即'要是德国人就先要不是德国人'。"

是因为并不存在"自然而然的"国家,也不存在衡量国家好坏的最佳自然标准。认为每一民族都可以拥有一个自治国家,那是十九世纪前半期浪漫主义的民族主义和"民族的萌芽期"(Springtimes of Peoples)的幻象。

后威斯特法里亚时代的欧洲本身并不意味着亚非两洲国家的主权和自决就完全失效了。它也并不一定在所有意义上都意味着一个后民族时代的欧洲(尽管它可能意味着超越现存欧洲民族国家的界限)。正如大卫·赫尔德(David Held)所说,"全球化最好被理解为一种空间现象,它处于'地方'与'全球'的连续体之间。它意味着人类组织与活动在空间形式上向跨洲的或地区间的模式转型(包括人类活动、人际交往和权力运用)。"[17] 不过这一"转型"并非中性的。它给某些人带来好处,却不利于其他人。这也正是为什么民族主义总是不断在复制,正是为什么在说民族主义方案本质上是退步的而世界主义行为则是进步的这样的话之前我们必须三思。至于认为从明显的学术中立立场出发,转型恰与当前全球政治和经济势力或从前的殖民势力的中心相吻合,这一观点尤其有问题。自由主义国家不是中性的。全球公民社会不是中性的。甚至就连英语也不是中性的。这并不意味着这三样东西没一样是好的,只是说它们并非每个人都能享有,且并不平等地体现每个人的利益。

二、规模的改变与争取公平的斗争

全球化不会就这么自然而然地发生。它在很大程度上是外力强加的。如果人们将全球化简单地作为历史发展的必然,强调个人和国家顺之则昌逆之则亡,这就不对了。幸运的是,正如金里卡(Kymlicka)指出的,"全球

---

17 赫尔德:《民主与全球化》(Held, "Democracy and Globalization," in Archibugi, Held and Köhler ed., *Re-Imagining Political Community*),第13页。还可参见科恩60年前所写的话:"历史上的重要时期是以人类的同情心所延展的范围为特征的。人类同情心所设置的边界既不是固定的也不是永恒的,它们的变化伴随着历史上重大的危机。"见《民族主义的观念》,第21页。

化远非鼓励对政治的冷漠,它本身似乎就是某种能够动员冷漠人群的东西。"[18]

现代历史中的主导模式之一在于权力与资本的组织达到前所未有的规模和力度。在由此所导致的竞赛中,大众的力量和凝聚力总是落在后面。这场竞赛的目标是实现社会融合、建构人际关系和组织全世界。资本和政治权力走上前台——时而联合时而冲突。工人和普通公民总是处在努力追赶的境地。当他们在地方的层次上组织起来的时候,资本和权力又在更大规模上融合起来了。

现代国家的出现既是横向上扩张的过程,即小国不断让步,融入到在更大范围内建立集中控制的过程,又是纵向上深入的过程,即行政能力增强而中间力量削弱。同样,资本主义的发展也包括了长途贸易和地方贸易的同时增长,大型、高效管理的企业的出现,贸易对金融市场和生产关系的渗透,以及社会生活越来越多地屈从于市场关系。国家的建构与资本主义恰巧在帝国内(有时是没有正式帝国形式的帝国主义体系内)同时出现。后殖民地即便建构了多多少少一体化的民族国家,却很难实现民族主义意识形态所承诺的自治,因为他们面对的是全球资本主义市场和不平等的贸易条件。

当然,彻底拒绝资本主义全球化的行为一直存在,包括社群主义者保护自足的小岛国的努力和更大规模的土著发展的社会主义计划。当然拒绝政府权力者也不在少数,既有明目张胆的无政府主义者,也有单纯抵抗者。在大多数情况下,大众斗争既未要求结束经济扩张,也未要求根除政治权力,而是要求在经济和政治的结构中实现更大的公平。换句话说,他们所要求的是带来公正和机会(后者通常与发展联系起来,是有问题的)的融合。这正是发达资本主义国家工会所首要关注的问题。它也是多元文化政治(几乎所有政体都是多元文化的)中的少数派的基本关注。它还是世界上最贫弱之国家的人民——如果不是当权者——的基本关注。实际上,民族主义的一个重要方面就根源于对公正的要求。世界主义拒绝民族主义的理由通常

---

[18] 威尔·金里卡:《方言中的政治》(Will Kymlicka, *Politics in the Vernacular*. Oxford: Oxford University Press, 2001),第322页。

是——民族主义依靠的无非是中央国家机器的控制、古老的民族忠诚或以邻为壑的获利方式。虽然这些情况确实存在，但是世界主义却忽视了民族主义不仅加强了民族的凝聚力和归属感，而且还为要求公正与发展提供了平台。

国家为民族利益而存在这一要求部分地来自"下层"，因为普通百姓坚持将自己在某种层面上参与国家事务作为承认统治者合法性的前提条件。但是民族国家的融合则是令人困惑的。一方面，国家权力本身就是一种力量——不仅在殖民主义体系中，在国家内部也如此——它代表了一种远离地方共同体的组织能力。另一方面，民族国家一级的民主最成功地使普通人能在资本和权力方面获得公正待遇。

在许多国家，普通人都实现了少量的民主权利和其他种种利益，但是他们并未选择那种将选举制民主作为一部分胜利成果的"竞争"。这主要是因为国家的集权化和资本主义市场的融合。大多数普通人在十九、二十世纪民主化的最终收获之前，都曾遭受过集体自决权的丧失。之所以如此，是因为他们所创立的共同体和机构被国家和市场力量碾压和破坏了。这并不是说经过两代人的时间之后，许多工人的生活没有在物质生活的许多方面好于他们的先辈，也不是说发达工业国家人们的发展机会不比那些未曾工业化的国家多。这也并不意味着许多工人不愿意抓住翻身做老板的机会，更不意味着许多经历了工业化的人们（痛苦地）既失去了近来所谓的"社会资本"，又失去了依据他们自己的价值观和对世界的理解方式选择生活方式的机会。今天的情况也是一样，如果新自由主义意识形态同时导致市场经济和资本主义生产的"扩展"（extensification）和"深化"（intensification），却不能保证更大的公正，那么人们也会吃亏。

反对殖民统治的斗争常常反映出相似的问题和矛盾。被统治的民族试图同时抵抗异族统治并通过团结不尽相同的"传统"团体来构建新国家。[19]

---

[19] 柴特基（Partha Chatterjee）的作品在这一问题尤其具有启发意义。参见《民族主义思想与殖民的世界：一种衍生的话语？》(*Nationalist Thought and the Colonial World: A Derivative Discourse?* London: Zed Books, 1986)以及《民族国家及其碎片》(*The Nation and*

民族主义和部族或社群对于民族主义的抵制（两者都是不同集团在一个更大范围内的投影，并非仅仅是对原先存在的身份认同的反映——尽管从来都跟正在进行的文化再生产脱不了干系）都有赖于诉诸共同的"传统"文化。国家似乎既是建立在已有的文化共性之上，又是一种由殖民主义和独立斗争所导致的新东西，也是民族文化的某种建构强加在国家内部的其他认同和文化结构之上。反对外来殖民势力的斗争使得更大范围的"本土的"团结得以发挥作用，不过斗争的结果无非是权力和资源的再分配——通常是从多少为自治的地方共同体、附属文化（subordinated cultures）和其他集团手中流失。社会学家皮埃尔·布迪厄就描述过这样的一个例子，他认为这种情况对于二十一世纪的新自由主义全球化和对法国殖民阿尔及利亚同样适用：

> 就我在阿尔及利亚所能观察到的，经济领域的统一似乎要将所有的社会行为者都卷进一场经济游戏中去，尤其是通过货币的统一和货币交换的普遍化等方式，可是并不是所有人在文化或者经济的层面上都已同样做好准备。同样，人们还必须屈从于更有效的生产力和生产方式所强加的竞争标准，这可以从农业小生产者逐渐完全失去自足能力看出。总之，**统一有利于占统治地位的一方**。[20]

那些反对这种市场入侵或类似的国家集权的人们通常被归于现代的反面，即"传统的"。他们对社群、手工艺、宗教和亲属关系的维护被看作是有点不可理喻的。这种维护诚然往往是回顾式的，却并不一定也并不因此就无法导致社会变革，以及在有的时候产生出对于更加美好之社会的激进设想。而且，回顾并不一定在本质上就是不理性的，尤其是当我们无法保证未来就一定代表进步，或者某些人眼中的进步就一定能推进普通人最为珍惜的价值观。

Its Fragments. Princeton：Princeton University Press，1994）。同时参见卡洪：《民族主义》（*Nationalism*. Minneapolis：University of Minnesota Press，1997）。

20　布迪厄，《团结以便更好地统治》（Pierre Bourdien, "Unifying to Better Dominate," in *Firing Back*. New York：New Press，2002）。

更进一步说,拒绝不断扩张的资本主义市场侵入的人们所维护的共同体和机构组织形式并非仅仅是过时的僵化的形式而已。它们也是社会成就,而且往往是在众多反对意见的喧嚣声中通过集体努力建立的。它们为普通人组织自己的生活提供了指南——尽管可能并不完美,但却拥有不断改进的空间和不受外界力量干扰的某种程度的自治权。就像布迪厄说的,由于统一只会有利于统治集团,他们对传统的维护便显得更为合理。我在这里想说的是,社会组织极快的变化可能尤其有利于统治集团,它会更进一步地破坏人们的正常生活,也会减少社会斗争赢得妥协和开辟其他发展道路的机会。

团结工人阶级以更好地反击集中化程度更高的资本主义的方案,至少也潜在地面对着同样的问题。马克思主义关于通过工会自觉从地方斗争发展到阶级斗争的观念,描绘的是在追求更加有效的斗争过程中的"现代"团结(依据马克思主义理论,其基础是认识到团结中所具有的真正的根本性利益)。可是,即便团结是在与"外来"势力斗争时所必需的,在组织"内部"却并不必然是平等的。只有当非阶级的目标和身份认同是附属性的时候,阶级团结才能实现。马克思主义者讨论民族主义斗争或民族斗争时,常常把它们仅仅视为对必定以阶级为基础的"正当"团结的偏离。[21]但是所有这种一致性的团结——阶级的也好,民族的也好——都要通过斗争和牺牲他人利益来实现。因而此种团结就既非人为炮制出来的,也非错误虚妄的,而只是历史的产物。

不过历史的产物可能也可以参与个人认同、社会关系和归属感的建构。换句话说,从民族的和其他的团结所具有的历史性一下子跳到"传统的发明"(指民族传统只是人为造作出来的,很可以撇开不论)就有失公允了。另外,这也扭曲了关于"传统"的讨论中最重要的问题。学者们确实往往过于从表面上来看待传统主义者主张尊重古老生活方式的言论(而且也许还

21　霍布斯鲍姆:《1780 年以来的民族国家与民族主义:纲领、神话、现实》(Eric Hobsbawm, *Nations and Nationalism. Since 1780 : Programme, Myth, Reality.* Cambridge: Cambridge University Press, 1990)是例证性的,但是这一趋势是广泛的。

是以他人之酒杯浇自己之块垒),但是,认为发现某种传统只是晚近的发明就推翻了民族文化,这种想法也是错误的。传统并不是由时间久远与否来定义的。更准确地说,传统应当作为一种文化与社会实践的再生产方式来把握。这种文化与社会实践的基础是实际经验和人际关系中生产和再生产的理解(understandings produced and reproduced),而非完全抽象化的一套规则或更加形式化的文本传通。因此传统不仅仅是一系列的内容,而是再生产这些内容的一种方式。当传统有条不紊地组织人们的生活的时候,它就发挥了作用。

传统在文化中无所不在,常常被不假思索地(prereflectively)包括在惯习(habitus)当中。传统在变化是渐进式的时候发挥的作用最大,因为此时传统可以在日常的再生产过程中逐渐地调适。不过如果认为"传统"是与进步对立的,只是过去的简单延续,甚或是落后,这又不对了。传统部分地是回顾式的,它保存并传承智慧与正当的行为方式。然而同时它又是前瞻性的。不管是否明说出来,传统必须重构,有时使它更纯正,有时对它加以发挥。现代人倾向于将把变化视为一个故事或是价值观念的陈述,无非归为三种情况:即欺骗,错误或者明确宣布的修正。但是实际上对仍然存活的传统的不断修正,其方式并不一样。并不是说在某一时刻就存在某种"真正的"或权威的版本,而可以此来衡量"变化"。更准确地说,传统一直就处于生产和再生产的过程当中。通常再生产大大超过生产,因此过去的延续性得以实现。可传统的延续性所依靠的又并非仅仅是对传统的尊重,还需要实际行动。人们一旦行动起来,他们的任何行为都是对他们所吸收的文化的运用。不过他们也会调整传统,修改它的部分,以便更加符合时宜。他们在这样做的时候通常是无意识的,而且肯定并不带有作用于传统的想法。换句话说,传统是他们行动的一种媒介和条件,而不是行动的目标,虽然他们的行为会(以集体的或积累的方式)对传统产生影响。语言就是个好例子,人们利用它达到无数的目的,而且在运用时影响它本身,但只有在极少数的情况下,人们才会有意识地改变它。

因此,如果简单地在传统与文化内容的古老之间画等号就会领人误入歧途了。马克斯·韦伯经常被人们当作是这样一种观念的倡导者,但这是一种不完全的理解。与启蒙时代以来的大多数思想家一样,韦伯只是反对无意识地或不加辨别地将理性作为有意识和正当的行为。他将传统行为看作"由根深蒂固的习惯化过程(habituation)决定的",认为它与所谓的有意义的定向行动(meaningfully oriented action)相近。[22] 我想说的是,我们应当将此视为布迪厄对惯习概念深度发挥的思想先驱,尽管可能是有问题而且有局限性的。后者超越了习惯化过程本身,而且更少决定论色彩。最重要的是它将行动置于社会关系中,而不是作为失去了语境的表达方式或选择甚至是个人之间的互动。[23] 布迪厄揭示了惯习在现代社会中的作用比韦伯所认为的传统行为影响力更大;布迪厄在很大程度上解构了传统与现代的对立,且举例说明了在表面上不断进步的现代性的内部有多少再生产的存在。不过,关键一点还在于韦伯讨论传统的入口是它的再生产媒介——根深蒂固的习惯化过程。他的把握可能太过狭隘,可是他的方法却是正确的。

韦伯所定义的回顾性的特质可能更适合传统主义,而非传统。传统主义才是韦伯所描述的"对现实存在、声称存在或认定已然存在之事物的虔诚"。[24] 这一描述在布迪厄的著作中也有所反映。在对殖民地阿尔及利亚的研究中,布迪厄大大利用了在"传统"柏柏尔人(Berber)社会——那是他在卡比利亚的田野考察工作中所能够尽力去重构的——和柏柏尔文化在迅速的社会变迁和旧有生活方式的瓦解的状况下所仰赖的被各式各样的本土阐释者所展开的传统主义之间的差异。在阿尔及利亚农村和城市中的劳动移民中间,布迪厄都观察到了自封的文化领袖,他们各自倡导自己所谓的真实而古老的传统。但是他们的话语不管是否正式写下来,都已经是准备好的,这些话语至少与处于不断互动中的无所不在的社会生活和文化的再生产隔

22　霍布斯鲍姆:《1780 年以来的民族国家与民族主义》,第 25 页。

23　参见布迪厄在《文化生产的领域》(*The Field of Cultural Production*. New York: Columbia University Press, 1993)中的讨论,尤其是与文集同名的文章。

24　韦伯:《世界宗教的社会心理学》("The Social Psychology of World Religions," in H. H. Certh and C. Wright Mills ed., *From Max Weber: Essays in Sociology*. London: Routledge and Kegan Paul, 1948),第 296 页。

了一层。[25]我们可以将传统主义看作是对往昔文化中珍贵内涵的重新激活，尽管这些文化内涵早已与先前的再生产方式与生活方式相脱节了。

　　这一大段关于传统的讨论之所以重要，是因为世界主义者往往会将传统文化视为一套可能充满着谬误的内容，而不是许多人确定自己在世界上的位置的基本依据。他们常常试图分辨出传统中好的和不好的因素——保存那种民族工艺，但却抛弃相伴的家长制。他们可能认为传统是一种财产，一种只要不跟其他更基本的东西相冲突便人人都可以享有的商品。这种观点不仅忽视了文化的建设性作用，[26]它还不曾注意到迅速的社会变化不仅使人们失去方向感，而且也剥夺着人们的权力。而且，这种观点还对传统文化与社群社会关系对于集体抵抗不公正的社会变化的作用视而不见。这种变化包括全球资本主义带来的变化，有些不公正的变化由于受到美国利用国家权力的某些做法的影响而变本加厉。最后，赞同传统只是回顾性的现代观点，使得许多世界主义者看不到新的前瞻性的行动在多大程度上是建立于——也许更恰当地说是发端于——传统的根基。我既是指自觉的对理想社会的设想往往需要传统的文化资源——不仅仅是抵抗变化，而且是以新的方式实现传统上认为好的东西——也是指即便并未有意识地利用传统，传统也为同一文化中的不同的人团结到一起提供了媒介。实际上许多世界主义理论对民族界限的弥合依靠的并非抽象的普世主义，而是旧传统的融合以及在非正式的关系和地方语境中新传统的产生。

　　根和对根的需求，两者的分布都是不对称的。常常是那些缺乏财富、精英关系和流动性的人们发觉自己归属某种社会集团的成员身份是最重要的

25　这些是布迪厄在几部著作中都提及的话题；尤其参见《阿尔及利亚60：经济结构与时间结构》(Algérie 60: Structures économiques et structures temporelles. Paris: Minuit, 1977)，以及布迪厄与萨亚德：《去根化：阿尔及利亚传统农业的危机》(Bourdieu and Abdelmalek Sayad, Le Déracinement: La Crise d'agriculture traditionelle en Algérie. Paris: Minuit, 1964)。同时参见阿迪(Laurent Addi)在《皮埃尔·布迪厄的社会学与人类学：卡比尔人类学范式及其理论影响》(Sociologie et anthropologie chez Pierre Bourdieu: Le paradigme anthropologique kabyle et ses conséquences théoriques. Paris: Decouverte, 2003)中的精彩论述。

26　参见查尔斯·泰勒：《现代社会想象物》(Charles Taylor, Modern Social Imaginaries. Duke: Duke University Press, 2004)。

财产。无论这种集团是社群、行会、种族、民族还是宗教。不同集团的人不仅为维持某种程度的自治,也为在大范围内的融合过程中发出声音(如果不是取得控制权的话)而斗争。认为在这些斗争中存在明显的进步和反动立场容易导致误解。而认为存在一种与传统毫无干系而且可以提供世界主义视角的中间立场也是不对的。

哲学家们一直以来都在谈论理想的社会秩序和个人行为的伦理原则,其前提是至少为了理论的目的可以将个人从他们身处的具体社会语境中抽象出来。这样做的动机显得冠冕堂皇:那便是现存的社会语境给予了邪恶和变幻不定的现象以存在的理由,如果以此为出发点去理解个人,那么除了他们在最基本的人性和自由方面的基本平等之外,很容易导致将人们视为在本质上是不平等的。这种以人类个体的抽象普世性为基础的理论或许可以给我们一些启发,但是它们作为在人们采取行动的世界上生活的指南却从根本上就错了。它们不仅导致了抽象对真实道德可能性的压抑和对人类生活和社会不公的深刻误解,还导致了虽然抱着善意和平等的目标但却易于产生重重问题的权力关系的政治设想。

这些问题的例证之一就是,过于热切地期望世界能够幸运地通过伦理、政治、社会—心理和文化的取向来加以改造,而个人的自由和对更广大世界的利用却无须致力于干涉人们的团结。这就揭示出世界主义理论的某种盲目性,即对于世界主义自身的社会学条件和对于国家、民族和其他集团为什么对于大多数人来说仍然重要的原因不甚了了。这也正是世界主义——可能在某些方面确实有吸引力——如何因为它所依赖的自由个人主义话语而看不到社会团结的重要性。纳斯鲍姆(Nussbaum)注意到两种思考政治共同体和好公民的传统。"一是基于情感的;一是鼓励消除情感的。"[27]虽然两者都追求自由与平等,但前者太多依赖激情。"前者旨在平等支持基本需求,并借此促进自由选择和自我实现的均等机会;后者以内在自由——这一事实是任何厄运都不能改变的——为出发点并从中找到政治平等的源泉。"但

27　纳斯鲍姆:《思想的大波动》(Nussbaum, *Upheavals of Thought*. New York:Cambridge Uni. Press,2001),第367页。

是将上述二者对立起来肯定是错误的。我们要做的也许不是支持辩论中的某一方,而是追问如何才能摆脱它?

三、世界主义的社会基础

"归属还是不归属",乌尔里希·贝克问道,"那正是世界主义者的问题。"[28]可能真是如此,但是如果是这样的话,它所揭示的关于世界主义的最重要侧面之一,就是一些人可以比其他人拥有更大的自由和信心来提问。另外也很重要的是,世界主义在多大程度上被描述为地方主义的缺席而非积极的归属感。

奇怪的是,贝克所提的问题出现在他的一篇题为《全球不平等之分析》的论文中。他的目标是让我们关注富国与穷国之间"惊人的不平等"。他认为一国之内的不平等与国与国之间的不平等比起来真是小巫见大巫。他的话虽然过分简化了不平等的经验模式,但却发人深省。贝克说:"国家权力和深受国家权力影响的社会科学居然一致对人类之间的巨大不平等熟视无睹,这真是令人震惊。"[29]贝克的话肯定是对的。但是他没有考虑到的是参与表面上看起来是跨国的世界主义的精英阶层在多大程度上导致了这种熟视无睹的态度的出现。"穷"国的精英阶层加入全球公民社会、多边机构和跨国公司,不仅赚到了他们的同胞难以想象的钱,而且使得富国精英阶层的幻想得以实现。这种幻想就是他们与倡导世界主义的同行们之间的关系真的超越了民族、文化与地域的界限。世界主义的精英太过经常地将跨国阶级的形成错认为是摆脱某种归属。

我曾经在别处分析过这种误解产生的基础及"经常旅行者的阶级意

---

28 贝克:《对全球不平等的分析:从民族国家到世界主义的视角》(Beck, "The Analysis of Global Inequality: From National to Cosmopolitan Perspective," in Mary Kaldor, Helmut Anheier and Marlies Glasius ed. , *Global Civil Society 2003*. Oxford: Oxford University Press, 2003),第45页。

29 贝克:《对全球不平等的分析》,第50页。

识"。[30]我想提醒注意的不仅是那些代表典型世界主义者形象的精英职业地位,而且是某些物质特权给予知识阶层地位的基础。"好"护照和容易获得的签证、国际信用卡和航空俱乐部的成员身份、会议组织者的邀请函与组织上的接触都促进了一种将世界视为一体的习惯(并不必然涉及公民身份)。海外人士提供了其他的国际连接线,他们所依靠的是民族和亲属关系,而不是更为科层化的、正式的商人、学者和援助工作人员的关系。但虽然这些都是真实的,它们却面对着相当不同的语境压力。

"9·11"之后对签证以及移民的限制反映了持欧美护照者与其他大多数人的差异。前者几乎没注意到什么变化,照样来去自由。而后者却发现他们的国际流动性受到重大干扰,有时甚至是阻挠。更有甚者他们会受到强迫,例如每年数以千计的在美国扎了根的人们被迫离境,尤其是那些出生在美国的孩子被遣返回他们几乎从未听说过也从未居住过的"故乡"。欧洲知识分子,如乔治·阿加本(Georgi Agamben)可能会取消演讲安排以示抗议美国政府对旅客实施"生物权力"(biopower),进行指纹检查。但是他对一个令人遗憾的但却合法的国家政权的世界主义的挑战,却与那些为了美好生活而移民、然后又被剥夺了居住权的人们所处的情况大不一样。[31]

全球性的边境控制虽然让某些人油然而生世界主义的心态,但却总在提醒其他人不要忘了自己的国籍(往往还包括宗教信仰和民族)。无论他们最初抱着多么深厚的世界主义感情,这些亚洲人、非洲人,还有拉丁美洲人却由于他们所受到的种种指责和限制而意识到其实某种形式的世界主义并不适合他们。中规中矩的世界主义者能够(而且确实)认定这种现象并非理所当然,边境应当更为开放才是。可是他们也得注意不要否认人们对这种

30　卡洪:《经常旅行者的阶级意识》(Calhoun, "The Class Consciousness of Frequent Travelers," *South Atlantic Quarterly* 101, No.4),第869—897页。

31　克利福:《文化旅行》(James Clifford, "Traveling Cultures," in Lawrence Grossberg, Cary Nelson, and Paula Treichler ed., *Cultural Studies*. New York: Routledge, 1992)以及布伦南的《世界是我家》(第16—17页)都正确地提出了使用"旅行"这一比喻来思考劳动移民和其他形式移民(现在并未消失的习惯,其根源可能是知识分子所处境地,但对许多其他人来说却并不适用)所带来的问题。

边境控制做出任何违背世界主义回应的正当性,这些回应不仅可能是憎恨,还可能是民族认同感的再次加强,甚至还是国家发展的规划,以使得他们有朝一日也能加入到手持"好"护照的行列。

这里的问题不仅是特权。问题在于,与整个世界相关联、并且作为一个能以"全球公民的身份"积极行动起来的感觉,并非仅仅就是摆脱了更多的地方性束缚。它也有自己的物质和社会条件。另外,世界主义的精英也不太可能是完全脱离文化语境的;他们不是简单抽象地体现人性的理性责任(即便他们的理论是这样的)。

在某种程度上,世界主义的精英文化是西方主导及其所产生的知识倾向的产物。它反映的是自有其历史渊源的"现代性"。"这一卷土重来的末期自由主义以一种更为夸张的形式,揭示了自由主义理论深处的一场斗争,在文化判断和认知方面,渴望平等的真实愿望这一普遍原则总是与顽固的种族中心的地方主义挂在一起。"[32]但是,文化的独特性又不仅仅是历史继承的问题,也不仅仅是(主要是)西方现代性的体现。它还来自世界主义流动性、教育和参与新闻及其他媒体流动的具体条件。它是那些上哈佛和伦敦经济学院的人,是读《经济学人》和《世界报》的人的文化,是承认莫扎特的音乐具有世界性意义的人的文化,是能够讨论澳大利亚、法国和智利出产的酒的各自特点的人的文化。在这样一种文化里,世俗主义显得自然而然,而宗教却显得奇怪,尊重人权得到承认,而基本的经济再分配的概念却是激进的和有争议的。这一文化有很多优点,也有许多盲点,不过它始终是一种文化而非文化的缺场。

纳斯鲍姆和其他一些"极端的"世界主义者,将世界主义首先当作是一种抛弃自己原先身份的美德,是从可能非法的或者至少是模糊不清的地方性、民族性、宗教和国籍中的解脱。[33]但是,与世俗主义不同的是,世界主义

---

[32] 波罗克、巴巴、布雷肯瑞吉、查克瑞巴蒂:《多元世界主义》(Sheldon Pollock, Homi Bhabha, Carol Breckenridge, and Dipesh Chakrabarty, "Cosmopolitanisms," in *Public Culture* 12, No. 3 [2000]),第581页。

[33] 参见卡洪《世界主义想象物中的归属》一文中对从极端到中庸的不同的世界主

是一种在场而非缺场,是在世界上占据特定位置,而非无任何依据或哪里都行的一种观感。所有真实存在的世界主义理论准确说来都体现了社会位置和文化传统的影响。任何人采纳的理解或评价他人的方式都是特定的而且永远不可能是穷尽的。世俗主义再一次给了我们启示。特定宗教传统的参数可以用来确定什么不是宗教或不属于特定宗教的范围。因此,"并非特定宗教的",就不会是简单的中性体现。"世俗"在基督教各教派的眼中与它在印度教和伊斯兰教传统中(更不用说它们之间的融合和竞争)的定义不会是完全一样的。因此将世界主义对地方主义的超越简单理解为对于所有特殊主义的中立和容忍,并不恰当。它其实是对一种特定的且具有发展潜力的跨越疆界的文化生产过程和社会网络形成过程的参与。

因而,说大多数理论所提的世界主义体现的其实是商界、学术界、政界和公民社会精英的经验,这并非仅仅说明了为什么其他人没能分享它的原因,而且显示了它特殊性质的来源。它并不独立于文化之外,也不光是纯粹的个人选择的问题,而是一种建立在特定社会基础上的文化定位和一种由那种文化和那些基础所决定的选择。因此,它与以其他文化和社会为基础的对地方主义的超越并不相同。世界主义具有特殊的而非仅仅是普世性的内涵,而鼓吹世界主义者却没能认识到这一点。另外,它的内涵和这种误解是与相对特权的社会基础相联系的。

自称的世界主义者关于民族性和地方或其他集团归属的合法性的许多思考,体现了他们对于自身多多少少所处的精英地位不言而喻的假设。我并非仅仅在说他们的行为都是为了自己的利益,或者出于什么不好的动机。我的意思是,他们所建构的真正的善对民族的和其他的归属感存有偏见,这是由于精英视角所决定的。精英所能拥有的有利于本民族或社群其他人的偏见都将是有利于既得利益阶层的(这是非常违背罗尔斯立场的观

义者的讨论。同时参见谢弗勒:《国界与忠诚:自由主义思想中的正义与责任问题》(Samuel Scheffler, *Boundaries and Allegiances: Problems of Justice and Responsibility in Liberal Thought*. Oxford: Oxford University Press, 2001)。

点)。因此,世界主义者非常希望能够取缔这种只顾自己的特殊主义。但是民族团结并不总是强力者排外的结果;它常常是弱者采取有效的集体行动和相互支持的源泉。换句话说,如果处于权势地位者主导的集团内部的团结通常导致对弱者或其他特权者的歧视确为事实的话,那么团结也能给弱者以力量同样是事实。实际上,那些被排除在主导的权力和话语结构之外或仅仅给予了一点机会进入这一结构的人们尤其需要携起手来以便更为有效。当然精英阶层也得合力保护本阶层的特权(就像韦伯所强调的那样,排斥性是精英阶层对付大众积极分子的包容策略的重要武器),[34]而且精英也会利用团结来追求他们的个人利益而非平等考虑所有人的利益。不过,精英阶层作为掌握权力的个人与非精英不尽相同。

总之,当世界主义对人性整体的诉求以个人主义的方式表达出来时,就可能偏袒那些最有能力通过个人行动获得自己想要的东西的人。尽管他们的意图是好的,可他们往往贬低了其他人依赖民族、国家和社群来解决生活中的问题的方式。他们常常忽视了文化差异应当作为个人品位加以衡量的断言,破坏了任何试图跨越文化定义的不同集团进行利益重新分配的努力。换句话说,他们可以高谈多元文化主义,只要它被定义为一种和谐的安排,在这种安排中,所有文化都被看作整体大拼盘的一部分,但是当某一文化集团的成员组织起来要求改变这一整体时,情况就不是这样了。[35]

---

34 韦伯:《经济与社会》(Max Weber, *Economy and Society*. Berkeley: Universiry of California Press, 1978,据 1922 年德文版)。

35 参见欧卡姆拉对作为多元文化的天堂的夏威夷神话的分析。不管这体现了怎样的现实,它也反映了现存的权利与资源的一种分配方式。它不仅鼓励各文化集团的个人应当受到平等对待(与比如说肯定的行动相对)。它尤其阻止任何传统上处于失败一方——例如夏威夷土著人——的集团的任何成员自行组织起来改变分配游戏的规则。这种组织形式看来只会对理想化的多元文化的和谐产生威胁。Jonathan Okamura, "The Illusion of Paradise: Privileging Multiculturalism in Hawai'I," in D. C. Gladney ed., *Making Majorities: Constituting the Nation in Japan, Corea, China, Malaysia, Fiki, Turkey, and the United States*. Stanford: Standford University Press, 1988, pp. 264—284.

四、世界主义、自由主义和归属[36]

世界主义作为政治理论主要回应的是传统自由主义对个人与个别国家（有时与市场）之间关系的强调。公民身份和权利的概念都体现了在自由主体和主权国家之间建立适当关系的努力。1990年代的世界主义理论家意识到了两方面的问题：在忽视了个人参与跨民族的或者实际上与民族无涉的跨国行动的其他许多方式的情况下，作为这样一些国家之间的关系的国际关系是如何构成的；还有就是，在说明为什么某些特定的人群属于特定的国家时所碰到的困难。

早先的自由主义者常常至少是策略性地依赖"族国(nation)"这一概念，以便解释为什么特定人群是特定国家的"人民"。只要对民族与国家之间的完美结合的叙述是合情合理的，这就是相对没有问题的，尽管它意味着自由主义理论在社会学意义上已然削弱。然而，各种主张新的世界主义的自由主义的理论家却认识到如此毫不批判地依赖于族国的概念不再可行了。

个别社会的优先化看来越来越不可行。市场和其他社会关系超越民族—国家界限，移民和文化交流挑战着民族主义那种文化和政治共同体的浑然一体的观念，国家无法组织或控制许多对公民生活产生重要影响的事务，不平等是全球性的，地方性的解决方案无法奏效，这一切现在看来都是本质的而非偶然的现象。因此自由主义者的一个重要任务，就是如何将他们关于正义和政治合法性的理论推广到全球范围之内。

世界主义的态度既表现为一种超越时间的善，又是对现有历史环境的一种特定回应。鼓吹一种崭新的世界主义的自由主义观点的人认为，市场、

36　这一部分的论点在卡洪：《立宪爱国主义与公共空间：欧洲融合中的利益、认同和团结》(Calhoun, "constitutional Patriotism and the Public Sphere: Interests, Identity, and Solidarty in the Integration of Europe," in Pablo De Greiff and Ciaran Cronin ed. , *Global Ethics and Transnational Politics*. Cambridge, MA: MIT Press, 2002, pp. 275—312) 以及《世界主义想象物中的归属》("Belonging in the Cosmopolitan Imaginary," *Ethnicities*, vol. 4, 2003, pp. 531—553) 中有更多的讨论。

媒体以及移民潮流的不断发展导致了国家效率的降低,并且使得和一次只着眼于一个"社会"的道德与政治分析的合理性也受到了损害。同时,"认同政治"和多元文化主义在许多自由主义者眼中太过泛滥,以至于引起国内的纷争以及为不同集团争取特殊权利的非自由主义的行为。因此,世界主义理论家们提出,伦理责任与政治共同体的"第一原则"应当强调个人对整个人类的忠诚。

然而新兴的世界主义者却也摆脱不了老派自由主义的一个弱点。他们不能为社会团结或文化在建构人类生活中的作用提供强有力的解释。大多数时候,他们的推理是从假设中的自治的、单个的和不具备任何文化背景的个人开始的。由于假定民族自然而然是国家的前政治基础,老一代的自由主义者得以度过解释他们理论中的个人为何属于特定国家(或者为什么被排除在特定国家之外)的难关。新的世界主义理论通常是反民族主义的,他们将民族视为被国家所分割的政治生活逐渐萎缩的秩序的一部分。但是,除了提出每一个体都对其他任何个体有责任之外,他们并未提供任何对团结的新解释。他们对"归属"轻描淡写,对于社会关系可能简单到个人之间的关系或个人只能存在于文化环境中(即便同时跨越几种文化环境)的事实也不够重视。

实际上,许多新自由主义的世界主义思想的演绎都似乎假定归属是一种个人应当努力从中逃脱的社会约束,或是他们应当抵制的一种会导致偏袒的诱惑。因此,对民族国家、共同体或民族团体的特殊忠诚或责任的声明之合法性就会受到质疑。声称个人的自我定义,甚至是个人对人类共同体的特殊的忠诚形式,是来自于对某种更为特殊的团结体的归属,按照纳斯鲍姆的话来说,这是一个"以与道德无涉的某个特质来作出自我定义的在道德上可疑的行动"。[37]

新世界主义从早期自由主义那里继承下来的个人主义还是有吸引力的,部分的原因在于它对自由的强调,自由意味着鼓励大胆怀疑鼓吹民族性、共同体或民族国家的论调。许多人都曾指出,民族性、共同体或民族国

---

[37] 纳斯鲍姆:《爱国心》,第5页。

家只有作为自由个人的选择才是合法的——而且由于它们是代代相传的而不是选择而来的,所以必须对它们进行认真梳理,不给它们任何特权地位,甚至可能拒绝接受它们。[38]

不过,不归属于任何社会团体、社会关系或文化,那是不可能的。那种可以选择自己所有"身份"的纯粹的抽象个人观念极具误导性。然而,这一观念的种种变体却充斥着自由主义的世界主义。它们反映了从社会的界定逃向更大的自由空间,从文化特殊性走向更大的普世性这样的引人入胜的幻想。可是,它们是相当不现实的,而且极端抽象,以至于几乎无法为生活在特定的归属关系网中、只能接触到特定其他个体而非人类全体的真实之个人提供下一步应当采取的社会行动的指南。将民族性视为一种本质上的(而非部分的)对身份认同的选择,这样做忽视了归属(或排斥)作为社会身份认同的决定因素的普遍存在,也不曾注意到人们在多大程度上卷入到他们并不完全可以自由选择的社会行动中(例如,尽管我反对向伊拉克开战,也讨厌现在的美国政府,但我是美国人,就负有侵略伊拉克的责任)。不论个人对社会行动的参与带来的是责备还是好处,这并非完全是可以自由选择的。

试图超越归属于某一关系网络之限制的努力并不涉及摆脱社会决定因素,而是社会组织和关系的转化。有时对特定社会团结体的超越并非通向更大的整体,而是各种新关系网(就像古代的贸易城市和现代的移民所构筑的那样)的拼盘。但是超越地方性的团结体也是民族主义所走的标准道路,有时是补充,而更多是转换或边缘化地方性的或部门性的团结体(村庄、省、

---

[38] 参见卡洪:《世界主义想象物中的归属》,罗杰斯·布鲁贝克:《既不是个人主义也不是"集团主义":对卡洪的答复》(Roger Brubaker, "Neither Individualism nor 'Groupism': A Reply to Craig Calhoun," in *Ethnicities*, vol. 4, 2003, pp. 554—557);卡洪:《归属的多种形式:对布鲁贝克的答复》(Calhoun, "Variability of Belonging: A Reply to Rogers Brubaker," in *Ethnicities*, vol. 4, 2003, pp. 558—568)。还可参见布鲁贝克的《不分集团的种族性》(Rogers Brubaker, "Ethnicity without Croups," in *Archives européènes desociologie* XLIII, No. 2 (2002):163—189)以及布鲁贝克、库珀:《超越"认同"》(Brubaker and Frederick Cooper, "Beyond 'identity'," in *Theory and Society* 29 (2000):1—47)。

种姓、阶级或部落)。民族国家的运作通常是通过提供包容性更大的身份认同,以便各地方性的身份认同加入。这里特别需要认识到的是,民族国家与泛民族国家或全球管理的设计之间的关系恰如地方或少数团体曾经与民族国家发展之间的关系。

金里卡曾经断言,"少数派的权利不应被视作对种族文化中立性的偏离,而是对于多数派民族国家建构的一种回应",这是很重要的。[39]顺着这一思路,我也想说,将民族主义视为对世界主义中立性(cosmopolitan neutrality)的偏离也是错误的。首先,尽管世界主义者可以试图使得全球机构和全球话语更加开放与公平,但世界主义本身就不是完全不偏不倚。其次,民族国家建设会对全球的设计作出回应。它们不仅是对传统的继承,而且是应付当前困境的(常常是问题重重的)办法。

将面对全球化的民族国家与民族国家内部的少数派团体——包括移民和所谓的少数民族——加以类比是很通行的做法。我们可以从金里卡那里得知,"公平要求对我们共同的机构进行不断的、系统的探索,以便发现其规则、结构和象征(symbols)是否不利于移民。"[40]世界主义最多不过是在全球机构的不断发展中争取这种公平的斗争。但是这一类比并不是完美的,因为大多数移民(以及少数民族)都只对主权提出适度的要求。强大的威斯特法里亚主权规则可能永远有问题,且如今也可能已经过时。但是,正如我们不应操之过急地认为我们已经开始进入后民族时代——因为所有的经验指标都表明正是因为全球化的不对称性,民族主义又开始复活,我们也不应当忘记那些被剥夺了集体自治权和自决权的人们的强烈要求,以及那些最不具备实现他们作为个人的目标的人们对于团结的需要。团结并不一定非得以民族为基础,也不一定非得扎根于传统之中。但是对于世界上那些受到最不公平待遇的人们来说,民族和国家是潜在的重要资源。

39　金卡里:《方言中的政治》,第 38 页。
40　同上书,第 162 页。

五、结论

我已经说过我们现在有充分理由认为我们并非突然进入到了一个后民族时代。例如,我们还不清楚欧盟到底是一个"后民族"的设计,还只是导致了法国和德国的统一,苏格兰、爱尔兰、威尔士和英格兰合并为英国的趋势的延续。我们也不清楚拓展和深化民族团结体以及试图让它们加入大众国家(popular states)的努力是否对于世界上的发展中——或不发展——的国家的人们有好处。

全球一体化中的公平并非仅是实现全球机构的"最佳"抽象设计。它还应包括允许不同地区、不同传统、不同社会关系网络的人们有机会选择他们愿意融入的机构。

我曾经提到,大多数世界主义理论都是个人主义的,因为它们淡化了社会关系和文化的基本重要性。我维护过传统,并因此鼓励将传统看作文化与行动方向的再生产方式,而非一堆内容。在此基础上,我提出全球化导致的社会突然转型会让人一时间失去力量,但是传统却是大众赖以抵抗不对称的全球化的重要依靠。扎根于传统的行为可以是面向未来的;它们并不总是落在热衷于鼓吹停滞不前或回到某个理想化的过去的传统主义者的手中。

没有任何人生活在特定的团结体之外。有些世界主义理论家可能相信他们能做到,但这只不过是一种幻觉,这种幻觉来自他们所处的相对特权的地位以及某些文化方向在世界上所占的主导地位。这种幻觉不仅仅是个单纯的错误,还体现了与布迪厄所说的所有社会游戏的"幻象"(*illusio*)——即型塑了每一个参与者的参与行为和使得社会游戏得以有效进行的对社会游戏结构的信守——相联系的误解。[41] 换句话说,世界主义者不仅没能看到他们的世界主义所包含的文化特殊性和社会基础,也无法在不为他们自己

---

[41] 布迪厄:《实践的逻辑》(Bourdieu, *The Logic of Practice*. Stanford: Stanford University Press, 1990)。

及其社会世界之间引入一种紧张关系的情况下充分而准确地认识到这一点。这里,我想将我自己,或许是所有人都包括在内。无论我们是否对世界主义加以理论化,我们都扎根在没有多少选择自由的社会领域和实践中,我们只能利用世界主义的一些基本概念并且再生产它们。我们可以选择自我批判,但却不是彻底抛弃世界主义,因为没有它我们便无法有效行动。而且我们也不想抛弃它,因为世界主义中还包含着许多值得记取的思想,比如说人人在价值上是平等的,而且(至少潜在地)认可文化和社会多样性的价值。然而我们应当试图改善它,因为依据其通常的建构,尤其是它最个人主义的形式,它系统地阻挡了人们的视线,让他们看不到人们所依靠的团结体的多种形式,以及这些团结体对于那些较少特权和受到资本主义全球化的排挤和挑战的人们进行斗争的特殊意义。

(姚斌 译/彭刚 校)
(原载《中国学术》第二十一辑)

定义之旅:"现代"/"现代性"/"现代主义"的含义

苏珊·弗里德曼(美国威斯康星大学)

什么是"现代性"(modernity)？什么又是或曾经是"现代主义"(modernism)？为什么生机勃勃又不断扩张的多学科跨界的"现代派研究"(Modernist Studies)总是围绕该领域本身充满各种争论？——无论听起来多么像理性的分类,"定义"活动其实都是某种"虚构"过程。下面我就要讲三个故事:它们都是寓言,但又都根植于我自己有关这一"进化"领域的经验。[1]

故事一:反叛者都跑到哪儿去了?

设想1965年,一位年轻女士在一所美国公立大学开始她的研究生生活。回忆一下二十世纪五十年代中产阶级(白种)女孩的"郊区梦"[2]:"一便士懒汉鞋"(penny loafers)和棕白相间的"马鞍鞋"(saddle shoes)、"卷毛狮子狗

---

[1] 本文节选自一部正在写作中的论著——《跨越国界的"现代主义":空间的诗学、政治学与新兴的"现代派研究"》(Transnational Modernism: Spatial Poetics, Politics, and the New Modernist Studies)。较短的版本已发表于杂志《现代主义/现代性》(Modernism/Modernity 8.3, 2001年9月);更早的草稿则在葡萄牙的科恩布拉(Coimbra)大学提出(2000年5月),并呈于"现代派研究协会"(Modernist Studies Association)在美国费城宾夕法尼亚大学的研讨会(2000年10月)。我非常感谢诸位听众和卡珊德拉·雷蒂(Cassandra Laity)对我的质询与鼓励;同时也非常感谢丽塔·菲茨基(Rita Felski)对本文精辟的阅读与批评。

[2] 译者注:"郊区梦"(the suburban dream)意指流行于1950年代美国中产阶级白人间的观念。这种观念认为构成完美生活的核心要素是一个妻子、一个丈夫、两个孩子、一栋在郊区的房子,以及一部车子——所有这一切就是对"美国梦"(the American dream)的实现。

定义之旅:"现代"/"现代性"/"现代主义"的含义

裙"(poodle skirts)与"舞会上的雪纺绸"(prom chiffon)[3];"啦啦队"队长和惊声尖叫的"猫王"族;进修"太太学位"的高等学府[4];旅行汽车和四个小孩;没有书;没有艺术;没有思想;没有激情;"服从"是这场游戏的名字——"服从"和"唯物"。就在这时,"伯克利自由言说运动"(the Berkeley Free Speech Movement)风起云涌:"他妈的";"放屁"[5];性交;大麻(Pot);衬衣、背包上的标语、口号[6];穿孔的耳朵;不羁的长发;男女皆宜的中性风格;公民权利;越南;"警察猪"[7];女权运动;同性恋权利;社会福利;工会权利。对一个在高歌猛进的六十年代主修英美文学的研究生而言,"什么曾是现代主义?"——"现代主义"曾是反叛;曾是"更新"[8];曾是相对于祖先与后辈的双重抵抗与

---

[3] 译者注:(1)这里的四种装扮都是1950年代美国中产阶级女中学生的时尚首选——特别是那些擅于交际、知名度高的女孩。其中,"一便士懒汉鞋"(penny loafers)是无系带"懒汉鞋"的一种——因前部有一个狭槽,刚好可以嵌进一枚硬币而得名;"马鞍鞋"(saddle shoes)是一种棕、白两色相间的鞋子——通常脚趾和脚跟处为白色,凸显出中部的棕色"马鞍";"卷毛狮子狗裙"(poodle skirts)是一种幅摆宽大的圆滚滚的裙子(往往是通身的粉红、鲜绿、明黄这样的扎眼颜色)——由于内部垫有多层衬裙而向四面"炸开",裙表又缀有无数的饰片,看上去活像一头卷毛狮子狗("poodle dog");"舞会雪纺绸"(prom chiffon)则是1950年代"美国中学生/青少年文化"的核心表征——"初、高中舞会"(The Junior and Senior Proms,通常在春天举办)对当时的绝大多数男、女学生都至关重要(且迄今如此),所有"受欢迎的孩子"都会参加并将自己盛装打扮:男孩子穿上租来的晚礼服,女孩子则一掷千金地买来昂贵的裙装;"雪纺"(chiffon)作为一种薄而优雅的半透明材质,不像丝绸那样厚而和丝绸一样柔滑,所以是舞会女装的首选材料。(2)借助1950年代服装服饰和青少年文化的上述细节,作者力图重现那个在1960年代被新一拨年轻人猛烈反叛的中产阶级准则——伴随着六十年代全部的政治和社会剧变。

[4] 译者注:原文为"college for the MRS degree",意指未婚女子为了找一位丈夫而上大学——"Mrs."(太太、夫人)是对已婚妇女的通称。

[5] 译者注:"伯克利自由言说运动"是发生在加州大学伯克利分校的学生运动,矛头直指行政管理机构对学生言说行为的全面限制——作为一种逆反,人们才会喊出诸如"他妈的"(Fuck)、"放屁"(Shit)这类不雅的字眼。

[6] 译者注:原文为"Buttons",意指学生们别在衬衫或背包上的徽章——上面印有诸如"保护鲸鱼"之类的标语、口号。

[7] 译者注:原文"Pigs",是美国俚语中对"Police(警察)"极其贬损的蔑称,就像汉语里用来骂人的"东西"。

[8] 这里我借用了埃兹拉·庞德(Ezra Pound)的著名口号以及两篇在早期影响深远的论文——哈利·莱文:《什么曾是"现代主义"?》,《折射:比较文学论文集》(Harry

决裂；曾是对"传统"与"责任"的毒素的解药。

故事二：什么是一个"电脑朋克"真正想要的？

设想1995年，一位年过半百的学者在一所公立大学首次参加关于"现代主义"的讨论班。"什么曾是现代主义？"她问。四围一片缄默。边上有对夫妇不安地晃来晃去：女士留紫色的短发，涂浓重的眼影。男士穿网眼长袜，登前卫的"清教徒靴"(thick buckled Pilgrim heels)[9]。一条金色马尾辫顺溜地拂过脊背，整洁而光滑。在黑色的衣衫中，两人都显得那么清瘦，面颊都那么苍白——仿佛他们自己的暗影。就是这对夫妇知道"什么曾是现代主义"："现代主义"曾是精英政治；曾是当权派。当"高等文化"走过"低等文化"、"大众"与"流行"的泥污时，她小心地提起了裙子。"现代主义"曾是至高无上的虚构；曾是主导性叙事；曾是伟大的白人梦。对于"后现代"子孙，"现代主义"是它们的敌人。"后现代主义"成为"传统"和"责任"的毒素的解药。

故事三：可怜的学者该怎么办？

听听这一场学者间的对话——资历和智慧使他们一位头发灰白，一位已然谢顶——女方是一名文化批评家，男方是一名社会科学家；两人都是二十世纪六十年代的孩子和二十世纪九十年代的导师。1995午，双方的手稿通过传统的"蜗牛邮件"交汇到一处："什么曾是现代主义？"他们问。两位学者都承认"现代主义"是一个历史现象，却不愿承认它已完全过时；在他们心中，"现代主义""曾经"存在并"依然"存在。但"现代主义"究竟意味着什么？对

Levin, "What Was Modernism？," *Refractions*: *Essays in Comparative Literature*. Oxford: Oxford University Press, 1965, 第271—295页); 莫里斯・比比：《现代主义曾是什么？》，《现代文学杂志》1974年第3期(Maurice Beebe's "What Modernism Was," *Journal of Modern Literature* 3, July 1974, 第1065—1084页)。

9　译者注：这里的"Pilgrim"特指1621年在马萨诸塞(Massachusetts)建立普利茅斯殖民地(Plymouth colony)的英国清教徒——他们以极简的装束来表达对上帝的信托，其中包括一种普通的黑靴子。此处这位男士就穿着一双类似的靴子；只不过在他眼中，这双鞋已从最朴素的"无风格"变为了绝对时髦的"后现代风格"。

这个问题，文化批评家自有她的答案："现代主义"是对"过去"的（虚幻的）断裂，是对"传统"、"沿承"和"秩序"的自愿的遗忘，是对"混乱"张开双臂的拥抱。"现代主义"是"表现"、"破碎"和"间离"的临界点；是物质和精神双重层面的"不确定"，也即"确定"的破产。"现代主义"还是"现代性"的诗学——"变化"——以及它的美学题辞。（抱歉，批评家无法苟同于"电脑朋克"：对后者而言，"现代主义"一旦蜕变为"'后现代主义'的过去"并从此死掉，它就已不复存在。）

社会科学家也有他的答案。"现代主义"是政府规划；是中央集权；是启蒙运动的理性大纲："进步—科学—理智—事实"。"现代主义"是文艺复兴后的"现代性"的意识形态——"征服"——以及它的铭文。（抱歉，"电子人"：在与时俱进的中央霸权和乌托邦极权的威慑中，"现代主义"依然"活着"）

故事的寓意：当这个词在一场对话中的内涵不仅千差万别而且彼此对峙时，到底什么才是"现代主义"？

*　　　*　　　*

从时间维度产生的意义上的对峙（由"故事一"到"故事二"）演化为空间维度内的二元对峙（"故事三"）。总的说来，这些"故事"集中展现了某种时、空对峙的形态。下面就让我们由讲故事过渡到另一种方式："并置"（*parataxis*）——这是一种连词缺省的对接。"并置"：通行于现代派文学、艺术的美学策略，借以中断和打破传统的时序、因果与透视关系。"并置"：语言学领域里"从属结构"（*hypotaxis*）的反义词，对造句法规定的单位等级秩序的颠覆。"并置"：弗洛伊德辞典中"梦作用"（the "dream work"）的机制，指向为"被禁物"（the forbidden）伪饰的无意识过程——那些不能满足或自我冲突的欲望。

并置一：

○ "'现代主义'……是唯一能对我们的'混乱'局面作出回应的艺术。"[10]

---

[10] 马尔科姆·布拉布雷、詹姆斯·麦克法伦编：《导言》，《现代主义，1890—1930》

○"谁说'现代主义'谁就是在说'有机的组织',它已被盖棺论定。"[11]

并置二:

○"我们已然看到'现代派'作品的创造者都是否定性的'解秘者'(demystifiers):他们撕下绝对论、唯理论、唯心论——以及一切'幻象'——的面具。"[12]

○"但我不认为我们可以开始理解'现代主义',除非我们能从这一角度观照它:它似乎被持续不断的加压——在那些既是'试验场'又是'转捩点'的时刻里——以便以一种无情的、既'破'又'立'(world-breaking and world-making)的模式,担当起'启蒙主义'或'中产阶级哲学'的重任。"[13]

并置三:

○"事实上,'现代主义'多半是这样一个'点':激进而革命的艺术理想,——那些从浪漫主义时代发展而来的试验性、技术性与审美性的理念——走到一个形式变异的决定性时刻;在这一时刻,传统意义上的'神话'、'结构'和'组织'统统崩溃,却绝不仅仅是由于形式上的原因。这个转折点是一个'文化'的转折点。"[14]

○"那么什么是'高度的现代主义'(high modernism)?我们最好将它看作一种对科技进步(紧随西欧和北美由1830年到'一战'的工业进程)的信

(Malcolm Bradbury and James McFarlane, eds., "Introduction," *Modernism*, 1890—1930. London:Penguin Books,1976),第27页。

11　安东尼·吉登斯:《序》,《此时此地:空间、时间和现代性》(Anthony Giddens, "Foreword," *NowHere:Space, Time and Modernity*, eds. Roger Friedland and Deirdre Boden, Berkeley:University of California Press,1994),第 xii 页。

12　罗伯特·卡西瑞欧:《1900到950年间的英国小说》(Robert Casserio, *The Novel in England,1900—1950*. New York:Twayne,1999),第82页。

13　T. J. 克拉克:《向一种观念道别:"现代主义"历史中的插曲》(T. J. Clark, *Farewell to an Idea:Episodes from a History of Modernism*. New Haven:Yale University Press,1999),第139页。

14　同注3,第26页。

心的'强劲'表达,甚至可以说是'过度膨胀'。它的核心是对持续的线性进步的绝对自信——这包括科技知识的扩展、批量生产的发达、社会秩序的理性规划、人类需求的渐次满足,以及至为重要的、与理解'自然律'相称的对自然(涵盖'人性'本身)的升级性控制。因此,'高度的现代主义'也就是这样一种海纳百川的表现:科技进步的成果如何在人类的每一个活动领域(通常是经由政府)发挥它的效力。"[15]

并置四:

○"进入'现代'就是发现我们置身于这样一种处境:它许诺着'冒险'、'权力'、'快乐'、'成长',我们自身以及整个世界的'变化';同时又预示着那些为我们所有、为我们所知、为我们所是……的一切的毁灭。进入'现代'就是成为这样一座宇宙的一部分——如马克思所言:'一切坚固的东西都烟消云散了。'"[16]

○"'现代主义'的核心因子是一种从动态的现实流变里分离出的静态的抽象模型,好像笛卡尔的'我'('I')、法国大革命的'天赋人权'(abstract natural rights)、康德的'理性'(reason)、正统马克思主义的最糟糕的'未竟蓝图'(unsuccessful blueprints)、城市的'网状栅格'(city grids)、柯布西埃(Corbusier)的'惯性机器'(machine à habiter),以及哈贝马斯的'理想言说环境'(ideal speech situation)。"[17]

15　詹姆斯·C.斯科特:《看上去像一个国家:那些试图改善人类境遇的计划是怎样最终失败的》(James C. Scott, *Seeing Like a State: How Certain Schemes to Improve the Human Condition Have Failed*. New Haven: Yale University Press, 1998),第89—90页。

16　马歇尔·伯曼:《一切坚固的东西都烟消云散了:"现代性"经验》(Marshall Berman, *All That Is Solid Melts into Air: The Experience of Modernity*. New York: Viking Penguin, 1988),第151页。

17　斯科特·拉什、乔纳森·弗里德曼编:《导言:主体性与"现代性"的他者》,《现代性与身份认同》(Scott Lash and Jonathan Friedman, eds. "Introduction: Subjectivity and Modernity's Other," *Modernity and Identity*. Oxford: Basil Blackwell, 1992),第1页。但他们又写道:"现代性是一种运动,一种'流',一种'变化',一种'不可预知性'。"

并置五：

○"促生'现代性'的内在条件……是基于并展开于（启蒙主义）叙事内部的拒斥，这些叙事一直是那些启蒙主义历史的核心支柱：'神人同形论'（Anthropomorphism）、'人道主义'（Humanism）、'真理'（Truth）……。在法国，这一反思首先引发了对如下事物的重新整合与重新学理化——它们此前一直是种种主导性叙事的'非知识'（'non knowledge'），对于前者不是'规避'就是'吞噬'。这些'非主流'还几乎都是某种意义上的'空白点'（'space'）……，代码如'阴性'（feminine），如'妇女'（woman）。"[18]

○"我将用'现代'来标示任何一种借'元话语（meta-discourse）指向'为自身正名的科学……，这一指向也即直接求助于某种'宏大叙事'（grand narrative），比如精神辩证法、意义阐释学、理性主体的解放抑或财富的创造……：它是启蒙主义的叙事；其中，'知识'的英雄向着一个美妙的'伦理—政治'（ethico-political）终点进发——那是全宇宙的和平……"[19]

并置六：

○"如果我们可以将西方文学（及普遍的'艺术'）在二十世纪前半段所发生的主要运动称为'现代主义'，那么我也可以将一连串的文体实践……简称为'现代派形式'：(1) 审美的自觉；(2) 同时（simultaneity）、并置（juxtaposition），或'蒙太奇'（和）……'分裂'；(3) 似是而非、含混暧昧、不确定；(4) ……'整一主体'（integrated or unified subject）的死亡……。此外我还要加上：抽象和高度自觉的技巧，为我们所熟悉的现实的隐退，为我们所熟悉的语言用法和形式惯例的断裂……，震惊，对意料中的连续性的违背，

---

[18] 艾丽丝·贾丹：《源起：妇女与现代性的构型》（Alice Jardine, *Gynesis: Configurations of Woman and Modernity*. Ithaca: Cornell University Press, 1985），第 25 页。

[19] 利奥塔：《后现代状况：一份关于知识的报告》（Jean-François Lyotard, *The Postmodern Condition: A Report on Knowledge*. 1979. Trans. Geoff Bennington and Brian Massumi, Minneapolis: University of Minnesota Press, 1984），第 xxiii—xxiv 页。

反创造(decreation)的元素和逆转……"[20]

○一个图解式的差异对比[21]：

现代主义	后现代主义
浪漫主义/象征主义	荒诞派/达达主义
形式(接合的、封闭的)	反形式(断裂的、开放的)
目的	游戏
规划、设计	偶然、机遇
等级	无序
控制/逻各斯(理性)	消耗/沉寂
艺术对象/完成的工作	过程/表演/突发事件
创造/累加/合成	反创造/解构/对立
在场	缺席
中心设定	分崩离析
类型/边界	文本/互文
从属结构	并置关系
所指	能指
叙事/宏大历史	反叙事/微观历史
主流编码	个人习语
阳具/阴茎(Genital/Phallic)	多重形态/雌雄同体(Polymorphous/Androgynous)
起源/因由	差异/追踪
形而上学	反讽
确定	不确定
超验(Transcendence)	内在(Immanence)

20　玛丽安·戴科文:《丰富而又陌生:性别、历史、现代主义》(Marianne Dekoven, *Rich and Strange: Gender, History, Modernism.* Princeton: Princeton University Press, 1991),第6页。

21　伊哈布·哈桑:《肢解俄耳甫斯:走向"后现代文学"》(Ihab Hassan, *The Dismemberment of Orpheus: Toward a Postmodern Literature.* 1971. 2nd ed. Madison: University of Wisconsin Press, 1992),第267—268页。

并置七：

○"因此,'现代性'不汉要求与先前的一切'历史境遇'无情地割断,还以其永无休止的'内部分裂'独标一格。"[22]

○"在'知识'与'生产'的标准状况下,对'线性发展、绝对真理,以及理想社会秩序的理性规划'的信心曾如此强大。由此,随之诞生的'现代主义'既是'实证哲学、专家政治和理性主义',又是捍卫高品位的先锋艺术精英——包括设计师、画家、建筑师、批评家们——的作品标签。"[23]

寓意一：作为不断展开的学界讨论中普遍出现的术语,"现代"、"现代性"和"现代主义"构成了一座"批评"的巴别塔(Tower of Babel),一串"范畴"的不谐和音——越是被千差万别地使用,就越是显出它们的无效。我们可以把这组术语看成对"批评话语"的拙劣模仿：人人都喋喋不休,失去通约性的语言却无法彼此交流。当特定术语对于应用它的人们意味着差别巨大甚或相互冲突的事物时,这种应用看起来就威胁到我们的学术研究和教育事业的双方面进程。

寓意二：作为一组拒绝公认定义的矛盾术语,"现代"、"现代主义"和"现代性"形成了一块可以被无限勘探的肥沃土地：每逢一种新含义产生,就显现一个可资追问的新契机。作为对理性话语的戏仿,借由自身的不驯服——抗拒"连贯"(consistency)与"同质化"(homogenization)的个性——所引起的注意,它们以"矛盾"照亮了意义的产生。这组术语的应用确保了研究与教学事业的无限可能性；因为无论研究还是教学,其首要任务都是去维系一种永无休止的勘探,以求保持自身永不衰竭的生命力。

---

22 大卫·哈维：《后现代性的状况：探询社会变迁的起源》(David Harvey, *The Condition of Postmodernity: An Enquiry into the Origins of Social Change*. Oxford: Basil Blackwell, 1989),第10—12页。

23 同上,第35页。我以同一位作者的不同说法的"对举"来结束这里的"并置"序列,意在凸显那些见于同一人作品中的未被省察、未经反观的矛盾。

定义之旅："现代"/"现代性"/"现代主义"的含义

*　　　*　　　*

"现代主义"是一回事，作为截然冲突的"现代主义"又是另一回事。定义活动正是在试图将"意义"放牧于"共通"边界内的领地时引逗出"意义"的多样性——它的初衷是"约束"、"固置"和"稳定"；结果却往往堕入"流变"，处于一种为适应时刻变化的需要而永远"成形—变形—再成形"的不稳定状态中。它们反映出定义者的立场和观点，从自身产生的时/空语境里凸显；它们满足各种各样的需要和兴趣，完成各种各样的文化工作；在时、空的穿行中，它们急剧地变化：戴着"共时抽象"的面具，却臣服于"延续"、"变化"和"差异"的历时史学以及空间地理。因此，我不指望给"现代"、"现代性"和"现代主义"这样的术语设定或发明什么确凿的内涵；我期待"差异"。

但含义的冲突又当别论。它超越了"差异"，超越了对"累加式'元叙述'"（totalizing metanarratives）的抗拒，超越了"假定性"、"策略性"、"流动性"、"渗透性"、"语境适应性"这一系列标志最有效定义活动的特征。我不求"确凿"也不求"多样"；我只求"直面"意义的矛盾现状。[24]

*　　　*　　　*

前面的故事本从"现代主义"（modernism）的问题开始，不料却将我们拖入一张语词的网——"现代主义"和她的姊妹们："现代"（modern）、"现代性"（modernity）、"现代化"（modernization）。抗拒"固置"的不仅仅是这一概念的

---

[24] 与我的路子不同，其他学者面对这些矛盾或是一瞥而过或是试图化解冲突。比如：丽塔·菲茨基的《现代性之性》（Rita Felski, *The Gender of Modernity*. Cambridge：Harvard University Press, 1995），作者的简要小结为鼓吹这样一种文化研究铺平了道路：从"启蒙运动"到其在二十世纪早期的崩溃切入西方的现代性；伯纳德·雅克的《现代性的"恋物癖"：当代社会政治思潮的划时代自觉》（Bernard Yack, *The Fetishism of Modernities: Epochal Self-Consciousness in Contemporary Social and Political Thought*. Notre Dame：Notre Dame University Press, 1997），作者回顾了西方关于现代性的四种不同概念（哲学、社会学、政治学、美学），同时指出：尽管存在差异，但它们共同分享"对创新的强调以及对传统权威的挑战"；艾瑞克·罗斯泰因的《揭秘"现代性"的文化逻辑》，《现代语季刊》（Eric Rothstein, "Broaching a Cultural Logic of Modernity", *Modern Language Quarterly* 61:2（June 2000），第359—394页），作者强调现代性的不同种类派生于"现代"的内部；再比如马歇尔·伯曼的《一切坚固的东西都烟消云散了》（*All That Is Not Solid Melts into Air*），该书以现代性的"阶段进化论"消解了矛盾。

内涵,更有她的文法和语义。作为词根的"现代"(*modern*)既是名词又是形容词,不同的后缀赋予它不同的语义和文法功能:"现代性"(*modernity*)中的"*ity*"将"现代"限制为名词——作为事物或条件的一种状态,与其他的事物和条件区别开来;"现代主义"(*modernism*)中的"*ism*"将"现代"从名词转化为一种倡议、宣传和运动,处于哲学、政治学、意识形态与美学系统的中央;"现代化"(*modernization*)中的"*ization*"则指向一个过程,也即由一种状况过渡到另一种状况的进化或革命——正是"现代化"过程成就了"现代性"状况。[25]

这些姊妹的堂亲——"前现代"(*premodern*)、"后现代"(*postmodern*)、"后现代性"(*postmodernity*)、"后现代主义"(*postmodernism*)——又怎么样?"前"(*pre*)、"后"(*post*)的词缀如何更改了词根的内涵?当这些范畴试图去限定"现代"、"现代性"和"现代主义"时,她们在多大程度上发生了歧义?[26]整个的语词家族又是在以怎样的方式依赖着她们于不同场合暗示或援引的反义词——传统(*traditional*)、经典(*classical*)、古代(*ancient*)、封建(*feudal*)、农业(*agrarian*)、过去(*past*)?

很久以前,文学和美术批评家曾用"现代主义"——特别是首字母大写的"现代主义"(*Modernism*)或加上强调性形容词的"高度的现代主义"(*High Modernism*)——来描绘艺术界自创一格或平行发展的流派、运动;

---

[25] 本文没有考察"现代化"(*modernization*)这一术语是因为学界对此颇有认同:其基本含义就是"带来'现代性'(无论'现代性'怎样被定义)的过程";当然,关于"现代化"的动因、影响和目的的争议也大量存在。

[26] "现代/后现代"、"现代主义/后现代主义"间的关系同这些词本身的含义一样充满争议并超出了本文的讨论范围。许多社会理论家都用"后现代"或"后现代主义"指涉相对于"启蒙现代性"的决裂,将十九至二十世纪对这一"现代性"的美学肢解看成二十世纪晚些时候辐射面更大的"变化"的先兆。于是那些被另一部分人(为数亦多)视为"现代性"和"现代主义"的东西,就被迭加入"后现代主义"。这样的例子可参见利奥塔的《后现代状况》和哈维的《后现代性的状况》。由于术语使用的分歧,他们对社会学层面的"现代主义"的批评往往被误认为同时是对美学层面的"现代主义"的攻击。"现代性/现代主义"和"后现代/后现代主义"的混乱应用也使得对"'后现代主义'究竟代表'现代主义'的强化还是断层?"的判定难上加难。尚未勘探的可能性在于:相对"现代性"的最激进决裂其实正在当下形成——通过计算机开创的"知识革命"以及由此引发的持续加速的"全球化"进程。

与此同时,社会理论家、史学家和社会科学家则用"现代"、"现代性"和"现代化"来指涉历史性的时期、状况以及过程。然而现在,这样的学科边界早已失效:为了达到不同的目的,人们随心所欲地滥用着这组概念的各种变体。

既是一个征兆又是一种启示,跨学科杂志《现代主义/现代性》把这组术语中的两个绑在了一起;中间的斜线具有双重效果:一方面表现可能的"互通",一方面暗示持久的"隔膜"。它是一个永远的悖论,一道若"即"若"离"的斜杠(就像"能指/所指"间那道"索绪尔/拉康"的斜杠)。这是又一个值得注意的矛盾。那么,在"现代/现代性/现代主义/现代化"以及她们的全部同源词和反义词之间,是否也存有这么一条"分分合合"的斜线/杠?

*　　　　*　　　　*

心理分析支路(A Psychoanalytic Detour):这一干姊妹、堂亲争吵不休的"家族罗曼史"必需一种对"定义之辨"的心理学分析。所有含义中的"不谐和音"——尤其是那些彼此敌对的含义——向一种心理学解读敞开了可能性:这一解读试图追索有关"潜抑"(repression)、"重现"(return)、"置换"(transference)的非理性过程;[27]这些过程潜伏在"现代派研究"的跨学科穿越里,又折射出"现代性"自身尚未解决的纠结与冲突。

弗洛伊德式分析的发生地是一座"心理学剧场"。它是这样一个舞台:精神分析对象和精神分析医师共同走上台来,宣泄着从前似乎忘却了的那些被压抑的情结和欲望。这一过程中的"移情"(与"逆移情",transference and counter transference)包含着潜意识回忆的"复现"(repetition)与被压抑愿望的"重演"(reenactment)。[28]弗洛伊德由于在临床实践中成功地诱导出

27　译者注:"潜抑"、"置换"都是"精神防御机制"(mental defence mechanisms)的重要表现形式;其中,"置换"即把对某事物的强烈感情不自觉地迁移到另一事物上,以减轻精神上的负担——"移情"也是"置换"的一种:特指在精神分析(心理分析)过程中,病人把幼年时对父母的态度"置换"给医生;经由医生的解释和扩通,最终摆脱"移情",认识到症状的真义,达至"领悟"的心理状态,从而使症状消失。

28　译者注:在精神分析疗法中,病人对医生产生"移情","重演"幼年期对父母的态度的同时,医生也可能对病人产生"移情",这称为"逆移情"。(逆移情对治疗不利,此时应把病人推荐给别的医生。)

这种"移情"而使得"复现"的戏剧能成为"精神分析"的背景。[29]

或许,现代派研究的"术语沼泽地"也正是这样一种"移情"(置换)的结果:人们在这一过程中受困于"现代性"自身所包含(更多是"潜含")的未决矛盾的"复现"。本文前面举出的"故事"和"并置"其实是有意的设计,目的就是要通过上演演出"不谐和"的戏剧来转移人们的注意——从对富于争议的术语的"所指"的讨论,转向对产生杂音的"始作俑者"的分析。我为此援用和综合了朱莉亚·克里斯蒂娃(Julia Kristeva)的"本文无意识"(textual unconscious)观点,詹明信(Fredric Jameson)的"政治无意识"(political unconscious)概念,以及苏珊娜·费尔曼(Shoshana Felman)对有关爱伦·坡和亨利·詹姆斯《螺丝在拧紧》的不同文学批评意见的心理学阐释。[30]费尔曼认为有关文学含义不断升温而又不能解决的争论可以被读作"阻抗"(resistance)与"复现"的"移情"景观(transferential scenes)——这些景观充

---

[29] 参见弗洛伊德关于临床技巧(多写于青少年时期)的论文;以及与此相照的菲利普·瑞夫的《治疗与技巧》(Philip Rieff, *Therapy and Technique*. New York: Collier Books, 1963)——特别是其中的"'移情'的动力学"("The Dynamics of the Transference"),第105—116页,和"心理分析技巧的进一步建议:回忆、复现与扩通"("Further Recommendations in the Technique of Psychoanalysis: Recollection, Repetition and Working Through",第157—156页)。此外,在《现代性的"恋物癖"》(*The Fetishism of Modernities*)一书中,雅克将"后现代主义者"对"现代性"的情结喻为"强迫症"("obsession")和"恋物癖"("fetishism"),认为这导致了与他们宣扬的"微观叙事"(*petits recits*)及"异质"(heterogeneity)自相矛盾的"时代的误导性'累加'"(misleading totalizations of an epoch)。[译者注:在"并置七"中,"累加/合成"、"叙事/宏大历史"为一方;"解构/对立"、"反叙事/微观历史"为另一方。]

[30] 参见朱莉亚·克里斯蒂娃:《文学中的"欲望"》(Julia Kristeva, *Desire in Language*, trans. Thomas Gora, Alice Jardine, and Leon S. Roudiez, New York: Columbia University Press, 1980,第36—91页);詹明信:《政治无意识:作为社会性象征行为的叙事》,(Fredric Jameson, *The Political Unconscious: Narrative as a Socially Symbolic Act*, Ithaca: Cornell University Press, 1981);苏珊娜·费尔曼:《文学与心理分析:阅读的疑问:其他》(Shoshana Felman, *Literature and Psychoanalysis: The Question of Reading: Otherwise*, Baltimore: Johns Hopkins University Press, 1980,第94—207页;以及苏珊娜·费尔曼:《拉康与"洞见"的冒险》(*Lacan and the Adventure of Insight*, Cambridge: Harvard University Press, 1987),第27—51页。

满"对立"甚至"敌意",具有在一种在心理学镜头下显影的"无意识":一份能将原始文学文本里隐匿的、被压抑的未化解"情结"逐一揭示的"病历"。从这一视角重审詹明信的"政治无意识"可以使我们看到:彼此对峙的观点和立场是怎样为一种政治"加密"(encrypt),让它变得暧昧不明、无法预期。

同样,跨学科的"现代派研究"产生的术语分歧也是一种"重演":这些矛盾本已包含在术语内部以及它们所指的各种现象中。那么究竟是什么隐匿在"现代"、"现代性"和"现代主义"的含义增殖的背后?那些"不谐和音"与"对峙"是怎样构筑了引发"内部互渗"与"外部阐释"的"断层线"(fault lines)?当术语所指的现象在不同的历史时刻和空间区域发生变化时,关于它们的矛盾纠葛的含义与政治学,这一道道"断层线"又能告诉我们什么?

"现代派研究迷宫"里的通途:怎样进入而后又能跳出"现代派研究"这一充满论争与对立的"迷宫"?我为"定义之旅"推荐两条路径——一是"语法和哲学之道",二是"政治和文化之途";在对矛盾含义的处理中,它们构成一种互补性视角。尽管不能有真正的"解决",这两条道路却指示了直达意义冲突的各种方式以及处理定义纷争的各种可能性——每一种都有其独立的必要;尽管不能有最终的"平息",这两条道路却澄清了究竟有什么在纷争中濒临危险,为何对纷争成因的质询可以解除对片面含义的固守。

语法/哲学之道:这条道路的起点是承认存在两种不同的定义模式:一种是名词性的(nominal);一种是关系性的(relational)——前者把这组术语("现代/现代性/现代主义"三姊妹)看成具有明确的可定义内容(不管分歧有多大)的名词;后者则把它们看成暗示与其他状况相比较的形容词。[31]这两条

---

31 我要感谢诺埃尔·卡罗(Noel Carroll)提示给我哲学学科中有关"名词性"与"关系性"定义模式的区别;我于他的提示外又加入"语法"维度,目的是强调在"现代/现代性/现代主义"的定义中存在着"名词"与"形容词"二者间的显著差异。

定义道路的差别代表了现代派研究中的一部分矛盾,但还不是全部;因为冲突不止发生在两种模式之间,也同时发生在每种模式的内部。[32]

名词性模式——名词

在名词性术语里,"现代"、"现代性"和"现代主义"意指某种明确的内容:一系列伴随具体物质条件和时/空语境的特征。这并不是说人们对这些"内容"总能达成共识;而是说对那些身处这种名词性框架或正试图寻找这种框架的人,定义工作的核心就是把一套能劝服他人的意义"固置"于这些范畴。因此,有关现代派文学研究的论著就出现了如下的题目:《什么是现代主义?》(Irving Howe, "What Is Modernism?");《现代主义曾是什么?》(Maurice Beebe, "What Modernism Was?");《现代主义的名称与实质》(Malcolm Bradbury, James McFarlane, "The Name and Nature of Modernism");《现代派经典的形成》(Hugh Kenner, "The Making of the Modernist Canon");《现代主义的概念》(*The Concept of Modernism*);《重审现代主义》(Robert Kiely, *Modernism Reconsidered*);《现代主义之"性"》(Bonnie Kime Scott, *The Gender of Modernism*);《现代主义与哈莱姆文艺复兴》(Houston Baker, *Modernism and the Harlem Renaissance*)[33]……无论"规范"还是"修正",上述研究都为"现代主义"或"现代性"派定了一种名词性

---

[32] 尽管某些学者只援用一种模式,大部分学者还是两种并举。比如安东尼·吉登斯(Anthony Giddens)在《现代性与自我认同:现代晚期的"自我"与"社会"》(*Modernity and Self-Identity: Self and Society in the Late Modern Age*. Stanford: Stanford University Press, 1991)一书中写下了名词性的断言:"我在一种非常普遍的意义上使用'现代性'这一术语,也即用它来指那些最初在后封建时代的欧洲创立、继而在二十世纪迅速扩张并获得全球历史性影响的机制和行为方式。'现代性'大致可以被理解为与'工业化世界'相等同——只要我们意识到'工业化'绝非从机制层面衡量'现代性'的唯一标尺"(pp. 14—15)。然而在《现代性的后果》(*The Consequences of Modernity*. Stanford: Stanford University Press, 1990)一书中,吉登斯又以一种关系性的方式写道:"'现代性'天生便是对于'传统'的反差和比照"(第36页)。

[33] 译者注:哈莱姆(Harlem)为美国纽约的黑人住宅区。

认同：它是一个名词，具有明确的含义——尽管对它的阐释潜力，人们尚存异议和分歧。

关于"现代/现代性/现代主义"的名词性讨论往往非常受专业的限制，定义中的"不谐和音"甚至尖锐冲突是学科分界的必然：文学史家、艺术史家、政治学家、社会理论家、历史学家、人类学家、哲学家……最初都是在与其他学科相隔绝的状态下发展出自己的"现代/现代性/现代主义"话语。对一位研究现代英语诗歌的批评家而言，"现代主义"很可能意味着某种包含"断裂"、"并置"、"意象"以及新奇的节奏和声音造型的诗学——庞德、艾略特等人中断了"颓废派"（decadents）、爱德华七世及乔治王时代诗歌传统的脉络；对一位建筑史家而言，"包豪斯学派"（Bauhaus）刻板、保守而又功能主义十足的设计图或"都市观景塔"（cityscape towers）可能最好地表达了机械时代的"现代性"及其美学趣味；对一位音乐史家而言，"现代主义"又可能是作曲家斯特拉文斯基（Stravinsky）为宣告与"古典"音乐的决裂而拥抱"原始风格"和"无调性"的转向与回归。类似的例子不胜枚举。[34]

---

[34] 参见布拉布雷、麦克法伦编：《现代主义》（*Modernism*），及理查德·艾尔曼、查尔斯·菲德森编：《"现代"的传统》（Richard Ellmann, Charles Feidelson eds. , *The Modern Tradition*. Oxford: Oxford University Press, 1965）——尽管有各自的局限，两书仍不失为定义"现代主义美学"内涵和标准的原典。至于新近关于各种"定义"的纵览，则可参考阿斯特莱德·伊斯丁森：《现代主义的观念》（Astradur Eysteinsson, *The Concept of Modernism*, Ithaca: Cornell University Press, 1990）；玛格特·诺里斯：《现代派的爆发》，《哥伦比亚大学美国小说史》（Margot Norris, "Modernist Eruptions," *The Columbia History of the American Novel*, ed. Emory Elliot, New York: Columbia University Press, 1991），第 311—330 页；玛乔里·波洛夫：《现代派研究》，《刷新与划界：英美文学研究的变迁》（Marjorie Perloff, "Modernist Studies," *Redrawing the Boundaries: The Transformation of English and American Literary Studies*, eds. Stephen Greenblatt and Ciles Gunn, New York: Modern Language Publications, 1992），第 154—178 页；玛蒂·卡利内斯库：《现代性的五副面孔》（Matei Calinescu, *Five Faces of Modernity*. 2nd edition, Durham, NC: Duke University Press, 1987）；彼得·尼科斯：《现代主义：一个文学指南》（Peter Nicholls, *Modernisms: A Literary Guide*, Berkeley: University of California Press, 1995）；保尼·金·斯科特编：《现代主义之"性"：一部批评文选》（Bonnie Kime Scott, *The Gender of Modernism: A Critical Anthology*. Bloomington: Indiana University Press, 1990）；以及克拉克、贾丹的论著。

与此相反，欧洲历史学家把他们的专业领域按时间分为"中世纪"、"前现代"和"现代"；"现代"由此成为对"中世纪"传统的最初决裂——是它引发了早期及稍后的历史新阶段。在这种语境里，"现代性"指向了西方一系列独特的发展进程，包括工业革命、城市文化起源、民族国家勃兴，以及资产阶级权力的膨胀。与这种分期相一致，哲学家通常把洛克、康德和黑格尔的"理性论"视为"现代"世俗主义和人道主义的体现。对政治学家而言，"现代性"往往意味着各种政治制度的演变；对经济学家而言，"现代性"等同于"市场"、"资本"和"劳动力"；对人类学家而言，"现代性"是民族国家、市场机制、更"先进"技术以及文化霸权对传统文化的根除或（强制性）同化；对后殖民理论家而言，"现代性"则是在"杂交"的处境下力图自拔的民族主义运动及其对殖民霸权一仍其旧的依赖。社会理论家又基于各人不同的兴趣点制造出这一分期的种种"变体"，例如：利奥塔（Lyotard）视"现代性"为植根于启蒙人道主义的"主导性叙事"；相反，艾丽丝·贾丹（Alice Jardine）却视"现代性"为对这一叙事的解构——它发端于一场表达的革命："女性"作为"能指"肩负起"主导性叙事"无法涵盖的内容；与此同时，关心种族问题的休斯顿·贝克尔（Houston Baker）又视"现代性"为非裔美洲人摆脱由外到内的"奴隶制"锁链的崛起——这一锁链由欧洲和美洲白人炮制，刚好是启蒙运动的产物。类似的例子同样不胜枚举。[35]

然而，无论"现代/现代性/现代主义"的名词性内涵存在多么巨大的差异，最核心的裂隙仍发生在"社会科学"（the social sciences）与"人文

---

[35] 比如：吉登斯、哈维、利奥塔、斯科特、雅克、哈贝马斯：《"现代性"对"后现代性"》，《新德国批评》(Jürgen Habermas, "Modernity versus Postmodernity," *New Germzan Critique* 22, Winter 1981)：第3—14页和《现代性的哲学话语》(*The Philosophical Discourse of Modernity*. Oxford: Oxford University Press, 1987)；阿普杜勒：《逍遥的现代性："全球化"的文化度量》(Arjun Appdurai, *Modernity at Large: Cultural Dimensions of Globalization*. Minneapolis: University of Minnesota Press, 1996)；以及斯图亚特·豪尔等编：《现代性的模型："现代社会"引论》(Stuart Hall, David Held, Con Hubert, Kenneth Thompson, eds., *Model Modernity: An Introduction to Modern Societies*. Oxford: Basil Blackwell, 1996)。

科学"(the humanities)的深度分野里——前者聚焦于"社会秩序"在意识形态、对立冲突、物质实体诸层面的建构；后者则直指(广义的)"艺术"以及"表达"、"表现"的范畴和领域。

大多数专业(从哲学到社会科学)的历史学家和社会理论家都对西方历史的习惯性分期有一个基本的认同："现代性"起源于文艺复兴与中世纪的决裂。在这一欧洲中心式的框架里，文艺复兴以降的西方文明体现了"现代性"一步步的发展状况——从结束中世纪的宗教与封建霸权，同时又展开对"新世界"的探险与征服的"现代"早期，到与"启蒙"理念联手，随工业化、资本主义、科学技术、民主政治、民族运动、帝制王国以及殖民主义的兴起而确立新霸权的"现代"鼎盛期，再到二十世纪随两次"世界大战"、"经济大萧条"、帝国的崩溃，以及争取民族、种族、性别、阶级、宗教和性解放的运动而渐趋衰败的"现代"晚期。从这一视角看来，"现代性"是一个西方的现象——一系列发生于意识形态、认识论、文化、政治、物质诸层面的复杂的现象群：它们被西方所创造，并以不同程度的"胜利"，向全球的其他地方"输出"或"倾销"。

当然，在这一名词性框架内部，各位社会科学家也对上述状况的真正本质持有严重的分歧，在价值判断的问题上更是从政治角度存有严重的异议："现代性"究竟是解放还是压迫，是进步还是倒退，是需要被强化、巩固还是需要被拆卸、分解？它的种种思想和理念究竟是为了一部分人的利益而要求对另一部分人的压抑，还是向着永远在扩展、永远更趋兼容的"自由"与"丰富"敞开怀抱？"现代性"究竟是以种族中心主义和民族优越论为本、只适用于世界上的某一块土地或某一个种族、文化集团，还是具有能契合全球众多社群的弹力与适应性？它究竟是应该被热烈的拥护还是以"传统"的名义被拒斥？——类似的讨论根本而紧迫，并且看上去永无止境。一些人为"现代性"辩护；另一些人则向它攻击。但无论怎样，在所有社会科学家和社会理论家那里，"现代性"作为一个具有特定、确定和可测定内涵(无论分歧有多大)的名词，其作用点都已被牢牢地固置——"历史"(大约从十六世纪到二十世纪)、"空间"(在西方发源)和"定义"(突出显示"西方"的特征：对这些特征,世界上的其他地方或是在"奋起直追"的努力下效仿,或是在维护自身传统的意图下抵抗)便是那"三位一体"的铁锚。

然而,在社会科学的对岸,艺术批评家和艺术史家对"现代性"的看法却截然相反:与其说"现代性"意味着文艺复兴后西方的启蒙人道主义以及与之伴生的历史形态,毋宁说"现代性"恰恰是对这一阶段的反叛。在这种视野里,艺术家和作家身为"变革"的先锋,更迅速也更敏锐地看到了认识论、本体论、政治、科技、人口统计学、文化、审美诸层面的演化所具有的价值与影响力。"现代主义"由此被理解为艺术界与文学界一系列松散联系着的运动、思潮与个人:他们反映或促进了欧洲、英国和美国的"现代性"状况或"现代性"意识。[36] 这一领域的分期(无论"子领域"间存在多大的差异)与社会

---

[36] 人文科学中"现代主义"、"现代性"与欧洲和美国的这种联系,不仅排斥了那些"非西方"的地域,还包括那些西方内部的"边缘地区"——比如基于性别、种族和地理位置的"空白",也即妇女、少数民族、少数种族,以及西班牙、葡萄牙、巴尔干、东欧、巴西、加勒比等地。参见保尼·金·斯科特;戴科文;菲茨基;雷切尔·布劳·都普莱西斯:《现代美国诗歌中的性别、种族与宗教文化:1908—1934》(Rachel Blau DuPlessis, *Genders, Races, and Religious Cultures in Modern American Poetry, 1908—1934*. Cambridge: Cambridge University Press,2011);约瑟夫·艾伦·布恩:《性之潮:性欲与现代主义的形成》(Joseph Allen Boone, *Libidinal Currents: Sexuality and the Shaping of Modernism*. Chicago: University of Chicago Press,1998);莎莉·本斯托克:《左岸妇女:巴黎,1900—1940》(Shari Benstock, *Women of the Left Bank: Paris, 1900—1940*. Austin: University of Texas Press,1986);桑德拉·吉尔伯特、苏珊·库伯:《并非男性的领地:女作家在二十世纪的位置》(Sandra Gilbert, Susan Gubar eds., *No Man's Land: The Place of the Woman Writer in the Twentieth Century*. 3 vols., New Haven: Yale University Press,1988—1994);西蒙·吉坎迪:《拘禁中的写作:现代主义与加勒比文学》(Simon Gikandi, *Writing in Limbo: Modernism and Caribbean Literature*, Ithaca: Cornell University Press,1992);休斯顿·贝克尔:《现代主义与哈莱姆文艺复兴》(Houston A. Baker, Jr., *Modernism and the Harlem Renaissance*. Chicago: University of Chicago Press,1987);保罗·吉罗伊:《黑色大西洋:现代性与双重意识》(Paul Gilroy, *The Black Atlantic: Modernity and Double Consciousness*. Cambridge: Harvard University Press,1993);艾丽丝·甘布瑞尔:《知识女性、现代主义与差异:大西洋彼岸的文化,1919—1945》(Alice. Gambrell, *Women Intellectuals, Modernism, and Difference: Transatlantic Culture, 1919—1945*. Cambridge: Cambridge University Press,1997);内德·戴维森:《西班牙批评中的"现代主义"观念》(Ned J. Davison, *The Concept of Modernism in Hispanic Criticism*, Boulder, CO: Pruett Press,1966)。

理论家和历史学家的分期形成鲜明的对比：艺术史家和法国文学批评家倾向于把"现代主义"的开端定在十九世纪中叶——前者认为1860和1870年代的印象派画家摆脱了现实主义传统并开启了二十世纪更为激进的立体派、超现实主义和抽象表现主义的实验；后者认为1857年坡德莱尔的《恶之花》凸显了一种"现代派"意识，这种意识随玛拉美（1842—1898年）的"象征主义"而发展并在二十世纪初的前卫运动中达到顶点——；英美文学批评家则倾向于把"现代主义"看成从十九世纪末生根的二十世纪运动。为此，文学批评家内部关于"现代主义"的起点便众说纷纭：有的认为是1850年；有的认为是1890年；有的认为是1903—1904年——这一年乔伊斯和斯泰因（Stein）被逐出国境并开始写作；还有的认为是1910年——这一年伍尔芙宣布人的本性"已经改变"，"后印象派"在伦敦举办了画展。同样，关于"现代主义"的终点也是众说纷纭，并经常与这样一个问题密切相关："后现代主义"到底代表了"现代主义"的强化还是断裂？——有的认为"现代主义"终结于1930年；有的认为它一直延续到"二战"甚至穿越了"二战"；还有的认为即使到了"战后"，"现代主义"也依然留存。

  尽管对确切分期的看法各不相同，这些观点却分享同一种假定：美学意义上的"现代主义"（无论起于何时止于何时）在很大程度上都是二十世纪西方艺术界的一个独特现象——它反映了这样一种"现代性"的历史情状：这种"现代性"以"后启蒙"和"后维多利亚"（post-Victorian）时代的欧洲及英美世界所发生的全方位剧变为特征。由此，"现代主义"的名词性定义便在一个"连续体"的两极间滑动：一极是纯粹的"形式主义"（formalism）；一极是纯粹的"历史主义"（historicism）。有的文学批评家将"现代主义"链接到一份打破现实主义传统的"实验技巧清单"——包括多重视角、非线性时间、空间造型、内心独白、暧昧和复杂、反讽、拟神话（mythic analogues）[37]等等；有的

---

37 译者注："拟神话"（mythic analogues）即援引"神话"作为"现代叙事"的基础，比如乔伊斯的《尤利西斯》（Joyce's Ulysses）对荷马史诗《奥德赛》（Homer's Odyssey）的利用。

单纯从"文学史"角度,将"现代主义"阐释为浪漫主义、现实主义、自然主义以及颓废唯美主义的延续或反动;有的聚焦于"观念史",把"现代派"美学纳入一张不断变换的知识图景——詹姆斯的"意识"(consciousness)、弗洛伊德的"无意识"(unconscious)、尼采的"权力意志"(will-to-power)、柏格森的"绵延说"(durée)、爱因斯坦的"相对论"(relativity),以及认识论和人类学层面的"相对主义"(relativism)——突出了表达的转向、"不确定"原理以及上帝和一切绝对精神的死亡;有的坚持认为"现代派"诗学起源于对一连串历史剧变的回应——技术爆炸与大众文化的发端,现代大都会伴随"活力"与"失名"、"繁荣"与"疏离"的成长和发展,女权运动的兴起与家庭制度的变迁,"性欲"与工作空间,资本主义的进化与社会主义、共产主义和民众运动的开展,"帝国"在少数种族和殖民地居民要求下的瓦解,第一次世界大战的人类自杀性毁灭……还有的(特别是那些拒认"现代主义"与"实验诗学"的关联的人)则干脆把"现代主义"的定义拓宽到涵盖一切生活在"现代"的作家和艺术家——于是威拉·凯瑟(Willa Cather)与弗吉尼亚·伍尔芙(Virginia Woolf)并列,亨利·罗斯(Henry Roth)也与威廉·福克纳(William Faulkner)比肩。

同历史学家和社会理论家一样,"美学现代主义"(aesthetic modernism)的批评家在评判"现代主义"的价值时常常也形成对立的阵营:对一些人而言,乔伊斯、艾略特、庞德等人不啻为"现代性"的典范——他们那复杂眩目、激进大胆的作品赋予他们普遍而永恒的价值,使他们成为他们那个时代的"莎翁"。对另一些人而言,"现代主义"却确立了新的"精英政治"——"反动"而又"唯我",对抗着大众文化、妇女、殖民地以及一切种族和性别意义上的"他者"的崛起。还有一些人则坚持把"现代主义"看作一种多重的文化构型,既有"反动"的层面又有"进步"的倾向;他们大多指出"现代主义"的"复数性"(plural),划出"正面建构"与"反向解构"的边界——前者的"实验"复原了某些正统价值;后者的"割裂"则颠覆、瓦解了现状。[38]但无论赞同"正

---

38 在"新马克思主义"(neo-marxist)传统内部两派观点的表达,"正面"的可参见

定义之旅:"现代"/"现代性"/"现代主义"的含义

面"还是"反向",这些批评观点都共享同一种假定:"现代主义"叛离了十八至十九世纪的认识论、本体论以及诗学的典型。

乍看上去,这种对"社会—人文科学"的定义分类显得颇为武断——仿佛是基于各门学科的偶然定位和学界通行的"门户独立"原则,对于我们的"定义勘探"也起不到什么特别的作用。然而,下面述及的因素将挑战这种看法。

首先,社会科学和人文科学间的矛盾不应被简单地视为"武断"或"微不足道"而轻易掠过,因为像文化人类学、历史学、地理学、政治理论、社会理论、媒体研究、种族研究、妇女研究和后殖民研究这些领域都是同时覆盖多种学科或穿越学科"交界带"的专业——它们横跨两大阵营的分水岭,二元并行地处理诸如"表现"、"理论"、"社会组织"、"权力关系"、"经验与想象的构型"等问题。因此,有关"现代/现代性/现代主义"的矛盾性含义经常"共存"于这些学科、领域以及学术界的其他门类。

其次,近三十年来跨学科研究的"合法化"进程也使得不同学科与不同知识区域间的边界越来越趋向"多孔渗透"(porous)。关于"现代性"问题的"越界"操作既产生了丰富的"杂交",又产生了一部分"混淆"。举例而言,在马尔科·曼格纳罗(Marc Manganaro,任职文学系)编撰的《现代派人类学》(*Modernist Anthropology*)一书中,人类学者与文学批评家被召集到一处来共同考察二十世纪前半段"现代主义文学"与"现代派人类学"的互动。对于那一时期美学与人种学的交混,这次聚会的结果无疑是令人振奋的跨学科探讨;然而"现代主义"的术语却也因此在矛盾的含义间滑行——从博厄斯(Boas)或马林诺夫斯基(Malinowsky)的人类学所追求的理性秩序,到前卫

恩斯特·布劳科编:《美学与政治学》(Ernst Bloch, *Aesthetics and Politics*, ed. Ernst Bloch et al., London: NLB, 1977);雷蒙德·威廉斯:《"现代主义"的政治学:对抗新保守主义》(Raymond Williams, *The Politics of Modernism: Against the New Conformists*, ed. Thomas Pickney, London: Verso, 1989);以及卡里·内尔森:《压抑与复苏:现代美国诗歌与文化内涵的政治学》(Cary Nelson, *Repression and Recovery: Modern American Poetry and the Politics of Cultural Meaning, 1910—1945*. Madison: University of Wisconsin Press, 1989)。"反向"的则可参见戴科文和伊斯丁森。

艺术和先锋派诗论所展现的无序失调。这种"钟摆式"的滑动在文集中从未遭到质疑,甚至在集外的许多单篇论文中还被不断地复制。从这个角度讲,对于社会学理论与"现代主义"的美学内涵的合并——这种"合并"尚未得到反思——《现代派人类学》一书"强化"而不是"阐明"了其中暴露出来的种种"定义"的困扰。[39]

再举一例:地理学家大卫·哈维(David Harvey)选择下面这种方式来开始他极富影响力的著作《后现代性的状况》(The Condition of Postmodernity)——先是援引波德莱尔对于现代生活的观感:"那些一掠而过的、稍纵即逝的、机缘巧合的"(第 10 页)[40]以及文学批评家马歇尔·伯曼(Marshall Berman)关于"现代主义"和"现代性"的论著《一切坚固的东西都烟消云散了》(All That Is Solid Melts into Air);接着又援引叶芝(Yeats)在《第二次降临》("The Second Coming")中写下的"现代派"经典诗句:"万物倾颓;中心离散;/纯粹的混乱轰然降临"[41]——从而以文学界通行的"现代主义"阐释——"断裂"——为自己筑起了一道坚固的围墙。可就在这"围墙"之内,哈维却又从另一种视角展开了本书的讨论:"后现代主义"的对立面被设置为"现代主义"(特别是他所谓的"高度现代主义")与"启蒙理想"的同盟——"发展社会组织的理性形式与人类思想的理性模型"(第 12 页)。于是,在详述了"现代派"的认识论、本体论以及表达法的形式决裂之后,哈维借用伊哈布·哈桑(Ihab Hassan)著名的示意图来判定"后现代主义"相对"现代主义同盟"("现代主义"—笛卡尔的"我"—启蒙运动的"理性")的彻底断层

39　马尔科·曼格纳罗编:《现代派人类学:从"田野"到"文本"》;特别参见第 3—50 页(Marc Manganaro, *Modernist Anthropology: From Fieldwork to Text*, Princeton: Princeton University Press, 1990)。

40　译者注:英文版为"the transient, the fleeting, the contingent";郭宏安法语直译本可参考:"(现代性就是)过渡、短暂、偶然,(就是艺术的一半,另一半是永恒和不变。……这种过渡的、短暂的、其变化如此频繁的成分,你们没有权利蔑视和忽略。如果取消它,你们势必要跌进一种抽象的、不可确定的美的虚无之中,……)"——波德莱尔:《现代生活的画家》第 4 节"现代性",《波德莱尔美学论文选》,北京:人民文学出版社 1987 年。

41　译者注:原文为"Things fall apart; the centre cannot hold./Mere anarchy is loosed upon the world."

（pp. 42—44）。由此，从这部绝妙的、影响了"现代派研究"众多学科的论著中便凸显出一种滑动：哈维关于"高度的现代主义"的定义在"无序"与"组织"间往复，仅有偶尔的几回提到两者间关系的紧张。

第三，对"武断的学科差异"的判定还遮蔽了社会科学与人文科学的共通点：强调对"过去"的断裂；聚焦"现代性/现代主义"的政治学；贯彻"欧洲中心主义"的观念。在各种定义之间，变化的仅仅是"现代性"抛弃了怎样的"过去"；"创新性的演化"却是不变的内涵。社会理论家和艺术批评家围绕"现代性"和"现代主义"价值的各自激辩，更多是出于"同"大于"异"的方法论视点。无论针对"革命"、"奴隶制"还是"前卫艺术"、"大众文化"，政治学的问题也都大同小异。一些人捍卫"现代性/现代主义"；另一些人则向它攻击。而在这一切名词性争议的背后，是那个一以贯之却首先应被质疑的假定——"现代性/现代主义"起源于西方，以掺兑、稀释的方式，在世界的其他地区被灌输或被模仿。考虑到这些"共鸣"，从"现代/现代性/现代主义"核心奏响的"不谐和音"，就变得越发刺耳。

综上，由"名词"入手切近"现代/现代性/现代主义"定义的途径，预先设定了人们对这些术语（作为内容明确的名词）的含义达成共识的可能——那是一系列存在于可辨别的"意义"、"空间"和"时间"区域内的特征。然而，稍微近距离的考察就会彰显这种"共识"（consensus）的脆弱——无论在不同学科的交界还是在同一学科的内部。由此，"名词性途径"诱发歧义甚至悖论的能力从根本上消解了名词的定义功能：如果一个名词的所指不能被前后一致的"命名"，这个名词作为一种范畴又有什么意义？

关系性模式——形容词

从"关系"入手切近"现代/现代性/现代主义"含义的途径，将关注点从这些"根词"的"显性"内容转向她们的"隐性"结构：不同于名词性定义将"现代性"落实到一个具体而明确的时段——"后文艺复兴"或"后启蒙运动"的西方；关系式定义着重的是"激进断裂"和"加速变化"的状况或感受在任何地点、任何时间的发生——特别是当它们大规模呈现。[42] 作为对"过去曾是"或"曾被认为是"的一切的反叛,"现代"或"现代派"通过"否定"的方式获得内涵。正像"高"、"大"这样的形容词只有在与"矮"、"小"这样的形容词的对比中显影,"现代"(及其姊妹)的关系性含义也仅存于以"传统"为参照系的"二元共生态"中:没有一个术语可以在其内部取得自身固定或普遍的含义;这种含义只能借助与隐含对立面的关系去寻求。如果说"传统"是在对"过去"的延承之路上预言"未来"的进展,那么"现代性"则永远是把对"过去"的颠覆看作"未来"的前奏。

按关系性模式的说法,"现代性"就是对"现在"——作为"过去"(特别是毗邻的"过去")的对立面的"当下"和"未来"——的固守;她树立起一种"新事物崇拜",从而在反顾的方向上构筑出一种她声明与之脱离的"传统"。荒谬的是,这样一种"传统"(或者对"传统"的意识)只有在对它的"反叛"发生的那一刻方始成立。正像哈贝马斯借《"现代性"对"后现代性"》所指出的[43],"美学现代主义"的"现代性"要求这种"新事物崇拜","'现代性'反抗'传统'的一切'标准化'职能;她对一切'标准'说'不'并以此为生。"(p.5)这种"抗拒"深深植入"美学现代主义"的每一份"宣言"里:"更新"("Make it new")是庞德为"美学现代主义"招兵的权威性呼吁;"'死'在'过去'/'生'在'将来'"是米娜·罗伊(Mina Loy)在《"未来派"格言》中的自我声明[44];"我们的'旋涡'不怕'过去':她已然忘掉它的生存"是"旋涡派"画家(Vorticists)在《冲击波》中的高声吼叫[45];"火"则是"哈莱姆文艺复兴"中的微型杂志

42　在《揭秘"现代性"的文化逻辑》("Broaching a Cultural Logic of Modernity")一文中,为了构建一个"现代性"的"量化"模型,艾瑞克·罗斯泰因基于特定时空内"断裂"现象(或现象学)的强度与普及程度,借一种"关系性模式"将不同的社会描述为"热"(hot)、"温"(warm)和"冷"(cold)。他对于"历史分期"的关系式切入,将任一特定"时期"的各种不同意见都一并纳入视野——某些"名词性概括"的标准尺度于是也得到认可。

43　哈贝马斯:《"现代性"对"后现代性"》("Modernity versus Postmodernity")第5页。

44　译者注:原文为"DIE in the Past/ LIVE in the Future"。

45　译者注:原文为"Our vortex is not afraid of the Past: it has forgotten its existence"。

《火!》的编辑们的集体咆哮——"熔化一切钢与铁的障碍;从石头的孔洞与灼烧它的木头间,以一声不屑的浪笑,吐出青黑色的舌头。"[46]

正因为"关系式定义"不追求"名词式定义"的确定性,"现代性"便不必再独守于由"后文艺复兴"的西方凸显出的一整套特定的风习制度、意识形态及美学层面的表征——她不必再沿着"帝国"和"后殖民主义"的路向辐照全球,一次次展示出对于"西方天才"的无力效仿。相反,一个原本在时空坐标中被详细定位的"现代性"其实拥有这种潜能:不管何时何地,只要"激进决裂"的风吹过,"疾速变化"的光闪过,或是"自觉到'新'"的种子散播,这个"现代性"就会破土而生——无论那些"断裂"、"变化"和"意识"是被热情的求索还是被急切的抵制,是被"从无到有"的强加还是在自身内部"水到渠成"。

然而,尽管"现代/现代性/现代主义"的关系式定义看上去有如此优势,它所引发的问题却和它能够解决的一样多。首先,鉴于任何"变化"都不可避免地要走向"制度化"(institutionalized),永远的"断裂"或"革命"也就从无可能。那种种起始于对抗流行霸权的行动,正是通过它们自身的"胜利",变成了一种新的"法典化"(往往也是"日常化")系统。随着"断裂"的增殖和传播,"边缘"变成了"中心"。举例来说,在知识和美学领域,"局外人"变成了"内核";"贱民"变成了"圣雄";"造反者"变成了"当权派"。启蒙时代颠覆宗教信仰的符号体系的新科学,自己俨然成就了理性信仰的"大一统"。最初遭遇嘲笑的啐唾的前卫艺术者——印象派、后印象派、立体派、抽象表现主义——如今已经是"大师":他们的作品成为各个博物馆的支柱,每一件都按"天价"售出。曾经被拒斥、被禁止、被奚落,但最多还是被冷遇的弗洛伊德和乔伊斯,现在也已是众多人心中的"时代偶像",以及一切思想史和文学史

---

[46] 以上参见庞德:《更新》(Pound, *Make It New*);米娜·罗伊:《"未来派"格言》,(斯科特编)《现代主义之"性"》,(Mina Loy, "Aphorisms on Futurism," in Scott, *The Gender of Modernism*)第 245 页;《冲击波》第 1 期(*Blast* 1, 1915)第 147 页;《火!》第 1 期(*Fire*! 1)。译者注:原文为"*melting steel and iron bars, poking livid tongues between stone apertures and burning wooden opposition with a cackling chuckle of contempt*"。

的必读内容。正像雷蒙德·威廉斯所言,当"现代主义"在"二战"后的历史时期被奉为经典,其"反中产阶级"(anti-bourgeois)的初衷就从此失落。[47] 依照"断裂"的原则,"现代性"越是普及和通行,她就越被法典化和富于权威性,也就越发销蚀了"反叛"和"变革"的精神特征。一旦被制度化,"决裂"的先锋派便成为新的当权派,也即更新的先锋派在他们的发展期急于"废除"的目标。由此,"现代性"(及其"现代派表达")以"制度化"为标志的彻底胜利,恰恰完成了她的"禅让"——"后现代主义"势在必行。

其次,因为对"新"的坚持,关系式的"现代性"必然要成为某种"衍生动力学"(generational dynamic)的一部分:"现代性"反叛其父辈的先驱,结果却只能被其后继者所反叛;那将是又一部"家族罗曼史"。在她力图瓦解的"前现代"和力图将她瓦解的"后现代"之间,"现代性"的处境颇为尴尬——她居于一串"介词性链条"(prepositional chain)的中央,从未感受到片刻的安宁;仅仅通过在"传统"之后的出现和在"后现代"之前的到来,获得对自身的命名。

第三,这一"衍生传续带"上的"介词性链条",还动摇了"剔除'历史'"的关系式设想。"现代性"的(自我)意识——相对于毗邻"过去"的激进断裂感——在对"开端"、"崭新"和"革命"的标榜中,弃绝了历史延续论和历史进化论;实际也就否定了自己作为"历史构成物"的诞生。其实历史在繁衍"连续性"的同时也在繁衍"变化";"现代性"的新文化与新制度构成本身,正是历史进程的结果。

不仅如此,"现代性"的关系式视点还趋向于只弃绝毗邻的"过去":对"前代"的僭越往往要依靠对更远的"过去"的援引——后者成为启动反叛的契机。为了证明"反叛"的合法性,错误或推演式的阅读,甚至对毗邻前辈的"妖魔化"处理都非常普遍,比如:现代主义者(错误地)指责维多利亚时代的

47　威廉斯:《"现代主义"的政治学》第32—36页。——文集中第一篇《何时曾有过"现代主义"?》("When Was Modernism?",第31—36页)提到并修正了莱文(Levin)与比比(Beebe)的早期论文(译者注:两文分别为《什么曾是"现代主义"?》和《"现代主义"曾是什么?》,参见注8)。

现实主义者是认识论和心理学层面的"幼稚儿";后现代主义者又(错误地)贬低现代主义者不过就是发明了"启蒙宏大叙事"而已。保罗·德曼(Paul de Man)在《文学史与文学的"现代性"》中将这一点论述得非常有力:他重拾尼采的见解,指出"现代性"所要求的其实是一种"无情的遗忘",一种"毁灭在'前一刻'到来的一切的冲动";而并非对"过去"的真正"擦除"。[48]在德曼看来,作为"现代性"缩影的"对'前代'的压抑"乃是立足于错觉(illusion)之上并由此注定了失败的命运。他断言:"对于'之前'到来的一切拒斥得越彻底,对于'过去'的依赖和附丽就越深刻"(第161页)。[49]由于德曼有意识地避免心理分析话语,他也就从未点明弗洛伊德有关"潜抑事物的重现"(return of the repressed)的理论;但是这种观念,却在他对于"现代性"的思考中贯彻始终。

可见,有关"现代性"的关系式自觉其实是基于某种"历史迷妄论"(historical illusionism):固守着"更新"的声明,拒绝承认"过去"在"当下"和"未来"的实存。"现代性"越是张扬她自身绝对的"新",就越是瞒抑她在历史中的"根";而作为根源的"历史"越是被压制,就越是要以各种象征的方式"重现"——仿佛一个萦回不去的幽灵,骚扰和破坏着关于"新"的幻象和意识形态神话。

综上,由"关系"入手切近"现代/现代性/现代主义"定义的途径,预先假定了人们对这些术语的内涵形成"公意"的可能——她们是"激进断裂"的结构准则,无论这种"断裂"是在何时何地、以何种形式发生。因为解

---

48 保罗·德曼:《文学史与文学的现代性》,《盲视与洞察》(Paul de Man, "Literary History and Literary Modernity," *Blindness and Insight*. 1971, Minneapolis: University of Minnesota Press, 1983)第147—148页。以下对本文的摘录将括入引号。关于这一论点的"变形",参见菲茨基:《现代性之性》(*The Gender of Modernity*);哈维(第36—38页)和雅克(特别是第12—13页)。

49 德曼文章的"政治无意识"体现在他对自己于"二战"中发表的纳粹言论的公开"潜抑",以及他尝试用移民美国的方法为自己换一种"身份"的意图。在这个意义上,德曼关于尼采的表述可以读作他严厉的自我批判的隐秘"招供"——"对于'过去'的拒斥(尼采的'现代'意识的标志),与其说是一种'遗忘'的行为;毋宁说是一种指向自身的'严厉批判'的行为"(第149页)。

除了名词性的"固置",关系式定义似乎能在学科内部与学科之间吸聚更多的共识;然而,稍微近距离的考察就会呈现同样的矛盾——正如作为名词的"现代性"一样,作为形容词的"现代性"也在"更新"的可能与不可能之间,跌跌撞撞地滑行。如果"现代性"的形容词形式同时指称着"革命"与"进化"、"历史的断裂"与"历史的重现",那么这个形容词又能起到什么描述作用?

＊　　　＊　　　＊

关于"现代/现代性/现代主义"的名词性和关系性含义都在冲突中结束,二者最终都指向一个现象:既意味着霸权的形成又意味着它的分裂,既意味着宏大叙事的产生又意味着它的坍毁。作为名词和形容词,"现代性"都是一个涡旋在"内战"中的术语——她拆解掉对自身的定义,将"不确定原则"法典化,并在这样的行动中彻底叛离了她对"永恒变化"的诺言。

总之,致力于"定义"事业的"语法/哲学之道"充分证实:如果一种定义只聚焦"现代性"的名词内涵或是她的形容词内涵,这种定义都将无可避免地显示出"偏颇"和"误导"的本质。"现代性"不仅是一串被锁定的特征——出现在特殊的时间和地点,比如欧洲启蒙运动或是二十世纪的艺术先锋;她也不仅是一套"断裂"的原则和定律。"现代性"最好被理解为这样一种含义的综合——她兼容名词的确定性、专一性,以及比较形容词的关系式结构。此外,这种"综合"还暗示出如下事实:"含义"并非排他性地存在于种种霸权的形成或是对它们的解构;相反,在矛盾冲突与不间断的彼此影响中,"现代性"同时具有"向心力"与"离心力"。我提出上述建议既不是作为某种历史时期的概念,也不是作为某种乌托邦式的辩证;我只是要强调一种跨界诞生的含义:她游走于两界之间,像一部问答体对话,不断刺激着"构型"(formation)与"反构型"(deformation)的对峙性进程——每一方都作为对方的必要条件——彼此竞争。

政治/文化之途:通往"定义"的"语法/哲学之道"缺乏对历史和地理背景的勘察,缺乏对"含义"的生产和消费的反照,还缺乏对定义事业内部的"权力"问题和"知识的制度化"的关注;而任何一种定义,都不可能在一个"纯粹理性"或"垄断性指称"的抽象宇宙中产生或运行。(抱歉,语言学家和哲学家;剔除上下文的定义确有它们自己的位置,但仅仅是论争舞台上的一个局部角落。)定义之辨中的"本文无意识"也是一种"政治无意识"。我们需要一柄幅荫更宽,能同时涵盖历史、全球和比较语境中的"文化研究"的巨伞——在这把"巨伞"下,更多的问题需要被拿出来讨论。

我们要问:是谁在生产关于"现代/现代性/现代主义"的一系列特定的内涵?为了哪些受众?是从时空中的哪些位置和立场?出于什么目的,引发什么影响?这些含义要执行哪些文化任务?在什么意义上"现代性"曾是并仍然是一套担负着不同的角色和功用、在不同的时空境遇中千变万化并导出不同结果的文化构成?权力关系是怎样在左右着充满论争的各种含义的生产、传播和接受?或者说,权力和政治的问题是怎样在塑造着"现代性"的观念连同她所指称的历史现象?——以上都是着眼于"定义中的权力关系"的"文化研究"所格外注目的焦点。[50]

在"定义的政治学"中,现代派研究倾向于制造三类个性鲜明的构型:"二元模式"(binary)、"循环模式"(circle)和"转喻模式"(metonym)。同时认识这三种构型,有助于我们揭示在"知识的制度化"过程中"权力"之潮的流向。

二元模式

定义行为本身典型地依附于一个"包容"与"排斥"的"二元"——取决于

---

[50] 参见丽塔·菲茨基:《现代性之性》,以及《现代性的新文化理论》("New Cultural Theories of Modernity", *Doing Time: Feminist Theory and Postmodern Culture*. New York: New York University Press, 2000)。著者在其中申明:"文化研究"兼容"美学"与"社会学"的特征,使其能将视野扩展到"精英文化"以外——关注日常生活中的文化实践、流行文化、大众文化,以及那些通常被排斥、被忽视或被当作"彻底牺牲品"的群落所发出的声音。

定义者的识见,一些现象被归入"现代"、"现代性"或"现代主义";另一些则被排拒。通过"定义",定义行为确立疆域,绘制地图,标定中心、边缘和"境外区"。尽管以"可渗透边界"代替固定边界、在不同边界间建立大容量混合的"过渡空间"的努力从某种程度上弱化了定义的"领土强制线",可这组范畴让一些现象对峙于另一些现象的"界分"功能还是没有祛除。正如托尼·莫里森(Toni Morrison)在谈及"经典的形成"(canon formation,文学史、艺术史、宗教史中"定义"行为的一种)时所述:"'经典'的建筑是'帝国'的建筑。'经典'的捍卫是'民族'的捍卫。'经典'的争论,无论属于什么地形、自然或范围……都是'文化'的冲撞。并且**所有的**利益都是既定的(vested)。"[51]

从这个意义上,"现代性是西方的发明"这种传统的社会学观点即为一证;它反映在安东尼·吉登斯(Anthony Giddens,一位从事"现代性"研究的首席社会学家)的下列论断中:

> 当我们说"现代性",无论如何,我们都是在指一系列起源于西方的制度变革。"现代性"到底从多大程度上具有鲜明的西方特征?……在"现代性"的发展史上,有两处鲜明的组织式"节点"至关重要:一处是"民族国家"(nation-state),一处是"体系化的资本主义生产"(systematic capitalist production)。二者都植根于欧洲历史的独特个性中,且在此前的任何时期或此外的任何文化背景都找不到可以并举的对等物。如果说,在彼此的密切接合中它们从此席卷世界,那么这首先是因为它们自身所产生的强权……。由这两处伟大的"变革性中介点"(transformative agencies)启动的生活方式来看,"现代性"是否是一幅鲜明的西方蓝图?——对于这种疑问,一个毫不客气的回答是:"当然。"[52]

---

[51] 托尼·莫里森:《"不可言说"的未被言说:美国黑人在美国文学中的存在》,《密歇根季度评论》1989年冬,第28卷(Toni Morrison, "Unspeakable Things Unspoken: The Afro-American Presence in American Literature," *Michigan Quarterly Review* 28, Winter 1989)第1—34页,特别是第8页。

[52] 吉登斯:《现代性的后果》(*The Consequences of Modernity*),第174—175页。

上面这篇定义从多大程度上反映了吉登斯以及像他一样的社会理论家——他们不仅自身是西方的"产物",还同时是研究西方社会和历史的专家——的西方本位？失去了对亚洲、非洲以及其他"非英美"文明的足够知识基础,这种"包容/排斥"的定义二元论在本质上堕入"欧洲中心主义"——且越是趋于"名词式途径"、远离"关系式途径"就越是如此——的事实又有什么稀奇？（没有。）无论在赞同（如哈贝马斯）还是批判（如哈维）西方"现代性"的学者的笔下,这种"欧洲中心主义"都普遍渗透。从未被触碰过的是那个"中心/外围"（center/periphery）的全球化模型——由"西方"发明和输出,由"外围"吸收和复制；从未被考察过的是文明间相互影响的程度——"现代性"的西方赋形,其实是西方社会与非西方社会（那些存在于西方想象中的"他者"以及那些存在于西方以外的真实世界的"异质"与"多元"）日益交流的结果；从未被勘探过的自然还有种种不同于西方的"现代性"——她们从非西方的各个民族的历史中产生。

下面就让我们听听森杰·苏普拉曼亚姆（Sanjay Subrahmanyam）的鲜明观点与吉登斯的二元论逻辑的区别吧：从自身的"西方外"立场和"西方外"知识背景出发,苏普拉曼亚姆将构成"现代性"的各种文明的"跨际接触"推向前台,从而呈现出全球范围内各种各样的"现代"式节点：

> 我已经努力证明：从历史的角度看,"现代性"是一个在全世界推进的,层层相接、环环相扣的"现象"；而不是一种从甲处传播到乙处的"病毒"。它存在于一系列历史进程之中,这些进程把迄今为止相对"孤立"的社会一个个引入了"接触",使我们得以在千变万化的现象中找到它的根——征服世界的"蒙古梦",探索未知的欧洲航行,印度纺织商在移民聚居地的贸易活动,等等,等等。[53]

---

53 森杰·苏普拉曼亚姆：《听见一些声音：早期现代性在南亚的"小照",1400—1750》,《代达罗斯》1998 年夏（Sanjay Subrahmanyam, "Hearing Voices: Vignettes of Early Modernity in South Asia, 1400—1750," Daedalus 127：3, Summer 1998）第 99—100 页。苏普拉曼亚姆在巴黎生活和工作,但他本人曾是散居南亚的犹太人中间的一分子。这篇论文载于艾森斯塔德（Shmuel N. Eisenstadt）和斯库劳斯特（Wolfgang Schluchter）共同主编的杂志《代达罗斯》（Daedalus；译者注：代达罗斯,是希腊神话中的建筑师和雕刻家）的一

苏普拉曼亚姆的观点同样为"现代性"树起了一个"内/外"相对的模型,但其定义的中心却不再是"西方性"和"唯一性";而是"分散性"、"互动性"和"多元性"。这种方法启发了我们对于"现代性"时空的再思考:由新技术、知识革命、民族国家形成和不断推进的文化间接触所合力加速的社会变革,还可能在哪些地方推动了对传统的存在论、认识论以及体制建构的尖锐质疑和激进解构?中国的唐朝怎么样——既然她拥有一座堪称煌煌帝国的文化/政治中心的伟大都城(约在公元 600—900 年)?或者中世纪的伊斯兰王朝(the medieval Islamic empire)——她孕育了科学发现的"文化复兴",造就了巴格达(Baghdad)这座东、西(东达中国,西至西班牙)贸易长路上的关键性枢纽?又或者是莫卧儿王朝时的印度(Mughal India)——在其领土上不同民族的文化、经济和宗教财富既互相冲突又互相融合?再不然就是西非大都市廷巴克图(Timbuktu)——当她成为商业活动的轴心时,相对她和与她同级的非洲、亚洲、中东的文化贸易中心,欧洲的城市还都是死水一潭的穷乡僻壤?

循环模式

在"包容/排斥"的二元模式外,吉登斯和苏普拉曼亚姆定义"现代性"的方式——无论他们的政治取向有多么不同——还共同暴露出"阐释学循环"(the hermeneutic circle)这一普遍性问题。[54] 在艺术和创作领域,对历史

期特刊——《早期的"现代性"》("Early Modernities");该刊批评了以"西方"作为其他"现代性"的"核心准绳"的评判体系,呼吁对早期"现代性"的各种不同选择的勘察和探询。此后,艾森斯塔德又以一期名为《多元的"现代性"》("Multiple Modernities", *Daedalus* 129:1, Winter 2000)的特刊将本期的先锋性、探索性贯彻到底。另一位对"现代性"的"西方扩散论"模型予以抨击的学者是查尔斯·梅尔(Charles S. Maier)——参见其论文《把"二十世纪"交给"历史":"现代"纪元的替代性叙事》,《美国历史评论》2000 年第 3 期("Consigning the Twentieth Century to History: Alternative Narratives for the Modern Era," *American Historical Review* 105:3, 2000),第 1—47 页。

54　我十分感谢西瑞那·庞德罗姆在《现代派研究》(Cyrena Pondrom, "Modernist

时期、历史条件或历史运动的定义都依靠一个环状过程:定义者总是先假定在"现代"、"现代性"和"现代主义"的范畴内存在一些现象,然后再通过对这些现象之本质的描述确定这组范畴的特征。换句话说,定义的"绘图"工作其实是取决于对边界所在地的先期设想,这些设想折射出"绘图者"自身先验的信念或立场。这样一种"循环性"有其政治学依据——正如莫里森(Morrison)所言:"所有的利益都是既定的。"

以"现代主义"文学史为例:无论时期的划分、经典的追认,还是对"现代主义"的定义特征的命名,都基于一个由"信条"、"民族"或"事件"组成的"储备库"——它对种种"库存"的选择,取决于它对"现代主义"时段的主观先验。由此,休·肯纳(Hugh Kenner)宣称"流亡国外、脱离原籍"的"国际主义"是"高度现代主义"最核心的特征,并举出庞德、艾略特、乔伊斯等作家来印证他的断言;基于同样视点,肯纳又将福克纳和伍尔芙称作"地方"或"区域"性("provincial"or"regional")作家,否认他们是"现代主义者"。但是,如果从一开始肯纳就将这些作家也纳入他的"现代派储备库",那么他对于"现代主义"的一般性概括就一定与此不同;同理,如果他的"储备库"从一开始就收留了来自非洲、南美洲和亚洲的作家,那么他有关"现代主义的国际主义"(internationalism of modernism)的概念也一定会发生变化。[55]

与此相比较,"哈莱姆文艺复兴"(the Harlem Renaissance)的例子在"现代派研究"中就更为显著。1920—1930年间,以哈莱姆为中心的非裔美国人创造的文学、美术和音乐,被传统的"现代主义"版图彻底遗漏;就连偶尔一回的象征性提示——好像"现代派"女作家伍尔芙和斯泰因时时遭到的际遇那样——都没有。它们完全"不在场"。毕加索的"原始主义"(primitivism),菲

Studies,"未发表论文)中将"阐释学循环"的观点(the hermeneutic circle)应用于"定义"的问题。至于对文学史的"循环性"的相关批评,可参见卡里·内尔森:《压抑与复苏》(Repression and Recovery),第 9—12 页和詹明信:《政治无意识》(The Political Unconscious)第 27—28 页。

55 休·肯纳:《现代派经典的形成》,《芝加哥评论》(Hugh Kennei, "The Making of the Modernist Canon," Chicago Review 34, Spring 1984),第 49—61 页。

茨杰拉德的"爵士时代"（jazz age），艾略特的"类猿的斯威尼"（ape-like Sweeney）[56]，谢伍德·安德森（Sherwood Anderson）的《黑色的笑声》（"dark laughter"），福克纳的"种族界分的南方"（racially divided South）……所有这些都凸显在权威的"现代派研究"的地形图上。但是却没有"爵士乐"最初的发明者，没有转向"想象中（或实际）的非洲"的黑人美术家，没有"蓝调"歌手和在"大移民"中从"乡土南方"迁徙到"都市北方"的底层民众，没有为了要求更多的"自由"从兽性战争中回归的退伍士兵。他们的语言实验和节律实验，他们的文本互涉（intertexutal "signifying"）、非洲式神话创造、戏仿、革命激情，以及对于"新"的自我认同，看起来都不能使他们有资格进入大部分"现代主义"的文学史书写——尽管这些历史总是把形式实验、引用（citation）[57]、拟神话、反讽，以及"自指"（self-reflexivity）作为定义的核心特征。由于"哈莱姆文艺复兴"在很大程度上被历史撰写者从产生"现代主义"定义的"文本库"中删掉，非裔美国人所创造的独特的"现代性"构型也就一并被剔除。[58]

56　译者注：斯威尼（Sweeney）是艾略特笔下的一个重要人物，如名诗"Straight Sweeney"或诗剧《斗士Sweeney》等；在"Straight Sweeney"中Sweeney的形象即为一裹着浴巾从蒸汽中升起的猩猩。

57　译者注：此处的引用（"citation"）不完全是脚注式的引用（footnote），而是指一种"现代派"文学技法——在写作中持续不断地引用（quote）或重述（paraphrase）另一位作家的文本（引号""或有或无；间或出现对原始文本的部分变更）。因此，"现代派引用"（"modernist citation"）即是在此作家的文本中纳入彼作家的习用语及成句的规律性实践。这在"现代派"诗歌中尤为凸显——比如艾略特、庞德、玛丽安·摩尔（Marianne Moore）。

58　这种缺失已经开始得到改观，因为有一批新的文学史出版——它们将黑人作家纳入了一个多元的"现代主义"视野；尽管其中一些批评仍将"黑人现代主义"隔离，另一些则只讨论白人作家对黑人艺术形式的借用。相关例子可参考吉罗伊；贝克尔；都普莱西斯；布恩；内尔森；甘布瑞尔；詹姆斯·德·乔治《堕落的现代主义：黑色的哈莱姆与文学的想象》（James De Jongh, *Vicious Modernism: Black Harlem and the Literary Imagination*, Cambridge: Cambridge University Press, 1990）；玛丽安娜·托格尼克《消逝的远古："原始"的知识分子，"现代"的生活》（Marianna Torgovnick, *Gone Primitive: Savage Intellectuals, Modern Lives*. Chicago: University of Chicago Press, 1990）；迈克尔·诺斯：《现代主义"乡音"：种族、语言，与二十世纪文学》（Michael North, *The Dialect of Modernism:*

与此类似,试图为"美学现代主义"分期的努力也陷入了同样的定义循环过程。对"现代主义"的时间边界——即使是灵活边界——的建立,往往立足于某种未得公认的假想:假想一个预先设定的"储备库",库存着作为定义依据的作家和艺术家。比如,新近成立的"现代派研究协会"(Modernist Studies Association)生气勃勃,特别致力于敞开"现代主义"研究的大门,吸纳从前被排斥的群落。然而,它的自我描述还是划出了一个"现代主义"的时间段——最终仍赋予英国、欧洲和美国的"现代主义"以特权,同时忽视或排拒了世界其他地方有可能不合于那个时间框的"现代主义"。协会的组织者这样写道:"创建于1999年的'现代派研究协会'致力于在社会、政治、文化和知识的语境中,研究十九世纪晚期到二十世纪中期的艺术。通过年会和专刊《现代主义/现代性》,该组织力图建立一个跨国界、跨学科的论坛,从而在这不断更新和扩大的领域内,促进学者间的交流。"[59]这种"时间框"潜在地从"美学现代主义"的阵营中排除了那些突现于后殖民时代的新生国家的"现代性"原创——比如印度和非洲的"现代派"艺术浪潮。举例而言,1969年,苏丹作家特雅布·萨利(Tayeb Salih)出版了他的小说《北向迁徙的季节》,通过聚焦一个现代苏丹人的伦敦之行和返乡之旅,重写了康拉德的《黑暗之心》(*Heart of Darkness*)并在世界范围内获得了广泛的影响。更近些时候,印度作家和政治活动家艾伦哈蒂·罗伊(Arundhati Roy)借小说《小东西们的上帝》(1997年)迅速跃入国际文坛;这部小说将福斯特(E. M. Forster)的《通往印度之路》(*A Passage to India*)、康拉德的《黑暗之

Race, Language, and Twentieth-Century Literature. Oxford: Oxford University Press, 1994);劳拉·多伊:《为身体镶框:"现代"小说与文化中的种族矩阵》(Laura Doyle, *Bordering the Body: The Racial Matrix of Modern Fiction and Culture*. New York: Oxford University Press, 1994);以及苏珊·库伯:《种族的变异:美国文化中的白皮肤、黑脸庞》(Susan Gubar, *Racechanges: White Skin, Black Face in American Culture*. Oxford: Oxford University Press, 1997)。

59 见"现代派研究协会"(MSA)网址:http://www.press.jhu.edu/associations/msa/。尽管有这样的定义,该组织还是向产生于这一特定时间框和隐含地理背景外的各种"现代主义"敞开了研究的意向。

心》、好莱坞电影《音乐之声》(The Sound of Music)，以及在印度喀拉拉邦（Kerala）新兴的"现代性"中发生的种姓和性别暴力事件，统统编织到一起。无论在艺术形式还是艺术感觉上，这两部小说都属于"现代派"：它们共同证明了"美学现代主义"是一种没有固定时、空限制的，不断发展进化的国际现象；[60]从而也共同曝光了那种假定"历史分期自明性"（self-evident periodization）的定义的循环。

转喻模式

"定义的政治学"的另一种表现形式是将"某些"样貌或属性认作"全体"的代表。这种以"部分"取代"整体"的转喻式置换（metonymic substitution），在确定"现代性"的历史语境或"现代主义"的美学星空的支配性特征时普遍凸显。对一些人而言，洛克或卢梭是"启蒙现代性"至高无上的化身；对另一些人而言，乔伊斯才是"现代主义"的标志性偶像。同理，一些人可能根据资产阶级、民主和科学的兴起描述"西方现代性"；另一些人可能根据乌托邦式的社会蓝图或"断裂"的诗学定义"现代主义"。但是，所有这些定义的概括又分享同一种推演意向：根据历史学家在反观和回顾中确信的最有影响、最有意义的要素，来刻画"现代性"全体的特征。由此，"现代性"和"现代主义"等范畴便统摄或容纳了不同的文化构型——它们在用于转喻的特权"部分"的"境内"，获得各自的"特殊性"。于是，这样一种范畴界分的律令又把我们带回起点处的问题：是谁在生产这些"转喻性历史"（metonymic histories）？有哪些人和事被排除在外？出于什么目的？引发什么影响？

从这个意义上，转向"多元现代性"（multiple modernities）的设想——不同"现代性"生产的多元的时、空"节点"——的"多元论"主张，试图规避或克

---

[60] 特雅布·萨利：《北向迁徙的季节》(Tayeb Salih, *Season of Migration to the North*. Trans. Denys Johnson-Davies, London: Heineman, 1969)。这本最初以阿拉伯语出版的小说，在其英文版问世后得到了广泛的阅读。艾伦哈蒂·罗伊：《小东西们的上帝》(Arundhati Roy, *The God of Small Things*. New York: Random House, 1997)。

服种种转喻式方法的"简约化策略"（reductionistic politics）。杂志《代达罗斯》（Daedalus）的两期特刊——分别为《早期的"现代性"》（1998年）和《多元的"现代性"》（2000年）——成为背离"现代性"定义中转喻式原则的代表。《早期的"现代性"》的编者艾森斯塔德（Shmuel N. Eisenstadt）和斯库劳斯特（Wolfgang Schluchter）呼吁对"多元现代性"的新探询：必需一种广泛比较的全球性眼光，借以考察不同"现代"构型的"发散"而非单一"现代"文明的"聚敛"。[61]同样在本期杂志，维特洛克（Björn Wittrock）提出以"现代性的多元化"来对抗"社会和人文科学"中泛滥的假定——"'现代化'是'西方'文明及其核心机制的'全球漫射'过程。"维特洛克指出，迄今"只适用于欧洲的现代性通路"被当作了"现代性"本身的定义模型，这种观点假定了"现代性"具有唯一的起源和单元的同质性。无论对"现代性的拥护者还是批评者"，由于缺少对"现代性就是一种特殊文明的文化程式的发展和扩散"的充分考辨，"'现代化'（modernization）似乎（从来）都与'西方化'（Westernization）相等同。"[62]

但是，"现代性"定义从"单元论"向"多元论"的转移，也并不能保证对"转喻模式"的逃逸。真正的"多元性"已被公认为极难实现，因为从"单数"到"多数"的转向，往往太容易掩盖那个在暗中比较所有"分歧的他者"（divergent others）的同一"连续体"（continuation）——一种隐秘的范式、完美的典型、衡量的标尺，或是比较的参照点。举例而言，艾森斯塔德和斯库劳斯特坚决主张识别"多元现代性"的需要，但却是在一个认同"现代性"西方范式的体系内提出这一主张。他们声称其"比较研究方法……将'差异'（differences）阐释为'偏离'（deviances）"，这样转喻式思维的强力就同他们对这一强力的抵抗一起，别扭地"共生"在他们对比较方法的定义中：

61　艾森斯塔德、斯库劳斯特：《引言》，《代达罗斯》特刊《早期的"现代性"》（Shmuel N. Eisenstadt, Wolfgang Schluchter, Introduction. Special Issue on "Early Modernities," *Daedalus* 127:3, Summer 1998: pp. 4—5）。以下对本文的摘录将括入引号。

62　维特洛克：《早期的"现代性"：多样与变迁》，《代达罗斯》（Björn Wittrock, "Early Modernities: Varieties and Transitions," *Daedalus* 127:3, Summer 1998: pp. 19—20）。

这些"偏离"并非相对于某一"标准"(norm)而是相对于一个仅仅用来推演的"完美的典型"(ideal type)……欧洲在"现代"初期和"启蒙"时代的灿烂星空正是这样一种"完美的典型",我们可以用她来衡量种种"偏离",辨识在其他文明中遭遇的种种"差异"。然而这只是一个开始。不同于众多历史学研究和社会学研究的假设——西方的发展进程应作为衡量其他文明的动力学的权威标尺;我们的研究立足于如下的前提——每一种文明都发展出了截然不同的制度构型和文化建筑,分析这些文明的具体个性除了要依据它们与西方的"近似关系",还应依据它们自身的独特状况。(第8页)

对"标尺"的维护和对"多样性"的坚持彼此冲突。将"差异"看作对"完美的典型"的"偏离"不能真正实践被宣称的意愿——从每一种"现代性"自身出发去理解它们。以部分代替整体,以单一、个别的例证代替复杂多样的例证的认识论倾向,能够潜在地支配一种推理或定义活动;不管你有多么良好的规避意图。

*　　　　*　　　　*

在重现知识建构过程中权力关系的运作时,定义行为表现出的"二元"、"循环"和"转喻"倾向,可能会使一些人转而赞同"认识论的无政府状态"(epistemological anarchy),也即对上述一切分期范畴的取消。但是在我看来,定义历史中出现的种种问题不应导致对定义本身的抛弃。相反,如詹明信所言:"历史分期及其范畴的问题,今天诚然已发展到最危险的时刻……但是对于文化研究领域的任何一种工作,正像它们不能令人满意一样,它们也不可或缺。"[63] 倘若没有历史的分类,我们将面对一个"单一特性"的无限集合,一条沿途必须作出选择的知识之路——这些选择并不会比历史叙事的推演性阐释在政治上更为中立;倘若没有定义的范畴,"选择的政治学"(politics of choice)也将更深地潜入地下——变得更晦暗不明,让我们无从看清。

63　詹明信:《政治无意识》(Jameson, *The Political Unconscious*),第28页。

定义之旅："现代"/"现代性"/"现代主义"的含义

由此，不管定义的范畴多么不完美，考虑到我们对它们的需要，"政治/文化之途"能向我们提供什么？我以为，定义行为固有的"二元"、"循环"和"转喻"问题，并非砍断我们探询的"终点"，而恰恰是引发我们探询的"契机"——能将我们直接引入"现代"、"现代性"和"现代主义"的含义对话的腹地。它们强化了这样一种认识：术语本身也是历史的建筑物，也有它们自己的"过去"、"发展"、"功能"和"效果"；所有这一切都有待于我们的阐释与批评。"现代性"的不同形态反映了制造者的不同定位，服务于不同的利益要求，引生出不同的后续效果。正是这一系列课题将我们带回政治学的诘问：权力关系究竟在怎样影响着"现代性"的文化产品，继而又影响着对这些产品的解读？

从"政治/文化之途"的立场，对"多元现代性"和"多元现代主义"的提倡迈出了关键性的第一步，但这还远远不够。由于缺乏对"多元论"和"相对论"可能被用于相反目的的质询，定义的"多元性"本身潜在地遮蔽了"权力的地方形成"(local formations of power)这一有关"含义"的讨论恰能发挥重要作用的过程。比如，"多元现代性"的观念已经在亚洲的部分地区被用于证明某些权力结构和精英阶层的延续，以及一种针对"民主"的排异行动(将"民主"看成不适于"亚洲价值观"的"异质"输入)[64]——这些主张往往忽略了"民主"在亚洲部分地区长时段的历史形成。不仅如此，借"多元现代性"概念证明新加坡、印尼、伊朗等国"维持现状、拒绝变革"的合理性的做法，还忽略了强大的"现代性"理念可以从世界的一个地方传播到另一个地方的旅行[65]——这些"旅行的理论"（"traveling theories"，语出萨伊德关于全球视野

---

[64] 关于这方面讨论，可参考《"人权"与"亚洲价值观"：竞争中的国家认同与亚洲的文化呈现》(*Human Rights and Asian Values: Contesting National Identities and Cultural Representations in Asia*, eds. Michael Jacobsen and Ole Bruun, Richmond, U. K.: Curzon Press, 2000)，和《争议中的"人权"：来自美国和亚洲的批评论文》(*Debating Human Rights: Critics Essays from the United States and Asia*, ed. Peter Van Ness, London: Rutledge, 1999)。我要感谢傅里曼(Edward Friedman)对这一观点的提示。

[65] 可参考傅里曼：《亚洲：全球性"人权"的一处源头》,《争议中的"人权"》(Edward Friedman, "Asia as a Fount of Universal Human Rights," in Van Ness, *Debating Human*

内"理念"的"杂交[hybridization]"而非"同质化[homogenization]"的重要论文)不可避免地要在不同的时空发生"移植"、"本土化"和扩散性"演进",从而创造出真正意义上的"现代性"的"多元共生"。[66]可见,在西方的语境里,"多元现代性"的概念可能有助于我们批判"欧洲中心主义"的定义惯例;然而在非西方的世界其他地区,坚持"多元现代性"的主张则可能被挪用为对"权力的地方形成"的辩护与证明。因此,定义"现代性"和"现代主义"的"政治/文化之途"不能为我们提供"含义"的确定地形图。矛盾和冲突大量存在。

"砰"然的撞击:以一种尼采(或法侬,Fanon)式的语调,艾米瑞·贝莱卡(Amiri Baraka)写道:

"哈莱姆"是堕落的

现代主义。"砰"然的撞击。

……

你能否承受这样的"美丽"？

如此的暴烈;如此的扭曲。[67]

定义之争的"砰然撞击"是否真的制造出这样一种扭曲变形的"美"不得而知。但我们这次旅行——穿越"故事"、"并置"的间道,(心理学)"潜文本"

Rights)第56—79页;《既然没有"东方"就没有"西方",怎能确定其中一方必是最好?》,《"人权"与"亚洲价值观"》("Since There Is No East and There Is No West, How Could either Be the Best?" in Jacobsen and Bruun, *Human Rights and Asian Values*)第21—42页;《关于外来的"西方民主"》,《建构一个民主的亚洲:全球化与身份认同》("On Alien Western Democracy," forthcoming in *Constructing a Democratic Asia: Globalization and Identity*, ed. Catarina Kinnvall)。

66 爱德华·萨伊德:《旅行的理论》,《世界,文本与批评家》(Edward Said, "Traveling Theory," in *The World, The Text, and the Critic*, Cambridge: Harvard University Press, 1983)第226—247页。

67 艾米瑞·贝莱卡:《"本土"的重现》(Amiri Baraka, "Return of the Native"),引自德·乔治:《堕落的现代主义·题辞》(De Jongh, epigraph for De Jongh's *Vicious Modernism*;译者注:原文为——"Harlem is vicious/modernism. BangClash. /... /Can you stand such beauty. /So violent and transforming.")。

定义之旅:"现代"/"现代性"/"现代主义"的含义

的支路,各样的"格言、警语"和"拼贴"——已经抵达终点。在这段过程中,我一直抗拒着内心强烈的冲动:对"现代性"和"现代主义"给出自己的定义,也即又一种让别人去讨论或忽略的命名("抗拒"从来不易:向着确定性含义的磁吸般滑动常显得"不可抗拒");转而将注意力锁定在定义之争的各种过程和样式。

由此我从众多的现象中理出一条结论:定义的"不谐和音"至关重要;各种含义不仅"相异"而且"明显对立"的事实意味颇深。这些"分歧"既不应被视作"偶然"或"武断"而轻易忽略,也不应被当作"学科分界或语义争执的平常产物"而轻松跳过。当然,它们也不能在"多元论"虚妄的"包容性"内被简单驯服——"现代性"和"现代主义"的"多元"实践要冒很大的风险,很可能会秘密地重建那种"统摄性规范"(hegemonic norm)凌驾于"边缘性异端"(marginal variations)的"中心/外围"模型。[68]与上述一切相反,"砰然的撞击"应被直面。

我所考察的"语法/哲学之道"和"政治/文化之途"显示:"现代/现代性/现代主义"的矛盾含义指向一种冲突的对话进程(contradictory dialogic running)——这一进程贯穿这些术语所影射的各种现象的历史形成与表达方式:"秩序"和"断裂"是一对互相需要的"共生体",每一个都是另一个获得意义的前提;"中心"的显现只在它"分崩离析"的刹那;"现代性"的宏大叙事启动了它们自身的解体;"现代性"的"失序"之源是"现代性"的"秩序";"失序"的结果又成为重建"秩序"的契机;"现代主义"的"更新"要求"传统"的援手;"传统"的形成又只基于它被"反叛"的遭遇……本文深入

---

[68] 参见尼科斯:《现代主义》(Nicholls, *Modernisms*);该书的"复数"标题暗示多元性,但书中的内容却有十二章聚焦"西方"、"白种"、"男性"的"现代主义";只有一章《在圆周的切线上:别样的"现代主义"》("At a Tangent: Other Modernisms")对"女性"的"现代主义"施以关注。在我正在写作的《跨越国界的"现代主义"》(*Transnational Modernism*)一书中,我赞成恢复"现代性"和"现代主义"的"单数化"(re-singularization),提示种种现象是在一个跨越国界的全球性背景中,基于不同的历史、地理条件,呈现出它们各自的特征。

"现代"、"现代性"和"现代主义"的"定义之旅",正是对所有这些冲突的特性的阅读——"阅读"(reading)既是我们这次旅行的起点,又是我们这次旅行的终极。

(张慧文 译)
(原载《中国学术》第十辑)

殖民主义再思索:全球化、后殖民主义与民族

阿里夫·德里克(美国俄勒冈大学)

本文的讨论既非历史纵览,亦非殖民主义和后殖民主义的社会学研究,而是在这些术语旨在捕捉的全球关系正急速消失之际,去反思它们在激进转型之时可能意味着什么。尽管这些变化何去何从或许尚不可言明,但却的确引发了犹如一场思想实验的东西。这是在时下倾心的事情行将退隐为历史之际,去想象一下现在及其尚未远去的过去如何有可能在未来某个不确定的时刻再现。

殖民主义以及诸如新殖民主义和后殖民主义这样的分支,三十年来一直在历史与文化研究中占据了一个中心位置。在一个骤然变迁的世界里,这一中心性是否将会持续下去是值得思索的。目前有充分证据促使我们持另一种见解——只要它依然是妨碍我们思想的一种现实,我们至少要质问对殖民主义的过分迷恋。由历史上的殖民主义塑造的文化与政治认同,现在可以用来作为对先前认同之压迫的或否定的提醒,但它们更有可能为当代的自我认定奠定基础。我们是否有理由假定,不管现在看来多有问题,由近代殖民主义促成的认同将会有不同的进展?

这并不是说同殖民主义关联的民族、族群或种族剥削、不平等及压迫的遗产不久就将消亡。如果说有什么区别的话,它们已较历史上任何时候获得了更大的能见度。近代殖民主义将其遗产留给了现在和未来,从而塑就了殖民者和被殖民者的历史轨迹。我所提议的是,倾心于殖民主义及其遗产导致了一种过去控制当代现实的言过其实的观点,而漠视了由当代权力重构所导致的历史遗产的重新配置。特别是,资本主义的实践与民族国家的变化业已唤起了对殖民历史的重新思考。如同我们看到的历史上的殖民

主义消亡一样,近代殖民主义注定了要以相同的方式在未来消失。当殖民主义和后殖民主义这种术语妨碍我们直面这种重构时,它们便成为了理解的障碍。

这些重构现如今在全球化这一概念中表述出来了。不管其现实如何,或不管它作为一个概念而呈现有多么困难[1],全球化代表了审视这个世界的一种新方法。它将现在同第二次世界大战所造成的非殖民化时刻的殖民主义和新殖民主义世界区分开来。因此殖民主义这个词汇假如不是无干系的话也似乎很遥远了。当今的后殖民批评尽管表达的是过去的遗产,但在其基本前提和取向中,它却被某些从全球化语境中汲取其合理性的假设,灌输了可论证的知识。从关于现今世界的这个新视点来看,殖民主义似乎不再像列宁在撰述帝国主义[2]时所提到的是"资本主义的最高阶段",而是通向全球化的一个阶段——是由尚未退出历史舞台的资本主义所开启的世界空间化进程中的最新阶段。

殖民主义/后殖民主义

作为一个概念,殖民主义现在已较一代以前复杂得多了。关于近代殖民主义的新奇之处,及其对殖民者或被殖民者的影响,始终存在着争执。自由和保守的发展话语,其中最有名的是现代化话语,大体而言并不认为殖民主义是现代性的一个重要方面,不过在承认其重要性的同时也赋予了它一个进步性的历史角色。[3]马克思主义者对该问题则更具矛盾心理。列宁有关

---

[1] 这方面最近的例子参见阿里夫·德里克:《作为历史终结和起始的全球化:一种新范式的矛盾含意》,收入麦克马斯特大学全球化研究所 2000 春季的工作论文(Arif Dirlik,"Globalization as the End and the Beginning of History:the Contradictory Implications of a New Paradigm,"Working Papers,Institute on Globalization,McMaster University,Spring 2000)。

[2] 列宁:《帝国主义——资本主义的最高阶段》,北京:外国语出版社,1969 年。

[3] 傲慢地否认殖民主义的一个新近例子,参见吉尔伯特·罗兹曼:《现代化的理论与革命的理论:中国与俄国》,近代史研究所编:《中国近代化论文集》(Cilbert Rozman,"Theories of Modernization and Theories of Revolution:China and Russia,"in Institute of

殖民主义是资本主义必不可少的一个阶段的解释,对于殖民主义进入全球激进政治之中心起到了关键性的作用。尽管主流马克思主义谴责殖民主义对被殖民者的压迫和剥削,但它也常常确认殖民主义在将社会带入现代性方面所起到的进步性功能,用马克思的话来说即"在时代之齿中生长"。[4] 第三世界的马克思主义者对这方面同样暧昧。[5]

然而,假如说殖民主义作为一个历史现象总是争论未决的话,那么在早些时候,大家还是就殖民主义的内涵取得了某些一致意见。[6] 跨入二十世纪七十年代,严格意义上的殖民主义指的是一个民族国家对另一个民族国家或者力争成为民族国家的地区的政治控制。在一个业已获取了正式政治独立、但主要由于经济的也由于意识形态的缘故而依然不能宣称完全独立的殖民地,更受青睐的术语则是新殖民主义。这些术语在范围上可以被拓宽

Modern History, Academia Sinica, *Essays on the Modernization of China*. Taipei: Academia Sinica, 1991),第 633—646 页。

4 马克思:《鸦片贸易史》,收入马克思和恩格斯《文选》第 16 卷(Karl Marx, "Histories of the Opium Trade," K. Marx and F. Engels. *Collected Works*, vol. 16, New York: International Publishers, 1981),第 6 页。有趣的是,在雷蒙德·威廉斯有关现代性的"关键词"中并没有收入殖民主义的条目,尽管有一条关于帝国主义的。参见雷蒙德·威廉斯:《关键词:文化与社会词汇》(Raymond Williams, *Keywords: A Vocabulary of Culture and Society*. New York: Oxford University Press, 1976)。

5 关于二十世纪二三十年代中国马克思主义者对资本主义和帝国主义的讨论,参见阿里夫·德里克:《革命与历史:中国马克思主义历史编纂学的起源,1919—1937》(Arif Dirlik, *Revolution and History: Origins of Marxist Historiography in China, 1919—1937*. Berkeley, CA: University of California Press, 1978)。

6 我在这里描述的是二战后二三十年间盛行对殖民主义的理解。这对于亲身经历或研究那个时期的多数人都将会是很熟悉的。我所提出的各种观点的令人信服的一个例证可以在让·保罗·萨特新近出版的关于殖民主义的英语论文集中找到。他也是正被讨论的那个时代卓越的殖民主义评论家之一。这些论文大多写于二十世纪五十年代末和六十年代初,首次于 1964 年以法语出版。见让·保罗·萨特:《殖民主义和新殖民主义》(Jean-Paul Sartre, *Colonialism and Neocolonialism*. London and New York: Routledge, 2001),由阿泽戴里·哈道尔(Azzedine Haddour)、斯蒂文·布雷尔(Steve Brewer)和谭尼·马克威廉斯(Terry McWilliams)译自于法语。萨特的观点从诸如弗朗兹·法农(Frantz Fanon)这样的后殖民知识分子的作品中获得了知识,并且在某些方面也是后者的衍生物。他同法农曾有密切的个人关系。

到也指"地区"之间的关系,就像第一世界对第三世界的殖民或新殖民征服。而且,殖民主义并非为资本主义所垄断的,这已获得了某些公认,因为"社会主义"国家也可以奉行殖民主义。殖民地形成的最终原因被定格在由资本主义带来的全球建构上,而社会主义本身则是对这种建构的一个反应。因此,一个共同的假设便是:摆脱殖民主义的遗产铺设了某种社会主义的形式。这实际上意味着建立起能够摆脱对先进资本主义社会之结构性依赖的自主而有主权的经济,并且制定他们自己的发展议程。

换言之,殖民主义的问题大多围绕着资本主义的问题,且在许多方面还是后者的辅助物。可以肯定的是,到了二十世纪六十年代,殖民主义和种族歧视的关系问题被列入了后殖民话语的议程,但通常它们并不是作为问题出现的,而是作为殖民主义场景中的资本主义特征而出现的(有几分可以这样说,阶级关系采取了殖民资本主义的形式)。因此,就长远来说,只有通过废除资本主义才可以得到解决。反殖民的斗争主要是从它们对资本主义和社会主义之间长期斗争的贡献中获得其历史意义的。列宁比马克思更成为这种资本主义与殖民主义关系观背后的灵感源泉。

正如压迫和剥削标明了殖民者同被殖民者之间的政治与经济关系,这种关系在文化上呈现为这二者之间的"摩尼教徒式"(Manichean)的对抗。[7] 关于殖民者与被殖民者之间的结构性辩证关系一贯是得到承认的。从结构上讲,经济与政治的殖民主义促生了将这两者绑在一起的新实践和社会构成,其中包括阶级的形成。正如殖民主义造就了一个从殖民者那里获得支持的新本土阶级,殖民化的任务也因这个阶级同殖民者的合作而变得更为容易了。即便在有可能谈到殖民者与被殖民者在殖民地"接触区"(contact zones)[8] 拥有共同文化的地方,这种共有的文化也是增强而非缓解了两者之

---

[7] 阿博杜尔·R.简莫汉姆德:《摩尼教徒讽喻的经济:殖民主义文学中种族差异的功能》,《批评性探究》,1985年秋,第12卷(Abdul R. Jan Mohamed,"The Economy of Manichean Allegory: The Function of Racial Difference in Colonialist Literature," *Critical Inquiry*, Autumn 1985),第59—87页。

[8] 我从玛丽·路易丝·普拉特书中借取了"接触区"一词,见玛丽·路易丝·普拉特:《帝国的视野:旅游作品与超文化适应》(Mary Louise Pratt, *Imperial Eyes: Travel Writing*

间的摩尼教徒式的对抗。这种对抗最重要的是在种族的语言中表述出来，这使两者在经济、政治与文化上的归属变得不容置疑。在民族解放的意识形态中，同殖民主义在经济与文化上有瓜葛的本土群体和阶级并不被视为民族构成中不可分割的因素，而被看作是外来势力对该民族的侵扰。而这在实现民族主权和自主上是必须予以消除的。[9]

假如我们希望想象一下殖民主义的话语对于未来时代来说有多模棱两可，我们只需看一看大约十年发展起来的后殖民批评。它使早先关于殖民主义话语的根本性矛盾浮现了出来。[10] 当代后殖民批评在重申殖民经验的中心位置上是这一早先话语的后嗣，但它又在相当重要的一些方面有别于前者。具有讽刺意味的是，它对殖民主义的内涵本身提出了异议。第三世界对于在资本主义范畴内桎梏殖民经验一直颇有微词，它们要求就种族歧视在其中具有根本重要性的殖民主义心理与文化方面听取意见。[11] 在以往二十年中，后殖民话语有了一个由经济和政治到文化与个人经验的明显转变，而这些声音正是在此时出现的。

就殖民主义而言其结果是相当矛盾的。后殖民话语中的注意力转向文化认同的问题，既是马克思主义思想中更为普遍的一次重新定位，也受益于这种重整。后者倾向于承认文化相对于经济或政治的生活领域至少具有部分自主性。当被引入殖民情境时，这导致了文化和文化认同问题同资本主

---

and Transculturation. New York: Routledge, 1992)。

9　例如，中国马克思者认为没有一场同时消除资产阶级或"封建"阶级的社会革命，民族自主与发展是不可能实现的。因为后者为了自己的利益同帝国主义结盟。见阿里夫·德里克：《中国早期马克思主义思想中的民族发展与社会革命》，《中国季刊》，1974年4/6月，第58卷（Arif Dirlik, "National Development and Social Revolution in Early Chinese Marxist Thought," *The China Quarterly*, No. 58, April/June 1974），第286—309页。

10　有关后殖民批评从二十世纪六十年代到现在转变的讨论，见艾贾兹·阿曼德：《文学后殖民性的政治》，《种族与阶级》，1995年，第36卷，第3期（Aijaz Ahmad, "The Politics of Literary Postcoloniality," *Race and Class*, vol. 26, No. 3, 1995），第1—20页。

11　正如艾梅·塞赛里所说的，"马克思是对的，但我们需要完成马克思未竟之事业"。引自安尼尔·卢姆巴：《殖民主义/后殖民主义》（Ania Loomba, *Colonialism/Postcolonialism*, London: Routledge, 1998），第133页。

义结构的脱节,从而使话语的基础转向了殖民者同被殖民者之间的遭遇,并进而抛弃了它们以前一直所蕴藏的政治经济结构的中介。将殖民主义的问题疏离资本主义的问题,就某种权衡来说,也使得将殖民主义而非资本主义凸显为近代史的中心变得极为可能了。

然而,殖民主义的这一中心位置也使该词变得越来越模棱两可了,特别是当提出了关于近代殖民主义的严肃问题。作为对后殖民话语史的一个反思(换言之,即该话语的自我批评),当代后殖民批评就许多方面而言是非常重要的。因为它使先前几乎不曾探究从而隐而不见的矛盾以及关于资本主义、社会主义和民族的根本目的论假设浮出水面。但最为重要的是,它也使反殖民主义的革命性民族解放运动浮现了出来。后者的失败大大有助于唤起对这些矛盾的意识,而承认这些矛盾则使殖民主义这个概念变得相当成问题了。

罗伯特·杨在提到让·保罗·萨特和艾伯特·敏米时写道,

> 萨特的洞见是,种族歧视与殖民化的摩尼教制表面上将殖民者同被殖民者划分开来,事实上却在殖民戏剧中创造了将殖民者和被殖民者绑在一起的动态共有心理关系。艾伯特·敏米进一步阐述了这一观点。他揭示,这种辩证关系也涉及黑格尔所说的"受排斥的中间层":即在两种主导的对立范畴之间滑动的阈限、下属人物的幽灵般存在。萨特的反应是强调他本人叙述的辩证方面,认为在敏米看到状况的地方他还看到了制度。[12]

尽管当代后殖民批评已超越了敏米著作所触及的东西,然而杨指出的萨特和敏米之间的差别,可能是以往二十年后殖民批评发生转向的表征,即通过个人经验来限定和推敲这个概念直到使之明确排斥对殖民主义的系统理解。殖民主义已到了游离于资本主义的程度。在推崇偶发性和差异而非系统化、非总体性的情境探讨跟前,将殖民主义理解为一种制度的做法已经

---

[12] 见罗伯特·杨为萨特《殖民主义与新殖民主义》一书所作的"序文",第7—24页和第14页。也见萨特:《艾伯特·敏米的殖民者和被殖民者》一文,同上书,第48—53页和第51页。

消退了。

  首先和最为明显的是,这一转变的因果关系是三个世界的思想。这在早些时期对于描绘这个世界和反殖民政治是至关重要的。[13]"第三世界"这个新殖民主义和后殖民主义存在的场所,是基于资本主义和社会主义的观点来系统地理解这个世界的一个产物,而后者作为"第一"和"第二"世界,又是基于发展的观点而被理解的,它向第三世界展示了未来的替代性道路。从政治上讲,第三世界的思想指明了一种共同政治的必要性。后者源于在该体系中占据的一个共同位置(而不像现今许多后殖民批评错误假定的某些同质化、本质化的共同特征)。正如殖民主义先行于"第二世界",即社会主义的世界的出现,"第三世界"也历史性地先行于第二世界,这也指出了资本主义在系统塑造这个世界方面的优先地位,而社会主义只是对前者的一个反应而已。这也使社会主义成为从殖民主义中解放出来的一个诱人的目标。我们有可能这样说,随着二十世纪八十年代"第二世界"的消失,它在谈及第三世界时已不再有意义了。但是,当代后殖民批评对三个世界思想的拒斥在否定发展的宏大叙事方面被证明有最重要的合理性。那种宏大叙事假定这个世界是有系统组织的,而忽视了给所有三个世界特别是第三世界打上烙印的许多民族与文化差异。[14]

  在其推论中重要得多的可能是后殖民批评就民族国家所提出的问题。这也利用了使情境优先于体系的探讨,在这里便是指将殖民者同被殖民者划分开来的界限,或者说也是界定了生活于其中的那些人之身份认同的民族分界线。当代后殖民批评使"被排斥的中间层"的"阈限、下属人物"

---

  13 详尽的讨论见阿里夫·德里克:《三个世界,一个或许多:当代资本主义影响之下的全球关系的重新配置》,《自然、社会与思想》,1995 年,第 7 卷,第 1 期(Arif Dirlik, "Three Worlds, One or Many: The Reconfiguration of Global Relations Under Contemporary Capitalism," *Nature, Society, Thought*, vol. 7, No. 1, 1995),第 19—42 页。

  14 例如参见吉安·普拉卡什:《书写第三世界后东方主义的历史:来自印度历史编纂学的透视》,《社会与历史比较研究》,1990 年,第 32 卷,第 2 期(Gyan Prakash, "Writing Post-Orientalist Histories of the Third World: Perspectives from Indian Historiography," *Comparative Studies in Society and History*, vol. 32, No. 2, 1990),第 383—408 页。

(liminal, subaltern figure)处于特权地位,而不强调殖民者同被殖民者的对立范畴。后者在许多方向上已不复对立了,因为将这两者划分开来的界线也已因其本质化和同质化的假设而受到了质问。在强调殖民遭遇的经验方面而不是其结构性情境时,后殖民批评已超越了殖民者和被殖民者之间的"摩尼教徒式"的对抗,甚至超越了"幽灵般被排斥的中间层"而突出了"朦胧之境"的状况。在这种境况中,一方对另一方的支配促生了边界横越(boundary crossings)、杂糅(hybridities)、相互利用(mutual appropriations),特别是被殖民者对殖民者的日常抵抗。这有助于让受害者发出声音,但在将被殖民者从无声中拯救出来的过程中,也模糊了殖民主义侵袭其"目标"的受害状况的深度。重要的是要强调,在早先反殖民话语中出现的、因其在物质利益和文化纽带与殖民主义的共谋而成为民族联合障碍的群体,在当代后殖民话语中则成为在殖民遭遇中范式般的产物。换言之,边界在理解殖民遭遇时已从内部被接管起来了。这也对在各种境况下民族或民族文化可能意味着什么提出了质疑。

　　后殖民批评的重新定向及其对早先后殖民话语的批评,从根本上可归因于后殖民政体的失败。这一失败暴露了第二次世界大战之后在指导反殖民思想与运动的假设中存在的矛盾。这并不是说这些矛盾在早先未得到承认。相反,它们在民族解放和民族建设的目的论的支配下受到了压制,或者被视为将随这些目标实现而消亡的边缘性累赘。然而,这本身是需要做些解释的,这也是对当下的和非殖民化时刻的语境差别的一个提醒。在如今迷恋于文化和文化认同之时,很容易忘却殖民主义并没有真正消失,而仅仅是平稳而和平地逐渐减弱,因为殖民主义者认识到了其无效性或不人道。解除殖民主义是充斥着殖民主义暴力的一个过程。反殖民主义只有通过转而抵抗殖民者的暴力武器才有可能实现其目标。在诸多情形下,假如斗争要有任何成功概率的话,反殖民主义的矛盾之处是必须予以压制的。这正是现今揭示出其无效性的非殖民化的悲剧所在。其结果则走向了它所预想的反面:浮出地表的矛盾既对早先对殖民主义的理解、也对由它们提供知识的反殖民斗争提出了质疑。

当代后殖民批评所坚持的第三世界的各种差异,不仅是前殖民遗产的结果,而且也正是殖民主义的产物。将这个世界一分为三的描绘从根本上掩盖了该世界被进一步分裂成因殖民者同被殖民者之间的物质与文化联系而导致的各种殖民空间。假如不参照资本主义的世界体系,近代殖民主义是难以理解的。该体系本身又由于殖民主义所创造的同样系统化的关系而大为复杂化了。它使资本主义的"第一世界"发生分裂,差不多就像它分裂了殖民主义的"第三世界"一样。对殖民地的竞争和冲突即是见证。尽管从长远来看,这个资本主义世界体系为第一世界民族遏制殖民地分裂提供了某些共性[15],但并无任何可比较的联系可以赋予第三世界以集体利益或集体意识。或许除了就最短暂而情境化的意义而言,在资本主义世界体系中所处位置的相同性并未创造出政治或文化上的共同性。这不仅在所谓的第三世界社会之间的许多冲突中显而易见,更有说服力的表现则在于,一旦革命事业的短暂热情消失之后,这些社会彼此之间的漠视依然存在。遁入社会主义的第二世界,或者(用阿明的话来说)[16]同该体系"脱离联系",成为唯一可做的选择。但这两者都没有对殖民和新殖民社会所面临的问题提供令人满意的良策。第一种选择意味着逃脱了一种殖民主义又陷入了另一种殖民主义。纳入资本主义至少会随之带来某些益处,但却不会有结构性的融入。另一替代性选择意味着远离该体系而独善其身。中华人民共和国在二十世纪六十年代、柬埔寨在七十年代的情形皆表明了闭关锁国主张所带来的灾难性后果。这种政策在七十年代末期的被抛弃即宣告了它的无效性。

可以转变该体系的第三世界团结的思想是事后作为一种抽象的幻想而出现的。它并无权力推进集体利益或集体意识。然而,就殖民体系的所有剥削性和压迫性而言,殖民者同被殖民者之间的联系是直接而具体的,尚未从

---

15 否则,如何另外解释从日本那里接管了韩国或从法国那里接收东南亚的美国在遏制共产主义的伪装之下保存了殖民关系?

16 萨默·阿明:《脱离联系:通向多极中心的世界》(Samir Amin, *De-linking: Toward a Polycentric World*. London and New York: ZED Books, 1990)。

全球重新配置中完全消失的殖民空间被证明比早些时候显示的要持久得多。认为民族解放可导致废除殖民制度或由自主的民族认同替代殖民认同的希望，将会毁坏殖民者和被殖民者之间这种矛盾关系。这差不多既是团结的、又是摩尼教徒式对抗的关系。

更为根本性的是民族建设所提出的问题，这曾是民族解放运动的出发点和目标。假定在殖民化之前就存在着某种民族的想法似乎是很有说服力的，它甚至在当代后殖民批评中也长久地存在。尽管后者批评民族有关文化的同质化和本质化的主张，但它本身却在杂糅和中间人等语言中保留了同样的假设。民族问题所具有的根本意义，不仅在于它对于理解后殖民社会之动态的重要性，还因为它对于理解殖民主义概念的重要性。如前所述，后者假定的定义是一个民族对另一个民族的支配。正如殖民主义创造了民族主义一样，是否有可能只是随着民族主义的出现，殖民主义才开始由被殖民者这样命名的？[17]

尤根·韦伯(Eugen Weber)在谈及法国民族主义时提出，民族建设本身可以被理解为是一项殖民活动。费迪南德·布罗代尔(Fernand Braudel)也提出了这一问题。[18]即便是发源于欧洲的民族，也意味着确立界限并对根本不同的当地人口施以整齐划一的行政管理。而这种管理抹杀了早就存在的社会调节实践。显而易见，这种对当地文化的抹杀(至少是故意的)和对同质化的民族文化的促进，其目的是赋予该民族以文化认同。假如说这个

---

[17] 当然，殖民主义者相当自豪地使用"殖民主义"一词，直到随着反殖民斗争的兴起它成为被指责的对象。在十九世纪末二十世纪初在欧洲、北美和日本举行的世界博览会上，殖民占有物包括其居民是作为民族威力的显示而摆放在那里展出的。参见保罗·格林哈尔希：《好景不长：陈列、大展览与世界博览会，1851—1939》(Paul Greenhalgh, *Ephemeral Vistas: The Expositions Universelles, Great Exhibitions and World's Fairs, 1851—1939*. Manchester: Manchester University Press, 1998)。

[18] 尤根·韦伯：《农民变成法国人：法国农村的现代化，1870—1914》(Eugen Weber, *Peasants into Frenchmen: The Modernization of Rural France, 1870—1914*. Stanford, CA: Stanford University Press, 1976)。费迪南德·布罗代尔：《法国的认同》(Fernand Braudel, *The Identity of France*. New York: Harper and Row, 1990)，由希安·雷诺德(Sian Reynolds)译成英文。

过程并不像殖民社会的经验从事后看上去那么有创伤性,那是因为该过程延伸了较长时期,而对它的抵抗也随时空扩展。[19]再者,假如民族文化看上去是"自然"的,而非历史发明的,这是因为这个发明过程所遗留的不仅是自上而下所强加的新文化规范,也是以民族文化的名义利用了当地文化。[20]所以,民族文化的"文明使命"不管带有多少殖民性,在韦伯和布罗代尔看来均是相对宽厚的。

假如漫不经心的话,在过去对民族的所有追溯性解读中,殖民世界中的民族都是殖民主义的产物。尽管殖民政策及其影响截然不同,但可以论证的是,与欧洲的民族建设形成对照,欧洲殖民者对于把殖民疆土从政治上整合到民族统一体中,或者将它们的文化与自身的民族文化进行同化几乎没有任何兴趣,因为这显然是同他们的利益背道而驰的。我们在这里可以回想起整个殖民世界在争取民族解放和主权的运动中所遭遇到的暴力,以及通过将它们与全球共产主义密谋等同起来而使民族解放运动名誉扫地的意识形态努力。然而,为了维系他们自己在殖民地的利益,他们几乎别无选择,只得根据他们的需求和能力建立起行政界线,并试图强加给殖民地在不同程度上考虑到不同地方当地实践的统一规则,而且造就了从当地人口中招收的官员来促进殖民统治。假如这些当地人并不是这些改革的被动接受者,而是既相处、又抵抗或为自己的目的利用这些变化的话,那么,这并不意味着他们这样做是有民族意识的,而只说明他们依照全然不同的、扎根于当

---

[19] 例如,塞耶和科里根认为英国的民族建设花了整整一千年,并遗留了一场"文化革命"。参见菲利普·科里根和德里克·塞耶:《大拱门:国家形成、文化革命与资本主义的兴起》(Philip Corrigan and Derek Sayer, *The Great Arch: State Formation, Cultural Revolution and Rise of Capitalism*. Oxford, UK: Basil Blackwell, 1985)。

[20] 艾伦·康菲诺:《作为一种当地隐语的民族:Wuttemberg,帝国的德国与民族记忆,1871—1918》(Alan Confino, *The Nation as a Local Metaphor: Wuttemberg, Imperial Germany, and National Memory, 1871—1918*. Chapel Hill, NC: The University of North Carolina Press, 1997)。也参见欧内斯特·盖尔纳:《民族与民族主义》(Ernest Gellner, *Nations and Nationalism*. Ithaca, NY: Cornell University Press, 1983)。盖尔纳写到,尽管民族给社会强加了一种"高压文化","民族主义通常以被公认的民间文化的名义来取胜",第57页。

地的利益与意识。反殖民的民族主义将从殖民统治的本地官员等级的底层崛起。他们既构成为新的权力结构,又被排除在其奖赏之外。由于他们所受的殖民教育,他们敏锐地意识到殖民统治同欧洲民族政治的根本差别。

然而,殖民主义同反殖民民族主义的历史性关系对殖民主义的这个概念提出了一个主要的问题:当民族意识在回应殖民主义的过程中应运而生之后,假如民族尚不存在,除了在追溯想象的意义上,又何以有可能谈及殖民主义?[21]在这种情形下,殖民主义是否会成为它本身就是殖民主义产物的那个阶级的关切事项?设若如此,他们在想象中把那些人纳入殖民主义的行政庇护之下,其后果是什么呢?——这些人现在正致力于建设民族国家。但就这些人而言,他们本身又是否有可能最终成为殖民主义者呢?

反殖民的民族主义采取了诸多形式,从民族解放运动的革命民族主义,到各种改良性策略,再到迁就主义不等。我在这里主要侧重于革命民族主义,因为正是在此处,后殖民努力在民族建设方面的矛盾表现得最为明显。而且也正是这些矛盾为当今针对以前的后殖民主义的许多批评提供了知识。反殖民的革命民族主义的悲剧一直在于,几乎从一开始它就被谴责在其民族建设的努力中复制了殖民主义者的实践。这是个悲剧,因为激进的民族主义意识一经浮现,殖民统治就已被这样指定了。它们别无选择,只得创造一个民族来实现作为这同一过程重要组成部分的解放。而且,这样一个民族不得不充分联合起来同殖民主义展开斗争,并顶住其压力。这实际上意味着对任何不统一的征兆采取清教徒式的褊狭,或者对民族持较少中立和一体化的观点。[22]在这方面,民族建设的殖民主义是最为分明的,正

---

21 阿基利·马贝姆比在批评民族主义者对殖民主义的反应上比别人要尖锐得多。他写道:"殖民主义是一项共同发明"。它是西方暴力的结果,也是寻求利润的一群非洲辅助者制造的产物。他们在那里缺乏相当数量的白人移民人口去占领这片土地。殖民权力总的来说是使黑人以宗主国名义去殖民他们自己的同胞。更为决定性的是,尽管它有可能看上去是"不健康的",但殖民主义作为一种心理和物质现象却对非洲人有一种强大的诱惑……作为一种被折射及无休止重构的虚构结构,殖民主义创造了殖民者和被殖民者共享的共同乌托邦和幻觉。马贝姆比:《非洲自我书写的模式》,《大众文化》(印行中)(Mbembe, "African Modes of Self-Writing," *Public Culture*, in print)共30页,第13页。

22 在萨特对帕特里斯·卢芒巴命运的分析中,民族的目的论是相当明显的。他在

如民族这个思想本身以及它被想象的方式业已打上了它试图颠覆的殖民主义的遗产的烙印:这或多或少是试图本土化的"舶来"实践。帕瑟·柴特基(Partha Chatterjee)有关殖民地的民族主义是一种"派生的"话语、其假设复制了殖民主义者的文化阐述的观察,对于理解革命性的民族主义的困境是至关重要的。[23] 安尼亚·卢姆巴(Ania Loomba)最近也提出,从社会性别的视野来看,反殖民的民族主义也使殖民观点和社会性别关系的实践永久化了。[24] 对于反殖民主义斗争不可或缺的民族主义,就其历史和由它带入后殖民时代的思想辎重来说也都是后者的产物。

对于像弗朗兹·法农这样激进的反殖民主义者来说,民族和民族文化都不是授予的,而是被殖民者中受到最悲惨压迫的大众争取正义的革命性斗争的产物。他的著作对于殖民主义和后殖民主义的大多数讨论来说皆是颇有创新性的。但法农像其他许多人一样,忽视了那些大众特别是小农阶级。这可能是民族主义的同质化主张中最令人不愿接受的。我认为,主张一个本质化的民族文化的概念可以为民族解放运动提供知识,这是误导性的。民族在更大程度上是一个方案而非一种现存的实体。民族文化同样也是尚未实现的东西,因而只可以被想象。进一步说明该观点的可能是民族的目的论。因此对最少受殖民主义染指和最受其压迫的那些人来说,民族被设想为是同殖民主义对立的。而其他人都在不同程度上对此表示怀疑。在法农《地球上的不幸者》及萨特对它的解说中,民族的未来是同小农阶级争取正义和民主的斗争连在一起的。城市人口即便是城市无产阶级似乎也是不可信的,因为如果说他们不是同殖民主义的同谋的话,他们也已经受到了殖民主义的沾染。正如萨特写的:

此严厉地谴责对民族持"联邦"观念的卢芒巴的所有对手。参见《帕特里斯·卢芒巴的政治思想》,《殖民主义与新殖民主义》("The Political Thought of Patrice Lumumba," *Colonialism and Neocolonialism*),第156—200页。

23 帕瑟·柴特基:《民族主义思想与殖民世界:一种派生的话语?》(Partha Chatterjee, *Nationalist Thought and the Colonial World: A Derivative Discourse*? Minneapolis, MN: University of Minnesota Press, 1986)。

24 安尼亚·卢姆巴:《殖民主义/后殖民主义》,第215—231页。

法农并没有隐瞒任何东西:要同我们斗争(法国殖民主义),前殖民地就必须同它自己作斗争。或者说,这两者是一体的并且是一回事。在斗争达到高潮时,所有内部的障碍都必须融化。敲诈勒索的和做生意的无权的资产阶级、总是处于特权地位的城市无产阶级、贫民窟里的游民无产者,所有这些人都必须同农村大众采取一致步调。后者是民族革命军的真正蓄水池。在殖民主义蓄意地阻止其发展的那些大地上,小农阶级一旦造反,似乎很快就会成为革命性的阶级。它了解赤裸裸的压迫,并比城镇工人遭受的压迫更甚。为了避免死于饥饿,它将采取的行动不亚于彻底砸碎所有现存的结构。假如它取得胜利的话,这场民族革命将是社会主义的;假如其发展势头被中断,被殖民的资产阶级攫取了权力,那么,新成立的国家尽管拥有正规主权,却依然处于帝国主义者之手。[25]

这里所解读的萨特的陈述是对指导从中国到阿尔及利亚的民族解放运动之展望的一个有说服力的概述。这也提醒我们,当资产阶级已获胜,并试图根据它自己的憧憬来重写历史之时,我们必须警惕如何从现在的立场来解释那些运动。从当代观点去指责民族解放运动在对付帝国主义或本土资产阶级诡计中的一切失败并不是完全令人信服的;特别是像在中华人民共和国或越南人民共和国,即使在以农民为基础的革命业已获胜而社会主义却被放弃了之后。萨特的论述也指出了民族解放的意识形态中一个根本性问题:即以一种乌托邦式的民族目的论替代现实。假如民族尚不存在,那么将作为殖民主义结构之社会与文化产物的那些人排除在民族之外,其根据何在?把争取正义、民主与平等的社会革命的思想用于一种想象中的民族主义事业,这始终是很脆弱的。前者被想象则可能越发具有致命性。这尚不能创造一个可行的民族实体,更休说能真正保证福利、民主或正义的民族实体。

---

25 让·保罗·萨特:《地球上的不幸者》,给法农的《地球上的不幸者》所作的序言,见《殖民主义与新殖民主义》,第136—155页和第139页。

后殖民主义/全球化

假如对早先后殖民批评的当代批评不光要在意识形态方面抹杀过去，或者庆贺现今克服过去谬误的学识，那么它需要解释它同它自己境况的关系。当代后殖民批评从世界形势的激进转变中汲取了极大力量和合理性。这些变化部分溯源于非殖民化运动，部分也是由过去的反殖民斗争所驱动的资本主义之转变的结果。殖民主义不再是塑造这个世界的一股主要力量，尽管它绝未消亡，正如巴勒斯坦人、土耳其的库尔德人等族群，或是世界上的许多土著之争取解放的斗争还仍然存在一样。这些人在三个世界的各种政体下均遭受被压迫、被边缘化及被剥夺公民权之苦。殖民主义的后果也明显体现在世界大多数人口均处于边缘化和不稳定的生存状态上。一个保守的美国总统甚至也承认，"一个某些人生活安逸而富足、而一半人类种族则生活在一天所得不及 2 美元的境况中的世界既不正义亦不稳定。"[26]

然而，当今世界截然不同于第二次世界大战刚结束之后的非殖民化时代的世界。资本主义重新发明了自己，并向以前的被殖民者开放，而后者现在是其全球业务的参与者。前殖民地也正处于殖民其"母"国的过程中，因而将早先的殖民地"接触区"推向了前殖民社会的舞台中心。这些实践促使人们开始重新界定民族和民族文化。到达第一世界的后殖民知识分子，对以欧洲为中心的进步观与知识观所怀抱的理想提出了质疑。他们在知识创造上所起的先锋作用因得到广泛承认而得到了回报。资本主义行列的新加入者们复兴了曾被欧洲中心主义所抹杀的文化遗产，以主张未来的替代道路。正如以前配置成为三个世界，就可以在第一世界中找到第二世界，在第二世界中找到第一世界；当前全球阶级关系的设定也是这样。所以，现在有可能从所有从前的三个世界中找到全球统治阶级的代表。当代后殖民批

---

[26] 乔治·W. 布什总统：《当日引语》，《纽约时报》2001 年 7 月 18 日（President George W. Bush, "Quote of the Day," *The New York Times*, 18 July 2001），见 nytdirect@nytimes.com。

评,不管它有什么优点,也是一项精英的事务,是全球精英中文化冲突与论争的一种表述。被整合到该体系中的前殖民地不再对它们作为其组成部分的这个体系的批评有任何兴趣,而只是通过形形色色的文化民族主义来维护他们新发现的权力。[27] 另一方面,保存殖民主义之活的记忆或者对其遗产的意识,也存在着尴尬甚至是痛苦。因为记忆有可能创造同化到该体系中去的文化和心理障碍,而遗忘则有助于同化和接纳。[28]

所有这些当然是现今以全球化的名义而发生的事情的一部分。通过殖民化将这个世界整合到一个体系中去的主张,已让位于管理这样一个世界,在那里要么不能要么不必被整合的人们只被简单地边缘化,而殖民管理也被无序的管理所取代,正如老布什在前面的陈述所隐含的那样。社会主义作为一种替代方式业已消失,正如早先的后殖民主义的革命性替代一样。后殖民精英承担起管理前殖民地居民甚至是革命性社会的责任,但他们似乎被困在新自由主义与传统主义之间。然而在任何一种情况下,他们都不能超越跨国资本主义的世界或者支持它的全球化意识形态来思考。因为跨国资本主义已攫取了有生命力的权力。[29] 甚至早先岁月的语言似乎也已不

27　我在这里想到的是回避文化批评同政治经济结构之间任何关系或拒绝解释它们的事业同当代权力配置关系的各种后殖民批评。这些个案中也有一些倾向于把殖民地居民重新解释为进步的现代人的标志。如李欧梵:《上海摩登:一种新都市文化在中国,1930—1945》(Leo Ou-fan Lee, *Shanghai Modern: The Flowering of a New Urban Culture in China, 1930—1945*. Cambridge, MA: Harvard University Press, 1999)。我要补充的是,李的观点同中华人民共和国和上海市领导人的观点是相呼应的。后者本身致力于抹去革命的记忆。这里还值得特别强调的是,同学术著作中自我陶醉的假设相反,后殖民知识分子不只是参与学术或文化工作的那些人,还包括数目多得多的各种组织中的工作人员,包括跨国公司的。他们比学者控制了多得多的实际权力。

28　当然,不仅仅是精英试图忘却,不想不断被提醒其殖民起源或者其前殖民社会野蛮性的一般大众也如此。对此的讨论,参见克劳斯·诺伊曼:《为了赢得友谊:磋商首次接触》,《当代太平洋》,1994 年,第 6 卷,第 1 期(Klaus Neumann, "In Order to Win Their Friendship: Renegotiation First Contact," *The Contemporary Pacific*, vol.6, No.1, 1994),第 111—145 页。

29　见纳扬·钱达:《全球化:你不能阻止生命》,《远东经济评论》,2001 年 7 月 5 日(Nayan Chanda, "Globalization: You Can't Stop Life," *Far Eastern Economic Review*, 7 July 2001),第 32 页。

合时宜了,启用它们成了一种欺诈行为。

当日常生活被殖民化之时,殖民主义作为一种思想已经失去了影响力。不管其起源如何,世界人口中能够承受得起这样做的那些人则成为同样的文化实践的参与者。似乎成为主要问题的是,全球化使我们返回再一次是资本主义而非殖民主义的状况。回避这个问题是当代以历史遗产为重点的后殖民批评的一个主要问题。它在很大程度上漠视了它自己的生存状况及其同当代权力配置的关系。它也忽视了它解释历史的方法有可能有助于促进或至少有利于全球化的资本主义。

对以前的后殖民批评的当代批评使殖民关系大为复杂化了。但是,是否殖民主义因此就无干系了呢?我们是否应该简单化地摈弃早先的反殖民的意识形态与斗争,因为它们对于理解过去和现在不相干了,并且充斥着我前面讨论过的各种矛盾,而且其结果假如不是毁坏性的也是无效的?——除非我们希望抹杀当前的历史以及殖民主义在塑造其结构和认同方面所起的作用。相反,我们所需要的是历史化殖民主义。

跟全球化或杂糅这样的字眼相似,殖民主义就其一般性而言在某些方面是微不足道的。从根本意义上讲,所有历史皆为殖民史。所有人类当他们在世界各地散布和定居时都曾是一类或另一类的殖民者。甚至从更严格的政治或文化意义上讲,殖民主义不只是一个近代现象。文明这个思想本身就其假设来说就是一个殖民概念。这一假设是,同文明相连的规范在消除其他规范和生活方式的过程中为转变文明的他者(即"野蛮人")提供了手段。

但是,殖民主义也是一个非常复杂而模糊的术语。将独立"殖民者"的殖民主义同国家赞助和指导的殖民主义混为一谈是愚昧的,尽管这两者之间可能有一种历史性的关系。另一方面,并非一类人被另一类人入侵的每一种情况都适宜描述为"殖民地"。就像连绵不断入侵中国的部族那样,他们甚至统治了这个帝国,但也最终被中国社会所同化。至于殖民主义是否应被视为抹杀了其他各类社会与政治关系的一种"总体化"现象,而不是作为一种"添加",一种对现存社会与政治关系的补充,仍存在着某种问题。后者有可能重新配置社会与政治关系的领域,而同时又受制于前者的动态发展——非常类似于这些日子里全球化的情况。殖民主义不仅因其殖民者而有历史性的不同,更为重要的是因被殖民者而不同。它并没有在各地导致了相同的后果。在各个社会内部,不同阶级、社会性别、族群对其影响的感受以及同它的关系也是截然不同的。

那么问题在于,什么是近代欧洲殖民主义的特征?近代欧洲殖民主义不参照使它发生动态变化的资本主义是难以理解的,正如不参照殖民主义也不可能理解欧洲资本主义的形成一样。这一密切关系在范围上(整个地球)和深度上(在日常生活层面的生活转变)将近代殖民主义同其他殖民主义区分开来。假如资本主义/殖民主义全球征服的目标只是到二十世纪末才成为现实的话,那么这一现实却已有了深嵌于殖民主义之中的漫长历史。我们在这里可能要补充的是,欧洲本身在更深的意义上来说是殖民主义的产物,而不仅仅是现代性的中介。欧洲的形成与崛起本身就是现在的欧洲通过贸易、宗教和军事征服等殖民化活动促成的。这与欧洲人对整个世界的殖民化在时间上是同步的。

与此同时的第二点是,欧洲殖民主义从一肇始就同民族国家纠缠在一起。究竟是殖民化缔造了民族国家(同新出现的资本相勾结),还是民族国家创造了殖民主义,这是一个至今仍悬而未决的问题。因为这两者几乎同时从十七世纪开始有了可辨认的形式。民族建设与殖民主义的实践尽管截然不同,然而却最终是相互缠绕的。另一方面,无疑是欧洲的殖民主义在全球范围内普遍化了民族国家的体系。正如我前面提到的柴特基在其著作中有力地提出,非欧洲社会的民族主义的反讽是,尽管它受到从欧洲(或欧美)殖民化、支配和霸权中解放出来的主张的激发,但作为一种形式它却承认起源于欧洲,而且采用了欧洲民族国家形成中典型的行政集中和文化同质化的相同实践。民族国家的殖民主义在这些新场景中变得更为明显了,因为它们试图对形形色色根本不同的人建立起民族和民族思想的霸权。民族冲突可能并不限于非欧洲国家,但是它们在那里继续有更尖锐的表达。当地人的民族殖民化不必只限于可以被归入"族群"的那些人,但这却概括了全国与地方之间关系的特性,就像如今在当地文化对抗全国或全球霸权的层出不穷的主张中所呈现的。

假如一个历史时期不仅可以根据其特殊的创新性和创造性来判断,而且还可以根据由这些同样由创新性和创造性所制造的矛盾来判断的话,由资本主义和民族主义尤其是后者所制造的这些矛盾可能大大有助于解释殖民主义为何主要在当下的历史意识中不断浮现。近代殖民主义不只是将欧美统治强加给这个世界,由资本主义创造的发展的意识形态也随之向全球蔓延。殖民主义于是变成了殖民地实现发展愿望的障碍,它所带来的是点燃反殖民主义的一个主要因素。近代殖民主义也随之带来了民族主义的意识形态。这不仅使它走向极端,而且促成了具有深远文化意义的认同渴望。后殖民批评针对与殖民主义同谋且与现代性相连的价值体系本身提出了质疑。它也引发了发现或维护本土价值观的迫切要求,以克服由殖民主义所导致的同自我或本地文化的异化。当然,具有讽刺意味的是,那一寻求及其坚信通常沉积于民族想象之中的这类价值观,其本身的存在也同样是殖民主义的产物。

在避开元叙事和结构时,当代后殖民批评倾向于非历史化殖民主义。这在某些方面也使它不可能抓住激励早先殖民主义讨论的那些历史关系。另一方面,它的注意力已几乎完全从对政治经济的批评转向了对文化的批评(欧美中心主义),从对民族国家作为一个权力机构、政治实体的批评转向了对民族作为文化实体的批评。同样地,上一代人想要系统地更替现在的求索已为这种或那种视现存政治经济体系为理所当然的文化民族主义所压倒,他们因而只在文化阵地作战。这并不是说这些问题不重要,而是说它们脱离了政治经济的结构,也远离了历史情境,或者以情境代替了系统。总的来说这都是一回事。具有讽刺意味的是,这削弱了它历史性地探究处于当代后殖民批评核心的问题即文化认同问题的能力。

如前所述,诸如"杂糅"(hybridity)这样一个术语,目前在后殖民对殖民认同的讨论中相当时髦,但就其一般性而言是有些微不足道的。我们有可能认为,类似于殖民主义的案例,所有人类认同皆是混杂的,就像文化与文明始终在殖民化和杂糅化其居民一样。而且,在它缄默地使文化认同具体化时,该术语阻碍了对认同的历史性承认,而后者总是处于不断构成和解构的过程之中。[30]我们可以认为,构成杂糅的文化其本身是先前杂糅的产物,即以前的历史的产物,而杂糅化并非肇始于欧洲殖民主义。说由欧洲殖民主义导致的这种杂糅比早先的杂糅化更无希望造就新的文化认同,也不是很令人信服的。这有可能是很复杂的,但却未被宣告处于分裂状况。今天被理所当然地视为文明或民族认同的许多认同不仅是"杂糅"的,它们还是前殖民化、抵抗和各种遭遇的产物,其中包括压迫、剥削和强制性改变信仰等。它们如今在庆祝历史性崛起的情况下都被埋没了。由欧洲殖民化制造的认同,如今被欢呼为是将欧洲同所有他者区分开来的欧洲认同的特点。[31]如今被歌颂为中国文化的文化,是我们所说的中国北方地区殖民化的产物。这一过程在中国西部一直持续到今天。伊斯兰教对世界一些地方的征服制造了一种伊斯兰认同,人们还在继续强烈保持着认同。奴隶制的可怕经历并未阻止非洲裔美国人与美国的民族身份认同。美国印第安人的持续

30　在圣克鲁斯加利福尼亚大学最近举行的一次关于本文的一次讨论会上,吉姆·克利福德对此持反对意见。他认为并非每个人都是非历史性地使用"杂糅"的。他还要求提供这么做的那些人的例子。我很感激这一提醒。我在这里要说的是,我所涉及的并非任何个人,而是指这个概念本身。正如我在别处详尽提到的,除了某种混合的产物,"杂糅"这个术语不仅不具体指明杂糅可能是什么样的,而且它也意味着其构成因素的非杂糅性。另一个方面,假如我们将杂糅分解成其各个具体组成部分,一直到日常生活层面的话,那么这个概念就变得多余了,正如认同的历史性处于这个层面一样。参见德里克:《将历史带回来:在国外散居、杂糅、地点与历史》,载于德里克:《后近代性的历史:作为遗产和项目的过去》(Arif Dirlik,"Bringing History Back In: of Diasporas, Hybridities, Places and Histories," in Arif Dirlik, *Postmodernity's Histories: The Past as Legacy and Project*. Boulder, CO: Rowman & Littlefield, 2000)。我认为将作为一种批评策略的"杂糅"和作为认同解释的杂糅区分开来是很重要的。例如,霍米·巴巴就利用前者来开辟批评的空间。

31　关于这点的一个好例子是现时在柏林举办的一个展览会(2001年5月13日 – 8月19日)。这系中东欧学者(德国、波兰、斯洛伐克、捷克、匈牙利)联手推出的。题为"千年之际的中欧"。该展览会记述了可以最好被描述为中欧被南欧和东南欧通过贸易、宗教和军事力量殖民化的东西。但它最后却歌颂式宣称到了1000年之时,一种特殊的欧洲认同诞生了。该展览不仅对这一过程给予了特殊的解释,而且抹去了许多后来出现的东西,其中包括一些学者认为的西欧对东欧的殖民化。

被殖民化,或者第二次世界大战期间被扣留在集中营中的日本裔美国人也是这样。这种例子是不胜枚举的。它可以在大多数历史文明中推而广之,也可以适用于民族、族群及土著人。

通过欧洲和欧美殖民主义制造的认同是当前那么多文化苦恼和争论的缘由。它们是否理所当然地被视为新的认同而不引发对其形成过程中的强制性和杂糅性的记忆?现在的情况是否还如此呢?让我强调一下,我在这里所谈的并不是某类同质化,而只想指出,欧洲和欧美价值观在全球的扩散就地方化的遭遇和互动而言已创造了因地而异的认同。但是,所有认同都包含着同现代性相关的文化与价值观的某一或另一方面。从这个意义上说,近代欧洲资本主义文明的全球影响同早先的文明几乎没有什么区别。因为后者也提出了世界历史性的、假如不是全球性的主张。那么,为什么会出现在表面上过分拒斥由欧洲资本主义和殖民主义及其创造的文化所塑就的现代性中的大部分当代民族与文明认同呢?似乎批判欧洲中心主义要求否认欧美物质与文化实践对其塑造起了关键性的作用的一段历史。对这一现代性的抵抗是否只是对全球范围内始料不及的权力转换的一种反应呢?就其渗透到日常生活层面的深度而言这也是意想不到的。对于另类现代性、甚至是反现代性的当代文化诉求,是否可以不涉及知识和文化价值就被把握呢?后者无论好坏,总是不仅可以溯源于想象中的"西方",而且可以溯源于自"西方"而来的文明系统,那是绝非仅限于"西方"的资本主义文明。

与过去的不同之处或许是,关键性的差异可能是这一特殊文明的矛盾,特别是民族主义的矛盾。民族主义可能是欧洲征服的产物,而民族的思想则是欧洲殖民主义遗产的组成部分。但民族的思想既是一种加剧的失落感的源头,不管失去的"自我"可能多么难以捉摸,也是有影响力的想象的来源。基于它对历史的诉求,民族主义把自己想象成有史以来就已存在的。这其实是对历史的貌视。在寻求反对殖民遗产的真实认同上,这本身是一种强有力的刺激因素。这就是说,民族主义就其起源和履行其历史使命来说皆是本土的。至于民族主义是否比前民族主义的过去对异族统治采取更大的抵抗,则有可能并非总是如此。谈论民族主义将保留多久其塑造文化认同的权力,当然还为时过早。仅就眼下而言,寻觅对抗殖民主义或殖民主义记忆的民族与族群认同,在当代政治与文化中起了重大的作用。

然而,目前依然存在着前被殖民者向其殖民者认同的殖民认同根深蒂固的大量迹象。这可能在我们时代之散居国外的运动轨迹中最为明显。它们在许多情况下被引导得沿着殖民关系的路线或空间运行。谁打板球,谁喜爱板球,是一个立即袭上心头的问题。正如最近的"香蕉大战"问题一样,这使欧洲殖民主义同美国的新殖民主义围绕着从打哪里进口香蕉到欧盟的问题展开大战。

杂糅可以用来驳斥欧洲中心主义的文化认同转变观,但是杂糅也意味着承认当代全球的文化认同是同由资本主义和民族国家传播的价值观以及由它们制造的知识和价值观相互渗透的。这事实上是现在和过去的后殖民主义的一个主要区别:即承认杂糅的合理性而不主张民族纯净。这就心照不宣地承认了通过殖民主义中介所引发的全球范围内社会在文化上的嬗变。不管殖民主义在其实践中多具压迫性和不公正性,它也创造了殖民者同被殖民者之间的文化联系。而这种联系无可挽回地塑造了这两者历经非殖民化而生存下来的文化认同。

承认这种联系,也就凸显了认同形成过程中历史情境的重要性。被殖民者中的早先一代也意识到了影响他们的这些联系。一切证据皆证明他们是重视这些联系的。然而,殖民主义和殖民种族歧视的机构本身却否认他们参与了已塑造了他们的文化。摩尼教徒式的对抗或许是向他们开放的唯一选择。这似乎仍然是向当代世界继续遭受殖民主义之苦的那些人所开放的唯一选择。对于解除殖民主义的人而言,种族歧视尚未消亡,尽管大部分殖民机构已不复存在。这开辟了关于殖民主义文化的新展望和承认殖民主义文化联系的可能性。假如是"全球化"使这变成了可能,那么我们也许会发问——殖民主义的这些遗产本身是否可以从全球化中幸存?

马贝姆比写道:"反帝国主义的主题是无穷尽的。"[32] 我们可能会加上

---

[32] 马贝姆比:《非洲自我书写的模式》(Mbembe, "African Modes of Self-Writing"),第 14 页。

一句,后殖民主义的问题亦如此。以往数十年围绕非殖民化的激进反殖民的民族主义问题和文化认同问题,在最近的后殖民思想中占据了主导地位。后者暴露了早先的后殖民主义的矛盾,但它本身除了制造越来越刻板的关于界线和杂糅的冗长而乏味的陈述外,似乎已不能创造任何其他东西。更为重要的是,尽管某些人继续遭受殖民主义之苦,殖民主义作为一种系统化行动已从全球关系的重新配置中退隐了。因此,即便在殖民主义持续存在的地方,它也似乎截然不同于从前了,正如它通过这些新关系而被折射出来的。这对政治与文化认同都提出了新的问题。

无序与"帝国"

在最新出版的对当代世界的激进评估中,迈克尔·哈特(Michael Hardt)和安东尼奥·内格里(Antonio Negri)告诫我们从新的方面来思考这个世界,这就是他们所描述的"帝国"的方面。帝国有别于帝国主义,因为在当代世界中,并无任何可被确认为一个民族国家的单一权力(包括美国)拥有必要的资源以旧的方式来控制这个世界。帝国代表了一种新的统治模式的崛起。这一模式未必能终止混乱,事实上无序还有可能激增,却终结了对它本身统治地位的威胁。他们对帝国含义的描述是:

> 帝国这个概念的根本特点是缺乏界线。帝国的统治是无限制的。帝国这个概念首先假定了一个有效涵括空间整体性的政体,或者说真正统治着整个"文明的"世界。没有任何疆土界线限制其统治。第二,帝国的这一概念不是将它自己表现为起源于征服的一个历史政体,而是作为延缓历史的一种秩序,从而永远固定住了现存的事态。从帝国的视野来看,事情总将这样发生而且总按预定这样发生。帝国所体现的统治不是作为历史延伸中的一个短暂瞬间,而是作为无时间界线的一个政体。从这个意义上讲,它是处于历史之外的或是处于历史终结处的。第三,帝国的统治在社会秩序之所有有案可稽的领域运作,一直延伸到社会世界的深处。帝国不仅管理疆土和居民,而且也创造了它栖

息的这个世界本身。它不仅调节人际互动,而且也直接试图支配人性。其统治的目标是全盘的社会生活,帝国因而体现了生物权力的范式形式。最后,尽管帝国的活动一直浸泡在血泊之中,帝国这个概念却总是倾力于和平的———一种超越历史的永久性和普遍化的和平。[33]

这一陈述的抽象性可能是令人困惑的,但它的目的并不是用作为对这个世界的描述,而是作为思考这个世界的一种方法。它的抽象性本身正好捕捉住了世界上经济与政治权力越来越抽象化的性质,正如它彻底渗透于社会,从管理的最高层到日常的社会生活,包括身体的生活。

我在此结束处提出这一陈述,是作为重新思考我前面所讨论的问题的一种方法。我本人并不认为近代世界的许多断裂本身包括殖民主义业已消失。相反,他们在现代性的后现代重新配置中更为复杂化了。中介也尚未全然消失,正如那些断裂和由它们酿造的冲突依然非常真实地存在着一样——纽约和华盛顿特区最近发生的恐怖主义悲剧及其尚处于铺展中的后果已令人痛心这么提醒我们。另一方面,我相信,从现代性中继承下来的概念已不足以抓住当今世界的各种现实。我们已到了不能看穿早先对这个世界的时空描述的程度,我们可能也就不能捕捉住从世界上权力的激进重组,直到精神和身体的重新构造,对人类意味着什么。不管其疆土和文化场所如何,许多人已参与其中。帝国是思索克服这个困难的一种方法。

它也是从分析的角度和政治方面对这些转型做出反应的一种方法。旧的冲突依然持续不断,新的冲突却又层出不穷。正如哈特和内格里观察到的,帝国铸造了它自己的矛盾,而这些矛盾不再是东方与西方、文明或民族之间的,或者殖民者与被殖民者之间的,而处于被跨国资本以及由它诱发的机构创新边缘化或重新改造的地方。囿于思考现代性的早先范畴,也可能使我们对这些矛盾及其对争取解放的斗争可能具有的含义熟视无睹。帝国可能是包罗万象的,但它也在其机体内创造了这些矛盾的存在空间。我们希望这些空间可能不只是制造混乱,也创造我们思索的新方式,以便不只是

---

[33] 迈克尔·哈特和安东尼奥·内格里:《帝国》(Michael Hardt and Antonio Negri, *Empire*. Cambridge, MA: Harvard University Press, 2000),第 14—15 页。

摆脱过去的包袱,更重要的是摆脱现在的包袱。

　＊本文是我在澳大利亚布里斯班市格里菲斯大学做研究员时写就的。我很感激那里的同事使我有了一个多产的月份,并感谢他们对该文的评论。我要特别感谢 Mark Beeson, Mary Farquhar, Nick Knight, Colin McKerras。我也要感谢圣克鲁斯加利福尼亚大学文化研究中心所举行的该文讨论会的参与者们的评论、批评和鼓励,特别是 Jim Clifford, Chris Connery, Gail Hershatter(贺萧), Rob Wilson。

（胡玉昆　译）
（原载《中国学术》第十三辑）

后殖民史学

杜赞奇(美国芝加哥大学)

后殖民主义不是理论,构不成系统的理论来取代它所批判的东西。相反,它是一种极其有效的洞察力或视角,正是它另辟蹊径,在启蒙理性这一曾哺育了现代历史思想的现代化视角外,又提出了一种新观点。换言之,后殖民主义是这样一种视角:它不仅把世界上各种理性和现代化力量看作从我们存在的历史条件中自然发展出的趋势,也看作一种强势的意识形态或在全世界(无论西方还是新兴的非西方民族国家)占据统治地位的"西化"观点。从历史编纂学角度说,后殖民主义一直试图解构常常源于启蒙主义进化观的帝国和民族历史的宏大叙事,以便揭示或指出被压制、打败或被否定的历史和故事。

正因为后殖民主义不是一个发展完善的理论,而只是一个视角,或者说一个用以探索"替代性历史"(alternative histories)的工具箱,受其启发或影响的历史学家才有着不同的思想背景,抱有不同的历史目的——有保守的,有激进的;有人文主义的,有社会科学的。本文所要讨论的一些历史学家,或许他们本人从没将自己归入后殖民主义,其中的绝大多数也并不认为他们从根本上批判一切启蒙或现代性理念;但我确信他们都对下面这种观点持批评态度——无所不知的现代性主体(无论个人还是民族国家)以理性凌驾于自然与文化、过去与现在的非理性。这种观点或深或浅地渗透进大量有关十九世纪帝国和二十世纪民族国家的历史书写中。

在这种多样性里,持后殖民主义观点的历史学家大致有两种特征。首先,这些学者都在研究非西方世界——特别是那些欧洲帝国主义直到二十世纪中叶前都还频繁活动的地区;他们中有的出生于上述地区,有的仅仅以上述地区为研究对象。其次,他们一直受到"文化研究"范式的影响,在理解社会时,将"话语"和"身份认同"问题置于优先地位。对历史学家而言,这意味着无论是当时的历史人物还是古今的历史学家,当他们选择一个"历史性"的现实片段时,指导他们做出选择的预设与对于事件或时段的政治—经济分析同等重要。当然,从理论上说,绝大部分历史学家相信,文化与政治—经济分析二者应该结合起来;在这些研究中,最好的成果也确实是将二者融为一体的。

后殖民主义学术研究的产生受到多种思想的影响,爱德华·萨伊德(Edward Said)于1977年写出的《东方主义》[1](Orientalism)是后殖民主义理论发展史上的一个里程碑。萨伊德运用法国后结构主义哲学家福柯等人的批判性洞察力来讨论殖民权力等老问题。他认为,西方殖民权力(他的例证是埃及和中东)不仅基于经济和政治统治,也有赖于一部巨大而强劲的生产有关"东方"或殖民地世界的知识的机器,而这又被理性和纯粹客观性的诉求所加强。换言之,殖民地的权力知识系统制造了作为科学上真实的知识对象的殖民地主体。例如,通过"种族科学"(the science of races)的范畴推进或再生产殖民地统治。萨伊德的《东方主义》出版后不久,其他学者也开始注意到,殖民地主体经常复制这些范畴作为自我认识的方法。比如殖民地的知识分子开始视大家庭为"部落",视民间信仰为"不开化"。柴特基(Partha Chatterjee)颇具影响力的《民族主义思潮与殖民地世界:派生的话语》,探讨了与民族主义有关的问题。他认为,民族主义在其自身的预设下,复制了许多殖民资本主义的范畴和目标。同时,他试图证明印度民族主义,特别是甘地所倡导的那种,也在寻求实验新的群体观。只不过由于民族国家严格恪守着以启蒙和自由的名义而传播的全球资本主义的范式与规则,这些新的尝试最终未能成功。[2]

---

  1 中译本,参见萨伊德著、王宇根译:《东方学》,北京:三联书店,1999年。——译注
  2 萨伊德:《东方主义》(Edward Said, *Orientalism*, New York, Pantheon, 1978);柴特基:《民族主义思潮与殖民地世界:派生的话语》(Partha Chatterjee, *Nationalist Thought and the Colonial World:A Derivative Discourse*, London:Zed Books, 1986)。

应该说,柴特基的工作并不是孤立的,它反映了从二十世纪七十年代以来由印度及西方历史学家共同参与的"贱民研究"(Subaltern Studies)所诱发的印度史研究的热潮。在杰出而激进的学者古哈(Ranajit Guha)的领导下,该研究组遵循马克思主义历史编纂学的基本范式;但他们的马克思主义试图做出如下区分:成熟的资本主义社会里正宗的马克思主义,与殖民地社会中的马克思主义——在后者,历史的主体并非现代工业界早期的工人阶级,而是广大的各阶层的受压迫者或贱民。二十世纪八十年代的贱民历史学家吸收马克思主义改革者毛泽东、葛兰西等人的思想,以一种被古哈描述为"反叛乱散文"(the prose of counter-insurgency)的体式,写出了创造性的"反历史"(counter-histories),探索了贱民反抗的无声轨迹。由于他们越来越多地与文化研究的观念相遭遇(特别是在对资产阶级民族主义的批评中),无论相对于组内成员还是相对于早期研究,一些方法论上的差异都开始显现——这一点或许因为解构主义文学批评家斯皮瓦克(Gayatri Spivak)的诘问而变得异常尖锐:贱民能开口说话么? 历史学家能从"他者"的语言和文本中找到被压迫者真正的声音么? 更进一步,当被压迫者同时也是压迫者、被剥削者同时也是小有权力的族长时,对历史的主体也即将要创造历史性未来的阶级或集团的探求,难道不显得荒唐么?[3] 面对如此棘手的问题,一些贱民史学家开始反思作为近代欧洲处理"过去"的范式的、可疑而普遍化的"大写历史"本身。查克拉巴蒂(Dipesh Chakrabarty)直截了当地指出:"就历史的学术话语也即大学机制中产生的'历史'而言,'欧洲'是所有历史——包括我们称之为'印度'、'中国'、'肯尼亚'等在内的历史——的至高无上的理论'母题'。"换句话说,存在一种特殊的方法,能使所有其他地方的历史都成为"欧洲历史"这一主流叙事的"变体"。因此,查克拉巴蒂才呼吁将欧洲历史"地方化"(provincialize)。[4]

---

[3] 古哈、斯皮瓦克编:《贱民研究选》(Ranajit and Cayatri eds. *Selected Subaltern Studies*, New York, Oxford, 1988)。

[4] 查克拉巴蒂:《后殖民主义与历史技巧:谁为"印度"历史说话?》(Dipesh Chakravarty, "Postcoloniality and the Artifice of History: Who Speaks for the 'Indian' Pasts?", *Representations*, 37, Winter 1992:1)。

对启蒙历史的质疑

与此同时,到二十世纪九十年代为止,在印度次大陆以外无论从事独立研究(常借助后结构主义和人类学)还是从事贱民研究的非西方历史学家,都已开始质疑作为纯粹客观研究范式的启蒙历史(Enlightenment History)本身。对其中一些学者而言,黑格尔的《历史哲学》成为线性、进步和目的论历史也即"大写历史"的原型——此种历史依据顺时序的民族是否具有线性和进步观念来区分不同的社会,从而定出新的等级以区分文明和野蛮、先进与落后、西方和非西方。[5] 上述非西方学者开始揭示线性的进步的历史与二十世纪之交的现代民族国家之间相生相成的亲密关系。"历史"不再被简单地视为一种中性模式或认识过去的科学,而被视为一种政治性的世界观和政治工具。它已经成为正在崛起的民族国家体系中要求主权的重要手段。

在十九世纪晚期的欧洲以及从那时起的世界其他大部分地区,出现了一套权利话语,其中涉及三方面:民族、领土与历史。这种三角关系成为创造一个历史(或司法)主体的手段,使之能够要求国家主权。一个拥有统一的"自觉意识"——这只有在文字历史的镜子中才能辨识——的民族,逐渐发展出对他们最初或一直占据的领土的主权。这种历史主体在黑格尔关于精神演化为自觉意识的观念中已然预示:倘若没有历史记录,也就没有自觉意识;而若没有自觉意识,也就没有进步。尽管黑格尔的精神变幻于多种不同的时空,他的目的论却注定只有在普鲁士的时空中才能最终实现。十九世纪晚期民族主义者的叙事认为,这种历史主体不但拥有国家主权,而且有权去征服和拓殖那些十九世纪末二十世纪初在社会达尔文主义的世界里,尚未建立领土主权与历史性民族的关系的地区。这样就很容易理解为什么殖民主义国家要极力创造知识范畴来把他们的殖民地作为"非民族国家"(non-nations)对待;也就容易理解为什么这些非民族国家必须自我重构为

---

5 黑格尔:《历史哲学》(Hegel, Ceorg W. F. 1956. *The Philosophy of History*, trans. by J. Sibree, New York: Dover Publications)。

"历史性的民族国家"(historical nations)以便求得生存。此外,对进步历史的参与也向这些"未来的民族国家"透露出前进的契机:由于线性历史中的"时间"具有推进力,一旦将自己重构为完全同质的民族共同体,这些国家就能处于有利地位,通过竞争而进入"现代"。[6]

与西方遭遇最晚的日本,因为其政治领袖通过将自身转变为现代民族国家和帝国主义国家,而比十九世纪任何别种非西方政体都更成功地扭转了帝国主义对它的统治。田中(Stefan Tanaka)已经指出"历史"的新观念在促使日本形成对于"过去"的理解中所起的作用:它不仅使日本成为一个民族国家,同时也赋予日本凌驾于其他国家之上的权利。[7]那部既受萨伊德《东方主义》又受柴特基"派生话语"影响的《日本的东方:使"过去"转化为"历史"》(*Japan's Orient: Rendering Pasts into History*),是田中对日本民族主义和帝国主义两重意识形态的矛盾关系——不是独一无二也是独树一帜——颇具启发性的总结。该书聚焦十九世纪晚期日本如何制造"东洋史"(即东亚历史;或者从字面上解为"东海历史"),从而使这个新兴民族国家在自我书写中不但展现为开化的现代国家,而且显示为植根"大亚洲传统"(a great Asiatic tradition)、能够挑战西方权威的优势文化。这样,现代日本的历史著作就成为西方启蒙历史的派生物。此种书写模式——国家在其中不仅被视为一个连贯的"地缘体"(见下文),而且被视为按线性的进步顺时发展或已然发达——是日本加入帝国主义俱乐部的必要条件。它因此也制造出日本自己的"东方主义",将中国及亚洲其他各民族描述为"劣等"。但与此同时,日本对西方帝国主义势力的反抗以及对亚洲主义的赞颂又生出一套奇怪的说辞,自称与上述这些亚洲民族从血脉到文化都有着深刻的联系。这种二元叙事在大众媒体上的广为传播助长了日本"泛亚洲主义"(pan-Asianism)的出现:日本自视"现代"和"发达";同时又有义务帮助其"落后"

---

6 参见杜赞奇:《从民族国家拯救历史:质疑现代中国叙事》(Prasenjit Duara, *Rescuing History from the Nation: Questioning Narratives of Modern China*, Chicago: U of Chicago Press, 1995, chapter 1)。

7 田中:《日本的东方:使"过去"转化为"历史"》(Stefan Tanaka, *Japan's Orient: Rendering Pasts into History*, Berkeley, U Cal Press, 1993)。

的亚洲兄弟。由此,正是"泛亚洲主义"使得后来日本在二战中对亚洲的灾难性支配看起来"合情合理"。

通差(Thongchai Winichakul)的《地图化的暹罗:一个民族国家的地缘体历史》(Siam Mapped:A History of the Geo-body of a Nation)虽未明言采用后殖民主义视角,却对民族国家历史的线性目的论表现出异常清晰的把握。[8] 著者通过引入新词汇"地缘体"(geo-body),证明民族主义者如何试图把民族国家(泰国)的历史,视作一个既定的领土实体。这一地缘体不同于曾经占据当下泰国空间的那个历史上的实体:不但地理形状和规模不同,更重要的是"空间"和"主权"的观念不同。通过把民族国家的历史描写成最初的地缘体的自然演化,这些历史提出了领土、民族和文化上的种种要求;但这些从历史学角度看是无法证实的,因为这样的民族和文化并没有将主权和领土边界联系到一起。通差认为,使地缘体及其历史成为可能的,正是"知识生产"的新条件,特别是取代甚或征服了前现代地理学话语的科学地理学(scientific geography)话语以及地图绘制技术。

通差以极其敏锐的洞察力揭示了泰国的领土演变所带来的影响及泰国随后对传统边境上各种政体、文化和民族的主权要求。像世界上其他大部分地区一样,东南亚许多王国从历史上看并不存在泾渭分明的领土界线;反而是较小的统治者和进贡国由于所依附的霸主众多且不断更换,边界和地域也就经常变动。随着帝国主义和固定领土观念的出现——毫无疑问是资本主义和地理知识彼此联合的结果,它使得全球性占领成为可能和必然——,现代帝国和民族国家争相划定它们的地缘体。英国和法国在暹罗东、西两邻各自拥有帝国,它们为了明确(或扩大)领土,最终否定了当地首长和统治者对这些地区的主权要求;因为地图终究无法很好地解决不同社会等级对领土的需要。当新的暹罗明白了欧洲的游戏规则后,他们便迅速利用自己的传统霸权或与周边政体的文化亲和力,向这些地方提出了领土

---

8 通差:《地图化的暹罗:一个民族国家的地缘体历史》(Thongchai Winichakul, Siam Mapped:A History of the Geo-Body of a Nation,Honolulu,U of Hawaii Press,1994)。

要求。通常这些地区的民族并不理解新兴"领土"概念的新异之处；但当他们突然被禁止走亲访友或到"国家"界线的另一边谋生的时候，当他们作为落后的附庸民族被合并到另一个不同的文化经济实体的时候，它的重要性才完全显现出来。通差对新兴地理科学的分析，首次揭示了欧洲科学在土著社会（indigenous societies）的自我形象中所发生的作用：这种科学首先被用于帝国主义的扩张和遏制目的；既而又被泰国利用，以其他民族为代价，将自己转变成现代民族国家并整合其自称拥有主权的领土。因此，尽管通差没有对启蒙主义的历史书写进行详细的哲学批判，民族国家的历史作为一种"从当下的地缘体向过去的投影"的观念，却不啻对这种书写的目的论特征的至为清晰的说明。

替代性历史的书写

这类著作的大部分都批评或解构线性的进步的历史模式。然而实际上，正如查克拉巴蒂所述："将'欧洲'地方化的计划指向一种尚未存在的历史，……"[9]但是不能说还没有人努力去书写这"替代性历史"。确切地讲，后殖民主义学术研究非常接近解构和文本分析（对历史文献的解读绝对是一种文本分析），它认识到根本就不存在未被编纂历史的权力所玷污的"纯洁"的"替代性历史"。我们会回想起，这正是跳出早期的贱民研究模式、努力重新挖掘真正的贱民阶层声音的起点。或许最熟悉档案史料的贱民历史学家阿民（Shahid Amin），通过《事件、隐喻、记忆：乔里乔拉，1922—1992》（*Event, Metaphor, Memory: Chauri Chaura, 1922—1992*）一书向我们表明：在书写"替代性历史"的过程中，即使不能找到关于乔里乔拉的真正替代性叙事，仍会有许多新发现。[10]在这部书中，阿民勘探出有关乔里乔拉事件的历史和记忆：1922年，一群被认为忠于圣雄甘地领导的"非暴力民族主义运

9　查克拉巴蒂，同注4，p.20。

10　阿民：《事件、隐喻、记忆：乔里乔拉，1922—1992》（Shahid Amin, *Event, Metaphor, Memory: Chauri Chaura, 1922—1992*, Berkeley, U Cal Press, 1995）。

动"(non-violent nationalist movement)的人,暴力攻击乔里乔拉镇的一个警察局;甘地自己放弃了这场运动以示对暴力转向的抗议,"乔里乔拉"一词从而在有关民族主义运动的叙事中成为不光彩的污点。阿民正在离乔里乔拉不远的一个镇上度过了自己的少年时光,他从积满灰尘的地方档案馆和伦敦的"印度事务办"图书馆(lndia Office Library)中爬梳了所有能够找到的文献,以便重构历史事件本身以及全国和地方对这一事件的记忆方式。此外,他还花费了数周时间从事他称为"历史田野调查"(historical fieldwork)的工作,与"历史性事件的继承人在事件的发生地"交谈。于是在资料层面,阿民取得了最重要的成果。他的著作使用了一种实验性格式,书中各章的长度(有时只有两页),总是与作者所据文献的"断片"属性相一致。阿民以敏锐的、批判的眼光关注着档案"背后"的故事,揭示了历史文献——所谓"真实性"的最后试金石——本身是如何被制造出来的。英国殖民地法庭用于判定事件为"刑事"(而不是"政治")案件的大部分证据从法律上看是真实的;然而在它背后,却是对同案检举者(那些提供证词以换取豁免的事件参与者)的复杂的审判过程——从中诱导出满足法律真实性的叙述。由此,阿民一方面通过探讨经济、文化的空间与活动,唤起乔里乔拉事件在1922年所具有的各种意义可能性;另一方面又通过"历史田野调查"拓展这一事件的意义:既包括事件在历史空间所发生的当下意义,又包括事件赋予历史空间本身的当下意义。无论是讨论刑法的程序还是事件得以被回忆的语词记录,阿民对事件意义在时空中的散布都异常敏感。因此他虽然不会创造出"替代性历史",但从既成叙述的角度看,他的多层次调查还是引出了许多故事。

我的《从民族国家拯救历史》(Rescuing History from the Nation),则探讨了二十世纪早期中国的"历史"和"民族国家"间的密切关联;并通过追溯相关文献中的语汇演变,揭示出湮没于主流叙事的被压抑的历史。[11]虽然中国没有被正式或者完全殖民化;从十九世纪末开始,帝国主义对中国知识

11　杜赞奇:《从民族国家拯救历史》(Prasenjit Duara, *Rescuing History from the Nation*)。

分子的意识还是产生了深刻影响，他们开始越来越多地用当时流行的社会达尔文主义观点来看待世界。在这种话语中，不仅创造一个属于中华民族的线性的进步的历史对于要求"过去"的主权必不可少；而且创造（或如后来国民党人的战斗口号中所谓"唤醒"）一个民族历史的主体以便应对当前和未来的生存竞争（同时反帝国主义、反野蛮化倾向）更是必要。于是"历史"在致力于现代化的国民党人那里就成为利用、包容或排斥旧社会各种流行观念及习俗的政治强力。举例来说，革命党人寻求"秘密社会"的支持，这些秘密社会却以恢复前朝为宗旨，实际上是"向后看"并往往直接反对革命理念；然而，通过巧妙地运用这些秘密社会的旧观念和习语，革命党人改写了它们的历史以反映革命的观点。

此外，我也考察了一些有关国家的"反叙事"（counter-narratives），它们或受前现代的社会观启发，或受启蒙主义的解放话语启发，但最终都被击败或压抑。我尤其着力于揭示某些先前的儒家词汇被纳入进步历史的新叙事时，其含义是怎样被变形并产生重大的政治影响。比如早先的儒家词汇"封建"，原在中国皇权体系中包含一种相当积极的意义，标志着反对皇权专制、主张地方自治的理想模式。我们可以认为这是中国本土对独裁专制的批判。就在1911年辛亥革命前清王朝的最后几年中，"封建"的政治传统还经常被用来提倡现代性的地方自治，甚至与市民社会的观念相联姻。但是这一诉求并未持续多久；因为与此同时，种种有关"进步历史"的新观念从日本涌入了中国知识界，"封建"开始在启蒙主义体系中被解释为"现代性"的他者——黑暗中世纪的象征。实际上，在许多国民党人那里，地方自治的观念很快就被解释为强大民族国家出现的障碍，"封建"一词的新意义及其全部消极内涵也就被用来反对那些支持地方自治的人士。在关于上世纪二十年代早期"联省自治运动"（the federalist movement）的一章中，我揭示了这一运动如何主要由于"封建"意义的转变而失掉了合法性。

固然许多这样的"替代性历史"已由亚洲学者写出，但后殖民主义观点同样也对非洲、加勒比海地区及拉丁美洲的历史学家产生了不同程度的影响。前面谈到的著作和最近出版的其他一些著作的中心主题，便是在殖民主义范畴(colonial categories)中重现殖民地化机制,以及与此相关的殖民者和被殖民者相互构造的观念。普拉卡什(Gyan Prakash)所编《殖民主义之后:帝国历史与后殖民置换》(After Colonialism: Imperial Histories and Postcolonial Displacements)一书论及非亚洲殖民地历史的几个章节,便显示了这一主题。[12]此书致力于探讨在殖民主义的创痛里,如何"使殖民主义历史及殖民主义的历史学科,摆脱殖民主义本身所开创的诸如殖民者/被殖民者、白人/黑人/棕色人、文明/愚昧、现代/古代、文化认同、部落/民族国家等一系列范畴和观念的统摄。"(普拉卡什语)该书希望通过追溯统治与反抗的殖民历史以及那些被殖民主义范畴同化的(贱民)立场和认知,能够"在僵死的'殖民地过去'的负累下,发现另一种活生生的机制与认知"。它的主要方法是研究那些自我建构与自我服务(self-constituting and selfserving)的殖民主义叙述和事实,如何在殖民地背景中被剥离和重新阐释。比如,当我们把《人权宣言》中的措辞与法国殖民地上实行的奴隶制并置到一起时,法兰西本土所看不见的意识形态的局限性就一目了然。

与早期后殖民批评中那种殖民者和被殖民者截然对立的情况不同,异质、混杂——殖民者和被殖民者、巴黎和哈瓦那如何相互构造——是本书的普遍主题。姜达彦(Joan Dayan,曾写过1791年的海地革命)这样的作者显然相信,为了说明不同时空中看似孤立的过程一旦被串接起来就会产生意义,必须要打破连贯的历史叙事观。发生在海地的革命进程,其意义既源自国内的阶级种族斗争和本土的巫毒教(vodou)活动,又源自法国大革命;她还清楚地指出,法国历史本身的意义反过来也得自法国对十九世纪海地历史进程的理解。达彦的"反叙事"(anti-narrative)故意打乱了年代;这种模式试图将海地革命的不同片段,与一个世纪乃至更长时段中展开的其他事件相并列。尽管这一研究颇为讽刺地植根于历史档案;此篇论文却庆幸尚不存在任何叙事,足以把握那些发展进程。然而,绝大多数历史学家似乎仍希望按照学科要求恪守历史的连贯性。同书中费尔曼(Steven Feierman)《历史上

---

12 普拉卡什:《殖民主义之后:帝国历史与后殖民置换》(Gyan Prakash, *After Colonialism: Imperial Histories and Postcolonial Displacements*, Princeton, Princeton UP,1995)。

的非洲》(Africa in History)一文,就用完美的技巧探讨了人们借以理解事件的叙述形式的多样性——其中既有历史上非洲的各种叙事,又有当下学院派的各种叙事。作者由此遭遇了历史事件的不确定性和异质性;但这仍是一种开放性有限的途径。更高的阶段需要以下述方式呈现:不用封闭或终止,而用一以贯之的引导,通向无限探索的林荫道。

最近有关日本殖民主义和民族主义的一些最有意思的著作,也专门讨论日本的身份认同如何被日本与周边"他者"的关系所塑型。富山一郎(Ichiro Tomiyama)和克里斯蒂(Alan Christy)的研究焦点不在殖民地本身,而在冲绳。严格说来,历史上的冲绳岛原不是日本帝国的一部分:它直到明治时期才被日本吞并,又在1879年成为日本的一个辖区。同样,北海道也是在明治时期成为日本地缘体的一部分;这些领土被认为与朝鲜、满洲等殖民地或占领区不同,况且它们所处的地位也不是非常"日本化"。主要以日文写作的富山,向我们揭示了冲绳何以从根本上挑战"殖民地总是不得不居于民族国家外"的观念。他在一系列著作和文章中主张,必须把冲绳看成一个既非"殖民地"又非"非殖民地"的地方。根据地理学定义,殖民地居于民族国家之外;因此正如富山所说,地理学定义取代了殖民主义的普遍形态。冲绳在历史上更像殖民领地或如日本人所谓的"域外版土"(outer territories);经济上也很像殖民地那样被整合。然而因为从地理和行政上它属于这个国家的一部分,所以无论在措辞上还是政治上都不能被当作殖民地看待。由此,既非殖民地又不太像民族国家的冲绳,就成了一个需要从东京的国家慈善中心获取福利和救济的地方。当然,这不过是民族国家文化内部类似的依附状态的"原画复现"而已。

二十世纪二十年代,冲绳原本就脆弱、不发达的出口型经济又遭到工商业衰退的重创,"落后"代表的形象由是进一步强化。人们不仅指责他们的症结在于懒惰和落后,而且指责他们破坏了大日本在台湾等殖民地的形象。克里斯蒂拓展了这种"文化—经济"分析方式,认为冲绳的知识精英为了给冲绳赢得优势而运用文化隐喻,最终却只是强化了大日本核心的旧范型。他们诉诸战前那种天皇为父、冲绳为子的"家国模式"(family state),强烈要求皇父向这个发育迟缓的孩子增加特殊配给——如克里斯蒂所示,冲绳人对于被大日本同化的明确态度出于他们的知识精英对下述现实的认识:在即时条件下,不做日本人就意味着自动降级到被殖民地位(这种处境恰如日本之于西方)——然而,"发育迟缓的孩子"这一形象诉求实际上只是更凿实了冲绳不够"日本化",因而不配得到完整公民权的观念。克里斯蒂最引人注目的论点在于:日本性(Japaneseness)乃是从一个事实上多种习俗与认同并存的民族内核中被创造出来,但却作为一种文化上的"同质"(homogenous)标准被用于评判冲绳。因此,冲绳"既是日本的一部分又不是真正意义上的一部分或不是其即时现代性的一部分"的尴尬处境,对于明治时期国家建构进程中的决定性环节——创造同质而忠诚的日本国民,就成为一种必需。我相信关于冲绳的这些研究从几个方面都推进了后殖民主义观点:首先,他们对民族国家问题的探索并不仅仅局限于那些复制帝国主义计划的层面,而是涉及那些能够揭示新的不同的问题的民族主义层面。二十世纪的民族国家在自身的版图内似乎注定要对其周边民族遵循这样的逻辑:他们无法像帝国主义国家那样使这些民族"再生"成另一种模样;然而倘若不抓住民族国家与资本主义及帝国主义间的关联,上述对待关系又不能被真正理解。其次,与第一点相关,这些研究对殖民主义的分析还非常注重经济维度;这一分析与话语及身份认同分析联结到一起并不断指出,在历史主体中仅仅关注文化与身份认同的结果,是掩盖了非常关键的经济支配问题。[13]

---

13 富山一郎:《殖民主义与热带科学:对"岛民"差异的学术分析》,收入巴罗主编:《殖民地现代性在东亚的形成》(Tomiyama Ichiro, "Colonialism and the Sciences of the Tropical Zone: The Academic Analysis of Difference in 'the Island Peoples'", in Tani E. Barlow ed. *Formation of Colonial Modernity in East Asia*, Durham, Duke Univ. Press, 1997);克里斯蒂:《冲绳帝国臣民的建构》,出处同上(Alan S. Christy, "The Making of Imperial Subjects in Okinawa", in Tani Barlow, ibid)。

分歧与批评

对后殖民主义视角的批评或许和该视角的出现同时发生。但有趣的是,它并非来自西方文明使命的卫道士——这些卫道士对文化多元主义(multi-culturalism)的批判要多得多;而我相信文化多元主义在许多重要方面都与后殖民主义不同:后者所批评的是那种连贯的历史性主体观,无论这主体是民族的还是种族的。我怀疑西方右翼到目前为止会看不到后殖民主义对西方社会的杀伤力,正如他们不可能会看不到文化多元主义对西方霸权的挑战性一样。相比之下,对后殖民主义的大部分批评反倒是来自同样批评帝国主义和资本主义的阵营。只不过这一阵营里较为友好的批评者坚持帝国主义和民族主义影响的多样性;而发源于南亚或中东等殖民中心区域的观点却不能很好地把握它们。当然,也还有一个远为敌对的团体——它来自马克思主义的激进派别,并且往往是来自前殖民地本身——,谴责后殖民主义在他们看来放弃了基础论(foundationalism,亦即认为有一种据以评判各种历史叙事的正确而理性的基础)、阶级(class,既是历史的主体又是其产物),以及革命性转变(revolutionary change)。现在就让我们先来看看相对友好的批评。

在中国史研究的领域中,一些学者努力修正后殖民主义观点以适应中国的特殊国情——从十九世纪到 1945 年,中国始终处于一种半殖民地状态,我们也可以称之为"殖民主义缺席的帝国主义"(imperialism without colonialism)。研究中国问题的女权主义史学家、《立场》杂志(Positions,所刊文章多受后殖民主义及其他批评理论启发)的编辑巴罗(Tani Barlow),提出了"'擦除'符号下的殖民地现代性"(colonial modernity under the sign of erasure)这一说法。[14] 它是个解构性观念,用删除号(colonial)加以表达。巴

---

14 巴罗:《战后中国研究中的殖民主义经历》,出处同前(Tani E. Barlow, "*Colonialism's Career in Postwar China Studies*", in Barlow ed. Ibid.)。

罗的意思是,战后西方(特别是美国)的中国和东亚研究普遍试图否认战前中国的帝国主义瓜分或半殖民地状态,以便歪曲或摒弃美国的"帝国主义过去"与贯穿冷战和越战的"新帝国主义"之间的任何可能性关联。由此巴罗认为,讨论现代性就不能不讨论殖民主义——尤其是东亚;因为正是在那里,许多既往的学术研究都被前述的虚假前提所指引。同时,巴罗发现后殖民主义研究尚不足以胜任中国状况——这里,半殖民地条件没有再现摩尼教式(Manichaean)的殖民者和被殖民者间的二元对立;反而是引出了一大批"变种"。此外,巴罗还反对后殖民主义研究优先考虑"本土"言说("native"speech)的倾向,以及想要发现一种放之四海而皆准的解放的后殖民主义词汇的预期。

许多学者对后殖民主义著作把殖民者和被殖民者截然对立起来的做法都提出了类似的批评。另一位较怀同情的批评者库柏(Frederick Cooper),也提出了接受西方观念的殖民地精英的"共谋"问题,认为必须认识到东方主义(Orientalist)观念是由殖民者和被殖民的本土精英共同创造的。在一次由《美国历史评论》(American Historical Review)举办的"贱民研究论坛"上,他提议应根据不同的语境,更加灵活、敏锐地对待殖民主义和民族主义范畴。因此,不只"现代性"、"公民权"、"自由主义"、"平等"这些观念应被置于各自变换的上下文中审视,通过"本地人"("natives")常常用于拆解并重构上述范畴的方式,我们或许也可以发现某种贱民机制。[15]这类批评中有些是颇具价值的,但我更愿意把它们看作对研究课题的丰富;因为其基本论点——殖民者和被殖民者截然对立的预设——即使有针对性,也只击中了早期的后殖民主义著作,比如萨伊德的《东方主义》和早期的贱民史研究。实际上近十年左右,后殖民主义作品已经逐渐充满诸如"混杂"(hybridity)、"异质"(heterogeneity),以及文艺理论家最爱用的"自相矛盾"(catachresis)等术语——斯皮瓦克形容这是"推翻、置换和攫取'价值编码器'(the apparatus

---

15 库柏:《冲突与关联:反思非洲殖民史》(Frederick Cooper,"Conflict and Connection:Rethinking Colonial African History", in *American History Review* 99.5,Dec 1994)。

of value-coding)。"

然而具有讽刺意味的是,有关后殖民主义的激进和敌对批评却正提出与此相反的观点。他们认为对"差异"的提倡和欢迎,对"政治经济"和"生产—统治"间更切实的制度性关系的相对忽略,以及在文本分析和语言牢房中消散的"历史主体性",已经使后殖民主义丧失了激进和改造的潜能。在同期《美国历史评论》的"贱民研究论坛"中,持此观点的马隆(Florencia Mallon)撰文讨论了贱民研究对拉美历史学的影响,抗议拉美学者试图消弭葛兰西(Gramsci)激进主义与后结构主义者的"差异"强调之间的冲突——也即一直以来不断从内部激活贱民研究的紧张关系。在马隆看来,这些学者对贱民的分析不过是后现代主义的翻版:为差异而差异。她由此提议:应当让批判性的后结构主义,服务于葛兰西所倡导的植根于"阶级"基础的"解放"事业。[16]相比之下,其他的激进批评家却没有如此宽容。

对后殖民主义抨击最劲的两人,分别是印度文学批评家阿迈德(Aijaz Ahmad)和杜克大学教授、研究中国革命的思想史家德里克(Arif Dirlik)。尽管两人提出的替代性选择看似不同,但事实上许多观点都是由阿迈德首先提出,再由德里克详加阐述。然而我要讨论的是德里克的批评;因为作为一个历史学家,他对涉及的历史问题更加关注。[17]德里克相信,要理解后殖民主义话语,就必须首先理解后殖民主义知识分子的身份认同。根据他的说法,"后殖民主义"是进驻西方学术重镇的第三世界学者(大部分是印度学者)的创造;是他们对自己新获得的权力的表达,并与现行体制——因为它并不批判资本主义——相互串通。不用说,这种将知识分子立场降低到社会

---

16 马隆:《贱民研究的希望与困境:从拉美历史切入》(Florencia E. Mallon, "The Promise and Dilemma of Subaltern Studies: Perspectives from Latin American History," in American History Review, Ibid.)。

17 德里克:《后殖民氛围:全球资本主义时代的第三世界批评》(Arif Dirlik, "The Postcolonial Aura: Third World Criticism in the Age of Global Capitalism," in Arif Dirlik ed., The Postcolonial Aura: Third World Criticism in the Age of Global Capitalism, Boulder, Westviwe,1997)。

地位的论述框架既危险又空洞:它迫使对手也反过来从这位批评家的立场溯及他的背景;而鉴于这种"往来"常发生在高度精英化的国际学术体系中,基于社会地位去抢占更激进立场的竞争就很难有所建树。毫无疑问,要真正理解我们的立场,最好还是通过如下途径:我们如何看待我们的研究领域;以及我们如何辨识我们研究对象的潜在背景。

德里克的第二个论点,从后殖民主义知识分子的身份认同,转向了后殖民主义话语的身份认同。他认为,一旦放弃了对资本主义的结构性分析,后殖民主义就会被削弱,继而被诸如跨国资本主义和法西斯主义等各种保守势力所"利用":这些势力坐实并庆幸这种认同,以掩藏其资本主义内部的结构性起源。但究竟致力于"解构"认同的后殖民主义分析,是怎样有利于法西斯主义或其他一些致力于"坐实"、"庆幸"民族、种族或文化认同的实体,却很难理清。我相信这种困惑正反映了当今世界批判历史学家面临的共同窘境——从马克思主义或社会主义指导下的社会理论获取灵感的批判历史学遭遇这样一个世界:通过"非资本主义"方式获得解放的可能已经减退,"革命"已失去从众;与此同时,资本主义的全球化持续撕裂着强势群体与弱势群体间的差距,各民族国家内部的社会分化又刺激出如下的"补救"措施——更为猛烈而排他性地强化民族、种族或文化认同。

尽管像阿迈德这样的学者仍执着于工人阶级革命与解放的观点,包括德里克在内的美国绝大多数学者却远非如此乐观。他们都自觉拒斥革命的替代性选择;但还是坚持认为历史分析必须继续将资本主义作为一个整体来研究。后殖民主义视点应该回归"话语"、"身份认同"与"政治经济"三者间的关系——对此,我表示赞同;虽然某些方法论问题仍待进一步论证。但是,既然连德里克这样的批评家也承认,回归基本范畴和历史的革命性主体十分困难,那么澄清我们的历史学目的就显得非常重要。后殖民世界最大的危险之一,就是右翼民族主义和法西斯倾向的扩张,它们经常在"重述历史"的交易中使"民族"和"种族"客观化(objectify)。相比其他的史学方法,后殖民主义包含话语和身份认同分析的工具箱,在将"民族"作为历史分析对象推至前台的过程中,做出了更多的贡献。我以为,批判历史学家倘能巧妙地借鉴政治经济研究法,就能使自己逐步居于有利的位置,从而将这些成果历史化,并最终超越它们。

(金富军 译/王宪明 校)

(原载《中国学术》第九辑)

实践中的文化

谢里·奥特纳(美国斯坦福大学)

实践理论是在皮埃尔·布迪厄(Pierre Bourdieu)、安东尼·吉登斯(Anthony Giddens)以及马歇尔·萨林斯(Marshall Sahlins)的著作中得以发展的。但之后我要讨论到我所认为的实践理论的缺陷:它缺乏一种强有力的概念,它关乎社会生活中权力与不平等的重要性;这是一种反历史(除了萨林斯的著作);最后,它缺乏一种文化的发展的概念。

我认为,对于这些不足,人们应该到其他的理论领域去寻找。与此同时,实践理论在七十年代末和八十年代初曾经得到过发展,另外还有一个重要的研究主体是由米歇尔·福柯(Michel Foucault)以及其他人所撰写的有关权力的话题。我称此领域的研究为"权力转向"。在此丰饶的理论瞬间,还存在重要的开端,那就是把历史带进了社会科学。我称那一发展为"历史转向"。我所呈现的是,权力的转向与历史的转向这两者如何能够改进并丰富今天依旧非常重要的实践理论的框架。最后我回到本文的主题,那就是把一种更加发展的文化理论同权力与历史一起带入实践理论的重要性。

导论:实践中的文化[1]

当实践理论在1970年代后期出场之后,理论的境况便受到了三种主要

---

[1] 致谢:首先要感谢提莫司·泰勒(Timothy Taylor)对于此"导论"几份草稿的快速的、富有洞见且极有助益的评论。另外,我曾把这一导论的早期版本,那时的名字叫"严肃的游戏"(Serious Games),呈现给斯坦福大学人类学系,并呈现给加州大学洛杉矶分校(UCLA)的"资本主义文化"(Cultures of Capitalism)小组。在这两个地方我都收到了非常有穿透力的评论(匿名的出版读者之一也提出了类似的一些问题),而这导致我对本文的取向做出了实质性的修改。我对他们都表示感谢。

范式的支配:解释的或者"象征的"人类学,此为克里福德·格尔兹(Clifford Geertz)的著作所激发;马克思主义者的政治经济学,其领头的实践家大概要数埃里克·沃尔夫(Eric Wolf);还有某种形式的或者其他形式的法国结构主义,这乃是受到克劳德·列维-斯特劳斯(Claude Lévi-Strauss)的激发,但是,自那个时代开始,它就已经为各种各样的后结构主义所取代了。

所有这些都代表着超越于先前带有霸权色彩的功能主义所走过的重要旅程。在功能主义追问事物是如何联系在一起的地方,格尔兹便问,它们意味着什么?在功能主义把社会系统很大程度上看作是和谐并倾向于稳定的地方,马克思主义者则强调资本主义以及其他社会构成的剥削本质,并激发起持续不断地朝向消除稳定引发变迁的运动。而在功能主义询问制度的实际功能之处,列维-斯特劳斯却表明,实际的制度,诸如亲属制度,以及表面上并非有实际意义的制度,诸如神话,都是在依照着一种潜在的逻辑或者"结构"在运作。

在某种层次上,这些都是非常不同的学问,并且在某种程度上还是相互对立的。但从另外一点来看,它们都具有一种共同的东西:它们实质上都是有关"约束"(constraint)的理论。人类的行为是为外在的社会与文化的力量和形式,即为文化、为心理结构、为资本主义所塑造的、模式化了的、受到命令的、给予界定的等等。当然,各种各样的社会约束是真实的,也是无法否认的。确实,我会在后文讨论到,文化概念的某些批评已经遗失了那一概念中重要的构成要素。但是一种纯粹的以约束为基础的理论,既没有注意到人的能动,也没有注意到生产以及再生产那些过程,即社会实践,看来似乎是越来越有问题了。

在社会学中(人类学专业里这种情况少一些),在欧文·戈夫曼(Erving Goffman)以及其他所谓互动论的著作中(Goffman 1959,1967)早就有一种对于此种约束观点的挑战。但是互动论反过来太极端了,真的是把所有结构性的约束都搁置在一边不管,只是集中在人际互动的微观社会学上面。互动论从来也不会预设其他学派的影响之类的事情,而是标新立异,占据相反的空间,使得一种所谓的结构/能动对立(structure/agency opposition)的观点得到存活。

实践理论起而为克服这种对立提出挑战。1970年代晚期及1980年代早期,在一个非常短的时期内,三部关键性的著作应运而生:皮埃尔·布迪厄(Pierre Bourdieu)的《实践理论大纲》(*Outline of a Theory of Practice*)(1978年),安东尼·吉登斯(Anthony Giddens)的《社会理论中的核心问题:社会分析中的行动、结构与矛盾》(*Central Problems in Social Theory: Action, Structure, and Contradiction in Social Analysis*)以及马歇尔·萨林斯(Marshall Sahlins)的《历史的隐喻与神话现实:三文治岛王国早期历史中的结构》(*Historical Metaphors and Mythical Realities: Structure in the Early History of the Sandwich Islands Kingdom*)(1981年)。每一部著作都以其自身的方式宣称要对"在场的"社会行动者的实践以及大的"结构"与"体系"之间的连接(articulations)予以概念化,它们都在约束着那些实践,而最终又会轻而易举地受到它们的影响而发生转变。完成这一点靠的是以不同的方式去争论说,在社会与文化的结构性约束这一方面以及作为另外一方面的社会行动者的"实践"(这个新词至关重要)之间追求的是一种**辩证的而非对立的**关系。他们同时还争论说,"客观论者"的观点(如沃尔夫的政治经济学)以及"主观论者"的观点(如格尔兹的解释人类学)并非是从事社会科学的对立方式,而是在一个试图要去理解社会生活的辩证性的宏大计划中的一个有代表性的"片段"(Bourdieu 1978:xxx)。简言之,他们最为重要之处至少在于开始构想这样的机制,借助于此机制,似是而非的矛盾——即"历史造就人,但人也制造历史"(Ortner 2003:277)——不仅不是一种矛盾,而且也许是社会生活最深邃的真理。[2]

---

[2] 由于社会科学中长期存在着的"结构"(structure)与"能动"(agency)之间历史形成的对立以及这种似乎是作为一种列维-斯特劳斯意义上的(Lévi-Straussian sense)深层结构在发挥作用的对立的方式,也就存在并持续地有一种倾向是要把实践理论本身看作是一种理论转变的复兴,这种理论不大强调人们赖以为生的真实而又是深层次的积淀下来的约束。我至少已经是反对过这种看法,因为我的有关夏尔巴人寺院创建的专著《高高的宗教》(*High Religion*)无论怎么也只能是说从这真理中不可能有进步了。确实,大多数

实践与记忆

换言之,实践理论为长期困扰这一领域的问题提供了真正的解决之路,这种困扰有时要追溯到功能主义,有时又是由六十年代和七十年代理论上新的学派造成的。它恢复了社会过程的行动者而没有丧失约束(而且也使其得以实现的)社会行动的宏大的社会结构。它是把文化的过程——话语、表征,我们通常称谓的"象征体系"——建立在"在场"的人们的社会关系"基础"之上。这些基础性的社会关系的概念转回来(有不同程度上的)是马克思主义的以及/或者是韦伯式的而非功能主义者的,这就为权力与不平等的问题开启出一个空间,对于此一空间,我和许多其他人在1970年代都颇有关注。

从那个时期开始,实践理论成为了一种一般性的框架,我在此框架中开展我的研究。然而,对于所有潜在地从既有的对立中把这一领域解放出来的极有价值的做法来说,它反之(否则事情会怎样呢?)也出现了一些重大的局限。因此,几乎从一开始我就发现,自己是在对此框架修修补补,同时还吸纳了人类学里里外外的其他重大转变。此篇论文在许多方面都是一种修修补补的历史。它容括了由其他人所做出的巨大推力,但更强调我自己的方式,在其中我运用了实践理论本身,另外还包括我自己作品中其他的研究内容,其中就包含较早期的作品以及本书中的那些论文。

存在着三个重大的领域,其中有意义的新研究正在进行之中,我认为这是在为基本的实践理论的框架提供了重大的纠正或改进。首先存在着我所说的"权力转向"(the power shift),这是与詹姆斯·斯科特(James Scott)、米歇尔·福柯(Michel Foucault)、雷蒙·威廉斯(Raymond Williams)以及其他人联系在一起的,并且还以各种各样的方式跟殖民主义、性别、种族以及族群的研究联系在一起。其次,存在着特伦斯·麦克唐纳(Terence McDonald)所谓的"历史的转向"(the historic turn)(McDonald 1996),这是一种在社会

布迪厄以及吉登斯(特别是早期的著作)的读者会争辩说,最终这两位实践理论的先驱人物都倾向于**过度强调**(overemphasize)结构的约束,即便他们把结构看作是通过(从来就是不自由的)社会实践而**生产出来的**(produced)。

科学中使研究历史化的一种广泛的运动,并因而超越了由功能主义而带进实践理论之中去的静态的框架。

先前的延伸

权力转向

差不多在同一时期,也就是实践理论刚出场的时候,涌现出来一种重要的重新思考"权力"问题的研究。这包括此类差异分殊的著作,如雷蒙·威廉斯的《马克思主义与文学》(Marxism and Literature)(1977年),米歇尔·福柯的《性史》(第一部分)(History of Sexuality, Part I)(1979年)以及詹姆斯·斯科特的《弱者的武器》(Weapons of the Weak)(1985年)。这些都以各种各样的方式与性别、种族、族群以及民族主义中间的批判研究的兴盛场景交融在一起。由于我曾经积极投身于女性主义人类学的研究领域,在那些年又特别关注"男性支配"(male dominance)这一问题,这实际上使我无可避免地意识到了实践理论在这一点上的相对薄弱之处。当然,实践理论并不忽视权力,但是它并没有以这样的方式——也就是似乎靠这种有关不平等、支配等等的批判研究的方式——而要求将其当作这一理论框架的核心。

回顾起来,就我而言,似乎是我的有关性别不平等的研究,促使我首先朝向某种实践理论的研究方法。一方面,我想要以或多或少是经典的格尔兹方式去消解性别关系的文化建构。实际上,在《性的意义》(Sexual Meanings)一书导言中,哈瑞特·怀特海(Harriet Whitehead)和我接受了格尔兹著名的片段/框架(phrase/frame)的说法而提到这本书是关注"性别作为一种文化的体系"(S. Ortner and H. Whitehead 1981:xxx)。但是我们又接着说,我们所感兴趣之处不止于性别体系的逻辑和作品,我们想要理解,正如其存在的那样,它又是由哪里产生出来的。换言之,我们想要理解这些体系"植根于"各种各样的社会关系——并且我现在就会说是社会实践——之中的方式。

在那本书中,我自己文章的题目为"等级社会中的性别与性"(Gender and Sexuality in Hierarchical Societies)(1981年),其中包括发明出了一套实践理论的研究方法,但却并非确知自己是在做着什么。我从来还没有读过任何实践理论的著作[3],但是回过头去看那篇文章我认识到,我是在向着一种研究方法摸索,这种方法会帮助我解决在波利尼西亚社会范围内的某些不平等——有时是暴力上的不平等——性别关系的迷惑。比如,我对于长女们的为人处事颇有兴趣,她们一方面是被精心打造得漂漂亮亮,另一方面又会受到非常严格的来自父亲的管教。对于这样一种效应,我提出了一种论争,以为在精雕细琢的以男性为尊的文化游戏(就像我现在会这样称呼它一样)中,这些女孩子不过是些小卒而已。这里的见解就在于,一旦研究者对游戏实践的整体图景——包括游戏当前的玩家、它的潜在逻辑和文化目标——有了把握,那么,诸多令人困惑的要素也就具有了意义。我不会花太多的时间来总结这一解释。这里的观点仅仅是,在一个特定的权力关系的领域——性别——中,我的研究推着我朝向某种实践理论的框架迈进,这包含了一种我后来称之为"游戏"的分析手法。下文我就游戏会有更多的话要说。

如我先前所述,早期的实践理论家们并没有忽视权力的论题。他们以多种多样的方式来处理此一问题。争论的一部分是在组织成文化或制度的秩序(吉登斯称其为"支配")中权力所占的相对分量,还有作为真正的在场行动者(吉登斯称其为"权力")的一种真实的社会关系的"权力"。二者都是重要的,但一种对于结构权力的过度强调却讽刺性地倾向于远离真正的实践问题。这一点我们可以在《实践理论大纲》中清楚地看出来。在此书结尾处,布迪厄容纳进了一种有关部落中上岁数的人确保了社会服从方式的讨论(Bourdieu 1978:xxx),即在实践的意义上施展权力,但是与布迪厄在此

---

[3] 在我写那篇文章的时候,马歇尔·萨林斯(Marshall Sahlins)友好地寄赠《历史的隐喻……》一书的手稿给我。那时我读此书只为了"材料"。稍后我又重读,那就只关注于其理论的框架及其与那个时代出现的其他的实践理论的回响。关于这一点参阅我的文章(Ortner 1984)。

书中精雕细琢的惯习(habitus)观念相比,这是相对小的一点,惯习是一种深度埋藏起来的结构,这种结构以这样的方式塑造着人们行动的心理倾向性:它们跃跃欲试于服从的行为倾向,却又无须被迫去这样做。萨林斯倾向于遵循类似的一种模式。在他描述夏威夷的例子中,对于人与人之间权力的实践,他倾向于对人际间的约束形式赋予更多的角色,将此建构进非对称的结构之中,这是通过以等级组织起来的社会中的每一种关系来运行的。吉登斯看起来有些不同。他有一种他所谓的"控制的辩证"(the dialectic of control)的有益争论(Giddens 1979:145 页以下),在其中他基本上认为,控制的体系从来就不可能运行得完美无缺,因为那些受到控制者既是能动者又有理解力,因而就总能找出方法来逃避或者抵抗。他的争论与下面要讨论的作为权力理论家之一的詹姆斯·斯科特的那些争论不谋而合。差异也许在于,对于吉登斯而言,权力仅仅是许多实践的范型之一,而对于斯科特以及其他"权力理论家"而言,这绝对是此一理论框架的核心。

让我随之转到"权力理论家"那里,看看他们已经提供给我们的东西是什么。我这里挑选的理论家——福柯、斯科特和威廉斯——可能让人感觉有些迷惑不解。读者最起码可能会担心,这里为什么没有研究性别、种族或者殖民支配的理论家。我只能说,这三个人物对于检验任何形式的支配和不平等都提供了最为一般性的工具,包括那些性别的、种族的以及殖民主义的支配和不平等。因此,福柯在女性主义最为有影响力的理论家之一朱迪丝·巴特勒(Judith Butler)的著作中(如 Butler 1997)以及在(后)殖民研究中的杰出人物爱德华·萨义德(Edward Said)的著作中(Said 1979)都扮演了一个重要的角色。斯科特的著作已经确确实实造就了一种各类"抵抗"研究的事业,特别包括种族的以及殖民的抵抗运动这两种。雷蒙·威廉斯是那被称之为"文化研究"(cultural studies)的庞大研究队伍的始祖,他已经造就了有关性别、种族、阶级以及青年权力关系方面的诸多研究。

能够沿着一个序列来放置这三位理论家,这个序列是由权力研究的核心问题之一来界定的,即权力的"蔓延性"(pervasiveness)和"侵入性"(invasiveness)的问题。在一端我们有福柯,他争论到,权力在社会上是无处不在的，通过社会体系的各个方面弥漫开来，并在心理上有着深度的弥漫；不存在权力"之外的东西"。在另一端，我们有詹姆斯·斯科特，其采纳的观点是，在社会生活中肯定有许多权力在表演，它要比其他的人所辩称的更少心理上的侵入性。[4]他假定被统治的人民非常清楚会发生什么，并且甚至有着清晰的批判与抵抗的传统，即"隐藏的文本"（hidden transcripts）（Scott 1990）。如果他们并不积极主动地反抗，那仅仅是因为他们受到了彻头彻尾的支配群体的政治与经济权力的压制。最后，威廉斯（Williams 1977）采取的是中间立场，在某种程度上把行动者看作处在"文化霸权"的掌控之中，但是发现葛兰西（Gramsci Autonio）的论辩的结果就在于，文化霸权在某些意义上从来就不是全部的和绝对的。它们在一种历史的意义上从来就不是整体性的，因为在历史的长河中，当一个人有可能谈论到当下的文化霸权的形成，总还存在着过去的（"残留下来的"）文化霸权的痕迹，并且是未来的（"涌现出来的"）文化霸权的开端。同时，文化霸权在心理学的意义上从来就不是整体性的，因为对于它们的支配状况，人们总是至少会有某种程度上的"领悟"（如果不是如斯科特所辩称的那样是完完全全的意识）。

所有这些视角都有其特别目的的运用，而且所有这些我都已经在某一个情景或其他情景中运用过。然而我已经发现，威廉斯/葛兰西的文化霸权的观念具备有强大的控制能力，但是在各种各样的把更多的权力灌注到一种实践的研究方法中的企图中，这种观念从来都不是完完全全或彻彻底底的（并且如先前讨论到的波利尼西亚人的分析案例中，很多实践成为了一种权力的分析）。比如在《性别的文化霸权》（Ortner 1996b）一文中，不完全的文化霸权的观念让我可以超越于一种简单化的"普遍的男性支配"（universalmale dominance）的观念，非男性支配的"案例"找到的并不多，但是由此认识到了男性支配总是与其他性别关系的模式共同存在着；重要之处在于混合以及这些要素之间的关系上。

那么，把这些东西放在一起，在《制造性别》（Making Gender）一书的导

---

4 他抛出自己的论争来反对葛兰西的有关文化霸权的扩大了的观点，即把"文化霸权"看作是完全控制着被统治团体的心灵的东西。

论中,我开始勾勒出我所谓的一种"女性主义者的、少数人的、底层另类等等的实践理论",其有一部分是集中在直接抵抗的问题上,但更多的时候是在于,支配本身总是被模棱两可、矛盾以及脱漏所撕裂。反过来这就意味着,社会的再生产从来就不是整全的和完美的,并且易于受到压制,在任何不平等权力的场景中都内在地存在不稳定性。我把这一观点与在喜马拉雅登山运动中的夏尔巴人(Sherpas)和西方的登山者("老爷"(sahib)——这个词在印度旧时是对欧洲男子的一般称谓——译者)之间的关系联系在一起(《喜马拉雅山的生与死》(*Life and Death on Mt. Everest*),1999年)。在那项研究中,我一方面能够展现"真实的抵抗":外界并非熟知,假想中快乐而又温顺的夏尔巴人却常常是抗议喜马拉雅山探险运动的。但是我也探询到西方的登山者在看待以及对待夏尔巴人时的一种核心的矛盾。一方面,他们是强有力的(作为白人、西方人、雇主、(早年的)准军事领导人);另一方面,他们经常会对同他们一起工作的夏尔巴人发展出一种强烈的喜爱和钦羡之心。此种矛盾在夏尔巴人身上并无丧失,他们经常能够很成功地利用它,并且在整个二十世纪的历程中带来了夏尔巴人-老爷关系以及一般意义上的喜马拉雅山探险结构的重大转变。

最后两种理论的实体能够轻而易举地涌现。一方面越来越可以把三位奠基性的实践理论家看作是与权力心理学"深度"序列中的三种观点相对应。布迪厄最像福柯,其中他的惯习的观念乃是深度的内化结构之一,有很强的控制性,但是很少被意识到(亦可参阅 de Certeau 1984)。吉登斯更像斯科特,重点强调的是在其中行动者至少部分地"认识对象"(knowing subjects)的方式(如参阅 Giddens 1979:5),行动者在某种程度上能够对他们的处境作出反省,并意味着发展出一定程度的批判和可能的抵抗。最后,萨林斯最像威廉斯,一方面他赞同一种强烈的文化霸权观念,另一方面他在此结构中又允许一定的——我们将谈论到的——断裂,比如当他谈论到十八世纪夏威夷的以性别来区分的食物禁忌如何"没有把[它们]拥有的男性力安置到夏威夷女性的身上去"(Sahlins 1981:46),从长远来看,一个小小的差异便会造就出一种巨大的差别来。

从权力人的观点来看这种关系,存在着一种饶有兴味的方式,在其中从它们一边来与实践理论相融合已经(潜在地)存在于那里了。因此,福柯对于权力的生产很少在像国家这样的宏观制度中而更多地是在神甫—忏悔关系的微观互动中得到安置的旨趣,这显然与实践理论关注大尺度社会形塑过程的基础资源一拍即合。斯科特对于抵抗的兴趣无非是一种回答(特定的)实践如何可以转化结构这一问题的一种方式而已。而雷蒙德·威廉斯争论到,不要把"文化霸权"理解为外在于个体的"结构",而是"整体的活着的社会过程"(Williams 1977:109),其"持续不断地得到更新、再造、辩护以及更改……[并且]也会持续不断地受到抵抗、限制、篡改以及挑战"(1977:112),简单来说就是,实践着的又是受到抵制的。在某种方式上,一个人可能会说,所有这些新的权力理论本身同时也都是实践理论的变形。

前面我谈到,各种各样的权力理论的涌现多多少少是跟早期的实践理论同时涌现出来的。让人感兴趣的是,"历史转向"(the historic turn)也同样如此。人们反省到的认识只是在1970年代晚期至1980年代早期理论上有多么丰产。我们随之转向这一历史的转向上去。

历史转向

我所谓的使实践理论历史化的必要性主要来自大西洋此岸的理论发展。实际上在人类学中有多种多样的历史转向,包括受到马克思主义者启示的历史的"政治经济学",如在埃里克·沃尔夫的《欧洲与没有历史的人民》(*Europe and the People without History*)(1981年)中的那种转向;文化史的特定形式(如格尔兹的《尼加拉》(*Negara*)(1980年));伯纳德·柯恩(Bernard Cohn)在人类学中开展的殖民史的早期研究(Cohn 1980),到后来成为跨越许多学术领域的一项重要事业。这种历史转向不仅在方法论上,即对传统的民族志调查的静态模型的稳定性的消解上,而且也在根本上,也就是对于传统的人类学研究目标——"文化"——的坚守上都是极为重要的。文化不是无时间性的以及原始的客体,它们自身就是内在的动力(大多数时候是地方性的权力关系)以及外在的强力(资本主义、殖民主义等)这两

实践中的文化

者随着时间的流逝而无休止运作的产物。[5]

在实践理论的奠基性著作中,布迪厄曾经坚持"时间"的重要性,这不仅在于互动实践及其后果的展现中,还在于赋予那些互动以意义中。他所给出的著名例子是由礼物赠予中对时间性的谋划(the manipulation of temporality)所产生出来的意义:如果礼物相互馈赠得过频,那便意味着渴望"合上书本"(to close the books),结束相互的关系。如果相互馈赠得过缓,那便意味着对于相互关系的不大感兴趣,或者甚至是主动的无礼(Bourdieu 1978:xxx)。然而,布迪厄从来没有真正试图要书写历史的实践理论(也许更好地说是实践理论化的历史),而是研究真实的历史——既作为时间段又作为事件——在既存的"结构"中又对这一结构加以抵制的实践所形塑的方式。

另一方面,从我的观点来看,实践理论不仅在由布迪厄所讨论的相对狭小的范围意义上内在地具有时间性,它在结果上也在全面出击的历史分析的脉络下完成了其最好的工作。确实在《高高的宗教》(High Religion)[6]中我清楚地说过"一种实践的理论就是一种历史的理论"(Ortner 1989:192)。这是因为文化上安排的实践的效应的展现实质上是循序渐进的并且常常又是非常缓慢的:常常始于小孩子的社会对象的建构;年轻人和成人的生活的实践;这些实践与这个世界中更大的事件的连接,常常都是以一个非常不同的节奏在运行着。尽管一个人能够构成假设——更可能是猜测——关于当下实践的长期意义,但是它们依循社会再生产以及社会转型而生的效应并非

---

5 最近,威廉·斯威尔(William Sewell)的最为重要的著作《历史的逻辑》(Logics of History)(2005年)已经为"事件"提供了一种理论化,那不仅仅解说了萨林斯的"历史的可能的理论"(possible theory of history)(如萨林斯所称谓的那样),而且还提供了一种非常广泛的历史思维与社会和文化理论之间关系的一种强劲的理论化。

6 译者按:因没有读过 High Religion 一书,故翻译此处时于此书名中的 high 一词颇有费解。2006年8月30日致信奥特纳教授,次日得到答复如下:"High Religion 中的 high 为一双关语,一方面夏尔巴人生活在高高的喜马拉雅山上。另一方面佛教被看作是世界上三种所谓的 'high religions' 之一,即是指传播超越于它们地方性的边界而被追求成为世界性宗教的宗教。"基于奥特曼教授这样的解释,我将书名 High Religion 翻译成为《高高的宗教》。

总是看得见，或者总是能够得到解释，而往往是在事实之后的某个时间才有可能。

三位奠基性的实践理论家中，只有马歇尔·萨林斯发展出了一种清晰的实践理论的历史形式。他是在一个历史个案的框架中提出其理论的，即是指在十八世纪欧洲人与本土的夏威夷人之间遭遇的情况。借用此一例子，他使许多重要的方式理论化，在其中实践的运作在影响着历史的进程。第一种方式就是行动与客体在"集体的象征图式"（collective symbolic scheme）（Sahlins 1981:69）中以及在行动着的对象的计划和意图——"旨趣"（interests）——中具有了不同的意义。萨林斯称这一点为习惯上的以及意图上的意义之间的差异（同上）。第二种方式就是当人们依照他们自己的文化概念在此世界中行动时，这个世界并没有什么逼迫他们要服从于那些概念的。在这两种情形中，伴随而来的是每种实践、每种移动都在把那些文化的范畴和概念置于"风险之中"，使得它们变得易于修改和再评价。因此，当大多数的实践可能是"保守的"，并且是在一个既存的意义框架之中运行，而且通常都会再生产出那一框架，然而那些意义能够在实践中发生转变（特别是由强有力的人），并且在任何事件中，所有的实践都是在"一个停滞不前的世界"（a balky world）中运行的（Sewell 2005:179），会对它们有意为之的意义或者效果威胁构成损毁。

最后，萨林斯坚持把历史的变迁看作是地方权力与地方间权力的动力学之间结合的一个结果。我自己最近的专项研究都是使用这一着棋。因此在《高高的宗教》（1989年）一书中，我追溯了夏尔巴人当中的佛教庙宇以及寺院建立的（地方）史，这有时是一个宗教领袖与其他大人物中间的暴力竞争关系的历史。但是这种历史转而无可避免地隐含在更大的政治史当中，即隐含在印度英属的拉杰邦、尼泊尔国家以及夏尔巴人的宗教与西藏的关系的多种多样的效果当中。在《喜马拉雅山的生与死》（1999年）一书中，我追溯了夏尔巴人与在喜马拉雅山的国际登山者之间关系变迁的历史，但是我再一次转而把那一历史放置到了更为广阔的历史转变中去。因此，举个例子来说，我探索全球的女性主义运动对于七十年代登山运动的影响，把西

实践中的文化

方的和夏尔巴人的女性都带入了这一运动中,结果使得两边的社会关系以及文化预设都受到了一定程度的损害。而最后在《新泽西之梦》(New Jersey Dreaming)(2003年)一书中,我追溯了融入在不同的阶级、种族、民族以及性别关系中的新泽西州纽瓦克的威夸西克高中五八级学员们(the Class of '58 of Weequahic High School in Newark, N. J.)之社会流动的不同历史。但是我转而又把那一历史搁置在美国更大的文化/政治运动的历史之中,即上世纪五十年代的垮掉运动(the Beat Movement)以及六十年代和七十年代的民权、反文化、妇女运动等等。

和刚刚讨论的全方位的以及非常清晰的历史专论相比,本文中的"历史转向"更为隐匿。但正是在这里,方式更为巧妙。因为毕竟历史不只是有关于过去的,也不总是关乎变迁的。它可能是有关绵延(duration)的,有关持续很长时间段的模式的,这既是在《认同》一文中也是在《阅读美国》一文[7]中得到讨论的某种模式的情形,即在文化霸权的美国文化中阶级话语的缺失。这也可能是关乎把一种分析或解释在一种特殊的、历史性理解的时刻(moment)予以情景化(situating)的问题,这一步也可以在这里的某些文章中看到,但特别体现在《X一代》(Generation X)这篇文章中。在该文中我探询了X一代观念的出现,还有既归咎到其成员(如垮掉的一代)又为他们所表现出来(主要是对他们在金钱上的未来前途的焦虑)的专门特征。此文有一节是有关可再认的"历史",追溯了X一代随着时间而发生改变的公共表征。但这不用说是彻头彻尾的历史学,其中这一现象仅仅出现在时间的一个特殊点上,并且它是这一瞬间本身,即今天还在继续的美国阶级结构两极化的开端,这才是此一解释的关键。

由前文所述,可能显而易见的是,实践理论的历史化并非与"权力转向"完全没有区别。"历史"的问题很大程度上是权力与不平等关系的再生产或转化的问题。"文化"的问题也有同样的道理,这是我们现在转过来要谈的。

---

[7] 译者按:这两篇文章都收入作者即将出版的新书中。

实践中的文化

　　早期的实践理论,特别是在布迪厄和吉登斯那里的发展,缺乏一种可再认的文化概念(a recognizable concept of culture)。没有一位作者展露过这样一种方法上的意义,那就是实践本身或明或暗地是通过特许的神话(Sahlins 1981)、"文化图式"(Ortner 1989, Sewell 2005)、文化脚本(Alexander 2004)、"严肃的游戏"(Ortner 1996a 以及《权力与目标》[本书]一文)等等这类事情而从文化上组织起来的。二者还都缺乏一种方法上的意义(或者一种兴趣),其中"文化的运动"(如马克斯·韦伯(Max Weber 1958)所讨论的新教的出现)既重新塑造了实践又塑造了主体性。在他们的理论框架中都有一定的类似文化的要素(惯习肯定是一种文化的构成,而吉登斯有一章就是关于"意识形态与意识"的),似乎一开始就很清楚,至少对于这位人类学家是这样,实践理论需要有一种更为全面发展的文化概念及其在社会过程中的作用。但是需要的是哪种文化呢?要回答这一问题就要涉入到最近的文化之争中去,并要试图去审视这一陈旧而又顽固的概念受到重新思考以及重新流行起来的多种多样的方式。

　　对于人类学中文化概念的批判,实际上正如每一位人类学家所知道的那样,主要是集中(尽管不是唯一的)围绕在实质论的问题上。经典的人类学倾向于把人群描画成为具有"一种文化",就像是在哪一文化的股掌之中一样,并且行动时的方式大部分都能参照那一文化而得到解释。(文化)人类学家的工作——至少在这一领域几乎是一开始的主流传统中——便是去挖掘一个人群的文化,勾画出其逻辑以及前后的连贯性,并呈现其使大多数的形式化的实践(如仪式)、实践的模式(如儿童养育)以及群体成员日常的以及超常的行为得以巩固的方式。人类学的文化概念的最初发展是从非和平的意图中涌现出来的,即是作为一种对于"种族"概念的替代,作为提供一种系统化的思考差异的方式,并且提供了一种获得跨文化理解的积极方式,因而很难在这样一种基础性的自由框架中去容括这一概念。因此,在经典的意义上,在一种不同的政治思维方式之中,文化轻而易举地就会转变成为刻板印象(民族的、种族的、阶级的),有时实际上是危险的刻板印象,也即群体会被贴上标签,被认为(甚至是"被描画为")有这种或者那种(好的或者坏的,典型的少数民族或者恐怖主义者)的行为模式,并且天生就有着这种文化上的倾向性。

由此及其他原因,在过去的二十多年中,许多人类学家都辩称要完全彻底地丢弃文化的概念(对于这些论题的回顾,参阅 Ortner ed. 2000;亦可参阅 Fox 1999)。然而,具有讽刺意味的倒是,其他知识领域的学者避开了整体性的人类学的困境,而开始以令人激动且强有力的方式使用并转化了此概念。至少可以确认三种独特但又相互交叉的趋势,这些趋势主要在这同一时期,即 1970 年代后期及 1980 年代早期,再次与本文所讨论的所有其他的研究有了共同的基础。第一种是跟"文化研究"的原伯明翰学派(the original Birmingham School)联系在一起的,其中既包括有民族志的研究(如 Willis 1977),也有传媒的研究(如 Hall et al. 1980)。其次,传媒研究以其自身的权力成为一种范围广大的趋势;其最早期的重要研究有一种落脚在女性主义的学术中(如 deLauretis 1984),但现在它实际上已经席卷了全部社会科学的领域,其中就包括有人类学(如 Ginsburg et al. 2002)。最后,作为为了人类学自身而对此概念加以重新理论化的一部分,1988 年创办了《公共文化》(Public Culture)这一杂志。正如创刊编辑评论所宣称的那样,此一刊物的使命就是不把文化看作是依附于并由某个特殊群体来界定的,而看作是"全球文化潮流"(global cultural flows)(1988:1)以及"全球文化整体"(the global cultural ecumene)(1983:3)的一部分。

这些对于文化的新的研究方法有几点是共同的,并将它们集体地与人类学中的经典观念区分开来。首先是它们非常紧密地融入到"权力转向"中去。所有这些研究方法都把文化看作是高度政治化的,或者当作是一种政治过程的要素。另外,所有这些研究方法都试图以各种各样的方法去松解文化与特殊人群之间的关系。尽管也许存在特殊的文化构成的"中心"(epicenters)(就是我们过去当作是"文化"来思考的那些东西),但尽管如此,文化与此同时至少已经变成部分带有流动性的客体。它不仅越过了(如媒体)社会、文化以及政治的边界,并且也许是因为那种流动性,它也能被看作是更具有变动性的调度/挪用,而非经典意义上的对于文化的构想。像"公共文化"或詹姆斯·克里福德(James Clifford)的"旅行的文化"(traveling cultures)(1997年)这样的短语都抓住了文化形式和力量的这种更为变动性的观点(亦可参阅 Gupta and Ferguson:xxx)。

对于这些重大的变化,我应该再加上一点,对此我会通过这本文集中的文章与其他文字一道来加以说明。让我暂时返回早期伯明翰文化研究学派那里,它实际上嵌入了两种多少有些不同的倾向。一方面是传媒研究的存在,它把文化当作一套公共文本来对待,分析的是它们被当作意识形态的构成而被建构的方式。我的两篇文章《认同:阶级的潜生活》与《阅读美国人:有关阶级与文化浅释》,实质上都是遵循着这样的策略。其中截取了各种各样的文化"文本",包括群体的标签(在《认同》一文中)、小说(在《阅读美国人》一文中),还有更多的。并且他们会问,哪种意识形态的构成在被建构进来并通过它们而得到建构,特别是最近主流的美国人话语中将"阶级"抹去这一点。[8]《认同》一文走得更远,是要询问哪种社会动力学已经进入到制造和维持那种话语模式的特殊版本上,在其中民族的范畴常常代表着阶级的范畴。

在这早期的文化研究著作中,其他潮流是对于像文化这样的经典概念生出某种怀疑,但却通过将其嵌入到不同类型的故事、不同类型的情景中而改变这一概念。这就是说这一概念本身并非实际在起着作用。这依旧体现着这一观念,它是这一经典概念的一部分,即文化既能够实现什么(允许人们去观看、去感受、去想象、去理解某些东西)也能够约束什么(使人们无法观看、无法感受、无法想象以及无法理解其他的事物)。

但是,这一相对没有得到再研究的文化概念,当其被嵌入到权力与不平

---

[8] 媒体参与阶级的论题的程度随着时间而有非常大的变化。比如最近《纽约时报》就美国的阶级刊登了一组多元系列文章(a multi-part series)。但是在大众意识的层次上,实际上想不起"阶级"也谈论不到阶级。参阅:Ortner 2003。

等的叙事中的时候，其被套上的是一个非常不一样的模子。在《学习劳动》(Learning to Labor)一书中我看到了这样的例子。威利斯(Willis)使用的文化概念实际上与经典的美国模式没什么两样，那就是文化提供了框架和价值观，借此"这些伙伴"看到了这个世界并作用于这个世界。甚至它本身以及它的内容并不被看作是"意识形态的"，或者至少威利斯并不主要靠那些术语来对此加以讨论。相反，他问的问题是，这是如何使得学校里的伙伴既能使日常抵抗的实践有一定的使人愉悦的形式，而与此同时，从长远来看，却又不会使他们看到他们是如何与他们自己的旨趣背道而驰地行事的。换言之，威利斯使得陈旧的并且相对是没有得到重新建构的概念承担起一种新的工作，而凭借的就是将其嵌入到一种资本主义再生产的叙事之中，即"工人阶级的孩子是如何获得工人阶级的工作的"(亦可参阅Ortner ed. 2000)。我会称此为有关文化的新的旧概念(the new-old concept of culture)。

本文集中的一些文章使用的便是这嵌入的一步(embedding move)以及此种有关文化的新的旧概念。这里应该指出的是，在上文讨论的更加流动的并且也许是全球的意义上，我也曾相当苦恼于公共文化这一概念，并在本节的末尾会再次返回这一论题上来。但是在这些论文中，我多次试图把握住旧的文化概念的强有力的要素而同时又超越其局限性，并在不同种类的叙事当中，即权力与不平等的叙事中去发展这一概念。让我从文化是"约束"(constraining)这种观念开始。这是旧的文化概念的非常大的一部分——这观念就是指在一个特定社会中，人们乃是受其文化框架所约束而成长和行为的。当透过相对主义者的棱镜来看待文化时，并且实质上是善意地来看待的话，此种文化约束的观念本身乃是一种相对友善的观念。然而此种"约束"的论题在不同种类的叙事中所佩带的模子就非常不同。因此在《主体性与文化批评》(Subjectivity and Cultural Critique)一文中，我所追逐的文化约束的观念，指的是文化在塑造人的主体性上虽然并没有遍及一个特定群体中的全部成员(尽管这并非完全的不相关)，但却使所有成员都处于权力的特定历史政体之下。就那篇文章所讨论的政体而言，这乃是指晚期资本主义这一政体,并且我还借用詹明信(Fredric Jameson)以及理查德·森尼特(Richard Sennett)的研究去探索在这一政体之下由文化产生出来的实质上是意识的不愉快的形式。

在此案例中值得指出的倒是,文化从其特定群体的支撑中"被消解掉"而不是更多地依靠地理上的流动性,后者容易受到传媒研究视角的青睐,或者受到"旅行文化"(traveling cultures)观念的重视,但指的却都是时间上的流动性。这暗示了我们把"历史转向"当作另外一种制造文化的形式来思考,这种现象更具有流动性,然而又是一种没有失去探索其(在某些时候为某些人)深层约束性力量之可能性的形式。

那么让我们转到文化作为"使动"(enabling)的观念上去。这也是经典文化概念的一部分。这是格尔兹在《文化的成长与心灵的进化》(The Growth of Culture and the Evolution of Mind)一文中所讨论的核心,在文中他辩称,没有文化,即外在的象征与意义体系,人们根本就不可能思考(Geertz 1973a)。这也成为他讨论宗教的功能时的核心,当宗教起作用时,允许人们应对痛苦、无意义感等等(Geertz 1973b)。但是我再次插入了文化进入到权力与不平等的叙事中的能动作用的问题。因此在《抵抗与民族志排斥的问题》(Resistance and the Problem of Ethnographic Refusal)一文中,我运用詹姆斯·斯科特(James Scott 1990)的"隐秘的文本"(hidden transcripts)的观念,将其当作是能够激发出抵抗观念本身及其许许多多特殊形式的文化资源。而在《权力与目标:反思能动者》(Power and Projects:Reflections on Agency)一文中,我把能动者的文化建构当作既是一种赋予力量又是在一个支配与不平等的世界中追求实现"目标"(projects)的基础来加以探索。

最后,我的另一篇文章是跟公共文化的问题(或者至少在此文的单一架构中包含着这些问题)以及在上文《X一代:在一个传媒浸透的世界中的人类学》(Generation X:Anthropology in a Media Saturated World)中在新瓶装旧酒的意义上讨论过的文化/主体性(culture/subjectivity)的问题。一方面,我花时间在公共文化上,即"X一代"的传媒表征,将其看作是有其自身独特意识的特殊群体。我追溯了表征经由不同人的手(小说家、人口学家、广告与市场营销的利益集团、社会评论家、流行刊物)而随着时间并跨越社会空间而发生改变的方式。另一方面,我通过出版的民族志以及一些九十年代早期我所作的与X一代人的访谈来探索X一代自身的"文化"。这里我制造了上面讨论过的那一步,即运用了一种相当于没有重新建构的文化概念来作为特定主体性(特别是特定的焦虑)的生成,但是却将其插入到晚期资本主义的别种叙事,即美国变迁中的阶级结构的叙事中去。

这篇文章就结束在那里,而"X一代"的观念现在大大褪色而进入到公共文化的背景之中,你很少会看到现在有人再提及它。但实际上,那代人现在已经在特定关键性的文化工业中——我特别想指出的是在传媒产业中——掌握着权力。年龄在35或者40岁的年轻男女现在在好莱坞开始占据着重要的创造性位置。你可能随之会问:即使没有一个人再对此写些什么,不还是存在着一种独特的X一代的敏感性,他们至少还会在好莱坞传媒生产中的一个可辨识的片段中展现自身吗?与好莱坞的X一代的演员的初步访谈显示,他们肯定是这样思考的。在任何情况下我都将此看作一项研究项目的落脚点,在那里我会继续把文化(在新瓶装旧酒的意义上)、权力和历史的问题结合起来,去检验那些最具变动性的文化产物的生产——好莱坞的传媒生产。

结论:文化/权力/历史

我先前指出过,本文中所讨论的所有理论发展实际上都是相同时代的,在每一个重大领域都有其核心出版物——实践理论、"权力转向"、"历史转向"以及"文化研究"——实际上都是出现在上世纪七十年代晚期和八十年代早期。所有这些都是重要的,并且你真的能从任何地方开始而止于其他地方。

对我而言,实践理论似乎最欲罢不能了。这是一种社会主体在这个世界中通过实践而得以生产以及世界本身通过实践而得以生产的一般性理论。第一部分对我而言似乎并非新鲜。我的韦伯-格尔兹训练很大一部分是关于主体(性)生产的,对我而言,其方式要比布迪厄的惯习概念(尽管这一术语肯定是方便好用的)更丰富而有趣。但是第二部分,即世界通过人的实践的生产,似乎是崭新的并非常强有力,为"结构"(或曰社会世界的构成)以及"能动"(或曰真实的人的有旨趣的实践)之间对立的一种辩证的综合,那是先前未曾获得过的。进而言之,这个世界是"制造出来的"——当然,在一种相当扩展了的和复杂的意义上——是通过日常人们的行动制造出来的,这也就意味着它是能够不被造就和被重新造就。如此,实践理论马上便具有了政治的意含并与我的女性主义者的关注一拍即合。而最后,实践理论的吸引人之处是在于它曾经是(现在也是)一个非常宽广而又博大的理论框架。它缺失了许多,但是缺失的每一件事情——一种好的文化理论、一种更具核心的权力的作用、任何意义上的历史(在布迪厄和吉登斯那里)——也都同时由这个理论的名称所隐含着。

与此同时,在所有那些"缺失的"领域中让人兴奋不已的研究在知识场景的其他部分中都得到了延续。"权力转向"乃是由开始于六十年代后期的真实世界的大量政治化所造就的,而这包括了关注各种各样的支配与不平等形式,特别是性别与种族、社会运动和学术研究。历史转向同样是与社会运动以及六十年代和七十年代的真实世界的事件联系在一起的。最为明显的联系就是学术界日益增加的对于殖民主义的兴趣以及人类学家传统上在其中进行研究的许多后殖民国家中的当下的斗争(或者失败)。但是在《人文科学中的历史转向》(The Historic Turn in the Human Science)的导言中,特伦斯·麦克唐纳(Terrence McDonald)同时把历史转向与国内的社会运动联系在了一起:

民权运动的兴起、贫困的"再发现"以及在越南体现出来的战争控诉……解释当下事件的共识与身份的获得、充裕以及现代化理论的无能为力。国内产生出来以应对这些事件的社会运动,如民权、反战、福利权益以及妇女要与其他人享有同等权利的运动,都把能动者与历史这二者放置在了这一行动规划的日程之中。(McDonald 1996:5)

那么我已经辩称道,其早期欧洲版本的实践理论(从文化霸权上来讲是布迪厄和吉登斯的)极度渴望地既需要有历史又需要在社会生活中有一种更加精细化意义上的权力的扮演。在它的一种反历史性当中及其对于权力问题的相对低水平的兴趣上，尽管是一种极端不同的理论纲领，它能够表现出来的似乎是一种对于功能主义的静态的以及反政治的理论架构的回归。此种印象为这两位作者的著作中都强调社会的再生产而非社会的转型所进一步证实。[9]还有，此种强调的意图和意义是非常不同的，尽管如此，但这似乎是在重复着功能主义对于社会稳定、连贯以及连续的关注。萨林斯在两个维度——权力与历史——上都属于是一个强有力的例外，并且因此还呈现给我们一个极端社会转型的故事：作为夏威夷酋长的权力、宗教的禁忌以及性别的不平等全都在不平等的权力派别之间的漫长历史接触过程中没有得到造就以及/或者重新得到了造就。

那么，文化是什么呢？为什么实践理论需要文化，在这个文集中的文章是在以多种多样的不同方式在作说明吗？此一问题只有回溯到我所开始的权力、历史与社会转型的问题上去才能得到回答。对于一种深层意义上的社会转型意味着什么，这不仅是制度的重新安排的问题（the rearrangement of institutions）。它包含着"文化"的转型，既在新瓶装旧酒的意义上又在其更新的意义上。在新瓶装旧酒的意义上看待文化是将其看作（政治上曲折的）图式（schemas），通过此一图式，人们观看这个世界并作用于这个世界，以及（政治上曲折的）主体性，借此人们感受——情绪上的、发自肺腑的、有时又是暴力的——他们自己以及这个世界，社会转型包括对于那些图式与主体性的撕裂。而从较新颖的——公共的、流动的、旅行的——意义上来看待文化，社会转型的运作有一部分是通过公共文化、传媒以及其他全部种类的体现并追求塑造旧的以及新的思想的表征的不断生产、争辩以及转型而实现的。那么在这两种意义上，说句老话就是，社会的转型必须也是文化的转型，否则便什么都不是。

9　布迪厄（Bourdieu 2000）后期改变了以及/或者在某种程度上为其争论辩护。在这通篇文章中，我首要的是指那些早期的著作，即《实践理论纲要》和《实践的逻辑》，其中他的有关实践理论的基本纲要（借用其现成的标题）得以勾画出来。

参考文献

亚历山大:《社会表演的文化语用学:仪式与策略之间的象征性行动》(Alexander, Jeffrey. 2004. "The Cultural Pragmatics of Social Performance: Symbolic Action between Ritual and Strategy," *Sociological Theory* 22, forthcoming)

布迪厄:《实践理论纲要》(Bourdieu, Pierre. 1978. *Outline of a Theory of Practice*. Trans. R. Nice, Stanford: Stanford University Press)

——《实践的逻辑》(1990. *The Logic of Practice*. Trans. R. Nice, Stanford: Stanford University Press)

——《帕斯卡沉思录》(2000. *Pascalian Meditations*. Trans. R. Nice, Stanford: Stanford University Press)

巴特勒:《权力的心理生活:主体化理论》(Butler, Judith. 1997. *The Psychic Life of Power: Theories in Subjection*. Stanford: Stanford University Press)

克里福德:《路径:二十世纪晚期的旅行与翻译》(Clifford, James. 1997. *Routes: Travel and Translation in the Late Twentieth Century*. Cambridge, MA: Harvard University Press)

科恩:《历史与人类学:游戏的状态》(Cohn, Bernard S. 1980. "History and Anthropology: The State of Play," *Comparative Studies in Society and History* 22: 198—221)

德卡地:《福柯与布迪厄》(de Certeau, Michel. 1984. "Foucault and Bourdieu," In his *The Practice of Everyday Life*. Trans. S. F. Rendall, Berkeley: University of California Press)

德劳雷帝斯:《艾丽斯说不:女性主义、语义学、电影》(de Lauretis, Teresa. 1984. *Alice Doesn't: Feminism, Semiotics, Cinema*. Bloomington, Ind.: Indiana University Press)

福柯:《性史》(Foucault, Michel. 1980. *History of Sexuality*, Part I. Trans. R. Hurley, NY: Vintage Books)

福克斯:《编者按:文化——第二次机会吗?》(Fox, Richard G. 1999. "Editorial: Culture - A Second Chance?" *Current Anthropology* 40[S1]: 1—2)

格尔兹:《文化的成长以及心灵的进化》(Geertz, Clifford. 1973a. "The Growth of Culture and the Evolution of Mind," In his *The Interpretation of Cultures*. New York: Basic Books, pp. 55—83)

——《作为一种文化体系的宗教》(1973b. "Religion as a Cultural System," In his *The Interpretation of Cultures*. New York: Basic Books, pp. 87—125)

——《尼加拉:十九世纪巴厘的剧场国家》(1980. *Negara: The Theater State in Nineteenth Century Bali*. Princeton: Princeton University Press)

吉登斯:《社会理论中的核心问题:社会分析中的行动、结构与矛盾》(Giddens, Anthony 1979. *Central Problems in Social Theory: Action, Structure and Contradiction in Social Analysis*. Berkeley: University of California Press)

金斯博格、阿布-鲁格哈德和拉金:《媒体世界》(Ginsburg, Faye D., Lila Abu-Lughod and

Brian Larkin, eds. 2002. *Media Worlds*. Anthropology on New Terrain)

戈夫曼:《日常生活中的自我呈现》(Goffman, Erving. 1959. *The Presentation of Self in Everyday Life*. New York, NY: Anchor Books/Doubleday)

——《互动仪式:面对面行为文集》(1967. *Interaction Ritual: Essays in Face-to-Face Behavior*, Garden City, NY: Anchor Books)

古帕塔和福格森:《超越"文化":空间、认同与差异的政治》(Gupta. Akhil and James Ferguson. xxx. "Beyond 'Culture': Space, Identity, and the Politics of Difference," *Cultural Anthropology* xxx: 6—23)

赫尔、胡布森、罗威和威利斯:《文化、传媒、语言》(Hall, Stuart, Dorothy Hobson, Andrew Lowe, and Paul Willis, eds. 1980. *Culture, Media, Language*. London: Hutchinson)

麦克唐纳德:《人文科学中的历史转向》(McDonald, Terrence J., ed. 1996. *The Historic Turn in the Human Sciences*. Ann Arbor, MI: University of Michigan Press)

奥特纳:《等级制社会中的性别与性:波利尼西亚的案例及某些比较的意义》(Ortner, Sherry B. 1981. "Gender and Sexuality in Hierarchical Societies: The Case of Polynesia and Some Comparative Implications," In S. Ortner and H. Whitehead, eds., *Sexual Meanings: The Cultural Construction of Gender and Sexuality*. Cambridge and New York: Cambridge University Press, pp. 359—409)

——《六十年代以来的人类学理论》(1984. "Theory in Anthropology Since the Sixties," *Comparative Studies in Society and History* 26[1]: 126—166)

——《高高的宗教:夏尔巴佛教的一种文化与政治史》(1989. *High Religion: A Cultural and Political History of Sherpa Buddhism*. Princeton: Princeton University Press)

《制造性别:朝向一种女性主义者、少数群体、后殖民、庶民等的实践理论》(1996a. "Making Gender: Toward a Feminist, Minority, Postcolonial, Subaltern, etc., Theory of Practice," In S. B. Ortner, *Making Gender: The Politics and Erotics of Culture*. Boston: Beacon Press, pp. 1—20)

——《性别的文化霸权》(1996b. "Gender Hegemonies," In S. B. Ortner, *Making Gender: The Politics and Erotics of Culture*. Boston: Beacon Press, pp. 139—172)

——《喜马拉雅的生与死》(1999. *Life and Death on Mt. Everest: Sherpas and Himalayan Mountaineering*. Princeton: Princeton University Press)

——《新泽西之梦:资本、认同以及58级》(2003. *New Jersey Dreaming: Capital, Identity, and the Class of '58*. Durham, NC: Duke University Press)

奥特纳编:《"文化"的命运:克里福德·格尔兹及其超越》(Ortner, Sherry B., ed. 2000. *The Fate of "Culture": Clifford Geertz and Beyond*. Berkeley: University of California Press)

奥特纳和怀特海:《导论:性的意义说明》(Ortner, Sherry B. and Harriet Whitehead. 1981. "Introduction: Accounting for Sexual Meanings," In Ortner and Whitehead, eds., *Sexual Meanings: The Cultural Construction of Gender and Sexuality*. Cambridge and New York:

Cambridge University Press, pp. 1—28)

——《公共文化》:《编者评论》("Editors'Comments," *Public Culture* 1, no. 1[1988]:1—4)

萨林斯:《历史的隐喻与神话的现实:三文治岛王国早期历史中的结构》(Sahlins, Marshall. 1981. *Historical Metaphors and Mythical Realities: Structure in the Early History of the Sandwich Islands Kingdom.* Ann Arbor, MI: University of Michigan Press)

——《历史的岛屿》(1985. *Islands of History.* Chicago: University of Chicago Press)

萨义德:《东方主义》(Said, Edward. 1979. *Orientalism.* New York: Vintage Books)

斯科特:《弱者的武器:抵抗的日常形式》(Scott, James C. 1985. *Weapons of the Weak: Everyday Forms of Resistance.* New Haven: Yale University Press)

——《统治与反抗的艺术》(1990. *Domination and the Arts of Resistance: Hidden Transcripts.* New Haven: Yale University Press)

斯威尔:《历史的逻辑:社会理论与社会转型》(Sewell, William H., Jr. 2005. *Logics of History: Social Theory and Social Transformation.* Chicago: University of Chicago Press)

韦伯:《新教伦理与资本主义精神》(Weber, Max. 1958. *The Protestant Ethic and the Spirit of Capitalism.* Trans. Talcott Parsons, New York: Scribners)

威廉斯:《马克思主义与文学》(Williams, Raymond. 1997. *Marxism and Literature.* Oxford: Oxford University Press)

威利斯:《学会劳动:工人阶级的孩子如何获得工人阶级的工作》(Willis, Paul. 1997. *Learning to Labor: How Working-Class kids get Working-Class Jobs.* New York: Columbia University Press)

沃尔夫:《欧洲与没有历史的人民》(Wolf, Eric R. 1982. *Europe and the People without History.* Berkeley: University of California Press)

(赵旭东 译)
(原载《中国学术》第二十五辑)

认识、社会与宗教:文化研究新方法

路德·马丁(美国佛蒙特大学)

> 贝林格夫人是最早在群体中追寻文化的女性之一,尽管单身女人在那种环境中有相当的危险。
>
> ——埃迪斯·沃顿(Edith Wharton)[1]

一、"文化"的问题

在人们眼中,"文化的概念是模糊的,这一点就像文化研究的难度一样臭名昭著"。[2]原因在于文化不是事实与信息的明确集合,而是由特定社会所构造的其所理解的"真实世界"。[3]各个社会认为什么是文化知识,它们的"知识圈"中包含或排除了什么(希腊语 enkyklios = paideia),这些问题不取决于对客观样态的参照,而取决于它们各自的时间和地域条件下产生的认知可能性。[4]这些既定的思维可能性决定了一个社会的认知范围,构成了它

---

[1] 埃迪斯·沃顿:《兴谷河》(Edith Wharton, "Xingu," *Scrbner's Magazine* 50(December 1911):684; rpt. in: *Xingu and Other Stories*. New York: Charles Scribner's Sons, 1916)。

[2] 罗伯特·麦考利和托马斯·劳森:《谁拥有"文化"?》,《宗教研究的方法与理论》(Robert N. McCauley and E. Thomas Lawson, "Who Owns 'Culture'?" *Method & Theory in the Study of Religion* 8.2(1996):187; 迈克尔·凯里瑟斯:《人类为什么有文化:人类学与社会多样性解释》(Michael Carrithers, *Why Humans Have Cultures: Explaining Anthropology and Social Diversity*. Oxford: Oxford University Press, 1992),第34—36页。

[3] 玛丽·普威:《现代事实史》(Mary Poovey, *A History of the Modern Fact*. Chicago: The University of Chicago Press, 1998)。

[4] 米歇尔·福柯:《事物的秩序》(Michel Foucault, *The Order of Things*. New York: Vintage Books, 1973),第xxii页。

的文化"百科全书"。[5]

几代学者,至少从十九世纪的历史主义者[6]到二十世纪的解释学家,[7]到二十世纪末的后现代主义,都试图理解知识的社会构成特征。他们的方式是把社会的知识产品还原到其文化环境中去。问题在于,要想不事先解释文化环境,就通过把文化现象还原回文化环境来解释文化现象,这样做的结果只是更为繁复地描述了所要解释的文化现象。这是认识论上的"循环反复"。更重要的是,我们必须认识到这类文化环境还原论本身就是特定文化环境的产物:历史主义之于十九世纪初、中期欧洲民族主义浪潮,[8]解释学之于十九世纪欧洲浪漫主义对启蒙(以及历史)实证主义的反叛与随后产生的视文化为多元"世界观"的相对观念,以及后现代主义之于由冷战中的仇外情绪发展出的只关心局部的区域研究。[9]为了避免这种"解释的旋涡"("hermeneutical vortex")[10]所带来的认识上的同义反复,我们需要这样一种关于文化的清晰界定,它经得起证据检验,也经得起跨主体(或跨文化)的考验。也可以说,我们应该有一种文化科学。

爱德华·泰勒(Edward Tylor)为人类学给文化下了这样一个经典定义:

文化或文明,从广义的人种学意义上讲,是包括知识、信仰、艺术、

---

[5] 普林尼:《博物志》序言(Pliny, *HN praef.* 14)。

[6] 路德·马丁:《历史主义》,《哈伯科林斯宗教辞典》(Luther H. Martin, "Historicism," in: *The HarperCollins Dictionary of Religion*, J. Z. Smith ed., San Francisco: HarperSanFrancisco, 1995),第453页。

[7] 劳森与麦考利:《重新思考宗教》(E. Thomas Lawson and Robert N. McCauley, *Rethinking Religion: Connecting Cognition and Culture*. Cambridge: Cambridge University Press, 1990),第214页。

[8] 路德·马丁:《历史主义》,第453页。

[9] 路德·马丁:《冷战时期宗教的学术研究:一种西方的视角》,《冷战时期宗教的学术研究:东方与两方》("The Academic Study of Religion during the Cold War: A Western Perspective," in: *The Academic Study of Religion during the Cold War: East and West*, I. Dole Alová, L. H. Martin and D. Papoušek eds., New York: Peter Lang Press, 2001),第211—212页。

[10] 迈克尔·派伊编:《麦克米伦宗教辞典》(Michael Pye ed., *Macmillan Dictionary of Religion*. London: Macmillan, 1994),见该条目。

道德、法律、习俗,以及人作为社会成员所获得的其他才能和习惯所组成的复合体。[11]

这一笼统的文化概念遭到了福兰兹·波兹(Franz Boas)的多元主义和相对主义文化概念的挑战。[12]波兹的文化概念是当今学术界偏袒区域研究的理论基础。由此产生了两种探讨文化和社会制度之关联的不同方法:(1)"过程-模式"理论,源于波兹的理论,以阿尔弗莱德·克罗伯(Alfred Kroeber)最为代表;[13](2)结构-功能理论,源于布朗尼斯洛·马林诺夫斯基(Bronislaw Malinowski)[14]和A.R.瑞德克里福·布朗(Radcliffe-Brown)[15]的著述。然而这两种流行的文化研究方法,都不是以严谨的因果解释为基础的。[16]

---

[11] 爱德华·泰勒:《原始文化:关于神话、哲学、宗教、艺术及习俗发展之研究》(Edward B. Tylor, *Primitive Culture: Researches Into the Development of Mythology, Philosophy, Religion, Art and Custom*. Volume 1. *Origins of Culture*. New York: Harper & Row, 1958),第1页。

[12] 福兰兹·波兹:《人类学比较方法的局限》,《种族、语言和文化》(Franz Boas, "The Limitations of the Comparative Method of Anthropology," in *Race, Language and Culture*, F. Boas ed., New York: Macmillan, 1896),第270—280页。

[13] 阿尔弗莱德·克罗伯:《文化的本质》(Alfred L. Kroeber, *The Nature of Culture*. Chicago: University of Chicago Press, 1952);《关系的分类体系》,("Classificatory Systems of Relationship," *Journal of the Royal Anthropological Institute of Great Britain and Ireland* 39 [1909]: 77—84);《人类学》(*Anthropology*. New York: Harcourt; new rev. ed., 1948)。

[14] 布朗尼斯洛·马林诺夫斯基:《魔法、科学、宗教及其他论文》(Bronislaw Malinowski, *Magic, Science and Religion, and Other Essays*. Glencoe, IL: Free Press, 1948);《文化的一种科学理论及其他论文》(*A Scientific Theory of Culture and Other Essays*. Chapel Hill: University of North Carolina Press, 1944)。

[15] 瑞德克里福·布朗:《原始社会的结构与功能》(A. R. Radcliffe-Brown, *Structure and Function in Primitive Society: Essays and Addresses*. Glencoe, IL: The Free Press, 1961);《社会人类学的方法》(*Method in Social Anthropology: Selected Essays*, M. N. Srinvas, ed. Chicago: The University of Chicago Press, 1958)。

[16] 米尔顿·辛格:《文化的概念》,《国际社会科学百科》(Milton Singer, "The Concept of Culture," in: *International Encyclopedia of the Social Sciences*, D. L. Sills ed., New York: The Macmillan Company & The Free Press vol. 3 (1968): 539—540)。关于本趋势及其他趋势的讨论,详见辛格文。

最近，人们对于根据普遍共性而建立的自然主义文化理论的兴趣有所回升，[17]这一理论趋向使得对文化产物加以严谨解释成为可能。譬如有些研究灵长目动物的专家很强调后天习得和基因、生态因素决定的这两种信息、知识、习惯与技能的不同，他们认为"文化"这一概念应指社会中产生并传播的，同一物种的不同群体借以相互区别的表象(representations)。[18]某些动物也有成形的文化，这一观点挑战了传统西方社会科学家眼中文化研究和自然研究的对立，并且强调了把文化像自然一样以科学方法来研究的可能性。

人类学家丹·斯波伯(Dan Sperber)就提出这样一种科学的文化研究方法，他称其为"社会科学中的自然主义研究纲领"。这一纲领与自然科学研究密切相关，其目标是发现"自然机制"，通过这些机制来以可检验的方式解释大范围现象。[19]他说，因为构成一特定文化的基本要素是广泛分布在同一群体的不同的头脑中相同表象，对文化的自然主义解释就该说明这些表象为什么存在、怎样存在、如何传播。也就是说，文化研究就是"文化表象流行病学"。[20]斯波伯不同于埃迪斯·沃顿笔下的贝林格夫人，[21]他坚持认为这些心理表象的"传染性"不能在集体表象的宏观层面上加以解释，相反，我们只能通过微观机制即"心理，更具体来说是认知机制"来解释其传播。[22]

---

17 多纳德·布朗:《人类的普遍性》(Donald E. Brown, *Human Universals*. New York: McGraw-Hill, 1991)。

18 爱德华·威尔森:《生物社会学:新的综合》(Edward O. Wilson, *Sociobiology: The New Synthesis*. Cambridge, MA: Harvard University Press, 1975);《人类的本性》(*On Human Nature*, Cambridge: Harvard University Press 1978)，第29—31页;弗兰斯·德·瓦尔兹:《猿与寿司师傅》(Frans de Waal, *The Ape and the Sushi Master: Cultural Reflections of a Primatologist*. New York: Basic books, 2001)，第6、31、177页。

19 丹·斯波伯:《文化解释:自然主义方法》(Dan Sperber, *Explaining Culture: A Naturalistic Approach*. Oxford: Blackwell, 1996)，第3—5页。

20 同上，第1—2页。

21 埃迪斯·沃顿:《兴谷河》。

22 丹·斯波伯:《文化解释:自然主义方法》，第3页。

二、文化认知基础

认知科学自成一家的开端可以追溯到1956年9月10至12日在麻省理工学院召开的"信息理论研讨会"。其萌芽可以在会议第二天宣读的三篇论文中看出。[23] 在克劳德·沙农（Claude Shannon）著述的影响下，[24] 艾伦·纽维尔（Allen Newell）和赫伯特·西蒙（Herbert Simon）在其论文《逻辑理论机器》中，通过描述首例在计算器上得出的完整定理而提出人类推理的逻辑。乔姆斯基（Noam Chomsky）在其《语言学的三种模式》论文中论述了信息理论的研究方法在研究"自然语言"时不能奏效。基于语言变化的规则，他提出了自己的一套方法。而乔治·米勒（George Miller）则在他的文章《魔力数字7，加2或减2》中勾勒出了其经典论断：人类的短期记忆只有七种渠道，因此，知觉和记忆取决于信息是如何被编码进更大单元的。[25] 这三篇论文都把重心放在了心理表象上，即放在"[感性的或概念性的]输入和[表象性]输出之间"这一层面。它们所关注的是支配这些表象性实体连接、转换或相互区别的逻辑。[26] 按这种观点，所谓对文化的认知研究就是指对这些表象性实体、它们之间的关系以及它们的持存延续的研究。

像其他科学研究一样，文化的认知研究始于最底层。虽然科学解释最终需从物理学开始，但从人类所具的本性来看，以生物学为起点解释文化会

---

23 豪沃德·伽德纳：《头脑的新科学：认知革命史》（Howard Cardner, *The Mind's New Science: A History of the Cognitive Revolution*. New York: Basic Books, 1987），第28页。

24 克劳德·沙农：《继电器和开关电路的象征研究》（Claude Shannon, "A Symbolic Analysis of Relay and Switching Circuits," Master's thesis, Massachusetts Institue of Technology, *Transactions of the American Institute of Electrical Engineers* 57 (1938): 1—11）；《交流的数学理论》（"A Mathematical Theory of Communication," *Bell Systems Technical Journal* 27 (1948): 379—423, 623—656）。

25 乔治·米勒：《魔力数字7，加2或减2》（George A. Miller, "The Magical Number Seven, Plus or Minus Two: Some Limits on Our Capacity for Processing Information," *Psychological Review* 63 (1956): 81—97）。

26 豪沃德·伽德纳：《头脑的新科学：认知革命史》，第38、64页。

更有效。[27]尽管文化是社会产物,但所有文化都基于共同的生物学结构。[28]例如,神经学家吉拉德·埃德尔曼(Gerald Edelman)就曾提出一套关于人类意识的理论。按这种理论,意识乃是简单生物机制(biological constraints)的演化发展。埃德尔曼以其中之一为例,所有脊椎动物的免疫系统都可作为自我与非自我界限的例证,亦可证明在细胞的层次上就已有了有效的记忆。[29]埃德尔曼认为,要想彻底理解意识的既高度统一,又千差万别的现象特征,就必须了解神经过程的复杂性,这样的过程是作为天性和教养的共同结果被选中的。[30]问题在于,我们如何从简单的分子过渡到复杂的人脑,又从复杂的个体人脑过渡到由个体构成的多样社会关系?对此的简单回答是:"你在一层复杂状态上面再建一层复杂状态,直到想要的东西达到了"。[31]

像社会学研究方法一样,认知研究也因其忽视认知的生物学基础而受到批评。[32]但是,认知学家早已发展出解释模型,并在实验研究基础上确立解释模型与文化建构之间的关系。而且,和生物学家一样,他们也把进化作为解释框架。因此,严格的生物学方法应该和认知学及社会学方法相容。[33]所以我认为我们能在这些学科之间建立从低到高、协调一致的关系,从生物学到认知学,从认知学到社会学,[34]再从社会学到各社会的文化表象。[35]

---

27 埃德尔曼:《明亮的空气,灿烂的火焰:思维问题论》(Gerald M. Edelman, *Bright Air, Brilliant Fire: On the Matter of the Mind*. New York: Basic Books,1992),第136页。

28 同上,第160页。

29 埃德尔曼:《明亮的空气,灿烂的火焰》,第74—78页;埃德尔曼和托诺尼:《意识的大学:事实如何变成想象》(Gerald Edelman and Giulio Tononi, *A University of Consciousness: How Matter Becomes Imagination*. New York: Basic Books,2000),第82—83页。

30 埃德尔曼:《明亮的空气,灿烂的火焰》;埃德尔曼和托诺尼:《意识的大学:事实如何变成想象》。

31 尼古拉·斯维德:《拼出生活的四个字母》,《纽约时报》(Nicholas Wade, "The Four-Letter Alphabet That Spells Life," *The New York Times*, July 2, 2000, sec. 4:4)。

32 坎德尔曼:《明亮的空气,灿烂的火焰》,第211—252页。

33 斯各特·阿特朗:《我们信仰上帝:宗教的进化图景》(Scott Atran, *In Gods We Trust: The Evolutionary Landscape of Religion*. New York: Oxford University Press, forthcoming)。

34 爱德华·威尔森:《协调:知识的统一》(Edward Wilson, *Consilience: The Unity of Knowledge*. New York: Knopf,1998)。

35 路德·马丁:《生物学、社会学和宗教研究》(Luther H. Martin, "Biology, Sociology

（一）社会性的生物基础

"社会性"是各学科一致认定的人类的最基本特征。[36] 社会性,依照人类学家迈克尔·凯瑞瑟斯(Michael Carrithers)的定义,即是"借自然选择之力确立的,一种世代相传的[进行复杂社会活动的能力]……"。[37] 从人类大脑的结构本身就可以理解人的社会需要这一内在特征。[38] 它是一种由进化产生的"社会头脑";[39] 是生物学在文化中更复杂的表现;[40] 是人类区域识别认知能力的体现。[41] 按这种观点,"相互利他主义"是由遗传编码所支配的"模式"行为,可以为前四者作解释。[42]

---

and the Study of Religion," *Religio. Revue pro religionistiku*,1997,5),第 21—35 页。

36 爱德华·威尔森:《生物社会学》,第 16—18 页;迈克尔·凯里瑟斯:《人类为什么有文化:人类学与社会多样性解释》,第 1、55—75 页;威廉·帕登:《神圣的品德与世界的形成》,载于《宗教研究的方法论》(William E. Paden, "Sacrality and Worldmaking: New Categorical Perspectives," in: *Methodology of the Study of Religions*, T. Ahlbäck ed., Åbo:Donner Institute,1998);《世界》,载于《宗教研究指南》("World," in: *Guide to the Study of Religion*, W. Braun and R. T. McCutcheon eds., London:Cassell),第 334—347 页。

37 凯瑞瑟斯:《人类为什么有文化》,第 34、38 页。

38 列维-施特劳斯:《结构人类学》(Claude Lévi-Strauss, *Structural Anthropology*. New York:Basic Books,1963)。

39 帕斯卡·保伊尔:《被解释的宗教:宗教思想的进化源头》(Pascal Boyer, *Religion Explained: The Evolutionary Origins of Religious Thought*. New York:Basic Books, 2001),第 27 页。

40 瓦尔特·伯克特:《创造神圣》(Walter Burkert, *Creation of the Sacred: Tracks of Biology in Early Religions*. Cambridge, MA:Harvard University Press,1996)。

41 劳伦斯·赫士菲尔德:《重思亲属关系的获得》(Lawrence A. Hirschfeld, "Rethinking the Acquisition of Kinship Terms," *International Journal of Behavioural Development* 12(1989):541—568);《具体领域的能力或信息的传输是获得社会类别的基础吗?》("Is the acquisition of social categories based on domain-specific competence or on knowledge transfer?" in: *Mapping the Mind: Domain Specificity in Cognition and Culture*, L. A. Hirschfeld and S. A. Gelman eds., Cambridge:Cambridge University Press,1994),第 201—233 页。

42 罗伯特·怀特:《道德动物,我们为什么是这样:新进化心理学》(Robert Wright, *The Moral Animal. Why We Are the Way We Are: The New Science of Evolutionary Psychology*. New York:Pantheon,1994),第 188—209 页。

罗伯生·史密斯（W. Robertson Smith）大概是第一位强调人类社会的自然主义基础的人类学家。他认为"每个人都无从选择，仅仅由于出生和养育过程就成了某一自然社会的一员"。[43]然而，W. D. 哈米尔顿（Hamilton）的经典论文《社会行为的基因进化》以数学方法论证了，仅有性和父母的养育不足以决定任何物种的社会组织。[44]"基因接受积极的选择"，他总结说，"如果它使一生物体比一般同类更能适应环境，但却以牺牲与它有亲缘关系的生物体为代价，这并非十分必要。因为亲属之间有共同的祖先，常会带有同样的基因；相反，如果某种选择对此生物体不利，却对其亲属大有好处，基因也会接受它。"[45]哈米尔顿对社会性的定义是以基因为基础的"总适应性"，即个体的利益服从于携带同样基因的亲属的生存需要。换言之，所有社会性物种都分成不同血缘的组织，如蜜蜂、狼分成蜂群和狼群。它们不仅抵抗其他生物侵犯，也防范非亲族同类的威胁。

（二）社会构成与分化

人类学家普遍认为，亲缘关系是人类最基本或可以说是最早的社会结构。但应强调，人群中的亲属选择标准并不局限在生物学意义上。生物学论述并检验地球上所有生命的亲属关系[46]，而人类亲属关系是在社会中建构并界定的关系。[47]这表现在如政治上的联姻或法律中的收养上。[48]正如史

---

[43] 罗伯生·史密斯:《犹太宗教：基本体制》(W. Robertson Smith, *The Religion of the Semites: The Fundamental Institutions*. New York: Schocken, 1972)，第29页。

[44] W. D. 哈米尔顿:《社会行为的基因进化》(W. D. Hamilton, "The Genetical Evolution of Social Behaviour. Ⅰ—Ⅱ," *Journal of Theoretical Biology* 7 [1964])，第1页。

[45] W. D. 哈米尔顿:《社会行为的基因进化》，第17页。

[46] 罗伯特·帕克:《伏都教科学：从愚蠢到欺骗》(Robert Park, *Voodoo Science: The Road from Foolishness to Fraud*. Oxford and New York: Oxford University Press, 2000)，第81页。

[47] 罗宾·福克斯:《亲属与婚姻：人类学视角》(Robin Fox, *Kinship and Marriage: An Anthropological Perspective*. Cambridge: Cambridge University Press, 1967)，第39页。

[48] 关于亲属关系的讨论及参考资料，详见罗宾·福克斯:《亲属与婚姻：人类学视角》，哈洛德·夏夫勒:《父子关系与同盟》(Harold W. Scheffler, *Filiation and Affiliation*. Boulder, CO: Westview Press, 2001)。

密斯早已指出的,"亲属关系不单纯由出身决定,也可以后天获得,这乃是不争事实。"[49] 史密斯所忽略了的是收养问题,它是除了出身和婚姻之外的获得亲属关系的主要方式。[50] 人们用收养(或认亲)的方式增加亲属,这不仅包括养子、养女,还包括对英雄人物和神的认祖归宗。这些虚设的祖先被一群人所共同纪念,依家谱的记载传下来,子子孙孙直到现在。于是这一群人的共同身份就建立起来了。[51] 凡·吉内普(Van Gennep)注意到了"生理亲属关系"与"社会亲属关系"的不同,他也强调,大多数成年仪式实际都不是"青春期仪式",而是用于传播社会信息的仪式。[52] 埃瑞克·沃尔夫(Eric Wolf)这样总结亲属组织：

> 它是(1)一种象征性的亲子关系/婚姻关系和亲族/姻亲结构,(2)这一结构不断将天生的或后天吸收的成员,(3)置于相互社会关系之中。[53]

虚拟亲族社会中的人当然会把自己想象成它们在历史和文化中所熟悉的其他社会政治机构的成员：各种形式的秘密或反文化的团体,本土复兴的或外来的宗教偶像,或多种政治倾向。然而所有虚拟的亲族社会都会不同程度地保持对亲属关系的肯定以构建它们的内部组织,区分自己人和外人。

亲缘社会有自然的,有虚拟的,想象的。不论如何,在与第二种人类社

---

[49] 罗伯生·史密斯：《犹太宗教：基本体制》,第 273 页。

[50] 同上,第 52—54 页。

[51] 关于亲属关系与社会/文化的关系,见奴玛·丹尼斯·福索德·考兰斯：《古老的城市：希腊罗马宗教、法律、政体研究》(Numa Denis Fustel de Coulanges, *The Ancient City: A Study on the Religion, Laws, and Institutions of Greece and Rome*. Gloucester, MA: Peter Smith, 1979),第 40—116 页；埃米利·迪尔凯姆：《宗教生活的基本形式》(Émile Durkheim, *The Elementary Forms of the Religious Life*. J. W. Swain trans., New York: The Free Press, 1965),尤见第 309—333 页。

[52] 阿诺德·凡·吉内普：《通过仪式》：(Arnold Van Gennep, *The Rites of Passage*. M. B. Vizedom and G. L. Caffee trans., Chicago: The University of Chicago Press, 1960),第 65—74 页。

[53] 埃瑞克·沃尔夫：《欧洲和没有历史的人民》(Eric Wolf, *Europe and the People without History*. Berkeley: University of California Press, 1997),第 91 页。

会组织——王权社会的出现相比时,亲属社会的重要性显得尤为突出。史密斯概括说,最初的部落制度中人人平等,后来某些强大的亲族或亲族中的家庭变成了贵族,[由此]财富开始不再均分。[54]沃尔夫认为,"家族关系的形式可以用于扩展社会关联关系与意识形态的关联关系。这种关系会成为在法律和政治领域发生作用的主要因素"。[55]哈米尔顿从生物学角度解释社会政治秩序的转变,这涉及对于一群体的适应性的益处,这是基于进化中产生的对亲属和非亲属的区分。[56]辨认和自己有着共同的基因库的亲属事关重大,它需要社会中形成不同阶层,以区别亲属(不论自然的还是虚拟的)和非亲属(由此产生了陌生人和孤儿的问题)。在这些刚刚形成的社会阶层内部出现了等级,其中近亲和远亲有了区别;有特权的亲属和没有的作了区分;由一个祖先传下来的较高级的支系和低级的有了区分;由于人口数量的上下摆动,或"联盟、人民、资源",或由于战争,某些支系"正在飞黄腾达",有些处于下降阶段,它们之间由此有了区别;在这样的等级中,因收养、招收或婚姻而加入的新人被贬到社会阶层的最底层。[57]非亲属之间的生产和交换关系随之建立起来了,随之而来的是政治权力和权势结构。[58]群居动物的很多例子可以说明这种社会秩序的"政治化",从鸡群中的普遍啄食次序,到主导男性的优势地位,[59]这是从人类历史之初就可以看到的一种社会历史现实。[60]我们人类祖先的进化很可能是为了适应由刚形成的各种人类社会和其中的各种复杂关系所引发的种种问题,其中包括如何发展能表现"社会

54　罗伯生·史密斯:《犹太宗教:基本体制》,第73页。

55　埃瑞克·沃尔夫:《欧洲和没有历史的人民》,第89页。

56　哈米尔顿:《社会行为的基因进化》,第21页。

57　同上,第23页;埃瑞克·沃尔夫:《欧洲和没有历史的人民》,第94、389页。

58　凯瑞瑟斯:《人类为什么有文化》,第49页。

59　马克·贝考夫:《动物社会群体中的优势》,见《MIT认知科学百科》(Marc Bekoff, "Dominance in Animal Social Groups," in *The MIT Encyclopedia of the Cognitive Sciences*, R. A. Wilson and F. C. Keil eds., Cambridge, MA: The MIT Press, 1999),第240—242页。

60　例子见瓦尔特·伯克特:《创造神圣》,第80—101页。

优势"的认知能力和其他适应机制。[61]人类社会阶层构造的这种进化趋势引出了"马基雅维利智力假设",认为认知进步的进程……主要是为适应社会生活独有的复杂性,而不仅仅是为了社会以外的环境问题,如寻找食物等等。[62]

我们也可以说,群体之间与群体内部的差别都可以归为不同的权力分配。[63]然而,整个社会中,亲族团体里的权力分配还是比较平均的,因为亲属关系使得内部不能有太大差异。[64]王权关系的特点是权力的强化,集权和王权实质上互为表里。权力的这种强化体现了对权力的地区分配的挑战,甚至当持续的地区权力威胁到了王权的增长时也仍然如此。

和所有理论结构一样,亲属/王权模式本身当然是历史的特殊产物。公元前四世纪的亚里士多德首先向西方世界描述了国家的观念:一个由国王统治的同盟。亚里士多德还首次指出了国王统治的国家与家长统领的家庭之不同。[65]此后不久的以色列史诗中对这些也有论述。[66]其中讲到几个中东部落的宗教与政治联盟,讲到他们编修家谱,追溯到共同祖先以巩固联

61　劳伦斯·赫士菲尔德:《天真的社会学》,见《MIT 认知科学百科》(Lawrence A. Hirschfeld,"Naive Sociology," *The MIT Encyclopedia of the Cognitive Sciences*),第 580 页。

62　安德鲁·怀顿:《马基雅维利智力假设》,见《MIT 认知科学百科》(Andrew Whiten,"Machiavellian Intelligence Hypothesis," in: *The MIT Encyclopedia of the Cognitive Sciences*)第 495 页;另见 W. 理查德·拜伦、安德鲁·怀顿:《马基雅维利的智力:社会专门知识和猴子、猿、人的智力进化》(Richard W. Byrne and Whiten Andrew, eds., *Machiavellian Intelligence: Social Expertise and the Evolution of Intellect in Monkeys, Apes and Humans*. Oxford: Oxford University Press, 1988)。

63　艾伦·夏理丹:《米歇尔·福柯:求真意志》(Alan Sheridan, *Michel Foucault: The Will to Truth*. New York, 1980),第 183—185 页;埃利·萨根:《专制的开端:个人主义、政治压迫和国家的起源》(Eli Sagan, *At the Dawn of Tyranny: The Origins of Individualism, Political Oppression, and the State*. New York: Knopf, 1985),第 236、240 页。

64　埃瑞克·沃尔夫:《欧洲和没有历史的人民》,第 94 页。

65　《政治学》,1.1—2。

66　尼尔斯·莱姆哲:《历史上和传统中的以色列人》(Niels Peter Lemche, *The Israelites in History and Tradition*. London: SPCK; Louisville, KY: Westminster John Knox, 1998),第 130 页。

盟，还讲到王权由联盟的族长会议中产生，这些都是众所周知的，此处毋庸赘述。不论这部史诗中所讲到的事件是否真实，它确是以叙事的形式提供了一个理论模型，说明某一民族的社会政治发展是如何从亲属关系过渡到王权的。当然，这也正是史密斯的立论依据。[67]

亲属关系和王权的社会组织可以从历史上找到很多例证，包括希腊、犹太社会，更有无数社会形式和文化组合方式。尽管亲属/王权的类型可以视为各种社会形成的共同途径，还是应该明白这许多种类型的社会组织以什么方式、为了什么原因维持并扩展了他们的权力范围。[68]特殊信息、知识、习惯和技术，这些也就是我们所称的"文化"。

（三）社会的维系与传承

文化塑造的社会区别于生物模式的社会，使一社会区别于其他社会的也是文化，文化的这种社会构成作用取决于对文化知识的编码以及文化知识如何世代传承。[69]理查德·道金斯（Richard Dawkins）在他的"自私的基因"的当代经典研究中提出一种设想，即通过文化传递与基因传递的相似之处来理解文化的传递。[70]借助文化与"基因"的相似性，他造了一个术语"脑因"（原文 meme 是理查德·道金斯根据 gene（基因）造的一个新词——译者注）。他提出，"精子或卵子把基因从一个生物体携带到另一个生物体，基因以这种方式在基因库中增殖。同样地，脑因通过模仿（广义上的）的方式，从一个头脑传播到另一个头脑中，它以这种方式在脑因库中增殖"。[71]通过这

67　罗伯生·史密斯：《犹太宗教：基本体制》。
68　埃瑞克·沃尔夫：《欧洲和没有历史的人民》，第 ix 页。
69　哈维·怀特豪斯：《崇拜之内：巴布亚新几内亚的宗教改革与传播》（Harvey Whitehouse, *Inside the Cult: Religious Innovation and Transmission in Papua New Guinea*. Oxford: Oxford University Press, 1995），第 196—197 页。
70　理查德·道金斯：《自私的基因》（Richard Dawkins, *The Selfish Gene*. Oxford and New York: Oxford University Press; new edition, 1989），第 192 页。
71　道金斯：《自私的基因》，第 192 页。道金斯认为脑因的传播可以"在物质方面实现……即个人的神经系统中的一种构造"："当你把一个有繁殖能力的脑因植入……[另一个]头脑里去的时候，你实际是把[那个]头脑感染了，把它变成了繁殖这个脑因的媒

一类比,个人对于携带多个与其有相同脑因的群体的服从就会形成一种追求总体利益的文化原则。这个原则决定着社会形成与维持的规则,提供了一股"强有力的社会凝聚力"。脑因对社会团体形成的作用和基因对社会性的塑造作用一样,都常表现为对亲属关系的认定。[72]

丹·斯波伯称赞道金斯的这一看法,即认为达尔文的自然选择机制不仅可以用于分析生物材料,也可以用于分析其他类型的事物。[73]但斯波伯不赞同道金斯关于"脑因"是文化复制的解释。他引用道金斯的论断"绝对可靠的复制过程是不存在的"[74]和任何复制中都存在"变异因素"为根据。[75]斯波伯指出,"在传递过程中表象基本上不会复制,它们会转化"。[76]

斯波伯认为,文化传递中发生的转换是由"一个构建性的认知过程"引起的。[77]他说,"人类的头脑利用它们能得到的所有信息,不是为了把它们复制或综合,而是为了以它们为或远或近的依据来构成自己的表象。[78]文化输入必须通过头脑中既有的概念结构才能成为思维表象,[79]正是由于所

介,就像病毒感染被入侵细胞的基因机制一样"(《自私的基因》,第192页)。道金斯在自己著作的新版中加了这样的话:"如果头脑中的脑因与基因相似,那么它们一定是大脑中一种能自我复制的结构,是一种在一个又一个大脑里把自己重组起来的神经细胞线路的实际构造"(《自私的基因》,第323页)。

72　罗伯特·帕克:《伏都教科学:从愚蠢到欺骗》,第36页;关于基因的新说法,见C.丹尼尔·迪奈特:《达尔文的危险观念:进化和生命的意义》(Daniel C. Dennett, *Darwin's Dangerous Idea: Evolution and the Meanings of Life*. New York: Simon & Schuster, 1995),第335—370、473—476页;理查德·布罗迪:《头脑的病毒:脑因新科学》(Richard Brodie, *Virus of the Mind: The New Science of the Meme*. Seattle: Integral Press, 1996);丹·斯波伯:《文化解释:自然主义方法》,第100—108页。

73　斯波伯:《文化解释》,第102页。

74　道金斯:《自私的基因》,第85页。

75　同上,第112页。

76　斯波伯:《文化解释》,第101、108页。

77　同上,第101页。

78　同上,第106、108页。

79　帕斯卡·保伊尔:《宗教观念的自然性》(Pascal Boyer, *The Naturalness of Religious Ideas: A Cognitive Theory of Religion*. Berkeley: University of California Press, 1994),第284页。

有的思维表象都是经过个体人脑处理的,我们才能将其称之为由文化输入而来的集体表象。[80]

传媒工程师一直根据克劳德·沙农所提出文化信息的处理、编码和传递的规则而工作。但一些认知人类学家对两种规则作出了区分:类比规则,它处理具体内容;数码规则,它源于内容以外的逻辑形式体系。[81]例如葛利高里·贝特森(Gregory Bateson)就把数字编码和文字交流联系起来,指出这种关联与表达和传递为维系一个国家(或王权)所必需的社会政治规则及经济规则密切相关。另一方面,他指出类比编码和肢体语言相关联,也就是与所有群居生物在(记忆中)储存和传播有关其基本关系模式信息的交流方式相关联。[82]而这些信息正是亲族团体最先关心的问题。

继贝特森之后,弗里德里克·巴特(Fredrik Barth)从能指与所指的区别入手,总结了数字和类比两种编码方式的不同,数字代码中概念(能指)和所指的关系是任意的,这和费迪南德·德·索绪尔(Ferdinand de Saussure)[83]对语言学的经典论述是一致的;而在类比代码中概念指称的必须是某种特定心理表象的对应物。这就如同把声波压成乙烯基而制成的音乐或声音信息的代码,或如同汞柱上标示温度升降的刻度。可以说,要明白类比代码的意义,就要理解这种从物体到象征符号的转变。一类比代码的意义相对于整个代码体系是独立的。一个意义的象征符号可以处于整个代码系统中的不同位置上。它在哪个位置,这和其意义无关。[84]这种嵌入事件与事物之中

80　史蒂文·品克:《语言直觉:头脑怎样产生语言》(Steven Pinker, *The Language Instinct:How the Mind Creates Language*. New York:William Morrow,1994),第 125 页。

81　豪沃德·伽德纳:《头脑的新科学:认知革命史》,第 21 页。

82　葛利高里·贝特森:《通往头脑生态学之路》(Gregory Bateson, *Steps to an Ecology of Mind*. New York:Ballantine Books,1972),第 372—373、412、421—422 页。

83　费迪南德·德·索绪尔:《普通语言学教程》(Ferdinand de Saussure, *Course in General Linguistics*, C. Bally and A. Sechehaye, eds. , W. Baskin, trans. New York:McGraw-Hill,1966)。

84　弗里德里克·巴特:《新几内亚的巴克塔曼族中的仪式和知识》(Fredrik Barth, *Ritual and Knowledge among the Baktaman of New Guinea*. New Haven:Yale University Press,1975),第 208 页。

的类比信息不依赖于按照系统规则构建的"纯粹约定符号"[85],也不依赖于"独语"或"句法顺序",而是以特别适合做多种解释的方式对复杂信息进行编码。[86]

在贝特森看来,类比编码尽管和数字编码迥异,却不代表着人在这方面的功能退化到其他哺乳动物的层次。[87]其实以类比编码为基础的人类交流方式是"更丰富、更复杂,……与语言文字同时兴盛起来的"。[88]巴特总结说,"用什么样的编码来承载信息,这意味着对认识对象的性质加以某种界定,也会影响由此产生出来的知识的性质。"[89]

(四)文化信息与记忆

在认知科学中,编码的过程就是一个进入大脑的感性或概念性信息经转变存入记忆的过程。[90]在如今心理学家提出的一套人类记忆的复杂系统中,短时记忆(或工作记忆)和长时记忆被区别开来。对于维护和传递几代之间文化信息的基础,长时记忆自然是关键。以米勒的论证为例,短期记忆的内容,如"自然的"亲属关系结构,是受到内在限制的。[91]而长时记忆则被分为内隐记忆、过程记忆和外显记忆三种。内隐记忆是指储存在记忆中的

---

85 贝特森:《通往头脑生态学之路》,第 373 页。

86 巴特:《新几内亚的巴克塔曼族中的仪式和知识》,第 208—209 页;哈维·怀特豪斯:《论证与崇拜:宗教信仰的不同形式》(Harvey Whitehouse, *Arguments and Icons: Divergent Modes of Religiosity*. Oxford: Oxford University Press, 2000),第 88—89 页。

87 贝特森:《通往头脑生态学之路》,第 372 页。

88 同上,第 412 页。

89 弗里德里克·巴特:《正在形成的宇宙论:对内新几内亚的文化变异的创造性研究》(Fredrik Barth, *Cosmologies in the Making: A Generative Approach to Cultural Variation in Inner New Guinea*. Cambridge: Cambridge University Press, 1987),第 75 页。

90 丹尼尔·夏克特:《寻找记忆:头脑、思维和过去》(Daniel L. Schacter, *Searching for Memory: The Brain, the Mind, and the Past*. New York: Basic Books, 1996),第 42 页;关于近期记忆研究的详情综述,参见此书。

91 乔治·米勒:《魔力数字 7,加 2 或减 2》;罗伊·丹德雷德:《认知人类学的发展》(Roy D'Andrade, *The Development of Cognitive Anthropology*. Cambridge: Cambridge University Press, 1995),第 42—44 页。

对过去经历的无意识记忆,即使人不是有意识地想起它,它也将继续影响人的行为。[92]过程记忆是那种有意识地获得的较为无意识的记忆。它与骑自行车等典型活动相关。外显记忆是大脑所获得的,随时能或快或慢地回想起来的材料。

外显记忆可以进一步分为语义记忆(或百科记忆)和片断记忆(或自传式记忆)。[93]语义记忆使人类及非人生物,特别是哺乳动物和鸟类获得、利用有关它们周围世界的信息;[94]对于人类,它指的是具有普遍性质和命题性质的心理表象,一特定人群获得了它,并通过重复而使它得到加强,此后便共同拥有这种记忆。这种信息被即刻存储到语义记忆之中,很容易回忆起来,通常作为特别的故事、神话或一套教义而传播下去。[95]这种信息的编码方式可以称为"数字"编码,因为它按照某些暗含的逻辑处理、组织信息,就像"计算机程序或……一门语言"一样。[96]

而片断记忆则指对个人经历,尤其是重大的或伤害性经历的心理表象。这些事件被抽象成人生中的特殊经历。对这些经历进行编码的时间、空间和事件中参与者的身份,都构成这类心理表象的一部分。[97]与语义记忆中对信息进行数字编码的隐含逻辑关联相反,通过类比编码而来的信息只是堆积在片断记忆中,等到人回忆往事的时候,它们会按照人所经历的事件

---

92 丹尼尔·夏克特:《寻找记忆:头脑、思维和过去》,第 9—10、164 页;《内隐记忆与外显记忆》("Implicit vs. Explicit Memory"),见《MIT 认知科学百科》,第 394—395 页;埃德尔曼和托诺尼:《意识的大学:事实如何变成想象》,第 67—70 页。

93 恩德尔·托尔文:《片断记忆和语义记忆》,见《记忆的组织》(Endel Tulving, "Episodic and Semantic Memory," in: Organization of Memory, E. Tulving and W. Donaldson eds., New York: Academic Press, 1972),第 381—403 页;《片断记忆和语义记忆比较》("Episodic vs. Semantic Memory"),见《MIT 认知科学百科》,第 278—280 页;丹尼尔·夏克特:《寻找记忆:头脑、思维和过去》,第 134—135 页。

94 恩德尔·托尔文:《片断记忆和语义记忆比较》,《MIT 认知科学百科》,第 278 页。

95 哈维·怀特豪斯:《论证与崇拜:宗教信仰的不同形式》,第 64 页。

96 弗里德里克·巴特:《新几内亚的巴克塔曼族中的仪式和知识》,第 207 页。

97 怀特豪斯:《论证与崇拜》,第 5、113 页;托尔文:《片断记忆和语义记忆》,见《记忆的组织》;夏克特:《寻找记忆》,第 17 页。

用自传式的方式组织起来。[98]那些和伤害事件有关的人或形象,或是印象深刻的仪式,尤其能使人恢复对这些事件的回忆。语义记忆系统和片断记忆系统都和人脑中的一个相同结构有关(中间颞叶和间脑结构)。[99]

内隐记忆可以说是社会性的生物模型[100]和通过对姿势动作信息进行编码构成的社会构造(如特定环境中亲属之间的行为关系)之间的关联点。社会心理学的近期研究发现,内隐记忆对于维系社会角色和社会关系有重要作用,尽管或者说正是因为人们没意识到这一点。[101]内隐记忆所获得的信息是以类比编码的方式输入的,也就是说它们对应于直接观察材料。[102]因为类比信息的非语言性,这些信息是"和语义信息、概念性信息分开储存的"。[103]内隐记忆中存储的形式和结构经过转化,进入语义记忆系统的有意识回想功能的范围,由此成为"有意义的联想和概念"。而内隐记忆和语义记忆的这种合作"通常是天衣无缝"。[104]

丹尼尔·夏克特指出,由于内隐记忆和语义记忆是动物和人类的共同特征,我们有理由相信"支持内隐记忆的大脑结构要比支持外显记忆的结构早出现"。[105]这一观察结果也印证了发展心理学家的发现:"学语前的幼儿……有惊人的学习能力"。[106]内隐记忆和语义记忆的基本区别是,语义记忆是(对于成年人)可以被有意识的回忆调动的。而储存在内隐记忆中的信息,也可以在受到外界适当刺激的时候变得外显,这样的外界刺激可以是某

98　布瑞安·梅利:《教义的模式:福音基督教在美国》(Brian Malley, "The Doctrinal Mode: Evangelical Christianity in the US," Paper presented at the British Academy Networks Project on "Modes of Religiosity", King's College, Cambridge, UK, 20—22 December 2001),第6页。

99　托尔文:《片断记忆和语义记忆比较》,见《MIT认知科学百科》,第278页。

100　哈米尔顿:《社会行为的基因进化》。

101　夏克特:《寻找记忆》,第189—190页。

102　同上,第168页。

103　同上,第182、184页。

104　同上,第184页。

105　同上,第174页。

106　同上,第173页。

个事件参与者的纪念物,等等。[107]例如,建在生物模式基础上的亲属集团的社会关系和群体认同都是通过内隐方式而编码传递的,如果这样一个亲属集团想与非亲属群体联合,或反过来,想通过进一步强化亲与非亲的界线来克服集团内部的竞争和冲突,那么对相关亲属关系的有意识的认识会为它提供选择的优势。可以说,那些最初进行了类比编码,被内隐记忆无意识地选择了的亲缘关系的规则,可以转化进入外显记忆系统的有意识回忆的范围内。这可以通过诸如对信息的频繁重复等数字化技术来实现。研究表明,"输入大脑皮层的反反复复的相同丘脑的信息,只要延长其持续时间,它就能把无意识知觉变成有意识知觉"。[108]类比编码信息也可以通过频率较低但富于情感的仪式而转化成有意识回忆。

M.劳森认为激烈的情绪就像个"认知警报系统",它使人注意与其相关的事件,并促进对这些事件的记忆。伴随有高度激烈情绪的片段记忆被称作"闪光灯"记忆。[109]在生物学意义上,闪光灯记忆和生物面对不明信息时首先产生的"逃跑或对抗"的反应有关系。[110]而从社会意义的角度看,闪光灯记忆则是源于某些特别生动或异常悲惨的事件[111],它似乎与成年仪式中那些难以抵抗的感受有着特别的联系,许多成年仪式在举行前都要进行预备性的"恐怖仪式",这些预备仪式所引起的"认知震惊"后来与成年仪式举行时的亢奋情绪共同被留在记忆里。这一切能引发"持续片断记忆,这些记忆对维系社会联合和长期的面对面关系"有至关重要的意义。[112]不同

107　夏克特:《寻找记忆》,第168—169页。

108　埃德尔曼和托诺尼:《意识的大学:事实如何变成想象》,第68页。

109　布朗·罗杰、詹姆士·库里克:《闪光灯记忆》,载于《观察到的记忆:自然环境里的记忆》(Roger Brown and James Kulik, "Flashbulb Memory," in: U. Neisser (ed.), *Memory Observed: Remembering in Natural Contexts*. San Francisco: W. H. Freeman, 1982),第23—40页。

110　夏克特:《寻找记忆》,第214页。

111　怀特豪斯:《论证与崇拜》,第119—121页。

112　同上,第12页。

群体以不同生物过程而自我组织,并据此对自己的文化信息以不同方式进行编码[113],这些编码方式决定了文化传递中所选择的不同认知程序。

三、文化和"宗教"

和任何文化现象一样,宗教现象彼此很不相同,而由于宗教现象通常伴随亢奋情绪,[114]所以宗教可以作为自然主义文化解释的最佳试验场。然而,作为研究对象,"宗教"概念和"文化"概念一样,难以给出恰当定义。[115]

十五世纪前,"宗教"和"文化"这两个名称没有本质区别。五世纪至十五世纪,西方文化的本质就是基督教文化。而在十五、十六世纪,西方出现了与限定西方文化的传统基督教神学知识结构分庭抗礼的一种知识结构。这种知识结构的中心不是"神"而是人。这新兴的"人文科学"从此作为新的世俗学问或科学,开始在知识分子和学术的圈子里得到应用。

自西方文艺复兴以降,称作"宗教"的这种无所不在的文化现实就在认识中被置于科学的对立面。例如,当代法国社会学家马歇尔·葛罗切(Marcel Grauchet)提出,宗教是历史中形成的一种辩证关系,一方是可见的现实,另一方则是对不可见的担保者的诉求。他还指出宗教即是致力于维护不可见的担保者之独立性的一种实践活动。[116]如一百年前的詹姆士·弗雷泽

---

[113] 路德·马丁:《仪式、形式、记忆和历史编纂》,《仪式研究杂志》(Luther H. Martin, "Rituals, Modes, Memory and Historiography: The Cognitive Promise of Harvey Witehouse," *Journal of Ritual Studies* 16.2(2002):30—33),第 31 页。

[114] 伊尔卡·皮斯埃南:《宗教如何起作用:迈向新的宗教认知科学》(Ilkka Pyysiäinen, *How Religion Works: Towards a New Cognitive Science of Religion*. Leiden: E. J. Bril,2001),第 77—142 页。

[115] 路德·马丁编:《社会科学研究背景下的宗教定义》(Luther H. Martin ed., *The Definition of Religion in the Context of Social-Scientific Study*. Special Issue of *Historical Reflections/Réflexions Historique* 25.3(1999))。

[116] 马歇尔·葛罗切:《世界的清醒:宗教的政治历史》(Marcel Grauchet, *The Disenchantment of the World: A Political History of Religion*, O. Barge, trans. Princeton: Princeton University Press,1997),第 40 页。

(Sir James Frazer)所说,"神通常只是躲在自然这块面纱背后隐身的魔术师,他们的魔力和魔法是人在同类之中也能以可见的、物质的方式操作的"。[117]

宗教尽管在认识论中被定义为科学的对立面,但它还是继续和西方文化交织在一起,作为宗教学者的通俗文化范畴,并因此受制于这些学者的通俗关切和神学倾向。[118]于是"宗教"作为学术研究科目,即使在西方,也是成果少得出奇。若从它的创始人(十九世纪)所设想的那种作为学术研究的科学意义(宗教科学)上讲,成果就更少了。[119]宗教观念和实践由于各种现实原因,"基本"保持了"和文化不分家"。[120]因此近来有些学者提出,总体上,"宗教研究和文化研究没有区别",于是宗教研究当然就该归入文化研究名下。[121]

实际上,"宗教"并不比其他文化现象,如交流体系(语言)、生产、交换体系(经济),权力分配(政治),思想体系(宇宙论),人际关系原则(道德)等,更难给出一个分析性定义。我们为研究之便可给宗教下这样一定义:宗教是在一稳定文化领域内,与这一领域内的其他社会体系相同的一种社会体系,它的特点是其参与者通过诉诸"文化所假定的超自然媒介"(culturally-postulated superhuman agency)的权威而寻求合法性。[122]在这样的定义下,宗教这一学科可以发挥它的分析功能,不论一特定宗教体系是否与它所置身的整体社会文化环境相疏离,或是否在一结构分化的社会文化环境中和其他社会体系有差别。以希腊和罗马的情况为例,对它们来说,伦

---

[117] 詹姆士·弗雷泽:《金枝:魔法与宗教研究》(James Frazer, *The Golden Bough: A Study in Magic and Religion*. New York: Macmillan, 1935),第92页。

[118] 拉塞尔·麦克卡顿:《制造宗教:独特的宗教与怀旧政治论》(Russell T. McCutcheon, *Manufacturing Religion: The Discourse on Sui Generis Religion and the Politics of Nostalgia*. New York: Oxford University Press, 1997);多纳德·韦柏:《宗教研究政治学》(Donald Wiebe, *The Politics of Religious Studies*. New York: St. Martin's Press, 1999),第172—275页。

[119] 多纳德·韦柏:《宗教研究政治学》,尤见第3—50、141—170页。

[120] 特默斯·菲特盖洛德:《宗教研究观念》(Timothy Fitzgerald, *The Ideology of Religious Studies*. New York: Oxford University Press, 2000),第224页。

[121] 同上。

[122] 劳森与麦考利:《重新思考宗教》,第61、124页;相似的经典定义另见爱德华·泰勒:《原始文化》第2卷,第8节。

理是哲学问题(理性体系),而非宗教问题,因为"官方"宗教和政治关系是不分家的。但这并不意味着学习希腊伦理学时可以不学希腊宗教。相反,当道德与宗教合一时,西方文化中的宗教就从国家政务中分离出来了。但人们还是可以区分西方伦理实践和它们寻求宗教担保的行为,也仍可以研究宗教和政治的关系。其他社会体系可以围绕宗教展开研究,如神学可以说是把宗教理智化并使它具有理性系统而做的一种努力;政治学可以看作寻求宗教合法化的努力(例如在一个神权政治的国家)。[123]这样的解释下,宗教是一个社会所假设的文化现实,和军事权力或市场这种现实不同,它没有也不可能建立确凿的物质基础,但是,对文化所假设的超自然担保力量的诉求和对合法性的追求,这些乃是不可否认的文化或社会现实,因此必须成为科学探索的对象。

科学研究可能产生的结果是,像韦伯说的,"使世界脱魅",包括从对超自然里的追求中清醒过来。因为科学研究提供了明确系统的理论,可供公开讨论和检验。[124]然而,当今的宗教研究却不是以韦伯开始研究时采用的社会学方法为起点,而是由认知这个文化研究的利器入手。这是因为对超自然力行为的各种追寻,以及与其相关的各种仪式,其表现方式都是可以预见的。而这种可预见性就能在认知理论的基础上进行解释。[125]

---

123 路德·马丁《世俗理论与宗教的学术研究》,见《宗教的世俗理论》(Luther H. Martin, "Secular Theory and the Academic Study of Religion," in: *Secular Theories on Religion: Current Perspectives*, T. Jensen and M. Rothstein eds., Copenhagen: Museum Tusculanum Press, 2000),第137—148页;路德·马丁:《王权与古希腊时期宗教政治权力的联合》("Kingship and the Consolidation of Religio-Political Power during the Hellenistic Period," *Religio. Revue Pro Religionistiku* 8.2(2000)),第151—160页。

124 马克斯·韦伯:《宗教对世界的拒斥与它们的方向》,见《马克斯·韦伯社会学文集》(Max Weber, "Zwischenbetrachtung" [Eng. trans.: Religious Rejections of the World and Their Directions], in: *From Max Weber: Essays in Sociology*, H. H. Gerth and C. W. Mills, trans. and eds., New York: Oxford University Press, 1946),第357页;汉斯·潘纳、爱德华·约南:《宗教科学是可能的吗?》,见《宗教期刊》(Hans H. Penner, and Edward A. Yonan, "Is a Science of Religion Possible?" *The Journal of Religion* 52(1972)),第131页。

125 斯各特·阿特朗:《我们信仰上帝:宗教的进化图景》。

认知学家认为,宗教和广义的文化一样是表象在人脑中的聚集。而没有人脑是完全相同的。因此他们与丹·斯波伯[126]针锋相对,认为解释宗教不能用宏观机制,而要用微观机制。他们按斯波伯的做法为解释宗教不仅设定了心理机制,还设定了特殊的认知机构。[127] 于是有认知趋向的宗教研究就可以定义为这样一种学术领域:它研究人的认知能力,研究由这种普遍而有约束力的认知能力如何产生心理表象,研究这些文化表象如何与一文化所假设的超自然力量的观念相关联,还研究与这些表象相关联的种种行为。

率先对人类认知和可称之为"宗教性"的心理表现之间关系加以研究的学者包括人类学家斯特沃德·古斯瑞[128],帕斯卡·保伊尔[129],哈维·怀特豪斯[130],丹·斯波伯[131],斯各特·阿特朗[132],还包括宗教史家 E. 托马斯·劳森,哲学家罗伯特·麦考利[133],比较宗教学家伊尔卡·皮斯埃南[134]等。古斯瑞是第一个明确提出一套宗教认知理论的。他认为[135],宗教的认知基础是人类试图以人神同性设定来概括并系统化其外界环境的固有趋向。他说,这种人神同性模式对人类最有意义,因为它们本来就是"由我们构成

---

[126] 丹·斯波伯:《文化解释》。

[127] 同上,第3页。

[128] 斯特沃德·古斯瑞:《宗教的认知理论》,见《当今人类学》(Stewart Guthrie, "A Cognitive Theory of Religion," *Current Anthropology* 21.2(1980)),第181—203页;《云中的面孔:宗教新理论》(*Faces in the Clouds: A New Theory of Religion*. New York: Oxford University Press, 1993)。

[129] 帕斯卡·保伊尔:《宗教观念的自然性》;《被解释的宗教:宗教思想的进化源头》。

[130] 哈维·怀特豪斯:《崇拜之内:巴布亚新几内亚的宗教改革与传播》;《论证与崇拜:宗教信仰的不同形式》。

[131] 丹·斯波伯:《文化解释》。

[132] 斯各特·阿特朗:《我们信仰上帝:宗教的进化图景》。

[133] 劳森与麦考利:《重看宗教》;《把仪式带进头脑:文化形式的心理基础》(*Bringing Ritual to Mind: Psychological Foundations of Cultural Forms*. Cambridge: Cambridge University Press, forthcoming),即将出版。

[134] 伊尔卡·皮斯埃南:《宗教如何起作用:迈向新的宗教认知科学》。

[135] 斯特沃德·古斯瑞:《宗教的认知理论》。

也是为我们"构成的。[136]古斯瑞论证道：

> 宗教兴起并存在下去，因为它所使用的模式[用来表现对环境的模糊感受，亦即人神同性论]通常是正确的……而且，这些模式对于各种特别重要的现象（我们自身和其他实实在在的人）的判断是正确的。应该问的不是为什么宗教模式会存在，而是为什么人神同性的模式会存在。[137]

宗教思想和宗教行为应看作普通认知过程中两个"密切相关的变体"，而不是"对立的两级"。[138]这是古斯瑞论证中的假设，它在此后认知宗教研究中占有核心地位。

帕斯卡·保伊尔也像古斯瑞一样，认为宗教观念容易获得，并被选为传播之用，是因为它们能适应一般的认知模板。[139]他认为，认知包括一系列用来构造最低限度的反直觉世界的日常认知程序，而宗教恰好是这些程序的"累积效应"。比起古斯瑞，保伊尔给"宗教观念的自然性"作了更综合的解释。举例说明，当关于某一力量（agent）的观念产生出来时，大量关于这一力量载体的信息早已出现，而不需要任何明确的指示："直觉心理系统把它们当作有意图的力量，交换系统把它们当作交换伙伴，道德系统把它们当作道德行为的潜在证人，个人系统把它们当作不同的个人"，等等。[140]当这些力量进一步带有了"起自然"的性质（这产生于人不满足于现实而探求可能性的认知倾向），这种力量的日常性格就被其反直觉的诉求破坏了，它由此变得引人注目，令人难忘。文化传递、选择和生存对它来说尤其容易。[141]帕斯卡·保伊尔把"宗教表现"的所有这些"方面"都解释为"思维头脑所拥有的普遍[但有约束力]的资质"。[142]

136　斯特沃德·古斯瑞：《宗教的认知理论》，第187页，详见《云中的面孔：宗教新理论》。
137　古斯瑞：《宗教的认知理论》，第192页。
138　同上，第181页。
139　保伊尔：《宗教观念的自然性》。
140　保伊尔：《被解释的宗教》，第314页。
141　同上，第298、311页。
142　保伊尔：《宗教观念的自然性》，第viii页。

古斯瑞和保伊尔探索的是宗教观念的自然性,而 E. 托马斯·劳森和罗伯特·麦考利研究并明确提出了一套关于宗教行为的理论,其理论基础是"仪式能力"。他们认为,表象宗教仪式形式的认知机制,就是人类用来表象日常事物和行为的"行为表象体系"。[143]他们和保伊尔一样认定,即使没有明确指示,参与仪式体系的人还是表现出对仪式形式的隐含和直觉的了解,这一点从他们对仪式的成功参与可以看出来。[144]使得这些对事物和行为的普通表象具有宗教性的是这些表象与文化所设定的超自然力的联系。是这些文化设定使得参与者对于仪式形式的表象具有宗教仪式的多种属性。[145]

每个研究者都对宗教或宗教的某些方面制定了自然主义的假设,它们的方法都可以接受检验。例如,劳森和麦考利关于仪式形式的理论就可以立即受到人类学家和历史学家的评估,这些专家可以用自己手中的经验材料检验他们两人的理论。比如他们可以用人类学和社会学所提供的仪式例证来检验这些例证仪式行为是不是能像他们两人说的那样在深层共有一种普遍仪式行为语法构造。[146]历史学家尤其可以进一步测试,看看这一理论是否能有效地填补历史资料之间出现的断裂,很多历史遗迹正是具有这个特点。[147]

为检验哈维·怀特豪斯[148]提出的多元宗教模式,一个为期三年的研究项目日前正在进行。这次检验所参照的经验材料是由各国人类学家、考古学家、历史学家、宗教史学家和认知科学家组成的工作组提供的。[149]怀

143　劳森与麦考利:《重新思考宗教》,第 87 页。

144　同上,第 2—3 页。

145　同上,第 61 页;《把仪式带进头脑:文化形式的心理基础》。

146　劳森与麦考利:《重新思考宗教》,第 84—136 页。

147　关于劳森与麦考利理论在史学方面的应用,见西阿多·威尔:《对立相吸:关于洗礼的争论中的身体与认知》(Theodore M. Vial, "Opposites Attract: The Body and Cognition in a Debate over Baptism," *Numen* 46(1999)),第 121—145 页。

148　怀特豪斯:《崇拜之内》;《论证与崇拜》。

149　哈维·怀特豪斯:《虔诚的模式:关于宗教的社会政治动力学的认知解释》,《宗教研究的方法与理论》(Harvey Whitehouse, "Modes of Religiosity: A Cognitive Explanation

特豪斯和保伊尔同样认识到了记忆在知识传输中的关键作用。他对两种宗教模式作出了区分。其一是"具象宗教模式",在这一模式中,教条和实践编码入片断记忆;这些经过编码的训诫和行为,通过不太经常但情绪激烈的仪式,由小规模、面对面的小组传播下去。怀特豪斯指出了这种"具象宗教模式"和当代学者更熟悉的"语义模式"的不同。后者是通过一共同信仰体系而获得传播和传递的。这些共同信仰经编码进入了语义记忆系统,以叙述的方式表达出来,并能得到有力的论证。语义模式所特有的信仰和教训通常很复杂,它们由权威机构控制,通过有规律的复查和频繁重复来维持。怀特豪斯认为,这两种不同认知方式对"宗教体验"的性质和宗教组织的构成方式都有重大影响。

怀特豪斯的理论认为,贯穿人类历史进程和在各种不同的文化中出现的宗教现象都体现了若干可预见的特征,这些特征是可以用一套基本的认知变量,尤其是记忆机制,来给予解释。这一模型如果通过了验证,它将使我们能就这两种不同方式的宗教编码、传递、认知过程和政治结构作出因果分析和比较研究。[150]

此外,认知理论提出的所有对因果假设都限定在进化论生物学这个框架中。例如保伊尔总结说,自然选择产生出特定思维类型,因此只有特定有限的宗教观念能被人脑吸取。[151]按认知学观点,"宗教"和一般的文化形式一样都是进化的副产品。这样的做法决不是在贬低不同宗教表象在其连绵传输过程中表现出来的社会意义。但吸引众多宗教学者的,正是这些宗教表象的结构意义和它们的历史传递。[152]问题在于,由于这类宗教结构的意

---

of the Sociopolitical Dynamics of Religion," *Method & Theory in the Study of Religion*. Forthcoming)。

150 怀特豪斯:《论证与崇拜》,第 1 页。我曾给怀特豪斯的理论下了一个限定条件,即通过生物模型建立的各种关系,最初是通过内隐记忆在亲属社会中传播的。如果结合早期亲属社会所特有的通过仪式(rites of passage),我们将会看到,这种仪式是罕有的例子,它们感觉上不甚壮观,是劳森与麦考利所认定,而怀特豪斯没有考虑的(见劳森与麦考利:《把仪式带进头脑》,即将出版)。

151 保伊尔:《被解释的宗教》,第 4、202 页;阿特朗:《我们信仰上帝》。
152 保伊尔:《宗教观念的自然性》,第 116 页。

义总是受制于特定文化,只是把这些表象进行比较,而不考虑那些受到同样文化影响或有着同样环境的其他类型表象,这种研究是没有用的,后现代主义者早已指明了这一点。与此相反,对宗教的科学方法研究是要探讨人类建立在生物基础上的共同认知结构。正是在这种认知结构的基础上不同人类社会建立了他们表达文化的不同方式。这份记录人类生物和认知潜能的档案将为宗教的比较研究和历史研究提供科学基础。[153]

对宗教的科学研究能取得多大效果还不确定。[154]但学术界若拒绝考虑科学理论,就只能继续沿用以往那些充满意识形态的非方法的方法。[155]

结 论

在以往的研究中,我曾论证过,我们可以把形形色色宗教团体看作是对不同文化设定的超自然力量的追求。它们都可以被看作是虚拟的亲族社会。那些更具普遍性的宗教则和王权社会的集权结构相类似。我在自己的历史研究领域——希腊宗教中,曾用亲属-王权模式研究当时的社会形

---

[153] 路德·马丁:《比较与社会生物学理论》(Luther H. Martin, "Comparison and Sociobiological Theory," *Numen* 48.3[2001]),第290—308页;凯瑞瑟斯:《人类为什么有文化》,第4页。

[154] 我想要声明自己不是新炼金术神秘主义者。我不认为在物质的某些奇特性质的基础上,可以展现精神领域的东西(埃德尔曼的《明亮的空气,灿烂的火焰》第212—218页说了"泛精神"的问题)。我也不是在搞新骨相学,不把宗教意义和最近新科学家列出的大脑活动的新生理模式结合起来(相关"新理论",见杰罗姆·古普曼《头脑上的上帝》,见《纽约人》(Jerome Groopman, "God on the Brain," *The New Yorker*, 17 September 2001)。我也说明自己不是在搞约翰·珀金汉《某些事实》(John Polkinghorne, "Some of the Truth," *Science* 293, 28 September 2001)中所提出理论的保留部分;约翰·珀金汉在评述帕斯卡·保伊尔的《被解释的宗教》时,把对人脑的认知研究称为"新骨相学")。新炼金术神秘主义和新物候学方法当然代表了把科学权威加于宗教追求之上的企图(杰罗姆·古普曼《头脑上的上帝》)。

[155] 路德·马丁:《使宗教研究清醒》,宣读于2001年美国宗教学术年会(Luther H. Martin, "'Disenchanting' the Comparative Study of Religion," paper presented at the Annual Meeting of the American Academy of Religion, Denver, November 2001, unpublished)。

势。我曾提出,这种模式也同样适用于封建中国。[156] 人类社会的亲属-王权模式严格地对应着怀特豪斯提出的双重模式:亲属对应怀特豪斯定义为"具象式"的小规模团体,王权对应怀特豪斯定义为"教义式"的大规模社会政治组织。[157] 随后,我在关于罗马宗教的一项史学研究中运用了怀特豪斯的宗教理论模式,其中包括其认知解释的基础。[158]

我的研究可以推动怀特豪斯的宗教理论模式的广泛应用,因为我提出了,历史形成的虚拟亲属社会依赖文化中产生的自动编码(autonoesis)机制,如参与成人仪式,在仪式中,社会关系在片断记忆中进行了类比编码,社会关系的结构也由此进行了传递。另一方面,命题性知识的重复,不管是通过语言还是通过反映教义的仪式,都更适于对王权社会中典型的信息集中控制,不论这些社会是借助权力用政治的手段组织起来的(或许用强制手段,或社会公认),还是通过对文化所假定的超自然力的追求,用宗教的手段规范起来的。规范社会凝聚力的这两种文化的选择(社会政治的和宗教的)在权力广泛分布的社会(如亲属团体)中基本没有区别。另一方面,历史上政权的巩固,亦即国家的兴起,通常都伴随宗教权力的扩展,比如开始是以崇拜一个神为主,最后发展成一神教的形式。随着国家的兴起,人类越来越为自己的生存状况负责,宗教追求的"自然"从社会中消失,而在人们的想象中转移到了超自然的王国。[159]

值得注意的是,王权社会一旦建立,会促成一种相反的趋势,人们会凝

---

156 路德·马丁:《和神相似或仅仅彼此相似:古代宗教比较》("Akin to the Gods or Simply One to Another: Comparisons with respect to Religion in Antiquity," in: *Verglechen und Verstehen in der Religionswissenschaft*, H. -J. Klimkeit ed., Wiesbaden: Harrassowitz, 1997);《生物、社会学与宗教研究》("Biology, Sociology and the Study of Relition," *Religion. Revue Pro Religionistiku* 5(1997):21—335);《王权与古希腊时期宗教政治权力的联合》。

157 怀特豪斯:《崇拜之内》,第 197 页。

158 路德·马丁:《述行、叙述与认知》(Martin, "Performativity, Narrativity, and Cognition: 'Demythologizing' the Roman Cult of Mithras," in: *Persuasion and Performance: Rhetoric and Reality in Early Christian Discourses*, W. Braun ed., Waterloo: Wilfrid Laurier University Press, forthcoming)。

159 马歇尔·葛罗切:《世界的清醒:宗教的政治历史》。

聚于不同的小群体。在"数以千万计的人们被推到一起的情形下,人们常常恢复一些小规模的稳固的关系网……它们大小相同,有类似的情绪,而不论国家、语言等的不同。"[160]我们很熟悉社会政治学对这种簇生的解释:在政治联盟之下维持区域传统的特征(习俗、服装、厨艺等),地方力量反抗大规模的政治入侵和强压,在国家淡化的时候加强社会归属感,如此等等。然而,这种凝集也可能产生于大规模的王权形式的社会政治组织在处理极其庞杂的信息时所遭遇的认知限度。这种认知危机导致了社会的"迸裂",也就是导致了王权社会分裂为大量准亲族性的社会群体。

我已试图说明,对宗教的认知研究不仅能为研究对象下一个清楚的定义,也能提供一种大脑的认知构架,用来科学地解释社会何以有对各种超人力量的权威的追求,与合法化的需求相关的文化与行为表达是如何产生的。我们也可以有效检验其宗教定义的效力和其对历史进程的解释的有效性。就其能为宗教研究提供可检验的解释而言,认知研究也为总体的文化研究提供了一个模式。

(刘昊 译/陈维纲 校)

(原载《中国学术》第十二辑)

160　保伊尔:《被解释的宗教》,第249页。

流通文化

李湛忞（美国纽约社会科学新校）
爱德华·利普马（美国佛罗里达迈阿密大学）

新千年伊始，一切都变了，一切都没变。言语和钱币，意识形态和形象，计算机技术和宗教原教旨主义，这些东西的流通似乎就构成了人类事务的进程。人们确实逐渐认识到，只有通过一种完整的流通理论，才能把握日益全球化的当代状况，这就是关于流通文化的理论。流通文化的含义是，现在最重要的文化形式以全球流通为其存在方式，流通方式与流通中的文化形式有着密不可分的相互关系。流通文化还意味着，最明显的资本形式是那些全球流通的资本形式，它们漂泊流动着，很少与民族国家的经济或文化的社会再生产关联在一起。为了从理论上说明历史回归的源流，我们不妨从原始时代开始，直到衍生性金融商品，看一看流通文化是如何成为日益世界化的政治经济之先导的。

当代的全球化有一个最重要最显著的特征，那就是文化的流通越来越强劲。这些流通过程改变了价值本身的生产以及种种可能具有的含义，其典型标记是(但并不只限于)金融工具经过技术放大之后呈现出来的全新面目和意义。流通文化既断开也连接不同地域，现在甚至成了重新界定地域含义和具体地方之真实性的推动力量。这些连接形式是全球不对称再生产的工具和表达形式，它们几乎是全新的，全世界的国家和人们以及各种社会运动都在探寻这种权力源于何处，受谁控制。当代的流通文化在重新配置基本的统治规则和政治权力参数的过程中，尽管强化了对客体的依赖形式，但是也给主体带来新的自由(例如关于个人权益的话语)。流通是一种准自治领域，自身有一套组织原则、权力技术和阐释机器，这个领域的扩展彰显了资本降临之前和资本主义进入一个历史新阶段之前就已经注入的动力。

我们认为，流通不只是人员、商品和资本的运动。无论流通的形式是库拉圈成员佩戴的袖箍，想象出来的民族主义群体的小说和报纸，还是全球资本的货币交换，都预设和创造了阐释并使用这些形式的复杂的"流通文化"。要打开这些流通文化，就必须借鉴语言学的转向，创造出一种复杂的元语言，将一些最困难的问题——例如自反性、述行性、对象化、自我指涉，应用于一般认为属于经济和金融领域的现象。

我们不妨从莫斯（Mauss, 1967）关于前资本主义交换和流通的说明开始，他试图以此替代将人视为经济性的自我最大化者的观念。最根本的问题是遵守规则；我们对这一问题的探索，将从结构语言学开始，经过列维－斯特劳斯关于亲属关系和婚姻关系的分析，直至语义规则，甚至包括功用最大化概念、加法以及用于衍生性金融商品价格测算的 Black-Scholes 模式等数学实践。哲学家路德维希·维特根斯坦（1958）曾经说，莫斯的解释是一种哲学上的民间理论，终究缺乏连贯性。要解决这个问题，恐怕离不开述行性和对象化等概念，受到维特根斯坦批判的弗雷格（Frege）的著作预示过这些概念的重要性，他的思想启发了奥斯丁的述行性理论。

述行性已经成为同一性文化分析中的一个特别重要的问题，我们认为，它之所以成为对经济过程进行文化分析时的一个重要因素，是因为它与对象化和规则遵守是联系在一起的。其实，我们所称的"述行性的对象化"不仅是马克思讨论劳动的商品化和"以生产为中心"的资本主义时的关键因素，也是我们讨论风险的商品化和"以流通为中心"的资本主义时的关键因素。

危机意识是本文写作的一个动机。莫斯的著作写于第一次世界大战的阴影之下，那次战争摧毁了关于理性必然进步的普世信念。他诉诸布罗尼斯洛·马林诺夫斯基（Bronislaw Malinowski）关于南太平洋特罗布里恩岛民的库拉圈和弗朗兹·博厄斯（Franz Boas）关于夸扣特尔印第安人夸富宴的记述，寻求一个与现代经济人概念不同的社会视角。在那些土著社会里，礼物和财物的交换创造出一种"社会事实的整体"，将经济、道德、心理、宗教以

流通文化

及审美等人类存在的所有方面集合起来。当代的全球化也产生了一系列危机,譬如长期资本管理公司的失败,亚瑟·安德森公司、英国巴林银行的倒闭,橘县和恩仑集团的破产,以及泰国、土耳其、阿根廷等国的货币贬值等等,表明跨国资本形式正在取代以国家为中心的生产形式,成为资本主义的突破口。衍生性金融商品以及风险管理技术和体系的发展是"现代市场经济最骄人的成就"(Steinherr,xvi),说这句话的作者同时也指出,使用这些技术和体系时,"万一发生偏差,就可能对整个世界金融体系造成威胁。"(The Economist, May 14, 1994 quoted in Steinherr, xv)

那么,衍生性金融商品在什么样的意义上完成了始于莫斯的关于前资本主义流通和交换的思考呢? 衍生性金融商品是从股票、商品或货币等其他资产中衍生出价值的一种金融工具,包括股票期权、商品期货以及货币交换;不过,标的资产可以是任何可以买卖的东西。恩仑公司曾经夸口说,通过对从宽带网络到水资源等所有商品创造衍生性价值,到2005年,它将成为全世界最大的公司。期权是指将来某一时间以某一固定价格买卖某一标的资产的权利,而交换是指将一种资产流动和转变为另一种资产,譬如将浮动利率转变为固定利率。衍生性金融商品的价格是根据标的资产价格的挥发性来制定的,它们是第二序列的金融工具,也可以说,它们将连接性风险货币化。衍生性金融商品由于将杠杆作用、弹性扩展、套期保值以及投机结合为一种金融工具而得到迅猛扩张,同时也正是这种结合使它们具有潜在的危险。由于它们是第二序列的金融工具,所以与生产的联系是间接的,它们的迅速扩张使一种关注流通风险价格而非生产成本价格的投机资本主义得以发展。于是,衍生性金融商品使我们在一个更为复杂的层面上回到莫斯的起点:流通和交换。

为什么要从莫斯开始? 现在回头看,问题应该是很清楚的。莫斯坚持以礼物交换为出发点,意在提供一个可以替换以实际自我利益为追求目标的经济人的概念。在特罗布里恩和夸扣特尔那样的前资本主义社会里,礼物交换构成一种"宗教、法律、道德以及经济等所有体系都能得到表达"的"社会现象的整体"(Mauss,1967,1)。莫斯并不否认经济的自我利益在这些交换中的作用,但是他也认为,赠予和接受以及回报是不同的行为,它们的区别不仅在于时间上的不对称,而且与形成那些社会里所有社会关系之基础的不对称地位和声望有关。由于金钱的使用,交换成为双方的、同时的和平等的事情,社会关系呈现出一种形式的和抽象的面貌。在莫斯看来,礼物赠予主要是一种社会和心理行为,经济人并不是人类进化的必然产物,而只是社会历史发展的一种特定表现;流通不是单纯的人员、礼物和商品的运动,而是围绕着流通形式的阐释和使用而建立起来的社会体系所创造的一种文化过程,构成我们所称的"流通文化";最著名的人类学例子是布罗尼斯洛·马林诺夫斯基描述和莫斯曾经充分讨论过的库拉圈现象。

列维-斯特劳斯对莫斯的再阐释引发出结构主义,后来关于莫斯理论的论争引发出布迪厄的人类学批判和德里达对结构主义的解构。布迪厄的中心靶子是列维-斯特劳斯的规则理论。列维-斯特劳斯比照语言学结构主义的音韵学规则(他从诺曼·雅各布森1943年的音韵学课上听到那些规则),将妇女加进莫斯的交换清单。规则的出现将文化过程与自然过程区分开,而文化创造的基本规则是乱伦禁忌;婚姻规则是一种涵盖语言、妇女、神话以及商品的一般交际功能在具体社会的实现。索绪尔的语言与言语理论是结构主义音韵学的基础,列维-斯特劳斯也用一些抽象规则将妇女交换解释为"操作符""在规定方向上……进行变形选择"(Levi-Strauss,1969,xxxiii)。

皮埃尔·布迪厄(1977,1990)和维特根斯坦批判规则遵守理论,就是要批判这种将规则视为必须掌握并运用于实际行动的抽象实体的思想。布迪厄的批判靶子是列维-斯特劳斯关于婚姻规则的结构主义分析及其来自索绪尔的理论基础。维特根斯坦的靶子是弗雷格的语言逻辑分析,弗雷格认为句子表达说话人所掌握和断定的抽象命题。布迪厄的观点是,人类学家将自己的认识论投射于土著民,于是便以为他们观察到的行为规则是由掌握并执行行动规则的行动者产生的。例如将土著民的空间知识描绘为一幅地图,然而地图反映的是不熟悉路线的外来者的视角,土著民是不需要地图的。人类学家以抽象的非语境化的形式将其第三者的客观的"乌有乡景象"

投射出去，让土著民应用于具体语境。维特根斯坦指出，哲学家通过逻辑和数学镜头分析语言实践并将它们对象化，他们将自己的分析情况投射于语言，并且由此创造出深层语义结构或弗雷格的意义、思想和命题等概念。难怪布迪厄在《实践逻辑》一书的开头引用维特根斯坦关于规则遵守的论述和亚里士多德的模仿理论。

我如何能遵守一项规则？——如果这个问题不是问原因，那就是问我如此这般遵守某项规则的正当性。

如果我刨根究底而仍无正当性可言，事情就倒过来了，我就会说："我就是这样做的。"（Bourdieu,1990,25）

人……是最有模仿力的动物，他最早从哑剧学习模仿。（同上）

布迪厄对可观察的社会规律与个体行为的关系作出另一种简略描述。他反对所谓行动者"内化"规则并据以指导其行动的说法，而是利用莫斯的身体理论，提出一种文化代码的"惯习"（habitus）概念，即一套具体感觉和实践活动，对这些活动的描述必须包括使用规则和语境说明，它们构成前概念的"根底"，除了维特根斯坦所说的"我就是这样做的"之外，再没有明确的理由可言。惯习不是通过内化可以得到的，只能像滑冰和弹琴一样，通过模仿和实践而习得。在数学和逻辑的理想化模式压力之下，抽象规则的形成过程略去了人们现在所说的语言的"索引"和"语用"方面；规则存在于非语境化的抽象层面，然后才被特定语境中的使用者所运用。在列维-斯特劳斯看来，文化是反映社会互惠抽象规则系统的"表层"，而布迪厄则认为，文化是赠予、接受和回报行为连接起来并以身体为中心的索引系统的代码化。

维特根斯坦对规则遵守理论的批判使述行性和对象化这两个近来文化讨论中的前沿问题得以沟通。这是一种直接的历史联系。维特根斯坦的主要批判靶子是弗雷格的语言理论和认识论，这一点尤其表现在后者于意义和指涉的论述。约翰·奥斯丁从已经译成英文的弗雷格的著作中汲取思想，并且赋予述行性突出的哲学意义。本维尼斯特（Benveniste）将这些思想引进法国知识界，再通过布迪厄和德里达的著作，成为结构主义与后结构主义论争中的关键部分。

奥斯丁(1962)用述行性概念批评强调语言的描述作用的哲学观点。数学和逻辑学的发展,尤其是弗雷格的量化理论,强化了这样一种观点:语言命题的真理价值在于语言描述与独立现实的可比性。奥斯丁分析了一些看似描述、实则创造的语言形式,譬如"我答应去那儿"是一种承诺行为,而"他答应去那儿"只是一个陈述报告。具体述行句创造它们所描述的事情,削弱了独立对应性的前提意义。奥斯丁指出,述行性不是语言的补充特征,而是语言的根本属性。本维尼斯特对奥斯丁的分析作了进一步限定,指出这些"具体述行句"的真正特征是创造性的、索引性的自我指涉。"我答应去那儿",这个具体述行句的指涉对象就是说话人,因此它既是自我指涉,也是索引性的,既进行例示,也创造了说话人的语言角色。本维尼斯特指出,具体述行句的创造性、索引性和自我指涉性也反映在人称代词上,述行性实际上是语言本身的一种结构原则;对象化与述行性在语言的功能作用中不可避免地联系在一起。

奥斯丁的述行性概念源于弗雷格关于意义和指涉的论述,他在修正后的言语行为理论中也将这一概念与意义等而视之。弗雷格的意义和指涉理论本来是为了架接认识论与逻辑之间的桥梁。意义是从一个表达单位理解到的东西,但是意义与句子的逻辑结构不能分开。弗雷格用他的数学功能理论和量化理论对包含命题或思想的句子进行分析。句子的逻辑"对象化"显示其内部的语义结构,而语义结构与逻辑结构是一致的。理解一个句子时所把握的东西就是句子的意义,即一个命题所表达的思想。一个句子的意义是全句所有词语的意义的产物;由于意义与命题的逻辑结构不能分开,所以意义是抽象的永恒的实体。意义通过真假功能判断而与现实关联起来。按照弗雷格的模式,个体把握或理解句子的意义,对意义作出真假判断,然后通过述行断定行为进行交际。

奥斯丁的述行性理论与维特根斯坦批判的规则遵守理论直接相关。根据维特根斯坦的论述,规则遵守行为并非对规则进行内部把握或理解,然后通过断定加以运用或表达。语言的逻辑对象化似乎产生出个体理解并交际的抽象意义,但这只是将语言当作语言结构本身进行逻辑分析而产生的一种幻象。述行性似乎是从精神状态("理解","知道","相信")和行为("判断","决定")跨到言语行为("断定","陈述")的最后一步,是抽象规则与行动之间的连接点,然而正是具体述行句的自我指涉性使人们以为存在着这样一种直接的连接。对象化与述行性似乎是密不可分的。

布迪厄和维特根斯坦关于规则遵守理论的批判对于理解交换和流通有什么意义呢?如果说我们对规则遵守现象的标准理解来自一种"乌有乡景象",并且与"述行性的对象化"有关,那么它们仅仅是一些症状,抑或在当代社会里发挥某种功能?列维-斯特劳斯说,自然向文化的过渡离不开乱伦禁忌的互惠规则:"我放弃我的女儿或我的姐妹,唯一条件是我的邻居也同样去做"。作为"礼物"的妇女改变了"战争交换",这一过渡让人想起霍布斯关于人类从自然状态进入文明社会的契约论。霍布斯的契约论是西方关于社会创造以及社会契约的基本模式的原型,与一个具体的述行动词"授予"有关:

> 我放弃或将统治自己的权利授予这个人或授予这些人,条件是你将你的权利授予他,并将所有行动权授予他。(Hobbes, 1991 (1651), 120)

霍布斯社会契约论的心理学对应者是笛卡尔的"我思故我在",他用的一个具体述行动词是"说":

> 我们的结论就是这一非常明确的命题:我思,我存在,这是确定无疑的,因为这是我说或我思的。(Descartes, 1984(1642), Ⅰ:150)

无论对于笛卡尔,还是霍布斯,确定性的理想形式是数学及其必需的对象化和形式化方式。在他们看来,所谓"述行性的对象化"实际上就是"我思"和"契约"。笛卡尔想让思想有一个明白确切如几何学真理的出发点,而霍布斯试图对取范于几何学证明方法的文明社会的创造原理作出合乎理性的演示。这种对确定性的追求与具体的述行行为交织在一起,创造出新的内指的主体性形式,而此前的模式则将"自我的根源"置于个体或集体之外,置于上帝、传统、超验权威或各种柏拉图形式之中。他们在相隔不过十年之间作出的两种阐述,在个体主体性与社会主体性之间建立起互动关系,支配了西方现代思想。

由于笛卡尔和霍布斯预设了一种演绎推理的几何学模式并使用了具体述行句,这两个创造个体主体性和集体主体性的起始点都与植根于"述行性的对象化"的"主体性的对象化"有关。将数学和逻辑用作认识论基础,结果引发了后来的哲学论争,而弗雷格对语言和思想所作的详尽数学分析使论争达到高潮。述行性的对象化产生了一个主体,其主体性愈益被视为内部精神过程对象化的结果;不过,该主体也被视为交换承诺和产生社会契约并进而创造文明社会和国家的行为者。

哲学家查尔斯·泰勒(1989)说,现代性产生出一个针对人类互动关系的对象化的"乌有乡景象",其源头是笛卡尔的"我思故我在"。霍布斯的契约论提供了一种社会的"述行性的对象化"。这两条思路构成以"乌有乡景象"为特征的现代思想的关键部分。泰勒认为,洛克将两条思路合而为一:"断开的"、对象化的自我与其同类相逢,通过述行为创造一种同样对象化的社会模式。对于马克思而言,合同和市场的述行性与劳动的述行性合而为一,产生出一个新的社会历史的具体述行主体——资本,其述行性来自黑格尔关于时代精神和第一人称代词的分析,并且经过对象化和比率化的抽象时间形式的中介。不过,接下来就可以看到,正是由于马克思将金钱、拜物教、对象化以及资本联系起来,才使"述行性的对象化"不仅成为分析现代主体性和客体性概念的出发点,而且成为分析资本本身的出发点。

对述行性的关注也与人们越来越认识到流通在创造公共领域和民族主义等具体社会形式的过程中所起的重要作用有关。在《公共领域的结构转换》一书中,尤根·哈贝马斯(1989)说明了咖啡馆和沙龙中流通的关于小说等文学形式的讨论和评论如何为公众舆论和大众权威等观念的形成提供了"重要条件"。本尼迪克特·安德森(Benedict Anderson)关于想象的民族主义群体的论述补充了哈贝马斯的公共领域理论。小说和报纸的流通提供了一个全球化的读者群,通过这些符号形式可以想象出一个在现代世俗时间中运动的陌生群体;这一形象成了现代公民社会之核心的"人民"概念的基础。阿尔金·阿帕杜雷(Arjun Appadurai)后来在安德森的基础上,试图从理论上说明人员、观念、媒体、技术以及金融的流动如何为创造当代全球化的种种碎杂想象物提供了实际的资源。

泰勒(2002)参照这些关于流通的讨论,指出公共领域和公民国家以及市场是标志西方现代性的三个"社会想象物"。所谓社会想象物是指把社会想象为推动共同实践和集体生活的某种中介。现代社会想象物与特定的社会实践相联系,譬如阅读、讨论或理性计算的流通,它们需要具体的文化形式(小说、报纸、金钱以及金融工具)以及必要社会体制的支持,例如咖啡馆、出版社、结算中心或银行。

每个社会想象物的核心是一种自反的集体作用力,它以基本上互不相识的参与者之间的社会述行行动为基础,这样的社会行动也许是公共领域和民族主义者之间进行的阅读和讨论,也许是市场上的买卖活动。这些集体想象物是在一种"空洞同质的"世俗时间中运动的,直接产生于能动者的集体行动,而不是行动之外的某种超验根源,譬如众生序列或上帝。"人民"、"市场"或"公众舆论"都出自能动者自己的集体社会行动,而不是某种外在的作用力或永恒的存在;能动者的共同行动使所有参与者能够平等而直接地相互接近,例如市场就产生于协同互动的买卖承诺,每一项承诺都是一次市场行为;公众舆论产生于公开讨论,每一次讨论都会形成一种公众舆论。社会契约思想已经成为西方现代性的基本意识形态,因为它对集体作用力所作的具体述行建构不仅是现代社会想象物的重要方面,也是资本本身的重要方面。

通过述行活动创造的这些社会想象物与资本的联系恰恰是马克思讨论拜物教和意识形态时的中心问题。莫斯就礼物赠予现象作了一个有趣的评论:土著民的礼物赠予行为看似"自愿自发和无功利的,实际上是必须做的功利之事"(Mauss,1967,1)。布迪厄将这一现象称为社会互动赖以进行的根本的"误认"(misrecognition):"总的来说,尽管赠予和回赠呈现出自愿的样子,但是它们在本质上是一种严格的义务,这样的交易是一种私下的或公开的争斗"(Mauss,1967,3)。莫斯在《礼物》一书中没有提到马克思,但是布迪厄明确提到马克思的拜物教概念和卢卡奇的物化概念;误认是社会再生产所必需的成分,正如价值和剩余价值的再生产离不开拜物教。

在其后来论述资本主义社会的著作(例如《区隔》)中,布迪厄发展和完善了他的象征资本和经济资本的概念,但是并没有讨论它们与马克思的价值以及资本概念的联系。然而从《资本论》第一卷可以清楚地看出,资产阶级的市场和社会契约意识形态是由资本的发展决定的,即剩余价值的发展为劳动力准备了市场。市场似乎是所有交换和契约的总和,金钱掩盖了市场交换与价值或抽象劳动时间的联系;不过,这种误认也是价值和剩余价值生产所必需的。

按照马克思的说明,劳动作为剩余价值的源泉,也是以市场和契约意识形态为基础的述行性创造的一种商品,它与资本的联系是显而易见的。不过,述行性与马克思用来分析资本的哲学框架之间有一种更深层的联系。在马克思的《政治经济学批判大纲》和《资本论》首卷里,许多地方都显示资本模式取自黑格尔的《逻辑学》;马克思从黑格尔关于"精神"和"概念"的阐述中得到剩余价值的述行性。黑格尔通过对第一人称代词的哲学分析得到"精神"和"概念",认为"概念"的自由具体实现不外乎就是"我"或纯粹自我意识的实现。众所周知,马克思颠倒了黑格尔,将辩证法重新置于社会现实之中。就是说,马克思认为社会总体性并不依赖于任何超验基点;相反,是特定社会历史的述行主体产生出抽象量化的社会总体性,这是主体自我再生产过程中的一个必要时刻。

在《资本论》第一卷里,马克思说明了当劳动力变成市场上的商品时,流通如何推动形成特定历史环境下的社会总体性。这种总体性由价值构成,作为抽象时间而实现,以"自我展开"或"自我安置"的自反性内部动力为特征。在"金钱,或商品的流通"一节里,马克思说明了作为价值尺度和价格标准的金钱如何成为交换的中介并创造出以价值(而非剩余价值)为基础的社会总体性,以商品生产为基础但还不是资本主义的社会由此产生。资本主义发展的关键因素是劳动力必须变成商品,由此产生的不仅是以金钱为中介、以商品为基础的社会,而且是受资产阶级价值观支配的市场:"在流通或商品交换的领域里进行着劳动力的买卖,这个领域实际上是天赋人权的伊甸园,是自由、平等、财产以及边沁主义者的绝对王国"(1977,280)。在讨论过作为商品的劳动力之后,马克思接着讨论剩余价值生产,于是《资本论》论及两种流通。第一种是前资本主义的流通,通过金钱和价值生产对商品交换进行中介。劳动力成为商品后,出现了第二种流通,即剩余价值或资本的流通,这是《资本论》第二卷的中心议题。资本的发展带动了一种特定流通文化的预先发展,即以金钱为中介的资产阶级市场社会。

如果将马克思关于资本述行性的分析与现代社会想象物的述行性结合起来,就可以看到现代资本主义有两种类型的述行主体:一是由作为资本主义"深层结构"的资本或剩余价值构成的自反性主体,二是市场社会想象物中的自反性的、集体能动性的拜物焦点,这一想象物与公共领域和公民国家在意识形态上是联系在一起的。资本主义的双重述行性表明述行性是分析当代社会时的一个重要问题。马克思全力论证的问题是:价值只能是生产的结果,而不是交换和流通的产物。社会契约论的依据是具体的述行承诺,无论霍布斯的主权契约论,还是创造市场的买卖承诺,概莫例外。劳动力的商品化预设了商品市场的发展和合法化,资本或剩余价值为市场的发展设置了意识形态。然而,契约意识形态的合法化对象不是生产,而是流通和交换,因而成为拜物教里的一项重要内容,也就是说,剩余价值的生产和资本主义的扩张导致必要的社会误认。按照社会契约论,实际上产生于价值生产过程的资本似乎起源于流通。马克思认为资本主义以生产为中心,根据这一观点,不妨称为"流通拜物教"的现象既是资本主义的必要成分(这是由劳动力的商品化所决定的),也是资本主义扩张的起点。

现在回头看我们的出发点,莫斯十分重视的流通和交换的根本作用就很清楚了。他在《礼物》一书结尾时指出,礼物的实质在当代表现为国家的社会保障形式,表现为我们现在所称的福利国家的兴起,这是社会觉得它应该回报人们劳动的礼物。从前资本主义到资本主义过渡的中介并不是列维-斯特劳斯所讲的从自然向文化过渡中的乱伦禁忌的互惠规则,而是社会契约的互惠规则。这样的规则也在建构个体主体性和集体主体性的过程中预示为一种根本性的"述行性的对象化",使市场经济的发展合法化,并且当劳动力变成商品之后,创造出第二种述行性,使资本和剩余价值合法化。资本的兴起也依赖于一种根本的误认,即通过金钱进行的劳动的对象化掩盖了价值(抽象劳动时间)与价格的关系,最终产生这样的看法:以为价值是流通而非生产的结果。这种误认是导致资本主义无情的创造性破坏力的一个关键因素。生产力的提高使发明家占据竞争优势,能够增加剩余价值,但是随着发明成果的推广,新的生产力水平就变得平常,出现波斯顿(Postone)所称的那种资本主义的"踏车"结构。在莫斯看来,社会的复杂流通结构以及相伴随的社会误认形式是在赠予、接受和回报之间的时间间隔内形成的。在资本主义社会里,通过金钱和资本的对象化,形成一种形式中介的误认,不仅需要资本竞争所产生的时间间隔,而且离不开流通拜物教。

如果将莫斯的思想与维特根斯坦的思想结合起来,就可以看到问题的关键所在:个体、集团和社会之间是什么样的关系?莫斯的《礼物》是在两次世界大战之间问世的,他的写作动机部分在于提出一个可以替换当时流行的经济人概念的解释模式。他感觉在"礼物"上"发现了一种社会生活的基础",使我们能够"从道德角度看清目前面对的经济危机中的一些问题"(Mauss,1967.2)。自他的著作问世以来,经济话语越来越数学化和形式化,甚至华尔街也充斥着"匡茨"(quants)之类的术语或数学、物理、统计数据相交叉的复杂分析。已经出现的一个问题是越来越形式化的经济行为模式与它们意在描述的互动行为之间的关系。如果将这些形式规律看作指导个体行为(就像列维-斯特劳斯所讲的亲属关系中的操作者)的规则(例如计算衍生性金融商品的价格),那么维特根斯坦对规则遵守理论的批判似乎就能派上用场了。

将类似规则的社会规律与个体行为联系起来的最流行的方法是博弈理论。经济学与博弈理论的关系是冯·纽曼和摩根斯坦特(Von Neumann and Morgenstern)在《博弈理论与经济行为》一书中提出来的,但是后来范围逐渐扩大,将伦理学、意义理论、语言、社会体系以及决策行为都包括进来。从某种意义上说,博弈理论重构了莫斯的"社会事实的整体",不过这种重构与关于人类行为的对象化和形式化的观点是一致的。库拉圈和印第安人夸富宴所创造的"流通文化"已经预设了赠予/接受和回报在时间上的不对称性和活动参与者之间在认识论和社会地位上的不对称性。关于人类行为的博弈理论方法使这些预设中性化;演员们都知道他们所处的情境,知道各自的策略;集体行动被视为互惠和同时决策的产物。社会行为是这些个体行动的集合,在两个人扩展到 n 个人的游戏中得到反映。进一步说,只有每个参与者遵守功用最大化原则,使优先行为的相对力量得到数量计算,才可能确定作为互动游戏的社会行动模式。如果将功用最大化原则看作心理现象,那么就可以运用维特根斯坦的有关批评。这个问题看来确实是由对规则控制行为的形式化和非语境化的解释引起的。

维特根斯坦有关规则的解释意在消除不妨称为标准的规则遵守的"民间理论"的神秘性,遵守规则一贯被视为西方关于人和社会的一个主要观念。维特根斯坦没有提到他的思想所包含的社会意义,但是这一模式的力量和普遍性表明,规则和述行性的对象化不仅仅是一种误解,它在社会生产和再生产中起着关键性的作用。莫斯说礼物看似"慷慨的赠予",实际上是"做出来的样子和社会欺骗"(Mauss,1967,1);布迪厄受这一思想启发,提出礼物社会的基础是一种根本性的"误认",由此让人联想到马克思关于资本主义社会里的拜物教的论述。如果将维特根斯坦对规则遵守理论的批判与前面对述行性的对象化的讨论结合起来,就可以看到资本主义社会里的另一种类似的误认。个体主体性和集体主体性的述行性对象化是抽象规则与其个体和集体行为中的实现之间的桥梁。人们把握这些规则,对它们在具体情境中的适用性作出判断,然后运用这些规则。个体通过社会契约遵守规则的行为集合起来便成为社会总体性,或者说社会总体性是这些个体行动的直接产物。因此,契约论与马克思关于拜物教和物化的论述是互相交叉的。劳动力的商品化产生了一种新的述行主体,即剩余价值或资本,为劳动力市场的存在和市场自我再生产和扩张的意识形态提供了条件。在马克思所作的分析中,关键点是决定价值与价格关系的劳动的对象化。我们的观点是,随着衍生性金融商品的发展,也发生了类似的对象化,区别只是对象化的对象是风险,譬如 Black-Scholes 模式反映的风险,这一模式已经成为测算衍生性金融商品价格的标准规则。我们所称的"以流通为中心"的资本主义的发展同样依赖于风险市场的存在和市场自我再生产和扩张的意识形态。

尽管马克思没有详细讨论过今天才为人所知的"衍生性金融商品"概念(商品期货的使用在写作《资本论》的年代就已经存在),他的论述仍然阐明了以生产为中心的流通与支撑当代金融资本全球化的、以流通为基础的资本主义之间的差异。在马克思看来,商品之所以有价值,在于它是劳动的产物。某物之所以成为财富之源,是因为它通过买卖而带来利润;它们并不因为没有经过生产劳动,就不会有任何价值;租金、利息以及各种形式的金融资本就属此列。衍生性金融商品是其"价值"来自某种标的资产的金融工具,如果从劳动价值理论的角度看,这种商品是"没有价值的"。然而,恰恰是新的金融资本形式创造着一种新的全球化的流通文化,成为资本主义的突破口,而以生产为中心的流通文化正在被取代。可以称为"以流通为中心"的资本主义的兴起开始了新的对象化,即风险价格的制定;这种新的对象化离不开契约意识形态,它是这些新的金融资本形式再生产和扩张所必需的社会误认的述行基础。

以流通为中心的投机资本主义的兴起也反映在长期资本管理公司的破产或泰国、土耳其的货币贬值这样的大崩溃事件中;衍生性金融商品的爆炸性发展始于一个似乎如此对立的初衷:风险管理。古典经济理论一贯把生产放在首要位置,认为商业和信贷资本促进商品的生产和流通,但是根本动力来自制造业及其长期计划。衍生性金融工具(例如期货)的主要目的是防范气候和递送风险,投机似乎是"真正"生产的寄生物,因而被视为不道德和危险的行为。马克思讨论劳动时的背景是以生产为焦点和长期计划的观念,他认为劳动价值理论解决了长期困扰亚当·斯密和大卫·李嘉图等古典经济学家的问题,结果是商业和信贷资本帮助价值分配,但是它们本身没有价值。与此同时,马克思还用危机分析取代斯密的良知理论,认为资本主义逃不脱创造性破坏的怪圈。

然而,以流通为中心的资本主义恰恰产生于那些无价值的资本。马克思关于以生产为中心的资本主义的论述依据的是劳动力这一关键生产要素的商品化和对象化。百年之后,才出现了以流通为中心的资本主义,当然它最终离不开类似的商品化和对象化,只不过对象是风险。这一进化过程聚合了两条历史发展线索,一是创造衍生性金融工具的流动市场以及风险价格化或商品化的能力,二是全球风险和不确定性的增加使风险管理成为关注中心。尽管经济学家们首先关注的是衍生性金融商品在风险防范方面的作用,但是很快就看出,这种商品的投机潜力预设了它们的爆炸性发展。现金交割、结算中心以及流动性市场(体制的或实际交易的)为它们的发展提供了体制保障;不过,衍生性金融商品也填补了注重长期规则和以生产为中心的资本主义的一个时间空白。由于衍生性金融商品这种金融工具的存在时间短于标的资产,所以它们的时间方向与标的资产的方向是相反的。衍生性金融商品注重短效,不计长效,以套利交易的无风险、即时利润为追求目标,结果是以生产为中心的资本主义与以流通为中心的资本主义在当代的混合,全球资本主义系统得到重新整合。中国已经成为以生产为中心的资本主义的全球中心,但是在以流通和投机为中心的资本主义方面的作用相对很小。美国及其七国集团伙伴国日益成为以流通为中心的投机资本主义中心,它们缩小生产规模或者将生产外移。世界其他地区挤压在这两极中间,一方面在制造业领域与劳动市场更为低廉的中国竞争,另一方面自己的通货受到使用衍生性金融工具的投机者的打击。

若要说出这一新的金融秩序开始形成的时间,那恐怕是1973年,那是《布雷顿森林协定》和金本位终结并允许货币浮动的时候;海湾石油危机标志着美国福特经济时代的结束;芝加哥期权交易所是美国第一个专门进行期权贸易的体制化市场;发现(或发明)了 Black-Scholes 模式对于确定择权价格以及衍生性金融商品价格的作用。1980年之前,衍生性金融商品的年交易额大概不超过数亿美元;从1983年到1998年,货币市场的日交易额从2亿美元上升到1.5万亿美元,而且1998年交易额的98%属于投机交易,交易额的增长原因部分在于使用了复杂的货币衍生性商品。从1987年到1997年,衍生性金融商品交易额每年增加215%,到1997年亚洲市场崩溃时，每年实际交易的衍生性金融商品的名义价值超过了100万亿美元，是世界GDP的4倍。

这种爆炸性的发展表明了什么？衍生性金融商品呈几何级数的加速发展反映出所谓"投机资本"的上升，它与制造业、商业以及信贷资本等更为传统的形式进行竞争。衍生性金融商品是从股票、债券、货币或商品等标的资产中衍生货币价值的金融工具。这些商品中，有些较为常见，例如股票期权，而另一些则相对陌生，例如互换交易和购股分红。有些如商品期权似乎在亚里士多德的著作中就曾提及，而荷兰人对郁金香的狂热喜爱似乎就隐含着某种期权意识。当衍生性金融商品用来防范风险时，它们是一种保险形式。例如，一位房主为了防范或抵御房屋失火之类的风险而购买保险。同样，一位农场主可能设置商品期权，同意将来某时以某一价卖出农产品，从而保护自己免受气候因素引起的价值波动的影响。保险公司和农产品贸易商利用房主和农场主的动机进行投机。农场主设想实际支出将低于额外费用总和（或低于付出额外费用所能带来的收益），而农产品贸易商则设想将来出货时的实际价格低于双方约定的价格，让自己有利可图。防范与投机互为镜像。

衍生性金融商品的发展与已经成为投机商的咒语或箴言的"套利交易"是分不开的。简单地说，套利交易就是低价买进，高价卖出，是"赚钱"的同义词。从以生产为中心的资本主义的角度看，资本家购买生产资料、原材料和劳动力，用它们生产商品，然后以一定的利润卖出去。这就要求对制造过程、商业过程和信贷资本的协同机制作出长期计划，将生产和流通可能带来的风险降到最小程度。现在盛行套利交易和投机资本，其关键原因是可以通过短期投机减小风险，于是创造了资本主义的梦想：无风险赢利。

无风险赢利只是将敞口风险的时间缩短的结果。如果能发现市场价格差价并及时低价买进、高价卖出，无风险的套利交易就是可行的。例如东京的日元卖出价是100日元/1美元，纽约是110日元/1美元，交易商在东京买进，同时在纽约卖出，就可以获得一笔无风险的利润。《布雷顿森林协定》的取消给国际制造业和贸易业商制造了外汇风险，但它也是货币衍生性商品的发展和货币防范与投机范围扩展的必要条件。无风险套利交易成为利用各种货币市场间的汇率差价的投机商们追逐的目标。例如IBM在未来6个月里需要9亿日元,它就可能与一家银行(譬如J. P. 摩根)安排一笔固定利率为90日元/1美元、时间为6个月的汇率期货,将来它付给J. P. 摩根的敞口风险就是固定的1千万美元。J. P. 摩根可能想防范自己的敞口风险并卖出一笔期货,如果能找到交易伙伴,并且将6个月之内的期货汇率固定在100日元/1美元,那么它就能兑现向IBM作出的承诺,并且获得1百万美元的无风险利润。

当然,进行这样的投机需要找到套利交易的机会。由于价格差异相对较小,而且差价一旦暴露,就会很快得到填补,所以套利交易往往利用杠杆作用,使投资有利可图。经济学家兼贸易商纳萨尔·沙孛尔指出,投机资本"需要高度成熟、推向极限的投机行为"(Saber, 1999, 74)。由于买和卖是同时进行的、可以套利的行为,差价转瞬即逝,所以投机资本必须是流动的、漂浮的、短期的、灵活的。从本质上说,它与以生产为中心的资本主义的长期资本策略是相对立的。衍生性金融商品成为投机资本的最佳金融工具,满足了防范者和投机者双方的需要,这一结构中的杠杆作用使他们能够充分利用很小但有利可套的差价而无须投入大量资本;通过对各种时间段位里不同的金融流动状态进行协同调配,满足灵活短期的投机需求。它们属于第二序列的商品,主要或标的资产并不参与交换,因此这种交易仍然属于不平衡类别,这就是为什么像恩仑事件中发生的那样,它们被广泛用来掩盖亏损。

生产的循环允许制造商、批发商和银行在一段较长的固定时间里投入资本,将风险限制在最小程度,而流通的特点却是可变的短期风险。面向全球的企业必须坚持防范此类风险,这就使它自己的市场受到威胁,集中表现为当代对全球化金融市场的寻求,这个市场应该尽可能开放、通用、不受政治影响并且具有流动性。

投机资本将各个国家市场连接起来,它的生成方式既是高度技术性的,也是非常随意的。投机资本的产生、积聚与新的金融工具的发展相一致,已经积淀成一种新的金融现实,使资本主义的全球资本扩展表现出新的历史意义和力量。它们推动形成了一个以流通为中心的衍生性金融商品世界,与那个时间性的、以生产为中心的世界相对立。生产循环的投资者通过延长投资周期来降低风险,而推动资本全球流通的投机商则通过压缩时间和空间来降低风险。压缩时间,就是同时占据能够生成利润的长期和短期两个位置,但是不去冒全部风险。压缩空间,就是通过新技术,将地理分散的市场连接为全球交流系统,即使最复杂的交易也能即时地甚至不费分文地完成。

技术基础设施的发展使一种见机而行、随时准备捕捉和利用市场漏洞的投机资本的兴起成为可能。要抓住这些时隐时现的可能性,资本必须能够随时到位,不能做长期投资,只有这样,那些大公司才能在敲几下计算机键盘的瞬间就实现全球范围内的资本调配,投机资本的相机而动的属性才能得到实现,成为一种流动的、集中于短期项目的力量。投机资本和套利交易的出现是意在保住股本的商业防范策略的反方。在这个竞技场里,衍生性金融商品是唯一能够将风险的对象化融为一种金融工具的东西,通过调节风险,用于防范和投机的两种目的。因此,衍生性金融商品的使用以几何级数增加,成为金钱和资本全球流通中的新的风险形式,是毫不奇怪的。

虽然商品期权买卖已经有一段很长的历史,但是现代概念的衍生性金融商品却是风险对象化的产物,也就是风险价格化的产物。这个领域出现的突破性分析是亨利·马可维茨(Henry Markowitz)的投资组合理论(1952,1989)。在此之前,贸易商评估投资策略时,只依据利润率,从不考虑风险。马可维茨将统计模型与线性程序结合起来的分析方法最初发表于1950年代,提出通过量化风险,采用数学解释方法,可以将最大程度地优化利润与风险关系的一组股票组合起来。理想的组合是能够在将亏损风险最小化的同时将回报最大化。投资组合理论把风险视为资产回报的一种变异形式,变异性反映资产的挥发性,即价格围绕其平均数浮动的幅度。应该尽量回避高变异性或过度风险。现在被誉为注重"多样化"的资产组合理论得出的结论是,组合体的回报是每个成分的回报的平均数,但是其挥发性却小于那些成分的平均挥发性。后来的金融专家们要全力解决的问题是,如何纯熟地确定风险价格,才能使利润最大化、风险最小化。

进一步看,风险的测量和量化即便不是现代金融的首要之事,也是重要之事;这个问题也是在1973年随着Black-Scholes模式的问世而变得一下子突出起来。人们第一次尝试对期权价格进行严格的量化计算和分析,而期权价格中的最大变量是标的资产的挥发性。结果与人们的直觉相反,期权价格的依据并非标的资产的运动方向——譬如股票价格的涨落,而是价格浮动的幅度。Black-Scholes模式被人们很快接受并予以完善,加速了衍生性金融商品的爆炸性发展,这是因为它以绝对量化的形式确定了这种商品价格的测算标准。市场参与者们接受了Black-Scholes模式的基本数学假设,就可以现成方便地计算期权的价格。在这一极富创见的模式问世之后不到6个月,《华尔街通讯》就登出了期权价格计算软件的广告。对资产挥发性等内容的计算离不开统计数据、基本的形式模式以及硬件基础。当初采用马可维茨的发现,确实是基于两个理由。

一,旧的常规投资方式是研究各个公司的状况,选择最佳股票,这种方式始终在运用着。风险表现为投资策略的冒险,而不是来自某种数学分析。二,马可维茨模式对各种资产间的必要协方差的计算远远超过了当时的数据处理能力。然而随着现代计算机基础设施、统计信息库以及日益复杂的形式模块的发展,数据处理方面的障碍已经大为缩小,一个量化分析成为金融决策中的主要依据的新时代已经到来。随着观念更新和基础技术设施的建设,取代递送标的资产的现汇结算和将交易伙伴的风险最小化的结算中心的创立,也推动了衍生性金融商品的爆炸性发展。

当时有一个风险价格模式,那就是将量化风险重新扩展为抽象风险。价格模式使金融界能够将商业的经济和政治层面分解或拆解为各个部分,还能使关系对象转换为具体单位,将"风险变成像商品一样可以随时随地交易的'东西'"。风险的拆解或具体化一旦完成,就会产生一种新的金融炼金术,让市场参与者能够将不同的风险侧面重新聚拢为可以不限量地随意买卖的产品。结果产生了一群秘密行动者,他们追逐作为投机资本之载体的充满风险的衍生性金融商品。对市场内部的风险量化机制的充分认识还是二十多年以后的事情,但是这种机制当时已经表现在各国间的政治关系之中,成为预测国际经济形势的一个指数。

衍生性金融商品最重要的社会特征是,它们是一种独特的时间建构,其要害是,它们比标的资产的存在时间短,这是其价值生成的一个关键因素。这种短时存在也说明了它们的运动轨迹为何不同于主要从生产中衍生的资产。固定的有效期要求任何投机利润都必须在终止日期之前予以实现,结果是衍生性金融商品的存在时间比生产性商品的时间短。当然,套利交易是最理想的:可以获得即时而无风险的利润。

不过,套利交易的机会往往很小,而且由于竞争,往往转瞬即逝。于是出现了各种应对策略,用衍生性金融商品创造与套利交易相似的情境;于是套利交易的目标成了整个投机策略的结构中心。如果不能直接得到套利交易的机会,就可能寻找似乎存在着价格问题的资产,寻找它们之间的平衡点,减少敞口风险,通过各种错位项的"汇合"而获得利润。当然,在寻找存在着价格问题的各种资产时,需要某种对衍生性金融商品进行价格计算的方法,于是类似 Black-Scholes 模式的方法就成了衍生性金融商品贸易中的实用规则。这些模式还需要了解标的资产以前的价格,如果没有这方面的记录,分析师有时就需要通过类比推理,根据有历史记录的资产或其他衍生性产品对标的资产的新情况进行分析。

衍生性金融商品的扩张显示出以生产为中心的资本主义与以流通为中心的资本主义的不同,前者是长期行为,而后者则纯粹是套利交易。从前是投机资本依赖于以生产为中心的资本主义,而随着具有独特时间属性的衍生性金融商品的兴起,以流通为中心的资本主义获得自身的动力,结果是这两种形式以及随之而生的各种全球分支形式之间出现了某种张力。美国和欧洲向以流通为中心的资本主义日益发展,而世界其他大部分地区仍然以生产为中心;中国越来越成为生产领域外国投资的中心,但是在以流通为中心的资本主义发展方面并没有发挥积极的作用。

衍生性金融商品与以生产为中心的资本形式的不同还表现在它们力求

将时空差异产生的风险货币化。通过一种复杂的衍生性金融商品、可以测算一组风险（利率风险、政治风险等）在过去某个任意固定的、假设的、想象的时间的价值；说"想象"，是因为交易者试图测算的一组风险是历史具体的；说"过去"，是因为把当前事态置于过去，市场才能将某种价值赋予风险的挥发性。"过去"的功能是一个计算点，与之相联系的是市场——作为一种第三人称的信息机制（即一种理性的、符合博弈理论的折算机制）——将在未来某些时间段位（从一天到数年不等）对衍生性金融商品的价值作出判断。"任意"不仅是说过去的某一时间起点是随意选择的，而且是说，测算者根据自己的专业感觉，必须假设一个量化对象；也就是说，衍生性金融商品本身没有"过去"，因为它是根据目前具体环境设想出来的，还因为衍生性金融商品合同对交易伙伴的风险侧面的影响是不可知的。

衍生性金融商品其实是力图将未来的不确定性转化为风险，以便通过可然性分配模式对未来打折。这里面有一个特殊的对象化行为，调用并反映了西方资本主义和文化的所有社会和语言的资源：市场参与者们通过一系列逐步抽象的中介形式，将复杂的政治经济过程浓缩成各种名目的单一风险形式，然后将这些互相错位的"具体的"风险形式合成一种抽象的负载并播撒风险的衍生性金融商品，并将这些商品置于现在建构的某个过去的生成时间，这个时间既是任意的，也是由洗礼仪式决定的（这种活动与衍生性金融商品创造者的社会位置和地位以及修辞技巧有关）；结果是过去和未来时间的对象化使抽象风险得以对象化，成为某种单一的量度。

另外要说明的是，衍生性金融商品分析将未来视为对现在时间进行量化分配中的一种转化形式，认为在合同有效期内的挥发性是固定的，因此衍生性商品的结构就将暂时性对象化为一个形式的线性的括号，时间在里面的流动是不断的、同质和自我指涉的。括号里的时间段相当于一个几何图形里的空间，譬如三角形，这是为了实现量化的目的。这种量化是一种秘密的述行行为，假定所有的事件结构都是具有内在主权的单位，其内部空间是由一种不断的、同质的、自我指涉的时间流决定的。之所以说这是一种秘密的述行行为，是因为它并不知道自己对世界的理解是颠倒的：量化的"模式"并不是事件的结构,而是像它为了将衍生性金融商品予以量化而将其对象化一样,对事件结构予以主观的对象化。因此,衍生性金融商品是一种历史具体的对象化形式,它把一种参照未来客观时间而假定的具体化的过去放在括号之内,创造出一种符号空间以及一种隔而不断的时间符号。衍生性金融商品推动了时间性的对象化,在这一过程中,被利奥塔称为后现代特征之一的"未来的完美"显示为一种无条件金钱化和量化的关系。衍生性金融商品可以反映世界的模式,因为市场参与者们通过这种商品想象并安排世界——这是一种真正真实的社会虚构,因为它宣传了当代资本主义深层的本体论——因为它对人们的生活产生异常客观的现实影响,还因为它创造了一种惯习,使主体和主体位置将这种本体论内化为一种把握社会历史真实的生成模式。

　　Black-Scholes 的衍生性金融商品价格计算模式所预设的风险对象化与产生误认并让人联想到马克思关于流通拜物教的评论的市场契约模式形成一种互动关系。与特定资产相联系的具体风险被对象化为统一的风险尺度,即挥发性,这与从具体劳动中抽象出价值的对象化过程并无二致。所谓期权,实际上就是对于将来某个时间买卖一笔资产的承诺,它们似乎是最明显的述行性对象化的例子。按照社会契约模式,对承诺的述行性交换会产生一种将个体行为集合起来的无中介的社会总体性。衍生性金融商品市场似乎是所有此类商品的个体买卖行为的总和。当衍生性金融商品价格能够系统地予以计算时,一种商品风险的对象化似乎就与标的资产的风险总和相联系。承诺买卖的述行行为将个体的决策与按照合同进行的衍生性金融商品交易的价格计算之抽象原理相结合;风险价格计算的数学原理似乎是不以人的意志和个体的愿望为转移的,但是个体可以掌握和使用这些原理来计算任何衍生性金融商品的价格,然后进行必要的买卖,结果创造出一种看似自我封闭和自我调节的风险市场,而实际上它是个体的风险买卖活动的产物。

　　然而述行性的矛盾也随之产生。衍生性金融商品价格的计算对标的资产的挥发性作出预设,但是它不能反映使用这些商品带来的风险。如果说风险是可以捕捉的,那么它反映在标的资产期权价格的波动之中,而且总是导致价格波动的原因。衍生性金融商品有助于管理局部的短期风险,但是并不能反映以使用衍生性商品为基础的金融系统的风险。衍生性金融商品用来创造不同金融工具之间新的连接形式,而且依赖于信贷金融体系与变现金融体系的联系。衍生性金融商品迅猛发展的影响之一是各种金融体系越来越互为依存,结果导致一败俱损;杠杆作用加大了大灾变的可能性。防范交易伙伴违约、现金结算、保证金账户以及结算中心和市场等相应的金融体系,正是这些社会条件使衍生性金融商品的存在成为可能,而这些社会条件的形成是由于使用了衍生性金融商品,但是用来测算商品价格的挥发性尺度并不能把握商品的"风险性"。现在人们所说的"系统风险"是指建立在衍生性金融商品风险管理之上的系统所具有的风险性。包括乔治·索罗斯(George Soros)在内的许多评论家曾经指出,减小短期风险可能增加系统风险,长期资本管理公司的失败说明了这一点。由于该公司的投机行为具有高度的杠杆调节性,人们早就担心它的破产会引起全球金融系统的崩溃。

  当代金融资本的全球化进程表明资本主义在创造性破坏和复苏的循环中重塑了自身,这一进程展示的前所未有的加速度本身也是这项重塑工程的一部分。结果出现了一个现在区分为两种资本主义形式并伴随着国际"劳动分工"的全球系统。衍生性金融商品,尤其是那些与货币交换相关的衍生性金融商品,只是这些新的流通结构日益扩展的诸多范例之一。大都市里进行的将材料、机器和工人结合起来进行商品生产的劳动正在被替换、被疏散,甚至被驱散。以严格意义上的生产劳动的标准来衡量,越来越成为美国和其他发达资本主义国家系统支柱的所谓劳动,是没有任何价值的。

  生产竞争支配了技术发明,使之发挥推动资本前进的应有机制;建立在流通基础之上的资本主义也利用了技术发明,使数据提取和处理技术可以对风险进行量化测算。当代对风险的对象化、计算以及分配离不开更大更精确的数据群和计算机处理能力,所有这一切都离不开具有复杂的数学量化能力的专家们的竞争推动。这一切都加强了技术与"无价值"金融资本的发展之间的联系。新的信息技术要求深厚的技术基础设施和专门人才,于是世界兴起了与全球股权市场相对应的技术培训和教育热潮。信息占有的不平等也增加着知识和对社会直接影响力量的控制能力的不对称性。在有关这些复杂的金融新工具的专业知识分配中存在着不小的鸿沟;1997年亚洲货币危机发生的一个重要因素便是几个东南亚国家缺乏货币保护体系,而缺乏对短期资本的限制,则愈发加剧了那场危机的深度、重度和速度。

以流通为基础的资本主义及其相应的社会形式和技术不仅仅是一种重点的转移,它们构成了资本主义的一个历史新阶段,从十七世纪到二十世纪末期创造的民族资本主义正在解体的同时也进行了全球性的重组。流通的结构日益支配并终将抹去延续至今的各种文化和资本主义体系,创造出一个统一的世界性的资本主义流通文化。作为资本主义的一贯特征并且使之与原始以及非资本主义交换区分开来的对总体性的企求,已经传遍全球,从市民国家和民族国家公共领域的角度看,这并非想象不到的事情。这是一个将他者囊括进来的过程,是对殖民主义以及其他支配形式的继承,同时也是某种全新之物的降临和介入。

参考文献

本尼迪克特·安德森:《想象的共同体》(Anderson, Benedict, *Imagined Communities*. London: Verso, 1983.)

阿尔金·阿帕杜雷:《细说现代性》(Appadurai, Arjun, *Modernity at Large*. Minneapolis: University of Minnesota, 1996.)

约翰·奥斯丁:《论言有所为》(Austin, John, *How to Do Things with Words*. Cambridge: Harvard University Press, 1962.)

费歇尔·布莱克和麦戎·肖尔斯:《期权和企业可靠性的价格测算》(Black, Fischer & Myron Scholes, "The Pricing of Options and Corporate Liabilities," *Journal of Political Economy* 81(1973):637—654.)

皮埃尔·布迪厄:《实践理论大纲》(Bourdieu, Pierre, *Outline of a Theory of Practice*. Trans. Richard Nice. Cambridge: Cambridge University Press, 1977.)

《实践逻辑》(*The Logic of Practice*. Trans. Richard Nice. Palo Alto: Stanford University Press, 1990.)

若奈·笛卡尔:《笛卡尔哲学选集》(Descartes, Rene, *The Philosophical Works of Descartes*.

2 vols. Trans. E. S. Haldane and G. R. T. Ross. Cambridge：Cambridge University Press, 1968.）

于尔根·哈贝马斯：《公共领域的结构转换》（Habermas, Jurgen, *The Structural Transformation of the Public Sphere.* Cambridge：M. I. T Press,1989.）

托马斯·霍布斯：《巨灵论》（Hobbes, Thomas, *Leviathan.* Edited by Richard Tuck. Cambridge：Cambridge University Press,1991.）

克劳德·列维－斯特劳斯：《亲属关系的基本结构》（Levi-Strauss, Claude, *The Elementary Structures of Kinship.* New York：Beacon Press,1969.）

亨利·马可维茨：《投资组合》（Markowitz, Henry, Portfolio Selection. *Journal of Finance* 7（1952）：77—91.）

《投资组合：投资的高效多样化》（*Portfolio Selection：Efficient Diversification of Investments.* Cambridge, MA：Blackwell,1989.）

卡尔·马克思：《资本论》（Marx, Karl, *Capital*, Volume I. Trans. Ben Fowkes. New York：Vintage Press,1977.）

马塞尔·莫斯：《礼物》（Mauss, Marcel, *The Gift.* Trans. Ian Gunnison. New York：W. W. Norton,1967.）

纳塞尔·萨孛尔：《投机资本》（Saber, Nasser, *Speculative Capital.* Edinburgh Gate：Pearson Education Limited,1999.）

阿尔弗雷德·施代纳尔：《衍生性金融商品：金融野兽》（Steinherr, Alfred, *Derivatives：The Wild Beast of Finance.* New York：Wiley and Sons,1998.）

查尔斯·泰勒：《自我的根源》（Taylor, Charles, *Sources of the Self.* Cambridge：Harvard University Press,1989.）

《现代社会想象物》（"Modern Social Imaginaries," *Public Culture*, vol. 14, no. 1, winter, 2002.）

路德维希·维特根斯坦：《哲学研究》（Wit tgenstein, Ludwig, *Philosophical Investigations.* Trans. G. E. M. Anscombe. New York：Macmillan,1958.）

（马海良　译）

（原载《中国学术》第十八辑）

历史变革和政治可能性

——中西社会理论的比较

王国斌(尔湾加州大学)

十九世纪欧洲的社会理论是以欧洲历史为基础的,这一点不足为奇:大多数的欧洲知识分子都希望理解欧洲的历史经验,而且在这一领域他们掌握最丰富的材料。而在二十世纪,对于欧洲之外更广阔的世界,西方人的学术兴趣也引人注目地增长起来了。对于日益全球化的学者来说,概括这些复杂多样的经验以形成系统化的社会理论,这一点被反复证明是非常困难的。这种困难部分缘于信息的急剧膨胀,多种人文与社会科学学科围绕着不同的主题群组合了知识。开创跨学科的综合已经变得很具有挑战性了。这些问题在二十一世纪初期仍将存在。在每一个学科中,专家们都熟悉几种复杂性,而当我们转向对历史变化更广阔、更普遍的说明和阐释的时候,往往会失去这种对复杂性的敏感。我们倾向于希望各种普遍化的变迁——这些变迁至少暗中是来自于在西方历史中观察到的那些联系——同时发生。因而,我们就遇到了一个严肃的问题,即如何解释非欧洲背景下的历史变迁的特殊类型。早在几十年前,中国学者就已经注意到了这一难以解决的问题。

在十九世纪和二十世纪最常见的历史叙述中,两大主要的动力——或者是假定的,或者是由分析而得出的——是资本主义的发展和民族国家的形成。当然早在十九世纪以前,这些过程已经开始了,只是在过去两个世纪里,它们才成为人们熟知的样子。习惯上,这些过程被认为至少在最初是欧洲的。资本主义经常被看作是从十五、十六世纪的市场和商人尤其是那些海外冒险者那里发展起来的;这些发展后来导致了十九世纪的工业资本主义。与之类似,十九世纪国家的形成被看作是始于此前几个世纪集权君主开创官僚行政体制的努力。有些分析者强调军备制造和征税,而另外一些人则突出精英阶层参政在意识形态上和制度上的特征,这些特征导致在几个国家内形成了精英分子的代表制议会。

解释世界其他地方的命运的方法,通常是非此即彼,从上述二者中取一。或者,这些地区在欧洲所主导的全球经济和政治体系中成为附属的部分;或者,它们在走向"现代"过程中的成功或失败,要根据其模仿欧洲标准的能力来解释。传统的研究已经提醒我们,在过去两个世纪里,欧洲的、然后是美洲的经济和政治力量以多种方式影响了其他众多地区的历史经验。然而,它们并不足以帮助我们分析,在全球范围内实际发生的是哪一种变化。它们往往无力重构和解释欧洲之外的历史动力,而后者和那些通过与西方日渐增长的接触而产生的动力是长期并存的。在这些动力之中,既有在主要方面与欧洲的动力相似的,也有差异极大的。如果不分析这些动力,我们就不可能解释,在有些地方——比如说中国,它在十九世纪之前就拥有相当独立的经济和政治动力——与西方的联系是如何影响其历史动力的。

在一般性的层次上,学者们经常会提到,十九世纪和二十世纪的社会转变,包括城市化、经济发展和民主化,都涉及"传统"的观念和制度被"现代"的观念和制度所取代。在欧洲背景下,分析家们经常注意到,新旧观念和制度的演变遵循某种历史动力,由此可以识别新旧之间的联系。但是到了欧美背景之外,学者们经常假定,所谓"现代的"就是从西方输入的东西,它们取代了那些"本土"的、"传统"的东西。由于世界不同地区之间联系的日益紧密和多样化,导致人们以为这种联系会促进相似性的增加,上述假定在二十世纪愈益流行。学者和普通大众都有相似的预期:社会的发展会将世界指引到一个共同的未来。这种看法可能会掩盖道路的多样化,不同道路的区别和差异不仅会持续,新的差异还将产生。

为了避免一方是现代的、外来的,另一方是传统的、本土的这一简单的联想,在这篇论文中,我将考察两类话题。首先,我将检讨一个实质性的议题,它在中国和欧美都有,而且中国的例子早在西方对其产生重要影响之前就已经存在了。这一问题使得我们可以追寻,在受到西方理论和实践的影响之后的中国,这一实际问题是以何种方式发生变化的。其次,我要考察一个被认为是源自于西方的主题,检讨它如何输入中国,及其输入之后怎样转化。这一类问题会更直接地促使我们去思考西方社会理论中的范畴和关系。关于实质性的议题,我选择的是政府福利政策。至于来源于西方的主题,我选取的是"公民"("citizenship"),以及相关的政治概念——"参与"("participation")和"民主"("democracy")。在文章最后,我将论述,对福利问题和政治参与的分析如何为开创更为灵活的社会理论提供了例证,后者将为描述超出欧洲经验之外的历史变化和政治可能性做出探索。

1850—1949 年的社会与政治转变:福利与自治

当我们考虑 1850 年后中国社会的转变时,我们常常会想到新的观念和制度,其中大多数在区域上属于城市,而源头多在西方。1850 年以来最显著的变化向来是定位于城市的,而最熟知的变化则都是受西方人启发或由他们推行的。到二十世纪早期,中国的城市有各种各样的新组织形式:商会,基督教青年会(YMCA),教会,工业企业,协会,报纸,杂志等等,不胜枚举。很容易看出这些机构和活动中有多少是从西方的原型发展来的。然而,我们经常忽略了那些形成更广阔背景和更深远视野的活动和制度,正是它们构成了这些新的社会和政治活动的背景。比如说,让我们考虑一下福利事业。

十九世纪最后 25 年中,西方人关于博爱和慈善的观念日益变得突出和重要。但是,尽管西方人的努力——比如最早始自十九世纪七十年代的饥荒救助——丰富了中国人处理福利问题的方式,但是它们并没有取代中国人原有的策略。中国人和西方人处理福利问题的方式仍然保持着某些关键的区别。在西方一边,我们发现在整个二十世纪,直到二十世纪晚期,政府都在持续地直接介入福利问题;福利问题被视为民主社会中"公民"的社会权利的一部分,而且由于社会团体和政府之间的各种谈判和竞争而进一步扩展和深化。与此相反,1949 年后的中国将福利问题变成了国家的一种道德

历史变革和政治可能性

责任,而此责任并不能转化成普通百姓能够捍卫的权利。为了理解1949年后中国的实践,我们不能仅仅考虑共产党创造一个全新的革命政府的努力;我们也不能局限于西方人考虑福利问题的方式所带来的可能选择。实际上,我们必须返回到帝国晚期的实际情形,从中寻找前几个世纪对选择范围的理解和实施的方式,在二十世纪下半叶,有些选择依然是基于它们而形成的。

到十九世纪后期,中国的精英分子和官僚们在处理百姓的福利需要方面已经有了几百年的经验。十二世纪的朱熹所论述的儒家原则,即重视发展像粮仓之类的地方性社会机构,在以后几个世纪里和佛教爱护他人的信仰相结合,促进了孤儿院以及其他福利活动的发展。十六世纪,中国的城镇就已经是慈善组织(善会、同善会)资助贫弱的站点。十六世纪的许多慈善活动就是由地方组织的。少数地方官僚,像陆崑,曾倡议过成立救助穷人的组织,但是明代后期的慈善活动多数还是由江南的富庶乡绅主持的。

以粮仓为例,在十八世纪,清朝政府花了比明代更大的力气,积极建成一个储粮的系统,包括县城的常平仓、分布在其他城镇和市场的社仓,以及为了增加常平仓和社仓的贮藏量而建立的、散布在华北诸省的义仓。粮仓的资金来源于捐助与附加税的混合,借此促进谷物买卖和借贷活动的运转。这种粮仓资金来源的混合表明,中国人的福利概念包含了一种认识,即市场原则如何可以由慈善和课税加以丰富。官方建立了汇报程序,以掌握粮仓的储量和每年的消耗。中央政府根据这些账目所提供的信息,通盘考虑如何控制适当的储量。十八世纪期间,中央、省级以及省级下属的官员们是协调行动的。此外,他们还得到了地方精英的支持,这些精英们向社仓和义仓提供捐助,还负责管理许多粮仓的账目。一般说来,精英分子在经济中心扮演了相对重要的角色,而在贫穷的、较为偏远的地方,官方的作用更大(魏丕信和王国斌1991)。

梁其姿已经论证过,在其他的福利活动方面,也存在官方介入渐增的类似趋向。到十八世纪末、十九世纪初,官方在系统发展慈善组织方面的努力减弱了(梁其姿1998:103—238)。与此相似,十八世纪的储粮体系也没能在十九世纪维持多久。运转这一体系所需的行政系统的工作和强度的规模已经越来越难以维持了。然而，在某些地区，地方一级的粮仓建设却一直得到了官员和精英的安置。整体而言，十九世纪的粮仓和十八世纪区别不大；看起来，粮仓在维持生存、进而促进社会秩序方面所起到的作用是一样的，不管是皇帝还是地方官，都作如是之论。尽管意识形态基本未变，而且地方性的制度看起来也并无二致，似乎都与其创立者究竟是什么样的官员没有关系，但是，在十八世纪所创造的复杂的完整体系和十九世纪后半叶发展起来的独立的粮仓运作体系之间，还是存在一种重要的制度性差异。

在太平天国运动之后，几个省的地方官僚实行了土地恢复政策。其中包括劝告地方官吏和精英修建粮仓。而精英们，特别是在江南地区，也积极为新慈善组织的筹建和旧组织的开源出谋划策。在这些机构中，有一些还和个别的商业行会建立了联系，行会的成员都听命于行会首脑，都要将其销售所得的一小部分捐献给行会扶持的慈善组织。同时，一些慈善组织也开始采取更为多样的活动，包括安顿和照料孤儿，援助生活在慈善场所或孀居家中的寡妇，以及存储和分配粮食（夫马进1997：541—618）。

慈善组织运作中发生的变化反映了十九世纪晚期几种广泛的政治变革。首先，这些组织越来越和官方的行政部门相脱离。较以往而言，无论在资助还是管理方面，官方的作用都已经削弱。其次，由于市场行会同意扶持，慈善组织的活动就得到了更为可靠的保障。这种扶持在某种意义上是自愿的，因为并没有来自政府的压力强迫他们支付，而且也并非支付什么具体的项目，但是每个商人必须拿出他们收入的一定比例来，就像他们要向国家纳税一样。十九世纪末、二十世纪初，当慈善组织变成了自治运动的组织基础时，这种维持地方福利需要的行为也越来越像纳税了。

在共同维持城市社会秩序的自愿组织中，精英的作用日益扩大，他们进一步调整自身的角色，尽力使其地位正规化，由此导致了自治的发动。在被视为构成自治基础的团体中，慈善组织是最重要的团体之一。而且，其中又加入了各种新的自发的专业组织，既有商业上的，也有教育和农业方面的，这一改变标志着在经济和政治上较为发达地区的中心城市之日渐增长的复杂性。这些进展是从明清时期就已开始的发展过程的结果，在此期间，精英控制的其他自愿组织，包括同乡会以及行会，将城市社会生活组织了起来。由于自愿组织形成了有组织活动的密集网络，它们与最基层的官方机构日益疏远，并且在其活动中越来越显出具有政府似的特征。

自治运动的迅速扩张在较大的城市地区产生的影响最大。而在较小的偏远地区，新的组织则比较少，官方继续在这里扮演着比它在中心地区更为重要的角色。与这一差异相类似，在创造地方管理机构的相对重要性方面，精英和官僚先前也存在空间上的差异。但是因为精英角色的重新建构，其政治性越来越强，而不再仅仅是社会性的，故官员和精英之间，在各自延伸政权在发达地区和落后地区的有效统治方面，原先可以清楚划分的界限现在也变得模糊了。官僚统治的纵向整合结构日益受到挑战。尤其是中央政府对新的城市地区的控制也开始变得不太稳定了。

中央和省级的官员先前希望地方的官员们能够和地方精英通力合作，共同维持地方的社会秩序。地方官员们将某些自愿组织交付给精英们管理，其中就有从事福利活动的组织，而高级官员对此并不过问。但是由于到十九世纪后期福利组织的功能逐渐多样化，它们就被精英们看成了发展自治能力的基础。这就促成了这些活动在概念上的转变——先前主要是社会性的，现在则变成了政治性的。这一变化遭到了中央政府的意识形态官僚（Ideologues）的抵制，他们希望让精英团体扮演的角色继续保持他们所限定的社会性而非政治性。清末的禁烟运动为此提供了一个清楚的例子，在官方动员精英来帮助完成这一重大社会运动的同时，他们又企图限制精英的激进行为。二十世纪前十年，政府的禁烟策略基本上是依靠动员士绅来参与重建社会秩序的计划，即通过戒除烟毒以促成道德上的复兴。为达此目的，清政府提出由士绅领袖来负责禁烟团体的建设。政府希望将精英动员起来，得到他们对改善社会秩序的支持，同时又不许可他们拥有具备强大而具体的权力的更加正式的政治地位。[1]

---

1 阐释晚清中国的精英分子日渐形成的政治和社会角色已经是许多讨论的主题。一些学者将这一政治和社会转变的过程看作与欧洲的"公共领域"的发展相似。我已

当晚清的政治、社会团体发生显著变化,相互联系日益增强,并且构成新的政治形势时,中央政府始终保持着它对政治控制和社会秩序的某些渴望和期待。在这种变化中,值得注意的是,福利问题是如何由十八世纪孤立的处理方式——比如其中的粮仓就被组织成了一个庞大的纵向整合的体系——转变为十九世纪更为地方化的、并且包含了自治运动因素的处理方式。正是通过对这种福利和地方秩序的理解和建构的方式,清代中国的一些基本的政治转变动力得以反映出来。在欧洲则与此相反,仅仅是在十九世纪末叶,尤其是二十世纪,大范围的福利功能才归由某些中央政权负责。更早的时期,在欧洲的城市地区,是由教会、市公会(local civic)和地方政府组织联合处理福利问题,而在乡村则几乎要完全靠自己了。

这种福利政策转变方向的差异,最初似乎是支持了欧洲国家的建立和中华帝国的崩溃这一常见的传统的对比——欧洲的国家政权将福利职责视为其国家功能扩展的一部分,而中华帝国的官僚体制处理福利需求的能力却衰弱了。但从更长远的观点来看,并非如此。二十世纪中期,中国政府再次提出了一整套全国范围的生存政策,以保障食物供应安全和达到基本的福利目标。到二十世纪后期,西方国家在不同程度上毁掉了他们先前建立的福利基础,越来越多地依赖于地方政府和精英的倡导以及私人的善举。福利措施在范围和地点方面变化的"方向"取决于我们选择的时间的终点。我们发现,在中国和西方之间,制度和政策选择的范围在结构上具有相似性,都是既要在公共与私人之间选择由谁来发起福利活动,又要在地方和中央政府之间选择由谁来承担各种福利活动的职责。

一旦深入检讨这些在结构上相似的情形,尤其是那些用以理解福利活动的范畴的政治建构,我们就会发现,在确立福利活动的定位的主要历史动力之间存在显著的区别。西方国家福利活动的发展,是政府为了满足对国家干预的日益增长的普遍要求而做出的反应。政府和精英开始认识到福利活动是促进社会稳定的一种关键方式。尽管一般的看法认为,中国的统治

经有过论证,在中西之间有着关键性的差异,见王国斌 1993。进一步的讨论,尤其是关于禁烟运动,请参见王国斌(待刊)。

者早在两千年前就已经首先提出了这一点,并且在此基础上形成了此后的许多政治观点,但是,在十九世纪晚期和二十世纪初期,在一些重要方面,西方政府用以约束其人民的特殊方式是与中国不同的。为了分析这种差异,在下一节,我将转入对中西方的公民和政治参与的考察。

欧洲和中国的"公民"与政治参与

"公民"一词在西方有悠久而古老的历史。直到十九世纪,它还是主要被用来定义生活在城市中的个人,他享有他人不能分享的一系列权利和责任。中世纪的城市精英显然十分了解他们的公民们对于经济形势的稳定、政治的安全以及针对外来入侵的军事保护的期望。大约在十三世纪,广泛出现在欧洲大陆的雄心勃勃的君主们渴望开创更广的统治领域,但他们经常会发现不得不和那些城市精英进行谈判,因为后者要极力保护公民的自由免受集权君主的侵犯。这些谈判又和统治者与贵族、宗教领袖之间的谈判纠集到一起。未来的国家建设者们为了调动资源、建设官僚机构以及供养军队,必然相互竞争,不得不利用各种交易方式与重要的社会精英结盟。比如说,在十七世纪的城堡时代(Castle),"自由"归集体所有;市镇宁愿出钱购买他们的司法独立和税收主权,由此可以摆脱省一级的管理,而直接受王权领导。购买"自由"意味着建立了脱离省级或区域官方的地方自治(汤姆逊1994:209)。就法国而言,菲利普·霍夫曼提出,"实际上,自由就等同于特权,尤其当自由意味着免受任意抽税之苦的财产安全时,更是如此。"(霍夫曼1994:249)

统治者和精英之间的谈判采取了多种形式,但他们都提到了代表的观念。在和统治者打交道的时候,常常由一小部分精英成员组成一个议会,代表他们的团体利益。十四至十八世纪,欧洲的国家建立涉及一系列的政治实践,从而为公民和民主等新观念在十九世纪的产生提供了素材。十九世纪的法国革命开创了一个"公民"的"国家",——这种公民即消灭了法律地位差别的个人,他们与政府之间的新型政治关系扩大了权利范围,并且增进了普通人的政治参与。尽管学者们一如既往地强调由法国革命所造成的强烈突变,本文却更加注重识别新观念和制度如何从前一阶段的欧洲历史所提供的材料中建构起来的方式。先前只有精英和君主通过相互提出要求(claims)的方式进行谈判,现在的谈判过程又加入了广泛的民众阶层,国家逐渐承认他们是享有个人权力和责任的"公民",他们也提出了自己的要求。由于在十九、二十世纪,国家干预社会和经济的能力不断增长,"公民"发现同他们的政府进行谈判是必要的,也是值得的。

"公民"的出现是在十九、二十世纪,由他们和西方各国政府之间的关系而造成的。关于公民,马绍尔(T. H. Marshall)曾提出过一种经典的分析,尤其是以英国为基础,抓住了这种公民身份在十九世纪的欧洲迅速扩散的特点(马绍尔1950)。据马绍尔解释,公民权首先是指民事权利,其后又包括了政治权利,最后到二十世纪,则演变成了一整套的社会权利。他提出,在把人们划分成不同经济阶层的资本主义逐渐占统治地位的社会里,公民身份是创造政治平等的重要工具。一般情况下,我们可以看到,西方国家的公民是如何演变到可以与他们的政府就一系列广泛的议题展开对话的。就大量的民众平等地共同分享与政府对话的权力而言,可以说已经形成了一种重要的政治平等。就这些民众能够影响政府的政策和行为为其自身利益服务而言,可以说已有一种重要的"民主"。但是,公民们的利益很少会是一致的。因而,一个关心其公民的政府,为了在相互冲突的要求之间进行调节,便应制定相应的机制。有时候,政府官员和某些民众阶层之间也会发生要求冲突。如果这些冲突得以调节,而且所依据的原则与调节公民间要求之冲突的原则极其相似,那就可以说,公民具有了迫使政府对其负责、进而实现"民主"的能力。

对"公民"和"民主"的分析完全可以从理论上提出来,而不必触及具体的政治实践。但为了理解一套具体的政治实践如何尽可能地转化、进而产生出民主化的公民,我们应该首先考虑回想一下,产生这些范畴和关系的动力是有历史依据的。我们关于公民和民主的观念,其产生源自历史上提出来的理念与最早出现于欧洲历史上的实践的结合。因此而相应地,这些范畴在其他背景下应该如何应用，也许就依赖于各种不同的政治和社会关系。在考虑"公民"和"民主"这些概念怎样应用于非西方背景之前，我们应该检讨一下，中国的政治概念和状况在这些西方观念广泛进入以前是怎样的。

在首先同精英分子、其次同更广泛的社会阶层的谈判中，欧洲的统治者发展出一系列的机制。通过这些谈判，君主和臣民们都以为，各种对话方式所带来的收益足以补偿他们所付出的代价。人民提出了针对政府的"要求"。当民主实践呈上升势头的时候，这些主张就会变得更有力量。在明清两代，中国的精英和官僚有着不同的联系。相互交流是肯定存在的，他们彼此都有各自要维护的利益，有时双方是一致的，有时则是冲突的。但是，在中国和西方，精英与官僚之关系所赖以形成的意识形态的和制度的背景却截然不同。中国的官员与臣民之间的关系难以用谈判和对话等词语来描述，而用规范性或强制性的词语更具代表性。在许多项目方面，比如福利活动，精英和官僚通常会对如何保障社会秩序持同一口径。之所以缴纳税款，并非因为那些同意交税的人以为会有什么实际的回报，而是因为国家暴力的威胁强化了这一规范性的预期——没什么好说的：赋税，就是必须交纳的。政府提供货物和服务，诸如治水，粮食储备，以及道德的教诲，因为人们相信政府的储备有利于维持社会的稳定，进而保障政治秩序的稳定。政府对这些事项的"承担"（commitments）并不能轻易地理解为"要求"。如果政府无法兑现民众所预期的东西，比如灾荒年代的救济，他们并不会就政府救济的资源问题，以和平的、非暴力的方式，提出某种要求。

在十九、二十世纪的欧洲和北美存在的，为国家—公民关系提供制度和思想框架的这些讨价还价的策略，并不曾出现于世界的其他地方，包括中国在内。因而，当像"公民"之类的词语被引进中国的时候，它们的传入并没有受到西方那种赋予其社会重要性和政治意义的历史动力的推动。所以，毫不奇怪，西方一些政治上的术语，如"公民"，在十九世纪末、二十世纪初的中国所拥有的含义或多或少与它们的西方原型有所不同。晚清中国的"公民"是这样一些人，他们在政治上非常活跃，通晓各种新生的政治事物，而且渴望向政府表达自己的观点。他们通过阅读各种新式杂志和报纸来了解政治;通过包括示威和抵制(boycott)在内的社会运动来实现政治上的联合。他们也形成了代表议会,但是这些议会并没有在政府的运作中获得明确的制度定位。代表机构在后来的国民党政府中所起的作用也很有限,这一点可以国民参政会为例。这是一个最初形成于1933年的团体,它由利益不同的精英集团的领导人代表组成。关于参政会应该具有何等政治作用,后来的十年中,曾经在政治活动家之间、也跟国民政府的官员讨论过多次,但是它一直仅仅是一个提供决策建议的角色(西岛成夫1991:117—150)。只要参政会基本上赞同国民政府的选择,那么政府就可以容忍它的存在;但如果那些非国民党成员变成了政府政策的批评者,尤其是指责国民党破坏与共产党联合抗日的统一战线,那么,政府就会转而反对参政会。持异议的参政会成员后来结成民主政团同盟,借此表达他们对于政府政策的意见,而结果进一步造成了政府和参政会之间的紧张对立(伊斯门1986:602)。在一个一党专政的国家里,一个准代表性的机构演变为一个类似于政党式的对立团体,这本身就是有助于解释何以在民国时代(1912—1949年)的中国会缺少议会制度的一种动因。中国的"公民"并不能像西方国家的公民一样,以某种近似于西方的方式,通过类似代表议会之类的政府机构实现其政治参与。

二十世纪三四十年代,共产党作为一种政治力量在农村根据地发展壮大。在此期间,它形成了自己的人民参政的观点,集中体现为"群众路线",根据这一观点,党的干部要听取群众意见,根据群众意见制定政策。当干部贴近群众的时候,换句话说,在地方层次上,"群众路线"会起到它的作用。地方参政的程度与美国早期小镇的直接民主实践有些类似。但是,美国的直接民主被较大单位的代议制民主取代了,而在中国共产党的推动下,中国的政治生活却发生了另一种不同的制度演变。在那里我们会看到,由更为庞大的政治体系下派工作组,到群众之中"蹲点",进行调查研究。这一政治策略依赖于一场运动或者类似于运动的努力,并且在地方群众和上级政府之间建立了暂时性的联系。它与民主集中制原则结合在一起,后者确定了纵向整合的国家政权的重要地位,而其中的自治界限严格地限制在地方。

然而,这些实践并不能阻止自治和中央权威之间依旧在意识形态上、在制度上保持着令人恼火的关系。中央和地方之间的疏离,是在创造有效的纵向整合时存在现实局限的结果,但跟西方的权力与权威相脱节不太一样。地方政府解释中央政令的余地,以及中央保障其权威的有限能力,意味着地方政府实际上依然保持着独立性。中央和地方的这种政治关系所造成的状况,与晚清时期曾经存在的结构类似。共产主义的意识形态和制度并没有做到将那些在统治一个庞大社会的过程中固有的结构性挑战成功地转化。

在1949年之后的中国,政治参与的结构的另一个特征与以前的时代有了很大的不同。至少到八十年代初,共产党当局对资源、工作、物资以及服务的控制,比以往任何政府都要严格。因为政府和党的官员控制如此之严,市场以及地方传统机制的相对重要性就减弱了。反过来,这又意味着,为了获取物资、资源和工作,个人要比以往更多地参与政治活动。在城市里,大多数的工作单位都受某个政府机关的支配;在乡村,玉米选种、日常耕作以及劳动分配都由政府领导统一负责。在此种制度环境下,这里所要求的政治参与和欧美背景下所鼓励的政治参与的类型自然是大相径庭。

"政治参与"作为一个概念,其核心即它所承担的意义的广度。它只不过要求我们了解,人们是如何从事那些使其与政府以及统治过程发生接触的活动的。它并不要求一定要研究民主社会,虽然这一概念最初是由这一情境发展起来的。根据意识形态的、制度的结构,我们可以十分容易地识别政治参与的不同形式。

"公民"这一概念与"政治参与"有所不同,它更直接地产生于特殊的历史经验。如果我们要演绎这一概念,当作一个分析性的范畴将其应用于各种不同情况,至少我们会遇到三种不同维度的挑战。首先,我们必须避免创造一个"公民"的一般性定义,使其剥离了任何实质性的含义;如果"公民"不仅仅意味着一个政府之下的单纯的"臣民",而是还有更为具体的含义,那么,必然会存在某些特性,为公民所具有,而为更为一般性的范畴——臣民所缺乏。其次,从另一个极端来看,我们还应该反对想当然的看法:"公民"一词即代表了一套属民与统治者之间的关系,它与在欧美背景下所出现的一样。我们都知道,在欧美的公民身份之中所包含的某些因素,只有在宏大的意识形态和制度的框架中才可能产生,而这种框架在其他背景下是不存在的,中国也是如此。再次,也是最后一点,这些问题也提示了一种策略,借此可以演绎这一介于明确的普遍一般性与暗含的历史特殊性之间的概念。"公民"指的是这样一些人,他们拥有参与政治活动的能力,而且随着时空的转移会有所不同。使得个人参政成为可能的种种观念和制度也是千变万化的。

很显然,我们没有简易的办法,可以把西方的"citizen"和"citizenship"这些术语作为社会的政治的实践"翻译"到中国。发明一个词语来表述"citizen",并不能产生出同样的社会和政治关系。与此同时,我们也应该注意,输入一个新的名词有可能会促成对新的实践的追求,这一名词可能会和其他新名词捆绑在一起,造成一个指代的语言场,又会从中构想出新的观念。然而,这种语言的变革如何会影响到政治上的实践,还是一个复杂的问题,因为新的观念和制度只有在充满了由过去的想象和实践而造成的种种问题和可能的环境之中才会发挥作用。尽管我们在习惯上认为,十九世纪末二十世纪初,中国人的"翻译"是在做功课——引进外来的语汇,并且开创政治和社会的新的可能性,然而,我们很少提及,还有另外一种翻译,也就是旧有的本土观念和制度向新形式的转化。通常我们一方面认为,过去的某些范畴依然适用于现在,因而不需要什么转化;另一方面又认为,它们不再有实际价值,通常是无法转化的。其结果,导致我们越来越难以追溯历史上的一些政治和社会变化是如何发生的。

为了处理这些不同的翻译问题,我们可以提出某些范畴,其本身既具有变化又包含区别。再考虑一下"公民"("citizen"和"citizenship")吧。我们可以用他们与其政府的关系来定义公民:根据个人和团体针对其政府所提出的要求(如果有的话)的数量和性质的不同,"公民"的性质也会有所变化。这些要求会产生实效吗?政府会针对它的公民提出何种要求呢?这些要求还有讨价还价的余地吗?关于"公民"的这些定义促使我们在不同的情势之间进行比较,其中也包括不同社会之间的比较,以及同一社会中不同时代的比较。"公民"的多样化也为我们理解政治实践的"民主化"的不同程度指示了一种路径。达到如下程度,就可以说政治比较民主化了:(1)人民可以向政府提出大量有可能实现的要求;(2)无论是政府对民众提出的要求,还是民众对政府提出的要求,民众都可以就此进行商讨;(3)大量的民众可以享有提出有效要求的同等资格。

福利与公民:社会理论和政治可能性

福利问题在政治上已经以多种方式被构想过了。在西方民主国家中,有些人论证这是一项特权,而有些人则认为它是一种权利。至于哪一种福利措施最好,仍有不同的意见。也有人讨论过,与政府支出比较而言,私人的慈善行为具有何种相对的优越性。关于政府应该在何种程度上集中必要的税收以供福利支出,以及政府应该为此支出多少,在政府内部也没有形成一致看法。在古代中国的政治思想中,福利问题并不仅仅关系到财产的分配,还关系到天然资源的分配,比如像各种空想的理想主义者的计划——给从事农业耕种的家庭均分土地。换句话说,福利问题不仅关系到产生财产的资源的分配,同时也关系到财产生产出来之后的再分配。概观中国历史,福利政策既被看作为了保障社会秩序而做出合理的政治反应,同时又是道德上必须做的事。由于帝国时代的政府无力为民众提供(或使其获得)可靠的福利,社会动荡的威胁就是一个可以理解的结果了。

古代中国人关于分享财富生产的可能性的考虑,至少在最近的分享农村工业化利益的尝试中,我们还可以听到它的回响。在二十世纪八十年代以及九十年代早期,一些乡镇企业在所有村民中分配企业收益,其中也包括那些并不在企业工作的居民。这些企业被视为集体资产,所有的成员都应从中受益。[2]村民们实际上是股东,但是他们获得股份并非因为有个人资金

---

2 乡镇企业的财产权后来变得更像西方完全私有的所有制形式。但是这种趋向私有制形式的变化并非逻辑上必然的发展,尽管在那些希望看到全球经济一体化的分析家看来,这多么像是一种必然的结果。让城镇或农村企业的广大民众拥有财产的所有权,这一点并不是难以设想或实施的。

投入，而是因为他们是集体的成员。

在有这类企业的地区，当地人实践了一种经济上的民主。这种经济民主反过来也是与政治民主相联系的。二十世纪九十年代中国人关于农村自治的讨论强调指出，选举的作用就在于为村民提供了机会，使其可以选出他们认为最能够增加乡村经济利益的那些人，后者主要靠的是发展小规模的工厂，而整个村庄都可以从中受益。总而言之，这些民主形式都是在地方一级发挥作用的。

从地方的税务收取以及税收支出的民主决策领域，我们也可以找到证据。民众自己表现出，为了满足对公共物资不断增长的要求，他们自己愿意缴纳税款。就民众能够决定在何种项目上花费多少而言，他们做出的是影响其自身生活的选择，这一点正是民主决策的基本特征。这种实践显然有多种方式。有时候，地方政府会启动一项公共项目，而且需要捐款；如果民众赞同这一项目有建设的价值，他们才会支持它。在广东至少已经有了这么一个小镇，那里的民众成立了一个"公共工程指导委员会"，它负责铺路、修路、教育以及医疗等地方事务；值得重视的是，这个委员会里没有官员。这一特点提醒我们注意：地方政治决策仍然保持着模糊性——既由政府负责，又不由政府负责。在地方层次上，二者之间的界限是变动不居的。这一情形提醒我们，公共福利问题仍有官方和非官方的两种行动者和组织者。反过来，它又暗示了地方性的活动如何在远离中央的地方发生的方式，即使并没有使用来自中央的制度性语言在政治上加以清晰地描述。在过去二十年里，此类制度的分化甚至比以前更多了，但是即使如此，其间的差异在意识形态上、制度上并不比西方背景下显得更突出。在西方，地方规则通过谈判过程被吸收进范围更广的规则之中，这种传统已经造成了权力和权威之水平的更明显分离。

不局限于地方情形的代议制民主实践的开创，是西方背景下统治层次明显分化的特征之一。在中国，地方民主实践是在纵向的指令链条整合较弱的地方发生的；在中央无法直接控制的地方，他们获得了自己的灵活性。这一情形意味着，将地方的实践推广到更一般性的实践是很困难的，因为上层的官僚统治结构并不需要像地方政府一样动员大众的支持,以实施其权力和权威。

民主实践在西方背景下的两个特征——尽管其中一个特征中西之间有部分相似之处,而另一个特征的重要性也可能被过分夸大了——在中国历史上的确不曾出现过。首先,相对而言,大众几乎没有实现其要求或者调整分歧的能力。缺乏一个实现要求的法制背景意味着,民众同政府谈判的能力是很有限的。法律与其说是关于政治程序的实际陈述,不如说是关于伦理上应为之事的一种道德说教。在人民共和国时期,出现了一种相应于法律纠正的替代机制——对问题的新闻曝光。如果民众与政府之间产生了问题,他们不可能求助于法律解决,但是他们可以在报纸和电视上将其曝光。但是新闻曝光的逻辑,与西方背景下的法律只有一点类似。这一逻辑也适合中央政府让基层政府更加顺从的愿望,它希望地方政府执行它的指令,而且是以规规矩矩的方式进行管理。中央政府担心腐败会更加引起大众对权力滥用的关注。

其次,政治代议制不够发达,意味着中国的民众缺乏民主政治中一种可以影响政府的关键机制。但是,西方社会中政治代议制的实际运作也达不到民主的理想状态。投票选举经常是在一无所知的情况下进行的,个人几乎不可能影响他们在政策方面的选择权,也不能左右他们的代表所做的抉择。人们倾向于在他们看重的特殊议题上调动他们的能量,因而是利益集团而非大多数的民众影响了政治上的决策。实际上,在西方民主中被代表的通常是特殊的利益,而非任何民主意义上的所谓一般利益。在美国人的民主理想和其实践之间,有一条深深的鸿沟。

实际上,在一切社会中,人们关于政治行为的理念和真实的政治实践之间总会存在差距,各地皆然。让我们考虑一下取自美国和中国的例子。在美国,人们对政府怀有畏惧,担心它会对其自由构成威胁。他们把直接民主看得过于理想化,以为个人可以自行其是。由于直接民主是不可能的,他们就希望通过制度来扩展并且保护他们的自由。然而这些做法又会产生出新的统治机构,导致行政职能增加。由美国历史上民主和政权发展的这一根本性的反讽可以发现,伴随着政府地位的增长,扩大政治参与和增强民主能力的大众运动也在发展(Morone 1990)。大众运动通常会唤起对个人自由、地方自治的某些憧憬,也会刺激政权的扩张。

在中国,则是另外一种动力。无论在明清时期,还是在现在,官僚体制都经常因腐败问题而遭到指责。在明清时期的儒者看来,对于实施有效的统治而言,最关键的是要有道德高尚的人,他们的优良品格有助于做出明智的决策。最近50年间的政治领导人也同样强调领导人在道德方面诚实正派的重要性,经常把领导能力和政治上的正确态度相提并论。良好的政府依赖于有良好的领导人,而对腐败问题的关注,一般会扩大对官员的监督,增加对腐败官僚惩罚的威慑。为了惩罚腐败官僚,选拔出德才兼备的领导人,政府进一步扩展了它的能力。这一过程使得政治规则显得更为重要,而与此同时,由合格官僚运作的理想政府依然是被期望的目标。

无论在美国还是在中国,长期存在的关于如何改善政府的看法——在美国是捍卫个人权利,使其免受国家力量的侵犯,而在中国则是铲除腐败,以改善政府——都造成了独特的动力,由此而发展了不同的国家权力。这种对比有点夸大了双方各自重要的特有之处。两个国家在追求各自的良好政府时所依据的概念框架有所不同,但却有同等的重要性。尽管存在方方面面的"现代化"和"全球化",政治可能性方面的语汇至今仍是不同的,因为政治行为最容易被置于特殊形势下来考虑,它们的形成既受到有历史基础的愿望和期待的影响,也和过去的行为及其结果有关。

在二十世纪中,一个日益共同的政治、社会和经济观念的世界,构成了历史变化的普遍认同的背景。但是,语言学上的概念翻译并不足以把握这些概念是如何代表那些比概念本身更复杂、更棘手的社会和政治实践的。为了理解"民主"在美国是如何运作的,我们必须弄懂造成以往实践的结果和变化的是何种历史动力;这类动力是由特殊的政治理念,通过特殊的制度可能性而产生。为了了解中国是如何处理"腐败"问题的,我们必须弄清楚道德高尚的官员的理想表现是怎样的,通过加强管理、监督和惩罚,这种理想有利于去除恶劣的表现。美国人关于民主的观念和中国人对腐败的看法是发生在一个世界上的事,而且已经有了跨越边界的交流。尽管如此,我们不应该因此而错误地认为,这些议题在两地必然是毫无二致的。我的意思并不是说,美国人不能够理解"腐败"在中国的含义,也不是说,中国人搞不懂美国的"民主"。我并没有说,在美国不存在腐败,也没有说,中国就没有民主。确切地说,我想要揭示的是以下两点。首先,像"腐败"和"民主"这样的词,从语言上说是可以转译的,但是他们在不同的政治体系中所指代的要点不同。其次,有说服力的社会理论应该能够推广到各个国家,在那里,各种成堆的问题都是由其独特的语汇来表达的。

在不同的政治话语中确定某一既定术语的意义,也就意味着要识别它借以展开的背景。我的看法是,一个术语被使用的方式,既受其过去用法的影响,也与翻译过程中的理解有关。让我们再回过头来谈一谈"公民"。在中西话语中,与这一术语相关的意义有相互重叠的地方,也有不同的地方。一般说来,我们注意到公共领域而无视它的差别。在西方背景下与"公民"相关的特征,同样也出现在中国的情境之中,这一暗含的假设造成了分析的困难。在我们给不同背景下的术语确定了其含义的情境之后,我们需要像分析家和理论家一样,提出我们自己的更一般化的术语含义。如果我们认为公民是由多种因素构成的,那么公民构成的多样性就可以根据当下呈现的各种要求和权力的不同混合来考虑了。以这种方式,当社会团体和政府官员争论怎样才是双方都认为可以接受的——即使不是适宜的或理想的——关系时,我们就会更容易注意到国家—社会关系变化的涨落了。

关于各种独特的活动类型的第二点看法包括两种维度。某些主题在一些背景下,要比它们在另一些背景下更为重要;我以为,美国人关于"民主"的想法和焦虑要比中国人多,而中国人对其政治体系中的"腐败"问题的关注要比美国人更甚。此外,一个既定的议题也可以置于另一群不同的事物之中来考虑。前面我对福利问题的考虑就是此类例子之一。如前所述,在中国,福利问题是与道德规则的理念以及政府对公民的高高在上的承诺相关的,在西方历史上,福利问题的凸显则比较晚,而且它是与公民及其权利之类的语汇联系在一起的。能够说明各种历史经验的社会理论,应该可以识别各种不同之处,并且能够分析它们各自的意义。历史意义的具体情境的生成也提示了一种策略,由此可以提出研究社会理论的方法,使其可以更好地说明历史的多样性,更有效地指导我们对未来的政治可能性的探索。

十九世纪西方社会理论所形成的传统,在二十世纪,仍然在为宏观社会理论制定议程。社会理论,可以说是由卡尔·马克思和马克斯·韦伯首开的先河,它们几乎都有一个假设,即各种历史变化的类型之间存在逻辑的必然的联系。然而,经验已经越来越多地告诉我们,许多这类联系是开放的、偶然的,有些学者已经抛弃了任何试图对历史的变化给出解释的决定论的社会理论,满足于发现、甚至是赞叹新奇的东西。在本文中,我将提出另外一种社会理论,它会承认不同历史变化之间的不确定性,并且认为这恰恰是我们应该分析的主题之一。

比如说,让我们考虑一下中国和西方之间导致政权扩张和萎缩的截然不同的动力。在过去二十年里,西方已经经历了政府活动方面的衰弱,其中包括政府资助的社会福利,而越来越依赖于私人慈善跟调配物资和服务的市场的结合。在中国,政府职能也已经有二十年的衰退期,开始向地方上转移,在某些活动方面则是绝对的削弱了,福利职能也是如此。如果我们站在一般性的抽象层次上,二者的衰弱看起来是很相似的,然而,一旦我们考虑到各自的意识形态和制度的特殊性,还是可以发现许多不同之处的。尽管存在这些差异,中国的以及中国以外的许多评论者仍然认为,中国政府职能的削弱也就意味着政治民主可能性的增加。这一看法的依据是,在一般意义上,政府能力的削弱也就意味着给大众的民主留出了更多的空间。这种预期是与前面所勾画的、对美国民主发展的解释相矛盾的,而且,它也忽视了中国情境中的意识形态和制度因素的特殊类型。简单地说,尽管在改革时代出现了越来越多的地方选举,但是无论在城市还是在农村,这种选举都没有以一种富有意义的方式超越地方范围,因为上层的代表团体,相对来说,较少倡议或影响政策的制定或实施。这种结构状况,并没有因为出现了政府应该如何改革的新观念而被淘汰。在有些分析家看来,经济改革提示了随后出现政治改革的可能性。但是也应该注意到,地方选举的增长对于

历史变革和政治可能性

经济改革来说,并不一定是必要条件。进一步说,至少暂时看来,二者之间的联系与西方并无多大程度的对应,因为政治民主与经济民主的联系并非逻辑的或理论性的,而是具有历史的特殊性。如上所述,二十世纪八十年代后期和九十年代早期,民众投票选举乡村领导,部分原因是因为期望他们的候选人在发展农村工业方面最有可能取得成功,而这将使全体村民都从中获益。近来这一联系的减少表明,它是多么地依赖于一种特定的环境,因而是偶然产生的。这一点也向我们提示了在中国存在的一种民主的可能性,它在一般的美国背景下是不存在的,那里的大公司控制了国民生产总值的较大比例。

上述例子以及解释它的方法都提示了这样一层含义:在不同对象之间推演出的联系数量越少,规模越小,它们就越有可能揭示出适用于不同情境的直接相似性。反之,联系越多,规模越大,历史的特殊性就越有可能限制个别情况所具有的一般性。这种情况并不仅仅只对说明历史的多样性有效。它也影响到我们研究未来的政治可能性的方式。由于只有某些结果可以预期,而其他结果则无法预料,必须再经过一轮试验,我们的理论才会有所改进。增量的试验是有必要的,因为大规模的变化产生了太多无法预计的后果。宏观社会理论在世界大多数地方都没有产生有效的社会工程,这一失败要求我们进一步寻找研究政治可能性的其他方法。[3] 如何估价后果,并且整理出怎样得出确切结果的方法,这对社会理论来说,提出了进一步的挑战。

为了能够更好地解释政治可能性,社会理论应该放弃对历史变化的大规模复杂联系的简单化设想,而应该注重建立小规模变化的类型,以探寻在特殊背景下各种变化之间的关联。这种方法要求我们思考历史变化及其与未来的政治可能性的关系。大规模的变化,在逻辑上并无必然性。其中,有些变化的可能性也许比其他变化的可能性更大。改进社会理论的难题就在于如何筛选不同历史经验的特殊之处。面对如此众多的多样性,其危险在

---

3 有关现代国家如何过度地控制了社会和自然环境的讨论,请参见斯科特1998。

于，我们将会失掉对发现变化的模式、解释变化、并且创造秩序的能力的自信心。但是，如果我们没有信心在对历史变化更为广博的认识基础上提出新的社会理论，我们也许会在开创有价值的政治可能性方面变得更加无能。

（岳秀坤　译／彭刚　校）

（原载《中国学术》第四辑）

参考文献

易劳逸,1986:《中日战争期间的国民党中国:1937—1945》,载费正清、阿尔伯特·福伊尔沃克主编:《剑桥中国史》第13卷,"中华民国史:1912—1949",第二部分,(Eastman, Lloyd. 1986. "Nationalist China during the Sino-Japanese War 1937—1945" in John K. Fairbank and Albert Feuerwerker, eds. , *The Cambridge History of China*, vol. 13, Republican China 1912—1949, part 2. Cambridge:Cambridge University Press)

夫马进,1997:《中国善会善堂史研究》,同朋社(Fuma Susumu. 1997. *Chuugoku zenkai zento shi kenkyuu*. Kyoto：Dohosha)

菲利普·霍夫曼,1994:《前现代的法国:1450—1700》,载菲利普·霍夫曼、凯瑟琳·诺贝格主编:《财政危机、自由与代议制政府:1450—1789》,(Hoffman, Philip T. 1994. "Early Modern France, 1450—1700." in Philip T. Hoffman and Kathryn Norberg, eds. , *Fiscal Crises, Liberty, and Representative Government*, 1450—1789. Stanford:Stanford University Press)

梁其姿,1997:《施善与教化:明清的慈善组织》,台北:联经出版公司

詹姆斯·莫罗内,1990:《民主的愿望:大众参与和美国政府的限制》(Morone, James. A. ,1990. *The Democratic Wish：Popular Participation and the Limits of American Government*. Basic Books)

西岛成夫,1991:《中国民族主义与民主主义》,研文出版社(Nishijima Shigeo. 1991. *Chuugoku nashynarizumu to minshu shugi*. Kenbun shuppansha)

詹姆斯·斯科特,1998:《貌似国家:提高人的社会地位的几种方案的失败》(Scott, James. 1998. *Seeing Like a State：How Certain Schemes to Improve the Human Condition Have Failed*. New Haven：Yale University Press)

I. A. A. 汤姆逊,1994:《城堡:专制主义,立宪与自由》,载菲利普·霍夫曼、凯瑟琳·诺贝格主编:《财政危机、自由与代议制政府:1450—1789》(Thompson, I. A. A. 1994. "Castile: Absolutism, Constitutionalism, and Liberty." in Philip T. Hoffman and Kathryn Norberg, eds. , *Fiscal Crises, Liberty, and Representative Government, 1450—1789*. Stanford: Stanford University Press)

魏丕信和王国斌,1991:《养育人民:1650—1850 年间的国营民仓系统》(Will, Pierre-Etienne and R. Bin Wong. 1991. *Nourish the People: The State Civilian Granary System in China, 1650—1850*. Ann Arbor: University of Michigan Center for Chinese Studies)

王国斌,1993:《伟大的期望:"公共领域"与在中国历史中寻找现代》,《中国史学》第三卷,第 7—50 页(Wong, R. Bin. 1993. "Great Expectations: The 'Public Sphere' and the Search for Modern Times in Chinese History." *Chuugoku shi gaku* 3:7—50)

王国斌,1998:《转变的中国:历史变迁与欧洲经验的局限》,南京:江苏人民出版社

王国斌,待刊:《鸦片与中国政权的形成》,载蒂莫西·布鲁克、鲍勃·若林编:《鸦片与亚洲历史》(Wong, R. Bin. Forthcoming. "Opium and Chinese State Making" in Timothy Brook and Bob Wakabayashi, eds. , *Opium and Asian History*. University of California Press)

社会自我主义和个人主义
——一位西方汉学人类学家在费孝通教授的中西比较中遭遇的称奇之处和提出的问题

王斯福（英国伦敦经济学院）

我将要讨论的这本书——《乡土中国》，是费孝通写于1940年的著作，当时中国正在经历戏剧性的变迁，并笼罩在暴力阴影之下。如今，和那个年代相比，中国已经发生了很大变化，社会人类学和社会学也是如此。对于这些变化，我想要提出我的一些洞察。不过首先，我要对这部伟大的作品表达我的敬意——直到最近，我才接触到了这本书，并怀着诧异和钦佩的心情阅读了全文。

《乡土中国》最早的、也是唯一的英文本出版于1992年，书名为《来自泥土：中国社会的基础》(*From the Soil：the Foundations of Chinese Society*，由加里·汉密尔顿和王政翻译，并撰写了导言和后记，1992年由加州大学出版社出版）。就如译者所指出的，虽然费孝通讨论的是中国农村，但他是把中国当作一个整体来对待。他们强调，费孝通的这本书是为城市读者而写的——这些人处于变迁之中，他们把目光投向西方和苏联，希望从中找到解决中国问题、使中国由日本侵略和内战的打击中恢复过来的良方。费孝通在写作《乡土中国》的同时也完成了《乡土重建》这本书。他希望中国的重建植根于社会既有的状况——不是以中国的城市为基础，依靠舶来的理念，发动一场彻底的变革；后者将无可避免地伴随着影响更为深远的暴力手段，而且也必然走向失败。费孝通因而写了《乡土中国》一书，讨论在社会已有的基础上对其进行建设。其时，中国仍然是一个农业（agrarian）社会、乡土（rural）社会。

针对他的城市读者，费孝通需要表现西方舶来理念之于中国社会的不适应性——因为,它们来自于、并适应于一个和中国完全不同的社会和社会文化。然后,他得以在《乡土中国》中探讨,中国如何在一个完全不同于前工业西方社会的基础上,实现工业化,建立一个现代国家和社会,因为实际上,他在书中已经进行了两个方面的比较:农耕社会和工业社会的一般性比较,西方文化和中国文化的特定比较。

《乡土中国》对两个有很大差异性的社会(其中一个是费孝通自己所在的社会)进行了扎实的比较研究。费孝通所进行的比较是在个人经历和个人研究的基础上展开的。他曾经在美国生活过一年,在英国生活过两年;他还涉猎了美国社会学家对于美国社会的研究。实际上,他在1947年出版了他的第三本书:《美国人的性格》(上海:生活书店)。所以他对比较双方在经验层面都有很好的了解。这种比较在当时,乃至现在来说,都是不同寻常的。而且另外要指出的是,这种比较是由一个外人的角度来观察西方社会,而常见的比较都是由西方社会科学家在他们自己的社会和他们所研究的非西方社会之间展开的。

我是一个研究中国社会的西方人类学家和社会学家,所以我是在反向讨论费孝通的研究工作。我作为一名外人研究中国社会,并把研究发现和我接触到的英美的西方社会学、人类学研究进行比较。当然,我这里提及的中西(英国和美国)比较研究,是费孝通在二十世纪四十年代不可能接触到的作品。它们讨论的都是作为比较双方的中国和西方社会从那个时候以来的社会变迁。对于自《乡土中国》成书以来中西两个社会的变化以及对于费孝通来说至关重要的人类学主题的变化,我在这里将提出一些自己的理解。不过,首先,我希望讨论一些我对于《乡土中国》的认识。

汉学人类学在英国的六十年

当我开始接触汉学人类学的时候,我阅读了费孝通的乡村研究——《中国农民的生活》(*Peasant Life in China*)[1]、他和张之毅共同进行的研究——

---

[1] 译者注:完整的书名应该是《江村经济:中国农民的生活》。

英文名为 *Earthbound China*(《被土地束缚住的中国》)[2]以及他关于中国士绅(China Gentry)的著作。当时,我并不知道他关于中国士绅的作品是由《乡土中国》的几个章节发展而来的。因为我阅读的他关于中国士绅的作品在上世纪六十年代已经被翻译成英文了。现在我在伦敦经济学院教授汉学人类学,我要求我的学生们都来阅读翻译成英文的《乡土中国》。严肃的比较研究在学科里是很重要的。虽然在我接受训练成为人类学家的60年中,我的老师和我都非常重视研究"他者",对它们进行比较研究,但是我们的比较已经默默地成为了英文写作的副产品。

这里还包括其他的方面。我们涉猎了许多中国社会学家和人类学家所进行的研究。我们把这些研究作为了解中国文化和社会(包括中国人的为人处事以及他们的世界观)的信息渠道来阅读。但是,我们并没有把中国学者视为理论交流的对象,并没有把他们的研究当作中国社会科学的成果来阅读。

这是一个古怪的现象,因为在1961年的时候,我的老师莫里斯·弗里德曼(Maurice Freedman)就曾指出在北美和西欧之外,中国是社会学最为兴盛的地区(Freedman 1979:379)。他并没有时间去亲自翻译那些他所钦佩的社会学家——包括费孝通——所撰写的具有普遍意义和理论意义的作品。莫里斯·弗里德曼不能阅读中文,他只能说闽南话。我能够阅读中文,但是当时我们对《乡土中国》都一无所知;造成的结果就是,我们都忽略了中国社会学家对于中国社会的理论化。1992年,由加里·汉密尔顿(Gary Hamilton)和王政翻译的《乡土中国》是一个新的时代——西方和中国社会科学家开始惺惺相惜,加强合作——的产物。虽然这个时代依然带有很强的片面性,因为大多和西方人联系密切的中国人类学家和社会学家都在西方的大学中熏陶了几年,而更罕有在中国学习社会科学的西方社会学家或人类学家。随着中国和西方大学之间加强合作,我希望将来能够出现西方社会学家和人类学家到中国求学的现象。与此同时,我意识到中西在研究、比

---

2 译者注:这本书是由《禄村农田》、《易村手工业》和《玉村土地与商业》改写而成的。

较的资源和关切点方面还延续了从前的不平衡:例如,英语至今仍然是社会学和人类学的国际出版物的主要语言,而即使我现在身处中国,我却只能用英语来发表演讲。从伦敦经济学院——费孝通的母校,它标榜自己是世界的中心,一个独一无二的、社会科学研究和教学的聚点——而来,我意识到自己处于一个优越的位置上。即使如此,我认为这是一个研究同仁——无论他们是否处于中心——彼此惺惺相惜、重视个人自省的时代。

无论如何,就像我所提到的,费孝通把他所洞察到的中国乡土社会概念化为"差序格局"(加里·汉密尔顿和王政把它翻译成"differential mode of association")。我把它理解为"社会自我主义"(social egoism),因为费孝通认为差序是由设置格局的个体和他人关系的远近决定的。这个观点让我很诧异,因为我接受的训练来自莫里斯·弗里德曼。

共同体对小宗族(Corporate group versus small lineage)

在彼时的英国人类学中,社会结构是对观察到的现象的一种抽象。它是约束社会组织和个体行为的规则和原则的模型,能被进一步的观察所验证。英国的人类学家,比如莫里斯·弗里德曼,把这些规则和原则比作法则(laws)——不是物理法则,而是社会法则,他称之为"法制的"(jural)。它们并不是成文的或口传的法则。在中国社会,有一些成文的法律和符码(codes),它们指代了潜在的、更为普适性的组织和行为的原则和规则。

费孝通的"差序格局"也是一种抽象,它是一个可感知的、历史性地描述中国社会的模型。他一方面自如地运用个人观察,另一方面引用了儒家经典,似乎他能够为这个两千年来并未变化的中国社会结构建立模型,虽然他看到了自己身边正在发生的变化,也知道这些变化已经持续相当长一段历史时间了。

在讨论社会变迁之前,弗里德曼和费孝通都把他们认为需要最先理解的基本结构模型化了。在我写《帝国的隐喻》(*The Imperial Metaphor*, 1992年)的时候,我也进行了同样的工作,但我并没有讨论作为整体的中国社会的结构。对于我所面对的中国社会生活的一项基本制度,我提供了一个更为有限的概念:围绕地方保护者的崇拜和节庆制度,虽然我也知道我所观察的现象正在经历深刻的变迁。某些时候,一项制度意味着一个组织,但是在中国,情况并不是这样的。我是跟莫里斯·弗里德曼同时代的另一位英国人类学家 S. F. 纳德尔(S. F. Nadel 1951:第 6 章)的追随者。一项社会制度并不意味着一个群体或组织——规定成员资格、招收新人的规则并设置界限。它是一系列模式化的、与目标相联系的行动,并规律性地实现,像婚姻制度、过渡仪式的制度、法律制度、君主政体制度或亲属制度。

制度和组织的区别是有趣的,不过,在费孝通和弗里德曼的模型之间存在着更为引人注目的差别。弗里德曼提出的中国亲属制度的模型,既是一项制度,也是一个群体(宗族和家庭)的组织——强调成员资格和进入规则。在我尝试把地方崇拜的制度推广到中国的时候,我不是在强调成员资格和进入规则,而是突出内外的边界和区别。我们——弗里德曼和我,对于费孝通在中国和一个西方社会类型之间所进行的比较表示了肯定。弗里德曼的模型是关于共同体、宗族的一个模型,按照它们与国家的关系以及不同的财产占有情况,它们不断细分,扩大权力。他在家庭和宗族之间作了鲜明的区分。相较而言,家庭是一个短暂的群体,而原则上宗族是长期存在的,因为由定义来说,它是对于一个为人所知的祖先的继嗣传承。与之形成对照的是费孝通的模型,它是由每一个社会人所延伸出来的社会联系的圈子,因此他把一个家庭称为一个小宗族。它是一个有效的、有弹性的、可伸展的、具备多种功能的组织。对于弗里德曼和费孝通来说,家户(household)是一个短暂的组织,不过,费孝通认为一个家庭户是一个直系继嗣(lineal descent)的单位,他提出了一个随着不同的目标和功能变化的组织形式。对于费孝通来说,由家庭开始,把社会性设想为以自我为中心是至关重要的;而对于弗里德曼和他那个时代的英国人类学亲属制度研究来说,自我为中心的亲属制度被称为亲族(kindred)。与宗族形成对照的是,亲族是一个短暂的群体,因为它是以自我为中心的。对于费孝通来说,自我为中心的亲属制度既是暂时的、又是长久的现象。弗里德曼的持续性的组织被设想成一个群体,而对于费孝通来说,持续性的组织没有固定的边界。

　　类似于欧洲的语言中对于长期稳定组织的强调,"社会"经常被理解为一个庞大的群体,或者一个由群体组成的群体。一个以形容词形式出现的"社会的"(social)也可以转变成以名词形式出现的"社会"(the social),这时候,社会被理解为通常的社会关系以及承担的义务。但是在涂尔干(Durkheim)的传统(由此也是英国人类学的传统)中,使人们之间互相约束的法则,也使得人们被限制在一个单一的社会中。费孝通在中国建立的农村社会学或农村人类学,与二十世纪三四十年代他和弗里德曼在伦敦和芝加哥接受的,以及我在六十年代接受的人类学、社会学之间存在的差异,似乎确认了费孝通在其扎实的比较研究中所提出来的中西对比。他在《乡土中国》中提出,西方社会是由群体的概念所主导的,个人作为群体的一个成员,就如捆柴中的一根稻草——当然,同一根稻草可以是许多捆柴的一个成员。

　　我将回到亲属制度研究,解释费孝通关于中国亲属制度的概念如何使我油然称奇。不过,首先我要提出我在他扎实的中西比较中发现的另外两处称奇之处:他关于政治的对比,以及首先,他关于理想类型、意识形态(它们最初是宗教性的)的对比。对于我来说,这使我大为称奇、并且颇为受教,因为我生命中的大部分时间都用来自下而上地研究中国宗教和政治了。

圣贤对上帝(Sage versus God)

　　在一个由单一的、具有普遍性的上帝来表现公共组织普适性、并且由外在的法律和情爱原则来约束(在它面前,人人平等)的社会和一个建立在圣贤基础上、由分化的礼仪或行为规则约束的社会之间,费孝通作了对比。我必须指出的是,他所进行的对比具有历史性,是把新教改革以后的基督教社会和民国以前的中华帝国进行对比。如果他把中世纪的欧洲和中华帝国进行比较,那么他比较的就会是两个农业的、等级制的社会。不过,他也可以说,欧洲的封建等级是由财产决定的,人们的地位是固定的,没有改变的可能。如果它们不是被社会性地组织起来的群体,也是一个个人类的集体。按照人们出身的家庭以及家庭所属的等级,他们之间具有基本的差别。欧洲的等级制确实不同于"差序格局",后者不是基于财产的分化(产生不同类型的成员),而是根据年龄、世代、性别、对朋友的忠诚度、对主人和统治者的隶属关系,以及对于彼此尊重所处等级中心位置的预期,而形成的分化。除了女性之于男性、奴隶或者被流放的人之于自由民的长期的劣势地位,在中国农业社会中,个体可以改变自己的地位。他们并不是具有固定类别的人口。

费孝通的社会自我主义和分化("差序格局")是一个建立在被排序、被分化的社会人(social persons)——而不是社会群体(social groups)——基础上的等级,他清楚阐明了他的这一观点。在一个人的一生中,他由一个服从父母意志的孩子变成了一个要求孩子服从自己意志的父母,如此等等。一个忠诚于领导者的人可能最后自己也会变成领导,虽然不论过去或现在,大多数的人都并非如此。在这个等级中,社会地位代表的不是一个个群体,不过,他们当然也会以修养、留长的指甲,以及其他区分标志把他们自己划分出来。它也可以和印度的种姓制度(caste hierarchy)进行对比,在印度,社会流动(social mobility)是通过种姓流动(caste mobility)的过程来实现的,被称为印度教化(Hinduisation),这时候出现的是一个亚种姓(sub-caste)或者种姓,整体地向上流动。在欧洲,贵族、自由民和农奴所拥有的财产是持久稳定的。

就如费孝通所指出的,对于儒家正统的先贤、祖先以及在世长者的尊崇,和接受创世主安排的"预定论"(信教)或"命运"(天主教)完全不同。圣人对于父亲的孝道也不同于上帝和作为上帝之子的耶稣——他由童贞女所生,正是他否定了自己的父亲,因而他能给每个人带来父亲般的慈爱。一个以神圣的法律、之后是世俗主权法律为基础的社会,和一个建立在合乎不同地位的行为规范基础上的社会,形成鲜明的对比。

慈爱和公正的上帝引导了人人平等的理想;在那之前,慈爱和公正以及无须中介而享有它们的能力,是许多新教教派的理想,支持着他们反抗欧洲天主教。它是英国共和革命的理想,也是由北欧而来最初开拓美洲殖民地的理想,然后在政治和知识启蒙中摈弃了对于上帝的需求以后,它又是法国和其他欧洲大陆国家共和革命的理想。在美洲,美国的建国者都接受了启蒙熏陶,且又是新教徒。像大多数欧洲国家一样,他们既把他们的上帝视为一个权威,同时又建立了一个拥有自己权威的国家,由世俗化的民主理想来实现法制化。费孝通所刻画的西方社会,指的就是这些现代西方社会。

他所作的对比给我们留下了两个大问题:如果西方国家是通过共和革命,在保留上帝的同时,由一个财产等级制的社会转向个人主义民主的社会;那么,共和革命以后的中国,社会人的地位细分等级(the status differentiation hierarchy of social persons)又会受到怎样的影响?作为转型的中国政治和社会的基础,社会人又是怎样的?另外,在中国引入一些西方民主和个人主义的理想和政治,会产生怎样的结果?

这些问题短时间内很难得到答案。不过我将尝试寻找解题的方向。

同意权力(consensual power)和它的将来

在《乡土中国》中,费孝通指出在中国——就如在所有定居的农业社会一样——国家的权力具有横暴性,不过它也是有限的;而主要的权力形式被他称为同意权力。同意权力是由关系和声誉而延揽的权力,认可在等级分化中达成的双边协定。在"差序格局"的基本模型(一个以血缘为基础等级分化而成的联系圈的模型)之上,这种同意权力是由人们对于他们出生以及将来埋骨之所的强烈归属感发展而来的。

对于费孝通来说,对于地方的归属感完全建立在血缘基础上。我认为过于强调亲属制度,会低估朴素的地方邻里组织的影响——它在城里和乡间、在中国以及其他农业社会都是存在的。我个人认为,他也忽视了宗族取代前宗族,以及对于某地的归属感从无到有的历史(参见 Zhao Bingxiang,2004)。不过,保留着这些看法,让我们回到费孝通在上世纪四十年代对于血缘关系、地方归属和地方主义的讨论,他想要借助这些观念把来自同一地区的流动人口组织起来。

他在观察这些观念如何受到日益商业化的经济关系的影响。他认为，随着金钱交易的增加，人情关系将会被无情的经济交易和契约关系所主导。但是，主权国家的法律并不会自然而然地生长出来，为和平交易和个人权利创造空间；对于他来说，按照英国亚当·斯密（Adam Smith）的政治经济学，这个结果需要一个渐进的改革过程来完成。他忽略了由奥利弗·克伦威尔（Oliver Cromwell）领导的争取共和革命的内战，它在经历了1649—1660年短暂的共和制之后向君主政体妥协了。换言之，我认为他参照英国，而把渐进改革理想化，使之成为了目标。不过渐进改革的理念只是一个重要的理想类型。让我们来看一看，费孝通还提出了哪些其他选择。

费孝通谈到了一种他认为的基本权力形式及其在现代社会的表现，他称之为"时势权力"（temporal power）。汉密尔顿和王政在脚注中提到，这种权力接近于，或者甚至可以说就是马克斯·韦伯（Max Weber）所说的克里斯玛权威。有趣的是，费孝通为表现这种时势权力——或曰克里斯玛权威——的现代形式，把当时的苏联拿来作为例子。他发现时势权力容易产生不能被论证或者以民主程序解决的不一致。一方面，如果克里斯玛权威走向独裁，那么这些不一致就会被压制。另一方面，它们也会变成领导者之间的争论——这些领导就同一问题提供了不同的解决之道，接着就会发展成权力斗争，每一方都想实现全面的思想统制（第131—132页）。在《乡土中国》里，他把这种权力斗争称为"派系政治"（第145页）。就如汉密尔顿和王政在他们翻译的《乡土中国》中另外提到的，在《乡土重建》中，费孝通期待着另一个不同结果在中国的出现。他希望中国农业社会的地方自律——是由长者和地方士绅控制的政治，它对于处于核心的君主自上而下的官僚制来说是不可或缺的部分——能够成为一种崭新的以农村工业为基础的地方自治。地方士绅可以被选举出来的代表大会所替代。然后国立的政府成为回应国家中央的公共管理机构（第144—145页）。当然，这两条道路都是可能的，中央集权专制统治和派系政治，或者是集中管理的政治，由地方自治来监督。

费孝通预见到的大难题应该是如何在中国唤起具有普适意义的公共德

性,以及个体由此应该承担的责任。被汉密尔顿和王政翻译为自私(selfishness)的观念并不是公众的社会意识,参照费孝通把中国社会类型化为"差序格局"的做法,我称其为社会自我主义(第61页)。费孝通谈到了儒教如何不能用以界定"仁"——人性和仁慈合一的概念。他对"仁"和基督教的"慈爱"理念进行比较(第68页)——"慈爱"也可以被翻译成慈悲,对于他者的慈爱会引导个人的公共责任以及公共福利。更为重要的是,他将西方概念中对于公、私的区分和一个小宗族延伸出来的、流动的、不确定的联系圈进行了鲜明的对比。最后,他把这个出发点——首先主张忠诚、最后主张牺牲,和西方社会的要求——为了国家可以作任何牺牲,这一点常常得到实现——进行对比。在我看来,他指的一定是民族国家,而不是农业的、重商主义的帝国,甚至不是欧洲中世纪的绝对君主制。

爱国主义自我牺牲的理念和爱国主义的公共德性作为最高的社会鉴定,虽然对于它的意义存在不同的解释,不过,它是民族主义的特征。这个理想存在的问题是,它成为一个横暴的国家下达的强制命令。所以费孝通在1940年代提出的一个大问题就是农业国家的地方自治如何能够转变成现代国家内部有责任感的、可以信赖的地方领导,如何变得足够强大,有能力去制止中国现代民族国家自上而下的权力变得过分膨胀。他提出的另外一个同样重要的政治小问题是,如何使原来对于家庭的忠诚,同时也发展成为对公共德性的社会意识和责任感。对于我来说,这些仍然是需要提出来的、重要的好问题。它们是讨论中国将来民主形式的基本问题。

在1940年代,西方关于个人权利的理念、基督教关于良知的理念以及各种民主共和政府的模型已经被翻译成中文,一些制度,比如分省自治(provincial assemblies),已经在中国存在半个世纪之久了(Fincher,1981:Chapter 5 and 227—240)。不过,它们如何中国化——也就是说,它们如何与农村的联系原则,以及与(我加入的),农村的地域观念、具有问责性(responsive and accountable)领导的观念,产生亲近感——仍是一个大问题。就如我已经提及的,在我看来,费孝通在强调血缘关系的时候省略了后面的部分。《乡土中国》没有涉及地方崇拜以及它们所表达的关于领导、公共德性和社会公平的理念的内容。不过,如何使个人主义适应中国人的联系形式和家庭生活,从他所强调的血缘关系中,我们一定能够找到许多由不同角度切入的问题。为此,我需要谈谈上世纪四十年代以来在亲属制度研究方面发生的变化,然后再来讨论自费孝通的《乡土社会》成书以后,中国社会发生的变化。

费孝通和弗里德曼之后,亲属制度研究的变化

上世纪六七十年代,亲属制度研究在英国、美国和法国人类学中的中心位置——各自有不同的强调——已经受到了严重的挑战,尔后,这方面的研究似乎被抛弃了。亲属制度过去作为一种基本的、治理小国家和无国家社会社会生活的权利、义务结构而被强调,人类学家总是惯性地去研究它。弗里德曼展现了在中国东南的两个省——广东和福建——被国内的地方社会生活和政治所组织起来的不对称的宗族细分,如何同时被阶级所分割(Freedman 1979),从而他扩展了宗族研究的范围。对于他来说,作为社会亲属制度脉络的宗族结构也同时被家庭关系和家庭生活,以及家庭通过婚姻达成的联合所组织。不过,就如我以前提到的,他在宗族和家庭之间作了一个鲜明的区分,这种区分类似于法定的亲属关系和血缘或者生物性亲属关系——由他的同事、非洲研究专家迈耶·福特斯(Meyer Fortes)所提出的——之间的区分。

从那时起,人类学渐渐从所谓的"原始"或"简单"社会中转移出来,因为这些社会的历史脉络显示出它们已被卷入了更为复杂的政治关系中。1968年,大卫·施奈德(David Schneider)提出,对关系实质所作的对比——血缘、生物性关系和被法律、行为观念符码化的亲属制度,体现了种族中心主义。他认为这种对比反映的是北美亲属制度的特征,在那里,家庭生活是物质(substance)和符码(code)的结合,依赖逻辑上对它们的基本区分。对于这个被此前的人类学亲属制度研究所假定的区分,施奈德质疑了其普适性。

正如雅内·卡斯藤(Janet Carsten, 2005:18)在她醒目的、名为《亲属制

度以后》(After Kinship)的著作中所评:当时,不仅在美国,同时也在英国,人类学研究由社会结构的研究转向文化意义的研究,施奈德的批判就是和这样的研究转向相一致的。在英国,这种转向使人的概念(concept of the person)成为一个主要焦点。这个关于组织、群体和国家中的个体成员的普适性问题,起源于基督新教,在欧洲启蒙运动中被重新考虑,在费孝通所界定的西方社会类型——一个他称之为"团体结构"的社会系统,被汉密尔顿和王政译为"联合的组织化模式"(organisation mode of association)——中居于核心位置;接着,它对之前的假设提出了质疑。

在英国,最有影响的关于人的研究不仅关注意义,也关注身体物质、物质性的体液——来自身体之内和身体之间、物质性的礼物和食物以及生物性别(sexual)和社会性别(gender)的差异。玛丽·道格拉斯(Mary Douglas,自然的象征)通过对人类身体物质和体液的象征性使用,建构了涵盖所有社会结构的类型学。不过,她的工作并不是对某一特定社会中的社会人的研究。在英国,可能这方面最有影响力的研究还是玛丽莲·斯特拉森(Marilyn Strathern)写的那本出版于1988年的作品。她把美拉尼西亚人和西方的个人主义进行对比——就如费孝通对比社会自我主义和西方个人主义一样;不过,她并不知道费孝通的工作。

斯特拉森和费孝通所作对比的不同之处在于,前者认为美拉尼西亚人是"复数的"(plural)、可分的(partible)。一个美拉尼西亚人是一个和许多其他人一样同质的身体,所以,对于斯特拉森来说,他自身就可以被构想成一个社会的微观世界(social microcosm)。费孝通没有关注身体,也没有否定身体就是个人。他提出,一个中国的社会人是一个开始社会微观世界——等级分化的家庭,也是一个小宗族——的个人。对于斯特拉森来说,美拉尼西亚的社会人,是仪式和交换中确实发生礼物交换和食物交换的结果,是人们为他人付出的结果。对于费孝通来说,社会人是礼节、仪式、行为规范——使他嵌入到高度分化的地位系列中——的结果,并且他自己也是如此设想的。他的概念更为结构化,社会人可以被设想成地位和角色,由社会关系的仪式来体现。当然其中也包括了礼物交换、食物共享的仪式。不过,费孝通并没有像斯特拉森那样侧重于仪式事件和体验中的身体所具有的物质性。

在英国和北美的亲属制度研究由规范的行为模式和继嗣系统,转向研究人们在家庭之内以及超越家庭的范围,是如何现实地感受到自己与他人存在联系,感到自己背负了他人的恩情。"关联性"(relatedness)被拿来命名这个主题。雅内·卡斯藤把这一方面的研究编辑成卷,在2000年出版,书名为《相关性的文化:亲属制度研究的新方法》(*Cultures of Relatedness: New Approaches to the Study of Kinship*)。其中的研究并不是讨论人们如何因为亲属制度的规则而联系在一起,而是研究在机遇和规则同时存在的情况下出现哪些关系。机遇会使一些关系被忽略,而维持或产生新的关系,以及切断已有的联系。它们并不是研究既定的关系,而是研究亲属关系、其他关系——通过礼物交换、互相探访——的动态持存和感情纽带的形成与维持。

在阅读费孝通的《乡土中国》时,使我最为称奇的一点是,他研究亲属制度的方式和上述研究是如此相近。这些西方人类学家和斯特拉森一样,并没有接触到费孝通的作品。不过,就像"差序格局"一样,他们开始研究过去被称为"亲族"的人们——通过继嗣和婚姻,他们成为社会的个体。像"差序格局"一样,他们不对家庭和宗族作鲜明的区分。像"差序格局"以及此后关于中国社会生活的姻亲关系、朋友关系的研究一样,他们强调人情和感情(参见Bernard Gallin,1960和Fried, Morton H. ,1953,他们是西方中国研究的先行者)。不过,这一令人称奇的相似性中也存在许多重要的差别。

把费孝通的研究和雅内·卡斯藤书中收录的有关中国人关联性的研究进行对比,这些差别就能很好地体现出来。后者是查尔斯·斯塔福德(Charles Stafford)在台湾进行的研究。其中,他表现了家庭的再生产——这是费孝通思考的主轴——不同于费孝通的主张,他并不认为家庭再生产仅仅是传递血缘。生养孩子和赡养父母是一对互惠的关系:孩子回报父母(特别是母亲)对于自己的抚养。家庭内部的关系——如费孝通一样,这个定义比较宽松——和家庭之间通过互访和人情来往所形成和维持的关系是相似的。

在费孝通侧重于"血缘"的理念中,似乎缺少了上述情况中存在的选择因素,同时,也没有考虑到母亲的重要性。总之,妇女在形成和维持关系中的重要性,以及她在照顾孩子、赡养老人的互惠关系中的重要性,在费孝通和弗里德曼关于中国亲属制度的理念中都是阙如的。

不过,最大的差别涉及西方个人主义和亲属制度。不同于费孝通先在《美国人的性格》、后在《乡土中国》(第85页)中提出的主张——亲密的、小规模的、感情性的家庭,是一个生活的堡垒,大量英美亲属制度的研究已经表明,西方的家庭嵌入在处于家庭中心的社会人所发展出来的联系圈中,就像"差序格局"一样(参见,例如 Wallman, 1984)。中国农业社会以及其他有着悠久祖谱记录,从而能够追溯发源地——不是现在人们归属的、能够获得支持并在某些时候可以共享财富的地方——的亲属系统,仍然能和英美的亲属系统形成对照。一般来说,英美的亲属制度更为简单一些,也更接近于血亲继嗣(cognatic),即由父母两边发展的继嗣序列。因此,就如它所要求的一样,英美的亲属制度相较中国的亲属制度而言具有包含更多亲属的潜力,在中国,这些就关联性而言潜在的亲属是被忽略的。大多数的西方家庭都通过他们的祖谱来寻根,寻找他们感情上的归属,这样的起源地大都不只一处;或者他们追述医学遗传的历史,而不是像在中国一样,是为了经济目的而寻根。英美的亲属制度和"差序格局"比较接近,但是它们并不是一回事。同样,在和个人主义作对比的时候,我们也要对它所在的地方和存在方式作更精确的限定。

西方的个人主义不仅是一个实践中的个人和他人联系的方式,它也关乎围绕自律而在财产法、新教、伦理以及规训方面展开的多个主题。在家庭和亲属制度中,它的这些方面都不是太明显。所以,费孝通关于西方家庭和"团体格局",以及玛丽莲·斯特拉森拿自己在美拉尼西亚的发现跟西方个人主义所作的对比,都需要进行调整。西方个人主义是一个法律的、伦理的、纪律的实践,强调个人自律和个人的财产权利。如果它不是在家庭和其他关联形式中实现,那么在权力和平等的意识形态(先于法律)之间,以及作为政府合法性源泉的公共舆论(它实际上是被大众传媒和各种势力所支配的)和为政治说服(利用大众舆论来达成)而进行的融资之间,个人主义也是能够实现的。

在费孝通的观察中还存在很多灼见,比如,在北美和英国,由父母和子女组成的核心家庭是一个获得感情支持的慰藉,而这一点并不是中国务农家庭的主要功能。经济功能(工作和组织性的功能)对于一个中国农村家庭的重要性,远大于它们对于一个西方城市家庭的意义。但是,这一点也需要有所限定。他提出的小家(小家作为西方社会的基本单位)模型由西方社会学而来,它把核心家庭设想成社会生活的稳定中心。但是,这个假定只在一段短暂的历史时期(只持续了一个半世纪)是正确的。只有在十九世纪中叶,才发现稳定的核心家庭;随着再婚率的上升以及新的性伴侣的不断结合,现在它已经成了一连串的核心家庭,它们被子女抚养以及子女对父母和继父母的赡养联系起来。如果承认这样的限定,那么,在自律的意识形态中,夫妇和他们的孩子的确对情感支持和非正式教育具有重要意义;而它也的确和中国通过血缘形成的、"差序"的同心圆——既有情感功能,又有关键的经济功能——形成对比。

一旦我们加入了必要的限定,在对费孝通的观点予以肯定的同时,我们也遇到了另一个大问题。伴随着中国自 1940 年代以来所发生的巨大经济变化和组织工作的变化,在中国的家庭中,又有什么变化发生了?现在大多数居住在中国农村中的人都已不再依靠农业收入,那么,是不是感情功能在中国家庭的生活中变得越来越重要?

情感性的中国家庭

在《乡土中国》里,费孝通提出"稳定社会关系的力量,不是感情,而是了解……接受着同一的意义体系"(第 88 页)。经由爱情而实现两性结合——这种西方式的浪漫诉求被他称为一个冒险的念头;和中国农村承认男女有别以及为了稳定行为符码而避免感情的经验形成对比。在中国,性和爱情在家庭关系以外的关系中可以继续维持——其他中国学生已经表明了这一点。但是,这不是对了解和感情的区分。在情——我把它用英语译为"感情"(affection),它在家庭和友情中习得并获得滋养——和恋爱(激情式的爱意)之间存在对比。我想知道费孝通对感情和了解的区分是否必要,不过,我认同他对于浪漫爱情——被他称为浮士德式的冒险——和了解的区分。和费孝通一样,两位华裔的美国社会心理学家许烺光(Frances Hsu)和朱谦(Gordon Chu),也对西方个人主义进行了自己的对比,他们认为在中国的社会自我(social self)中缺乏浪漫激情,主要是他们的重要他人都是由直系亲属来担当的(Hsu 1985:35—41;Chu 1985:264—267)。对他们来说,浪漫主义的激情被提升到西方社会话语和艺术的中心位置,是以个人和独立自主的自我为基础的。

威廉·扬科维亚克(William Jankowiak)在1980年代及1990年代早期在呼和浩特进行的研究,表现了在官方表示支持自主择偶的婚姻以后,现在的年轻人在择偶的时候不只考虑现实的、经济的、工具性的价值,同时也把浪漫主义的激情视为一种使生命得到升华的经验。他们在谈恋爱的时候,融入了以前存在于婚姻之外的浪漫和激情。

阎云翔在黑龙江下岬村所作的研究(Yan Yunxiang 2003)追溯了个人主义在两性幼年时期的萌芽,直到所有人(男性和女性)都遇到了一个发展个人主义的有利条件:在集体生产中以"工分"的形式获得个人收入。当人们从事不同的职业、在不同的职位或企业中谋生时,个人主义得到了更大的促进。在下岬村,阎云翔注意到与此同时出现的风流韵事,有关婚前性行为的禁忌被打破了。最近这些年,已经订婚的未婚夫妇会一起进城去采办他们的婚礼用品并拍结婚照,在城里过夜的时候他们会睡在一起,从而宣称"生米已经煮成熟饭"。甚至在拜访未来亲家的时候,因为上世纪九十年代的家中出现了隔离的房间,也为有意的未婚夫妻发生婚前性行为提供了可能。此外,现在的新娘都是自己亲自出面商讨彩礼事宜,她们自己有谋生能力,所以能够表达自己的个性和积极性。产生的一个结果就是新婚夫妻坚持在外置家。阎云翔也注意到,年轻女性喜欢甜言蜜语的爱意表达,其中包括流行的抒情诗。所有的风流韵事和选择都在婚前发生;它不是偶然的性关系。实际上，阎云翔的书名为《社会主义中国的私人生活》(*Private Life in Socialist China*)，他在书中提出现代性具有普遍性，它包括个人主义、家庭生活的隐私性以及家庭和工作、经济关系的分离，而且这些已经在中国农村中出现了。

结　论

在费孝通扎实的比较研究之上，本文所延伸的讨论又能得到哪些结论呢？

首先，我们能够推断，社会自我主义和"差序格局"就像个人主义在西方一样，是一种社会生活的伦理和实践的符码。但是，它是由礼仪而非法律来约束的；它先在家庭（同时也是一个小宗族）中得到培养和再生，血缘关系被视为社会再生产的根源并具有绝对优先的忠诚度。这并不排除在农村社会中，家庭生活具有感情性，能被不同的方式所体验，具有很大的弹性。同样的，个人主义也在西方的家庭生活中得到熏陶，人们把家庭生活视为一种有弹性的、联系性的社会生活（被期望和义务所约束）来体验。不过，个人主义主要是在家庭之外——在学校、在各种福利制度以及政治话语中形成的，家庭并不具有绝对优先的忠诚度，它在这方面和其他的组织、制度处于同一水平，虽然通过家庭可以追溯人们对于其他地区的归属感。简而言之，费孝通提出的区分确实存在，不过，必须把流行于农业社会并延续至今的意识形态和话语，和流行于十九世纪的西方并延续至今的意识形态和话语进行对比。

其次，我们能够提出问题：社会自我主义和差序格局是否依然如故？地位分化是否发生变化，因而是否如费孝通所设想的，由固定符码所约束的人情和感情的理想和预期也发生了变化？我认为它们比费孝通所设想的更具有弹性。无论如何，它们与血缘关系无关；不过，它们可以是姻亲关系、朋友关系；在一个等级关系中，它们是对信任和人情的预期。关于领导、阶级和财富的等级关系如今已经发生了变化，因而差序格局和社会自我主义者所延伸出来的圈子也发生了变化。至关重要的是,随着无情的、经济关系的扩张以及它的重要性的上升,新的差序格局确实也会成气候:它是情感的巨大堡垒,是对邻里、朋友和家人的信任和善好行为的预期。同时,通过从事买卖以及表现政治忠诚,这个新的"差序格局"得到了扩张。总之,如果最近的研究(Yang, Kipnis, Chang, King etc.)数量太多,以至于不能确认这些假设,那么我们可以推断,"差序格局"仍然是中国社会一个有力的特征,不过,它已经经历了相当大的变化和扩展。

最后,让我们重新转回费孝通提出的政治问题。这些人情和义务关系是否能够成为地方政治生活的基础,从而抵制来自强大中央政府的要求,以及(我加入的)克制冷酷的资本主义经济?我认为,我们需要从不同角度来看待中国社会的传统,把地缘关系和邻里关系加入到血缘关系和"差序格局"中来回答这个问题。一些代表选举的机制和个人主义的理想由西方传播到中国,成为中国政治的一部分已经有一个世纪之久了,如果不考虑这个事实,我们也不能回答这个问题。我们还必须认识到,关于社会公正的理想在中国已经和由西方而来的社会主义理想混淆一体。不过,即使我们把所有这些都考虑进去,面对一个主要不再是以农业为主的乡土中国,我想,接受费孝通所作的对比以及他的政治工程仍是必要且重要的。费孝通寻找着渐进改革的道路——以转型后的社会自我主义为基础,建设现代中国的经济组织制度和政治组织制度,它仍然是一个经验研究的主要课题。

参考文献

雅内·卡斯藤编:《关联性的文化:亲属制度研究的新方法》(Carsten, Janet ed.. 2000. *Cultures of Relatedness: New Approaches to the Study of Kinship*. Cambridge, UK: Cambridge University Press)

雅内·卡斯藤:《亲属制度以后》(Carsten, Janet. 2005. *After Kinship*. UK: Cambridge University Press)

朱谦:《变化中的当代中国的自我概念》(Chu, Gordin C. 1985. "The changing concept of self in contemporary China," in Marsella et al eds., pp.252—278)

王斯福:《帝国的隐喻:中国民间宗教》(Feuchtwang, Stephan. 1992. *The Imperial Metaphor*:

Popular Religion in China. London and New York：Routledge）

约翰 H. 芬彻：《中国的民主》（Fincher，John H. 1981. *Chinese Democracy*. London：Australian National University Press and Croom Helm）

莫里斯·弗里德曼（由 G. 威廉·施坚雅选文和收录）：《中国社会的研究》（Freedman, Maurice（selected and edited by G. William Skinner）. 1979. *The Study of Chinese Society*. Stanford University Press（original 1961, "Sociololgy in China：a brief survey," original 1974, "The politics of an old state"）, pp. 373—379, pp. 334—350）

莫顿·H. 弗里德：《中国社会的构造：一个中国县城社会生活的研究》（Fried, Morton H. 1953. *The Fabric of Chinese Society：A Study of the Social Life of a Chinese County Seat*. New York：Praeger）

伯纳德·加林：《一个台湾农村的母系关系和姻亲关系》（Gallin, Bernard. 1960. "Matrilineal and affinal relationships of a Taiwanese village," *American Anthropologist* 62(4)：632—642）

加里·G. 汉密尔顿和王政：《来自泥土，中国社会的基础：费孝通〈乡土中国〉的翻译》（Hamilton, Gary G. and Wang Zheng. 1992. *From the Soil：The Foundations of Chinese Society：A Translation of Fei Xiaotong's Xiangtu Zhongguo*. Berkeley, Los Angeles and London：University of California Press）

许烺光：《跨文化视野中的自我》（Hsu, Francis L. K. 1985. "The self in cross-cultural perspective," in Marsella, Devos and Hsu eds. , pp. 24—55）

威廉·扬科维亚克：《中华人民共和国的浪漫激情》（Jankowiak, William. 1995. "Romantic passion in the People's Republic of China," in his（ed.）*Romantic Passion：A Universal Experience?* New York：Columbia University Press, pp. 166—183）

安东尼·马尔赛拉、乔治·德沃和许烺光编：《文化和自我：亚洲和西方的视野》（Marsella, Anthony J. , DeVos, George, and Hsu, Francis L. K. eds. 1985. *Culture and Self：Asian and Western Perspectives*. New York and London：Tavistock Publications）

S. F. 纳德尔：《社会人类学的基础》（Nadel, S. F. 1951. *The Foundations of Social Anthropology*. Glencoe：Free Press）

大卫·M. 施奈德：《美国的亲属制度：一种文化的考虑》（Schneider, David M. 1980,（original 1968）. *American Kinship：A Cultural Account*. Chicago：University of Chicago Press）

查尔斯·斯塔福德：《中国的父系继嗣以及"养"和"来往"的循环》（Stafford, Charles. 2000. "Chinese patriliny and the cycles of *yang* and *laiwang*," in Carsten ed.）

玛丽莲·斯特拉森：《礼物的性别：美拉尼西亚的妇女问题和社会问题》（Strathern, Marilyn. 1988. *The Gender of the Gift：Problems with Women and Problems with Society in Melanesia*. Berkeley：University of California Press）

桑德拉·瓦尔曼:《八户伦敦人家》(Wallman, Sandra. 1984. *Eight London Households*. London and New York:Tavistock Publications)

阎云翔:《社会主义的私人生活:1949—1999年中国农村中的爱情、亲密行为和家庭变迁》(Yan Yunxiang. 2003. *Private Life under Socialism:Love, Intimacy, and Family in a Chinese Village 1949—1999*. Stanford University Press)

赵丙祥:《"圣人没有经过的地方"与"圣人诞生的地方":山东和黑龙江的相互定义》(Zhao Bingxiang. 2004. "'The Place where the Sage wouldn't go'and 'The Place where the Sage was born':Mutual definitions of place in Shandong and Heilongjiang,"in Feuchtwang, Stephan ed. ,*Making Place:State Projects, Globalisation and Local Responses in China*. London:UCL Press,pp. 117—132)

（朱宇晶　译）

（原载《中国学术》第二十五辑）

诉苦:一种农民国家观念形成的中介机制[*]

郭于华(清华大学) 孙立平(清华大学)

中国革命是一组反差强烈的因素的产物:一方面是几乎不识字或很少识字、许多人甚至连县城也没有去过的农民大众,另一方面则是由共产主义精英所倡导的宏大意识形态和改造社会的巨大工程。在革命胜利后,这种宏大意识形态成为社会结构框架的基础。那么,在以这种革命意识形态为基础的社会框架和几乎是文盲的非意识形态化的农民之间是如何建立起联系的?这是我们理解中国共产主义革命后社会生活的一个重要方面。

本文将在民族—国家形成的理论背景下,将"诉苦"和"忆苦思甜"作为农民国家意识形成的一种重要机制,来探讨农民对于国家的感受和认知以及农民国家意识形成的过程与特点,进而从普通农民的视角来揭示这一时期中国农村中国家与社会关系的变化,特别是国家向社会渗透的过程。而在此之前,对于这个问题的研究,所采取的几乎都是从国家出发的自上而下的视角。

本文所使用的资料主要来自两个方面。一是笔者所从事的"二十世纪下半期中国农村社会生活口述资料收集与研究计划"在西村和骥村所得到的口述资料;二是能够查找到的第二手资料,包括有关的档案文献、报刊、已出版的纪实、日记、回忆录等。

---

[*] 本文初稿曾在 2001 年 12 月加州大学伯克利分校中国研究中心与清华大学当代中国研究中心联合主办的"问题与方法"研讨会上发表,与会者刘新、叶文欣、李强、沈原、郑也夫、关信平等学者提出了很好的见解与批评。特此致谢。

一、"苦难"之于国家观念的形成

解释现代民族—国家的形成是许多社会科学研究者长期致力的方向。杜赞奇(Prasenjit Duara)曾以中国社会史材料出色地描述并分析了二十世纪上半期国家政权在乡村的建立过程。他使用"国家政权建设"(state-making)和"权力的文化网络"(culture nexus of power)这两个颇具分析性含义的核心概念,分析了中国农村中国家与社会关系的历史过程,并试图超越西方社会科学研究的思维框架——现代化理论。

在杜赞奇的阐述中,始于二十世纪初的国家权力的扩张是一个不可逆转的进程。其具体内容与查尔斯·蒂利(Charls Tilly)等研究的近代早期的欧洲相似,这一过程包括政权的官僚化与合理化,为军事和民政而扩大财源,乡村社会为反抗政权侵入和财政榨取而不断斗争,以及国家为巩固其权力与新的"精英"结为联盟。

蒂利的研究区分了"国家建设"(state-making)与"民族形成"(nation building)这两个互相联系但又有差别的过程。十八世纪欧洲的"政权建设"主要表现为政权的官僚化、渗透性、分化以及对下层控制的巩固;而"民族形成"则主要体现为公民对民族—国家(nation-state)的认可、参与、承担义务与忠诚。蒂利认为欧洲各国的这两个过程并不同步,强大的民族—国家的出现往往先于民族的形成。欧洲民族—国家形成过程的另一特点是,国家权力对社会和经济生活各个方面的控制逐渐加强,而与此同时,在现代化的民族—国家内,公民的权利和义务也在扩大。二十世纪中国"国家政权建设"与欧洲的不同之处在于,国家权力的扩展是与现代化和民族形成交织在一起的,二十世纪初的反帝民族情绪和挽救民族危亡的努力成为强化国家权力并使政权现代化的压力。(杜赞奇,1994:1—3)

杜赞奇的研究通过"权力的文化网络"概念来讨论中国国家政权与乡村社会之间的互动关系。他认为这一文化网络所包含的等级组织、非正式关系网诸如市场、宗族、宗教和水利控制等组织以及大众文化中的象征,构成了施展权力和权威的基础。在新旧世纪之交,乡村社会中的政治权威体现在由组织和象征符号构成的框架之中,而乡村社会中最直接而且最典型的权威则体现在宗教和宗族组织之中。二十世纪国家政权如果抛开、甚至毁坏文化网络,其深入乡村社会的企图注定是要遭到失败的。杜赞奇认为,"晚清国家政权基本上成功地将自己的权威和利益融合进文化网络之中,从而得到乡村精英的公认。"而进入二十世纪后,现代化过程中的国家政权则完全忽视了文化网络中的各种资源,并且力图斩断其同传统的、"落后的"文化网络的联系,从而丧失乡村精英的沟通与支持作用,并导致"国家政权内卷化"的后果。(杜赞奇,1994:233—237)

与这种过程和逻辑形成鲜明对照的是,1949年中华人民共和国建立后,对宗族等传统社会组织和传统的民间宗教等文化象征体系,进行了更彻底的摧毁。也就是说,杜赞奇所说的"权力的文化网络"受到了更彻底的破坏。然而,一场史无前例的大规模的"国家政权建设"和"民族形成"过程却发生了。在这个过程中,无数普通人与国家的关系得到了根本性的改造,一种"总体性社会"的框架得以形成。在这种总体性社会中,普通人与国家的关系,达到空前"密切"的程度。那么,这个过程是如何发生的?是通过什么样的机制发生的?在杜赞奇的分析中,虽然涉及了这个问题,但却未能加以论述。

杜赞奇指出,共产党在中国获得政权的基本原因之一是,共产党能够了解民间疾苦,从而动员群众的革命激情。而苦难之一正是来自于国家与社会之间的关系:经济上的横征暴敛、政治上强迫专制、乡村公职成为谋利的手段。但他同时也认为,革命发生的时候,在村庄之内,难以用阶级观念来动员民众,因为控制乡村的多为居住在城镇的不在村地主,而农民对地主精英的依赖亦十分有限。利用村内阶级斗争也难以燃起"燎原"之火(杜赞奇,1994:238—241)。从中可以看出,杜赞奇敏锐地注意到"苦难"所蕴涵的国家—社会关系的含义,以及对"苦难"意识的动员在革命中的重要性,但却没有充分估计到发掘和引导"苦难"意识对于整个社会改造所具有的巨大潜力。特别是在他那里,"苦难"的现实和感受与阶级是断裂的,他更没有注意到"苦难意识"与他着力阐述的主题"国家政权建设"和"民族形成"之间的重要联系。

我们在下面的分析中将会表明,在中国共产主义革命的过程中,特别是在 1949 年之后,"诉苦"和"忆苦思甜"权力技术的有意识运用,是如何对农民日常生活中那种较为自然状态的"苦难"和"苦难意识"加以凝聚和提炼,从而使其穿越日常生活的层面,与阶级的框架并进而与国家的框架建立起联系的。将农民在其生活世界中经历和感受的"苦难"归结提升为"阶级苦"的过程,不仅成为日后与之相伴随的阶级斗争的基础,而且是在农民的内心世界中塑造农民与国家关系的基础。换言之,这种"民族形成"的过程,是深深地植根于农民的日常生活之中的。

二、分类:从农民的框架到意识形态的框架

(一)"苦难"与阶级:在现实与表达之间

对于发生在四十年代末期和五十年代初期土地改革中的阶级划分和诉苦过程,人们一直存在许多的疑问。关键的问题有两个:一是当时的阶级划分是否有现实的基础?换言之,当时的社会分化和阶级类别在中国农村是否为客观的存在?二是农民在诉苦和忆苦思甜中所诉说的苦难究竟是真实的还是虚构的?近年来的许多研究和资料似乎趋向于对此做出否定的结论。我们并不想推翻这些结论和证据。但如果想要据此说明,在那个社会中没有多少真实的苦难,雇主和雇工之间、土地出租者和佃农之间都是一种温情脉脉的关系,恐怕也与事实相去甚远。既然这种苦难和类似关系中的冲突与怨恨,在各种社会中都是不可避免的,又如何可能独在中国农村这个人地关系紧张、经济落后的社会中例外?根据詹姆斯·斯科特对东南亚农民的研究,以"生存伦理"(subsistence ethic)作为衡量公正与否和受剥削程度标准的农民并不需要局外人帮助他们认清每天都体验着的不断增长的剥削情况,不需要别人告诉他切身经历的苦难。局外人对农民运动的关键作用,不

在于评价阶级关系方面,而是在集体行动的水平上提供帮助农民行动起来的动力、援助和超地方组织(斯科特,2001:202—247)。因而此处问题的关键是,农民的苦难和阶级分化的基础是在何种程度上存在,又是以何种形式存在的。

黄宗智在其《中国革命中的农村阶级斗争》一文中极富洞见地提出了一种解决这个问题的方案。他使用"客观性结构"、"表达性结构"、"客观性主体"、"表达性主体"四个维度来表述其间相互关联相互作用的复杂多重关系,从而对有关农村阶级斗争中表达和实践之间的关系提出了一种解释。

正如黄宗智明确指出的,中国共产党的表达性建构和中国农村社会结构的客观现实之间存在着的一致和偏离。我们无须怀疑这些一致性:地主掌握了所有土地的三分之一,富农掌握了另外的15%—20%,而土改把地主和富农几乎所有的土地分配给了贫农和雇农,这次土地的再分配涉及了全国耕地面积的43%;我们也没有理由怀疑,土改是一次重大的社会—经济革命,深刻地影响了农村的每一个成员。但也必须看到,"土改的实践并不是简单地依据村庄的客观结构。无论是在主体还是结构层面,都是由表达来完成客观行动和客观结构之间的中介作用的。共产党保持着阶级区分存在于每一个村庄的幻象。其选择的政策是在每一个村庄发动类似于善恶相对的道德戏剧表演的阶级斗争,并试图动员所有的农民和城市知识分子来支持党的决定。党建立了一套用以塑造人们思想和行动的意识形态来实现这一目的。"换言之,"在土改中,'地主'、'阶级敌人'这样的概念,主要是一个象征性和道德性的概念而不一定是一个物质性范畴。"(黄宗智,1998)

黄宗智也敏锐地觉察到,在1946年到1952年的"土改"和1966年到1976年的"文革"中,农村阶级斗争的表达性建构越来越脱离客观实践,两者的不一致强烈影响了共产党的选择和行动,而党的这些选择和行动又形成了一种话语结构,该话语结构在"文革"中极大地影响了个人的思想和行动(黄宗智,1998)。这些认识对于深化对革命后的日常生活的了解,并通过这种理解来重新认识革命本身,无疑是极为重要的。

黄宗智正确地阐述了"表达性建构和农村的客观现实之间仍然存在着

不一致",但却并没有回答如何在这两维之间建立联系的问题,以及这种建构对于形成农民与国家之间新的联系纽带所具有的重要含义。尤为重要的是,建立国家和农民之间关系纽带的方式,以及形成这种纽带的机制,会对这种纽带本身以及与此相联系的国家与社会之间的关系,具有重要的影响。

本文的分析将会表明,在现实与表达存在偏离的情况下,国家毕竟成功地发动和组织了土改运动及其后的历次政治运动,重构了乡村社会结构,基本实现了自己的治理目标。而作为国家仪式的"诉苦"和"忆苦思甜"正是弥合农民的苦难与阶级之间、现实与表达之间的距离的最重要的权力技术之一。

(二)农民生活世界中的分类

类型化是任何社会都不可缺少的基本结构,因为分类以及在此基础上形成的分类意识,是人们形成生活框架(framing)的基础。我们在陕北骥村所进行的口述史调查发现,土地改革之前的农民(那时阶级的分类框架还没有引入)虽然没有阶级分类的意识,但却有着自己的社会类别区分和评判,这是农民生活世界的分类图式。更进一步的问题就是,假如我们同意黄宗智的结论:"中国共产党的表达性建构和中国农村社会结构的客观现实之间"既有一致的一面也有不一致的一面,就会提出一些令人感兴趣的问题:在这种现实面前,在阶级的意识形态分类概念还没有引入的情况之下,农民是如何进行分类的?他们在分类时使用的最基本的标准是什么?他们日常生活中的这种分类,对日后的阶级建构又具有什么样的意义?

"财主"、"东家"与"受苦人":骥村曾因马氏大地主集团而远近闻名。由中共农村工作调查团在四十年代初所作的一项研究显示,当时的271户家庭中共有55户地主(张闻天,1980)。这些地主家族并非是土生土长的本地户,而是在大约明代万历年间从山西迁往陕北、后又从绥德经数地辗转迁徙而至此定居。经过数代的繁衍发展,马氏地主成为远近闻名大户富户,以至当地有"不知县名;却知村名"的说法。经过连年的买地置业,属于马氏家族的土地跨越周边四县，在四十年代初据不完全统计已达13977.5垧，约合34.193万多亩。马氏在其居住地周围地区的优势地位是显而易见的，其拥有的土地超出其所在和邻近的两县地域。1933年国民党组织的调查表明，与骥村相邻的管家咀十之八九的家户租种马氏的土地，崖马沟超过90%的家庭是马氏的佃户。1942年中共调查团的统计列出，地主集团的代表人物马维新拥有土地超过四千亩。这些土地分为208块，由一百多个佃户租种，地域包括23个村庄。骥村周边数村的人家几乎都是马氏地主的佃户，靠租种马家的土地谋生。在号称"马光裕堂"的堂号地主之外，只有四户小地主，一户中农，其余的全是靠租种、伙种地主土地的佃农、为地主雇佣的伙计、掌柜和少数工匠、商人、游民等，形成所谓"富者地连阡陌，贫者无立锥之地"的状况。马氏地主家庭雇佣劳动力比较多，而且名目多样，分工细致，计有"伙计"（男长工）、男短工、女长工、女短工、工匠（木工、石工、泥工、铁工、铆工、画工等）、奶妈、"洗恶水"（洗衣）女工、做饭女工、做针线女工、童工（拦羊的孩子）等。村中的普通人家除了少数外出的工匠外，大多劳动力是围绕着地主的生活谋取其生计的——租种地主的土地和为地主的家庭生活服务。从上面的情况可以看出，当时的骥村应当属于有着较高阶级分化程度的村庄。

　　对于经济生活的两极分化，骥村村民当然有着自己的认知。他们把占有大量土地或拥有"字号"（店铺）的富者称为财主、东家、堂号家或某某堂几老爷；而自己则是占人口数量最大的"受苦人"（种地的）或有某种手艺的"揽工的"。"受苦人"这一类称一直沿用至今，一问某某在干什么，经常的回答就是"在家受苦呢"。"受苦人"的概念也许是我们理解当时骥村的农民是如何在日常生活中进行分类的一把钥匙：首先，这种"受苦人"的概念与那种几乎等同于"被剥削、被压迫阶级"这种高度意识形态化的"受苦人"概念不同，骥村人的"受苦人"概念等同于从事种植业的体力劳动者的概念，是一个职业和劳动分工的概念。其次，如果仔细分析，即便是在土地上劳作的"受苦人"概念，与土地和财富占有状况也不是全然没有关系的，因为当时骥村的农民是将"受苦人"作为与"财主"对应的概念来使用的。从这两种含义中，我们也许可以体会到骥村农民在阶级概念引入之前那种含义微妙的分类图像:是否占有财产与劳作的类型这两种分类概念相互对应,对财主的确认标准是财产(土地)的占有,而对与财主相对应的其他人的确认标准则是劳动的类型(种地的体力劳动)。

基于土地和财富占有关系而造成的分类是客观存在,也是农民意识到的类别。他们或许将财主的富有归结于他们祖上有德,勤俭或"精明",总之是"人家有本事挣下的",亦或许把自己的境遇认定为命运。无论如何这种经济和社会性的分类并不是阶级类别,租佃和雇佣也未被归结为剥削关系。土改动员前的农民因此而被视为没有阶级意识的或为"虚假意识"(false consciousness)所支配的大众(James Scott,1976:225—234)。

"门头"、辈分、性别:骥村的马氏除了构成上述富家大户之外,在当地亦作为强大的宗族而存在,这在通常被认为宗族势力偏弱的北方地区是比较少见的。明代迁至骥村的五世祖马云风,是开创宗族基业的重要人物,也是当地马氏共认的祖先。他通过运输业、商业和借贷的利润收入不断地扩张土地,取骥村原住居民杨、刘两大姓的地位而代之,为马氏子孙的生存和发展奠定了基础。云风生五子,构成人们所称的"五老门"宗族支系。至云风的三门四世孙,马家又出了一个举足轻重的人物,这就是大名鼎鼎的马嘉乐。嘉乐学至太学生,其子、孙几乎全部走上科举功名之路,出了正四品二人,从四品二人,从五品三人,及知县、主事等多人,其社会政治地位大大提高。嘉乐的经营之道继承其祖先的方式,继续扩大土地占有面积,到其去世前已拥有土地七千余垧,五个儿子各分得一千多垧,另有各自的商号、窑房院落及金条、元宝。这五个儿子就是传续至今的"光裕堂"的五个门子。马氏一直实行族长制,有"族务会"负责处理族内大事和排解纠纷,有完善的族规家法。在人文景观中,亦有宗祠、牌楼、石碑和祖茔作为宗族的象征表示出当地社会的类别安排;而族谱和辈分名字排序直到今天仍然可以清晰地为马氏后代所表述。

根据骥村老人的回忆和口述,宗族的活动如祭祖、坟会完全是按照门头、辈分和性别秩序安排的,与贫富关涉不大:

"小时候那祠堂里烧纸去,那老坟里也都要去了。寒食节,杀几个猪,家里担几担献卷(注:面制供食),一个人给一个卷卷,领一份肉,就是那么个,办坟会了嘛。"(Y0084/MSL)

"一辈一辈的,不分受苦人,不分你地主家,不分穷汉家,就看谁跟你一辈。你就尽站的人家跟前,磕头去。那阵是不分这号,不分,只要你来,你辈大的,人家还敬着了。"(Y0091/RXL)

"凡是自己后代,都去,按班辈,先轮长辈祭祖去,再次一辈,最后再晚一辈,磕头。那有些人不孝,不去。那不去,你也把那没办法。所以我们就来了个坟会新形式,抬上一两个猪,你谁去,你分肉。这么改一下,你不去了呀,你吃不上肉。"

"磕头那是一样,儿女都是。只可是女子不能上,那阵是旧习惯,女的不能上老坟去。你自己的父母,那可以。要到爷爷了,老爷爷了,这些的坟里那不能去。清明节那就分肉了嘛,那女子就不能去,没肉吃那。旧前那时候,封建时候,那就是限制。女子家的往出问呀(注:出嫁),不是继承你的。"(Y0075/MZYI)

不难看到,按照亲缘关系对人的分类,门头、辈分、长幼、性别乃至孝与不孝,都是重要的因素,而这些不但不是阶级区分,甚至与"财主"和"受苦人"的区分也并非一致和重叠。

"恩德财主"与"黑皮、杂种":革命前的乡土社会中,农民对于他人亦有价值维度的判断与评说,而这种道德分类是以其生活世界的逻辑和生存伦理为标准的。

骥村一直保持了一种关于"人气与铜气"的说法,人们经常会评价说这个人有"人气"或那个人没"人气"。所谓"人气"是对社会声望的正面评价,说某某有人气,是指他或她为人正派、实在,在人际、家庭和村庄的各种关系中行为得体,既懂礼又懂理,有好人缘,"上边也信任你,群众也信任你"。而且,"你有人气以后就有人抬举你,有人抬举你就说明你有铜气。有铜气并不是指有钱,而是说你这个人周转现金很容易,有信誉,借两个钱人家敢给你借。如果这个人不务正,做些胡事,赌博啊,偷啊,群众没人抬举你,你用两个钱也没人敢借,贷款也没人敢给你贷,这就是人气没人气,铜气没铜气。"(yjg008mrt-2)。在此所谓"铜气"也并非仅仅指有经济实力,其实是指一种得自于人品和能力的信誉,有人气的人在需要的时候,能得到别人的帮助,没钱也能借到钱,个人力量小也能办成事。而一个人如果在众人心目中被视而不见或遭到厌弃,就"人气"、"铜气"皆失,成为与整个共同体格格不入的人。用骥村人的话来说,"铜气和人气并排走着了"。

1942年的延安农村工作调查团曾记录了伙计们和受苦人给各门地主编唱的"堂号歌":

能打能算衍福堂　瘫子宝贝衍庆堂
说理说法育仁堂　死牛顶墙义和堂(形容其为人固执)
有钱不过三多堂　跳天说地复元堂
平平和和中正堂　人口兴旺依仁堂
倒躺不过胜德堂　太阳闪山竣德堂(形容其起床很晚)
骑骡压马裕仁堂　恩德不过育和堂
瘦人出在余庆堂　冒冒张张裕德堂
大斗小秤宝善堂　眼小不过万镒堂
婆姨当家承烈堂　球毛鬼胎庆和堂(形容其为人小器)

上述歌谣对各"堂号"的描述虽然有所褒贬,但多为对其自然特征、人格特点、行为方式乃至生活习惯的概括和调侃,而少有阶级评判的性质,并不表明人们的阶级意识和态度。

当地农家对地主集团的感受与评价至今还部分地留存于人们的口耳之间。一些老人说:骥村的地主大多是"恩德财主",不刻薄穷人;"这的地主善的多,没做下恶事";一些"恩德财主"的故事至今仍被讲述:一个五六岁的小孩,在地主门口碰上个卖香瓜的,想吃却没有钱买,与卖瓜人僵持不下,"二财主出来,拿些钱置办两个香瓜,给这个娃娃,这个娃娃拿两个香瓜喜的这逛了"。到土改时节,地主穷了,吃喝不济,这个长大了的娃娃在"公家"手下赶骡子,念报当年两个香瓜之恩,他给二财主置上几两洋烟,"这洋烟真个

是点好货！""那二财主,那就算恩德财主了。"(LHS/Y0063 4)

除了恩德财主的道德评判,村民还用"黑皮、野鬼、混种子"指称那些生性顽劣、品行不正、为人霸道、行为暴戾之徒。骥村历史中典型的"黑皮"就是已经去世的刘二狗。刘是地道的穷汉,"没有正经生活",靠捡煤炭为生。"那驴日的是赖东西,是个儿货(注:脾气坏,不讲道理),脾气可坏的过恶了,就那么个黑皮(注:类似于地痞流氓)杂种";这个村民眼中的"黑皮"在土改运动中看准时机,把握了自己的命运,他当上了基干连连长,并成为残酷斗争、拷打地主的主角。一个地主受打不过,只得将自己的女儿许给了刘。"马钟岳(地主)的女子不晓十四、十几了,把那马钟岳吊起呀,吊了几天,可打嗟,打的那怕的把那个女子给了那,那刘二狗那阵是三十二了。"(LHS/Y0063、4)值得注意的是,经过激烈的土改斗争和其后历次政治运动,村民并未改变对刘二狗"黑皮杂种"的人格评价。

上述贫富之分、亲缘之分和道德之分是农民对自己生活于其中的社会世界的分类。从这种日常生活中的"自然"分类,转变到革命中和革命后的意识形态化的阶级分类,土改运动特别是其中最为常用的"诉苦"是分类转变的重要机制。

(三)从道德化的个体到意识形态化的阶级成员

已有的对土地改革过程中诉苦的研究正确地指出了诉苦作为一种权力技术,是重构社会认同、划分阶级,进而实现对农村社会重新分化与整合的努力(方慧容,1997;程秀英,1999)。诉苦的这一功效主要是通过阶级分类而实现的。共产党政权建立之初,其所面对的是一个广袤而凋敝的乡土社会和分散而"落后"的农民大众。要将其组织成摧毁旧世界建设新社会的力量,塑造成新国家的人民,分类就成为一个必不可少的过程。从某种意义上来说,阶级的分类是社会动员不可缺少的基础,也是治理社会的主要方式。

1947年农历二月十五,骥村召开斗争地主大会,周边各村也派代表来参加,主要斗争对象是有"开明士绅"和"恩德财主"头衔的马醒民。从亲历这一过程的原乡农会主任散乱的回忆叙述中,我们可大体知道当时主席台上有中央工作团的负责人和工作团成员、县区干部、各乡代表;在台下,普通群众站在一边,地主富农集中在另一边。"领导在台台上坐着,地主在滩滩里站着","谁有冤枉,地主以前对你咋些,你咋诉苦,以前的冤枉,你给地主、富农提意见。在那个场场上,我们喊口号着了嘛。"(Y0085/LCY)据参加了土改过程的村民回忆,在1948年又一次大规模诉苦和斗争地主运动中,村民刘本固在大会上给地主提了七十二条意见(看来当时农民还不习惯使用"诉苦"一词),但具体内容是什么谁都记不清了。这次斗争不仅限于给地主提意见,还非常残酷地吊打了三个地主,那烧红的烙铁和血淋淋的场面至今还让人们胆颤心惊。而吊打地主并非全因仇恨而生,"掏元宝"(迫使其交出浮财)是主要目的。在全国各地农村上演的诉苦、斗争大会营造了一种非常仪式化的场景,或者说其本身就是政治仪式或革命仪式。而仪式在社会动员特别是在改变人们内心世界的过程中是最重要的机制之一。

除了诉苦斗争大会,还有启发农民阶级觉悟的各种诉苦方式。据1947年8月18日《人民日报》报道:河西赵官镇以家庭会议发动落后群众(重点号为笔者所加,下同),起到很大的作用。平时在工作中常常遇到落后家庭、落后人,对复查影响很大,如有的村干部天天忙于工作,家里兄弟们不高兴,老人们也生气,常说:"整天开会也不知开的啥?弄的些东西咱能分多一点?得罪人是自己的!"往往原来是积极分子,经过家里人乱嘟哝,使得他情绪低落下来;也有的青年妇女,过去出来开会是硬着出来的,一家都不喜欢。镇上西街有个老头子个性很倔,大家都喊他"穷顽固",他孙子媳妇参加复查,他不高兴,使他孙媳妇参加运动受到阻碍。经过开了家庭会后,这些情形就变了。由此证明普遍的发动群众,组织群众,许多原来的工作方式还是不够的,即使开了群众大会、区农民大会,总还有一部分人(多是老年)不能参加,召开家庭会议就能补足这一点。这个创造首先出在南街的这街农民李庆新,复查时积极,参加各种会议,最近还在一个大会上诉苦;但是他家里人都还没弄清自己过去受苦的根由,李庆新就利用吃晚饭的机会,先说他出去开会的情形,慢慢便谈起过去没钱出利求借都不行,灾荒年几乎把孩子饿死等悲惨事,他说时全家都很注意听,后来连饭也不吃了,当他诉说到最苦痛的地方,全家人都掉泪了。最后他说:"俗话说富不杀贫不富",提高了全阶级觉悟,认识到旧社会一切罪恶都扎根在地主身上,穷要翻身非自己起来不中。领导上便运用了这个经验,推动了全镇的深入诉苦复查,收效很大。……这个经验已引起很多领导干部的重视,最近并在全区农民大会上特别号召大家回去开家庭会议,把诉苦复查的精神,通过家庭会议贯彻到每个群众中去。

另一个值得注意的现象是土改时许多地方包括骥村都曾举行过数个村庄联合斗争地主的大会,这样当村民和地主面对面地进行诉苦时,他们的控诉对象可能是些他们并不认识的人。数村合斗地主的现象,或许缘于有些村庄如黄宗智所指出的没有够格的地主,或者多为不在地主,或者如骥村大多数地主在风暴来临之前就离开了。而合斗所展现给农民的是一个作为整体的地主阶级,他们获知的是凡地主都是"喝穷人血"的剥削阶级,对东家老爷个体的恩德记忆淹没在对地主阶级罪恶的认识之中,阶级意识和阶级类别便由此而产生。

经过诉苦和斗争提高了阶级觉悟的骥村农会主任刘成云对地主的财富提出这样的问题:"说是你挣下的?你怎嘛挣下的"?这个问题的言外之意在于没有受苦人的劳动,哪有地主土地的收获。地主是靠剥削穷人而生活的,这可以理解为劳动价值论取代资本价值论的民间表述,而这正是诉苦等运动机制带来的农民精神世界的转变。

三、诉苦翻身:消极国家形象与积极国家形象

(一)穿透日常生活的苦难:农民疾苦与阶级仇恨

骥村人把在地里"做生活"的人叫作"受苦人",我们接触过的大多数村民都将自己归入"受苦人"这一行列。回忆起旧日的生活,似乎每一个被访问者都有说不尽的苦痛,日常生活中种种的压力、困窘和不适:表现为贫穷

之苦、劳累之苦、家庭关系和婚姻关系之苦、性别区分甚至身体残疾之苦。

"那阵(注:指解放前)你们一漫解不下(注:不了解),没吃过这面,豌豆面对沙蒿,一升面放三盅盅沙蒿面,就那些碎颗颗,压的。和成两疙瘩,你得擀的薄薄的,就和糊窗户纸似的,咋切的宽的了,细的了。咋你说你十六了还不会做,你敢说你不会做了?在娘家娘的教了嘛,娘家可可怜的恶了,看做些甚,天天就砍柴、抢草,喂生灵着了。针线活冬天纺线线,织布,针线那阵小了,不会做,就纺线线、织布。你解下那棉茧茧,盘这个草帽。你一漫还没见过。母亲就那个生活嘛,就一天纺线啊,织布啊,这就是你的生活啊。亚洲部来那阵啊,我十四了,给那纺线,织线口袋,纺一斤,挣一斤,唉呀,那阵可恓惶的恶了。""我们那老人(注:指其婆婆)可是可怜得恶了,说她六岁上到这来了(注:做童养媳),孬好没个吃上的,打发她们地里拔苦菜去啊,早起不吃饭嘛,头晌回来要把那点苦菜拣得摘的才能吃了。那阵那婆免俭(注:节约),一冬给穿个××裤,单裤,扫地那小脚脚站不定,跪下扫了。人家地主家喂猪的猪食槽里,吃上点猪食,喂生灵的料捻的吃上两颗,饿得要命了。"(LHZY0120/LHZ)

"我们年轻时把罪受下了,种地、还给人揽工,上延安做事,给人垒灶。出去跟工,背石头、打土窑、打夯……,打夯是四个人,打一天下来大腿胳膊都疼,就为了挣俩钱儿。"(MSLY0099/MSL)

"那苦可大的恶了"(注:非常),可"恓惶"了(注:可怜),是当地人形容痛苦的语词。"苦大的恶了"、"恓惶",还有"看咋苦"、"那罪可受下了"是村民们说古论今、谈人论事时经常出现的话语。他们受苦是因为家境不好,只能辛苦地劳作;或者因为身体残疾,连个"婆姨"(媳妇)也娶不上,成了"恓惶人";妇女所讲述的苦似乎更无从归因,因为她们是女人、是媳妇,或者缠了小脚,她们的苦似乎就成为与生俱来的。这种种痛苦是弥散于生命之中而且通常无处归因的苦。而将个体的身体之苦和精神之苦转变为阶级苦、阶级仇,正是通过"诉苦"、"挖苦根"引导发掘农民阶级意识的归因过程。

《人民日报》1947年2月3日以"马厩是如何发动落后农民的"为题这

样写道:

　　开始发动时,确定每个积极分子保证两个落后分子说话,并没摸着他们心病,只硬问:"你们为啥不说话,你就没有苦?"落后分子说:"咱也没什苦。"有的说:"我当过长工受过封建剥削。"积极分子嫌提的笼统,马上给碰回去了。另一种干法是干部分工召集各片落后分子开会,讲果实是我们的血汗,斗地主是应该的等,从早到晚半夜不睡觉,讲了好几天,都以为群众思想闹通了,不料斗争时,这些人和以前一样不吭气,不管事,仍是坐在后边吸烟。

　　会后干部积极分子又重行讨论,有的说:"我就知道人家不吭",有的说:"真是白误工。"最后一致决定先找明知他有苦不诉的人,个别的去进行"访痛苦"。首先动员雇工赵德爱,问问"有苦没苦?"他说:"咱也没有什",又启发他:"你给地主李存九做长工,受罪不受罪?"他说:"咱给人家做长工,是怨咱没地,再说吃上人家熟的,赚上人家生的,不好好受就行啦。"最后问了他一句"你的脚怎样冻坏了?"这一问才激动了他,便向大家诉起苦来,他说:"说起脚来就想起给人地主家担谷扭了腿,疼的不能走路,拄了一拄扁担,掌柜见了骂了咱一顿,怕坏了人家扁担尖,咱腿疼人家却不管。想起来咱一个穷人真还不如人家地主一根扁担。腿疼的没办法,不能歇,又给人家去打麻子,穿着鞋,又被掌柜训教了一顿,嫌咱穿的鞋硬,踏碎人家的麻子;只好把鞋脱了,赤着脚在冷土场里打了一天麻,自此两只脚便不断的疼了起来。就这人家也不心疼咱一点,还逼着下冷水里沤麻秆,实在冻的下不去,从此失去了饭碗。"积极分子更进一步启发了他的仇恨:"咱马厩谁不知道人家地主李存九家驴,一到夏天就不肯叫驮煤了,驴真比穷人好活的多呢。"最后德爱觉悟了,决心要和地主干,又让他去动员别人。在他的诉苦影响下有不少人都说了真心话:"这一下咱就知道啦,非和狗日地主斗到底不可。"

　　又如牛福秀被地主赵三五睡过一面,大家都知道是他心里一块病动员他向地主诉苦,他说:"事情已经多少年啦,也算不上人家钱,何必白惹人呢?"这时干部们便提出"吃谷还谷""吃米还米"的口号,过去无故被他当众唾了你,虽然不痛,可是丢人败兴哩,现在虽不能算钱,气也该出一出。他这才想通了。在他诉苦影响下,不少受过气没说话的老实农民,都向地主展开斗争。从此马厩不吭气的老实农民都说了话。干部积极分子说:"这些落后人,原来都有苦,是咱们没好好去帮助呀。"

另一则报道是关于发动妇女诉苦的:

> 三区最近在发动妇女上取得几点经验:一、启发贫苦妇女诉苦,是发动的关键。贫苦妇女是我们发动的主要对象,他们除和男人受同样的贫苦压迫外,还多一层封建礼教压迫,痛苦是很深的。因此首先组织诉苦即打在疼处,由切身苦处,引导到阶级对比,如×村妇女说地主妇女车上来马上去,咱碾道来、磨道去;地主妇女穿绸挂缎,咱是破衣烂衫,他们享福尽是咱穷人的血汗。由对比引起仇恨,结果即积极行动起来斗争。在妇女有了斗争要求时,领导上应放手让她们去干,相信妇女的行动力量,不要以为妇女不顶事。西周庄召集三十多个贫苦妇女诉苦,其中有使女出身的,有给地主家做过饭的,当一个妇女诉到当使女时打了地主一个碗跪了半夜;又一个说到当地主的房子住,人家硬要赎房,她娘没处住,上吊死了的悲惨经过时,三十多个人都哭了,当晚这伙妇女就斗了一家地主。二、组织男干部男会员讨论妇女问题,了解妇女痛苦,检查自己思想上轻视妇女的观点,不少村干部检查出过去瞧不起妇女不关心妇女的旧思想,许多人决心去发动自己老婆,今后要转变怕妇女出门的旧脑筋,让她们也出来闹翻身开脑筋,并决心给妇女撑腰做主。(《人民日报》1947年2月4日)

上述从"受苦受罪"是"怨咱没地",到通过脚的伤痛归结到地主的恶,决心要"和狗地主斗到底";从被地主唾面却不想反击到认识到"当众被唾,虽然不痛可丢人败兴,要出气","由切身苦处,引导到阶级对比",都是将农民切身感受的苦变成阶级苦,并将其自身利益融入阶级斗争的过程。而具体的启发方式——"摸着心病","打在疼处","由对比引起仇恨"等也成为这一过程中使用的重要权力技术。

土改前乡村社会中的分化与分类和农民的疾苦是客观存在,关键是如何把它们转化为阶级概念。分类与归因不仅仅是阶级建构的过程,进而是社会动员的过程,也是农民的国家意识生产的过程,是造就社会主义国家的人民的过程。土改中的诉苦运动,以及由诉苦发展而来的"四清"社会主义教育运动和文化大革命中的"忆苦思甜",通过对"苦"与"甜"的比照、分析和归纳,通过新旧对比、善恶判断,构成两极性的典型与象征:作为万苦之源、万恶之源的以地主阶级为代表的旧社会、旧制度和作为万众救星的社会主义新国家。

(二)"翻身":从突变过程中获得的积极国家形象

尽管杜赞奇将二十世纪的中国看作是一个国家向农村社会不断渗透的过程(杜赞奇,1994:1—5),但在二十世纪的上半期,这种渗透的程度仍然是相当有限的。在某种意义上我们可以说,在四十年代中期到五十年代初的全国规模的土地改革发生之前,中国农村的社会生活,在很大程度上仍然是一个相对自然的过程。这种自然过程对于普通的农民而言,意味着一种常规生活方式:用一种常规性的方法保持或改变自己的生活境遇,用一种常规的方式来进行财富的积累,按照常规惯例来应对外部世界的变迁。当然这并不是说,农民的生活世界是完全封闭的[1],而是说,这个外部世界本身就是常规性的,农民与这个常规性的世界保持着若即若离的常规性关系,他们用一种本身所具有的常规性的方式解决他们生活世界中的矛盾和问题,就如同小说《白鹿原》中的白、鹿两族在外部力量介入之前,用上千年来祖宗所留下的传统方式来较量家族之间的力量一样。

农民的常规性生活方式集中体现在其获取和积累财富的方式上。对于财富的获得和积累,对于个人或家庭生活境遇的变故,农民虽然常常做出宿命论式的解释,但这种解释并不一定体现出农民对于实际社会生活的态度。一个富有的人,家道中衰,人们会斥之为祖上没有积德。但这与其说是一种解释,不如说是一种幸灾乐祸式的情绪表达。反之,对于一个值得同情的对象的某种厄运,人们也常常将其归之为"命中注定",这样的说法与其说

---

[1] 从施坚雅到黄宗智都对农民生活世界与市场和国家的关系进行过分析阐释。杜赞奇则更加强调了超越于村庄和市场之外的村际联系,如军事性会社、亲戚关系、水利组织、看青组织等对农村社会生活的影响,以及乡村社会如何对外界势力做出多种多样的反应。

是归纳原因,倒不如说是一种为自己或他人寻找心理平衡的方式。因此,就这种意义而言,"宿命论解释"实际体现的并不是一种生活态度,而是一种处理人际关系和释放内心焦虑的技巧。[2]

真正支配农民生活的,实际上是一种以"会过日子"为基本内容的"生活理性"。如果不是这样来看农民的生活态度,而是过分强调其生活态度中的宿命成分,就难以理解农民辛勤劳作和省吃俭用这两个生活方式中的最突出特征是如何形成和保持的。一个农户家庭,省吃俭用,经过几十年甚至几代人的积累,所希冀所追求的,无非是没有土地的想得到几亩土地,有了土地的想得到更多一些土地。为了这些土地,他们牺牲了暂时的消费,并且不计成本地付出自己的劳动。在这个过程中,不排除由于某种偶然原因而暴富的可能,也不排除由于天灾人祸而受到"命运"折磨的"背运"存在。但是对绝大多数人而言,生活境遇的变迁是常规性的:通过劳动和节俭,一点一点地积累金钱,一点一点地增加土地。

土地改革的进行,从根本上改变了农民这样一种常规性的生活状态,也改变了农民生活世界中的逻辑。土地改革是在1949年前后,在不同的地区以不同的时间完成的。其中,有些地区(老区)是在解放战争的过程中完成的,而新区则是在解放之后进行的土改。有研究者统计,在整个土地改革的过程中,把大约43%的可耕地分给了60%左右的农村人口(费正清、麦克法夸尔,[1987]1990,91)。但根据一些地方的资料,在土地改革过程中重新进行分配的土地,很可能超过这个比例。将整个社会中一半左右的耕地拿来重新进行分配,从整个社会的宏观政治生活来说,实现了土地关系的根本性变革;从微观社会生活的角度而言,它改变了无数人的生活境遇和生命历程。我们这里所关心的,不是这一过程对于个人社会生活的现实影响,而是它如何影响了个人对于生活的解释和对于他所处世界的认知。如前所述,在常规的生活状态之下,人们是在"会过日子"的生活理性指导下从事着一

---

[2] 值得注意的是,在官方的话语中也是确认农民的这种宿命论的态度的。其解释的逻辑是,宿命论阻碍了农民的抗争,因而,按照官方意识形态,宿命论是需要批判的。但在官方意识形态的"宿命—能动"的二元对立中,是用宿命来反衬斗争的必要性。

种常规性的财富创造和积累过程。而土地改革用强有力的事实表明了超出个人常规性生活手段的一种逻辑:在无须个人做出实质性努力的情况下,一种来自外部的力量,用人们原来从未见过的方式,改变了无数人的命运。特别是对于那些经过自己若干年甚至几代人的努力也没有形成客观的财富积累的人们(雇农和贫下中农),由外部力量推动的一场运动给他们带来的,远远超出他们几十年甚至上百年努力的结果。正是在这个改变财富与身份的剧变过程中,人们感受到一种来自外部的强大力量的存在。

这个力量就是国家。在江村所在的震泽镇的一次土改动员会上,区教导员和区长这样表达了土地改革与国家的关系:"现在是新的国家,人民的国家。毛主席当家,人民是主人。……今天的大会是讨论土改翻身大事。今天的政府是人民的政府,有理的尽管讲。……政府和大家是站在一起的。"接着,那些原来受过地主欺辱的人们(此前社会中的弱者)开始进行诉苦(惠海鸣,1996:上卷,394)。类似的事件,在几乎所有的乡村中都按照大体相同的方式发生过,如前所述的诉苦和斗争大会的模式。对此,人们过去较多地从社会动员的角度加以理解,这无疑是正确的。但我们同时应当注意到,这个过程不仅对于国家和政府,而且对于参与这种活动的小人物所具有的意义。按照一般的说法,经过这样的运动,会提高参与者的政治觉悟。这种政治觉悟通常又被表述为阶级意识和对于国家(或新社会)的热爱。但如果仔细分析一下,不难发现,对于国家的热爱不仅是出于一种感激之情(由于政府为其提供了他们用常规性方式无法或很难得到的财富——土地),更是出于对国家这样一种强大力量的敬畏。在许多事后进行的口述资料收集中,几乎所有的被访者都对这样的事件印象深刻,从中可以看到它所具有的改变农民精神世界的意义。

骥村的一位土改时入党、当干部的老人说:"旧前(解放前)我们是寸地没有的,一寸地也没有,一棵树也没有,要说有一棵树就是灯树(油灯)。共产党、毛主席来了,土改,都安家落户,都分地分窑。全国的事咱们解不下(不懂),拿这儿来说啊就属我们村的人沾光沾的大了,咋介沾光了?分到地,分到窑,自家就不要出租子;人家地主都圈下窑了,没地主的窑还不是要自

诉苦：一种农民国家观念形成的中介机制

己圈了？"（yjg006mrj）

人们对于国家这样一种强大力量的感知，并不仅仅来源于土地的重新分配过程，同时也来自乡村中的弱势群体借助于外部力量改变自己在村庄中弱势地位的过程。这是在社会地位上翻身的过程。《林村的故事》所描述的外姓人如何借助外部的力量提升自身地位的故事，就是一个典型的例子。在林村，林是大姓。其他小姓与林姓的对立，是中国传统社会中宗族矛盾的无数故事中非常平凡的一个。值得注意的是小姓人对林家进行反抗的方式。其中与林家作对最厉害的就是吴明和吴良两兄弟。他们是1920年代迁居到林村的。作为小姓的吴家联合了其他佃农和长工一起对抗林家的压榨。吴家兄弟很懂得利用有权有势的人。在抗战以前，比较年轻的吴良就依靠国民党政府，做村里的保安官。到了日据时代，他又投靠日本人那边，还是做他的保安官。国民党接收了这个村子之后，吴良又接着做国民党的保安官。"因为有这种外来力量的支持，贫穷的村民才得以抵制林家"。1948年和1949年的时候，吴良为了挣钱，多次顶替别人的名字给国民党当兵。每次都是一有机会就开小差，然后又重复一次这样的过程。后来在战场上被人民解放军俘虏，遂成为解放军中的一个士兵。后来被国民党的炮弹炸跛了一条腿，所以就从解放军中光荣地退伍了。"1949年底，国民党已经全数退出大陆，新的人民政府也已成立。吴良和他哥哥吴明，随着解放军胜利凯旋，回到村子来。村子的新领导人应具备的各式条件，他们通通都有……，基本上是文盲的他们被指派为村长和副村长。"（黄树民，1994：52—66）从中人们可以看出，借助于外部力量改变自己的生存境遇在革命之前就是被使用的一种生存策略，只是任何一种外部力量都不能与如此强大的革命力量——国家相比。

这种借助国家的力量，弱者反抗并战胜强者的故事，最典型地体现在妇女的翻身解放过程中。解放初期在全国广为流行的《刘巧儿》的故事，就是发生在日常生活（婚姻和家庭生活）中的典型案例。在传统家庭和包办婚姻的强大势力面前，刘巧儿是一个孤独无助的弱者。她的生活经历告诉人们，如果没有外部其他力量介入，她几乎不可能进行任何有效的反抗。但是，当国家的力量进入农村之后，情况发生了根本性的变化。也许这不是国家的有意，但无论如何，新中国的第一部法律——《新婚姻法》的颁布，用一种最日常的方式表明了国家在农村和农民生活中的存在。刘巧儿正是从这个"存在"中看到了自己的希望，以及改变自己的命运所能借助的力量。于是，刘巧儿（用最通常的说法）拿起了婚姻法这个武器，依靠国家的力量，开始了弱者对强者的抗争。而我们知道，这时的她由于已经得到国家的支持而不再是一个弱者。结果是可想而知的，刘巧儿获得了决定性的胜利。当然，这个胜利并不仅仅是刘巧儿的，它也是千千万万的妇女甚至是男人的。刘巧儿这样一个艺术形象，极大地鼓舞了处境类似的弱者（主要是妇女）。这些弱者几乎是完全照搬刘巧儿的做法，就改变了自己的命运。

一首土改时期的"翻身妇女之歌"直接表明了日常生活与作为外部力量的国家的关系：

同胞们，众姐妹，真呀真受气，从前的社会太不良呀，他们压迫妇女赛虎狼。唉呀唉唉哟，他们压迫妇女赛虎狼。

大姑子，婆母娘，狠呀狠心肠，他们吃饭叫俺喝汤呀，这事提起来就泪汪汪。（重句）

丈夫呀，不清洁，闲呀闲事多，他听别人的挑拨呀，半夜三更回家打老婆。（重句）

共产党，八路军，好呀好政策，领导咱们妇女翻了身，记住咱和毛主席一条心。（重句）（《人民日报》1947年3月7日第4版）

"翻身"、解放、天翻地覆、颠倒乾坤，这是对一种经济社会巨大变革的形象表述。就不同的社会阶级、阶层而言，是其存在状态和社会位置的根本改变。而这些似乎是在一夜之间完成的。在常态的经济、社会地位提升的过程中，一个家庭、家族的发迹总需数年乃至数代的努力，财富的聚敛和声望的积累不可能一蹴而就；同理，俗话所说的"富不过三代"也是指一个家庭因其子孙不肖而败落也有一个渐衰的过程。这种没有过渡时段的骤变，很容易让人想起作为"通过仪式"（the rites of passage）的人生礼仪，经过人生重要关口的仪式，人的身份和社会地位发生改变，生命以完全不同的状态存在。

"翻身"的过程也是经由一套革命仪式而实现的,在短时间内完成,没有渐变,没有过渡。

(三)摧毁作为消极国家表征的剥削阶级和旧社会

如果说通过诉苦启发农民的阶级觉悟并迅速提升其经济、政治和社会地位可以使农民感受到一个作为大救星的国家形象,那么,诉苦和斗争地主、镇压恶霸也同时使农民认识并痛恨一个旧制度旧国家的消极形象。

新民主主义革命的目标被设定为推翻压在中国人民头上的"三座大山",把旧中国从半封建、半殖民地的桎梏下解放出来,其革命的对象就是帝国主义、官僚资产阶级和封建地主阶级。正是由于这一革命的胜利,才诞生了新中国,才有了社会主义。而"废除几千年来的封建制度,要一场暴风骤雨"(周立波,1956:9—10)。在新民主主义革命胜利后的土地改革运动中,社会主义新国家最初表明自己存在的方式,除了从根本上改变贫苦农民的生活从而建立自身积极的国家形象外,还有摧毁和羞辱农民最惧怕和痛恨的人物,并进而将他们与消极国家形象联系起来。战胜曾经强大并为普通农民所敬畏的对手,同时也是新政权向农民表明自己实力和形象的过程。这个过程是通过肃反和对于地主、土豪劣绅的斗争而实现的。

肃清反革命分子,最直接的目的当然是消灭农村中对于新政权可能造成威胁的敌人。由于当时朝鲜战争的爆发以及中国对于这场战争的介入,这样的目的就更容易理解。但这场清肃运动的对象,恰恰大部分就是农民反感而惧怕的人物。这样的人物通常被称之为"恶霸"。一位在土改中曾经作为陪审员参加过审判的农民,在回忆吴江县开弦乡的土改过程时说:"开弦乡在土改中被镇压的地主、反革命有7人。其中地主有3人,在伪自卫团、伪乡政府做事的恶霸、地痞有4人。除我们村的地主周以外,这些人坏事做尽,是老百姓最痛恨的恶势力。村里的地主周是好事做过,坏事也做过……所以也被处决了。"(沈关宝,1996:388)在土地改革的运动中,批斗地主分子也是不可缺少的前奏。对于这类人物的一个基本方针,在当时叫作"斗倒斗臭"。也就说,不但要消除其政治影响力,同时也要搞得他们"威风扫地"。

"斗臭"的方式,包括揭露其某些道德败坏的事实,如欺男霸女、抽大烟、吃喝嫖赌等,从人品道德上彻底否定;二是斗争会上口号的使用,如"打倒"、"向某某讨还血债"等;三是某些羞辱性做法,如让被批斗的对象弯腰下跪、捆绑吊打被批斗的对象、让被批斗的对象自我辱骂和打自己的耳光、向被批斗对象吐唾沫等(在"文革"中,这些仪式性的做法人们并不陌生)。通过这一系列的事件,原来在农村中最有实力最为农民敬畏的人物,成为人人皆可对其进行辱骂和批斗的反面形象。[3]当时安徽凤阳县委在《凤阳县沿淮四区结束土改工作布置报告》中就将"封建势力被打垮的程度"作为土改是否成功的首要标准。其中,一类地区是"封建势力彻底被打垮,地主怕农民";二类地区是"封建势力基本打垮,该杀、关、管的已经做到,但仍有个别漏网恶霸及不法地主未受惩办";三类地区则是"封建势力未打垮,地主阶级威风仍统治农村,斗争没有击中要害。"(王耕今等,1989:53—55)

在骥村的土改过程中,村民们记忆最深的是吊打地主分子的事件,或许血腥的记忆是最不易磨灭的。当时的骥村老祠堂前有两棵大柏树,被打的地主就被吊在其中的一棵上。一位当时还是孩子的村民回忆说:那血滴溜溜地淌下来,很吓人,那情景到现在还是"真个影影介"。后来其中的一棵柏树枯死了,对此村民们解释说,"并排的两把(棵)柏树,一把柏树吊人了(得到了血的献祭?),所以高兴得长粗了;一把在旁边看着,受了怕,所以吓死了,原来两把柏树基本粗细一样,斗罢地主一把就死下了。"(Y0025/MRT.2)大柏树的故事传述至今,它是恐怖仪式留给人们的印象,也是通过阶级斗争建构农民国家观念过程的一种隐喻。

骥村土改运动中的另一项重要程序是"打地主阶级的威名"。所谓"打威名"就是除了在经济关系中消灭地主阶级外,还需在精神、感情层面消除地主阶级的影响。在"打威名"的方针之下,骥村与马氏宗族即地主阶级文化有关的象征物几乎被摧毁殆尽。例如被称为骥村八景之一的十七座碑,

---

[3] 在安徽凤阳,一个有意思的例子是"有一个五六岁的小孩子在斗争会上控诉地主的罪恶说:'别看我小,我是代表大人说话的!'并指着地主说:'你得老实点!'"(王耕今等,1989:55)。

原为光裕堂后代为颂扬祖先功德先后为马嘉乐及其五个儿子、十一个孙子所立之功德碑,合称"十七通碑",它们坐西朝东,立山面水,由北向南排列,其碑身高大,雕刻讲究,颇为壮观。这十七座碑在1947年被尽数砸毁。再如马氏各支的祠堂及其中的祖先牌位也在土改时被拆毁、焚烧或送到墓地掩埋。"打威名",实为对原有的阶级象征体系的摧毁,亦是新的象征—权力体系为自身开辟空间的过程。

综上所述,在诉苦、翻身、斗争的基础上形成的是一种"建立在感激和敬畏双重基础上的国家认同"。对农民而言,土地、房屋、财产,"这一切都是毛主席、共产党和社会主义给的",亦即国家给的,国家圆了一个普通农民最朴素的梦。这种在今天似乎成为套话的表达方式,在当时是出自人们内心的。当然,这种感激并不仅仅是出于对土地和房屋的重新分配,也来自于解放初期新政府为人民所做的有益的事情[4]。但同时,这种感激又是和敬畏联系在一起的,能够将农民敬畏的对象打翻在地的力量,农民对其不能不产生一种或明或暗的敬畏。而这一点与传统社会中农民的皇权思想,一拍即合。

四、简短的讨论

通过上面的分析,我们可以看出,诉苦(包括后来的忆苦思甜)是中国革命中重塑普通民众国家观念的一种重要机制。在已有的研究中,诉苦过程往往被看作是一种分类(划分阶级)的过程,并进而被理解为一种动员社会的方式。但实际上不止于此,诉苦更加有意义的是重构了农民与周围世界的关系包括与国家的关系,在本文中,它是作为转变人们思想观念的治理技术和农民的国家观念形成的中介机制而被讨论的。

这种机制的作用在于,运用诉苦运动中形成和创造出来的种种"技术"将农民日常生活中的苦难——这种苦难在其自然形态上是难于系统讲述的——提取出来,并通过阶级这个中介性的分类范畴与更宏大的"国家"、"社会"的话语建立起联系。土改中的诉苦启发了农民的"阶级觉悟"和对新

---

[4] 如江村所在的吴江县人民政府的抗灾救灾工作。

旧两种社会的认知,突显出国家作为人民大救星的形象,这一积极国家形象的获知是以"翻身"——改变农民常规性的生活逻辑为基础的。另一方面,国家作为暴力统治的形象是通过摧毁传统社会中最具权威的、农民最敬畏的人物及其象征而显示出来的。因此,诉苦,不仅建立消极的国家形象——把苦的来源归结于万恶的旧制度,也同时建立了积极的国家形象:农民起来诉苦、斗争是国家的发动(作为国家的代表的工作队是动员农民的最重要形式);而农民敢于起来诉苦、斗争,是因为有国家撑腰。

近年来对于中国农村土地改革运动的研究,大都已从本质主义(essentialist)的视角转向建构主义(constructionlist)的视角。在对集体认同的研究中,本质主义视角通常把集体的特性视为自然的、本质的,因心理特质、地域特征或结构性位置而固有的;而建构主义视角则转而关注主导性权力与文化的叙事和象征是如何影响行动者、建构出集体认同和集体形象的(Benedict Anderson,1983)。在探讨中国农村土地改革过程时,我们并不否认,阶级是通过一系列权力机制与技术达到集体认同而建构出来的实体,而且这一"表述性建构"与农村的客观现实存在着偏离。但这一建构过程与乡村社会的结构与认知并不是完全割裂的,农民的生活世界是这一建构过程的基础。毋宁说这是以诉苦作为中介机制对农民内心世界的转变与重塑过程,而此前农民对其社会世界的感知、分类与评价亦都融入这一建构过程。认识到这一点是非常重要的,正因为阶级的建构和持续的阶级斗争的实践是以一种作为"部分真实"的阶级性社会分化为基础的(尽管这个事实属于已经过去了的年代)。我们可以看到,一方面,阶级斗争意识形态的传播以及以此为基础的普通民众的国家观念的形成,并不是完全脱离农民的日常生活的,这是它的力量之所在;另一方面,它又为国家统治权力和精英的表达性建构留下了空间。

进而,我们可以看到,这是一个诉苦→阶级意识→翻身→国家认同的逻辑过程。广大农民是通过成为贫下中农这一阶级的成员而成为新国家的人民的。这使我们进一步去思考,特定的国家观念形成的机制与所塑造出的"国民"是一种什么样的关系。蒂利在分析近代民族—国家的形成时,特别关注了"国家政权建设"和"民族形成"两个具体的过程。后者主要表现为公民对民族—国家的认可、参与、承担义务和忠诚,换言之,是一种意识和心理层面上的国家认同。现代意义上的国家认同,是与国民确立自己的身份联系在一起的。但通过对诉苦与中国农民国家观念形成之间关系的分析,我们意识到,这样的确认是通过什么机制来实现的,是一个极为重要的问题,因为这关涉到特定的机制会形成不同的国家观念,并塑造出不同的"国民"。在西欧,民族—国家形成的过程同时也是现代"公民"形成的过程。而在中国的情况下,如同我们上面的分析所表明的,普通民众是通过诉苦、确认自己的阶级身份来形成国家观念的。这种国家观念是一种"感恩型的国家观念"。而从个体的角度来说,形成的则不是现代意义上的"公民",而是"阶级的一分子"和相对于国家的"人民"或"群众"。

　　当然上述分析只是农民心目中国家概念的一种含义。农民更真切的国家含义,也许是他们无法表达的"生活于国家之中"的这样一种事实。在土地改革和其后历次革命的过程中,伴随着对农村社会生活的全面改造,农民日常生活的方方面面与国家发生着越来越多和越来越直接的联系。我们需要继续思考的是,农民头脑中的这种国家观念究竟是什么?是一个抽象的观念,还是一个具体的实体?是一个遥远的存在,还是人们身边的事实?这里最重要的问题或许是:国家和社会这样的概念是如何进入农民的内心世界的?本文对于"农民的日常生活—阶级—国家与社会"这一过程与逻辑探讨只是一个粗略的开始,更为广泛和深入的研究,尚有待来日。

参考文献:

中文:

程秀英(1999)《诉苦、认同与社会重构——对"忆苦思甜"的一项心态史研究》,北京大学硕士研究生学位论文

杜赞奇(1994)《文化、权力与国家》,王福明译,南京:江苏人民出版社

方慧容(1997)《"无事件境"与生活世界中的"真实"——西村农民土地改革时期社会生活的记忆》,《二十世纪下半期中国农村社会生活口述资料收集计划系列工作论文》No.1

费正清、麦克法考尔(1990)主编《中华人民共和国史》,上海:上海人民出版社

郭于华(2000)《民间社会与仪式国家:一种权力实践的解释——陕北骥村的仪式与社会变迁研究》,郭于华主编:《仪式与社会变迁》,北京:社会科学文献出版社

黄树民(1994)《林村的故事——1949年后的中国农村变革》,素兰译,台湾:张老师出版社

黄宗智(1998)《中国革命中的农村阶级斗争》,晋军译,《国外社会学》1998年第5—6期

惠海鸣(1996)《从土改到合作化的江村》,潘乃谷、马戎主编:《社区研究与社会发展》上卷,天津:天津人民出版社

詹姆斯·斯科特(2001)《农民的道义经济学:东南亚的反叛与生存》,程立显、刘建等译,南京:译林出版社

李放春(2000)《历史、命运与分化的心灵——陕北骥村土改的大众记忆》,北京大学硕士研究生学位论文

李康(1999)《革命常规化过程前后的精英转换与组织机制变迁》,"农村基层组织建设与农村社会可持续发展"国际讨论会论文

沈关宝(1996)《解放前的江村经济与土地改革》,潘乃谷、马戎主编:《社区研究与社会发展》上卷,天津:天津人民出版社

孙立平(2000)《"过程—事件分析"与当代中国国家—农民关系的实践形态》,《清华社会学评论》特辑

孙立平、郭于华(2000)《"软硬兼施":正式权力非正式运作的过程分析》,《清华社会学评论》特辑

王耕今等(1989)编《乡村三十年》,北京:农村读物出版社

延安农村工作调查团(1980)《米脂县杨家沟调查》,北京:人民出版社

张小军(2000)《划阶级:从象征虚构到制度实现——兼论"运动"中的事实扭曲》,"问题与方法:面向二十一世纪的中国社会学国际学术研讨会"论文

中共米脂县委党史研究室(1990)《解放战争时期米脂县土地改革运动》,打印稿

周立波(1956)《暴风骤雨》,北京:人民文学出版社

朱元鸿(1990)《"实用封建主义":集体记忆的叙事分析》,《中国社会学刊》16期。《人民日报》(1946—1997)(光盘版)

陕北骥村口述资料记录(1997—2001)

英文:

Anagnost, Ann, 1977. *National Past-Times: Narrative, Representation, and Power in Modern China.* Durham: Duke University Press.

Anderson, Benedict, 1983, *The Imagined Community*, Verso.

Chan, Anita; Madsen, Richard & Unger, Jonathan, 1984, *Chen Village: the Recent History of a Peasant Community in Mao's China.* Berkeley: University of California Press.

Cohen, Abner, 1974, *Two-Dimensional Man: An Essay on the Anthropology of Power and Sym-

bolism in Complex Society. Berkeley：University of California Press.

Cohen，Myron，1993，"Cultural and Political Inventions in Modern China：The Case of the Chinese 'Peasant' ,"*Daedalus*,122：2.

Fallers,Lloyd,1974,*The Social Anthropology of the Nation-State*. Chicago：Aldine.

Feuchtwang,Stephan,1993, "Historical Metaphor：A Study of Symbolic Representation and Recognition of Authority,"*Man*,Vol. 18：35—49.

——1992,*The Imperial Metaphor：Popular Religion in China*. London：Routledge.

Foster,Robert J. , 1991, "Making National Cultures in the Clobal Ecumene,"*In Annu. Rev. Anthropol*. 20.

Geertz,Clifford,1980,*Negara the Theatre State in Nineteenth-Century Bali*. Princeton：Princeton University Press.

Giddens,Anthony,1985,*The Nation-State and Violence*,London：Polity.

Kertzer,David,1988,*Ritual,Politics,and Power.* New Haven：Yale University Press.

Leach,E. R . ,1966, "Ritualisation in Man in Relation to Conceptual and Social Development", in J. Huxley ed. *A Discussion on Retualization of Behaviour in Animal and Man*,London.

Madsen,Richard,1984,*Morality and Power in a Chinese Village*. Berkeley：University of California Press.

Martin,Emily Ahern,1981,*Chinese Ritual and Politics*. Cambridge：Cambridge University Press.

Rawski,Evelyn S. 1986,"The Ma Landlords of Yang-Chia-kou in Late Ch'ing and Republican China,"in Ebrey and Watson eds. , *kinship Organization in Late Imperial China*, 1000—1940. Berkeley and Los Angeles：University of California Press.

Redfield,Robert,1956,*Peasant Society and Its Culture*,Chicago.

Scott,James C. ,1976,*The Moral Economy of the Peasant：Rebelion and Subsistence in Southeast Asia.* New Haven：Yale University Press.

——1985,*Weapons of the Weak：Everyday Forms of Peasant Resistance*. New Haven：Yale University Press.

——1990,*Domination and the Arts of Resistance：Hidden Transcripts*. New Haven：Yale University Press.

Tilly,Charles,ed. ,1975,*The Formation of National States in Western Europe*. Princeton：Princeton University Press.

Wolf,Arthur,ed. ,1974,*Religion and Ritual in Chinese Society*. Stanford：Stanford University Press.

（原载《中国学术》第十二辑）

中国北方农村的个人和彩礼演变[1]

阎云翔（美国洛杉矶加州大学）

毫无疑问，人类学家通常把礼物交换作为两个共同体的长者所使用的集体策略（collective strategy），在此过程中"家户试图对劳动力需求、财产传递和地位关系做出调整"（Schlegel and Eloul 1988:305，也参见 Goody 1973, Harrell and Dickey 1985, Tambiah 1973, 1989）。特别是谈及彩礼制度的时候，这种说法尤为确切——彩礼被认为是一种反映并形塑单系继嗣群体群体结构的力量（参见 Fortes 1962, Goody 1973, Meillassoux 1981, Schlegel and Eloul 1988）；或者从政治经济学的角度来看，它是普遍生产方式的结果（Gates 1996）。如此强调彩礼传递集体性、共同性的一面，主要是基于一种被人们广泛认可的见解：在传统社会中，婚姻不是个人之间的私事，两个亲属群体被卷入其中，因而它是社区（公共）事件。所以，个人能动性在婚姻交换中鲜少赢得学术研究的重视，新娘和新郎这些活生生的个体在人类学关于彩礼和嫁妆的思考中通常都是缺席的。从这样的思路下来，当年轻人逐渐自主地选择配偶、家庭不断核心化（nuclearization）以及父母权力、权威的不断衰退，婚姻交换也将不可避免地经历根本性的变化，就如被广泛接纳的家庭变迁理论所预言的：彩礼最终总会销声匿迹的（参见 Goode 1963, 1982）。

大多数已有的人类学彩礼研究都侧重于两个方面：一方面，它们关注婚姻交换中的功能性关系；另一方面，它们也重视社会群体的结构布局、相应

1　本文的最初草稿曾于 2003 年 5 月在伦敦经济政治学院举办的马林诺夫斯基纪念讲座上发表过。我要感谢那次接下来参与人类学系周五研讨会的听众及与会者，他们给予了很多有价值的评议。我也要感谢《中国学术》的匿名审稿人所给予的修改建议。

社会地位的权利义务、权力让渡以及姻亲之间的协商谈判(Comaroff 1980：15—22)。然而,正因为如此,对于二十世纪以来、在世界上许多地方发生的婚姻交换体系的急剧变迁,人类学家在理论化方面的工作是非常不充分的。大多数针对婚姻交换变迁的民族志叙述都试图使用市场经济和劳动力流动的影响来解释非洲彩礼体系在规模和内容方面的变化(比如,参见 Buggenhagen 2001,Goldschmidt 1974,和 Crosz-Ngate 1988);另外一些人则把婚姻交换的复杂性简化为一种在交换中对成本收益的简单算计(Bell and Song 1994)。一个鲜明的例外是恩斯明格和奈特(Ensminger and KnigIit 1997)所提出的讨价还价(bargaining)模型。恩斯明格和奈特在解释肯尼亚奥马人(Orma)彩礼减少以及彩礼向间接嫁妆转变的现象时,认为年轻人讨价还价能力的加强以及伊斯兰意识形态提供的新选择,使得关于彩礼的社会规范发生改变。然而值得注意的是,虽然在他们的模型中集中了博弈论和理性选择,恩斯明格和奈特仍然把新娘和新郎的家庭作为婚姻协商和财产转移的基本单位——而没有看到在这个过程中新娘和新郎个人的能动性。

个人地位和婚姻交换转型——这两个议题对于人类学研究当代婚姻、家庭和社会实践具有重要意义,这一点从中国北方农村的民族志资料中就可以得到展现:村中的年轻人在配偶选择、婚姻协商、婚后择居等方面获得了权力和独立,彩礼的风俗完整地保存着,并且从 1980 年以来它的额度已经翻了十番。更为重要的是,现今是新娘——而非她的父母,成为了彩礼的接受者,她与新郎联合起来并带头向新郎的父母讨要最大限度的彩礼,因而往往迫使新郎父母卷入沉重的债务中。为了证明自己要求奢侈彩礼的合法性,村中的年轻人常常使用个人财产权利的观念和个人主义的措辞来进行辩护,从而非常有效地推动彩礼制度向一种新的财产分割形式转变。

这里出现了两个相关的问题:一、这些年轻个人在彩礼的变化过程中充当了怎样的角色? 二、年轻人在婚姻实践中的自主性为什么得到发展:彩礼没有消失,反而在数量上逐步攀升?

使中国的案例变得更加有意思的是,社会主义国家把限制彩礼实践作为中国家庭现代化的一部分,为达成这个目标再三进行努力。早在二十世纪五十年代,婚事开支是被法律明令禁止的,五十年代到九十年代发起的各种教育和政治运动对婚姻彩礼的封建习俗展开了批斗(Parish and Whyte 1978,Croll 1981)。最近的一个例子是八十年代末到九十年代初的社会主义精神文明建设,在运动中,彩礼被定性为主要封建习俗之一而需要进一步加以消灭。[2] 必须承认的是,为了实现现代化,并非仅有中国政府采取了改革彩礼习俗的做法,例如在塞内加尔,穆斯林和法国殖民当局就试图限制彩礼的流通(Buggenhagen 2001:386),而马里政府也曾经立法降低婚姻交换的费用(Grosz-Ngate 1988:511);但是,没有其他政府像中国政府一样,持续如此之久,投入如此众多政治、经济资源,致力于改革包括彩礼在内的传统婚姻模式——对于中国政府来说,他们不仅把婚姻改革视为现代化的一种策略,同时这也是社会主义转型的一部分、共产主义革命的重要内容(Croll 1981)。所以,当国家攻击彩礼是封建主义习俗的同时,也在利用自己整套宣传机构指责西方个人主义是资产阶级自私、腐朽的意识形态,从而需要发扬集体主义,建设社会主义的新人(Wang 2002)。

富有讽刺意味的是,二十世纪末以来,当高额彩礼和奢华的嫁妆再度遍及中国农村[3],当以个人利益为中心的思想被大多数中国青年推崇和高歌时,国家在这两方面的努力似乎已经失败了。因而,超越了婚姻礼物和人格(personhood)的意义,中国北方农村的彩礼演变也反映了在村民个体和强有力的国家之间所进行的交涉和争论。另外一个我想探讨的问题是,社会主义国家早期为了控制个体性、取消彩礼而做出的各种努力,到最后,是否意外地促进了它们的发展?

我在中国东北黑龙江省下岬村开展了前后十五年之久的田野工作[4],

2　反对传统习俗的政治运动,其确切时间和实际规模依据不同村庄而有所差异。在我田野工作的地区,运动始于 1990 年,但是在山东农村,早在八十年代运动就已经开始了(金光玉:n. d.)。

3　自二十世纪七十年代后期的经济改革以来,高额彩礼、奢华的嫁妆重新遍及中国大地,在城市和农村中,有关婚事的开支逐步攀升。1986 年一项中国农村调查显示:1980 年到 1986 年,中国农民的收入上升了 1.1 倍,而彩礼花费却已涨了 10 倍(《人民日报》1984,也参见顾纪瑞 1985,张丽萍、樊平 1993,和中国青少年研究中心 2000)。

4　1989年春,我第一次到下岬村开展田野工作,之后,我在91年、93年、94年、97

这次研究就是在此基础上形成的。下岬村有人口1492人（1998年），在八十年代早期非集体化之前它还是一个相当成功的集体农业经济，如今，它依然保留了农业社区的面貌。过于依赖农业成为村庄发展经济的一个主要障碍，八十年代到九十年代，全村人均收入一直略低于全国平均水平。但是，随着经济作物的种植、家庭副业的发展、劳动力的流动以及大众传媒和城市消费主义的影响，村民生活和市场之间已经产生了密切的联系。在九十年代末之前，劳动力输出已经成为最重要的现金收入渠道，加入到劳动力大军中的未婚年轻妇女逐步增多，大约占到这些季节性外出务工人员的三分之一。[5]

我的研究很大程度上得益于地方上"记礼账"的习俗，从而我对村庄的婚姻交换在过去五十年的变化在头脑中有了一定图式。在下岬村及其周边地区，婚姻的协商通常会产生一种称为"定亲礼单"的正式订婚文书。在订婚仪式上，"定亲礼单"一式两份地写好，记录下该婚姻中所有的结婚礼物。在1991年田野工作期间，我收集了51份有几十年跨度的订婚文书，并对当事人进行结构性的访谈以得到背景性信息。在之后1994年、1997年、1999年、2004年的田野工作中，我又用同样的方法对数据进行了更新。

本研究由两部分组成。第一，我将简要地回顾中国农村的彩礼实践在五十年中的变化，分析新娘和新郎在婚姻协商中发挥的积极作用和他们自称的个人权力，挖掘新型实践的意义。需要指出的是，虽然嫁妆作为地方婚姻交换体系的一部分，也经历了一些有意思的变迁[6]；但是本研究主要还是

年、98年、99年以及2004年回访过该村。不过，每次田野工作的时间长度都是不同的，从五六个月到一个星期不等。

5 对于村庄历史以及政治经济情况的具体描述请参见阎云翔：《礼物的流动》，（Yan，Yunxiang. 1996.），第22—42页；阎云翔：《社会主义之下的个人生活》（Yan，Yunxiang，2003.），第17—41页。

6 地方的嫁妆实践也经历了类似的变化：六十年代，父母收到彩礼之后，扣留了其中的大部分内容，从而嫁妆馈赠更加接近于一种单向的彩礼流动；到了七十年代，间接嫁妆（由彩礼资助的嫁妆——中译者注）在彩礼中占到的比重越来越高；最后从八十年代后期开始，奢侈的嫁妆馈赠逐渐蔚然成风。同样，在向父母要求更多嫁妆的过程中，女儿们也担当了非常积极的角色。具体参见阎云翔：《礼物的流动》，第181—192页。

围绕与彩礼相关的内容进行讨论。第二，我将分析彩礼变迁背后复杂的致变因素，从家庭和公共领域两个方面确立个人能动性在社会变迁脉络中的位置；并且，我们将要看到，这种个人能动性是和国家流行的现代化意识形态，以及家庭改革的国家政策紧密联系在一起的。

一、演变：从彩礼到新娘财产[7]

在中国社会，婚姻交换包括彩礼和嫁妆两种形式；然而很多时候，嫁妆有一个复杂的操作，它由新郎家庭送给新娘家庭的彩礼所补贴（Cohen 1976；McCreery 1975；Ocko 1991；and R. Watson 1985），杰克·古迪（Jack Goody）因此称其为"间接嫁妆"（1973，1990）。葛希芝（Hill Gates）在谈及中国文化中的不同婚姻交换形式时，批评间接嫁妆的概念，认为它对跨阶级、跨地区、跨时间的不同婚姻实践而言是一种违背初衷的简化（1996：134—135）。确实，有时候术语约定俗成的抽象界定，并不一定能够把握住地方性实践的丰富意涵。像迈克尔·赫兹菲尔德（Michael Herzfeld 1980）所分析的希腊观念 prika（英语中通常被译为"嫁妆"）一样，它在法定含义和村庄用法的情境决定性之间有一种对照（Hershman 1981 和 Tambiah 1989）。

通过对婚姻礼物在地方实践中特定内涵和目的的细致分析，我们认为，"彩礼"和"间接嫁妆"都不能表现男方送出的婚姻礼物的所有含义，——因为，这两个人类学术语就定义而言，都仅仅谈及了新娘和新郎两个家庭之间的财产转移，而忽视了财产在家庭内部代际之间的传递。[8]

---

[7] 这一部分是笔者在 1996 年出版的专著——《礼物的流动》（The Flow of Gifts）——中的一章的基础上改写而成的。关于彩礼和嫁妆的具体民族志描述请参考阎云翔，《礼物的流动》，第 176—209 页。

[8] 应当提到的是，一些研究中国的学者（Cohen 1976，McCreery 1976，Ebrey 1991 和 R. Watson 1991）已经指出间接嫁妆包含家庭财产在代际间的转移：货币和实物从新郎家庭（以彩礼的形式）和新娘家庭（以间接嫁妆的形式）转移到了新婚夫妇手中，成为他们建立自己家庭的夫妻基金。然而，我在下文中将要指出的是，新郎家庭内部的财产转移

（一）地方彩礼实践的变迁

新郎家庭送出的婚姻交换物被下岬村的村民称为彩礼；虽然就字面意思而言，它做"丰富多彩的礼物"之解，但是我们最好还是把它翻译为婚姻礼物。当我问及彩礼（"caili"，这里的"彩礼"是村民对于"婚姻礼物"的通俗称呼——中译者注）由什么内容组成时，村民们往往很快就给出一个简短的答案：钱财和物品。第一个部分——礼金（monetary gift）——是新郎家庭给予新娘家庭的馈赠，组成了人类学家所称的彩礼（bridewealth，这里的"彩礼"是人类学的术语，它指代"婚姻礼物"中的货币部分，其口径小于村民所称的"彩礼"——中译者注）。原则上来说，新娘的父母应当把收到的彩礼用于置办女儿的嫁妆，但是，他们也有权力决定在彩礼中保留多大份额用于满足家庭的其他需要。"婚姻礼物"（我们这里把"caili"译成"婚姻礼物"，使它和"彩礼"（bridewealth）区分开来——中译者注）的第二个部分——实物类礼物，包括了许多物品，比如家具、床上用品以及其他"大件"。新郎家庭负责购买所有的物品，并把它们放置在新婚夫妇的居室中。因为这些物品不在两个家庭之间流动，而只是送给作为"夫妻单元"（conjugal unit）的新婚夫妇使用，因此，我把它们称为"夫妻基金"（conjugal endowment）。换言之，新郎家庭对于婚姻礼物的地方性实践，实际上包含了两部分的内容：家庭之间定亲钱的传递和家庭内部对夫妻的财产馈赠，或者说，钱和物品。下面的表1总结了二十世纪五十年代到九十年代，"婚姻礼物"在内容和组成方面的变化。[9]

较少得到关注，它不是以彩礼和嫁妆形式进行家庭间的财产交换，而是直接资助新婚夫妇。

9 我的受访者认为所有入选的案例都是有代表性的，因为他们断定礼钱和物品的数量在每个案例中都是平均分布的。更为重要的是——我在下文也将做出讨论，礼物种类的变化比它实际价值的变化，更能鲜明地反映出婚事花销的新趋势。各个家庭对于彩礼和嫁妆数额的协商是非常普遍的，但是他们总是遵循既有的关于婚姻礼物的分类。从这种意义上来说，我们可以认为每份礼单都有代表性，因为它反映了婚姻交换的结构。

实践与记忆

表1　新郎家庭的婚事花销（元）

年份区间	礼钱	买东西钱	装烟钱	折合彩礼	家具	床上用品	大件	折合捐赠	总计花费	案例数目
1950—1954	200								200	3
1955—1959	280								280	5
1960—1964	300	100	20						450	4
1965—1969	200	300	20			100	120		740	6
1970—1974	300	300	50		70	100	150		970	6
1975—1979	400	400	200		200	200	300		1700	8
1980—1984	400	700	300		500	300	500		2700	6
1985—1989				4500	1000	800	1000		7300	7
1990—1994				7200				4000	11200	9
1995—1999				20000				8500	28500	12

注：表中的数字反映在五年时间内作为样本的案例（几场婚事）所平均花销的费用。

五十年代的彩礼内容是简单朴素的，只包括一些称为"礼钱"的现金和一些日常礼品：比如食物、酒。日常礼品不在婚事协商的内容里，所以它没有被写进正式的订婚文书中。在中文中，礼钱按照字面意思解释就是指"仪式中的金钱"，但是我更倾向于把它解释为"定亲钱"（betrothal money），因为"仪式"在这里的语境中指的就是订婚礼。原则上来说，"定亲钱"是资助新娘的父母为他们的女儿筹备包括妆奁在内的嫁妆。然而，父母用女儿的定亲钱去操办儿子婚事，这种现象在五六十年代并不少见。因为定亲钱被新娘的父母所掌握，所以，更高额度的彩礼或许能让新娘的父母——而不是新娘——得到好处。[10]

六十年代中期，订婚文书上新增的类别是"买东西钱"。它是由新郎家送到新娘家，为新娘购置衣物、鞋子以及其他小物品的费用，因而我把它称为"妆奁钱"（trousseau money）。不过，妆奁钱不是交到新娘父母的手中，一

10　按照粮食市场的购买力，五十年代早期的金钱数额可以换算成五十年代后期与之等值的金钱数额。从五十年代后期到八十年代早期，中国人民币（或者说"元"）的

中国北方农村的个人和彩礼演变

般是由夫家用以采购妆奁用品,送到新娘家交给新娘的。然后,在婚礼当天,连同嫁妆,这些物品由新娘带到夫家作为她的个人财产。这种新的类别表现了一个非常重要的变化:在婚姻物品中出现了明确分配给新娘个人的部分。[11]

六十年代后期,第三个类别——"装烟钱"也开始成为婚事协商中的一块内容。与妆奁钱不同,"装烟钱"是直接送给在婚礼上为其夫家长辈装烟的新娘。我把它看成是"仪式性服务的报酬"。虽然从金额来说,它显得不太重要(六十年代的时候,它在20到50元之间浮动),但这是第一次由新郎家直接并专门送给新娘的结婚礼物。七十年代末到八十年代初,这一类别的金额和妆奁钱一起,有较大幅度的上涨。我在后文将提到,也正是在这个时期,新郎家庭放弃了它在妆奁用品购买过程中的主导权,允许年轻夫妇自己自行其是。这些发展反映了新娘在婚姻交换中的重要性不断加强。

然而,从八十年代中期开始,所有的礼金都被纳入了一个新的类别——干折。"干折"在中文中是指把物品转变成金额的形式。在婚姻交换的脉络里,干折意味着把所有三种类别的礼金合成一个总量交给新娘。干折的数额被记录在订婚文书上;更为重要的是,这笔款项在订婚仪式中将被直接交予新娘本人。今后,我将把这一新的干折类别称为折合的定亲钱。

新郎家庭供给的实物类礼物也发生了相似的变化,也就是指彩礼中的"夫妻基金"部分——就如上文已经提到的,"夫妻基金"包括了家具、床上用品和一些"大件"。这些物品在五十年代还不在正式的婚姻交换中;只有一些最基本的床上用品作为嫁妆的一部分由新娘家庭准备、置办。六十年代后期,为新婚夫妇购买实物类礼物的需求开始被提出来,到七十年代这种需求日益高涨。家具成为婚事开支的必要部分,很快又出现了众所周知的"四大件"(自行车、缝纫机、手表和收音机)。虽然上文提到的这些物品都被正

价值因为没有通货膨胀而表现得相当稳定。彩礼金额的变化不是通货膨胀的后果,主要是因为地方经济条件、生活水平发生了变化。1983到1984年的通货膨胀成为中国的一个问题,它所引起的恐慌使人们要求高额彩礼的倾向进一步强化。

11 关于已婚妇女可以拥有多久的私房钱的问题,在中国研究领域已经引发了相当规模的论争。我在这项研究中不会触及这个问题。孔迈隆(Myron Cohen)认为妇女能够掌握她的私房钱只有当她和她的丈夫生活在大家庭中(1976:210—211)。华若碧(Rubie Watson)却认为联合家庭和核心家庭中的妇女都可以拥有自己的私房钱,尽管前者掌握的金额可能比后者多(1984:6)。

式列入彩礼单,但是它们并不是送给新娘个人的——它们构成了作为夫妻单元的新娘、新郎所共有的财产。[12]

八十年代,更多的物品被加入到夫妻基金中;而在九十年代早期,当新娘要求把所有置办物品的开支折合成现金时,这种增长的趋势到达了一个新的高度。就像之前现金的干折(折合的定亲钱)一样,这笔款项也被交到新娘手里。村民们简单地把这一新实践形式称为"大干折",它包括了前面提到的所有彩礼类别;因此,我将使用"折合的彩礼"来形容大干折的实践形式。在九十年代末以前,折合的彩礼已经发展出了固定的内容:包括一处新房子以及(有时)重要的生产工具,比如小的拖拉机、奶牛。[13]

总之,在过去五十年里,新郎家庭支出的婚事费用由简单、单一的定亲钱发展到六种类别的现金礼和实物礼。近来,这六种类别又转变回来,成为一个简单的类别形式,即新的"大干折",或者说"彩礼的大折合"。下面的表2对这些变化进行了总结。

每一种新类别的产生都表明婚姻交换中出现了一种新的关系,因而它构成了持续变迁过程中的重要一步。此外,尽管党和国家对彩礼制度展开严厉批判,但是,每桩婚事的平均花销从1950年的200元发展到了1999年的5万元(包括一处新房子),在最近一次回访村庄(2004年1月)的过程中,我发现在2003年年底,婚事的平均花销已经超出了6万元。

但是,高额彩礼实践并不总是意味着出现官方媒体所批判的"买卖婚姻"。新娘的父母并不一定从新郎家庭馈赠的彩礼中获得好处。实际上,下岬村婚事费用的上涨主要是因为出现了向新娘倾斜的新类别礼物。另外,

---

12 这一发展是与帕里什(Parish)和怀特(Whyte)在中国南方的发现相呼应的:"在很多地区,新娘嫁妆中的一部分物品(比如新房中的家具和床上用品)现在改由新郎家庭来置办了"(1978:184)。

13 非常有意思的是,在我1996出版的书中(是以1991年的田野工作为基础的),我提到下岬村的村民不把房子视为婚姻交换的一部分内容,没有把它写入订婚文书。短短几年以后,随着地方实践的变化,我必须收回我早些时候的结论,房子确实已经成为了婚姻交换的必要部分,就像中国许多其他的农村一样(例如,参见Cohen 1992,S. Potter and J. Potter 1990:209,Kipnis 1997和Siu 1993:166)。

近来对干折的革新,或者说,折合的彩礼,使得新娘对新郎家庭提供的婚事花销有直接的控制权。因此,折合的彩礼已经真正成为了新娘的财产。

表2 新郎家庭婚事花销的类别变化

1950—1959	1960—1969	1970—1979	1980—1989	1990—1999
礼钱	礼钱	礼钱		
	买东西钱	买东西钱	干折*	
	装烟钱	装烟钱		
	家具	家具	家具	干折**
	床上用品	床上用品	床上用品	
		大件	大件	

* 这里的干折指的是我说的"折合的彩礼",即:把三种礼金类别(定亲钱、买东西钱、装烟钱)折合成现金总额,并由新郎家庭交给新娘本人。

** 这里的干折包括了"折合的彩礼"和"折合的基金",后者指的是家具、床上用品、"大件",它们以干折的形式被折合成现金总额。这两种干折(折合的彩礼和折合的基金)的现金总额由新郎家庭交给新娘本人。

(二)彩礼实践过程中的新娘

当新娘成为彩礼演变的直接受益者,更加积极地参与婚姻交换的协商,对她来说无非是一件自然的事情。事实上,八十年代中期以来出现的变化也的确肯定了这样的逻辑。在1991年7月,我在一场村民的订婚仪式中发现,整个过程中态度最强硬的是未来的新娘。她坚持向夫家索要5500元的干折礼物,虽然最初新郎家只送出了4000元。最后,双方达成共识:新郎家送给新娘5000元的干折,另外加上500元用以酬谢新娘在婚礼上点烟敬酒的辛劳。订婚回来以后,新娘已经有了3000元的私房钱,并且在婚礼以前,她将收到剩余的2500元。

在另外一个鲜明例子中,新娘向新郎家表示,希望把他家的谷物加工厂写入彩礼单中。新郎有一个未婚的哥哥,最后谷物加工厂被一分为二,两个儿子各占一半。整个九十年代,一些新的、非传统的项目不断地被加入彩礼单中,比如一块土地、一头奶牛、一辆家用拖拉机。这些新的彩礼项目都是一些生产资料,它们被包括在彩礼中也表明了新娘和新郎的基本意图在于为他们的小家庭积累生产性的基金。[14]

对于丰厚彩礼不断增长的要求引发了代际之间以及手足之间在家庭财产分配方面的争论和冲突。其中一件极富戏剧性的事情发生在2003年,一位年轻妇女得悉夫家送给小叔子未婚妻的彩礼要比她两年前收到的彩礼多出4000块钱时,她要求她的公公婆婆给她做相应的补贴。她的公公婆婆拒绝了她的要求,因为他们认为彩礼中多出来的4000块钱是因为通货膨胀的缘故(这也是真实情况)。此后,这位妇女和她的公婆之间发生了数次争吵,在我2004年1月回访这个村子的时候,她依然和她的公婆处于冷战之中。村中的很多老人都赞同这对公婆的做法,因为他们害怕自家人也很快提出同样的要求,在彩礼数额逐年上升的情况下,这确实就像打开了"潘多拉"的盒子。

年轻妇女追求高额彩礼的更为深层的动机在于,使他们(新娘和新郎)组成的小家庭有美好的未来。因此,在和新郎父母协商谈判的时候,每位咄咄逼人的新娘背后通常都有一位支持她的新郎。1989年,村中发生了一件众所周知的事情,一个年轻人鼓励他将要与之成婚的姑娘向他的父母要求高额彩礼。他告诉这个姑娘说,"只管强硬些,要4000块钱的干折,没得商量。否则你就不能从我妈口袋里掏出一分钱了。"与此同时,他坚持非这位姑娘不娶。就如可以预期的结果一样,那位姑娘得到了她想要的一切东西。他们完婚以后没几个月,就离开了新郎父母家,建立属于自己的家。我的受访者告诉我,这件事情并不如它所表现得那样特别,最近几年,很多年轻人也是差不多这样行事的,只是他们没有公开自己的意图而已。这些事情反映了非常重要的内容:村中的年轻人早在谈恋爱时期就已经开始计划他们夫妻的小家庭了(下文对此有更多的讨论)。

14　华若碧(1984:8)认为嫁妆在传统中国并不能被看成是女儿继承权的一种形式,因为嫁妆中大部分有价值的东西都是珠宝,它和男性继承的财产(比如土地、商店)不一样,不具有使财富增长的生产性。九十年代以来一个有意思的发展就是,妇女已经要求把一些能够创收的财产包括在折合的彩礼(干折)中。

从表面来看,经济资源的稀缺似乎是这些问题的根源。九十年代末,下岬村的平均家庭年收入约为6500元,而新郎家庭为了操办婚事所支出的平均费用大概在5万元左右——这里包括了折合的彩礼和为新婚夫妇准备的新房子。这就意味着,在没有任何消费支出的情况下(这显然是不可能的),一个中等家庭需要劳作七年以上才能支付一个儿子的结婚费用。如果一个家庭有两到三个儿子——这在以前是很普遍的,这种情况也只有到最近才有所改观——那么至少在二十年时间里,整个家庭经济就都被婚事开销束缚住了。在兄弟之间,每对新婚夫妇对于彩礼数额持续上升的要求强化了他们之间对于高额彩礼的竞争,他们之间已经出现了公开对立的局面。

然而,在讨论高额彩礼的竞争问题时,经济上的稀缺只是比真正的原因显得更为直观而已。就如一些年长村民认识到的那样,在他们结婚的时候,虽然家里要比现在贫困得多,但是他们的父母很轻松就能送出彩礼,为他们操办合宜的婚事,而究其原因,主要还是因为当他们还是准新娘/新郎的时候,不像现在的年轻人那样贪婪。在他们那个时候,如果一个姑娘自己来提出彩礼的各种条件,对她而言,这将是一个非常严重的丑闻——年轻人都是由双方父母出面来讨论彩礼的合理数额。

与之形成对照的是,现在的年轻人在抬高彩礼和索要更好的房子时总是显得非常理直气壮,他们认为之前他们对自己的家庭经济有所贡献,他们实际上只是以彩礼的形式来要回自己的钱。一些年轻人向我解释:家庭就像一个有集体银行账号的生产队,每个人对家庭经济有所付出,也就像把钱存放在一个银行账号里一样。因此,他们索要彩礼只不过是拿回他们自己的储蓄罢了。另外,在新的分家方式(下文对此有更多的讨论)出现以后,除了彩礼,他们将不能从父母那里索要任何其他的东西,因而彩礼是他们唯一一次拿回"存款"的机会。

另一些能言善道的青年也引入维护个体性的说辞来表明自己抬高彩礼的要求是合理的,他们强调自己只是在行使个人权利,从家庭财产中拿回属于自己的一部分,这是个人的自由和独立,或者说这样做很有个性。2004年初,当我问及一位受过中学教育的22岁妇女,她是如何理解"有个性"这个评价时？她这么回答：

"有个性就是做你想做的任何事而不在意别人怎么看你。这在当今世界是必需的，因为人们都是吝啬的、有竞争意识的。比如，两年以前，我向我的公公婆婆要三万六千块钱的干折（折合的彩礼），很多人指责我是一个自私的拜金主义者，让我小心，别伤了未来公婆的心。我公公婆婆也通过别人来劝说我父母。但是，我都不在乎别人怎么说，总之是要钱。看看，现在怎么样了：我有一个可爱的儿子、两头奶牛、现代化的家居设备，还有一个顺从我的好丈夫。我的公公婆婆也看得起我，时常帮我料理家务。如果没有个性，这些我可能都得不到。我们村里的姑娘都佩服我。"

我接下来对七个年轻人（其中包括男性和女性）进行的访谈也证实了那个年轻妇人并没有自我吹嘘——别人确实把她看成是一个坚强、有个性的现代女性，也认同她的行为方式是实现家庭现代化目标的最佳途径。有趣的是，对这些年轻人来说，能否超越她/他的同龄人对彩礼的规格提出更高的要求，已经成为他们表现个性和成功的重要标志。有趣的是，那些受过更多教育或者有城市工作经历的年轻人公然表示：因为有个性，所以才会对金钱和物质目标不懈追求。而两个没有城市生活经历，也没有完成小学教育的人不同意这样来讨论个性，他们把自私看成是一个严重的道德错误。尽管这些个体意见因为数量太少不具有统计意义，但是它们可能也反映出了克劳福德·麦克弗森（Crawford Macpherson 1962）称之为"持具个人主义"（possessive individualism）[15]的影响，这种影响来自外部，主要是市场经济和城市生活方式的影响。

通过折合彩礼的实践，这些年轻的村人的确在行使他们的个人权利吗？当我从那些在九十年代曾经支付过彩礼的父母那里寻求答案时，发现这些

---

15 佩内洛普·赫瑟林顿（Penelope Hetherington 2001）描写了当肯尼亚年轻妇女的彩礼出现支付问题的时候，西方基督教意识形态和实践是如何影响了她们；恩斯明格和奈特（Ensminger and Knight 1997）也指出伊斯兰教关于间接嫁妆（mahr）的观念为肯尼亚奥马的放牧者提供了一种意识形态的选择，在他们由彩礼到间接嫁妆的演变过程中，这种观念所起的作用是关键性的。

年轻人自称的个体性是有问题的。

这些父母都不承认年轻人所谓拿走自己存款的说辞,认为这是没有根据的;为了说服我,他们对年轻人的收入和支出做了一个简单的计算。据我的受访者所讲,村中一个健康、勤劳的男性劳动力每年的平均收入为3000元。假设他从17岁开始全职工作,到他23岁结婚,在这六年的时间里,他只有一万八千块钱的收入;这还不包括他们自己的消费支出。"即使我的儿子在这六年里没有吃任何东西",一位51岁的父亲在1999年的一次访谈中这样推理,"我去年为他结婚花了五万两千块钱,他所赚的钱还够不上这个数的三分之一。"

一个年轻人在婚前积攒的一万八千块钱的平均收入,不足以支付他结婚时需要的大约在五万元左右的开销,那么谁来填补其中的差额呢?答案是他的家庭,包括他的父母和年幼的手足。新婚夫妇是不会偿还这部分支出的,因为婚后,他们一般都搬出父母家而成立自己的小家庭,不再对父母家的家庭经济有所付出。在年幼的手足当中,妹妹们对家庭的付出大于她们最后以嫁妆形式得到的回报,但是在村民看来,她们也可以通过向她们的公婆索要更高的彩礼而得到补偿;最小的儿子可能处在一个吃亏的位置上,因为在他结婚前,家庭的总收入已经大不如前了,而他要求获得补偿的唯一方法却也是索要更多的彩礼。于是,他的父母只能大量举债来支付他的彩礼了,而且就现在的习惯来说,最后留下来的债务都成了他父母的责任。

对彩礼交换有了一个简单的经济上的概念以后,重新回到和年轻村民的讨论中,我向他们指出:如果没有父母和弟妹的帮忙,也许他们根本结不成婚——他们还远没有独立。大多数人都同意我的看法,但是也有不少人认为这是他父母和年幼手足的责任,就像他们也同样帮助过自己的兄长一样。换言之,这些年轻人认为他们有权利向父母索要丰厚的彩礼,因为父母有义务给予他们财务上的支持,但是却没有权利干涉他们择偶和婚后择居的自主性。

(三)折合彩礼的新意义

约翰·科莫罗夫（John Comaroff 1980:33）在批判性地回顾了人类学关于婚姻交换的理论以后，提出婚姻礼物的交换可以被看成是两个系统层面——社会文化系统中的各种组织原则和日常生活实践中表层的形式和过程——的结合点。在下岬村的研究中引入这样的思路，我们可以清楚地发现，彩礼的变迁不仅是对地方性系统（local encompassing system）的反映，同时也至少在三个方面对它进行重新建构。

首先，传统上，彩礼仅以一种定亲钱的形式从新郎家送到新娘家，这个过程有助于维护父系亲属制度：比如，后代之间的团结、父系家族对于新娘的接纳和家庭财产的集体所有权。与包办婚姻的习俗相结合，这个过程也有助于强化家长权威，通过延长新娘、新郎婚后与男方父母同居的时间，使他们居于从属地位。财产在家庭之间的转移也有助于两个家庭（也暗指两个宗族）结成姻亲关系，反之也强化了长者对于亲属群体的控制。然而，新的干折礼（折合的彩礼）打断了家庭之间的交换关系，抑制了交换中的家长权力，使得长者之间的姻亲关系变得无足轻重了。此时，折合彩礼的实践所表现的组织原则是以夫妻观念，而不是父子观念为核心；年轻一代的横向联系，而不是代际之间的垂直联系，得到了优先权。[16]

其次，传统的彩礼实践完全把新娘排除在婚事协商和其他的决议过程之外（注意新郎在这些过程中可能还有一个次要的席位）——因为她的婚姻本就是由他人决定的，所以这一点也不足为怪。在此种情境中对于新娘的排斥清楚地表现了确定的性别规则，在日常生活中强化了性别等级，同时也

---

16 我在其他地方（2001）曾经提到，亲属制度在实践中出现的扁平化（flattenization）趋势意味着同代人之间的关系（connections）：比如姻亲、朋友、同事以及同辈人——而不是代际联系（links）成为被关注的重点。这些关系的一个共同点就是，它们都是水平方向的，在社会交换中以互惠（mutual indebtness）的形式而继续下去的。玛利亚·格罗兹-恩基塔（Maria Crosz-Ngate）在分析马里社会彩礼货币化（monetization）和传统联姻策略被放弃的现象时，把彩礼实践变化对于现存亲属结构的影响作为她的中心论点之一。

使得新娘嫁入夫家以后仍然处在一个依赖他人的位置上。所有这些现在已经被新式的干折实践——或者说折合彩礼的实践改变了:新娘在婚事协商中发挥了关键作用,她成为彩礼的唯一收受者。而当彩礼成为新婚夫妇置办家当的最重要来源时,新娘对于彩礼的控制权也就提高了她婚后在家中的地位。因此,对于八九十年代结婚的年轻村民来说,他们家庭生活中的性别动态(gender dynamics)已经有了很大程度的改变(参见阎云翔2003:86—111)。

再次,彩礼的货币化和折合彩礼项目中一些不动产和生产资料(比如新房子、耕地、奶牛)的加入,改变了传统的彩礼内容。它使年轻夫妇如愿以偿、尽早建立自己的小家庭,同时,这样一来,维持父权和中国亲属群体结构的婚后择居和其他规则也就受到了挑战。与之形成对照的是,传统由父母分派给子女的彩礼只包含了一些消费品,比如衣服、珠宝和家具;这些消费品不足以资助年轻夫妇实现独立小家庭的谋划,他们必须等到正式的分家以后,才能得到自己的家产份额。

下岬村的事实挑战了两种现存的解释中国婚姻交换的人类学模型。第一种模型可称为"补偿理论"(compensation theory),它是非洲彩礼研究模型的直接应用。按照这种模型的理解,彩礼是新郎家庭付给新娘家庭的费用,从而确定新娘繁衍后代和操持家务的权利被转移到新郎家中(Freedman 1966,1979);或者,彩礼也可以被理解成对新娘家庭失去一个女性劳动力的补偿(参见,例如Parish and Whyte 1978;Croll 1984)。另一种理论认为中国的彩礼实践实际上是间接嫁妆的一种形式,新婚夫妇作为新郎家庭中的一个夫妻单元,在两个家庭的财产交换中受到了资助(Cohen 1976, Chen 1985)。[17]杰克·古迪(Jack Goody,1990)认为这种受资助而形成的夫妻基金是新郎家庭在代际之间转移财产的一种方式,它所具有的功能和很多欧

---

17 对于希尔·葛希芝来说,中国社会的婚姻交换最好被看成一个连续体,提供嫁妆的婚姻在一端,提供"新娘费"的婚姻在中点,而买卖婚姻在另一端。这些实践方式随着阶级、地区和年代的不同而发生很大的变化,它们都是支配性生产方式的必然产物。参见葛希芝:《中国的动力:小型资本主义一千年》,第121—147页。

亚社会的嫁妆体系是类似的。

在我看来,补偿理论和资助理论都有各自的事实依据,所不同的是这些依据来自于不同的地区、社会和历史时期,我们在此不做讨论(Cates 对这两种思路进行了富有洞察力的批判,参见 Gates 1996)。与本文相关的是,传统上,中国彩礼的补偿和资助功能,到如今已经被折合彩礼(干折)的实践改变了。

在以前的婚姻交换中,新娘和新郎的父母控制了整个交换过程,有权决定彩礼的最终用途。当一个家庭的经济状况不太乐观时,新娘父母通常把彩礼挪为他用,中国的间接嫁妆体系开始向非洲式的彩礼体系转变。彩礼作为一种财产的传递方式,因而也更多地取决于家长个人的选择。另外,在以前的婚姻形式中,因为和新郎父母长期合居,年轻的夫妻只有等到家庭发展周期终结的时候——也就是说,等到家里的男性家长去世或者从家长位置上退下来以后,他们才能获得独立的地位。而即使在那个时候,夫妻得到的资助更多被看成是父母的慷慨解囊,而不是一种被明确认识的财产传递。换言之,或者是补偿,或者是资助,传统彩礼保留着家长权力的影响。即使新娘父母能够以嫁妆的形式返还男家送出的彩礼,它对于家产传递的意义也只不过是潜在的。

九十年代以来,在下岬村,和以前形成鲜明对比的是,折合的彩礼开始直接由新郎家送到新娘的手中。在新郎的配合下,新娘掌握了这部分被用于交换的财产,其中既包括了生存资料、也包括了生产资料,以此为基础,她能够在婚后很快建立属于夫妻二人的小家庭。这两种模式最基本的区别在于:对于前者而言,无论是父母一辈,还是年轻一辈,他们都不看重夫妻关系,新娘和新郎的个体性被家长权力和家庭利益遮盖了;而对于后者来说,追求夫妻独立已经成为年轻人索要高额彩礼的动机,因而彩礼的功能已经由一种父母主导的潜在的财产传递方式变成一种公开的、更加个人化的财产分配过程,新娘和新郎取得了主动权,而家产分配不再以父母的意志为转移了。

总之,下岬村新的彩礼实践表现了新娘和新郎个人地位的上升以及家长权力的衰退,它们反过来也促进了财产交换过程的个人化,因为另外的共同体——新娘的家庭——现在已经被作为个体的新娘取代了。彩礼交换的个人化是中国北方农村私人生活变迁的一部分,我在别处曾经提到(2003),这一演变过程是以家庭制度的私密化(privatization)以及个人地应在私人生活领域的上升为特点的。以往人类学关于彩礼的大多数讨论都忽视了作为个人的新娘和新郎,忽视了他们所具有的能动性;下岬村的故事启发我们对既有的研究结论重新进行细致的思考。

然而,上文对于个人能动性的强调,并不能自动去解释:为什么传统的彩礼习俗不仅得以持续,而且在村民的家庭经济中变得越来越重要。换句话说,为什么没有像现代家庭理论所预言的那样:随着年轻人在择偶方面自主性的加强,婚姻交换的形式也就走到了尽头——难道彩礼的风俗要永远存在下去吗?我并没有奢望下岬村的个案研究能够为一个在理论上如此复杂的问题提供一个充分的解释,但是,通过追踪彩礼演变的主要致变因素,我在下文至少能够提供一些有用的线索。

二、理解变迁:个人、家庭和国家

就像上文已经提到的,学界对于新婚交换领域呈现的急剧变化还缺乏系统性的思考。在此环境下,恩斯明格和奈特(Ensminger and Knight 1997)所提出的讨价还价(bargaining)模型显得尤为突出,因为它试图构建一个能够解释社会规范如何转变的普适理论。然而,当这个模型不断强调年轻人谈判能力,并认为它是冲破旧式彩礼规范的主要原因时,却忽略了一个基本事实:即代际之间不平衡的权力关系是宏观社会变迁的一个结果。

在我看来,要想充分理解一种新生的社会观念,我们不能把宏观原因和微观原因分割开来进行讨论,很多时候,新的社会规范正是两个层面的社会变迁互相交叉而产生的结果。与此同时,在特定的历史时刻总是有特定的个人出现来打破旧规范、发展新规范,因而个体性和个人能动性成为宏观和微观社会至关重要的连接点。下文我将由能动性和个人层面的心理学出发，接着转向发生在家庭生活和宏观社会层面的社会变迁——分别对它们展开讨论。

(一)能动性、心理学和个人主义

1984年，村中一位年轻的姑娘率先提出来要把她的彩礼折合成现金，她拿走所有的钱，最后只留出来一小部分用于筹办自己的婚礼。这种行为当时被很多人认为是可笑的、丢脸的，因为在那个时候，新娘只能支配一小部分的彩礼——用于婚前采购活动的妆奁钱。

这位新娘提出如此大胆的要求，其原因在于新郎有四个待婚的弟弟，而新郎家的经济状况还达不到下岬村的平均水平。虽然新娘也来自同样穷困潦倒的家庭，但是，她非常聪明、自信，并且以当地的标准来看，她还是一个非常具有个人主义倾向的人。这对年轻人从小在一个村子里长大，在订婚以前，新郎已经对新娘言听计从了。新郎的父母满足了新娘的要求，因为他们的儿子害怕就此失去妻子。而新娘的父母在开始的时候反对女儿如此争强好胜，但是很快他们就不再说什么，因为他们的女儿已经得偿所愿了。

彩礼原来在新娘家和新郎家之间进行流通，这时候有如此全新的处理——这件稀罕事在村中被讨论了一阵以后却很快淡出了人们的视野，对于村民来说它太过反常，以至于很难严肃对待。不过，他们始料不及的是，接下来的1985年，有谣传说村中将不再分配宅基地了[18]。那时候准备结婚的人都担心自己分不到宅基地，所以很多新郎建议他们的新娘只收受折算成现金的彩礼——1984年刚过，他们对于干折的方式（之前那位姑娘的做法——中译者注）还是记忆犹新。年轻夫妇接着就用女方收到的大笔现金购买盖房子的材料。只要他们有了建材，村办就分给他们一块宅基地。双方的

---

18 和五十年代到七十年代收归集体所有的耕地不一样，住房用地和房子一般都被认为是个人财产。在集体化时期，大队把小块土地分配给那些要盖新房的人。然而，1983年解散集体以后，村办手中掌握的土地急剧减少，更为重要的是，八十年代后期掀起的建房热潮使得村中的宅基地也迅速减少。于是，这个没有土地的谣言的确在九十年代后期变成了现实，年轻人现在只能在他们父母的后院盖房子。

家长对这样的做法也非常认同，因为他们也担心新政策所造成的影响。因此，折合的彩礼（干折）在1985年的几个月里突然变得非常流行，此后，这种方式就被村中的年轻人所效仿。在1997年的夏天，和我聊过天的大部分村民都认为折合彩礼是很平常的事情，而一些善于表达的年轻人已经引入个人主义的说辞来表现他们行为的合法性了。

这段关于干折（或者说折合的彩礼）的简短历史说明了最先挑战社会规范的人，她所处的社会地位和她选择的时机对于理解社会规范的变化是非常重要的。那位年轻姑娘在1984年的时候之所以最后能够争取到折合的彩礼，一则因为她在和婆家协商谈判的过程中居于上风；另外，因为夫妻双方的家庭都处在村庄社区的边缘，这也使她避免了遭遇来自社会的严厉谴责——公众不需要对她的行为有强烈的反应，因为来自边缘个体或家庭的挑衅行为对社会规范几乎不会造成任何影响；社会观念通常都是由那些出身良好、有很高社会声望的人来守护的。另外，不可否认的是，姑娘这种在1984年来说非常大胆的行径实现了很多年轻姑娘一直以来所共有的心愿，——只是她们当时因为这样那样的原因而不敢提出自己的要求。因而，在第一位姑娘的"带领"下，很多姑娘站出来要求自己对于彩礼交换和消费的绝对控制权。

然而，1984年的这位年轻姑娘也不是无中生有地突然想到干折的。这种关于彩礼交换的安排看起来似乎比较极端，然而，在过去几十年里，村中妇女一直想要获得对彩礼的控制权，并为此进行了一系列比较温和的尝试，如今就发展成了干折的形式。

六十年代中期，妆奁钱这个项目正式出现在订婚文书中。为了防止新娘父母把这部分金额像定亲钱那样留为自用，新郎的父母自己出马，为新娘采购妆奁用品，并在婚礼之前把东西送到新娘家。不过，为了保障自己的利益，新娘通常请人去新郎家打探一下，看看他们买的妆奁用品是否在数量和质量上符合原来的约定。

七十年代早期，当一种新的"照订婚像"的恋爱方式（courtship practice）流行起来时，订了婚的年轻姑娘开始积极参与到采办妆奁用品的活动中。

坐在照相馆里,模仿城市青年的笑容,新娘和新郎照下了一张订婚像。而为了这张像片,他们需要跑到县城或者是省会城市哈尔滨。为了丰富这趟旅行的内容,他们也会跑去采购新娘的妆奁用品。因为下岬村远离城市中心,未婚夫妇临走前,村办会出具介绍信,使他们能够到旅馆里开单间过夜,这无意中产生的结果就是:未婚夫妇发生了性关系。

首先,新郎的父母对于这样的发展是欢迎的,因为这趟亲密的旅行将有助于维护婚约;另外,新娘参与购买活动也可以避免新郎买错、买贵。不过,后来,很多父母又发现,从那时候起新娘开始取代新郎掌握了妆奁钱,而新郎也乐于这么做来取悦她。非常有趣的是,新娘一旦掌了钱,就开始缩减自己的个人开销,把剩余的钱攒下来留为后用。这样一种新的发展趋势在八十年代早些时候已经非常普遍了。节俭的妻子总是被她的公婆所看重,因为存下来的钱最后是由媳妇和他们的儿子所共同拥有的。和购置的物品相比,年轻姑娘一旦意识到现金的好处,一些人就开始想方设法把彩礼的其他部分也折合成现金,最后终于在1984、1985年,出现了干折的形式(折合的彩礼)。

在个人心理的层面,村里年轻人通过大众传媒以及城市生活经验,习得了一套功利个人主义(utilitarian individualism)的说辞,从而有助于他们证明自己对于高额彩礼的追求是合理的。1984年,第一位向婆家索要干折的姑娘被贴上自私的标签,而另外一些人——他们在婚姻协商中抬高彩礼的数额;拒绝婚后和公婆合居;为了家产分配的问题和手足起冲突——也同样是自私的(参见 Yan 2003:140—161)。然而,这些人总是能够对加诸在他们身上的道德指责表现得毫不在乎,他们不顾父母的反对,继续自己反传统的物欲追求。当这些人最后得到了物质回报,却无损于他们的名声和社会身份时,他们就成为社区中其他人模仿和追随的人物类型。

十分有意思的是,在过去二十年时间里,对自私进行制裁的力量已经变得无用武之地了,因为在年轻的村民看来,要想在市场经济中获得成功,自私是一个必要的品质。当老人指责他们自私时,他们并不感到羞愧;现在的年轻人喜欢用"有个性"、"现代的"、"独立自主"这样的说法来为自己的行为辩护。

2004年初,在我最近一次访问下岬村的时候,我向受访者提出了两个简单的问题:什么是个人主义,他们在生活中是如何评价个人主义的。对于第一个问题,最普遍的答案就是"自私自利",其次是"为所欲为";对于第二个问题,虽然有两三个人公然把个人主义誉为一种道德上的善好——因为它发扬了个性,大多数受访者还是认为个人主义,或者说自私自利,是不好的——不过它确实是生存所需。

村里的年轻人一方面把个人主义理解为"自私自利";另一方面,又使用它来表明自己追求高额彩礼的正当性。他们对于个人主义的这种理解和西方哲学中以权利义务的平衡为核心价值的个人主义形成了有趣的对照。现代西方社会的个人主义是由不同的源头和历史运动发展而来的,因此依据不同的视角,个人主义就可以有不同的界定:政治和宗教的个人主义倾向于关注社会契约、自由、平等和自我发展;经济个人主义强调功利主义的追求、竞争、利己主义和享乐主义(参见 Dumont 1986, Lukes 1973, Musschenga 2001)。不过,几乎在所有个人主义的定义中——无论它有自由主义的倾向,还是功利主义的倾向,都包含了两个最普遍、最基本的要素:独立自主(independence)和自力更生(self-reliance)(Triandis 1995:31)。如此,自力更生就成为个人主义最重要的基础(Holland 1992, Macfarlane 1978, Macpherson 1962),这也许可以解释为什么英国历史上没有出现彩礼的风俗(参见 Macfarlane 1986:277—278)。此外,除了自我解放(self-liberating)的一面,个人主义还包括自我约束(self-constraining)的内容——认识到他者所具有平等的权利,从而促进其他核心价值的发展,例如平等、自由。换句话说,个人主义不仅关注自我,它也调整自我和其他平等个体之间的关系(Dumont 1986, Lukes 1973, and Triandis 1995)。

因而,下岬村的年轻人实在称不上是个人主义者——当我们从个人主义的理念出发对他们进行讨论的话。他们声称新的折合彩礼是父母和弟妹的责任,个人主义等于自私自利——这些都反映了他们无法达到自力更生、自我约束的标准。乍看起来,年轻村民向父母无情地索要高额彩礼和现代个人主义的某些要素有一定的相似性,比如对个人私利非常实际的追求,地位竞争,享乐主义。但是,他们对于独立性的追求是以牺牲父母和年幼手足的独立为直接代价而达成的。然而,因为缺少自力更生的概念,使得这些年轻人感觉自己有权利向父母要求财政上的支持以实现个人幸福,同时他们声称自己是独立的、个人主义的。独立自主和自力更生之间出现的断裂造就了这样一种功利个人主义的特殊形式——它被年轻村民所支配。下文我会回到对这一重要问题的讨论[19]。

在这些咄咄逼人的年轻人面前,年迈的父母是不是也有他们自己的能动性?为什么当他们放弃了家长的权力以后,还要继续在财务方面支持他们已经成年的孩子?很多年长的村民告诉我,他们并没有被年轻人的说辞所愚弄,当年轻人还在天花乱坠地讨论现代的、个人主义的话题时,老人们早已经看透了他们背后的真正意图。但是,他们还是答应了年轻人的请求——因为他们的"父母心"。对他们来说,"父母心"——这个地方性的专有名词,道尽了父母对于子女无尽的爱和慈悲,这也是他们愿意为子女操劳的最强烈动机。无论他们的孩子如何让他们失望,甚至是辜负了他们的关爱,父母亲仍然关心子女的幸福。而最让他们操心的就是他们孩子(特别是儿子)是否有美满的婚姻,这是父母一生中最为重要的任务之一。他们没有其他选择,只能尽最大努力来满足自己儿子对于彩礼的过分要求,这也是他们身上所带有的传统文化的表现。

显然,这个地方性的"父母心"观念由两种"成分"构成:一种是感情,另外一种是道德。父母如此无私地支持他们的孩子,感情无疑在其中发挥了很大作用;但是,父母也处在一种特定道德义务的高压下,也就是说,有好品

---

19 在西方社会,比如当今的美国社会,年轻人的确从他们的父母那里得到财务上的资助用以举办婚礼,或者更为要紧的是,支付他们房子的定金。但是,(它和下岬村的情况之间)至少存在着三个方面的差异:首先,在美国,没有年轻人认为自己从父母那儿拿到钱是个人独立性的表现,他们会把它看成是来自于父母的帮助。其次,父母有权决定是否帮忙,因为在美国社会,帮助已经成年的孩子操办婚事、买房子并不是父母的责任和义务。最后在这些社会中,主流的个人主义意识形态并不鼓励年轻人从他父母那里拿钱;而年轻人也不会在这个方面和他的同龄人进行比较。

质的父母应该为子女操办一场体面的婚礼。而接受这项任务不仅说明了一种亲子关系,也恰恰表现了一种人的观念。对此更深入地讨论:父母的自我指派反映出——在中国家庭生活中,个人最重要的责任就是维持继嗣系(descent line)的延续。如贝克(Baker 1979:26)提到,"每个活着的人都是他所有祖先的化身,也是他未来所有后代的化身。"中国人处于一种"关系性"(relational)的存在中,打一出生起他就不再是一个有自主性的人了,她/他在自己的一生中需要履行各种各样的角色,由此而成为一个完整的人。[20] 这也就是为什么当父母为自己的孩子操办完婚事以后,其他的村民会恭喜他们"完成了任务"。反之,与之形成对照的是,那些在这个方面做得比较失败的人则被整个社区所轻视,他们已经成年的孩子会——有人确实这么做了——指责他们的父母在道德上是不合格的,因为他们没有很好地完成"任务"。

换句话说,在个人心理的层面,两代人分别使用不同的道德话语来表现自己行为的合理性:对年轻人来说,他们是一种以自我为中心的"个人主义",而对父母来说,他们更为重视一种围绕家庭的"父母心"。在市场经济和国家现代化的影响下,关于个体性的现代观念比起传统的父母心观念显得更为重要;但是两种观念之间却从未发生冲突,它们都被用于说明当今彩礼实践的合理性——不过在此过程中父母的利益被牺牲掉了。

(二)家庭行为规范的变迁

彩礼变迁并不是一个孤立的现象,它和许多家庭生活层面的重要变化联系在一起,其中,年轻人的自主择偶,新的分家形式和代际互惠的新动态是最受瞩目的三个因素。[21]

---

20 关于中国人关系建构的讨论请参见许烺光的《祖荫下》(Hsu, Francis L. K. 1967);金耀基的《儒家学说中的个人和群体》(King, Ambrose Yeo-chi. 1985);开普耐的《关系的产生:一个华北村落中的情感、自我与亚文化》(Kipnis, Andrew. 1997)和阎云翔的《礼物的流动》(Yan, Yunxiang. 1996)。

21 关于计划生育政策,我们到目前为止,还没有在彩礼实践的过程中发现它的效果,虽然它对农村生活的其他方面产生了非常重要的影响。1999年,当我完成了最后一次对这个主题的系统性调查以后,村中80年(这一年,这一地区开始对生育进行严格控重新梳理了下岬村从1949年到1999年举办的484场婚礼（按男性村民来计算），从而出现了一个渐进而持续的从包办婚姻到自由恋爱婚姻的演变过程（参见Yan 2003:42—63，也可参见Whyte 1985）。包办婚姻从五十年代73%的比重发展到九十年代已经完全消失；实际上，七十年代以后出现的婚约就已经是在男女双方同意的基础上落实的，在此之前，他们或是经历了一场浪漫的恋爱，或是经人介绍后有一个频繁的互动。而且，亲密行为已经成为恋爱过程不可分割的一部分。婚前性行为也在订婚夫妇之中逐渐呈上升趋势。为了对订婚男女的婚前性行为有所了解，我比较了自1979年以来村中每位妇女的结婚日期和她生育第一个小孩的日期（这个数据被保留在村中的计生档案中），1991年到1993年完婚的49对夫妇中，有13对夫妇的小孩在他们婚后八个月内就出生了。按照这个比例做一个保守估计，至少有20%的新婚夫妇在订婚期间发生过婚前性行为。实际的百分比应该更大一些，因为并不是所有妇女在发生婚前性行为以后都会怀孕的。[22]

另外，与他们的父辈和年长的手足相比较，这些九十年代的农村青年在向他们的爱人或未来的配偶表达感情时，显得更为开放和直率，并且他们更加注意未来配偶的个人品性。除了传统的关爱方式，直接的爱意表达已经成为最受年轻人欢迎的感情表达方式。恋爱语言和亲密关系的发展似乎受到流行文化和大众传媒的直接影响，它们也丰富并改变了有关理想伴侣和恋爱经历的话语。年轻姑娘对恋爱过程中的亲密性和自主性特别在意，以致一个男性是否会甜言蜜语，以及他是否有勇气支持妻子反对自己的父母，都成为一个理想丈夫最重要的品质。

另外，我也关注了两个恋爱故事（2002）。在第一个故事里，一个年轻人因为风趣幽默被很多女孩子喜欢，尽管在年长的村民们看来，他总是在"胡

制）以后出生的年轻人还只有十多岁。我对于村庄私人生活所有的重要变迁有一个系统的讨论，具体请参见阎云翔：《社会主义之下的个人生活》，第17—41页。

22　按照1999年对于农村青年的大规模普查所显示的，婚前性行为在九十年代有一个持续上升的过程。在那些出外务工的被访者之中，20.8%的人有婚前性行为的经历，而对于那些留在家乡的人来说，这个比例稍微要低些，占到16.8%。参见中国青少年研究中心：《新跨越——当代农村青年报道1999—2000》。

说八道"。我看到,这个年轻人因为在多个城市工作过,所以对城市生活非常熟悉;同时更为重要的是,他对港台流行歌曲表现得非常狂热,他收藏了很多音乐磁带(都是由港台流行歌星演唱的),而且能朗诵其中的很多歌词(不过,因为嗓音不太好,他很少把它们唱出来)。因为大部分的流行音乐都是爱情歌曲,所以,他能够借助这些歌词来营造浪漫的气氛,就像很多人预言的那样,这个年轻人最后在村子里娶到了一个非常漂亮的妻子。

与之形成对照的是,另外一个勤劳、好脾气出了名的小伙子却因为不善言辞而在婚配方面遇到了大问题。1998年的时候,一个朋友曾经三次帮他牵线搭桥,但是三次努力都失败了。第一次相亲,女孩和他处了一会儿以后就否决了他;第二次相亲,他已经和女孩订了婚,并且已经在"照订婚像"(下文有更多的内容)的路上了,原定三天的旅行只过了一天就回来了,那个女孩最后解除了婚约,并告诉小伙子的父母,他儿子根本不知道怎么说话;第三次相亲,他在第一次见面以后,受邀到了女孩的家,也因为同样的理由而被人家看不上。当我1999年离开下岬村的时候,他仍然被滞留在婚姻市场中,他变得比以前更加沉默了(参见 Yan 2002)。

由这些变化可以看出,选择配偶不再是家长为了建立姻亲关系,或提高家庭经济社会地位而采取的一种家庭策略。对于父母来说,不再有权力安排子女的婚配将使他们逐渐失去对家庭生活各个方面的控制权。确实,当恋爱关系更加亲密时,在代际之间会出现新的冲突形式,因为在最终的分析中,亲密关系被看成是个体的,或者说是夫妇之间的满足(参见 Ciddens 1992)。所以,在配偶选择的早期阶段,夫妻之间的亲密关系以及独立性都得到了很大的发展,也正因为如此,上文提到的1989年发生的年轻人鼓励女朋友向自己父母索要高额彩礼的事情才会发生。

新的分家方式仅次于配偶选择,与彩礼变迁之间存在重要的联系。七十年代以来,年轻夫妇一直在努力把分家的时间向前推进,从而使家庭结构迅速核心化(参见 Yan 1997)。1994年的时候,超过40%的新婚夫妇在婚后一年时间里建立了自己独立的小家庭,而将近80%的分家活动发生在一对夫妇婚后的两年时间里。

为了解决早期分家过程中出现的问题,一种新的财产分配方式出现了,它被称为"系列分家方式"(serial form of family division)。传统上,分家往往发生在家中所有的儿子结婚以后,那个时候,父母就把家产平均地分给所有的儿子,然后或者和一个已婚的儿子组成一个主干家庭,或者在所有已婚的儿子家轮伙(参见 Hsieh 1985)。在系列分家形式的安排下,第一个结婚的儿子在婚后不久就与妻子一起组织自己独立的小家庭,家财仍然留在父母家里,因为家中还有未婚的兄弟姐妹需要资金上的支持,也就是指彩礼。第二个儿子结婚以后也会如是效仿,一个家庭就是这样经历多次财产分割。在新的分家方式中,一对希望离父母单过的年轻夫妇只被允许带走他们的口粮、炊事燃料和他们从彩礼和嫁妆中获得的个人财产。因此,对于新娘和新郎来说,他们自然会在婚事协商中尽量索要高额的彩礼,因为在系列分家的方式中,彩礼几乎就是他们能够得到的所有财产。

在家庭经历了最后一轮的系列分家之后,父母将保留所有的存款、耕地、生产工具以及房产组成他们自己的夫妻基金——除非他们已经和一个已婚的儿子商量好,与他们同住。这一点和传统的实践方式有一个很大的分离。在过去,父母实际上只是家庭财产的托管人/经理。因而分家以后,他们也仅仅只是放弃了他们的管理权力,从此,他们就没有个人财产了。而现在父母对于家庭财产的所有权反映了出现在每一代家庭成员之间的更加个人化的家庭财产观念。

父母要保留他们的家产份额也反映了他们对于老龄化的一种不安全的感觉,这也就构成了第三个促成彩礼变迁的重要因素。在五十年代到七十年代极端社会主义的攻击下,传统的孝道已经失去了意识形态和制度的基础,接着又受到了强调平等交换的市场经济价值观的致命冲击。总之,现在的农村青年从个人成就动机和平等交换的新视角出发,意识到了老人赡养问题,他们坚持要以相同的方式回报父母当年对他们的抚育。

为了避免来自于儿子的不利看法以及由于失去安全感而面对的无法忍受的情况,很多父母在满足孩子的各种要求时特别地努力。父母为了维持老年安全感而采用的普遍投资策略就是给子女提供最大可能的彩礼数额,因为年轻一代把彩礼的价值看成是父母对自己的支持。另外的策略就是更加积极地帮助已婚的儿子组织独立的夫妻小家庭,从而使日常生活中的代际冲突可以有所避免。父母采用的第三种策略就是,如上文已经指出的那样,只允许儿子拿走他们自己婚姻产出的可动产而把大部分的家财保留了下来作为他们自己的退休基金,从而在年老的时候他们不用去依靠已经成家的儿子。不幸的是,所有这些试图维持老年安全感的策略只是推动了年轻一代更加积极地抬高彩礼的数额——当他们知道这是唯一一次合法地要求家财的机会时,所以彩礼的增长陷入了一个怪圈(vicious circle)当中。

上文的分析反映出社会规范很少单独发生变化,一种规范的变化时常和其他规范的变化相伴随,在此过程中,也对其他规范重新进行塑造。例如,系列分家方式和彩礼数额的增加似乎是互相加强的关系,但是如果没有年轻人择偶的自主性以及夫妻之间日益亲密的关系,前面两个因素哪一个也发挥不了作用。最后,所有这些关于家庭财产交换和分配的社会规范实际上也反映并重构了私人生活领域一些更为基础性的变化:比如一方面是家长权力、权威的衰微,另一方面是某一个体性形式的发展(参见 Yan 2000),而它们反过来又是更大社会变迁脉络的结果。

(三)宏观层面的国家和社会变迁

接下来我将在宏观层面分析那些对下岬村的彩礼变迁有直接影响的因素,这里面包括家庭的私有化、国家发起的家庭婚姻改革、对个人主义的误读和消费主义的影响。

1949 年革命成功以后,中国共产党的领导人决定对作为中国社会基础的家庭进行改造,从而建立一个新的社会主义社会,并塑造一种全新的人格观念(Davis and Harrell 1993:1—10,Yang 1965)。集体化的体制非常有效地结束了家庭对于土地和其他生产资料的所有权。国家能够去除传统的社区权力结构,依靠集体和地方政府的努力,由公共生活和私人生活两个方面延伸至每个农户的家里。这个过程产生了双重效果:一方面,家庭和个人和国家权力、正式管理体制前所未有地接近;另一方面,很大程度上来说,作为个体的村民,也因此从原来的家庭共同体、亲属组织和其他非正式社区权力的控制中摆脱出来。于是,家庭失去了大部分的经济,政治和社会功能,反之,这也就导致了家长权力和权威的衰微(Parish and Whyte 1978,Yan 2003)。

　　彩礼和嫁妆的风俗被中国共产党认为是在家庭社会主义改造中需要尤为关注的一个领域,因为传统的婚姻交换体系强化了家长权力,巩固了亲属组织。1950年的婚姻法禁止索要与婚姻联系在一起的金钱和礼物,禁止纳妾和童养媳,这个禁令在1980年的婚姻法中得到了重申(Ocko 1991:320—323)。非常有趣的是,当婚姻法确实为青年男女赋权,鼓励他们追求婚姻自由的时候(参见 Diamant 2000 和 Whyte 1995),他们对于婚姻交换的影响好像缺乏效率。在政治激进主义时期,比如五十年代后期和六十年代中期,一小部分人违反了禁止收受彩礼的法令,他们被拉出来在公众集会上被当众羞辱,同时他们的政治权力也被剥夺了。然而村民们试图以不同的方式把婚姻交换的实践保存下来而不挑战现有的法律,比如给定亲钱取另一个名字,或者在送给新娘个人的礼物中加入新的内容(参见 Yan 1996)。村中的一些老人非常遗憾地认为:如果没有反彩礼的法规和法令,那么原来只有一个类别的彩礼制度将会完整地被保存下来。

　　为了协助和支持收效甚微的反彩礼法令,意识形态的攻击和反对各种婚姻交换习俗的政治运动成为五十年代以来党的宣传工作的一个日常特写,他们谴责彩礼是"买卖婚姻",而丰厚的嫁妆是"封建主义的铺张浪费"。他们为了改变婚姻模式另外还进行了多种努力:比如群众教育,设计新的婚礼风尚。一些拒绝接受彩礼的年轻夫妇被地方政府精心挑选出来,通过大众媒体和政治会议把他们提升为进步的、现代化的新娘和新郎(很多模范夫妇最后被证实是弄虚作假的,他们在婚礼后秘密接受了彩礼)。整个七十年代到八十年代,官方对于婚姻礼物数额和婚宴规模的管制都以法令的形式公开出来,希望以此来抑制彩礼和婚礼花费不断上升的趋势。即使当历史已经进入九十年代早期了,地方县政府还派员来教育村民——他们不得为婚事支付彩礼、每次婚宴的规模也不得超过40人——这是一次大规模政治运动的一个片段,这场政治运动也许是中国政府对于发扬毛时代社会主义文化而进行的最后一次努力。[23]

需要指出的是,虽然在新社会的设计中做出了如此的努力,但是婚姻交换的实践在农村中并没有消失,尽管它已经变成了另外一种新的方式(Croll 1984,Johnson 1983,arish and Whyte 1978,and Siu 1993)。也许在地方的彩礼系统中最重要和最新颖的变化在本研究中都已经展示出来了,那就是折合彩礼(干折)的发展和新型的以新娘和新郎个人为中心的婚姻交换。

这些由国家支持的反彩礼运动是一场国家范围的社会规划的一部分,其目的在于发展集体主义,使村民个人对于家庭的忠诚向集体和最终的社会主义国家转移。为了实现这个目标,有必要破坏旧的社会和家庭等级,使村民从忠诚的家庭中的成年人转变为个体的市民,这里面也包括了相关风俗的改革。于是,传统的家庭价值系统也经历了一次世俗化的过程:在意识形态攻击迷信以及官方试图改革地方风俗的过程中,社区仪式、农历节日、民间信仰和家庭典仪(包括但不限于祖先崇拜)中的神圣性和深远意义被剥离了出来(参见 Jing 1996 和 Siu 1989)。最近一个相似的例子就是九十年代早期提出的火葬和殡葬方式的改革,这个消息在村民中间引起了很严重的焦虑和不忿(Yan 2003:187,也参见 Anagnost 1997,他对社会主义者各种主题的建构有一个深刻的见解)。

与此同时,在国家看来,西方社会的个人主义和社会主义者的集体主义在意识形态上是互相对立的。利用中国传统文化对于利己主义的否定态度和二十世纪早期由中国知识分子传递而来的一种对于个人主义功利性的解释(Liu 1995),党和国家非常成功地实现了对个人主义的重新界定,个人主义被看成是将死的资本主义文化的腐朽价值观,它的主要特点是:自私自利、对他人缺乏关心、讨厌集体纪律、逃避现实地追求快乐。这种对于个人主义的刻画显然是不完全的、形成误导的,因为它只集中于讨论功利主义,

---

23 在一次充分而富有洞察力的民族志研究中,韩国人类学家金光玉记录和分析了在中国北方山东省一个县政府发起的反彩礼运动,提出地方政府把运动看成是走向现代化不可分割的一部分。参见金光玉:《倒退的政治》(Kim,Kwang-ok. n. d.)。

而完全忽视了现代个人主义意识形态中自由主义的一面。更为重要的是，独立自主和自力更生的观念在国家发起的对于个人主义的批判中是没有位置的；我在上文已经提到过，无论是对功利主义学派还是对自由主义学派而言，独立自主、自力更生都是个人主义最普遍、最基础性的两个要素。于是，在中国几代的年轻人眼里，个人主义仅仅只是自私、享乐、不负责任、反社会的同义词。

非常讽刺且出人意料的是，这些社会主义转型的努力——包括对西方个人主义的攻击，到如今使得个人位置的上升也沿循了一种中国特有的路径。通过新的法律和政治运动，国家试图发扬集体主义，使村民对于家庭的忠诚转向集体，最后乃至国家。为了实现这个目标，就必须破坏旧的社会和家庭等级，使村民由忠实的家庭成员成为个体市民。[24]通过发展对社会主义集体的忠诚以取代他们对家庭的忠诚，以集体主义取代家庭主义，国家打开了一个新的社会空间，为青年自主性的发展——比如在谈恋爱和配偶选择方面——创造必要的社会条件。在家庭和亲属群体之外，对主体世界的充实和个人认同的发展来说，社会空间的有效性和可及性形成了至关重要的条件。这也就是帕里什和怀默霆（1978：190）早期在中国南方农村研究配偶选择时所得到的发现。我最近的研究表明这种洞察也可以用于理解那些出现个人位置上升的其他方面（Yan 2002，2003）。

基本上，农村青年由自上而下的集体化、婚姻法、国家政策和政治运动的影响中而得到的权利，大于他由自下而上的自发运动中得到的权利。在自发运动中，个人需要有主动的斗争意识，而且有些时候为了得到他们的权利

---

[24] 需要注意的是，为了社会的稳定，抑制变化趋势，一些国家政策和政治运动却是有意要加强传统家庭生活模式的。例如，家户登记体制强化了婚后与夫家共居的旧习俗，无论是在哪个层次的地方离婚总是不被鼓励的，而承诺妇女的自由也没有完全实现（Johnson 1983 和 Stacey 1983）。在集体化后期，严格的计划生育政策加强了村民生育的男性偏好，而集体解散以后的土地再分配给予了男性继承权（参见 Davis and Harrell 1993；Judd 1994 和 Yan 1996，1997）。不过，我们也要认识到同样的国家政策对家庭结构和家庭关系的影响是不一样的。国家强调赡养父母是个人的义务（这是被写入法律的），并有意加强传统家庭义务，鼓励人们维持主干家庭。但是并不能由此得出官方支持家长权力的理解，相反，从下岬村来看，大多数的主干家庭都是由年轻一代来维持的。

必须做出牺牲:比如,在极端社会主义的全盛时期,即使国家已经动员妇女参与生产和政治,但是年轻妇女很少能够主动追求她们自己的目标,在她们的世界观里也没有一种清晰的性别视角。

所以,年轻村民在家庭领域里对于个人权利的积极追求并不能说明他也以同等的努力投入于公共领域而追求独立自主。实际上,在集体化和家庭登记的制度下,村民们进入了一种安德鲁·魏昂德(Andrew Walder, 1986)称之为"组织性依赖"的局面中,他们通过依附于集体和干部得到日常需求的满足。所有的公共活动由集体来发起和组织,新的社会性总是需要忍受官方意识形态的灌输,而其中的重点就是保证个人服从于国家所支持的集体,从文化上来说,这实际上是中国社会传统家长作风的延续(参见Madsen 1984)。我在别处曾经提到(2003:232—234),公共生活和私人生活领域的分离,更为重要的是,公共生活对于个人能动性的排斥,最终造成了个体性不平衡、不完全的发展。

自八十年代以来,除了一些关键领域,比如人口控制和婚姻法。国家对于人们日常私人生活的控制日渐松动。于是,市场经济和全球消费主义带来的价值观已经成为了小到家庭生活,大到社会变迁的新的支配力量,故而中国的情况和西方日益相似。另外,恰恰是因为国家在集体化时代对于日常生活的侵入,使得它在后集体时期(post-collective era)的退出给个体村民的私人生活留下了一个同样重要却可能更为消极的影响:在一个复兴的传统文化、余波犹存的激进社会主义以及全球资本主义互相竞争的独特脉络里,极端功利的个人主义正在逐渐发展起来。

在八十年代以来的后毛泽东改革时代,个人主义在此前的邪恶形象突然有了一个一百八十度的改观,因为人们对它重新再认识,它被看成是西方现代化的动力之一。然而,对于它的实际内涵以及它在西方文化中的演进,到现在也还没有严肃认真的探讨,所以,之前对于个人主义的误读依然延续到现在。个人主义被看成是一种自私自利、享乐主义的伦理,个人把自己的利益凌驾于群体之上,为了实现个人利益不惜牺牲他人利益。唯一的改变就是之前对于这些个人主义特质的谴责现在都换成了赞美(Wang 2002)。

正是在这样一个特定的历史脉络里,下岬村的年轻人,当他们进入商品生产和市场以后,很快就接受了后资本主义的价值观。为了从父母那里得到丰厚的彩礼,他们总是强调"我应得……"的一面,而忽视了他们需要于他人的权利以同等的尊重,个人主义在中国仅仅被理解成功利主义,这既有文化方面的根源,也和政治因素分不开。至于为什么五十年代到七十年代功利个人主义被攻击,却在之后得到了认可,显然这个问题不能在这里讨论。[25] 我在这里想要指出的是,这个在宏观层面对个人主义的解释为我们的理解——为什么年轻村民选择以这样的方式来表现能动性——提供了一把钥匙。他们一方面向自己的父母索要高额彩礼,同时又为自己作为个人主义的现代青年而洋洋自得,他们的行为所投射出来的就是中国政治领袖和文化精英对于个人主义的理解。

最后,消费主义在日常生活领域的扩张,直接引发了农村青年竞争奢侈彩礼的强烈欲望。很多农村青年都有各自在城市工作的经历,对于电视和其他大众媒体所传播的现代生活形象,他们是完全没有辨别力的。消费主义的扩张已经使很多农村青年相信,钱就是要花的,物品就是为了消耗掉的,而生活的品质就是由消费满意程度来决定的。中国正在快速进入消费社会——这一点是不足为奇的,连国家都在鼓励消费主义的广泛发展(参见 Yan 2000),但是,当老人们仍然忠实于勤俭节约的传统美德时,消费主义的推进也就造成了更多代际之间的冲突。对于这些农村青年来说,他们迅速充实的想象世界激发了他们的生命热情,但很多时候也使他们陷于无助之中,因为那种来自香港或上海的现代生活风格既如此令人向往,又如此难于企及。总之,向父母无情地索要钱财,不仅仅因为这种行为被中国特定的个人主义理解所合法化了,同时,这也是被消费欲望所驱使的必然结果。

25　在中国介绍和理解个人主义,刘禾对当时的认识水平和语言学条件有一个深刻的分析,参见刘禾:《跨语际实践》第 77—99 页关于"个人主义在中国消极形象的心理学分析",参见 Bond 1986。

三、结语

总之,这个北方农村的彩礼实践已经从两个家庭之间婚姻礼物的交换转变成新郎家庭内部的财产分割,以及新娘取代自己的父母成为彩礼收受者并有效地将彩礼转换成自己财产的过程。对这一演变过程的分析表明,在个人层面,新郎新娘与他们的父母在彩礼控制权这一问题上的协商已经经历了一个相当长的过程。在家庭生活层面,变化了的彩礼规范已经形成,并且进而形塑其他社会规范,如择偶、分家及赡养父母等等。同样重要的是,在社会层面,这些重要的变化是在其他社会变迁的背景下发生的,其中起首要作用的是国家发起的家庭改革。另外,对于西方个人主义的误读为村里的年轻人提供了向他们父母无情索要金钱的正当性,从而成为一种新的意识形态工具。

请允许我重申现有研究的中心论点,即,关注彩礼体系转变过程中个人的积极角色,这是一个在多数现有婚姻交换研究中被忽略的重要现象。不过,对于个人角色的承认并不是这一论点的全部,更为重要的是,个人能动性如何在一个特定文化场景里实践,比如当获得对择偶和婚姻协商更大的自主权之后如何从彩礼习俗中获利而不是废止这一习俗[26]。

---

[26] 值得注意的是,在大多数现有的关于中国农村彩礼的研究和报告中,年轻人在婚姻交换过程中的能动性基本上是被忽略的。就如上文注解 3 所表现的,对于八十年代后期以来彩礼普遍上升的现象,中国在很久以前就有相关的报道和研究了。但是,很少有人去讨论彩礼的真正受惠者。一些学者正确地看到了彩礼的受惠者由新娘父母向年轻夫妻转变(参见,例如 Yang 1995:148—173; Shen Yang, and Li,1999; Zhang and Fan 1993 和中国青少年研究中心 2000),但是他们仍然坚持传统的观点:认为只要家长仍然是彩礼的主要提供者,那么家长权威甚至父权都可能完整地保存下来。就我所知,张丽萍和樊平(1993)是最早、也可能是唯一关注彩礼实际流动的研究者,他们注意到年轻夫妇收受彩礼似乎是一种提早分家的方式。但是,他们也没有考虑,彩礼流动的变化对家长权力的衰微,以及农村青年个人的上升是否有一定影响?年轻人在没有改变社会表征形式的同时,实现了彩礼功能的改变——下岬村所发生的故事让我们看到了隐蔽在旧习俗之下的勃勃生机,就如同旧瓶装新酒一样。

对下岬村这一个案的分析显示了两点关键含义。第一,村里年轻人个人能动性的发挥并没有打破原有的父母和成年子女之间相互依赖的模式;相反,这种情况反而增加了父母对婚姻的支持,维系彩礼实践这种传统意义上的依赖。婚姻问题上年轻人的自主性和彩礼的持续共存挑战了家庭变迁的现代性宏大理论,并引发我们重新思考特定社会规范变迁和一般意义上的家庭变迁(参见,如 Ensminger and Knight 1997)。

第二,下岬村的个案也表明个人或者个人能动性并不是孤立存在的;只有在其他社会变迁的特定文化场景下,个体的新郎和新娘才能够实现他们已经实现的个人能动性。因此,任何单一原因的分析都可能面临过于简化而导致误解现实的风险。例如,我们很容易将代际之间权力关系的转变定义为彩礼变迁的最终动因;但是,不能仅从父母权力衰微的角度来泛泛而论彩礼演变在现实生活中的轨迹:个体村民(包括长辈和晚辈)如何促成和应对这一变迁。此外,既然父母对子女婚姻的控制是婚姻交换的基本原因(参见 Fortes 1962,Gates 1996,Goody 1973,Harrell and Dickey 1985,Meillassoux 1981,Schlegel and Eloul 1988 和 Tambiah 1973,1989,Schlegel and Eloul 1988),那么父母权力的减弱应该导致彩礼的消失(Goode 1968),而不是增长。只有在更大的社会场景下充分考虑社会变迁,尤其是看到致力于改革家庭结构的强大的社会主义国家的影响,我们才能了解为什么彩礼的演变得以发展成当前的形式。

这也是为什么我不希望简单定义某一个因素作为影响彩礼演变的单一原因;相反,我希望分析个人、家庭和社会层面的多重因素如何共同作用而导致变迁的发生。必须承认的是,现有研究不可能展示所有的影响因素。但是,通过揭示上述三个层面的主要因素,我希望变迁的模式因此得以有效地展现。

参考文献

安·安娜诺斯特:《民族过去的时刻:当代中国的叙述、表征和权力》(Anagnost, Ann. 1997. *National Past-times: Narrative, Representation and Power in Modern China*. Durham, NC: Duke University Press)

裴达礼:《中国的家庭和亲属制度》(Baker, Hugh D. 1979. *Chinese Family and Kinship*. New York: Columbia University Press)

杜兰·贝尔、宋顺峰:《解释彩礼的级别》(Bell, Duran and Shunfeng Song. 1994. "Explaining the Level of Bridewealth," *Current Anthropology* 35[3], pp. 311—316)

彭迈克:《中国人的心理》(Bond, Michael. 1986. *The Psychology of the Chinese People*. Hong Kong: Oxford University Press)

安·贝丝:《预言和收益:塞内加尔寻道者家庭中关于财富和价值的性别、代际视角》(Buggenhagen, Beth Anne. 2001. "Prophets and Profits: Gendered and Generational Visions of Wealth and Value in Senegalese Murid Households," *Journal of Religion of Africa* 31[4], pp. 373—401)

陈春民:《嫁妆和遗产》(Chen, Chung-min. 1985. "Dowry and Inheritance," in *The Chinese Family and its Ritual Behavior*. Hsieh Jih-chang and Chuang Ying-chang ed., Taiwan: Institute of Ethnology, Academia Sinica)

孔迈隆:《家的联合和分化:台湾的中国家庭制度》(Myron Cohen 1976. *House United, House Divided: The Chinese Family in Taiwan*. New York: Columbia University Press)

约翰·科莫罗夫:《导论》,《婚姻费用的意义》(Comaroff, John L. 1980. "Introduction," in John. L. Comaroff ed., *The Meaning of Marriage Payments*. New York: Academic Press, pp. 1—47)

伊丽莎白·克罗:《妇女和财产的交换:中国革命以后的婚姻》(Croll, Elisabeth. 1984. "The Exchange of Women and Property: Marriage in Post-Revolutionary China," in Renee Hirschon ed., *Women and Property-Women as Property*. London: Croom Helm)

戴慧思和郝瑞:《导论:毛泽东以后的改革对家庭生活的影响》(Davis, Deborah and Stevan Harrell. 1993. "Introduction: The Impact of Post-Mao Reforms on Family Life," in Deborah Davis and Stevan Harrell ed., *Chinese Families in the Post-Mao Era*. Berkeley: University of California Press, pp. 1—25)

尼尔·狄亚曼特:《家庭革命:1949—1968,中国城乡的政治、情爱与离婚》(Diamant, Neil. 2000. *Revolutionizing the Family: Politics, Love, and Divorce in Urban and Rural China, 1949—1968*. Berkeley: University of California Press)

路易·杜蒙:《个人主义论集:人类学视角中的现代意识形态》(Dumont, Louis. 1986. *Essays on Individualism: Modern Ideology in Anthropological Perspective*. Chicago: University of Chicago Press)

伊佩霞:《导论》,《中国社会的婚姻和不公平》(Ebrey, Patricia B. 1991. "Introduction," Rubie S. Watson and Patricia B. Ebrey ed., *Marriage and Inequality in Chinese Society*. Berkeley: University of California Press)

恩斯明格和奈特:《社会规范变迁:公共财产、彩礼和氏族通婚》(Ensminger, Jean and Jack Knight. 1997. "Changing Social Norms: Common Property, Bridewealth, and Clan Exogamy," Current Anthropology 38[1], pp. 1—24)

迈耶·福特斯:《导论》,《部落社会的婚姻》(Fortes, Meyer. 1962. "Introduction," Meyer Fortes ed., Marriage in Tribal Societies. Cambridge and London: Cambridge University Press)

莫里斯·弗里德曼:《中国的宗族和社会:福建和广东》(Freedman, Maurice. 1966. Chinese Lineage and Society: Fukien and Kwangtung. London: Athlone)

《中国亲属制度和婚姻的仪式》(1979 original 1970. "Ritual Aspects of Chinese Kinship and Marriage," G. William Skinner ed., The Study of Chinese Society: Essays by Maurice Freedman. Stanford: Stanford University Press, pp. 273—295)

葛希芝:《中国的动力:小型资本主义一千年》(Gates, Hill, 1996. China's Motor: A Thousand Years of Petty Capitalism. Ithaca, NY: Cornell University Press)

安东尼·吉登斯:《亲密关系的变革——现代社会中的性、爱和爱欲》(Giddens, Anthony. 1992. The Transformation of Intimacy: Sexuality, Love and Eroticism in Modern Societies. Stanford: Stanford University Press)

瓦特·戈德施密特:《东非 Sebei 彩礼经济》(Goldschmidt, Water. 1974. "The Economics of Bridewealth among the Sebei in East Africa," Ethnology 13, pp. 311—333)

威廉·古迪:《世界革命和家庭模式》(Goode, William. 1963. World Revolution and Family Patterns. New York: The Free Press)

《家庭》(1982. The Family. Englewood Cliffs: Prentice-Hall Press)

杰克·古迪《非洲和欧亚大陆的彩礼和嫁妆》(Goody, Jack. 1973. "Bridewealth and Dowry in Africa and Eurasia," In Jack Goody and Stanley Tambiah, Bridewealth and Dowry. Cambridge: Cambridge University Press)

《东方、古代和初民》,(1990. The Oriental, the Ancient and the Primitive. Cambridge and New York: Cambridge University Press)

玛利亚·格罗兹-恩基塔:《马里萨那的彩礼货币化和婚姻去亲属化》(Grosz-Ngate, Maria. 1988. "Monetization of Bridewealth and the Abandonment of 'Kin Roads' to Marriage in Sana, Mali," American Ethnologist 15[3], pp. 501—514)

顾纪瑞:1985,《家庭消费经济学》,北京:中国财政出版社

郝瑞和莎拉:《复合社会的嫁妆系统》(Harrell, Stevan and Sara Dickey. 1985. "Dowry Systems in Complex Societies," Ethnology 24[2], pp. 105—120)

保罗·贺许曼:《旁遮普人的家庭制度和婚姻》(Hershman, Paul. 1981. Punjabi Kinship and Marriage. Delhi: Hindustan Publishing)

迈克尔·赫茨菲尔德:《希腊的嫁妆:术语的运用和历史性再造》(Herzfeld, Michael. 1980. "The Dowry in Greece: Terminological Usage and Historical Reconstruction," Ethnohistory 27(3), pp. 225—241)

佩内洛普·赫瑟林顿:《肯尼亚中央省代际间的婚姻模式变迁》(Hetherington, Penelope. 2001. "Generational Changes in Marriage Patterns in the Central Province of Kenya, 1930—1990," *Journal of Asian and African Studies* 36[2], pp. 157—180)

何友晖和赵志裕:《个人主义、集体主义和社会组织的理念成分:在中国文化研究中的应用》(Ho, D. Y. F. and C. Y. Chiu. 1994. "Component Ideas of Individualism, Collectivism and Social Organization: An Application in the Study of Chinese Culture," U. Kim, H. C. Triandis, C. Kagitcibasi, S-C Choi, and G. Yoon ed., *Individualism and Collectivism: Theory, Method and Applications*. Newbury Park, CA: Sage Press, pp. 137—156)

道格拉斯·霍兰:《跨文化差异中的自我》(Hollan, Douglas. 1992. "Cross-Cultural Differences in the Self," *Journal of Anthropological Research* 48[4], pp. 283—300)

谢继昌:《轮伙》(Hsieh, Jih-chang. 1985. "Meal Rotation," Hsieh Jih-chang and Chuang Ying-chang ed., *The Chinese Family and Its Ritual Behavior*, Taipei, Taiwan: In stitute of Ethnology, pp. 70—83)

许烺光:《祖荫下:中国农村的亲属制度、人格特征和社会流动》(Hsu, Francis L. K. 1967. *Under the Ancestor's Shadow: Kinship, Personality, and Social Mobility in Village China*. Garden City, NY: Doubleday & Company)

金光玉:《倒退的政治:关于当代中国北方农村社会主义精神文明建设的民族志研究》(Kim, Kwang-ok. n. d. "Politics of 'Backwardness': An Ethnographic Study of the Socialist Spiritual Civilization Movement in Contemporary Rural North China," unpublished manuscript)

金耀基:《儒家学说中的个人和群体:一个关系的视角》(King, Ambrose Yeo-chi. 1985. "The Individual and Group in Confucianism: A Relational Perspective," Donald J. Munro ed., *Individualism and Holism: Studies in Confucian and Taoist Values*, Ann Arbor: The University of Michigan Press, pp. 57—70)

安德鲁·开普耐:《关系的产生:一个华北村落中的情感、自我与副文化》(Kipnis, Andrew. 1997. *Producing Guanxi: Sentiment, Self, and Subculture in a North China Village*. Durham: Duke University Press)

刘禾:《跨语际实践》(Liu, Lydia H. 1995. *Transhngual Practice: Literature, National Culture, and Translated Modernity-China, 1900—1937*. Stanford: Stanford University Press)

史蒂文·卢克斯:《个人主义》(Luckes, Steven. 1962. *Individualism*. Oxford: Basil Blackwell)

赵文词:《中国农村的道德与权力》(Madsen, Richard. 1984. *Morality and Power in a Chinese Village*. Berkeley: University of California Press)

艾伦·麦克法兰:《英国个人主义的起源:家庭、财产和社会过渡》(Macfarlane, Alan. 1978. *The Origin of English Individuatism: The Family, Property and Social Transition.* Cambridge: Cambridge University Press)

《英格兰的婚姻和情爱: 1300—1840, 再生产的方式》(1986. *Marriage and Love in England: Modes of Reproduction 1300—1840.* Oxford: Basil Blackwell)

迈克弗森:《持具个人主义的政治理论:从霍布斯到洛克》(Macpherson, Crawford. 1962. *The Political Theory of Possessive Individualism: Hobbes to Locke.* Oxford: Clarendon Press)

约翰·贝格利,《中国和南亚地区的妇女财产所有权和嫁妆》(McCreery, John L. 1976. "Women's Property Rights and Dowry in China and South Asia," *Ethnology* 15[2], pp. 163—174)

梅舒:《女仆、食物和金钱:资本主义和家庭社区》(Meillassoux, Claude. 1981. *Maidens, Meal and Money: Capitalism and the Domestic Community.* Cambridge: Cambridge University Press)

艾伯特·慕辛加:《个人主义的多幅面孔》(Musschenga, Albert W. 2001. "The Many Faces of Individualism," Anton van Harskamp and Albert W. Musschenga ed., *The Many Faces of Individualism*, Leuven, Belgium: Peeters. pp. 1—23)

欧中坦:《中华人民共和国的妇女、财产和法律》(Ocko, Jonathan K. 1991. "Women, Property, and the Law in the People's Republic of China," Rubie Watson and Patricia Ebrey ed., *Marriage and Inequality in Chinese Society.* Berkeley: University of California Press)

威廉·帕里什和怀默霆:《现代中国的农村和家庭》(Parsh, William and Martin Whyte. 1978. *Village and Family in Contemporary China.* Chicago: University of Chicago Press)

《人民日报》:1986,《彩礼花费上涨十倍》,10月28日,第3页

苏拉米斯·海因茨·波特和杰克·M.波特:《中国的农民:一场革命的人类学》(Potter, Sulamith Heins and Jack M. Potter. 1990. *China's Peasants: The Anthropology of a Revolution.* Cambridge and New York: Cambridge University Press)

爱丽思·施莱格尔和Eloul·罗恩:《婚姻交换:劳动、财产和地位》(Schlegel, Alice and Rohn Eloul. 1988. "Marriage Transactions: Labor, Property, Status," *American Anthropologist* 90, pp. 291—309)

沈崇麟、杨善华和李东山:1999,《世纪之交的城乡家庭》,北京:中国社会科学出版社

萧凤霞:《中国南方嫁妆和新娘费的再造》(Siu, Helen F. 1993. "Reconstituting Dowry and Brideprice in South China," Deborah Davis and Stevan Harrell ed., *Chinese Families in the Post-Mao Era.* Berkeley: University of California Press, pp. 165—188)

史坦利·汤比亚:《南亚妇女的嫁妆、彩礼和产权》(Tambiah, Stanley. 1973. "Dowry and Bridewealth and the Property Rights of Women in South Asia," Jack Goody and Stanley

Tambiah ed.,*Bridewealth and Dowry*. Cambridge: Cambridge University Press, pp. 59—169)

《重访彩礼和嫁妆:撒哈拉以南和印度北部的妇女地位》("Bridewealth and Dowry Revisited: The Position of Women in Sub-Saharan Africa and North India," *Current Anthropology* 30:[4], pp. 413—435)

川地斯:《个人主义和集体主义》(Triandis, Harry C. 1995. *Individualism and Collectivism*. Boulder, Colorado: Westview Press)

安德鲁·魏昂德:《共产主义的新传统主义:中国工业中的工作和权威》(Walder, Andrew. 1986. *Communist Neo-Traditionalism: Work and Authority in Chinese Industry*. Berkeley and Los Angeles: University of California Press)

王晓莹:2002,《后共产主义的个性:中国资本主义市场改革的谱系》,《中国季刊》第47期,第1—17页

华若碧:《中华民国的妇女财产》(Watson, Rubie S. 1984. "Women's Property in Republican China: Rights and Practice," *Republican China* 10[1], pp. 1—12)

《兄弟间的不平等:中国南方的阶级和亲属制度》(1985. *Inequality among Brothers, Class and Kinship in South China*. Cambridge and New York: Cambridge University Press)

《妻子、妾、女仆:1900—1940,香港地区的劳役和亲属制度》(1991. "Wives, Concubines, and Maids: Servitude and Kinship in the Hong Kong Region, 1900—1940," Rubie S. Watson and Patricia B. Ebrey ed., *Marriage and Inequality in Chinese Society*. Berkeley: University of California Press)

怀默霆:《中国农村从包办婚姻到恋爱结婚》(Whyte, Martin. 1995. "From Arranged Marriage to Love Matches in Urban China," Chin-Chun Yi ed., *Family Formation and Dissolution: Perspectives from East and West*. Taipei, Taiwan: Academia Sinica)

杨善华:1995,《经济改革和中国农村的家庭与婚姻》,北京:北京大学出版社

阎云翔:《礼物的流动:一个中国村庄中的互惠原则与社会网络》(Yan, Yunxiang. 1996. *The Flow of Gifts: Reciprocity and Social Networks in a Chinese Village*. Stanford: Stanford University Press)

《中国社会的消费主义政治》(2000. "The Politics of Consumerism in Chinese Society," Tyrene White ed., *China Briefing, 1998—2000*. Armonk, NY: M. E. Sharpe, pp. 159—193)

《中国北方农村的亲属制度实践》(2001. "Practicing Kinship in Rural North China," Susan McKinnon and Sarah Franklin eds., *Relative Values: Reconfigruing Kinship Studies*. Durham: Duke University Press, pp. 224—243)

《中国北方农村中的恋爱经历、爱情和婚前性行为》(2002. "Courtship, Love, and Premarital Sex in a North China Village," *The China Journal*, no. 48, pp. 25—48)

《社会主义之下的私人生活：一个中国农村的爱情、亲密关系和家庭变迁》(2003. *Private Life under Socialism: Love, Intimacy, and Family Change in a Chinese Village, 1949—1999*. Stanford: Stanford University Press)

杨庆堃:《中国共产主义社会:家庭和村庄》(Yang, C. K. 1965. *Chinese Communist Society: The Family and the Village*. Cambridge, MA: The M. I. T. Press)

张丽萍、樊平:1993,《传统农业地区的婚姻特征:山东省陵县调查》,《社会学研究》第5期,第92—100页

中国青少年研究中心:2000,《新跨越:当代农村青年报告,1999—2000》,杭州:浙江人民出版社

（朱宇晶　译）

（原载《中国学术》第二十一辑）

中国家庭中的赡养义务:现代化的悖论

怀默霆(美国哈佛大学)

在中华帝国,孝顺是家庭生活中的核心价值,家庭生活在儒家治国之术中的核心地位也使得孝顺成为整个社会秩序的关键。若干世纪以来,父母不断地向子女强调,如何对待长辈是衡量他们的道德价值的重要尺度。顺从父母的愿望,关照父母的需求,在他们的晚年为其提供无微不至的赡养,这些义务超出了子女自身的愿望与偏好。强大的文化和国家使得孝子的社会化得到了加强。这种官方强化的例子之一是"二十四孝",它宣扬了成年子女为了迎合父母的需要和怪念头而做出牺牲的一些极端的例子;另外也列举了,对于不孝的子女将可能施行严厉的惩罚。[1]同其他农业社会一样,中国的成年子女是大多数年老父母的唯一赡养来源。孝的义务甚至在父母入土之后继续延伸,通过祖先崇拜——被视作影响健在的家庭成员命运的要素——的方式来关照已故的父母及更早的亲属的需要。

来自十九世纪至二十世纪初中国社会的可以得到的人类学调查的证据(ethnographic evidence)显示,赡养义务被广泛尊崇。绝大多数中国老人同一个或几个已婚子女生活在一起,鉴于亲属关系系统的父系性质,在多数情况下,这意味着同一个或几个已婚儿子一起生活。儿子、儿媳及孙辈在至少可以承受的限度内为父母提供度过晚年所需要的身体、情感和经济上的赡养。女儿们提供同样的赡养,直至出嫁,而从那以后,她们首要的赡养义务

---

[1] 这二十四个例子中包括一个70岁的孝子,他扮成一个小孩嬉戏,以娱悦他年纪更大的双亲;另一个儿子掷身于一只扑上来的老虎面前,以换取父母的性命。见伊万·陈《孝书》(Ivan Chen, *The Book of Filial Duty*, New York: Dutton, 1910)一书中的译文。书中还含有儒家"十三经"之一——《孝经》的译文。在帝国时代晚期的法律体系中,卖掉甚至杀掉一个不顺从的孩子是被许可的,而攻击父母则是死罪。

就转向丈夫的父母。甚至住在异地的成年子女(儿子与未婚女儿)也要通过将部分收入汇给父母,在节假日探亲,以及其他被要求的孝行来分担这些义务。[2] 对大多数中国人来说,安度晚年的最大威胁并非来自不孝顺的成年子女,而是来自高死亡率,它导致一些老年人没有成年儿子来提供晚年的赡养。

中国内地与台湾地区:两种相互对照的发展道路

在经历了二十世纪诸多变革的喧嚣之后,家庭赡养体系受到了何种影响?成年子女对其年老父母的义务如何历经帝制的崩溃、军阀时期的混乱、"五四运动"对儒教的攻击、第二次世界大战与内战、1949 年后政治的突然倾斜以及经济变革的快速步伐后而继续存在?应在哪一个环境中将中国内地和台湾城市的调查数据进行比较,以争取解答上述问题?

这两个政治系统追寻现代化的方式差异颇大。泛泛而言,台湾始终在以市场为基础的资本主义框架下寻求发展,在文化与经济方面,与西方社会所支配的全球体系有紧密的融合。直到二十世纪八十年代,台湾地区的经济增长速度远远超过内地,而今天,台湾地区在工业化、城市化、教育普及等方面的发展水平仍比内地要高。[3] 但是,在某些方面,台湾地区的发展具有

---

2 如伦敦的成功华人餐馆老板的事例。他们对住在香港新界的(通常非常的贫穷)父母保持着服从和孝顺。见 J. L. 沃森在《移民与中国血统》(James L. Watson, *Emigration and the Chinese Lineage*, Berkeley: Univ. of California Press, 1975)一书中的描述。

3 例如:据估算,1995 年台湾的人均国民生产总值达到 12396 美元;与之相对照,中国内地的人均国民生产总值是 620 美元。同样,在台湾,当年有 87% 的适龄青年升入了中学,26% 的青年进入了高等院校;而内地的相应数字分别是 55% 和 4%。有关台湾的人均国民生产总值的数据来自台湾经济计划与发展委员会:《台湾统计资料,1997 年》(Council for Economic Planning and Development, *Taiwan Statistical Data Book*, 1997, Taipei, 1997);台湾入学率的相关数字来自台湾预算、会计与统计总理事会:《中华民国统计年鉴,1995 年》(Directorate-General of Budgets, Accounting, and Statistics, *Statistical Yearbook of the Republic of China*, 1995, Taipei, 1996)。中国内地的相关数据来自世界银行:《世界发

"传统"的特色,这表现在:台湾将自身扮演成中华传统价值和儒教的捍卫者;还有,家族企业在该岛的经济中占据着优势。[4]

与台湾地区相比,内地基本上与外界断绝了经济和文化交往,这种状况一直持续到七十年代末。其领导人常把传统价值,特别是儒教抨击为应被消灭的"封建"残余。另外,毛泽东与他的同僚出于对社会主义的信仰,在五十年代中期发起了社会主义改造运动。运动中,私有财产与家族商业被废除,全体公民都依赖于工作及国家控制的其他组织。此外,尽管中国内地的执政党和台湾方面有相近的列宁主义出身,但是在二十世纪的最后几十年中二者的运作方式截然不同。国民党发展为一个更传统的独裁政党。[5]

在这两个社会中,家庭变革的发展道路相互对照,其中所蕴涵的含义并非一目了然。关于现代化如何影响家庭生活的经典理论论述来自威廉·J.古德(William J. Goode)的著作《世界革命与家庭模式》。[6]根据古德的观点,现代化导致家庭生活从垂直家庭(vertical family)以及延伸的亲属关系(extended kinship)的义务移开,趋向夫妇间结合关系的优先。在古德的理论中,对夫妇关系(conjugal bond)与核心家庭(nuclear family)的强调导致了很

展报告》(World Bank, World Development Report, New York: Oxford University Press, 1997)。

4 据权威人士估计,起码在八十年代,全台湾的公司中大约有80%—95%都是家族经营的,而且没有明显迹象表明它们的重要地位将有所下降。(不过,考虑到这些公司的规模较小,它们在台湾的全部经济产量中只占相当小的比重。)见苏珊·格林哈尔希:《台湾经济发展中的家庭与网络》,温克勒、格林哈尔希编:《台湾政治经济辩争集》(Susan Greenhalgh, "Families and Networks in Taiwan's Economic Development," in E. Winckler and S. Greenhalgh, eds., Contending Approaches to the Political Economy of Taiwan, Armonk, NY: M. E. Sharpe, 1988)。

5 见布鲁斯·迪克森:《中国内地与台湾的民主化进程》(Bruce Dickson, Democratization in China and Taiwan, Oxford: Clarendon Press, 1997)。1978年之后,邓小平在大陆发起政治自由化,走向权威主义。此时,台湾在1980年代中期开始了进一步的政治改革,成为一个民主政权。

6 《世界革命与家庭模式》(World Revolution and Family Patterns, New York: The Free Press, 1963)。

多后果,其中包括削弱了亲属关系的纽带和义务的父系特性,这种削弱有利于越来越强调家庭双方亲属关系的"双方对等"。作为父系原则日渐削弱的结果,儿子和女儿将愈发被平等地对待,并且他们越来越被认为对家庭有同等的价值。

鉴于上述展望,一个初步的预言可能如下:由于台湾地区比内地的现代化程度更高,受西方文化影响(包括西方对夫妇家庭的理想化)也更深,所以台湾家庭中传统的赡养义务应比大陆家庭更弱,当面对残存的赡养义务时,儿子与女儿的角色更趋平等。然而,官方对儒教及其他传统价值的拥护,以及家族公司与家庭财产在台湾所继续占据的首要地位,或许抵消了这些变革力量,有助于赡养老人的传统体系的存续。

在内地的城市中,矛盾性的影响也在发生作用。一方面,内地抨击儒教及其他传统文化的因素,极端地强迫接受"现代的"教条,并且消除家族公司和家庭资产,这些可以被看作是对赡养义务的侵蚀。但另一方面,由于内地的现代化总体上处于较低水平,而且对西方文化的几近全面的排斥态度直到最近才发生转变,这种变化得到了延缓。考虑到在这两个个案中都存在相互对抗的力量,故而我们很难清楚地判断,是否应认为赡养体系在台湾地区比在内地受到侵蚀或发生改变的程度更深。

来自两个社会的调查资料

以下我们将对来自内地和台湾地区的调查数据进行考察,以试着解答中国传统赡养体系所受侵蚀的问题。这里采用的方法是,先对得自1994年在河北省保定市进行的一次关于家庭模式与代际关系(inter-generational relations)的调查的一系列数据进行考察。此次调查由密歇根大学社会学系、北京大学社会学系与中国老龄科学研究中心联合进行。[7] 保定市父母的概率

---

7 这项调查计划的主要支持来自路思基金会(Luce Foundation)对密歇根大学的资助。计划的设计者其时正在那里教书。根据1990年的人口普查,保定市区人口60万,达到中等城市规模。我们不能断言任何一个城市,特别是保定,能够代表中国内地的所有城

样本(probability sample)由 1002 名 50 岁以上的老年人组成,他们居住于该市三个主要城区。我们还对成年子女进行了调查,其中包括从每位接受采访父母的住在保定的成年子女中随机选出的一人。由此所得的子女样本由 753 人组成。

在对保定的调查结果做了初步考虑之后,我们随后将根据从 1989 年和 1993 年在台湾进行的两次调查所得到的数据,并有选择地进行比较。这两次调查由密歇根大学的人口研究中心(Population Studies Center)和老人医学学院(Institute of Gerontology)及台湾省计划生育协会(Taiwan Provincial Institute of Family Planning)共同进行。1989 年的调查的概率样本由 4049 个 60 岁以上的住在台湾的个人组成。在 1993 年的调查中,有 3155 名被调查者是再次接受采访的。当时,从 1993 年接受调查的父母中随机抽出了四分之一,对他们的所有子女也进行了采访,产生的子女的样本共 662 人。尽管 1994 年在保定进行的调查并非对两次在台湾所做调查的全盘复制,但是由于两地调查方案的研究人员互有交叠,从而导致保定的问卷内容中含有从台湾调查中挑选出的原样或近似的问题。[8] 研究人员与问题的交叠使我们有可能对关于内地与台湾的家庭变迁的数据进行一次难得的比较。

鉴于两项调查计划的取样设计有所不同,在对二者所得数据进行比较之前,有必要先进行一些调整。首先,这意味着在保定父母中只选取 60 岁以上的人,以与 1989 年台湾调查的年龄限度保持一致。此外,仅选取居住在台湾五大城市(台北、基隆、台中、台南、高雄)的父母,以与保定市内相对应。因此下面当我们对比较的数据进行考察时,所得到的样本数目是:保定的 509 名父母,台湾城市中的 1149 名父母;保定的 731 名成年子女,台湾的 662 名成年子女。

市。然而,同时,保定的普通可能恰恰使得它比更常被人作为研究对象的大城市——如:北京、上海、广州——更能代表一般的中国城市。

8 需要特别感谢的是我的前同事——埃尔马兰(Albert Hermalin),他是台湾调查的负责人,也是保定调查的研究小组成员之一。下文所利用的台湾调查中的许多特殊数据来自埃尔马兰及其台湾调查计划合作者所做的论文及报告。

保定父母的家庭模式与赡养状况

在对保定父母样本的生活境遇进行考察的过程中,首先需要注意的一个特点是有相当大比例的老人仍然是有配偶的(60岁以上的有81%,70岁以上的有三分之二)。这个相对较高的百分率意味着,多数保定的老人有配偶为其提供情感上、有时还有经济上的支持。这或许比在以守寡为社会准则的情况下对成年子女的依赖更少。

保定样本的另一个特征是,多数人有几个成年子女可为其晚年提供可能的赡养。尽管许多评论者对中国的"独生子女政策"之于晚年赡养的影响表示忧虑,不过绝大部分我们采访的保定父母已在该政策实施(1979年实施)之前生育了自己的全部子女。事实上,平均每位保定父(或母)有3.2个成年子女。在接受采访的成年子女中,有相当大的百分比(约90%)仍居住在保定,就对赡养的潜在影响而言,这一点或许更为重要。因此,我们采访的父母平均约有3个成年子女与他们住在同一城市,并因而可能为父母提供常规基础的赡养。

成年子女在地域上的相对固定,在很大程度上是中国式社会主义政府的工作分配制度以及劳动力及其他市场的缺乏状况所造成的遗产。尤其是在毛泽东时代,城市青年由国家分配工作,难以根据他们自身的意愿改换工作及居住地点。除非在特殊情况下(例如:重点大学的毕业生),他们基本都被分配到本地。[9] 的确,在二十世纪七十年代期间,甚至进入八十年代以后,一种程序一直在被遵循着,它允许父母早些从国有企业单位的岗位上退休,以使他们的子女在同一单位被分派到一份工作。在这种被称为"顶替"制度的程序下,成年子女最终不仅与他们的父母住在一个城市,而且工作甚至往

---

9 这种普遍状况的一大例外发生在文化大革命时期(1966—1976年)。数百万的城市中学毕业生被动员到农村安家,变成农民。不过,在毛泽东去世及1978年经济改革发起之后,几乎所有这些"下乡知青"被允许回到原来的城市。因此,即使在本案例中,对于多数在保定长大的青年,其最终结果也是在同一城市的一份工作上干一辈子。

中国家庭中的赡养义务：现代化的悖论

往在同一工作单位。总而言之，尽管毛泽东时代的中国共产党运用了反儒教的说辞，但实际上，中国社会主义的工作方式以及劳动力市场的缺乏，致使大多数成年子女与他们的父母紧密地联系在一起。1994年，当我们在保定进行调查之时，1978年后实行的经济改革尚未在很大程度上改变这种固定性。

然而，说到保定父母的家庭安排时，事情看起来明显的不那么"传统"。的确，大约有64%的保定父母与一个或几个成年子女生活在一起。不过，这种合居状况也包括与一个或几个未婚儿女住在一起的年轻父母（读者应记得，保定父母样本中有的年仅50岁），而这些人占有很大的比例。仅有35%的保定父母与一个或几个已婚子女生活在大家庭里。即使在年过60岁的父母中，也只有不到40%的人生活在大家庭中。因而，保定老年人的主要家庭形态为核心家庭——或只与配偶，或与配偶及一个或几个未婚子女住在一起。换言之，保定的年老父母并非必须与已婚子女在一个大家庭（extended family）中生活，甚至也不很普遍。稍后当与台湾的情形进行比较时，我们就可以看出，在1994年的保定，与过去（以及当代中国农村的情形）相比，因老年人而存在的大家庭的数量减少了许多。[10]

当年老父母确实住在大家庭中时，这种家庭单元通常是只有一个已婚子女的主干家庭（stem family）结构，而不是传统上所喜好的数代同堂的大家庭——它包含有两个或更多已婚子女及其家庭。在保定的主干家庭中，与一个已婚儿子同住比与一个已婚女儿同住的情形更普遍。确切地说，与一个已婚儿子同住的数字约是与一个已婚女儿同住的三倍。保定的数据所揭

---

[10] 据一个评估汇编所提供的数字：在台湾，60岁以上的父母中56%—71%的人与一个已婚子女住在一起；在内地的城市地区，38%—52%的60岁以上父母与一个已婚子女同住。见约翰·R. 洛根、卞复勤（音）、卞艳洁（音）：《中国家庭的传统与变革》(John R. Logan, Fuqin Bian and Yanje Bian, "Tradition and Change in the Urban Chinese Family") 未刊论文，表1。在中国农村，有老年人居住的大家庭的比例通常更高。例如：对黑龙江的一个村落的一项人类学研究显示，九十年代中期，60岁以上的人中有64%与一个已婚子女住在一起。数字根据阎云祥：《社会主义下的私生活：一个中国农村中的个性与家庭变迁，1949—1999年》(Yunxiang Yan, *Private Life under Socialism: Individuality and Family Chang in a Chinese Village, 1949—1999*)（未刊手稿）第7章计算。

示的与传统家庭安排相背离的情形,包含的是老人离开所有已婚子女独自在核心家庭生活的倾向,而不是保定的老年人与一个已婚女儿而非儿子合居的倾向。

　　需要再次强调的是,保定父母之所以最终选择住在核心家庭,并非因为他们没有成年子女可依靠。正如前面已指出的,多数老人有数个子女,而且,在我们样本中,年纪较长的父母的子女多已结婚。但是,与一个已婚子女合居看上去并非必需的,合居或许都不是首选。虽然对此种家庭模式做出解释还有待于提供关于代际关系其他方面的数据,但是上文所提出的数字似乎指向的是一种正日渐为人所接受的新的家庭模式,一些人称之为"网络家庭"（networked families）。在这种模式中,父母住在几个成年子女附近,子女们相互协作以为父母提供赡养和帮助,但是父母无须为获得晚年保障而与这些子女合居。[11]

　　经济保障是任何社会的老年人都关心的事,在农业社会中,该项保障来源于拥有成年子女来赡养。在从前的中国,人们常说养儿防老,以及多子多福（这种福气在人老后仍会延续）。当代保定的情形如何呢？首先需要强调的一点是,多数接受采访的保定父母自己有收入,而不必完全依靠他们的子女。大体说来,约有85%的人有些收入,其中,25%的人只有工资所得,51%的人只有退休金,9%的人既有退休金,又有工资。在此方面男性比女性更受优待,他们继续工作及领取工资的年龄限度更长,而且更可能符合从工作单位领取退休金的资格条件。[12] 不过,考虑到前文已提到的孀居的人数很

---

[11] 参见乔那森·昂格尔有关中国城市中对"网络家庭"日渐接受的探讨。乔那森·昂格尔:《八十年代的城市家庭:对中国调查的一项分析》,载德博拉·戴维斯、斯特万·哈勒尔编:《后毛泽东时代的中国家庭》（Jonathan Unger, "Urban Families in the Eighties: An Analysis of Chinese Surveys", in Deborah Davis and Stevan Harrell, eds., *Chinese Families in the Post-Mao Era*, Berkeley: Univ. of California Press, 1993）。

[12] 例如:在 50 岁至 59 岁的被调查者中间,82% 的男性仍在从业,在女性中,这一比例只有 30%。在年龄范围的另一端,96% 的 70 岁以上的男性领取退休金,而女性中相应的比例仅有 29%。这些悬殊源于中国社会主义就业体制的多样特征,其中包括,采取苏俄式的女性退休年龄比男性提前的制度,以及让更多的女性或者不定期地从业,或者在不提供退休金的小集体企业而非国有企业中工作。

少,在本人无任何收入的父母(主要是母亲)中,多数人的配偶都有收入。换言之,对于绝大多数保定的父母来说,没有必要完全依靠成年子女的赡养以获取经济保障。对于多数的保定老年人来说,子女的经济援助与其说是首要的和必需的,不如说是辅助性的。[13]

  成年子女为父母提供的资助达到了何种程度,哪怕这种资助并非必需?我们通过两个表格来调查这种资助——现金补助与食品、衣服及其他物质产品的供应。总的说来,大约只有四分之一的保定父母从子女那里取得现金补助,三分之一强的人取得物质产品,这两个比例随着父母年龄的增长而上升。我们曾预计多数子女会给父母提供代用货币(token cash)或物质补助,结果却发现事实并非如此。样本中的多数父母并未从子女那里获得经济支援,而且,这些支援更多的是反映父母亲的需求,而非仅是他们按照惯例的预料。正如前面所指出的,多数保定的父母没有很强的资金需求,还有相当一些人(大约19%)追随更"现代"的方式,为一个或几个成年子女提供金钱。[14]此外,相当少的保定父母(少于3%)声称他们需要经济援助而未得到,或需要多于所得。换句话说,定期向父母提供经济援助的成年子女的相对较低的比例,并不能成为对父母日渐忽视或孝心减少的证据,而其更证明了对于多数父母来说,子女的资助具有辅助而非必需的性质。

  在钱财之外,年迈父母与其成年子女间的关系如何?在保定的调查中,我们向父母与儿女提出了同一些问题,涉及代际关系的诸多方面。通过这些问题所反映出的情况是相当一致与确定的。一般而言,父母与其成年子女间有各种互助交换与频繁的相互交往。例如,尽管只有42%的受调查子女与父母住在一起,但另有30%的人声称与父母天天联系,其余28%的子

---

13   接受调查的保定父母中仅有3%的人既无个人收入,也无拥有收入的配偶。
14   世界范围内的老人学研究得出一个概括,在发展中国家,两代人之间援助的流动是趋向于上的;从成年子女到父母;而在发达国家,它更通常是向下流动的,从年迈的父母到成年子女。这种发展的转移是约翰·考德维尔的人口学跃迁理论(demographic transition)的中心焦点,见他的《人口生产下降原理》一书(John Cardwell, *Theory of Fertility Decline*, New York: Academic Press, 1982)。

女中大多数人只是联系稍少而已。父母中很少有人(只有4%)从子女那里得到身体上的照顾,如洗澡或穿衣等事,但是大约三分之一的父母在家务方面经常获得帮助。同经济方面的情况一样,很少有父母称自己在这些方面需要子女的帮助而未获得。比例从75%至95%不等的父母称子女听从他们的建议,尊敬他们,对他们孝顺或很孝顺。超过95%的父母对从子女那里获得的感情支持感到满意或非常满意。(不过,我们所采访的父母与子女中均有60%—65%的人声称,中国社会的敬老传统总的说来在衰落。)当然,在我们调查家庭关系时,被调查者会倾向于当众展现好的方面,可即便扣除了这些数字,在我们的数据中,仍没有任何迹象表明赡养义务及老人的待遇受到什么严重的侵蚀。

即使代际交换(intergenerational exchanges)的网状流动(net flow)是向上的,即从成年子女到他们的父母,这种关系也绝非只是老年人有益。从前,父母曾以各种方式向成年及未成年的子女提供帮助——例如:帮他们进入好学校或获得一份满意的工作,资助他们结婚,在住房市场短缺的情况下为他们提供住房。对于许多成年子女来说,父母的援助仍通过多种途径延续——特别是为他们照看小孩,还有(正如前面已指出的),在某些情况下,为他们提供经济支援,帮他们买东西、做家务,(通过父母的关系网)劝说和动员个人关系以帮助他们解决生活中的特殊问题。为消费者提供服务与便利直到最近才开始被强调;而且丈夫与妻子均有全职工作在年轻夫妻中是常例,在此种社会秩序下,如果没有父母及其他亲属的额外协助,应付日常生活需要是相当困难的。

尽管如此,我们曾期待在接受调查的父母与成年子女身上找到两代人的看法与价值观念相冲突的迹象。反映中国社会潮流的通俗文学作品强调,社会与文化的急速变化与喧嚣的社会变革使得今日的年轻人与前几代人之间在人生经历与见解上形成了鲜明对比。的确,在我们对保定的父母及其子女的社会、政治态度进行了一系列考察之后,发现了一些与我们的料想相符的差异。一般而言,与子女相比,他们的父母对于传统的社会主义价值观念与古老的中国价值观念表现出更为支持的态度,而子女则更加支持个人主义的见解。[15]在对于音乐、电视节目及读物的欣赏趣味方面,也存在代沟的明显迹象。与子女相比,父母又一次表现出更欣赏传统形式(如:中国传统戏曲)和社会主义类型(如:革命战争题材的电影)的态度,子女则倾向于喜好具有当代流行性或国际风味的音乐、电影及其他文化产品。

然而,说到家庭义务与赡养,保定的数据并未显露出两代有相抵触的迹象。分歧的确存在,不过通常的情形是成年子女觉得为了满足父母的需要,他们应做出比在父母看来儿女所应做的更大的牺牲。同样地,其结果是不论是父母还是成年子女都倾向于认为,数代合居的优势大于劣势,两代人以非常相近的方式在特定的优势与劣势之间排出了等次。而且,在我们的采访中,当应要求就年迈的父母与成年子女合居的好处与问题做出全面估价时,92%的保定子女举出了益处,父母中的这一比例为82%。[16]我们可能会再度怀疑,是否是一种"家庭利他主义"(family altruism)的伦理使得父母与子女所报告的两代人的和睦程度都比现实状况更高一些。[17]不论如何,我们稍前考察过的数据显示出,这些结果之后还隐藏着什么,而不只是一种美化家庭关系以对外部世界产生正面效应的愿望。父母与子女相互提供的多种形式的协助与支持,这为持续的合作与义务提供了稳固的结构性支持,即使对许多"外部"问题子女与父母的看法并不完全一致,情况依然如此。

根据我们的研究课题,即关于城市中赡养模式的相对削弱与/或变更

15　参见怀默霆:《赡养义务在中国城市之命运》(Martin King Whyte, "The Fate of Filial Obligations in Urban China," *The China Journal*, 1997, 38:1—31),尤见表三。这里引用几个明确的例子:父母比子女更为赞同公共财产重于私有财产的观点,以及同志关系是比友谊更高的关系形式的观点。但同时他们也更倾向于同意如果社会上没有一套单一的共同价值的控制的话,就会出现混乱的陈述,以及男人工作、女人持家的家庭最幸福的说法。成年子女不但更赞同私有财产与友谊,也比其父母更同意一个男人或女人不结婚也会生活得很幸福的说法。

16　细节详见同上。

17　对美国代际关系的研究也发现了一种类似的倾向,每一代都在与另一代的关系中强调自己的义务胜过强调自己的需要。参见约翰·洛甘、格伦娜·施皮策:《代际关系中的利己主义与利他主义》(John Logan and Glenna Spitze, "Self-Interest and Altruism in Intergenerational Relations," *Demography*, 1995, No. 32, pp. 353—64)。

的问题,我们应对迄今所考察过的调查结果做出何种解释?我们缺乏来自保定往昔可供比较的数据,也缺乏来自中国其他地方相关题材的资料,这使人很难断言赡养义务是否随着时间流逝而削弱了。不过至少有一点是清楚的:保定的调查数据中没有迹象表明,父母认为自己的需要遭到了忽视,或他们的子女缺乏强烈的赡养责任感。从我们的数据中看不出对老人的赡养出现"危机"的征候。

不过,在涉及赡养的形式是否有变化这一问题时,我们却看到许多变化的迹象,而非简单的连续性。上文已指出,与过去相比出现了几个重大变化:1994年,多数保定的老年父母拥有自己的收入以及其他财源(如:公房补贴、医疗保险项目),这使得在多数情况下,对成年子女的依靠成为辅助的,而非必须的。作为这种情况的结果,在定期接受成年子女的经济、家务及其他方面的帮助的保定父母中,接受每一种我们所调查之帮助项目的人数都少于50%。[18]我们亦曾指出,仅有少数年老的保定父母与一个或几个已婚子女住在大家庭中,这也显示出两代合居的状况与过去相比有相当的缩减。

除上述对旧有模式的背离之外,我们还发现,就所调查的给予父母的多数种类的援助而言,不与父母住在一起的成年子女与合居的子女提供差不多同样经常性的援助。确切地说,合居的子女在料理家务方面为父母提供的帮助无疑比住在别处的子女大得多。不过,说到照顾身体(帮助洗澡、穿衣等)、经济资助,以及定期提供食品和服装等礼物,住在别处的子女比与父母住在一起的子女提供的援助还略多些(尽管从统计数字来看,后几项差别并不显著)。总之,我们稍前所提及的"网络家庭"的关系模式包括——独住的年迈父母以及数个住在附近的成年子女为其提供所需要的帮助,这种模式看起来正日益取代"传统的"家庭模式,在后一种模式中,父母与至少一

---

18 毫无疑问,如果累计种种这些援助,那么多于50%的保定父母至少从子女那里接受一种帮助——确切地说,约有三分之二。但是,仍剩下相当一小部分父母——其余的三分之一——他们没有报告说由子女那里定期接受过我们所调查的任一类型的帮助。

个已婚儿子合居,以获取晚年保障。

年迈父母所依赖的"网络"的性质是否也发生了变化?成年、已婚的女儿对于自己父母的赡养责任是否有所加强,就如同赡养丈夫的父母一样?保定的数据提供了大量的迹象表明,赡养老人的传统父系基础已被打破。在回答有关孝道的问题时,已婚女儿表现出与已婚儿子同样程度的对(她们自己的父母)赡养义务的支持。在不与父母同住的已婚子女中,女儿探望父母的频率与儿子一样高。就我们的调查中所涉及的各种赡养(照顾身体,帮助料理家务,提供经济援助,供应物质产品)而言,总的说来,已婚女儿提供的援助与她们的兄弟同样多,甚至还略多些。[19]尽管对这种趋于平等的依靠于女儿与儿子的变化做出阐释还要延迟到结论部分,这些发现仍是引人注目的。虽然保定的父母通常说有非常孝顺的子女照料着他们,然而与过去相比,为他们提供晚年赡养的具体途径已发生了显著的变化。如今,在提供赡养方面,孝女的位置与孝子同样重要,即使在她们婚后依然如此。

中国社会的赡养:保定与台湾城市之比较

如前所述,我们对保定的样本做出限定,截选出60岁及60岁以上的父母,并从台湾地区的调查数据中选取住在五大城市的父母,这样就可以在台湾城市与保定之间对于赡养的特有形式有选择地进行比较。我们假定,至少在大体上,保定可以代表中国内地的中等城市和大城市的情况。我们将对两个各有特色的社会中父母的生活境遇的关键性特征进行比较和对照,以此

---

19 在掌握其他变量之前,初看起来,已婚儿子似乎比已婚女儿更有可能向父母提供现金援助,而且,他们提供的钱数要稍多一些。然而,掌握其他变量(尤其是男性比女性收入高,儿子比女儿更有可能与父母合居这些事实)之后,你会发现最终结果是,女儿在经济援助方面的作用在统计数字上并不显著,是可以被忽略的。但另一方面,已婚女儿更可能向自己的父母提供物质产品(如:食品与服装),应用统计数据进行分析之后,所得出的结果依然如此。有关儿子与女儿提供的赡养对比的细节详见怀默霆、秦旭(音)《关于女儿与儿子对年迈父母的赡养的比较研究》(Martin King Whyte and Xu Qin, "A Comparative Study of Support for Aging Parents from Daughters versus Sons")未刊论文。

开始我们的考察。

首先,有意思的一点是,根据1989年的调查,台湾城市父母中仍有配偶的人数比保定少(61%对81%)。台湾的城市父母健在的子女人数比保定的对应人数略多(4.3对3.7),但是子女中目前住在附近的人数较少(70%对84%)。得到的结果是,台湾父母与保定父母有大约相同数字的成年子女住在附近(3.0对3.1)。[20] 台湾五大城市的父母与保定的父母相比,更不倾向于独住或只与配偶住在一起(19%对47%),有更多的人倾向于与一个已婚子女住在主干家庭中(50%对38%)。[21] 如果我们将人口学上的不寻常的"大陆人"从台湾样本中排除,仅关注台湾土著,那么家庭结构的这项对比会更显著——只有13%的"台湾人"独住或仅与配偶同住,而63%的人都与一个已婚子女住在一起。[22] 在此我们看到了引起人兴趣的暗示:台湾城市比保定市有更浓厚的家庭"传统主义"色彩。

在台湾城市,60岁以上的人中,仍从业的比例比保定略多(25%对20%)。然而,台湾城市的退休者比保定的退休者获取退休金的可能性小得多(27%对77%)。如果我们再排除那些最有可能(并得益于)被政府继续雇佣到晚年,并在退休后领取退休金的"大陆人",我们会发现,拿城市中的"台湾人"与保定的对比,更加具有戏剧性。大体说来,60岁以上的城市"台湾人"中,21%的人仍在从业,但只有13%的人领取退休金。在此我们看到了

---

20 读者应记得,这一部分中所提供的保定的数字与前面的数字略有不同,因为现在我们仅关注那些年龄在60岁及60岁以上的父母,而不是50岁以上的所有父母的样本。

21 其余的案例包括:与单身子女住在一起(在台湾占23%,在保定占13%)以及某些其他安排(在台湾有8%,保定有2%)。

22 "大陆人",最初起源于1949年随蒋介石逃入台湾的以男性为主导的移民。他们的家庭外观有一种更缺乏"传统"的倾向,这至少应部分地归因于他们那与众不同的人口学特征。例如:年纪较长的"大陆人"与"台湾人"相比,更多为男性,此外,他们中通常有较高比例的人是单身(如果我们不考虑留在大陆的妻子的话)或者与比他们年轻得多的女子结婚。参见阿尔朗·桑顿和林惠生(音)在《台湾的社会变革与家庭》(Arland Thornton and Hui-sheng Lin, *Social Change and the Family in Taiwan*, Chicago: University of Chicago Press, 1994)一书中的探讨。

另一个迹象：尽管与内地相比，台湾具有更高的经济发展水平，但它并非在所有方面都是一个更"现代"的社会。[23] 台湾的城市老人完全可能比保定的老人更需要依赖于成年子女或其他家庭资源，以获取晚年的经济支持。

我们在保定收集的有关子女向父母提供的四种主要赡养类型（照顾身体、帮助料理家务、经济支援、供应物质产品）的数据，与台湾的调查所得的数据形成了严密的对比，对这些数据进行比较，就产生了错综复杂的结果。台湾城市的老人比保定的老人更有可能获取经济支援（69%对32%），也更可能获得家务上的协助（65%对38%）。然而，他们取得身体上照顾的可能性稍小（4%对7%），获得物质产品的可能性也是如此（30%对45%）。就所有类型的帮助而言，台湾的"台湾人"比"大陆人"更有可能获得帮助。确切地说，城市中的"台湾人"获取经济支援的占77%，获取家务协助的占69%，获取身体上照顾的占5%，获取物质产品的占41%（"大陆人"的相应数字分别为48%、57%、3%和20%）。如果我们考虑到以下事实，即对于多数父母来说，经济与家务援助比身体上的照顾与物质产品更为重要，并关注在人口学上更"正常"的"台湾人"，我们在总体上可以断定，与保定的成年子女相比，台湾城市的子女定期提供的帮助更为频繁，也更为重要。

在由谁向父母提供各种帮助这一问题上，两个社会也存在重大差别。如同"表一"所示，通过对身体照顾和家务协助的主要提供者进行比较，可以清楚地看到这些差异。如果我们关注保定与台湾城市的差异，我们可以看到，就身体上的照顾而言，在保定，配偶最常被认定为主要提供者，比台湾的配偶在此情况下被提及的频率高得多。在保定，女儿被看作身体上照顾的主要提供者的概率仅次于配偶，她被描绘为此角色的概率是儿媳的两倍。与之相对，在城市的"台湾人"中，儿媳与女儿被认定为这一角色的概率相等。在协助料理家务的方面，这种差异甚至更为显著。在保定，配偶再度成为家务协助的最常见的主要提供者，而在台湾城市中，配偶只处在第二位。

23　毫无疑问，倘若我们取得内地农村老人的有关数据，我们会看到，他们中很少有人领取退休金。尽管如此，台湾的数据仍明确表明，即使在台湾的城市中，许多职业并未采取现代企业及公共代理的形式以提供退休金及其他"现代的"额外福利。

台湾城市中的儿媳最易被视作家务协助的主要提供人,远远比儿子或女儿的可能性更大。与之相对比,保定的父母认为,紧随配偶之后,儿子和女儿在提供家务协助方面发挥同等重要的作用,二者被提及的概率大约都是儿媳的二倍。[24] 就经济和物质产品支援的主要提供者的模式而言,保定与台湾的差异不那么明显(此处不再提供细节),在这两个领域,与台湾相比,保定的女儿在提供支援方面扮演了更为重要的角色。

表一 保定与台湾城市中身体照顾与家务协助的主要提供者百分比分布图

	身体照顾				家务协助			
	保定	台湾城市			保定	台湾城市		
		台湾人	内地人	总计		台湾人	内地人	总计
获得援助(%)* 主要提供者的分布	6.7	5.0	2.9	4.2	35.8	66.9	54.0	62.3
配偶	41.2	16.2	66.7	28.6	35.7	30.1	71.0	42.7
儿子	17.6	13.5	0.0	10.2	23.1	4.4	2.3	3.8
女儿	23.5	21.6	0.0	16.3	23.1	6.5	1.8	5.0
儿媳	11.8	21.6	0.0	16.3	11.5	48.7	14.9	38.2
其他亲属	2.9	5.4	0.0	4.0	6.6	2.6	1.8	2.3
混合体**	0.0	10.8	0.0	6.0	0.0	5.3	2.3	4.5
非亲属	1.9	2.7	8.3	4.1	0.0	0.0	2.8	0.8
正规的/政府	0.0	8.1	25.0	12.3	0.0	2.2	3.2	2.4
人数*	34	37	12	49	182	495	221	716

*指接受援助并确认主要提供者的人数。
**指混合着两个或更多不同类型的亲属(如:女儿与女婿)。那些回答说"儿子们"或"女儿们"而未具体指定一个明确亲属的人也归入这一类型。

我们认为,女儿与儿媳在对老人提供赡养方面的角色差异的主要促成因素是,内地城市中的年轻已婚妇女拥有全日工作的水平比台湾高得多(大概在90%强对40%左右)。在保定,与女儿一样,儿媳基本都在政府的机构中有一份全日工作,当她们有空闲时间向老人提供帮助时,她们主要将帮助

---

24 至于迄今为止一直被我们所忽略的"内地人",与保定老人相比较,他们的配偶甚至扮演着更为重要的角色,但女儿的角色要轻很多(儿媳的职能也是如此,与"台湾人"形成对比)。

给予自己的父母。事实上,就家务协助而言,协助的方向有时是自上而下的,从退休的父母指向他们终日忙碌的子女。台湾的情况刚好相反,更多老人的家庭中有一个儿媳,这些儿媳中有更高的比例没有全日工作,或者由于在本家族企业工作而更易于在工作之外的其他领域提供协助。在此我们看到了台湾城市比保定更具"传统主义"色彩的另一项指标。

我们在这两个地区以可比较的或相似的形式问了一些有关家庭看法(family attitude)的问题,并对这些问题进行了考察,得出了这个筛选出来的比较。我们从成年子女和他们的父母两个方面收集数据,所得的结果具有广泛的相似性。此处我们仅举出取自父母的数据。在"表二"中,我们列出了保定和台湾城市的父母对于这样四个问题的回答(至于仅在台湾所问的第五个问题,我们也将其结果展示在此)。这些数字说明了什么呢?

尽管"表二"中两地的原始问题在措辞上稍有差异,使得这种比较变得复杂,但是看来保定父母在总体上对老年人独自生活表现出更大的支持(70%对38%)。如前所述,保定老人独自住在核心家庭单元的现实倾向性更大,考虑到这一点,此种对照并不怎么令人吃惊。然而,我们发现,在涉及老人丧偶的情形时,两个社会中都有相当大比例的父母选择与一个成年子女住在一起,保定父母的这种倾向比台湾父母还稍大一些(73%对67%)。"表二"中第二个调查显示,台湾父母很讨厌与已婚女儿一起生活,如果没有儿子,他们宁愿独住(68%对32%)。令人遗憾的是,在保定的调查中,我们没有问这一问题。

由于问题的措辞是一样的或者几乎一样的,"表二"中的其余数字显现出更富戏剧性的对照。在帝国时代的中国,人们认为丧夫的妇女不再嫁人是理所应当的,并强迫她们这样做,在某些情况下,人们竖起牌坊及其他象征物以表彰"节妇"。在中国内地,1950年的《婚姻法》中有一条款抨击了这一习俗,并禁止干涉寡妇再嫁。当代这两个社会对此问题的态度具有显著的差异。在台湾的老年人中,61%的人不赞成寡妇再嫁,而92%的保定老年人表示赞成。最后,我们从"表二"的末尾看到,更高比例的台湾老人(78%对41%)认为他们必须继续控制某些重要的财产以促使其家属(大概特别是其

表二 台湾老人与保定老人看法之比较

看法	问题	台湾老人	保定老人
居住安排	你认为一对老年夫妇与一个已婚儿子或女儿住在一起更好,还是自己独住更好?或者你认为还有另一种更好的安排?	与已婚子女同住:62.5% 独住/其他:37.5% (人数=809)	只要健康允许,老年人应独自生活,不依靠(他的/她的)子女,对吗? 不赞同:30.0% 赞同:70.0% (人数=509)
	若一位老人丧偶,你认为他/她与一个已婚儿女住在一起更好,还是自己独住更好?或者有另一种更好的安置?	与已婚子女同住:67.0% 独住/其他:33.0% (人数=801)	丧偶老人不应独自生活。 赞同:72.7% 不赞同:27.3% (人数=487)
	若一对夫妇没有儿子,你认为他们最好与一个已婚女儿住在一起,还是自己独住,还是住到养老院?最好的安排是什么? 与已婚女儿同住:31.8% 独住/其他:68.2% (人数=803)		无此项
寡妇再嫁	假设一个老年妇女已丧失,你认为她再婚合适吗? 否:62.2% 是/视情况而定:38.9% (人数=803)		若一位老年妇女丧失已有一段时间,她的再婚是适当的。 不赞同:7.6% 赞同:92.4% (人数=503)
遗产与尊敬	你是否认为,对于老年人来说,掌握财产以确保其亲属敬以待之这一点很重要? 是:77.9% 否/视情况而定:22.2% (人数=790)		你是否认为,对于老年人来说,掌握财产以确保其家庭成员敬以待之这一点很重要? 是,重要:41.4% 不,不重要:58.6% (人数=490)

成年子女,他们被看作是期待继承的继承人)在其晚年善待他们。在"表二"中,两地间存在差异之处的数据显示,在台湾的城市中,某些家庭看法与保定相比要传统得多。

结　　论

通过就保定和台湾城市中子女对老人的赡养的有关调查数据进行比较研究,许多重要的结论浮现出来。大体说来,在九十年代中期,两地都没有什么迹象表明孝心正遭受危机或者急剧的侵蚀。无论在保定还是在台湾的城市,父母对于所获得的成年子女的赡养以及子女所表现出的孝敬程度,一般都表示满意。因此,在全球的水平上,这些数据使我们断定,在两个社会中,尽管社会变革狂飙突进(并且变革道路相互对照),子女的赡养义务仍相当完好地保存了下来。

不过,当我们关注九十年代中期保定与台湾城市赡养体系的特有形式时,我们会在二者间发现显著的差异。这些差异符合一个可预知的模式,即台湾看起来更"传统"而保定看上去更"现代"。确切地说,我们发现了以下证据:

* 保定的老人更倾向于生活在核心家庭;台湾城市的老人则更倾向于与一个已婚儿子住在大家庭中。
* 保定老人更可能拥有自己的收入,许多人依靠退休金生活;台湾城市的"台湾人"中拥有退休金或其他收入来源的人不那么常见,这使得他们更多地依赖于子女提供的金钱。
* 保定父母由子女那里获取经济援助与家务协助的可能性较小;台湾城市的"台湾人"更依赖于这两种帮助。
* 在保定,代际交换更为平衡;在台湾,这种交换更可能包含一种占主要地位的援助的流动,这种流动是由成年子女上行至年迈的父母的。
* 在保定,相对而言,与一个已婚子女合居在对老人的赡养方面的影

响不那么大；与一个已婚子女（通常是儿子）合居在台湾城市中仍然是对老人进行赡养的一个重要的结构性基础。

* 在保定，女儿与配偶在为老人提供赡养方面扮演着相当重要的角色，赡养结构也日趋两方对称；在台湾，儿媳与儿子在提供赡养方面仍保持了更重要的位置，反映出父系亲属关系在赡养体系中继续占据着中心位置。

* 在保定，就某些方面——例如：老人独立生活的愿望，寡妇再嫁，以及不太需要利用家庭财产来确保子女孝顺——而言，家庭看法更"现代"一些。在台湾的城市，这些家庭看法更"传统"一些。

如果说台湾城市——一个比内地更富裕、发展程度也更高的社会——中的赡养体系更"传统"的话，这初听上去是自相矛盾的。我们如何解释这个悖论？为了回答这一问题，我们需要对"现代化"的概念进行分解。这是一个全球性的术语，涵盖了许多不同的方面与变化过程——人均收入的增加，教育的推广，工业化，城市化，世俗化等。现代化的一个核心组成部分是家庭作为一个生产单元的职能的衰退，以及基于非亲属关系而建立起来的、政府的公司与机构中雇佣的增多。同样，现代化通常包括：家庭支配资源以满足自身需求的能力与(或)愿望的下降，以及作为子女的社会安置基础的家庭财产和遗产的显著减少。由雇主提供，或经由市场或者政府福利方案而获得的工资、福利与资源正在日渐取代家庭掌控的资源。

在台湾，由于家庭掌控的公司和资产继续占据着中心位置，以及由此所产生的对家庭雇佣(family employment)与家庭资源的依赖（岛上的"台湾人"与"内地人"相比，情况更为严重），致使现代化的上述方面遭到了"抑制"。与之相对照，在保定及内地的其他城市，这些方面由于五十年代中期的社会主义改造运动而得到了相当大的"促进"。那场大变革消除了家庭作为生产单元的职能，使家庭财产所有权和遗产成为不合理的东西，使得社会流动依赖于教育及政府的工作分配制度，为多数城市人提供了可靠的工资及一系列额外福利（包括退休金），并以政府的分配方式提供仅需缴纳微不足道房费的狭窄的公共住房。社会主义体制的其他方面使得20岁至50

岁的城市妇女拥有全日工作的比例与男子差不多,远高于90%。换言之,通过对中国内地的社会主义与台湾地区的资本主义的这些"微观制度上的"特征进行详细考察,我们将颠倒最初的结论。在这些特定方面,保定而非台湾城市才是更"现代"的社会。

不过,五十年代后中国城市的微观制度也含有某些有助于老人赡养的成分。特别是内地城市中住房的极度紧缺使得已婚子女与父母至少是暂时的合居成为非常普遍的现象。此外,劳动力市场的缺乏和国家分配工作的制度使成年子女住在父母附近的比例比台湾城市要高。五十和六十年代持续的高出生率加上父母的工作及福利上的"铁饭碗",也导致了这样一个后果,即对于九十年代提供赡养的任何一个子女来说,在多数情况下,他们身上的负担还算可以承受。

作为这些对照的结果,保定家庭与台湾家庭尽管具有共同的文化根源,但在许多方面并不一致。保定的父母拥有的家族生意或其他家庭财产的可能性更小,而这二者可以用来构造家庭关系模式。相反,保定的家庭具有"消费单元"(consumption units)的更纯粹的样式。塔尔科特·帕森斯(Talcott Parsons)及其他人把"消费单元"看作现代社会的典型特征,在此单元中,家庭集中和管理各个成员获得的工资与福利,以满足他们的需要。家族生意与可继承财产的缺乏促进了家庭关系的父系结构的破坏,未婚和已婚的女儿外出工作的比例很高,她们拥有可靠的收入,这也产生了同样的作用。社会主义体制未能提供充足的公共服务或商业服务以满足家庭在儿童保育、洗衣、备餐等方面的需要,这强化了处于巨大压力下的城市家庭成员利用家庭网络中其他成员的协助以应付日常生活压力的倾向。对于成年子女来说,代际关系与其说是子女对以前父母给予的帮助的一种单方面回报,不如说更多的是一种互助互惠的交换。总之,五十年代后内地所发展起来的一套复杂的制度与惯例有助于强烈的孝顺义务和代际交换存续下来,同时正巧赶上内地将代际交换的特有形式转变为更为"现代"的形式。尽管台湾地区是一个更富裕的社会,但它保留了以家庭为基础的微观制度,这种制度倾向于使代际交换的模式沿着强调父系血缘关系和合居的路线发展。

实践与记忆

  在这里,读者可能会猜疑:我们的讨论强调了五十年代之后中国社会主义的影响,可是,中国在1978年后开始市场改革计划,到十六年后我们在保定进行调查之时,社会主义的一整套实践,可能已为与台湾等资本主义社会所共享的以市场为基础的实践所大大侵蚀了。这种推测大概是不正确的。自1994年起,保定等多数内地城市由于改革而在一些方面发生了转变,但在其他领域,改变相对较小。尤其在本文中我们为说明保定—台湾城市的对比而关注的微观制度特征方面,尚未出现较大变化。例如:1994年,在我们采访的成年子女或他们的父母中,很少有人在私营企业工作,没有人承认拥有或经营私人生意,比较少的人租住别人的私人房产。[25]绝大多数的人仍在某个社会主义国有企业或集体所有企业工作,或已从那里退休;他们住在一处"未改革"的公房中,房子很狭窄,但花费很少;他们会被支付退休金;医疗保险范围仍很全面;很少有人失业。

  事实上,只是到了九十年代后期,一项旨在打破社会主义工作与福利保障上的"铁饭碗"的新的国家改革尝试才被推行,它与在住房、劳动、医疗及其他领域创造商品市场的努力相一致。所以,在某种意义上,我们在1994年观察到的是五十年代确立起来的制度惯例在家庭中产生的结果,不过它们看上去是时日无多了。

  由此,必须限制一下我们的调查结果中总体的乐观倾向。我们强调了1994年保定老人生活中普遍具有的积极特征。接受采访的多数老年人感到相当安全,并对生活十分满足。这种感觉是社会秩序的两个主要特征的产物:五十年代建立起来的社会主义的惯例为老人提供可靠的保障,使他们不完全依赖于成年子女;这些惯例与其他惯例结合在一起,使得多数成年子女住在父母身边,随时可以并且乐于为父母提供所需要的辅助性赡养。从1994年起,晚年安全感的这两个主要源泉受到了威胁。

  首先,由于1970年起人口出生率显著下降,以及1979年后更引人注目

---

25 确切地说,只有2%的父母和3%的成年子女自己经营一个私人公司,或者在一个私人公司工作(或曾经工作过,这是就退休的父母而言)。同样,仅有1%的父母和5%的子女从别人那里租住私人房产。

的强制施行独生子女政策,对于未来的多数老年人来说将只有一个,而非三个或更多的成年子女为他们提供赡养。同样,政府的青年人工作分配制度的废除以及劳动力、住房等市场重要性的增强,对于老人意味着不大能够确保多数成年子女会留在身边,以为他们定期提供帮助。就从前由工作单位和国家所享受到的保障而言,年轻与年老的都市人同样面临着多重威胁。一些国有单位面临破产,其他许多国有单位让相当一部分职工下岗并且无法为其退休职工支付许诺的退休金。医疗保险的范围和保险金额都有所削减以迎合共同支付和可扣除的方案(co-payment and deductible schemes),同时,公房私有化了,住房花费成为家庭预算中占据相当比重的一个因素。以市场为基础的改革正在使家庭经营及其他形式的私营公司变得更普遍,并增大了家庭资产积累的可能,尽管对于多数城市人来说,家庭财产继承尚不是一个需要考虑的主要事项。我们还不大清楚城市家庭为适应1994年后的这些变化而采取了哪些不同方式。

总而言之,1994年我们在保定看到,有一套制度上的惯例为多数老年人培育了高水平的保障,还有一个密集的代际交换的网络以满足父母与子女双方的需要。我们还得知,与大概同时期的台湾城市相比,保定的赡养体系的特有形式在许多方面更为"现代"。当代赡养体系的力度不能简单归因于孝顺与强烈的家庭义务的中国古代传统。在主要的方面,赡养体系的生命力与形态应归功于共和国在五十年代确立起的社会主义的制度和惯例。那些制度如今正在面临威胁或业已被废除,这对于我们所描述的赡养体系具有无法预测的影响。在内地(以及在台湾地区),成年子女对年迈父母的赡养义务过去曾多次在社会变革的风浪中幸免。我们还将不得不等待未来的研究结果,以确认赡养体系是否或怎样幸免于最近的这场冲击。

(张 静 译)

(原载《中国学术》第八辑)

"世界主义"景观与双重帝国
边界上的都市社会

孟悦(美国尔湾加州大学)

十九世纪下半叶,将外在景观内在化的都市建筑,诸如带拱廊的街道(arcade)、内部包含各类商店走廊展窗的贸易中心、世界博览会展厅(world expositions)、博物馆等,开始风靡欧美各大城市如伦敦、巴黎、芝加哥和圣路易斯等。这些都市建筑寻求以内部空间来包容原本外在的景观,从而突出内部空间的可展示性、多元性以及跨地域性。它们的出现改变了在自然和历史基础上形成的城市空间:自然聚集的城市和历史地形成的空间景观开始被这类建筑所营造的"城中之城"乃至"梦幻之城"重新书写、重新分割。这类也许可以被称为"内景"式的建筑的出现,在研究中一直被当作现代城市形成,同时也是现代"主体"形成的重要构成因素。[1] 著名马克思主义文化批评家瓦·本雅明就对这些人为构造的"梦中之城"产生过特殊的兴趣。在他看来,这类都市空间的形成是物质文明和商品文化发展到工业时代、"机器生产的时代"的独有产物。[2] 对于本雅明而言,"机器生产的时代"同时也是"资本主义上升期"和"现代"的同义词。当代另外一些文化批评者也指出,这些大内景的出现以物质空间的形式展现着在资本主义的"中心"

---

[1] 这里所使用的"内景"(interior)的概念借自于本雅明(Walter Benjamin)的 *The Arcade Project* (Trans. Harry Zohn, Cambridge: Harvard University Press, 1999),意为包含了复杂的、异质性空间的建筑设计。这些空间对公众开放,同时又具有完全或部分的封闭性。带拱廊的商业街道和世界博览会建筑是典型的例子。

[2] 尽管这些表达随处可见,但他们与城市空间的关系,在本雅明的著作中才第一次得到了最独特的表达。见《发达资本主义时代的抒情诗人》,张旭东、魏文生译,北京:三联书店,1989年。

和"边缘"之互动基础上形成的帝国主义的世界观念。因伦敦第一次世界贸易博览会而知名的水晶殿（Crystal Palace）以及无数类似的花园、纪念碑和世界博览会场等，是帝国主义时期全球贸易、货物、人员、资金、人种和劳动力的流通之物质化了的表征。十九世纪的欧美都市由于这些空间的存在而获得了帝国的地位和种族的特权身份。[3]不仅如此，作为现代城市的大内景，这些空间还同时滋养了它们的现代主体意识，表现为自由的个人、都市有闲漫游者（flaneur）以及种族主义的主体意识。在前两种意识中，十九世纪的巴黎是了不起的帝国中心，而世界乃是其"内在于中心的风景"；[4]后一种意识则是针对"他者"而言的，是世界化的、人种混杂的十九世纪都市中种族隔离和种族歧视的支持者或反对者。[5]从这个角度来看，构造什么样的内景空间对于欧美都市所体现的帝国性、世界性、超级技术性，以及对现代主体性的形成，具有特殊的重要意义。

对城市"内景"式建筑和资本主义文化逻辑之间关系的分析一直是一个富于活力的研究领域。在全球化的今天，这种分析的合法性和相关性无疑会更加清晰。然而对于非西方研究者或非资本主义史的研究者而言，这种在欧美都市形成的历史上建立起来理论概括不仅提供了对都市空间的解释框架，同时也提出了更多的理论挑战。笔者注意到，如果从非西方历史包括中国历史的角度去看，与此相似的城市内景并不仅仅是工业资本主义时期的独创。类似的注重内部空间景观的都市建筑在非"现代"的城市中曾是相当普遍的现象，而且并非尽是殖民化的结果，甚至也不是"现代"工业影响之下的产物。清帝国的鼎盛时期的城市景观就有争议地展现了与伦敦或圣路

---

[3] 见 Driver, Felix 和 David Gilbert 编 *Imperial Cities: Landscape, Display and Identity*（Manchester and New York: Manchester University Press, 1999），又见 Jonathan Schneer 关于伦敦如何成为英帝国现代都市的讨论，*London 1900: The Imperial Metropolis*（New Haven: Yale University Press, 1999）。

[4] Walter Benjamin, *The Arcade Project*, pp. 422—423.

[5] 美国的"世界都市"以种族问题为其特征。Janet L. Abu-lughod 的研究，*New York, Chicago, Los Angeles, America's Global Cities*（Minneapolis: University of Minnesota Press, 1999）将其根源追溯到十九世纪的奴隶制度和劳力问题，从而涉及了一个宽泛得多的主题范围，其中包括了十九世纪的美国城市向今天的世界城市转变的问题。

易斯的世界博览会相似的一种帝国文化观念。十八世纪,不仅乾隆皇帝的"欧洲花园"(圆明园)以其异国情调和帝国气象而闻名世界,中国心脏地带的重要城市扬州也堪称是一座"跨文化"或"帝国式"的都城。这里则既拥有华丽的"中国"风格的景致、亭台,又拥有跨地域的、混合着欧亚特征的建筑以及阿拉伯风格的建筑。这里,都市的上层阶级从清帝国的边缘获取珍稀木石和其他建筑材料,并运用不同风格包括欧洲的技术来建造城市内景式建筑,他们在其中展示的是与清帝国的辉煌掩映相交的上层阶级的"多元文化",尽管这和当今全球化语境中的"多元文化"有着深刻区别。换句话说,跨文化的大内景式都市建筑在扬州的出现早于殖民主义和帝国主义对中国的扩张。它暗示了一个早于资本主义全球体系的、以亚洲为基点的"世界都市"(world cities)文化的存在,其兴盛比出现于现代西方资本主义中心地域的"世界城市"的兴起早了一个或数个世纪。[6]而如果承认这样一种非西方资本主义的"世界都市"在清代盛期的存在,在今天更为人熟知的上海就并不是中国第一座具有国际特色的文化都城。上海的兴起距扬州在十九世纪二、三十年代的衰落仅仅几十年,而距苏州、杭州等江南名城在太平天国时代的陷落仅仅数年。十九世纪八十年代初,大多数的海内游客在上海不仅通过洋行和南京路上的外国银行,而且通过中国海内外商人的建筑,见识了更多更正宗的欧洲风格的景致。[7]也就是说,十九世纪二、三十年代扬州的衰落,以及稍后江南名城苏州、杭州在太平天国时代的陷落,可能与上海在十九世纪末的兴起有潜在的联系。只是在后来,在帝国主义在亚洲的强势扩张和中国现代史上一次次的政权变革之后,已经具备跨文化特色的扬州、苏杭与上海之间的历史联系才沦为一种"本土"话语。

---

6 这里"世界都市"尤指十九世纪的那种以物质文化中的消费主义为基础的都市模式,而不是如今以 FIRE 经济(金融、信息和房地产)为基础的"全球都市"(global cities)的概念。欧洲十九世纪的"世界都市"已经展示出了一些现代全球城市的特征,如都市贫民和工人阶级的存在。虽然扬州很缺乏这些因素,但就物质建筑、文化认同和空间想象而言,它是可以与欧洲世界城市相比的。

7 无锡富商张鸿禄由英人手中购得的张园,清朝高官李鸿章、盛宣怀在上海的豪宅,以及后来南洋华侨办起永安公司和新新百货公司,都是例子。

这一"扬州早于上海"的事实带出的是一个经常被忽略的重要的历史轨迹:扬州的衰落、苏杭的陷落和上海的兴起所反映的不仅是帝国主义势力在亚洲的扩张,也是清帝国在财富和权力结构上的危机及其调整所带来的帝国都市的地理版图的改变。如果仅仅从本雅明提供的理论框架出发来论证,那么欧洲资产阶级的物质文化特征在上海的主要建筑上留下的印记就是资本主义的现代世界单方面扩展的结果。然而,若从扬州盛衰以及清帝国都市版图的变迁角度看,清帝国盛期跨文化的园林传统以及它们多元文化的混杂风格也以某种方式在西方帝国主义之扩张阴影下的上海进行着某种扩大延续。这就提出了一个如何在双重视野中审视中国现代都市发展的问题:一方面是一个非西方非殖民地的多元都市文化空间在清中晚期的消长转化的历史轨迹;另一方面是帝国主义势力在亚洲的扩张以及它对都市形态的直接影响。我们应该如何来构想扬州—上海这一非西方、非殖民地的跨地域的城市文化的变化,及其与在十九世纪达到巅峰的资本主义的世界体系之间的关系?清帝国内部早于西方"世界都市"而存在的都市文化是否在鸦片战争之后被全球帝国主义消灭殆尽?如果这种扬州式的"世界都市文化"在鸦片战争之后仍有任何形式的残存,那么我们应如何来评价这一变化——它到底是被殖民化了、西化了、混杂化了还是被边缘化了?这些问题不仅是历史问题,而且包含深刻的理论性难点。西方资本主义和现代性有一个众所周知的历史,而包括扬州在内的更早的"世界都市"史则少有人知。如果借用查克拉巴迪(Depish Chakrabarty)的话,后者已经变成"亚历史"或"潜历史"(subaltern history)的一部分,即对当代主体已经失去在场性和延续性,因而只能以引号的形式被谈及。[8]这些已知的和未知的历史的共存至少证明了一点:了解从扬州到上海的城市历史迁移轨迹以及中国上层阶级在这个过程中的转变,有可能会引领我们进入后殖民主义和现代性的历史模式至今还未关注的那些思考领域。

从扬州到上海的历史迁移过程还提出了另一个相关的问题,即能否构

---

8 *Provincializing Europe*, *Postcolonial Thought and Historical Differences*, Princeton: Princeton University Press, 2000, pp. 97—110.

想、如何构想存在于西方资产阶级的历史语境之外的、上层阶级的城市物质文化和社会主体。有学者已经指出,迄今为止,关于十九世纪城市的物质外貌之最有效的批评都是建构在欧洲历史的框架中的,其中商品化与工业资本主义被认为是全新的、划时代的、独一无二的历史动力,从欧洲发源然后传播于世界各地。[9] 在框架相似的世界体系理论中,西方处于世界资源资本输送喂养的国际中心(cosmopolitan center),而其他的地域如果尚未给赶出这个世界,则被引入世界体系的"边缘"(periphery),成为"中心"索取资源劳力资本财富并倾销产品的对象。[10] 基于这一理论框架,对资本主义及现代性迄今已经出现了不少批评,这些已有的批评无疑是有效而必要的。但遗憾的是,这些批评对于处于世界体系"边缘"的上层阶级的城市物质文化,几乎没有留下关于其历史、内部构造及其与现代西方资本主义之间关系的复杂性的阐释空间。[11] 城市文化历史一直纠缠在这样两种概念框架中:即由财富、异国情调、科学和技术构成的超级大城市要么被看作是西方"文明"所独有的,是工业资本主义发达的结果,要么则是源于西方的现代性在其他地域文化经验中的派生,是殖民乃至后殖民时代的大都会国际文化,并不可避免地沿着主人与奴隶、殖民者与被殖民者的双重身份展开。当我们把批评

---

[9] 正如 Craig Clunas 在"Modernity Global and Local: Consumption and the Rise of the West"(*American Historical Review*, Vol. 104, No. 5 (Dec. 1999): 1497—1511)一文以及在 *Superfluous Things: Material Culture & Social Status in Early Modern China* (Urbana: University of Illinois Press, 1992)第一章中反复指出的,这种将商品化作为"划时代"标志的叙述模式中的西方中心视角伤害了对商品及商品文化的批判力度,甚至认可了"西方的崛起"这一神话。

[10] 在沃勒斯坦有关世界体系的论述中(Immanuel Maurice Wallerstein, *The Modern World System*. New York: Academic Press, 1974—1989),从十八世纪中期到十九世纪中期之间,资本主义世界经济第二次扩展,亚洲和中国被并入了世界资本主义体系,成为了"新地区"的一部分。

[11] 已经出现了一些想直接或间接地处理这一问题的尝试,如 James Hevia, *Cherishing Men From Afar: Qing Guest Ritual and the Macartney Embassy of 1793* (Durham: Duke University Press, 1996)试图将清王朝置入十八世纪的世界图景之中;贡德·弗兰克(Gunder Frank)则在《白银资本》一书(*ReOrient: Global Economy in the Asian Age*. Berkeley: University of California Press, 1998)中充满争议地论证以亚洲为中心的世界体系在1500—1800年的存在。

"世界主义"景观与双重帝国边界上的都市社会

视野聚焦于十九世纪晚期的中国,聚焦于其城市中心从帝国腹地的扬州转移到帝国边缘的上海这样一个过程时,就会发现,一些在同时期的欧洲史上很可能并不明显而在中国非常明显的现象一直没有得到应有的理论表述。比如,本文发现扬州—上海的都市迁移过程折射出了相应于"资产阶级"的中国社会文化中坚所经历的双重边缘化的过程:他们一方面从清帝国的中坚边缘化为清王朝的叛逆,另一方面又从世界"资产阶级"的中国成员身份上落下,边缘化为跨国资本的挑战者。正是在这个社会中坚的双重失落和双重反叛中,十九、二十世纪之交的上海变成了一个新的政治文化前沿,其矛头所向既是衰败中的清王朝,又是上升时期的帝国主义世界秩序。

  本文的写作在某种意义上是应对上述提到的理论挑战和历史发现而作的一种尝试。文章第一部分探讨十八世纪中晚期扬州都市空间的文化意味。由于十八世纪扬州园林的修建在空间观念和文化风格上在清帝国内十分有代表性,我将把十八世纪的扬州园林作为清帝国鼎盛期的新文化观念在空间上的表现来进行研究。这些新观念体现在由身居高位的文人和官商们建造的奢华的大内景式建筑对于园林的设计和建构之中。本文的第二部分把话题转移到上海。上海一方面替代了清帝国的都市旗舰——扬州的文化角色,另一方面在与英帝国的东方交易中获得了新的身份。这一部分主要分析哈同花园和张园在空间运用上的双重意义。我将这一现象解释为十八世纪的超级大城市文化在十九世纪的边缘城市的复活。本文的最后一部分详细研究了上海这一承担繁重符码的城市内部的"边缘化转向",以及它如何被再造为酝酿批评性和政治性民间活动的公共空间——反对清政府的帝国政策和外国帝国主义压迫的讨论和行动都在此举行。无论是在象征还是在事实意义上,上海的园林都在十九、二十世纪之交的中国一度由帝国的"内景"转变成同时反对清帝国和帝国主义这两种帝国力量的批评前沿。

一、都市内景的"世界化"

  通常认为只有在西欧和美国这样的现代国家的繁华腹地才会出现的那

种多文化、多社群且具有世界性的城市,在十八世纪的清朝也曾经留下过痕迹。欧美的世界性城市通常被称为"帝国之都"(imperial cities),也就是世界的物质资源以及知识资源的中心。[12]而作为一个跨地域的帝国,清王朝控制着强大的出口经济,并从"边缘"地区搜罗和集中知识、珍玩、技术科学以及物质资源。清朝腹地的都市物质文化,就集中化、商业化、超级复合化而论,比起欧美都市毫无愧色,恐怕还有过之无不及。这些都市的社会中坚是强大的、占统治地位的政治经济和文化团体,他们凭其财富与权力成为都市主体,并成为都市空间的主要构造者。他们将其对于帝国和世界的想象投射为都市的空间风景,并在都市空间中融汇了一向被认为是欧洲现代性所独有的价值,如对生产力和技术的重视。本文这一部分旨在以扬州为例,展示十八世纪清朝物质文化的发展和对城市空间的构造。

实际上,在清朝星罗棋布的都市版图中,堪称"帝国荣耀"的不是人们近年来发现的上海,而是扬州和苏杭。而扬州那些富于帝国气象的园林、奢华而有异国情调的物质生活形态据说胜过了富庶的江南都城。十七世纪的扬州曾是满军入关时疯狂厮杀的边防重镇。到了十八世纪,这座城市已经由《扬州十日记》上记载的那个血腥屠场,摇身变为清朝的交通、经贸和文化交流的繁华中心。[13]和历来繁华的苏杭不同,处于长江和大运河交界点上的扬州是坐镇北方的清王朝通向南半个中国的重要门户,也是连接帝国东西地带的枢纽。清朝帝王们的屡次南巡都以扬州作为跨越长江之前的最后一个重要逗留之地。而清朝重要的工业和国防原料如盐等也沿长江而下,经由扬州由西而东地中转。在这个过程中,由清朝新任命的盐官们成批地进驻扬州。他们购地置屋、建邸造园、迎来送往,不仅将扬州城的面积扩大了一倍,而且把扬州变成了一个全新的城市。基于这些原因,在清朝稳固自身

---

[12] 关于这方面的论述,可参见 Driver, Felix and David Gilbert, eds. *Imperial Cities: Landscape, Display and Identity.* Manchester and New York: Manchester University Press, 1999.

[13] 王秀楚《扬州十日记》(此处所引的是台北广文出版社 1971 年的版本)所记载的清兵进城时的屠杀场面,在十八世纪已经由于清朝的查禁和城市的重建而被淡忘,至少在公共场所是销声匿迹了。

统治的过程中,扬州是经历了一次深刻的重造才成为帝国巅峰时期的交通和文化中心的,这个重造过程必然伴随着制度化地压抑关于清朝入侵之血腥历史的记忆,甚至也伴随着扬州本地文化的边缘化。[14]因此,较之苏杭等江南都城,这个重造过的扬州可以说与清帝国的兴盛有更为密切的联系。扬州的城市空间不仅反映了地方城市文化,而且更多地展现了由于帝国大规模的地域扩张而带来的繁荣和不同社会势力的消长。扬州在清代新造的盛大园林是、却又不全是江南园林传统的延续。它还是新的都市主体、新的社会网络的孕育之所,是连接江南文人阶层、艺术家、官员、学者、满清王朝乃至皇帝本人的枢纽性空间。在这个意义上,可以说扬州的城市内景式空间代表了一种清帝国特有的文化想象。

十八世纪扬州有地位的市民,特别是盐官盐商,既有官职,又有外快,且有良好教育,当属清代经济和文化的精英阶层。作为一个依靠征服而建立起来的多民族帝国,满清政府为了把不同的群体转化为自己的臣民,设立了多种灵活的政治、军事、经济、民族以及文化制度。由于盐是工业与军事需求的至关重要的资源,清政府对盐务和盐业生产的垄断是通过收买和控制一个特殊的社会群体——盐官盐商而达成的。盐商们不仅具有掌控盐业的生产和运输的绝对权力,而且都封官立爵;在政府的法令之内,他们既享有相当特权又受到一定约束。就社会地位和权力而言,他们不需要像其他汉人那样通过严格的科考,就有特权获得官衔及世袭的职位。就经济财富而言,他们是清朝仅有的几项垄断经济中最为重要的操作者,通过对盐业生产

---

14 据扬州著名学者、数学家焦循看,这种因政治巨变和王朝覆灭而产生的"悲剧情感",在扬州郊外的戏剧表演中得到了反映。这一情感可能仍是对扬州的当地记忆的一部分,但仅仅以民间传说的方式流传。见《花部农谈序》(载《中国古典戏剧论著集成》,北京:中国戏剧出版社,1956—1960年,第8卷)。有关扬州文化的研究还可参见 Tobbie Meyer-Fong 的博士论文, *Site and Sentiment: Building Culture in Seventeenth-century* (Stanford University, 1998),以及何炳棣(Ping-t'i Ho)的经典文章《扬州盐商:十八世纪商业资本主义研究》("The Salt Merchants of Yang-Chou: A Study of Commercial Capitalism in Eighteenth-Century China", *Harvard Journal of Asiatic Studies* XVII [1954]:130—168)。

和运输的垄断,积累了大量的个人财富。[15]他们与清皇室的关系也相当密切:他们不少人的私人园林曾是康熙(1662—1722年)及其孙子乾隆(1736—1795年)在数度南巡中频频造访游玩、题词娱乐的场所。[16]清代盐商们在文化领域中也上升得很快:仅仅几代人之后,他们就在经济社会财富的基础上获取了文化财富,具备了学位、品位、古典造诣与科学知识,具备了对历律及戏剧方面的修养,成为艺术收藏家和藏书家,并表现出了对欧洲科学与技术工具的浓厚兴趣。[17]清代盐商盐官在扬州都市化的过程表现了他们作为上层阶级的崛起过程。如果说这个都市化过程的经济特征与西方上升期的资产阶级不尽相同,那么其文化特征许多方面与西方资产阶级都有相似性。这一新的阶级群体在清帝国经济与文化领域中起着日益重要的作用。这些重要事件使他们有机会在王权准允的权力范围之内,把扬州转变成展示他们文化理想的物质场所。

扬州的都市空间展示了其精英阶层从汉族臣民的角度建构清王朝的物质化风景的特殊方式。为了迎接帝王们的南巡,扬州的精英们把城市的自然环境(包括他们自己的地产在内)改造成各种各样的园林风景,其中既有阿拉伯式的异国风光也有欧洲的大陆景致。这些新建的园林展现了一系列主题,包括那些被认为是欧洲资产阶级文化所特有的主题:统一主权、崇高、

15　从目前的研究看,扬州越来越被证实是清代十九世纪前最活跃而富于生机的艺术、物质文化和商业中心城市之一。"扬州研究"正在重新成为吸引新的学术视线的一个焦点。除去上文提到的 Tobbie Mayer-Fong 的研究外,已经有的成果还有 Ginger Cheng-chi Hsü,*A Bushel of Pearls*：*Painting for Sale in Eighteenth-Century Yangchow*(Stanford：Stanford University Press,2001)。在此我要感谢 Jonathan Hey 提醒我注意这一新的研究动向。他本人的研究 *Shitao*：*Painting and Modernity in Early Qing China*(Cambridge and New York：Cambridge University Press,2001)对我们了解扬州的文化具有重要意义。

16　关于这些巡视的准备工作的官方记录,可见高晋编《南巡盛典》(1771年)(台北商务印书馆,1983年重印)。

17　何炳棣对盐商的经典研究(见注13)认为:盐商通过将其经济资源转化成文化优势和政治权力,从而开始了自身的再生产。尽管为了把握这一社会群体的权力与命运,还需要对盐商与清政府的关系作更进一步的考察,但这一观点在很多方面仍然有其解释力。

异国情调、生产力和技术崇拜。对统一主权的表现反映出扬州上层阶级对清朝王权以及在王权之下的自我地位的认可。园林中对异国情调的追求则展示了对边缘地区的珍贵奢侈品的消费欲。崇高的风格折射出精英阶层的自我意识，以及他们所认同的帝国视野。对生产能力和技术的崇拜显示了他们对于持续发展的文化理想。

扬州精英阶层对清朝王权合法性的认可突出地表现在他们向世界展示的建筑之中。首先，对城市北端边界的修整标志了某种清王朝臣服者的象征性姿态。扬州由南到北贯穿着一条河道，可以说是由北面进入扬州的通道，也是清代帝王们南巡时的必经之路。在扬州北端，横跨河道建有一座桥梁，从桥洞下进入扬州的空间设计加重了这里的"入口"含义。如果把这个"入口"放在当时清帝国的历史版图中考察，整个扬州城就象征着由北方进入江南地区的通道。这里曾经既是明朝的中心地带，又是满族政权以前力图攻克占领的前沿。从这种意义来讲，扬州北大门的这座桥实际上象征着南方与北方的分界、旧有领土与新征服领地的分界。盐商和皇帝都不可能没有意识到这种地理分界的象征含义。然而，盐官盐商们在重建扬州的同时，把这一象征性的地理分界点作了新的定义。扬州城北入口处的桥梁被名为"迎恩桥"。"迎"字所代表的明确方向感显然把可能的都市主体目光调向北方，即清朝皇帝将要顺河而来的方向。"恩"字在是臣民承认天授王权、赞美帝王仁爱之心时所用的陈词滥调。这个命名把扬州北面的这座桥规定为专迎帝王的一座门户，因而表示了都市主体对自己作为清王朝的忠实臣民的自我认同（图1）。同样，由北至南的那条河也改称为"迎恩河"。该桥该河就这样从原本自然中性的存在变成了一个王朝权力的空间象征，这个地域从此打上了王朝财产的戳记，保证着这块土地和其上的人众对清帝国王权的臣服。

十八到十九世纪扬州的楼台厅堂，在建筑风格上展现着这座都市在清代的重要地位，以及都市主人公有意识追求的文化优越性。众所周知，传统建筑文化中，风格和高度是社会文化等级乃至天授皇权的象征。普通官员的府邸与皇室的级别有着不可逾越的界限。但是扬州的建筑却可能参照了

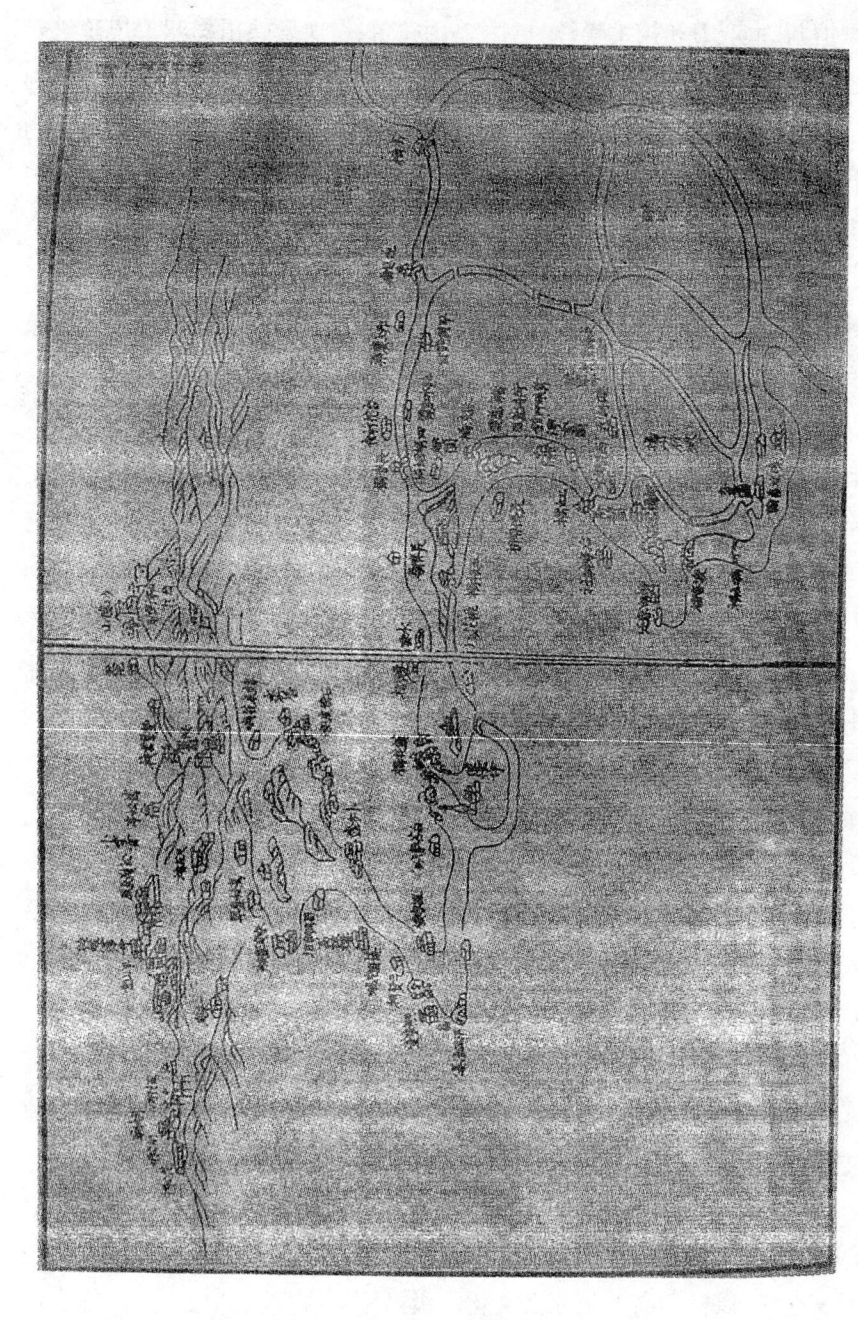

图 1 "迎恩桥"（赵之壁编：《平山堂图志》，1775 年初版。台北成文出版社 1983 年重印。第 1 卷，第 44 页）

《宫殿营造录》、吴丹环《城垣识略》和焦循《群经宫室考》里所载录的宫殿样式。[18]扬州的宅邸建筑虽然风格各异,但其结构上的复合性以及院落中的进阶都是为了显示高度和空间的崇高感而设计的。宽大的厅堂有时一连五间,有三个前隔间两个侧隔间,而且还带有层次繁复的屋檐。一连七间的厅堂也很多见,这种设计包含一连五间的正屋,带两个侧间,也有更加层次繁复的屋檐。诸如"五卷厅"、"七卷厅"之类以数字标识的建筑名称,说明了这类厅堂建筑的繁复宏大。[19]无疑,繁多的隔间与屋檐赋予这些宅邸以宫廷式的恢宏感和豪华感。一位出身无锡的十八世纪著名学者、书法家和收藏家钱泳(1759—1844年),在游览扬州时曾经对其建筑风格的壮美恢宏大为惊叹。据他看来,扬州园林之所以甲于天下,乃是因为扬州建筑中的"厅"建造得具有"殿"的气势。[20]与常见于苏州、杭州一类典型的江南园林建筑相比,这些类似于"殿"的厅堂不仅更宽敞更高大,而且更具变化性和雕饰性。以"五"、"七"为级的建筑语言固然没有超越"九"的皇室般的崇高,但已经是对建筑结构级别体系的一种逾越。[21]这种发挥到极致的恢宏,与迷宫似的细节和奢华的工艺品一起,充分表明了这座城市的精英作为帝国第一臣民的自我定位。

扬州的物质文化早在十八世纪就展现出对异国情调的特殊追求,它显示了这个城市的主人们罕见的消费能力和对远方奇货异品的大量需求。作为清王朝的心腹之都,扬州从帝国辽阔边疆运入奢侈品,乃至使异国情调本

---

18 据李斗《扬州画舫录》(扬州:江苏广陵古籍刻印社,1983年)载,扬州当时的文人和工匠是可以看到李渔《工段营造录》、焦循的《群京宫室考》和吴昌毓的《城垣识略》所提供的建筑技术信息的。

19 屋檐的层次从二到五层不等,建筑并有一字厅、工字厅、之字厅,丁字及十字厅、楠木厅、柏木厅、杉椤厅、水磨厅、两卷厅、三卷厅、四卷厅和五卷厅之分。此处不详述。见《扬州画舫录》,第373—407页。另外从陈从周《扬州园林》中的平面图和正面图也可以见出其宏大一斑(第26—27页及第59页)。

20 钱泳:《履园丛话》,北京:中华书局,1979年,第326—327页。

21 可参见李渔在《工段营造录》(上海:上海科学技术出版社,1984年)书中记录的、为不同官衔设计的建筑构造。这一时段所记录的扬州建筑远较明代末期的记录豪华壮观。

身成为消费的品牌。这一文化消费社会的存在丝毫不晚于十九世纪欧洲城市中产阶级消费社会的出现。有权有势的盐商们为了建造扬州的景致和花园,把从缅甸、阿拉伯和欧洲运来的材料和建筑风格交融在一起。这些造园建邸的工程动用了从帝国的远疆和国外运送来的稀有建筑材料。[22]仅仅木材就有楠木、红木、红檀香木、梨木、银杏木、小叶黄杨木,以及较为普通的柏木。造园用的石料则采自其他省份,如运自安徽省的宣石,灵璧山所产的灵璧石,杭州的太湖石,高姿所产的高姿石[23],途经四川和青海运来的西南边境的大理石,从云南和缅甸交界处运来的玉及玉石等。[24]其他建筑和装饰材料还包括从广东及海外进口钟表、大块的玻璃,及其他欧洲货品。[25]这些建筑材料的消费相当惊人。楠木及其他稀有木材不是用作建筑的主梁,而是用来建构整个厅堂。烧瓷制成的假山配成了四种不同的色调,屋顶的装饰则有九种不同的彩釉。[26]异国情调、昂贵稀有的材料和精制繁复的设计互相糅合,构成了清王朝上层阶级的盛大表演:扬州都市主体对于远方稀有货品既有追求又有消费能力,这使得这个城市跃居为清朝首屈一指的繁华都城。

欧洲技艺在十八世纪清朝上层阶级文化中占有一席特殊地位,甚至发展成一套风靡了好几个领域——如绘画、手工艺和建筑——的文化母题。西法绘画在清皇室的流行波及到上层阶级的艺术趣味。对于欧式建筑和住宅

---

22 甚至连最普通的石头都得顺河道运来,并切割成立方体,为建筑备用。如李斗指出的,运石与凿石都得牵涉大量的劳力。石头的运输有时要求 300 个壮劳力干一项工作。见《扬州画舫录》,第 385 页。

23 关于对太湖石在明清园林艺术的运用和作用,可参见上面提过的 Craig Clunas, *Superfluous Things: Material Culture and Social Status in Early Modern China* 一书,特别是书中第 73—75 页。李斗也提到真正的太湖石是很难运输与处理的。他以石匠张南山举证,并暗示说九峰园是拥有真正的太湖石的两座花园之一。另一座花园是元代所建的苏州的狮林。《扬州画舫录》还提到即使是假太湖石也必须从镇江运过来。见第 162—163 页。

24 据李斗记,玉和玉石是包在皮革里,放在马背上,穿过高原运送来的。见《扬州画舫录》第 401 页。

25 同上,第 163 页。

26 同上,第 384—385 页。

"世界主义"景观与双重帝国边界上的都市社会

的描绘,如对广州十三夷场的描绘,不仅在十九世纪早期出现的不少游记中都有提及,而且不少署名或未署名的中国艺术家的油画也都对之进行摹画。[27]如果说在欧洲十六世纪以来的"中国热"中,出现在从中国进口的瓷器、茶具、刺绣及其他手工艺品上的建筑形象曾经成为欧洲人仿造中式园林的依据,那么十八世纪扬州兴建的不少欧亚混合式花园,很可能也是根据流传在宫中及精英阶层中的西式油画、传教士翻译的如《泰西水法》一类的技术手册以及文人的游记中所得的形象来复制的。扬州造园者们有意玩味欧洲风格和"西法"建筑技术的倾向是十分明显的。据《扬州画舫录》载,扬州园林中至少有四座主要的花园包含了有意以西式风格修建的建筑,其中包括汪玉枢、江春等人的园林。[28]这些园林中的建筑采用了不同的"西法"变体,如采用欧式设计来加强厅堂内部的纵深感,又如在楼房正面加建阳台和走廊立柱,要么就用钟表、机械设置和镜子装饰建筑的内部。[29]此外,以玻璃为建筑材料不仅是欧洲,也是十八世纪扬州人的偏爱。南园(又称砚池染翰)的主人、来自安徽的汪玉枢修建有"玻璃房"以及"玻璃厅",前者装有五色玻璃窗,后者为一座装饰着三尺宽的透明玻璃窗的亭阁。"玻璃厅"显然很得乾隆帝的欢心,他将其命名为"澄空宇"。[30]物质文化方面的异国情调对于扬州上层阶级身份的形成是很重要的,这一点与欧亚大陆另一端的资产阶级自我意识的形成有异曲同工之妙。

最后,在扬州精英们通过都市空间所表达的文化理想中,技术和生产力乃是一个重要的母题。十八世纪的扬州以其天文、历法、数学方面的世界主

---

27 在 Lee and Philadelphia Museum of Art 所编的 *Philadelphians and the China Trade* (Philadelphia Museum of Art,1984)一书中,就收有广州不知名画家所绘广州十三夷场的油画,见该书第35、38、39页。江南的文人也经常有机会看到关于外国十三夷场的绘画和实物。沈复和袁枚都曾分别写到他们在广州见到的外国风格的十三夷场时的印象。沈复甚至在《浮生六记》写道:广州的建筑"看上去与西画中的建筑一模一样"(台北:世界书局,1962年)。

28 参见孟悦的博士论文 *The Invention of Shanghai: Cultural Trends and Transformation, 1860—1930*(UCLA,2000),其中对此做过更详尽的讨论。

29 分别见《扬州画舫录》第140—141、257—258、162—163页。

30 同上。

义而著称。[31]扬州是清朝天文学家和数学家群体的重要聚集地和交流场所之一。出身扬州或居住扬州的天文学家和数学家"畴人"包括著名学者、后来撰写《畴人传》的阮元，数学和乐理家凌廷堪，数学和律法家焦循，数学家戴煦和戴熙等。他们在经学、易学方面的造诣和对传教士翻译作品的熟悉程度，以及他们在全国范围内建立的私人和学术关系，使扬州成为一个特殊的有影响力的知识生产和交流中心。这种技术和科学氛围直接或间接地影响到了扬州的都市景观。早在康熙年间就有不少盐官和盐商有意在他们自己的园林中建构表现生产力、技术和农业的景观。"邗上农桑"和"杏花村舍"这两处园林的构思，有意模仿了康熙皇帝签名与配诗的《御制耕织图》。[32]这里有《耕织图》里所画的供丝绸工业用的建筑：生丝厂、风干房、染房。除了丝绸业以外，园林构造还表现了对能源的想象：在染坊的旁边并排展放着西式的风车和中国的水车，用以赞颂以机械来代替人力的可能性。[33]这一景观是对康熙皇帝为《耕织图》"水车"一图所提诗句的物质化再现。康熙在这首诗中赞颂了从前朝以来的农业技术进步。[34]值得注意的是，这里的园林在用物质再现康熙诗句的过程中添加了外来成分，那就是"风车"的形象。从出版于1775年的《平山堂图志》提供的具体解释中可以看到，在这个园林景观中将中式水车与"西式"风车的并列乃是象征性的，目的是为了强化一个主题，那就是不同的机械设计都是为了少用或不用人力。[35]扬州的

---

[31] 在此感谢洛杉矶加州大学的胡明辉提醒我注意这一点。胡明辉正在完成有关十八世纪扬州的科学知识和社区形成的论文。

[32] 这部《御制耕织图》是对十二世纪的《耕织图》的复制。由著名画家焦秉贞绘图，由康熙帝亲自题诗。其中包括23幅耕图和23幅织图。

[33] 赵之璧：《平山堂图志》，1775年初版，台北：成文出版社，1983年印本，卷二，第23—24页。

[34] 见焦秉贞绘：《御制耕织图》，上海：点石斋书局，1886年，卷一，第23—24页。

[35] 此处的风车很有可能是仿照荷兰的风格组装的。作者在描述中明确说明这些风车是"西式"的，它放在那儿是要显示耕作和农业可以不需要人力——见《平山堂图志》卷二，第23a—24b页。这从手工、技术和政治的角度，提供了一个中荷关系的解读。荷兰在当时是最常见的"外国"象征之一，因为荷兰与清皇家在十九世纪中期以前就有尤其紧密的政治和商业联系。关于这一点可参见 C. R. Boxer, *Dutch Merchants and Mariners in*

园林空间就这样把机械技术的发展作为一种帝国的、也是社会的文化理想。这里的都市社群歌颂发展、技术和生产力的热情不亚于欧美社会对"现代"文明的歌颂。

从十八世纪扬州的都市空间中,我们读到的是对生产持续性和科技进步性的追求,对帝国边疆资源和财富的欲求,知识世界化的理想,商品文化和高档消费群的出现。不论这些文化追求和理想是"现代"还是"前现代"、"资本主义"或"非资本主义",它们反映的是正在激化的历史矛盾,这种矛盾与由"资本扩张"和"发展"带来的根本冲突并无二致:一方面是资本和资源的不平衡的集中,另一方面是最终导致清王朝危机的人口增长和社会骚乱。[36]扬州的兴起表现了财富向盐商手中的集中。这种集中化的财富使盐商们成为可以同政府争夺资源的潜在力量,而且正如一些官员所发现的,他们阻碍了政府税收基础的进一步扩大。在十八世纪末清代人口激增、社会动荡性加大、政府的行政和军事开支开始入不敷出的情况下,平衡社会的财富分配、缩减政府机构开支,成为清王朝应对社会和政治潜在危机的政策选择。乾隆末年,在一部分官员学者的倡议下,自上而下地展开了一场清理和节约运动,此乃力图通过均衡财富来减低社会冲突的对策之一。不过对扬州的都市景观有直接影响的是十八、十九世纪之交清政府的一系列盐法改造政策。1792年清政府所实施的盐法改造政策旨在限制盐商对盐业的垄断,由此打开盐业中的市场竞争,以广辟财源,增加税收。[37]这一新的政策无法完全解决帝国所面临的更大危机,但它却极有成效地削减了扬州上层阶级的政治与经济特权。我以为,从那时起,联系清皇室与扬州上层阶级的

Asia, 1602—1795 (London: Variorum Reprints, 1988)和赵尔巽《清史稿》(北京:中华书局,1976年)第6册第169页,第46册第2263页。

36 彭慕兰(Kenneth Pomeranz)所著 The Great Divergence: China, Europe, and the Making of the Modern Word Economy (Princeton: Princeton University Press, 2000)一书对于十八世纪人口增加和技术的经济冲突作过很有启发性的讨论。全球不同的经济地区都经历了这一冲突。不断增长的人口和有限的资源致使中国社会放弃了节省劳力的技术,以解决人口问题;然而在欧洲,类似的限制由于向新大陆移民、剥削非洲奴隶和拉美的矿藏资源而得到了缓解。

37 李铭明、吴辉:《中国盐法史》,台北:文海出版社,1977年。

纽带出现了断裂,盐商们作为清帝国最有权势的官商集团的角色也从此不再,而这和扬州作为清朝"世界之都"的衰微有着直接的联系。

不仅如此,大约在同一时期,扬州面临着另一个更大的危机,那就是清政府对大运河的放弃。作为南北交通动脉的大运河,从前是扬州获取权力和资源的主要地理依据。但在十九世纪早期,由于反复发作的洪水,大运河的河道出现了大面积的堵塞和毁坏。大运河被毁,给已经面临财政难题和资源短缺的清政府带来了难以负担的财政包袱。经过反复讨论,政府曾经放弃对大运河的常规维修,转而开始通过其他的路线由南而北运输谷物、盐等原本经由大运河运送的重要物资。这种运输途径包括使用上海的港口和海上航线。[38]这一交通运输枢纽的改变进一步瓦解了扬州的经济基础,削弱了扬州社会作为过去的交通要地而一度取得的文化领袖地位。随着盐商团体势力的衰落、财政来源的减缩,扬州迅速失去了清帝国"梦之城"的地位。十九世纪初年,不少游历扬州的江南文人发现,那些在1775年出版的《扬州画舫录》中还历历在目的园林已经寥寥无几。[39]在1820—1830年间,城里只有少数在政治和经济上都很强有力的人物才修得起新的花园。不少豪华盐商之家的后代甚至开始不惜损毁祖上留下的气势宏大的园林景致,靠出卖园里的稀有建筑材料为生。[40]

由此看来,扬州"早于"上海的不仅是它的繁华,它的奢侈、它的体现的"进步"性和世界性,也是它的衰败。这里,再现扬州的繁华和世界性并不是为了重温清王朝的辉煌,也不是为了证明"西方有的、中国曾经也有",倒是为了记取这样一点:无论哪个国家和地区的上层阶级都可能经历这样一种因财富、资本和技术的不均匀分布所导致的"梦之城"的衰败。扬州作为清

---

[38] 关于大运河的危机和当时及稍后的政府政策,参看 Jane Kate Leonard, *Controlling from Afar:the Daoguang Emperor's Management of the Grand Canal Crisis*, 1824—1826 (Ann Arbor:Center for Chinese Studies, University of University Press,1996),陈丰:《清代的盐政与盐税》(郑州:中华古籍出版社,1988年)。

[39] 著名的学者文人们,包括阮元,在于十九世纪二十至三十年代为《扬州画舫录》所作的序言中都清楚地表达过这一点。见《扬州画舫录》序言部分。

[40] 见陈从周:《扬州园林》,香港:三联书店,1983年,第3—19页。

朝世界化的"梦之都"的急剧衰落只不过比其他"世界都市"先行了一步而已。十八世纪中国的城市想象崩毁于十九世纪初,这与清帝国日益紧急的内部危机以及清政府针对这些危机所作的种种调整紧密相连。这些危机(包括财富分布不均衡、人口膨胀带来的流民现象、腐败)由于清王朝内部资源的短缺而大大地加剧了。清政府十八、十九世纪之交所作的种种政策,其目的在于解决问题,却导致了扬州城市上层阶级社会和文化势力的被削弱。相比较而言,西方资本主义并不是没有经历类似的危机,只是通过剥削外部资源,特别是美洲新大陆以及非洲和其他非欧洲资源,才从这些危机中"幸存"下来。如彭慕兰《大分流》一书对为什么工业资本主义在西方首先兴起这样一个历史问题所作的精彩分析所揭示的,殖民主义、奴隶制度和旧世界向新世界移民,都有助于缓解欧洲中心地带及世界其他地方共同面临的资源紧张的难题。欧洲资产阶级的殖民经验甚至加强了资产阶级和正走上殖民主义道路的民族国家之间的联系。[41] 在这种意义上,十九世纪"世界之都"在西方的出现乃是欧洲内部危机通过殖民主义、贩卖奴隶和向新大陆的移民、成功地转嫁给印度、拉丁美洲、非洲和美国印第安人的结果。也许从一定的角度看,恰恰是因为清政府没有向外转嫁危机,而是用政府手段进行内部调整,才导致了扬州及其上层社会的衰落,导致了清帝国"世界之都"的历史的中断。扬州的衰落所标志的是清帝国在解决社会和经济危机方面与英帝国等的"帝国主义"政策的不同之处。

扬州的衰落发生在鸦片战争之前,这是中国的城市中心从清王朝的心脏地带向海岸边界进行地理大转移的开始。太平天国起义(1852—1864年)扩大了这次地理大转移的范围,并进一步把清朝的经济和文化中心推到了沿海。因此,在十九世纪晚期,"世界化"的都市景观以及对"发达"和技术进步的梦想,会再生于港口城市上海而非扬州,这毫不奇怪。由此看来,与其说上海的兴起是由西方引发的中国现代性的开端,倒不如说是对一系列无

---

41 何伟亚(James Hevia)在讨论马嘎尔尼来华使团时指出,马嘎尔尼一类的"贵族资产阶级"在拉美和非洲获得了其政治经验。英国在拉美的殖民主义事实上有助于英国民族主义在英国公共空间的形成。见上引 *Cherishing Men from Afar*,第3章。

法避免的内部危机的一个补救,以及在补救的基础上对原有的发达梦想的一个延续。

二、中心都市的边缘化

只是在鸦片战争之后,中国的"封闭"与西方的"开放"之间的强烈对比才开始成为一种在西方媒体中广为流传的叙事。这种叙事开始了一个将中国都市史压缩成"本土"风格的过程。法国传教士豪格(Evariste Regis Huc)所著的《中华帝国》一书首次提出"中国精神"只关注本土的思想和观感的论述。[42] 十九世纪的英美新闻记者则用更具体的语言表述了类似观点:"欧洲的文明是犹太、希腊、罗马、埃及和西亚的遥远国家的截然不同的文明相融合的产物。中国的文明则是本土自生的"。[43] 只有刻意抹杀了中国十七、十八世纪的都市历史以及清帝国与包括欧洲在内的世界其他区域之间的文化交换,这些典型的十九世纪话语才可能出现。本文这部分试图重构在十九世纪西方话语中被抹杀的部分,从而在观念上重构上海的出现及其与西方现代性的关系。不难发现,直到1880年,上海的城市内部景象可以说是延续了、甚至复兴了十八世纪中国城市景观中常见的世界主义。这与好几百年以来在欧洲和其他地区的世界化景观中延续出现"中国热"母题的历史现象(如各种形式的中式园林直到十九世纪晚期仍是欧洲上层社会品味的主流)是互相关联、互成映照的。本节提出的问题是:扬州作为一个多文化的都市史是在何时、以何种方式从上海——"东方的巴黎"——的城市景观中被抹除的?

如果说扬州是上海的"前世",那么上海就是扬州的"今生"。上海产生

---

[42] 这篇题为《豪格中国之行》(Huc's Travels in China)的文章于1855年发表在波士顿的 *Littell Living Age* 第45期。文章的作者注意到征服者自身的文化往往被中国文明所吸取,因此入侵者最后采用了中国的习俗,抛弃了自身的习俗。这之后的整个世纪的中国政治分析都回响着这种思想。

[43] 引自 Mason, Mary Gertrude, *Western Concept of China and the Chinese, 1840—1876* (New York 1939),第73页。

"世界主义"景观与双重帝国边界上的都市社会

于一个非常独特的历史地位:它正好处于清王朝和以英帝国为首的西方帝国主义的双重边界,或者处于两大帝国前沿的交叉点。处于两帝国边界的交叉点上,意味着它同时承受来自不同方向的帝国势力的影响。上海的城市景观因此至少是双重编码的,而其都市社群也既效忠于清王朝又忠实于英帝国。从清王朝的角度看,在旷日持久的太平天国运动中,由于太平军势力在南中国包括整个江南地区的扩展蔓延,风雨飘摇的精英社会乃至整个清王朝不得不借助上海沿海口岸作为其文化、军事和经济方面的避难、喘息和修复之地。[44] 同治时期(1860—1875 年)以来,上海这个唯一未曾在太平天国中沦陷的江南城镇可以说成了清政府"中兴"的要地。由政府垄断支持的企业在上海建起了军工厂、造船厂、轮船招商局以及纺织厂等。来自不同地区的、在与太平军的战争及对外贸易中新近形成的政治经济人物,包括直隶总督兼外交部总理李鸿章(1832—1901 年)、总督盛宣怀(1844—1916 年)和刘坤一(1830—1902 年)、著名的前买办徐润(1838—1911 年)、郑观应(1842—1922 年)和唐廷枢(1832—1892 年)等人,都通过上海这座城市建立起了强有力的精英网络。他们投射于上海这个新都市空间和都市社会的文化理想,与当年扬州的精英阶层的想象有着相似性和延续性。与此同时,这座城市也部分地从英帝国以战争为中心的贸易中找到了自己的身份。从英帝国和英国海外殖民者的角度看,尽管对中国进行对印度那样的殖民统治不是一个可行的选择,但是英国公民和商人们却在上海享受到了由战争和军事强权所带来的史无前例的政治特权和经济机会。举例而言,当清王朝穷于应付内部威胁时,是英国公民在上海的国际贸易及政府管理方面的两个最重要机构——大清海关和上海会堂公审——中,占据了重要的席位。是阿礼国和赫德,而不是中国公民,成为了处理和判断上海中外事务的权威人士,他们不仅在上海而且在英国和国际社会中都受到了广泛尊敬。[45]

---

44 关于江南沦陷与上海兴起的关系,参见于醒民:《上海:1862 年》,上海:上海人民出版社,1991 年。

45 比如,阿礼国(Rutherford Alcock)因为在处理中国和亚洲地区问题过程中的积极参与而受到英国首相 Palmerston 的表彰。他的同时代人 Alexander Michie(1833—1902 年)写作的《阿礼国传》(*The Englishman in China during the Victorian Era, as Illustrated*

由于处于不同帝国边界的交点,上海不可能只是一种历史的产物,相反,上海的都市景观在清帝国和英帝国主义的影响之外,还见证了不同的社会政治和文化群体的"离心化"过程。这里的"离心化"既指个人和群体从西方的国际中心向资本主义体系边缘的游离,又指特定的群体人众在太平天国之中和之后从清帝国原有的腹地都市向新前沿的离散。这些离心的、游离化的过程把上海这座城市表面上的西化过程变得崎岖复杂。在早期的外国社群中充斥了大量的、在东南亚地区已经活跃了好几代的犹太人。由不同国家聚集到上海的还有不少罪犯和前罪犯,试图通过上海这个无法无天的地方立功赎罪,至少是谋求生机。此外,从江南来避难的战争难民也给上海带来了传统的和非传统的谋生方式,另外还有来自清朝内外的冒险家来此寻求"海外"经历。这一切离心化的过程带来了上海特有的都市氛围,一种经常被人们误称为"现代性"的"边界文化"或"越界文化"的都市氛围。这座城市以相同的三心二意态度,但又用符合成规的方式,既庆祝英国女皇的也庆祝慈禧太后的生日。[46]上海不仅欢迎不同的知识权威,而且还变成了"西方文化"、"东方文化"和"中国文化"交汇争夺控制权的场所——即使有时这些不同体系的知识在内容上非常接近。[47]一句话,上海的时间和空间是分裂流动的。不同而并存的都市想象、多重社会认同体系之间的对抗和交互挪用,是上海现代性的复杂起源之不可避免的结果。

---

in the Career of Sir Rutherford Alcock. Edinburgh;W. Blackwood & Sons,1900)显示出,具备海外殖民和统治之类的经历会给一个英国绅士在国内带来怎样的政治声誉。

46 Bryna Goodman 研究过在上海举行的伊丽莎白女王的生日庆典。她虽未直接处理这座城市的双年历问题,但她的研究,"Improvisations on a Semi-Colonial Theme, or, How to Read a Celebration of Transnational Urban Community",*Journal of Asian Studies*(November 2000),却显示了在同一个庆祝行为中,不同社会群体采取的不同文化策略以及彼此之间的关系。

47 这些知识分支的命名来自于活跃于晚清上海的出版商和译者。如孟悦曾在 "Hybrid Science versus Modernity"(*Journal of East Asian Science, Technology, and Medicine*, No. 16, Dec. 1999)一文中讨论过的,中学与西学的界定并不严格按照知识的内容,而是根据传播知识的人群和机构的文化身份。这一点在梁启超和张之洞分别重组知识体系的方式中得到了反映。

"世界主义"景观与双重帝国边界上的都市社会

笼罩在双重帝国的阴影之下的上述种种"离心化"的过程,造就了十九世纪下半叶上海特有的混合性都市空间,其混合程度及其文化复杂性远远超过不少当今学者仍在使用的本土—西方的简单二分法。十九世纪下半叶到二十世纪初,上海新近出现了不少造价昂贵、设计精心的江南风格的园林。其中不仅包括由苏州官员学者所建的豫园、至今还享有盛名的愚园,还有犹太富商哈同 Silas Aaron Hardoon(1851—1931 年)的私人宅邸——哈同花园(又名爱俪园)。[48]同时,这一时期的上海还以其壮观的跨文化的园林著称。十九世纪晚期最为著名欧式园林是味莼园即张园[49],由关系网极广的无锡商人建造(图2)。这些园林的风格并不直接代表上海都市社会的文化认同。它们毋宁是把在欧洲和亚洲分别存在了好几个世纪的、同一种世界都市理想的两个版本——欧洲的中国花园和扬州的欧洲花园——同时带到了上海。我希望通过下面对哈同花园和张园的分析来指出:哈同花园和张园代表了十八世纪的"世界主义"的两个分支在上海的复兴。但是,正如我们将会看到的,这种"世界主义"之不同分支在上海的同来的复兴,最终却与英美主导下形成的全球文化秩序发生了背离。

细读哈同花园和张园的空间构造,我们可以看到十八世纪的世界主义都市文化在上海的复兴究竟在哪些方面冒犯了十九、二十世纪正在形成的全球文化秩序。哈同花园向我们展现的是这样一个个例,它所体现的"中国热"式的美学理想同当时处于资本主义扩张中的欧洲大都市所推崇的新文化准则之间开始出现偏离。哈同本人在某种意义上乃是英帝国边缘的游离分子中的一员。如同其他在亚洲的犹太人一样,哈同一方面作为精明的鸦片商和地产商,因为英帝国在中国的军事和政治权威而享有相当的特权,而

---

48 修建哈同花园花费了六年的时间,最后占地达到170亩。史梅定等所编的《追忆:近代上海图史》(上海:上海人民出版社,1996年)中有一张拍的是哈同花园一角;这是这一风格的极佳的代表。

49 尽管张园在今天并未留下什么遗迹,但在那个时代的文学作品中比任何别的花园出现得都更加频繁。张园园景的一些照片可在史梅定等人所编的《追忆:近代上海图史》中找到,第64—65页。

图 2 张园(史梅定等编:《追忆:近代上海图史》,上海:上海古籍出版社,1996 年,第 64 页)

另一方面,他又仅仅是一位英国普通庶民。[50]他在上海这个英帝国的外缘城市固然取得了毋庸置疑的成功,但这成功却没有带给他在英帝国中心——上层绅士社会的政治和文化身份。[51]虽然哈同曾经发誓效忠英国女皇,但他作为英国人的政治地位远远低于他作为上海犹太人的经济和社会特权。哈同以一种流动性的政治身份出现在上海这个不同帝国边界的交点,从而使他对英帝国的主导阶级保有足够远的心理和文化距离,乃至他可以利用物质财富象征性地贬低英帝国资产阶级的物质文化符号。哈同花园的后期总管的友人、作家陈定山记下的一则轶事从一个细节说明着这一点。据陈定山记载,哈同曾出资买下大批特殊的、专门用来制造英国绅士文明棍的珍贵鹳木,用来作为南京路上修建电车道的枕木。陈定山分析道,哈同选取这种珍贵木料作枕木的行为对于将他排斥在外的那个英国上层社会毋宁是一种嘲讽。即使哈同不过是显示自己的阔绰,但在上海的特定环境中,哈同在海外赚取的财富仍然非但没有抬高巩固、反而解构和贬低着"英国绅士"在海外的政治和文化特权。

至于哈同的私人天堂——爱俪园——更是由于其"东方风格"而表达了一种模棱两可的文化身份。哈同花园占地170余亩,按照江南园林的样式,在园中建有三个主厅、两座楼阁、十八座亭阁,以及另外十八处园景,其间杂饰以佛塔、石舫、观云台、假山、池塘和花圃。[52]所有的这些景致和建筑都是对中国园林主题的精心复制。当时,哈同花园被比作颐和园或是《红楼梦》里所写的大观园,甚至有人说爱俪园是大观园的仿造。[53](图3)在今天看来,仿造中式花园的举动与其说是殖民主义对本土文化的挪用,不如说它是

---

50 关于哈同的生平、哈同花园、其身份以及主题的跨文化再生产,请参见 Chiara Betta 的研究,特别是 "Silas Aaron Hardoon ancl CrossCultural Adaptation in Shanghai" 一文,刊载于 Jonathan Coldstein 所编 *The Jews of China*,*Volume I*,*Historical and Comparative Perspectives*(Armok:N.Y.:A. E. Sharpe,1999)。谨对 James Benn 提醒我注意这一研究表示感谢。

51 见陈定山:《春申旧闻》,香港1956年,第27—31页。

52 关于哈同花园,参见史梅定等编:《追忆:近代上海图史》第64—65页;陈定山:《春申旧闻》,第29页。

53 《春申旧闻》,第30页。

图3 哈同花园一角(史梅定等编:《追忆:近代上海图史》,第65页)

十六世纪以来欧洲贵族文化中不可或缺的内在组成部分。这种仿造中所体现的对想象的中国美学的模仿,到十九世纪以后,在现代资产阶级对自身文化权力的重建过程中被大大抹杀了。[54]十九世纪英国资产阶级的意识形态,突出的是大英帝国的民族优越性或西方的文明优越性,并以此为基础建构世界文化等级体系。在被奉为英国文化英雄的殖民者马嘎尔尼使团访华以后,英国以及各个国家的"国民性格"成了欧洲资产阶级自我意识的组成部分。[55]与这些发生在英国本土资产阶级内部文化的变化相比,哈同花园所体现的是一种在英帝国的中心已经遭到否定和贬低的、丑陋而过时的"跨文化"主义或世界主义。哈同花园是哈同的私家宅邸这样一个事实使我们不难看到,哈同的审美选择与英帝国心腹地带正在出现的新文化标准之间有着相当大的冲突。爱俪园因此而具有某种双重性质,它同时是英国资产阶级的"他者"和哈同本人的"家园"。他者和家园的这种组合为"离心的"或"小调的"世界主义都市空间提供了新的可能性。[56]

欧式风格的味莼园或张园从相反的角度讲述了同一个故事。这一次,园林空间的文化符号与清王朝在太平天国后新近升起的权力集团"洋务派"相关。张园的主人、无锡商人张鸿禄(张叔和)曾经做过广东道台,同买办出身的洋务派核心人物徐润、唐廷枢和郑观应等人有过密切往来。张园是

---

54 这一点尤其充分地表现在反对中国化这一醒目标题的方式上。十八世纪晚期出现了强烈反对中国在艺术和伦理哲学上产生影响的倾向。这种态度自十八世纪中期孟德斯鸠和大卫·休谟的写作开始。两者都认为自然环境是民族道德的决定因素,并都抨击中国的政治制度和原则。这种批评很快发展为"对中国进行全盘的批评"。参见 *Chershing Men from Afar*,第70页。有关欧美"中国热"的整体情况,参见 Hudson, Geoffrey Francis, *Europe & China: A Survey of Their Relations from the Earliest Times to 1800* (Boston: Beacon Press, 1931) 和 Hugh Honour, *Chinoiserie: the Vision of Cathay* (New York: Dutton, 1962)。

55 何伟亚在 *Cherishing Men from Afar* 中指出,英国资产阶级上层是以英国"民族性格"、"民族文化"和"纯正的古希腊和罗马"传统来反对和否定"中国热"乃至清帝国的形象的,第57—83页。

56 Deleuze, Gilles and Felix Guattari., *A Thousand Plateaus: Capitalism and Schizophrenia*, Trans. and foreword by Brian Massumi. Minneapolis: University of Minnesota Press, 1989, pp. 105—106。

1882年张鸿禄调入上海轮船招商局后不久,从一个英国人手中买下地产并开始修建的。[57]这座花园的修建跟洋务集团当时正在全国范围内结成政治经济网络的历史有着深刻的关系,因为正是"商人资本家"徐润和唐廷枢——洋务运动的两位买办出身的核心人物——向李鸿章举荐了张鸿禄到轮船招商局任职。[58]事实上,张鸿禄在受到招商局正式聘用之前就已经同洋务集团建立了工作联系。1879年,张鸿禄曾受李鸿章委派出访吕宋和新加坡等地,调查那里的经济形势,并为招商局寻找股东。[59]他还受委托访问了尼泊尔、曼谷和越南等地。这后几次出访很有成果,他不仅为招商局找到了一批股东,还帮助在曼谷建起了一个招商局的子公司。[60]张鸿禄作为清帝国的官方代表的几次海外之行很可能是其渴望修建一座欧式花园的重要动力。如研究中国艺术史的Craig Clunas所指出的,修建一座体面的园林是中国精英们获取社会政治地位和审美权威的最典型方式,同时也可保证赚取持续利润所必要的经济联系。[61]在这一点上,张鸿禄并不例外。加入了由徐润、唐廷枢和郑观应所坐镇的招商局后,张鸿禄变成了"商人资本家"群的一员。正如郝延平所指出的,这些"商人资本家"在十九世纪晚期的中国经济和国际社会中扮演着举足轻重的角色。[62]

---

57 吴兴、姚民哀:《上海县续志》,台北:永和出版社,1970年,卷27,第4页。

58 见张后铨:《招商局史:近代部分》,北京:交通出版社,1988年,第45—46页。很多学术研究指出张园的主人是无锡商人张叔和,而忽视了他与轮船招商局,乃至与洋务派的实业派的核心人物之间的关系。"商人资本家"这一名词是从郝延平(Yen-ping Hao)那里借用的。他的研究,*The Commercial Revolution in Nineteen-Century China: the Rise of Sino-Western Mercantile Capitalism* (Berkeley, Los Angeles, and London: University of California Press, 1986)聚焦在徐润、唐廷枢和这一时期其他重要的买办包括郑观应所扮演的角色身上。

59 见张鸿禄《禀报游历南洋情形》,收入北京第二档案馆藏《招商局档案》,第468(2)宗,第34卷。

60 见《招商局档案》,"招商局移小吕宋、暹罗分局领事绅董文稿"(1880),同上。

61 *Fruitful Sites: Garden Culture in Ming Dynasty China* (Durham: Duke University Press, 1996),第18—58页。

62 Yan-ping Hao, *The Commercial Revolution in Nineteen-Century China: the Rise of Sino-Western Mercantile Capitalism*. 见注57。

"世界主义"景观与双重帝国边界上的都市社会

如果说哈同花园通过中国化建构了自己的身份,张园则通过另一条使城市空间非地域化的方法达到了同样的目的。张鸿禄重建了他购买的味莼园,将其从20亩扩建成70多亩,并按照典型的欧式风格住宅进行重建。据《上海县续志》,张鸿禄是在买下张园之后,才开始在里面修建欧式风格的建筑。[63]正如张园的照片所展示的(图4),入口处开阔的空间、大面积的草坪,以及从入口到主建筑的宽阔笔直的大道,都采用了古典欧式风格。尽管我们没有关于设计者和建筑材料的信息资料,但尖形的屋顶、拱状的窗框、立柱和拱形门廊和大厅显示了、甚至可以说炫耀了张园主人轻而易举地得到国内国外资源的能力。这一特点在张园的主建筑上体现得尤其明显,其中包括一座较高的建筑"海天胜处",以及另一个可容上千人的大型建筑,名为"安恺地",取 arcadia 的音译。[64]我们从当时描述张园的风俗画中可以看到,"安恺地"是一幢繁复的五层建筑,旁边各连接着两层的塔楼,装饰着优雅的拱形屋顶和玻璃窗(图5)。[65]从整体上看来,张园给上海园林带来了一种新的空间感。"安恺地"不仅是一个模仿的"西式"建筑,而且是一座真实的西方建筑。张园不仅是一个包含有西式景致的园林,而且是一个实实在在的欧式空间。

张鸿禄创造的欧式空间是对上层阶级的新的文化地域意识的物质化,这一新的文化地域大于十八世纪的扬州上层阶级的地域意识。在扬州,欧式风格是一种调味品而不是其实质,处于清帝国空间想象的边缘而不是中心。但张园不同。与记载中的扬州园林相比,张园通过进口的建筑材料、外籍建筑师、原主的外籍身份,以及整体空间的设计,有意强调了其正宗的欧

---

63 《上海县续志》卷17,第14页。

64 据《上海县续志》记载,这两座主要的欧洲建筑,"海天胜处"和"安恺地"是在张园1885年向公众开放之后修建的(17.4a—4b)。

65 这里的图片取自当时的杂志《图画日报》(1908—1910年)。此外,梅花庵主《申江胜景图说》(台北:东方寰化书局,1972年)中也刊载有张园的风俗画。在此我抱歉没有对这些画的艺术及形象方面作充分分析。关于上海绘画和插图形象的全面描述,参见 Johnathan Hey 的研究,"Painting and the Built Environment in Late-Nineteenth-Century Shanghai",收于 KEarn, Maxwell K. and Judith Smith 编,*Chinese Art:Modern Expressions*(New York:Metropolitan Museum of Art,2001),第78—116页。

图 4 张园（史梅定等编:《追忆:近代上海图史》,第 65 页）

图 5　张园(《图画日报》,1908—1910 年)

洲源头。甚至主要建筑物的名称如"安恺地",都反映出一种非本土的文化意识:张鸿禄并未把建筑的译名翻译成中国言辞所习惯的样式,而是保持了原文三个音节的译音。无论从物质材料还是从空间修辞来说,这一真正的欧洲庄园与清王朝的一般的中心都市景观是如此不同,以至于它突显了张鸿禄作为清王朝官员的政治和经济地位与其园林的文化身份之间存在的悬殊差异。尽管张鸿禄身为昔日道台,后又在晚清自强运动的首要企业轮船招商局供有要职,然而他却宁愿建造一所在文化意味上无异于"他者"空间的私人府邸。张鸿禄将私人园林建造成"他者"空间的举动,揭示了一种跨越两大帝国之间乃至不同文化的区别和界限的深刻愿望。

那么张园所代表的上层阶级文化是否可以看作是一种(自我)殖民文化?张园空间的文化符码并不是孤立的,它是同由清政府支撑之下的轮船招商局谋求向外发展的经济政策有相当联系。招商局的创办体现了双重野心:就国内市场而言,招商局谋求同进入中国水域的外国公司进行竞争,以便重新收回自鸦片战争以来一直在外国公司掌控下的内河航运利益。就国际情况而言,招商局力图建立自己的跨洋贸易运输渠道和中转系统。创办以来,招商局据说有效地促成了美国太古轮船公司的倒闭并于1891年收购了它的股份,从而稳固了其在航运市场上的竞争性。[66] 同时,招商局还迅速在扩大海外航线和贸易方面作出明显的努力,比如,公司很快开始同东南亚地区寻求海上贸易合作,同时寻求与欧美新旧大陆建立贸易联系。正如研究者们已经指出的,在1872—1883年间,招商局的轮船频繁往返于上海至日本诸港——广岛、畿辅和横滨之间,出现于马尼拉、西贡、新加坡和科伦坡等东南亚港口,甚至还穿越阿拉伯海经地中海抵达伦敦。1881年,公司最新购进的吨位为28225吨的轮船美富号,装载着966371磅的茶叶和其他货物驶向旧大陆的心脏之地——伦敦。[67] 1879年以后,招商局的合众号轮船经

---

[66] 张后铨:《招商局史》,第102—110页;Liu, Kwang-ching, *Anglo-American steamship rivalry in China, 1862—1874* (Cambridge: Harvard University Press, 1962),第52—68页。

[67] 见张后铨:《招商局史》,第61页。

由夏威夷航行到了新大陆的边缘——旧金山。[68] 1883 年,清廷甚至还委派招商局的商业总管唐廷枢前往巴西,用两个月时间考察拉丁美洲与上海之间进行横跨太平洋海上贸易的可能性。[69] 显然,这些国际航行的尝试在清朝历史上是前所未有的。上述越洋航行和实地考察本可能使招商局成为全球越洋贸易的参与者,并在中国内河之外的国际贸易领域寻求新的发展可能性。

张园的空间语言反映出招商局,或者不如说洋务集团这些向外扩展的渴望:它把想象的航行目的地——新旧大陆——作为寓言式的景观搬到了近旁。尽管张鸿禄本人只在 1879 年出国考察了东南亚,他却很有可能与洋务集团更出名的成员一样,抱有远航至欧洲和美洲、包括拉丁美洲的理想。[70] "安恺地"的建筑风格表明,这所住宅的主人在象征意义上是以世界公民为自我认同对象的。这片坐落在上海的洋式空间在象征意义上既是中国又非中国,而在花园围墙之内创造的真实"西方"风景中,主体的身份在寓言意义上既是主又是客。张园的空间不仅使人可以自由地观赏玩味异国景观,更重要的是使人可以自由地在这个异国景观上作一番非西方的、本土的"书写"。张园主人经常在自己西式园林里开办民俗地方娱乐活动。比如在园中设置一条苏州风格的"画舫",邀请文人及妓女于船上宴饮歌舞,或是在异国景观中举办诸如"风筝会"之类的民间活动。这些活动被画入了当时著

68　见张后铨:《招商局史》,第 62—64 页。
69　见"唐廷枢禀李鸿章文",《招商局档案》,北京第二档案馆,宗 468,第 37 卷。
70　为什么不是东南亚或非洲,而是欧洲和美洲的形象抓住了张的想象?除了可能的西方主义之外,还有更多历史的和实际的原因。正如连接中国和非洲的航线如果没有南亚是无法想象的,清对非洲的历史知识直接与南洋或南亚地区有关。然而南洋有更长的历史暴露在殖民主义、帝国主义扩张、鸦片和奴隶贸易中。十八世纪后半期,清王朝关闭了海岸边界,作为帝国自我保卫的手段。这一政策阻止了更多的中国人从事臭名昭著的奴隶贸易,但众所周知它并未能有效地打断鸦片的流通。鸦片战争和中法战争明显地展现了十九世纪在这一地区帝国主义势力占据多么明显的统治地位。1879 年在东南亚的港口考察时,张鸿禄注意到来自英国和法国公司和殖民者在南洋的竞争剧烈。投入这种竞争非但不能给公司带来利益,反而可能带来危险。张鸿禄没有机会实现他的幻想过的南亚和非洲之行。

图 6 张园灯舫(《吴友如画宝：名胜画册》,1908 年出版。上海：上海古籍出版社,1983 年重印,第 1 卷)

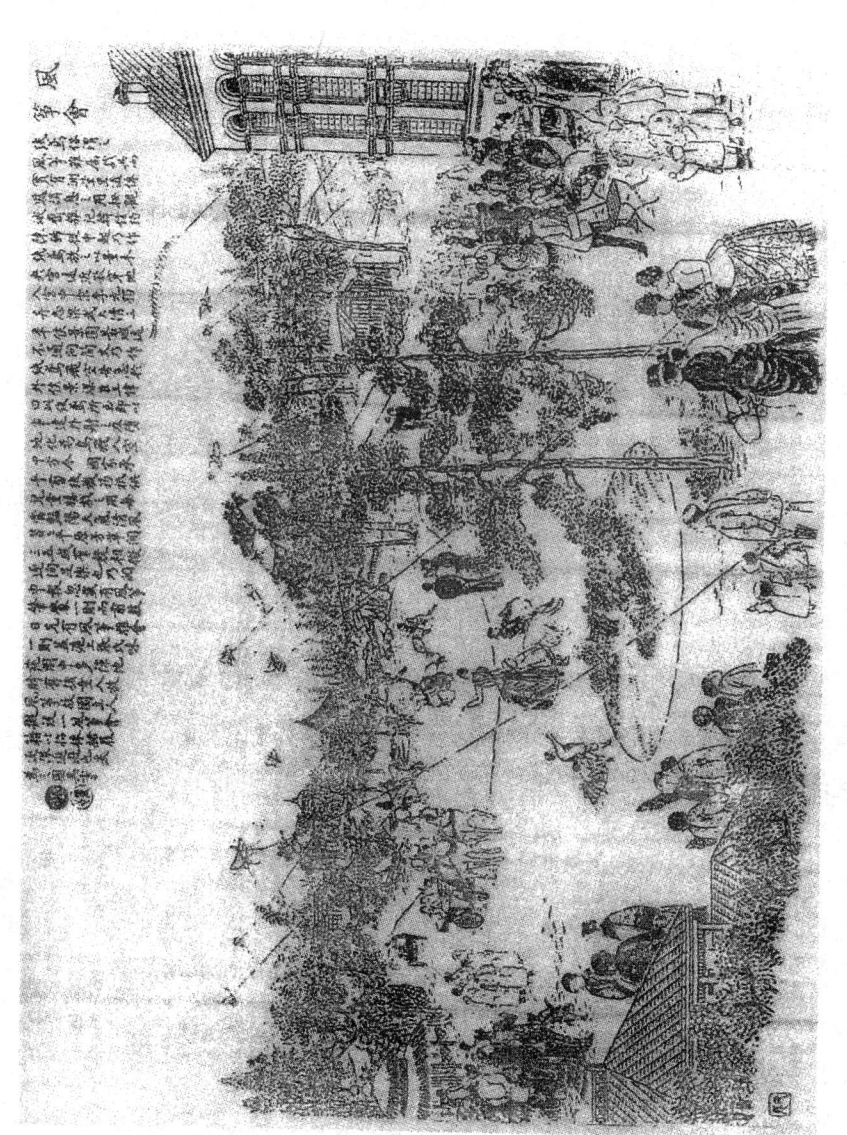

图 7　风筝会（《吴友如画宝：海国丛谈》，第 2 卷，第 14 页）

名的新闻体风俗画册《点石斋画报》(图6和图7)。如此将"西方"景观与本土"书写"并置于张园,展示张园主人作为一个行动和文化主体而参与非本土世界的梦想。张园主人还把"安恺地"变成了多种娱乐活动的集结地。这里可以见到上演地方戏的戏院、弹词剧场、照相馆、台球室、舞厅和对公众开放的电影院。[71]在异国景观中举办地方民俗活动,显然在诱使公众以想象的形式对文化、地理和民族国家界限作出一种象征性的逾越。在这一逾越过程中开启的是中国与其他大陆的更广泛的联系可能。

与西方资产阶级的现代文化相似,张园像一个窗口,昭示了一个更大的世界的存在。从某种意义上说,张园以及扬州的欧式园林与十九世纪末出现于巴黎的带拱顶的贸易市街有相似之处。它们都是以空间的形式表现了新开拓的经济地理视野,它们作为空间都展现了这样一种想象力,即要用一个建筑空间包容多元共存的整个世界,一个货品和人力可以通行无阻地自由流动的、没有内在边界的世界。不过这种类似的空间想象遭逢的是不同的历史现实。十八世纪末以来,由于以殖民战争和帝国主义征服为开道先锋,货品、资本和人力之跨国界跨地域的流通过程对于欧美资产阶级变得尤为顺利。但正是出于同样的原因,这种流通的顺畅仅仅是就欧美资产阶级而言。一旦这种流通的走向从中国这样的国家起始,取相反的方向,且没有殖民战争和帝国主义征服为辅佐,故事就有所不同了。我们在下文的分析中可以看到,对于张鸿禄乃至洋务集团而言,他们为实现"走向世界"的雄心所作的努力,尽管得到清政府的支持,却受到了来自力图控制世界贸易的全球帝国主义势力的打击和阻挠。可以说,这种打击和阻挠是使如招商局这样的洋务企业非但不能"起飞"反而被迫"下沉"的主因之一。帝国主义全球秩序和海上霸权的日益形成,以及非帝国主义企业的被迫"下沉",构成了世界不同地域的"现代性"的必然条件。

招商局的命运为我们展示了这一点。招商局为开辟欧美海上贸易而实

---

[71] 上海通俗文化研究者、作家郑逸梅指出,张园是"游乐场"的最早模型,因为它为上海公众提供了各种表演、娱乐、歌场以及其他形式的公共娱乐。见《艺海一勺续编》,天津:天津古籍出版社,1997年,第192—197页。

行的试航只经一次就停止了,其原因与其说是经济上难以竞争,不如说是遭到军事和政治上的拒绝。尽管招商局的轮船成功地横跨了太平洋和地中海,而且其贸易潜力也不算小,但招商局至旧世界以及新世界的航线还是无法开辟。原因不是招商局的航海技术,甚至也不是昂贵的成本和盈利可能,而是大洋彼岸的国家包括美国、英国、法国所采取的不友好乃至充满敌意的非市场手段,包括充满敌意的政治手段和军事手段。这些政策和行动的制订目的非常明确,那就是保卫帝国主义对全球海上秩序的垄断。上海—旧金山一线的搁浅显然与美国政府在十九世纪八十年代,为了减轻过度生产所带来的内部经济危机而开始采取的排斥华工政策有相同的历史背景。[72]据《招商局史》的研究,美国海关不仅向合众号征收重税(货物价值的10%加停泊罚金),并制定了许多歧视性的政策,包括剥夺乘坐合众号的中国乘客再次进入美国国境的权利。美国单方作出的这些歧视性规定,有效地阻挡了招商局从上海—檀香山—旧金山航线的启动。[73]同样,上海—伦敦航线也因为类似的规定而遭受阻拦。此外,在1884年中法战争前夜已经横行于印度洋和南洋群岛、对中国船只充满敌意的法国军舰和英国海军也"碰巧"非法撞沉了好几艘招商局的船只,其中包括越洋大型客轮合众号。[74]活跃在南亚洋面的英法航运公司对南洋海域霸占已久,此时也不惜互相结盟、操纵价格,以图将他们的新对手挤出南亚贸易。[75]在这种种多方的堵截阻拦之下,招商局的远洋航行计划受到相当的打击,以至于到了十九世纪八十年代中后期,招商局唯一剩下的常规性海外航线仅仅是上海至越南和泰国的航线了。[76]考虑到在世界范围内同时期发生的其他事件,如1882年美国

---

72 关于美国排斥华工的历史,参见沈已尧《海外排华百年史》(香港:万有图书公司,1970年);杨国桢、郑甫弘、孙谦《中国沿海社会与海外移民》(北京:高等教育出版社,1997年);颜清湟著、栗明鲜、贺跃夫译:《出国华工与清朝官员:晚清时期中国对海外华人的保护,1851—1911》(北京:中国友谊出版公司,1990年)。

73 张后铨:《招商局史》,第61—62页。

74 关于这一点,参见唐振常主编:《上海史》,上海:上海社会科学出版社,1989年,第269—271页。

75 《招商局史》,第59—65页。

76 然而清政府并未放弃国际竞争的帝国形式,直到1902年出台了新政策,允许

发布的排华法令(Chinese Exlusion Act)和 1884 年爆发中法战争,人们很难无视这样一个事实,即"将中国本土化"是全球政治秩序的必要组成部分,用以保证帝国主义对海上霸权和国际贸易的控制。

招商局远航计划的破灭及其对张园这一想象的文化空间所可能造成的影响,揭示了一个经过"离心化"的中国上层阶级在寻求新的"中心"、建造新的经济文化地域过程中所遭遇到的阻碍。这种未成功的寻求使中国这样的非西方国家的历史变得难以叙述或没有叙述,张园对欧洲景观的成功改写、招商局在跨洋航行方面展示的心理和技术上的开放性,都未能使上层阶级成功地建立新的经济地域感。中国的上层阶级未能如同十九世纪欧洲资产阶级那样,顺利地移出旧有的地域,然后跨入新的、更广阔的世界贸易的经济领域;相反,由于十九世纪末的经济和政治竞争仍然采取的是民族国家形式,他们参与世界、参与现代的过程被帝国主义的武力和政治阻断了。[77] 像清政府支持的其他洋务企业一样,招商局向海外发展可能性的破灭、连同它内在的腐败现象和财政错误,引来了朝野内外各种人士的激烈批评。[78] 清廷在屡次接到上书弹劾招商局的情况下,对招商局进行了反复核查。结果张鸿禄最终被撤销了职务,并被勒令回乡。[79] 至于新建不到十年的张园,他先是把它租了出去,在十九世纪九十年代,他又找机会返回上海,到张园当总管。[80] 尽管张鸿禄多少算是续上了"张园主人"的残梦,然而,他却从未再

为了私有集团和个人用途进口机械。

77 这里值得注意的是,十九世纪以民族国家为单位的政治经济冲突在很大程度上决定了招商局失败的方式。同全球化的今天的情况不甚相同。在十九世纪,合资式的跨国企业并没有在中国出现。

78 晚期很多笔记中都记载了朝野人士中关于洋务企业和招商局的不满之声。平步青《霞外捃屑》(上海:上海古籍出版社,1983 年)第 167—170 页可以见出一斑。不过这些批评所指的目标相当分散。有的集中于招商局的策略规划,有的反对其垄断式的经济政策,有的批评其腐败现象。

79 1885 年,李鸿章向朝廷报告了招商局的亏损,并撤销了徐润和张鸿禄的职位。

80 见熊月之对张园及上海公共空间形成所作的研究《张园:晚清上海一个公共空间研究》(载《档案与史学》1996 年)。注 89 中还有关于这篇文章的讨论。

获返回轮船航运事业的可能。张鸿禄洋务生涯的终结与一个世纪前扬州盐商们的命运不无相似之处,不过这一终结不仅是清帝国的决策,更主要更根本的还有大洋彼岸的帝国主义世界秩序对洋务企业的钳制和迫。张园的结局暗含了一个十九世纪中国上层阶级天真的"世界主义"同当时正在出现的全球军事结构迎头遭遇的故事。

不过本文所关注的并非招商局所代表的这一资产阶级化或现代化过程的未完成性,倒是接下来的那段历史。的确,张园的个案提出了这样一个问题,即当中国的上层阶级从成为欧洲资产阶级翻版的道路上被挤出之后,中国社会及文化发生了什么变化。这里我想强调指出的是"离心化"的都市主体沿另一种历史线路的发展可能性。沃伦斯坦或迈克尔·哈特也许会把上述过程描述为全球资本主义对地缘性资产阶级的胜利。[81] 但在此之后发生在张园的历史现象似乎不只是这种简单的论述所能概括的。上述地缘性资产阶级失败的过程加深了中国上层阶级文化以及整个清王朝的危机,它们最终让位于中国都市社会的另一种历史走向。这里,都市的社会主体从欧美资产阶级的翻版变成了欧美资产阶级的敌人,从同政府密切合作的官商变成了政府的批评者,从帝国和世界秩序的维护者变成了其破坏者和反叛力量。中国十九世纪上层阶级的"下沉"伴随了另一种声音的上升。在这个转变过程中,张园从一个类似于欧美都市的内景空间变成了"内景"的反面,变成了公众批评的前沿。[82]

81　如迈克尔·哈特和安东尼奥·内格里(Michael Hardt & Antonio Negri)在《帝国》(*Empire*. Cambridge Mass.:Harvard University Press,2000)一书中就使用"非地域化"(deterritorializing)、"再地域化"(reterritorializing)的概念描绘英美资本帝国的向全球扩张的顺利过程。其中被忽略的是中国及其他第三世界国家的资本和非资本运作在"非地域化"过程中一直面临的一系列外在以及内在阻碍。

82　关于张园成为公众空间的说法并不是我发明的。熊月之的文章《张园:晚清上海一个公共空间研究》(载《档案与史学》1996 年)和《晚清上海私园开放与公共空间扩展》(载《学术月刊》1998 年第 8 期)提出,在租界当局与清政府在租界管理之间形成的分歧带来了政治公众参与的出现。在此我同意熊月之认为张园于 1880 年代下旬开始变化为公共空间的看法。但我不能完全接受他的暗示,即清政府和英帝国在行政上的空白会自动导致公共空间的出现。我也不认为张园在 1890 年代以前出现的娱乐活动与 1890 年以后发生在张园的政治集会有什么直接关联。对于这些问题的具体讨论将在下节出现。

三、变内景为前沿

从扬州盐商阶层的衰微到上海洋务集团的"下沉",园林作为一种都市景观记录了一个重要的、辩证性的历史转折——一个清王朝的社会中坚向两大帝国交界处的边缘文化的转变。本文这一节旨在说明,这一转折过程对处在半废弃状态的张园连同其"世界主义"梦想的物质残迹的重新书写,颠覆了欧洲资产阶级式的城市景观在晚清的再现。特别是在甲午战争之后,张园的空间被重新规定了——不是被新的设计或建构,而是由新的活动重新规定为一个同清王朝和外国帝国主义势力针锋相对的重要批评场所。张园不再是外部世界的梦幻式再现,而是成为这样一个处所:在其中大清臣民们开始变成帝国主义势力的批判者甚至敌人。上海这个清王朝借以中兴的政治经济基地之一事实上变成了不同政治力量交锋的前沿。正是这种转变决定了上海同一次世界大战以前欧美都会的区别乃至对立。

实际上从很早开始,朝野内外以及受教育阶层对洋务运动的褒贬就既包含对清廷政策的批评又囊括了对"外国政府"政策的分析。[83]这些批评中不仅有反对变革的声音,也有催逼清政府进一步改革的意见。到了十九世纪末,清朝结束了官办企业对现代工业材料和机器生产的垄断,而由李鸿章倡议制定的、以在同中外对手的竞争中保护官办企业为目的的"十年专利"政策,也于十九世纪末被废止。十九世纪下半叶,从七十年代到九十年代,每当新的帝国主义势力企图把新的世界秩序加之中国,这类对清朝外交政策和世界强权的批评就会得到更多的表述。1884年的中法战争毁掉了整个南洋舰队,朝野中批判不满之声也随之达到了高峰。在某种意义上,康有为和梁启超的改良计划乃是长期积累的批评不满变得明晰化的结果。二十世纪初,对于洋务运动的批评已经转向了更为政治化的、针对清政府与帝国主

---

[83] 薛福成的《筹洋刍议》(引自聂宝璋编《中国近代航运史资料》第1卷,上海:上海人民出版社,1983年,第12—54页)就是一例。他在分析招商局情形的时候,指出了在政策制定和操作方面的弱点,也批评了外国公司的企图。

"世界主义"景观与双重帝国边界上的都市社会

义合谋来决定中国人民及国家之命运的批评。[84]中国明清史上对国家政治和问题的异议及内部批评本有其自身的传统[85],但在晚期出现的对清政权的这些新批评中,一个前所未有的事实是:批评的对象不再局限于中国的"内部"事务而是指向了国际事务。这种新的批评视野带来的新主体,就是清帝国权力的变节者和反叛者。正是后者给上海城市景观带来了新的活动、赋予它新的意义。

如果不是有特定城市空间的保护,这些新的批判声音是不可能得以实现的。毫无疑问,张园就是这类都市空间之一。对城市空间的使用在清代一直是一个和政治文化密切关联的问题。清代统治者对都市空间是否秩序化一直保持着高度警惕,因为在城里聚集大量人众这件事本身,便潜在地威胁了设置在城里的各级政府。因此清政府著名的法令之一乃是不得在城中以任何形式"聚众"。然而,上海却成为了十九世纪中叶中国都市中的一个例外,部分是由于上海的外国人社群对于清政府的禁令并不怎么积极合作。[86]同时,由于租界当局在十九世纪八十年代之后一直在寻求扩展租界的面积,在中国居民和租界当局之间一直不断发生着同土地及空间有关的冲突。[87]除了要扩展租界、越地筑路外,租界当局还想把公共空间种族化,禁止中国居民进入位于外滩的黄埔公园。此外,由于上海房地产市场的上扬,而大部分房产又受到外国资本的控制[88],上海跨文化的城市空间便同时受到了十

---

84 这一点在拒俄运动中表现得最为充分。在这个过程当中,许多人批评清政府与英国合作,就西藏的问题签订和约,以及清与俄在边界问题上共谋。见当时《警钟日报》中的有关社论。

85 见艾尔曼(Benjamin Elman)的《经学、政治与家族:中华帝国晚期常州今文学派研究》(赵刚译,南京:江苏人民出版社,1998年)。他表明十九世纪的最初几年中,批评"私人"运用地位和权力侵犯"公共"利益是很普遍的。

86 魏斐德(Frederic Wakeman)提出在上海国际居住区中"罪恶、吸毒和赤党"的流行是由于秩序混乱和当地的政治真空现象。见 *Policing Shanghai:1927—1937*(Berkeley:University of California Press,1995),第97—162页。

87 关于这些冲突,有一些详细的讨论。Bryna Coodman 的著作,*Native Place, City, and Nation:Regional Networks and Identities in Shanghai,1853—1937*(Berkeley:University of California Press,1995)就四民公所与法租界当局发生的冲突所作的讨论就是很好的一例(第158—172页)。

88 见松村伸:《上海:都市与空间》(东京:PARCO 出版公司,1991年)。

九世纪九十年代美国和东南亚新资本的影响。在这样的形势下,张园就变成了十九世纪八九十年代上海一个相对少有的大型内景式、有跨文化特征的城市空间,一个为数有限的、公众可公开进入的城市空间。[89] 从十九世纪末开始,张园成了上海社会多种活动共同借用的场所,既被用来举办公众娱乐活动,又被用来进行政治和文化活动,既是私人游玩的景观,又是社会团体集会和公众集结的场所。

到了十九、二十世纪之交,张园已经成为新觉醒、新出现的政治批评意识的摇篮。在张园组织的种种活动中,既包含了对跨国资本主导的国际政治的反抗,又包括了对清政府的种种政策的不满批评。洋务运动失败后蜂起迭现的各种协会、会党组织,给张园带来了新的都市主体和新的都市活动。张园从一个公众娱乐的处所变成各种会党、协会、正式及非正式组织的活动地点。这些会议和集会的主题各异,包括建立反清或革命的民族主义组织、举行公众演讲、举办同乡组织会议、督促清政府抵抗法国军事力量,以及讨论俄国在中国东北部的野心。这些集会规模不等,既有不足一百人的,也有上千人的。[90] 表一从《近代上海大事记》中摘取出十九、二十世纪之交发生在张园的部分政治性活动,尽管不全面,但可一窥当时张园的公共用途。

这些活动所显露的批判锋芒和不同政见是张园这些聚会之最引人注目的特征。组织者和演说者大多是激进的反清活动家、知识分子和激进的记者,他们把这个原来象征异国情调的梦之乡变成了酝酿反叛的聚会之所。张园的集会提供了使社会各界聚集一堂的机会,其中包括知名作家、各地区

---

[89] 熊月之讨论上海公共空间的时候提出(见注80):上海花园向公众开放导致了城市里公共领域的诞生。我在此处的叙述与他的看上去很相近,但有一点关键性的差别。对于他来说,公共领域的开辟似乎暗示着独立于政府的中产阶级政治文化空间出现了;而我却相信张园的历史显明了一个上层文化被逐步边缘化、上层阶级在"离心化"后未能建立新的文化统治领域——"再地域化"(reterritorializing)的过程。这一点我稍后还会详谈。

[90] 拒法会于1903年4月25日举行,四百人参加了这次会。三天后举行的抵制俄国侵略中国北部的会议有一千多人参加。见汤志钧编:《近代上海大事记》,第567页。

表一　张园的使用,1900—1905 年

年代	事件	发起人	参加人数
1900	由民族主义活动家组织的集会:主题包括弃绝清朝统治,并建立中国民族党。	唐才常 章太炎 严复 容闳	80
1901	由著名知识分子组织的集会,敦促清政府拒绝与俄国签订条约。	汪德涵 汪康年 温饮甫	200
1901.3	为增加民族主义情绪举行集会,敦促清政府拒绝与俄国签订条约。参与者有作家和知识分子。	吴沃尧 温欣瑶 黄宗仰	1000
1901.4.27	反对俄国入侵的公共演讲。	汪康年等人	1000
1901.4.30	公众集会,主题是组织国民总会或"国民议会",其目的是要表达国民对与中国相关的国际事物的观点。	冯镜如 易季服 高校学生	1200
1902	中国教育会欢迎吴敬恒和孙伯骏自日本归国。	中国教育会	
1902	中国教育会:支持在日旅游及留学。		
1903	绍兴同乡会:建立绍兴教育会。由著名知识分子和学者组织。	杜亚泉 蔡元培	
1903	马君武、蔡元培及其他人公开演讲,主题是中国在大阪世界博览会上受到的歧视。	中国教育会	
1903	学生及其他人的公众集合,声讨广西巡抚王之春为了镇压当地叛乱,不惜以土地为代价收买法军。		
1903.4	各省士绅和商人组织集会,号召公开拒绝法国在中国边界的骚扰。蔡元培、邹容等人发表了演讲。		300—400
1903.4	来自18个省的士绅和商人在此集会,抗议俄国侵占中国东北。		超过1000
1903.4	四民同乡会集会、发表演讲,抗议俄国侵占中国东北、批评清政府的对外政策。	四民公所	超过1000

续表

1903.5	中国教育会月会。	
1905	震旦公学的学生集会,为了抗议学校侮辱性的课程设置而集体退学,并留影纪念。	1400

资料来源:汤志均编《近代上海大事记》(上海:上海辞书出版社,1989年);唐振常编《上海史》(上海:上海社会科学出版社,1988年)。

的具有革新观点的教育家、来自中国和日本的学生、业余科学家以及青年女性学生。随着上层阶级用财富造建的娱乐之所转化成公众政治集会的场所,清帝国原来安全可靠的都市景观变成了具有威胁性的需要防范的边疆地带。清朝高官对于这一点已经有所认识。张之洞就曾提到,张园是"新党"们从事反叛活动的温床。他在拍给两江总督刘坤一的电报中描述道,"新党"们在张园里举行的集会,其演讲充斥着如"自主"、"拒俄"以及"自由"之类反清的字眼。他还提到,在演讲中所指责的许多国家都以其国旗为代表,其中有一面俄国国旗被愤怒的群众当场焚毁。[91] 在他看来,所有这些活动的真正目的是要组织一场针对朝廷的反叛运动。

在张园里首先出现的这类活动很快影响并扩散到了这座城市的其他园林空间。上海的私人园林由于举行公众集会和演讲而变得前所未有地引人注目。以愚园为例,它本是江南风格的私家花园,但在批评清政府的对俄政策的过程中,它无形中变成了公众集会、声讨清政府对外政策和分析世界局势的场所。一个二十世纪初非常活跃的知识分子团体——"对俄同志会",就是于1903年在愚园成立的。当发起人在愚园组织集会发表成立演说时,当场有上百人加入了这个同志会。[92] 1905年,在上海、广州等地发起的反美华工禁约运动(又称抵制美货运动)中,上海的园林空间再次成为这场公众运动的首批动员场所。这一运动在上海由福建商人领袖曾铸率先倡导和发起,并迅速赢得了来自各同乡会、行会、学生组织、文人作家、报社记者、妇女组织、学校和小店主的支持。公众集会和演讲与抵制美货运动相结合的方

---

[91] "致江宁刘知台,上海盛大臣",收入《张文襄公电稿》(上海:商务印书馆,1918年)。
[92] 见唐振常编:《上海史》,第395—396页。

式通过园林集会传播到这座城市里的其他地方。由蔡元培、吴沃尧和汪康年这类的知识分子和作家组成的"公众演说会"在整个城市的不同场所进行一连串的演讲。[93] 在1905年的抵制美货运动中,仅上海一地出现了约四十次公众演讲和集会,其场所除了公共和私家园林外,还包括同乡会馆、学校和学社等。[94] 这些政治集会和讲演活动将原来相对孤立的城市空间串联了起来。尽管清政府下令停止抵制美货,这场运动仍然持续了近半年之久。表二显示了这些演讲场所的地点分布。

表二　上海1905年抵制美货活动公众演讲和集会的地点

地点	次数
公共和私家花园及住宅:	11
同乡会馆:	14
学校和学社:	8
未知:	7
总数:	40

资料来源:与表1同。

这些非同寻常的政治集会在本应是上层阶级活动场所的都市空间举行,这显示了清王朝上层阶级自身的重大变化。已有的研究习惯于把在这段时期中变化着的上海公众文化看作新的政治文化的开端,认为它意味着一个更加自由的公共空间的诞生。这些不无洞见的学术研究,或多或少都与哈贝马斯的公共空间理论有关。由于公共空间不是本文的主要关注对象,我在此只希望就这个空间的诞生和开端问题提出一点质疑,那就是哈贝马斯在公共空间的"出现"与资产阶级的"上升"之间建立的相互关联乃至因果关联。公共空间的形成与资产阶级理性社会的形成之间的联系,在哈贝马斯的著作中是自明的,然而在中国的历史语境中,假定公共空间的"出现"连带一个资产阶级的"上升",或者相反,假定资产阶级的"上升"可以连带出公共空间的"出现",实际上可能会带来误导。正如我通过张园的历史所试

93　汤志均:《近代上海大事记》,第567页。
94　同上,第599—605页。

图展示的那样,是上层阶级的没落、而不是其"上升"为清末批评群体的出现让了路。这一批评群体具备民主和革命的精神诉求,但它却不是欧美上升资产阶级的翻版,倒是它的另类。从张园"产生"出来的批评群体很可能标示着一点,即上节讨论到的清帝国上层阶级的"离心化"的过程,它在二十世纪初已经发展到"持不同政见"的程度。在这个意义上,上海的都市内景养育的是一批新的、与清王朝和帝国主义势力相对立的政治人物。在同清王朝及帝国主义势力的双重对立中,这些人物也开始背离他们原有的、依据同政府的关系而定的阶级角色。出现在这些城市空间的表演者不再是某个阶级和群体的代表;相反,他们代表着一个广泛联合的,包括各种人物诸如商人、学生、作家、教育家、小店主、革命者和无名的男男女女的政治阵线。当然,在反美华工禁约运动中组成的联合很快被遣散了,也许这种联合本身就是随生随灭的。但其短暂的发展轨迹却是如此的关键,以至于它足以转变城市的历史角色:它使得清帝国的都市内景翻转为其政治前沿,同时使得英帝国设立在亚洲的半殖民地的前哨翻转成朝向帝国主义霸权本身的锋刃。上海的都市发展,乃至十八世纪到二十世纪初中国的都市发展,就这样呈现了一条特殊的历史曲线。

结　　语

鸦片战争以后的中国历史往往被在(半)殖民主义和帝国主义的框架之内进行读解。但本文却试图通过研究扬州和上海城市空间一些特征和含义及其在十九、二十世纪之交发生的转变,为研究这段历史引入一个新的角度。本文指出,清王朝的都市上层阶级在十八世纪曾经呈现了同欧美资产阶级发展相类似的历史轨迹,但这种发展带给清朝社会的问题,以及它后来与正在形成的帝国主义世界秩序之间的遭遇,决定了这一历史轨迹的断续性而非延续性。同样,与关于资产阶级的"上升"导致公共空间的"出现"这类看重"开端"的历史理论相反,本文证明,公共空间在中国都市的出现与其说是伴随新阶级的"上升"而来,不如说同已有阶级的"下沉"和"离心化"密切相关。而清帝国社会中坚的自我离心化过程，又最终导致了对清朝政府和帝国主义世界秩序的双重反叛。都市又在这段历史中扮演了特殊的角色。从扬州到上海的都市空间迁移，以及空间意义在这个过程中的变化，记载、展示并参与了中国都市主体的这一离心化、边缘化乃至双重反叛的过程。

本文的主要历史叙述在三个层次上展开。首先，本文论述了十八世纪扬州的繁华如何以跨文化的、世界主义的空间特征为重要标志，以求打破关于中国历史封闭性的误导性的记忆盲区，并在十八和十九世纪迥然不同的都市版图中寻找可能的历史联系。本文对扬州的论述试图将鸦片战争前已经相当发达的都市文化史带入对"现代"以及"现代都市"上海的考察。本文还指出，扬州的衰落所说明的不是中国历史，而是欧美历史的特殊性——后者只是依靠战争、殖民和向新大陆的移民，才躲开本来也可能降到头上的扬州式的衰亡命运。

其二，对哈同花园和张园的分析表明，上海城市景观的跨文化特征不仅是西方影响的结果，而且是十八世纪扬州乃至更早时期遍布欧亚各洲的"世界主义"文化复兴的产物。同样得到复兴的是清朝的官商传统，它集中表现为洋务集团的新的企业化尝试。张园因此表现的是这个集团利用先进的航海技术和清政府的垄断性政策而对崭新的世界性经济前景和文化可能性的一种重新构筑。我的结论是，这一对新世界经济前景和新文化可能性的重构过程因遭到帝国主义国家的战舰、排斥华人政策，乃至海上贸易垄断的阻拦而中断搁浅。这导致了中国上层阶级在内部结构上的转变。

本文第三个、也是最重要的叙述在于，随着扬州的衰亡乃至洋务企业的不成功，清王朝的社会中坚开始出现颇有反讽意味的、辩证的转变。上海的园林见证并参与了这个转变：在那里，本可能成为与西方资产阶级翻版的中国精英们，变成了质疑清朝政治乃至帝国主义全球政治的反叛者。城市景观（如花园）变成了公众演讲和政治集会乃至组成都市联合阵线的中心场所，它使得原来帝国的内景变成了批评群体的政治前沿。就这样，上海从一开始便暗含了一条与欧美世界都会迥然不同的历史发展曲线。

中文及日文参考文献

陈丰:《清代盐政与盐税》,郑州:中华古籍出版社,1988年。

陈从周:《扬州园林》,香港:三联书店,1983年。

陈定山:《春申旧闻、春申旧闻续集》,台北:世界文物出版社,1956年。

《点石斋画报》,广州:广州人民出版社,1983年。

高晋编:《南巡盛典》(1771),台北:台湾商务印书馆,1983年。

焦循:《花部农谭》,引自《中国古典戏曲论著集成》第8卷,北京:中国戏剧出版社,
    1956—1960年。

焦秉贞(绘):《御制耕织图》,上海:点石斋书局,1886年。

《警钟日报》,上海:警钟日报社,1904—1905年。

李斗:《扬州画舫录》(1794),扬州:江苏广陵古籍刻印社,1984年。

李鸿章:《李文忠公全集:朋僚函稿》,上海:商务印书馆,1921年。

李渔:《工段营造录》,上海:上海科学技术出版社,1984年。

李明铭、吴辉:《中国盐法史》,台北:文津出版社,1997年。

梅花庵主:《申江胜景图说》,台北:东方裹化书局,1970年。

平步青:《霞外捃屑》,上海:上海古籍出版社,1982年。

钱泳:《履园丛话》,北京:中华书局,1979年。

松村伸:《上海:都市与建筑》,东京:PARCO出版公司。

沈复:《浮生六记》(1808),台北:世界书局,1962年。

沈已尧:《海外排华百年史》,香港:万有图书公司,1970年。

史梅定等:《追忆:近代上海图史》,上海:上海古籍出版社,1996年。

田中成一:《中国祭祀演戏研究》,东京:东京文化研究所,1981年。

唐廷枢:"唐廷枢禀李鸿章文",《招商局档案》,北京第二历史档案馆,宗468,卷73。

汤志均:《近代上海大事记》,上海:上海辞书出版社,1989年。

唐振常:《上海史》,上海:上海社会科学出版社,1989年。

《图画日报》,上海:图画日报社,1908—1910年。

王尔敏:《清末兵工业的兴起》,台北:"中央研究院"近代史所,1972年。

王秀楚:《扬州十日记》,台北:广文出版社,1971年。

吴友如:《吴友如画宝:名胜画册》,1908年初版,上海:上海古籍出版社,1983年重印。

吴昌煜:《城垣识略》,北京:北京古籍出版社,1981年。

吴兴、姚民哀:《上海县续志》,1918年初版,台北:成文书局,1970年重印。

熊月之:《张园:晚清上海一个公共空间研究》,《档案与史学》1996 年。
熊月之:《晚清上海私园开放与公共空间扩展》,《学术月刊》1998 年第 8 期。
徐乾放:《扬州风土记略》,扬州:江苏广陵古籍刻印社,1989 年。
薛福成:《筹洋刍议》,引自聂宝璋编:《中国近代航运史资料》,上海:上海人民出版社,第 1 卷,第 12—54 页。
杨国桢、郑甫弘、孙谦:《中国沿海社会与海外移民》,北京:高等教育出版社,1997 年。
颜清湟:《出国华工与清朝官员:晚清时期中国对海外华人的保护,1851—1911》,北京:中国友谊出版公司,1990 年。
于醒民:《上海:1862 年》,上海:上海人民出版社,1991 年。
曾仰丰:《中国盐政史》,北京:商务印书馆,1998 年。
张后铨等:《招商局史:近代部分》,北京:人民交通出版社,1989 年。
张鸿禄:"禀报游历南洋情形",《招商局档案》,北京第二历史档案馆,宗 468(2),卷 34。
张之洞:《劝学篇》,北京:中江书院,1898 年。
张之洞:"致刘知堂、盛大人",《张文襄公电稿》,1918 年。
招商局:"招商局移小吕宋、暹罗分局领事绅董文稿",《招商局档案》,北京第二档案馆,宗 468(2),卷 34。
赵尔巽:《盛祖本纪》,《清史稿》,北京:中华书局,1976 年,第 6 册,第 169 页。
——《台湾舆地序》,《清史稿》,北京:中华书局,1976 年,第 46 册,第 2263 页。
赵之壁:《平山堂图志》(1775),台北:成文出版社,1983 年。
郑逸梅:《轰动一时的游戏场》,《艺海一勺续编》,天津:天津古籍出版社,1996 年,第 192—197 页。

西文参考书籍

Abu-lughod, Janet L. 1999. *New York, Chicago, Los Angeles: America's Global Cities.* Minneapolis: University Of Minnesota Press.

Benjamin, Walter. 1968. "The Work of Art in the Age of Mechanical Reproduction," In *Illuminations.* Edited and with an introduction by Hannah Arendt, translated by Harry Zohn. New York: Harcourt, Brace & World, pp. 217—252.

——1983. *Charles Baudelaire: A Lyrical Poet in the Era of High Capitalism.* Trans. by Harry Zohn. London: Verso.

——1999. *The Arcade Project.* Trans. Harry Zohn. Cambridge: Harvard University Press.

Betta, Chiara. 1999. "Silas Aaron Hardoon and Cross-Cultural Adeptation in Shanghai," in Jonathan Goldstein ed., *The Jews of China*, Volume 1, *Historical and Comparative Perspectives.* Armonk: N.Y.: A. E. Sharpe.

Boxer, C. R. 1988. *Dutch Merchants and Mariners in Asia, 1602—1795*. London: Variorum Reprints.

Buck-Morss, Susan. 1989. *The Dialectics of Seeing: Walter Benjamin and the Arcades Project, Studies in Contemporary German Social Thought*. Cambridge, Mass.: MIT Press.

Chakrabarty, Dipesh. 2000. *Provincializing Europe: Postcolonial Thought and Historical Difference*. Princeton, N. J.: Princeton University Press.

Clunas, Craig. 1996. *Fruitful Sites: Garden Culture in Ming Dynasty China*. Durham: Duke University Press, 1996.

——1991. *Superfluous Things: Material Culture and Social Status in Early Modern China*. Urbana, Ill.: University of Illinois Press.

——1999. "Modernity Global and Local: Consumption and the Rise of the West," In *American Historical Review*, Vol. 104, No. 5 (Dec. 1999): 1497—1511.

Cochran, Sherman. 1980. *Big Business in China: Sino-foreign Rivalry in the Cigarette In dustry, 1890—1930* Cambridge, Mass.: Harvard University Press.

Crossman, Carl L. 1991. *The Decorative Arts of the China Trade*. Woodbridge, Suffolk: Antique Collectors' Club.

Deleuze, Gilles and Felix Guattari. 1987. *A Thousand Plateaus: Capitalism and Schizophrenia*. Translate and foreword by Brian Massumi. Minneapolis: University of Minnesota Press.

Driver, Felix and David Gilbert, eds. 1999. *Imperial Cities: Landscape, Display and Identity*. Manchester and New York: Manchester University Press.

Elman, Benjamin. 1990. *Classicism, Politics, and Kinship: the Ch'ang-chou School of New Text Confucianism in Late Imperial China*. Berkeley: University of California Press.

Frank, Gunder. 1998. *ReOrient: Global Economy in the Asian Age*. Berkeley: University of California Press.

Goodman, Bryna. 2000. "Improvisations on a Semi-Colonial Theme, or, How to Read a Celebration of Transnational Urban Community," In *Journal of Asian Studies*, Vol. 59, No. 4 (November 2000).

——1995. *Native Place, City, and Nation: Regional Networks and Identities in Shanghai, 1853—1937*. Berkeley: University of California Press.

Habermas, Jurgen. [1962] 1989. *The Structural Transformation of the Public Sphere*. Trans. T. Burger and E. Lawrence. Cambridge, Mass.: MIT Press.

Hao, Yen-p'ing. 1986. *The Commercial Revolution in Nineteen-Century China: the Rise of Sino-Western Mercantile Capitalism*. Berkeley, Los Angeles, and London: University of California Press.

Hardt, Michael and Anthonio Negri. 2000. *Empire*. Cambridge, Mass.: Harvard University

Press.

Hay, Jonathan. 2001a. *Shitao: Painting and Modernity in Early Qing China*. Cambridge and New York: Cambridge University Press.

——2001b. "Painting and the Built Environment in Late-Nineteenth-Century Shanghai," In Kearn, Maxwell K. and Judith Smith eds. , *Chinese Art: Modern Expressions*. New York: Metropolitan Museum of Art, pp. 78—116.

Hevia, James. 1996. *Cherishing Men from Afar*. Durham: Duke University Press.

Ho Ping-t'i. 1954. "The Salt Merchants of Yang-Chou: A Study of Commercial Capitalism in Eighteenth-Century China," *Harvard Journal of Asiatic Studies* XVII(1954):130—168.

Honour, Hugh. *Chinoiserie: the Vision of Cathay*. New York: Dutton, 1962.

Huc, Evariste Regis. 1855. "Huc's Travels in China," *Littell Living Age*(Boston), 45(1855): 666.

Hudson, Geoffrey Francis. 1931. *Europe & China: a Survey of Their Relations from the Earliest Times to 1800*. Boston: Beacon Press.

Johnston, Tess and Erh, Deke, eds. 1993. *A Last Look: Western Architecture in Old Shanghai*. Hong Kong: Old China Hand Press.

Judge, Joan. 1996. *Print and Politics: "Shibao" and the Culture of Reform in Late Qing China*. Stanford, Calif. : Stanford University Press.

Lee, Jean Gordon, and Philadelphia Museum of Art. 1984. *Philadelphians and the China Trade, 1784—1844*. Philadelphia: Philadelphia Museum of Art.

Leonard, Jane Kate. 1996. *Controlling from Afar: the Daoguang Emperor's Management of the Grand Canal Crisis, 1824—1826*. Ann Arbor: Center for Chinese Studies, University of Michigan.

Liu, Kwang-ching. 1962. *Anglo-American steamship rivalry in China, 1862—1874*. Cambridge: Harvard University Press.

Mason, Mary Gertrude. 1939. *Western Concept of China and the Chiese, 1840—1876*. New York: S. N.

Meng Yue. 1999. "Hybrid Science versus Modernity: The Practice of the Jiangnan Arsenal, 1865—1904," *East Asian Science, Technology, and Medicine*, 16(Dec. 1999):13—47.

——2000. *The Invention of Shanghai: Cultural Passages and Their Transformation, 1860—1920*. Dissertation. Los Angeles: University of California.

Meyer-Fong, Tobie S. 1998 *Site and Sentiment: Building Culture in Seventeenth-century Yangzhou*, Dissertation. Standford University.

Michie, Alexander. 1990. *The Englishman in China During the Victorian Era, as Illustrated in the Career of Sir Rutherford Alcock*. Edinburgh and London: W. Blackwood & Sons.

Nathan, Andrew and Lee, Leo Ou-fan. 1985. "The Beginning of Mass Culture," In Johnson. David, Andrew Nathan and Evelyn Rawski et al. , *Popular Culture in Late Imperial China*. Berkeley: University of California Press.

Pomeranz, Kenneth. 2000. *The Great Divergence: China, Europe, and the Making of the Modern World Economy*. Princeton, N. J. : Princeton University Press.

Rydell, Robert W. 1984. *All the World's a Fair: Visions of Empire at American International Expositions, 1876—1916*. Chicago: University of Chicago Press.

Schneer, Jonathan. 1999. *London1990: The Imperial Metropolis*. New Haven: Yale University Press.

Tanaka. 1985. "The Social and Historical Context of Ming-Ch'ing Local Drama," In David Johnson, Andrew Nathan, and Evelyn Rawski, eds. , *Popular Culture in Late Imperial China*. Berkeley and Los Angeles: University of California Press, pp. 143—160.

Wakeman, Frederic. 1995. *Policing Shanghai, 1927—1937*. Berkeley: University of California Press.

Wallerstein, Immanuel Maurice. 1974—1989. *The Modern World System*. New York: Academic Press.

（蒋华 译）

（原载《中国学术》第十三辑）

从十九世纪上海地图看对城市未来定义的争夺战

叶凯蒂(德国海德堡大学)

上海与其多元的文化结构

十九世纪末二十世纪初的上海,在西方势力向东扩张的历史中,代表着一个极特殊的案例。由鸦片战争后建立起的各个外国租界与上海县城,组合成一个独特的权力结构,这是一个既象征霸权主义又无绝对霸权,既有中心又无中心的城市,其特性为多元,其治理原则为协商。代表两极的,一方面是清朝管辖下的上海县城,另一方面是由纳税人选举出的工部局管理下的公共租界(公共租界于1863年由英美租界合并而成)。法租界处于两者之间,虽也有工董局,但实际上是在法国政府的管辖之下。租界是以来自各国、各地方的移民组成的。这些"外来者"以各种互相冲突而又重叠的文化、地域与职业团体,创立了一个多层次的城市文化结构。不同的文化不可避免地成为居民日常生活的一部分。

语言上,作为一个由不同民族与种族组合起来的社会,上海在多种语系方言的交织互换中运转。人们的日常生活可能在两种或三种语言中进行。而所谓"洋泾浜"又是综合各种语系,促成中西沟通的重要商务用语。法律上,上海是由不同的法院、不同法律所制裁,其中包括上海道台的衙门府,中西混合的司法机构"会审公堂",以及领事法庭与领事公庭。上海的国际邮政机构至少有六家,为租界上的各国人士服务。租界内的大街,常有两三种不同语言的名称。经济上,上海的商务是在六七种不同的货币不断变动对换律的基础上正常运转的。[1]

在时间观念上,由西方引进的钟表、市内大自鸣钟,和以七天为一周的日历,促成了新的时间概念的形成。其影响涉及大至一年,小至分秒的计时方法。以一天为二十四小时,其中包括工作、休息与娱乐的各特属时区,导致了现代生活方式的形成。以致在很长一段时间内,上海运转的时间与全国各地截然不同。1860年代,每逢星期一与星期五,黄浦江上英国战舰以十二点整鸣炮示意,为上海及上海郊区确定(西洋)时间基准。[2]但这也只是上海公用的时间之一。上海的每小时、每天、每月、每年,都同时在多种编制中并存,其中包括中国农历、耶稣诞生日、清朝皇帝继位日、日本天皇继位日,以及穆斯林教、犹太教、印度袄教、锡克教等多种算时方法。不同的宗教及各种民间节庆,更进一步给城市的不同文化层次,标志出了不同的时间结构。对时间的新认识同时受到新科技的影响。由高效率的公共租界工部局引进的电气设备、筑路方法、电报,再往后,电车、电话等,改变了城市内外的交通与通讯速度,由于电力和煤气使白天延伸到夜晚,为城市拓展了新的时空;对星期六与星期日的逐渐接受,更进一步促进了新式娱乐业的发展和新式消费方法。一个由多种层次组合而成的"城市时间"在上海形成。作为个人,来上海做生意或居住,都可能因为生活或工作的原因,在一天中进入并越过几道"时区"。由于江南一带与上海在经济上日益紧密联系,上海的"时间"与内地的"时间"被迫不断互相适应调和。

与时间变迁的同时,上海的空间也经历了重大的变化。与上海县城墙内的曲折狭窄的街道形成鲜明对比的,是租界上宽阔清洁的大马路,和三层或两层的洋房与新旧里弄房舍。新建筑促成了租界内自成一体的社团的滋生;后来出现的公寓楼房,又给新兴的小家庭生活方式奠定了基础。在上海市内外,可以看见各式耶稣教教堂,还有犹太教堂、穆斯林教堂、共济会会

---

1 详见 William Crane Johnstòne, *The Shanghai. Problem*. Westport, Connecticut, Hyperion Press, 1937;上海通社编:《上海研究资料》,上海:上海书店,1984年;张仲礼主编:《近代上海城市研究》,上海:上海人民出版社,1990年。

2 有关鸣炮定时的公告,刊登在1861年代《上海新报》头版上。

堂、日人的佛教与新教土寺，以及华人信奉的各类佛寺神庙。许多不同民族与地方团体，有自己共同生活的区域地段和特属的学校、墓地。但是与此同时，城市还包括有集体活动的公共花园，一年两度由全城人参加的赛马会，国外巡回演出的马戏团，以及全城人参加的各种庆祝集会。因此，上海一方面是由具有相当强的自我认同的各团体组成，但另一方面，这些团体与个人同时又共同占据着在明确目的推动下形成的城市空间。例如街道、纪念碑、大厦楼房、外滩，以及市内的各式饭馆、酒店、茶楼、戏院、客栈。由于这个新兴城市的社会空间与其经济活动紧密相连，城市乃超越每个团体具体关心的问题，促使各团体为适应这新环境而改变原有的生活方式。

这个特殊的历史带给上海一个特殊的问题：在各种势力互相竞争的局势中，上海的发展方向应由谁来制定？其前景应由谁来描述？这"前景"指的又是哪个"上海"的前景？上海在经济上的巨大活力，其重要因素之一无疑是社会各文化层次之间竞争的结果。然而不同的层次同时也代表着互相冲突的价值观。这里不仅仅是宗教信仰、历史文化的差异，或做生意赚钱的准则的不同，这里涉及权力与控制。公开地宣称上海的哪一部分代表真正的上海，是显示对这城市拥有主宰权的一种方法。

作为一个城市，上海且不断地改变形状，移动其重心。由于城市的不同组成部分和不同利益结构不断争夺其定义权，上海的哪一部分真正代表城市的形象并最应也最能代表"上海"，成为争夺的重点。上海的未来与城市发展的方向在十九世纪下半叶是一个没有结论的未知数。

异常丰富的上海史料，给围绕在上海定义上的抗衡提供了多样的史据。其中上海历史地图对此反映得既具体又生动。在地图属实可靠的名义之下，隐藏在其"客观线条"的语言之中，上海的形象与形状实际上是具有高度自觉性的产物。在地图的平面上，形状与内容是用来表明截然不同的观点。从上海地图的例子中，我们可以看到上海地图最重要的目的并不是表现"客观事实"，而是利用"客观事实"来制造某一种"事实"，阐述某一种观点。一张地图可以被看成是一种叙述，有着清晰的故事结构、角色和宗旨。在对地理形状的描述之中，所表达的是一定的价值观和对城市的某一种认识。由于十九世纪的上海地图,强调的是对城市部分性的"真实"体现,使之成为选择性叙述的产物。

地图的文化价值观

上海地图与上海同样也是由很多层次组成的。从地图制作规范与基本原则这一角度来看,代表第一个层次的是地图上公开表明的制图目的:例如旅游观光图、导航图、扩路图等。这一层的内容,一般在地图上直接注明。第二个层次是地图中的具体内容。以不同的地图比较,明显地在所谓科学与属实的前提下,城市的形象在地图中是由不同的价值取向决定的。例如地图的图形中包括了什么?排除了什么?什么被曲解?尺度的比例如何变化?第三层次是地图对具体形状的体现:例如上海是以什么形状出现(是什么的一部分?独立于什么?如何以局部代表无形的整体?),以及城市各个组成部分的尺度和全图的比例,制图用的方位与颜色等。从这个角度看,可以说地图是政治文化的产物。通过形状、颜色和符号,上海的地图用其微妙的颠覆性的语言,以对抗其他与其观点不符的图形。

从文化史角度来看,决定图形的重要因素取决于文化观念。如何显示一个地点的重要性,中西双方有着很不同的传统。十六、十七世纪的欧洲,由商人与探险家为征服世界而远航,地图的制作水平与普及程度都很高。在游记文学的基础上,通过对航道、海岸线、陆地的形状的描绘,地图成为一种对世界叙述的新方式。而在中国的文化传统中,地图的发展主要应用于军事与国防。要表达对一个地方的印象,运用的是文字而非图形。读者接触到的,是由浓厚的文化与历史叙述营造起来的一个地方,读者甚至不需要离家远行,"心游"或"卧游"便可。[3] 直到十九世纪中期,在西人扩张的压力下,中国官员才被迫认识到地图以及地图文化的重要性。[4] 当西洋人出现在上海的时候,

---

[3] 《扬州画舫录》便是一例,请参阅袁枚"序",载于李斗《扬州画舫录》,江苏:广陵古籍刻印社,1984年,第4页。

[4] 请参阅谭兆璋:《从小乾坤看大世界:古地图收藏的启示》,《明报月刊》1996年第11期,第8页。

从十九世纪上海地图看对城市未来定义的争夺战

中国官员面对的不仅是兵舰大炮，同时还有西洋人手里的上海地图。

早期的上海地图：观点导致形象

上海早期的地图，有十八世纪仿制的"古上海镇隶华亭界图"，表现宋代上海，那时上海属镇。[5]由另一张十八世纪复制的元代上海地图可看到，上海在未建城墙时已经有了城形（上海县城墙建于1555年，明嘉靖三十四年）。从再往后的上海地图，可以看出镇内的大街小巷、庙宇学堂、房屋住宅的基本布局已定型。[6]最早的上海县城图，制于1817年，载《嘉庆松江府志》。

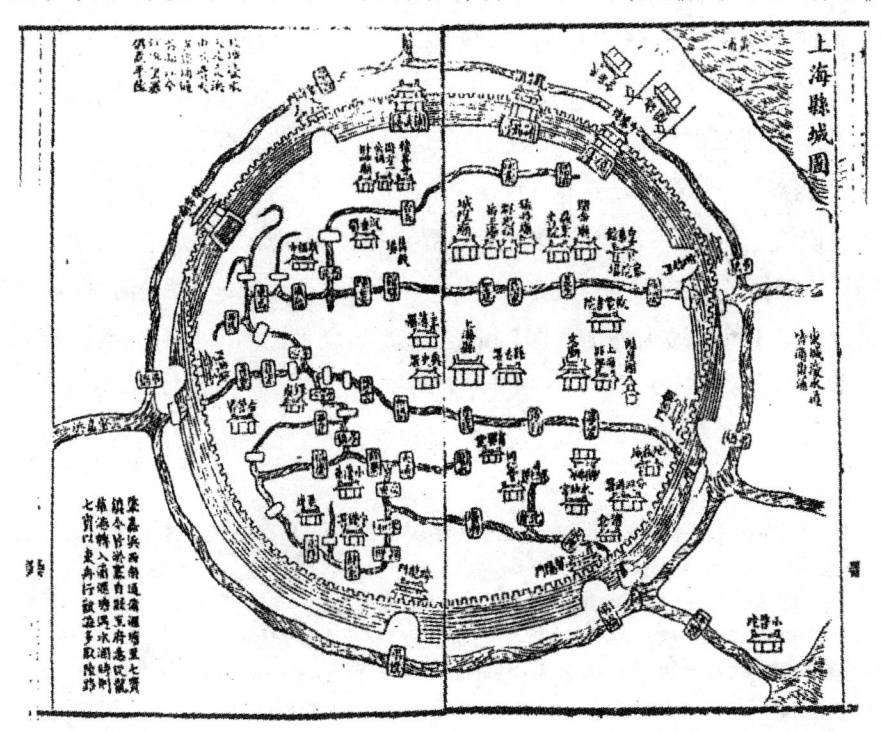

图1 "上海县城区域图"，1817年，嘉庆

---

[5] 此图出自褚华：《沪城备考》，《上海掌故丛书》，上海：上海通社出版，1935年第一卷；另一张十八世纪复制的元代上海地图，可以看到城墙没有建时的上海已经有了城形。

[6] 见图"上海未筑城古迹图"，同上。

(图1)。[7]图上增加了城墙和庙宇学堂的位置,城内布局变化很小。最大的变化是北门楼外增加的海关楼。从一幅十九世纪绘制的上海地区水路图可以看到一幅太平世界——鱼米之乡的景色。[8]图中的着色为突出这景色起了重要的作用:黄浦江与水道用的是淡褐色,河上画着渔船和形象清晰的渔翁,环水而立的上海县城,城墙以深蓝色勾出,衬托出一种无忧无虑的情调。

就我所见到的西人制图之中,最早的一幅上海地图大约制于1853年,在上海开埠十一年之后(图2)。[9]以这幅1853年的西洋地图和当时仅有的《嘉庆松江府志》的"上海县城图"比较,两图突出的差异在于表示城内外重要信息的标志之上。占华图中心位置的是县衙门与各类政治管理机构。而西图中央的"首席位置"则被"伦敦慈善会"的大教堂所占据。与此同时,此图不但把县衙门完全删去,而且以基督教教堂代替了城内所有的寺庙。值得注意的是,这时西图继续把县城叫作"上海",租界以"场地"(ground)自居。

同治十一年(1872年),在上海租界建立三十年之后,清末著名学者俞樾[10]新编纂了一部《上海县志》,其中包括上海县的局部地图"上海县城图"(图3)、"上海县城内外街巷图"和"今上海县全景图"(图4)。[11]然而在县志详尽的记载中,却没有一条是关于租界。与文字一致,地图对上海租界存在的这一事实采取完全否认的态度,紧挨着新老北门的法租界连街名也没

---

7 (图1)"上海县城区域图",出自《嘉庆松江府志》1817年,见《中国地方志集成》,上海:上海书店,1991年,第49页。

8 此图无名,内容为十九世纪上海水道图,为大英图书馆收藏。

9 1840年第一次鸦片战争期间,英国海军已有上海水路图。这些地图一般是以中国地图为根据的。(图2)此图名为:"Shanghai and its Suburbes. About 1853"出自 All about Shanghai, A Standard Guidebook, Hong Kong: Oxford University Press, 1986。

10 俞樾(1821—1907年),浙江德清人。字荫扑甫,号曲园。道光进士官至翰林院编修,河南学政。太平天国起义期间曾到上海避难。与洋务派善;与上海租界内和外国人合作的中国学者关系甚密,例如与当时《申报》编辑之一何桂笙便是好友。详见徐载平、徐瑞芳:《清末四十年申报史料》,北京:新华出版社,1988年,第35页。

11 (图3、图4)出于俞樾编:《上海县志》,台北:成文出版社(据清同治十一年刊本[1872]影印),1975年。

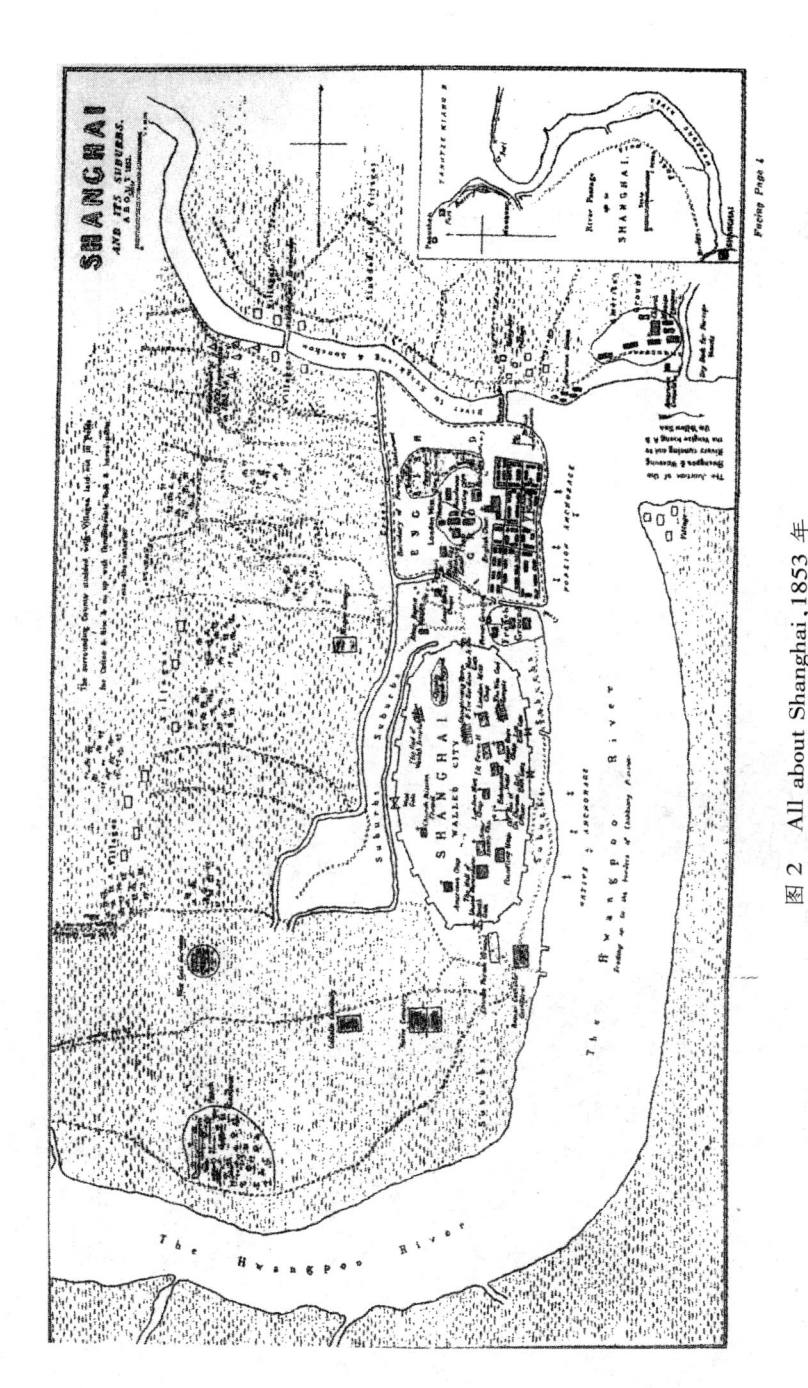

图 2　All about Shanghai, 1853 年

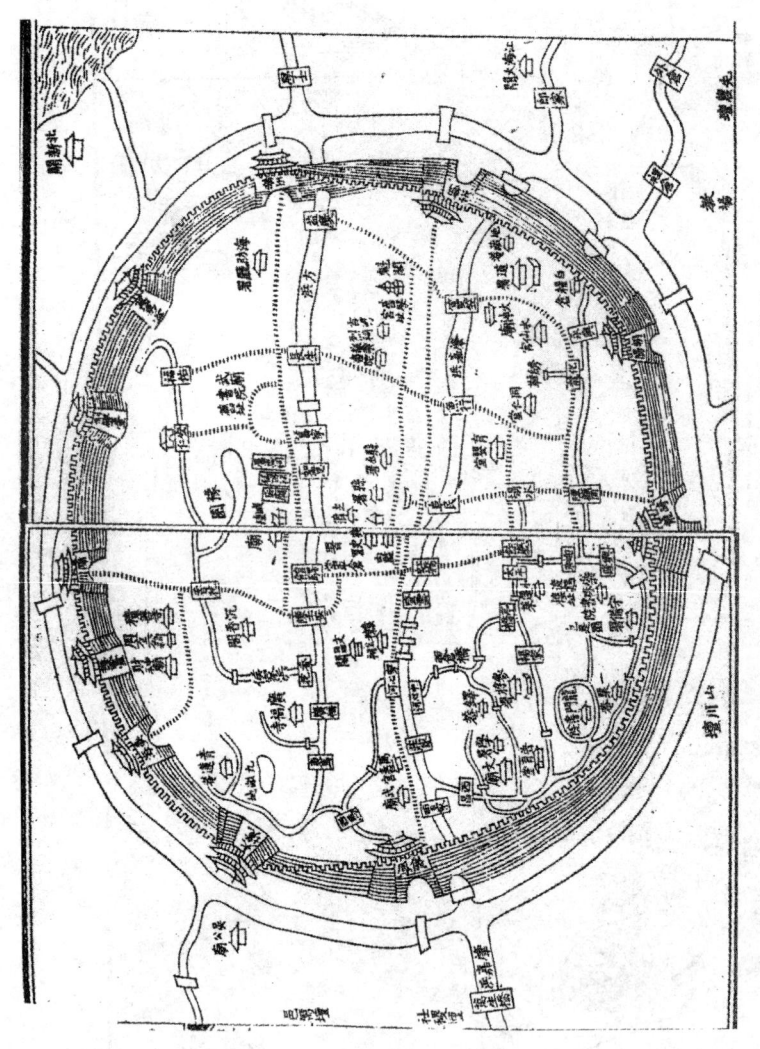

图 3 俞樾"上海县城图",1872 年,同治

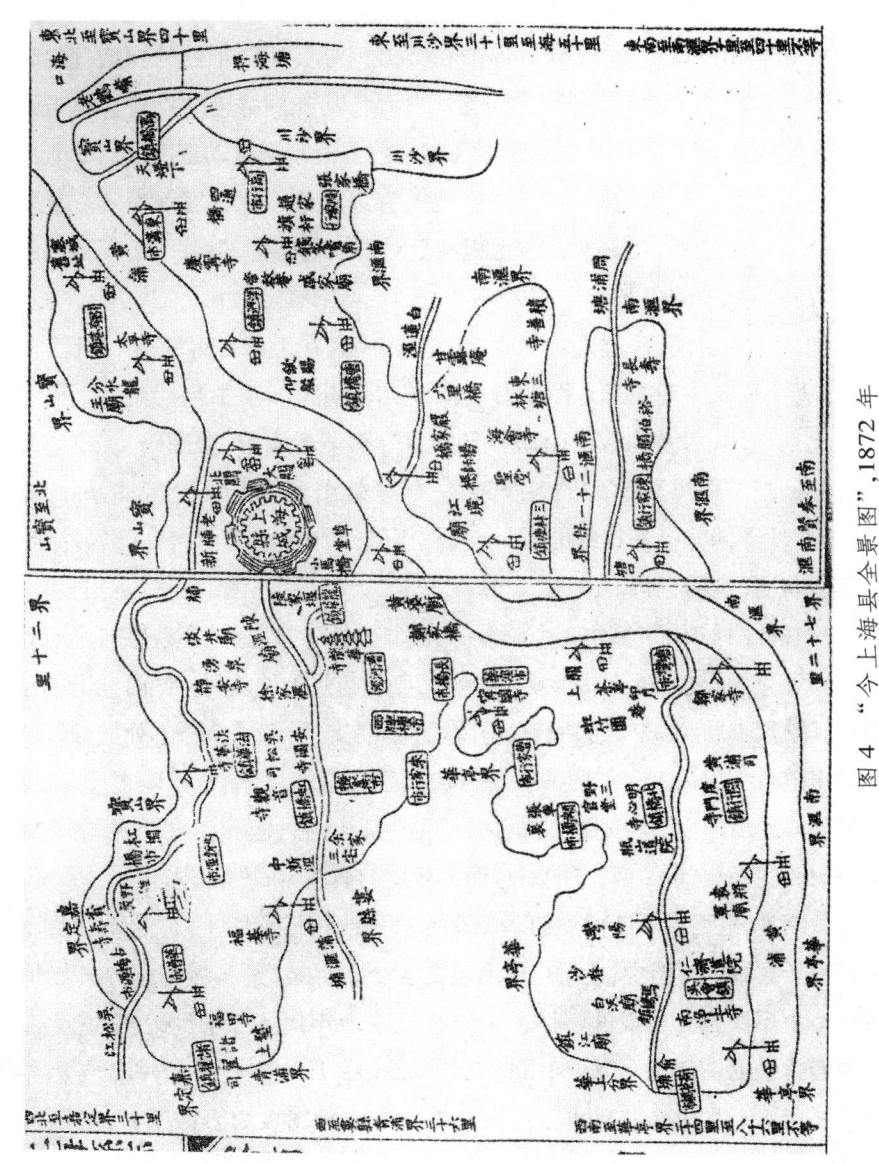

图 4 "今上海县全景图"，1872 年

有。租界存在的客观事实不但没有文字证据,连其存在的形状也被彻底抹消。出现在"今上海县全景图"中的上海(图4),是传统社会秩序的典范,没有外国势力的侵入,也没有就停泊在县城门外黄浦江上的外国炮舰。以致县志中体现的上海与上海人的生活,没有任何外国势力的踪迹。这组地图反映出清朝对上海与上海地区出现的新权力关系的被动态度。出于企图抑制外国势力及其影响的动机,这些地图有选择地无视了客观现实。从历史发展的角度来看,正是这种不肯积极面对事实的态度,导致了后来县城在与租界竞争之中的失利。

同在这一阶段,西方人将巩固、扩充、控制其在上海获得的新"场地"的愿望,直接反映在对上海地图的制作质量与数量上。其中包括英、法、美租界的局部地图,以及为战争、打猎、导航、扩路、测量水位、管理码头、市政管理、商务、投资等需要制作的各类地图。[12] 尽管出自商务、行政和军事的需要,这些地图同时又是宣传的工具,其作用除了在显示与标榜自己以外,也在争取认可,削弱抵抗。

比较西图与华图,其中一个明显的区别是对不同理想社会秩序与生活方式的表现。西图中强调的是"城"与"乡",工作与娱乐的差别。城内标出的是银行、洋行、邮局、港口、大自鸣钟、行政机构所在地,示意着商务。而城外区域则以出游打猎为标志。华图的表现方法几乎完全相反,除了城墙之外,城内与城外体现出的生活与经济方式,区别不大,突出的同是庙宇、集市、园林。同因理想驱使,而决定了西、华图对这两个环境的截然不同的体现。

逐渐地,在西图不断增加而华图毫无进展的情形下,"上海"这个名称不再只用于县城。西图中"上海"开始包括各个租界地域,县城与租界开始形成一个由不同部分组成的整体。十九世纪六十年代至二十世纪初期,上海县城经常被西图称为"Chinese City"或"Chinese Town"——"华埠",与租界位置平行。[13] 西、华双方发展的趋势,是一方面华图极力否认租界的存在,

---

[12] 以上提及的地图笔者见于大英图书馆、纽约市立图书馆、美国国会图书馆、上海博物馆、上海档案馆等。

[13] 例如访华指南中的地图:"The Treaty Port of China and Japan; A Complete Guide

另一方面是西图极力扩大其影响,把县城划在自己的势力范畴之内。这里反映出的是两种政治体系与文化的不同的策略,以及它们之中微妙的抗衡。因此可以说,上海地图是一种符号,它暗示着为争夺掌握城市未来权的自觉较量。

面对西图代表的扩张倾向,华图的反映几乎等于无。这里并不是指制图的技术或数量。[14]一幅1860年华制的江苏水路图,对太平天国战争给这地区留下的巨大的破坏毫无表现,对第二次鸦片战争也似乎毫无意识。[15] 1895年制作的《江苏全省舆图》对当时已具有十分强大的经济力量的租界,连界线都没有表现。[16]即使承认租界的存在,也多是出于被动。例如一幅十九世纪末由上海道台任命制作的"工部局越界筑路略图",完全把租界孤立起来表现,也不知道所筑的路与县城有什么样的关系,如何影响县城。[17]

对上海的不同未来的想象:黄浦江的定位

回顾上海地图,其内涵所志与其说是针对眼前现实,还不如说是受托于理想未来。从这个意义上讲,华图与西图同是理想未来的产物。对这点体现最明显的是黄浦江在各图中的位置及形象。在西图中,黄浦江是对城市描述的中心,这与华图形成鲜明的对比。这个分歧在最早的地图中就可以看到。隐藏在其中的是对城市未来的两种截然不同的设想。早期西图中对黄浦江的高度定位,带有极强的象征性的意义。如1853年西图所表现出的(图2),租界当局权力机构的所在地英美领事馆,都不在租界中心而立于河边。

---

to the Open Port of those Coutries,Together with Peking,for Travellers, Merchants and Residents in General,"London:Mayers,Dennys and Kind,1867。

14　关于中国制图史,请参见王佣:《中国地图史纲》,北京:三联书店,1958年;卢良志:《中国地图学史》,北京:测绘出版社,1984年;Cordell Lee, *Cartoraphy in Traditional East and Southeast Asian Societies*. Chicago:The University of Chincago Press,1994。

15　此图无名,由大英图书馆收藏。

16　此图名为:"上海县"载于《江苏全省舆图》木刻本,1895年,卷三,第28页。

17　此图为上海历史博物馆存。

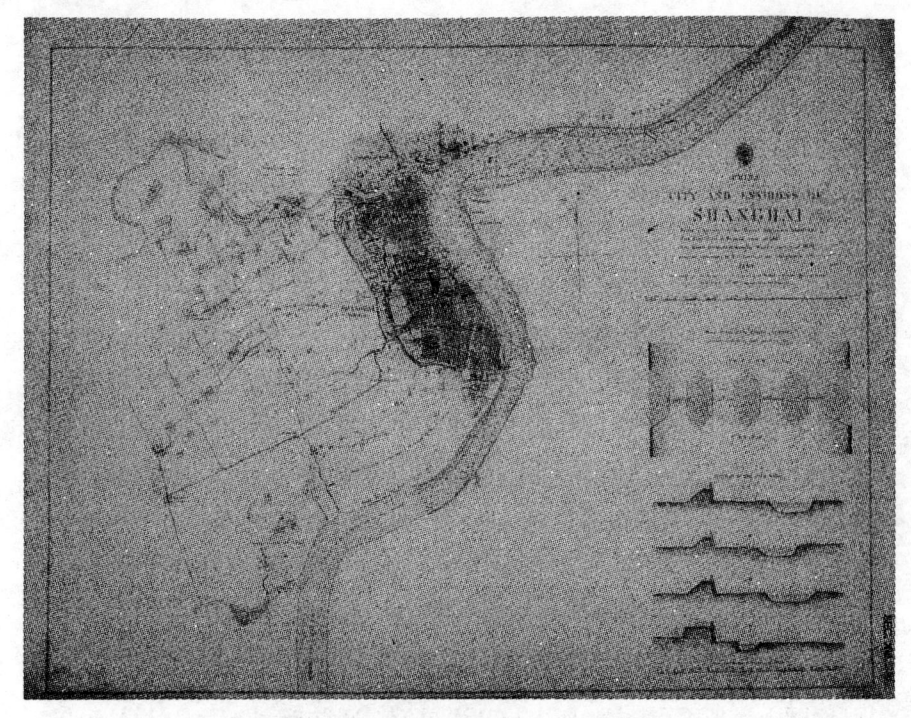

图 5 "上海：城市及郊区"，1862 年

这位置预示了西人对上海的方向性的策略。

"港口码头"(the wate front)是欧洲商业都会及后来工业城市的重要组成部分以至象征。十七世纪的阿姆斯特丹(Amsterdam)被时人称为是一座"彻底信仰赚钱"的城市。[18]那时的一幅地图，将整个城市表现为面对大海。尽管三面是城墙，阿姆斯特丹已不是中世纪式的堡垒环城。地图以细致的手法突出城内房屋建筑与街道的位置。以此相比，西人的上海地图与这种传统有着重要的文化上的联系：上海的开埠完全为的是通商，作为"为赚钱而建立的"上海租界，黄浦江是其生存的命脉。为了吸引未来的投资者，西图不但注明上海地区的棉粮产地(例如发表在最早的英语访华指南中的一幅 1867 年地图)，更重要的是强调其黄浦江的水运条件。[19]

18　Mark Girouard, *Cities and People*. New Haven: Yale University Press, 1985, p. 161.
19　见"The Treaty Port of China and Japan: A Complete Guide to the Open Port of those

西图中的黄浦江,普遍地在图中占据中心位置。1862年的一幅名为"上海:城市及郊区"的英制地图,以超现实的手法浪漫化了黄浦江的形象及其对上海的重要性(图5)。[20]黄浦江在这张图中明显占据着统治地位,竖立在图中央,河道从上到下切过图面,而城市犹如其子依附着大江,就像依附着生命线一样。这幅把上海县城包括在其内的地图,描述了对上海的未来的展望。同时,大河独霸天下的形象体现了西人在上海的目的:黄浦江是通商航线,是海运商务的命脉。

相形之下,同治年间的华人上海地图,沿袭传统,以庙宇、集市为主来体现上海地区的生活方式(图1、图3)。而这生活的图画又是从正统文化意识形态中演变而来的。地图中所体现的是传统的以士、农、工、商为界限的社会等级观念。商人在地图中的地位是由黄浦江的地位暗示出来的。在嘉庆、同治图上,大江于城市而言,均只占据了地图右上方不起眼的一角。黄浦江象征着商业运输与商人的利益。因此即使在表现黄浦江的地图中(图4),大江的重要性也被其周围的井市乡村所淡化。在土地与江河、农业与商业的社会关系中,虽然大江在当地上海人生活中占有很重的分量,上海县志图却可以完全无视这事实。嘉庆、同治图所表现的是一个理想的社会关系。文明的象征在城内是由官方行政机构与士大夫传统的文化古迹园亭来实现,在城外则以农业与渔业为代表。至于黄浦江与商务的联系,尽管作为南北交通的枢纽,和上海县重要的经济来源,在地图上却完全没有地位。《上海县志》地图与西洋地图同样是文化观念的产物,无法代表事实的整体。由于华人地图无法表示自己的经济潜力,便也无法与西人在上海的日益强大起来的经济与政治势力竞争。从任何一种经济角度,《上海县志》地图都没有给人们提供一个可以与西图比较的可能性。

对于黄浦江的表现,反映了西人与华人对上海将来的憧憬。西图表明

Coutries, Together with Peking, for Travellers, Merchants and Residents in General," London: Mayers, Dennys and Kind, 1867。

20 (图5)此图名为:"China-City and Environs of Shanghai",1862年,由大英图书馆收藏。

西人决心将最大限度地利用河运发展扩大通商,从而使上海成为西商打入中国内地市场的据点。华图与其正相反,表现力争保持传统社会秩序的意志。在西方冲击东方传统社会的十九世纪末,华图所表现的这种倾向,代表传统观念此时的被动与不知所措。

城市空间

西图与华图的差异,突出了地图潜在的政治与文化取向,也进一步反映出制图在决定地理空间的内涵时所发挥的文化等级观念的作用。上海地图充分地显示了这一点。同是一个地理位置,却显示出两个不同的地方:一个是通商港口,另一个是鱼米之乡。从这两种世界观对地理的解释差异中,可看出文化观念与思想意识确实在表现一个城市的形状时,起着决定性的作用。其中反映着不同文化对城市的定义以及城市代表什么的不同的认识。十七世纪的阿姆斯特丹地图,描述的是一个与乡村毫无共同之处的独立自豪的商贾富城;背对乡村,敞开于大海。虽然城市与乡村是以城墙为界,但是真正区分城市与乡村却是在处理空间上采用的强烈对比的手法。代表城市空间的是街道与一排排通幢楼屋建筑,着色鲜艳。乡村的空间与城市毫无共同之处,没有对建筑物突出地表现,也没有色彩的反差。比较同治年间的上海地图,则尽力于倾向抹消城乡的差别,除了城墙之外,在对空间的利用上,城与乡之间没有明显的区别。城内与城外同是以古迹、庙宇、学院为主。从对空间的利用上,看不出城乡之间明显的生活方式区别。城市的街道布局、房舍建筑、人口的密集度,都没有企图在与乡村的反差中体现。总之,上海的华图不但没有对城乡在文化上作一个区别,甚至尽力抹消两者之间的界线。

在一幅1855年的英租界全图中(图6),租界中的每一幢房屋,其形状都被清晰地画出,并附以数字为代号。[21]对城市的布局,对其内在组成部

21　(图6,截面图)此图名为:"Foreign Settlement at Shanghai North of the Yang Kang Pang Canal",1855年,由上海档案馆收藏。

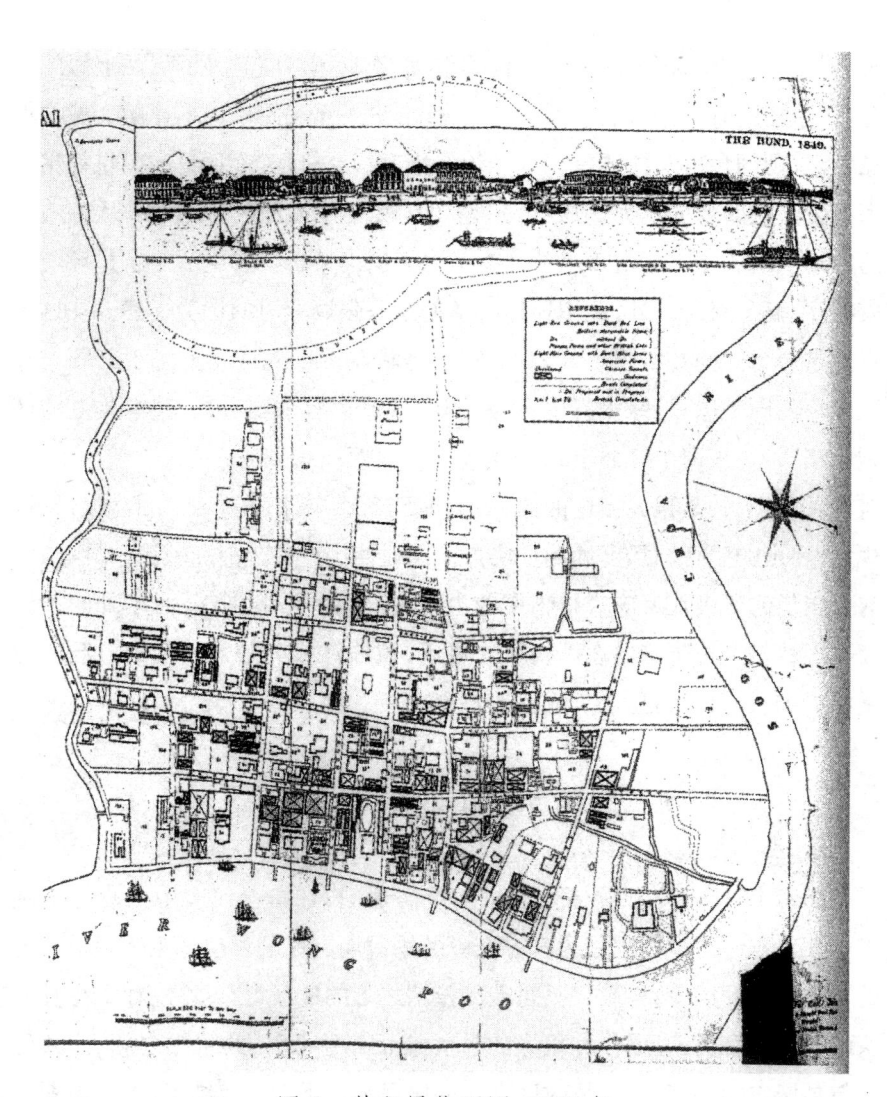

从十九世纪上海地图看对城市未来定义的争夺战

图 6　英租界截面图，1855 年

分，对楼房建筑与街道之间的结构关系，显现具体。同时为了强调上海的商务，图中还附有工商行名索引。在图上端，进一步突出岸边雄伟的大厦的形象，以近观的角度对外滩重要的洋行及租界行政机构加以图示，以烘托出上海国际金融商务的实力。从这幅图上，熟悉上海的人立刻便可以从各式洋房的形状中认出上海最著名的洋行。除了突出英租界的生活与工作环境平安有序、商务兴隆之外，此图还以抒情的手法强调上海的优美恬静。在这一点上与当时的一些华图十分相似，特别是华制的十九世纪上海水路图。江面表现的同是船只，绿水青山，一片和平景致。但比较二者，其本质上的区别相当明显：华图中江面上是渔船、渔翁，而西图中却是三帆远行商船。同时，西图显示的是租界城区的面积，其地理的重要性，其有条理的城市发展规划，突出的是帝国风度和商业实力。面对西图中的挑战和威胁，华图却没有做出任何积极地反应。华图中的上海由厚厚的城墙围起，对墙外的黄浦江表现的是一种防御的态度。相比之下，黄浦江成为西人表现为自己的力量的标志，外滩成为显示其成就的舞台。

官方地图与个人观点

1850 年至 1870 年间制作的早期上海地图，基本上代表中西官方的观点。几乎所有的地图都是为官方或商务用途而制作的。这里也体现出一定的行政规范的束缚：各政权只对在其管辖之下的地区负有责任；在上海县城执政的清朝官员，对居住在租界的外侨毫无义务，而公共租界之间、公共租界与县城之间，又对在其执政区之外的居民无权干涉。其结果，上海地图中的形状与内涵又是由各个政权所代表的执政范围而决定的。这一点对上海未来的影响与牵制，可以从后来的上海商业绘制地图中看出。

关于这些地图影响的范围，华图应当可以为士大夫阶层看到；而西图作为商业用图，在上海经商的西人必然有机会接触，有些地图就发表在早期西文上海指南中，显然更是不难看到。尽管如此，实际上这些地图在当时有多大的影响，仍是个未知数。例如，当时居住在上海的人对上海地图看法如何？

上海地图在多大的程度上反映了人们对自己的生活所在地以及上海其他行政区域的认识？这些地图以什么方式可能影响居民对上海的看法？居民与官方对上海及上海生活环境的描述是否态度一致？对这些问题的答案只能间接地找到。在居住或旅沪人的日记、诗文、笔记与游记中，我们可以看到中西人士对上海都留有个人的"经历图"。如将这两种"图"交替来读，便可能看到地图与生活经验之间的关系。在比较这两种互相重叠的"地图"中，新的认识会浮现出来，从而促使地图与文字之间互相启发，互相具体化。

1861年，冯申之随其父清代著名学者冯桂芬，避难到上海。在太平天国战乱的年代里，上海早已成为江南一带最重要的避难地。[22]为安全起见，有人劝其父迁入租界，但终于留在县城内居住。

这是在租界建立二十年之久之后，当时还是没有一张冯申之可以参考的租界地图。他所能看到的只是1817年嘉庆年间的上海地图。从文化传统的角度来看，冯申之大约并没有感到地图的必要，正如弗雷德里克·莫特（Frederick Mote）在他著名的有关苏州的论文中对苏州游客的观察一样，冯申之依仗的是有关上海的文字记载。[23]然而，当时有关上海的文字记载也不甚丰富。

冯申之在上海居住了一年左右，留有日记。对上海县城，他完全以传统的态度相待，所作所为与嘉庆年间的上海地图中示意的相同。他先后寻访了图中标志的重要的庙宇、楼阁、学院和各个景点。从他的日记中我们知道他每日的活动。例如第一天，"饭后，与上之（其弟）游城隍庙，蹬玉清宫楼。出，步至海防署中的土地祠，瞻眺小憩（从这里可观黄浦江）。又步至小东门，乃回入关帝庙瞻礼，见与御笔'万世人极'额。出至四美轩呼茗。"[24]以这

---

22 冯芳缉，字申之，桂芬长子，江苏吴县人。同治戊辰进士。所著日记稿二册，上海图书馆藏。一部分选摘于上海史料丛刊社编：《清代日记汇抄》，上海：上海人民出版社，1982年，第283—292页。

23 Frederick Mote, "A Millennium of Chinese Urban History: Form, Time and Space Concepts in Soochow," *Rice University Studies* (Fall 59): 35—65.

24 冯芳缉：《冯申之先生日记》，载于上海史料丛刊社编：《清代日记汇抄》，上海：上海人民出版社，1982年，第284页。

种方式冯申之逗留在县城内,有时与城里的朋友聚会,有时自己出游,访遍了城中的名胜古迹,还在书商那里寻到古书画。冯申之对上海县城的态度与上海县志地图中所描述的一致。他忠实地以文化城的角度把上海"八景"都游遍了。在城内他的情绪平和,行动稳重。

这情绪在冯申之第一次访游租界的时候全然改变。他在城围九里的上海县城中待了二十七天之后,才在一位住在租界的熟人陪同下第一次游访上海外国租界。冯申之首次——用他自己的话说"游夷场",给他带来极大的震动,并留下了强烈的印象。他对他所接触到的和见到的一切,包括外国人在内,都表示惊叹,赞赏不绝。以下是他对此行的记录的片段:

> 出新北门,先至广兴洋行,寻严郁甫。其居停印度人也。方据案写书,不与客为礼,其室亦精洁,器具亦华焕奇怪,一览而出。又至惇裕洋行,寻严兰亭,其居停则英吉利人,亦在写书,却知与客拱揖,亦通话语。兰卿导登,其楼广且洁,柂以牛皮画障,真净无纤尘,其客坐中,满铺氍毹,炉火方炽,炉皆依壁,铁钩莹然。近砅以文石桌椅床榻,无不美丽奇巧,簟褥用皮而吹以气,高厚柔软胜于絮。陈设铜磁各皿,并灿烂夺目。大镜光照一室,四壁挂洋画,其人物生动如真,玻璃擎灯饰以涂金,不一其制。棋局双陆亦与中土异。书架下宽上狭,掣颇适宜。观其架上画册,尤细如牛毛。坐良久,几令人不忍舍去。[25]

城内的游访与租界"访奇"形成鲜明对比。访古迹被逛洋行所代替。从一家洋行到另一家,冯申之始终被这些商行华丽清洁的环境、精巧奢华的商品所折服。每到一处他都再次感叹舍不得离去。在他的视野中,租界不但不是一种威胁,而且在上海这个环境中可以说自成"一景"。对租界这样一个环境,没有冯申之可以利用的文字向导或地图。然而他对他见到的西洋人,对租界,态度是开放的。

如果冯申之到上海时,手里拿的是1872年同治年间的上海地图,也许他在租界的游访会因图中对租界的完全否认,而受到一定的限制。但其图

---

[25] 冯芳缉:《冯申之先生日记》,载于上海史料丛刊社编:《清代日记汇抄》,上海:上海人民出版社,1982年,第284—285页。

中所表现的态度既不能代表他,也于他无影响。他心中自画的"租界图"是基于他个人的经验与经历,以及开放的思想。

对于早期的上海华人居民与游客来说,上海曾以一个出人意料之外的图形出现过。冯申之到上海之时,他可以看到的唯一的、也是第一份由《北华捷报》出版的上海华文报纸便是《上海新报》。上面登有以租界地段为图的房地产广告。[26] 地图中注明出租的地皮或楼房位置在哪里,以及比较南京路或福州路等商业区位置如何。在这些地图中,上海租界是以各个区域的商业潜力表现出来的。

从当时的记载中可以看出,冯申之对租界的感触是带有一定普遍性的。但其中也有一些例外。例如一位曾到上海避难的难民,在一首竹枝词中表示出他对租界的极端反感。这首名为"夷场词"的作品写于 1864 年,强调"夷场"中的西洋文化的"无礼",("洋场"是在 1870 年代中才通用的),指责租界教堂礼拜如何实行男女同坐,西洋女子如何与男子公开同车而行,租界巡警如何厉害,华人难民如何挥金如土寻欢作乐。对租界娱乐业生意的兴旺,以及华人如何寻欢作乐,他作了如下的形容:"歌台舞馆起声哗,土木丹青极意夸,得百廿钱易升米,趋工赖活几千家。教场赌马闹喧阗,游女纷纷失翠钿,十万黄金拚一骋,男儿也贵着鞭先。楼起三层望入云,盛衰物候不同云,朱栏碧槛琉璃泊,此地相传鬼子坟。"最后作者总结道:"夷夏同居乐未醺,沪城此独免妖氛,盈虚悟彻循环理,聊写新词证见闻。"下加评语:"骄横物极必反,奢侈物盛当杀。做此诗以见闻之证。"[27] 显然,作者对租界与外商极为反感,对华人在租界内的所作所为更加不满。诗中所表现的情绪极大一部分是由嫉愤与耻辱感引起。他对付租界与洋人的唯一武器是老天的"物极必反",而不是自强竞争。此诗的作者,对 1872 年同治年间的上海地图把租界划除的做法,肯定会完全赞成。

---

26 《上海新报》出版于 1862—1872 年;由 North China Herald(《北华捷报》)出版的第一份上海华文报纸。

27 无名氏,《夷场词》,载于《申江夷场竹枝词》。手抄本,由中国科学院图书馆收藏。

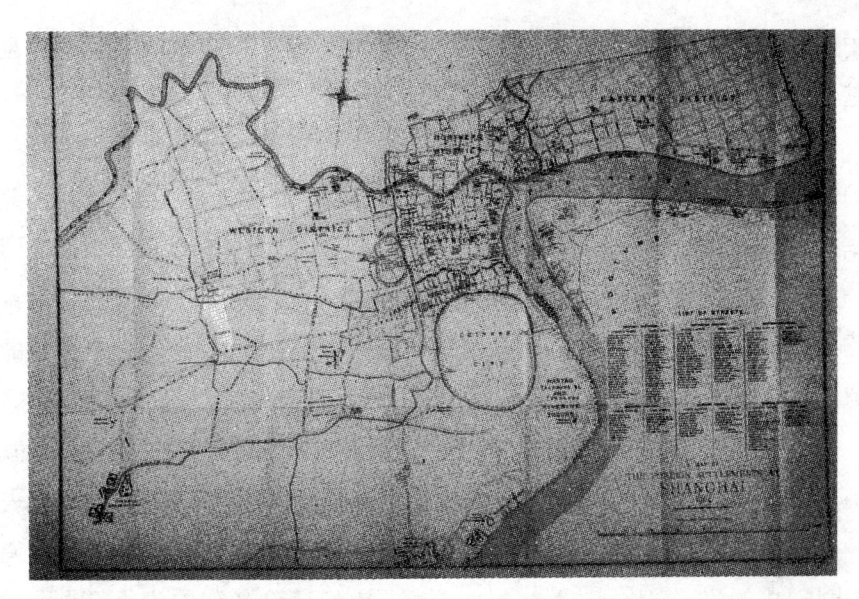

图 7　Darwent 图，1903 年

关于上海地图，居住在上海的西人与华人处境有一点相似之处。直到二十世纪，西人同样也看不到一幅为他们制作的上海县城图。在西图中，上海县城基本上是个有形而无实的空白。从西图对上海县城的"简化"之中，我们也可以看到西人当时对县城的态度。在一本 1867 年出版的英文指南中，作者声称："中国城（上海县城）——除了可以作为当地人极端的肮脏与破败的典范，无法以其狭窄不便街道和气味难闻的巷子，来补偿来访者。"[28] 出版于 1903 年的上海第一部由久居上海的英国传教士达尔文特（C. D. Darwent）所著英文指南，其地图中的"华埠"（Chinese City）是一块空白。（图 7）[29] 书中有关上海县城的介绍把城叫作"本地人城"（Shanghai Native City），并警告读者："当你要游访'本地人城'时，你必须做的第一件事便是

28　"The Treaty Port of China and Japan". 1867, p. 385.

29　（图 7）此图名为"The Foreign Settlements at Shanghai"，出自：C. D. Darwent, *Shanghai: A Handbook for Travellers and Residents; To the Chief Objects of Interest in and around the Foreign Settlements and Native City*, Shanghai: Kelly and Walsh, 1904。

雇一位向导。"[30]作者还警告准备去上海县城的游客,要对此行可能带来的不愉快做好精神准备。对彼此的探访,西人的经验与华人也不无相同之处。正如冯申之游洋场需要做一定的准备,洋人访县城同样也是件大事,像是进入异国领土,需要可靠的向导。西制上海县城详图,直到二十年代才出现,那时城墙早已被拆除。[31]在这些地图中,旧上海县城与福州路地位相等,被指定为"旅游重点"之一。相形之下,公共租界中的旧英租界,这时已被称为上海的"中心区"。[32]

华文上海商务地图:城市的新形状

在上海县城与租界的权力对抗关系中,力量的重心渐渐地倒向租界一边。租界内的华商生意兴隆,势力越来越大。这些变化均反映在地图的制作与内容上。1875年,租界华人冯卓儒和许雨苍制作了一幅名为:"上海县城厢租界全图"的地图(图8)。[33]此图给上海创造了一个崭新的形状,这是华图中第一张既包括县城又包括各租界的上海全图。图中由后来清朝驻德国大使李凤苞作序。从序中可以看出,地图的重要性已得到当时有志于政治改革的文人与官僚的重视。冯、许图实际上是对1872年同治年间上海县志图的一个回答。李凤苞在序中也暗示对俞樾的批评,他指出,地图的主要用者为军队与商人,但近代兴起的"私家图"(非朝廷绘制之图)之简陋,完全无用。而如今"上海为通商要口,中外杂处,毂击肩摩,公私共聚,尤以地图为要"。[34]序中强调上海的绅商官僚均极其需要可靠的上海地图。而冯、许

30　C. D. Darwent,上引书,p. 112。

31　关于西制上海县城图,参见 S. P. Gow, *Gow's Guide to Shanghai*. Shanghai: The North-China Daily News and Herald Limited, 1924, pp. 33, 39。上海县城墙拆除于1912年;详见李平书:《李平书七十自叙》,上海:上海古籍出版社,1989年。

32　Gow, p. 33.

33　(图8)此图名为"上海县城厢租界全图",制于1875年,1×2m版印,彩色,为大英图书馆收藏。

34　李凤苞"图序",见"上海县城厢租界全图"图面。

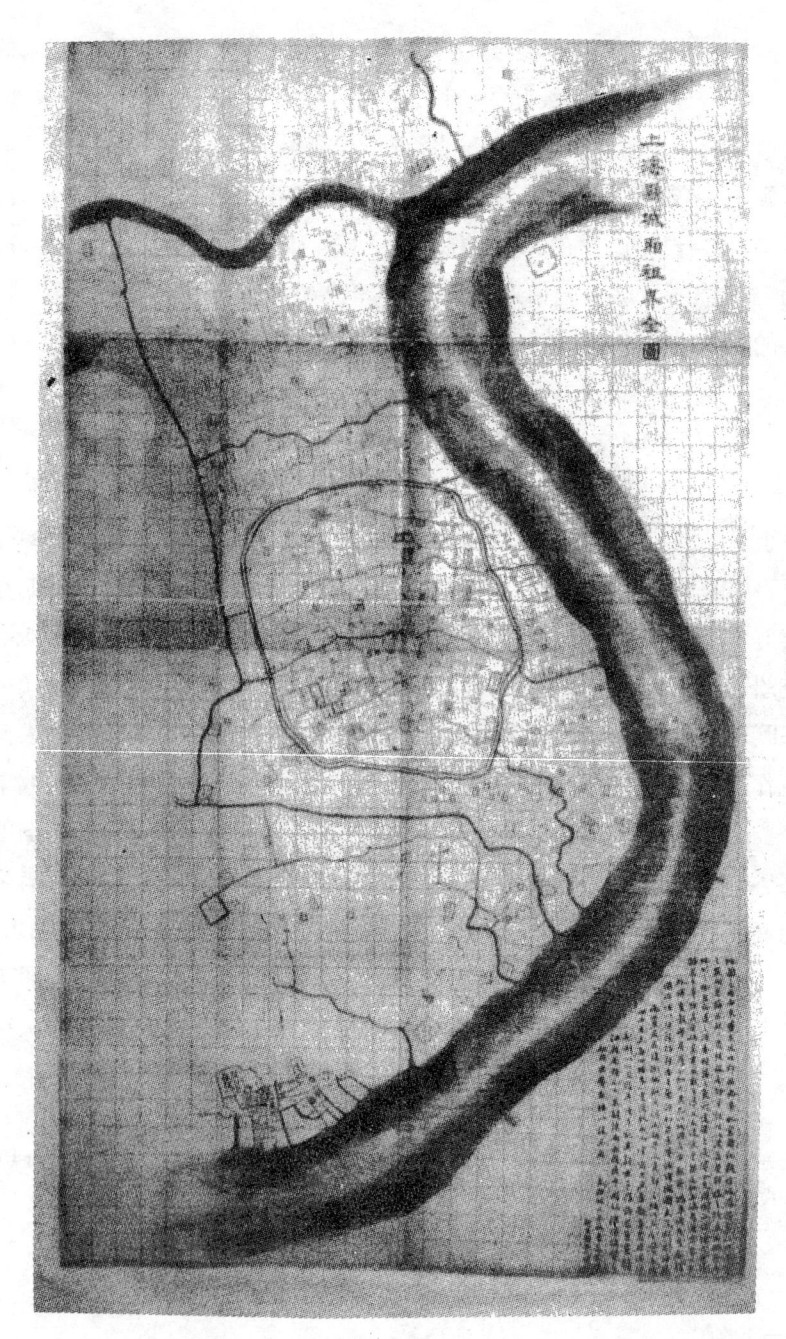

图 8 上海县城厢租界全图,1875 年

图更采用技术高超的科学制图法,为"官商士庶索"。

冯许二人图标志着上海地图史上的一个重大转折。此图把上海表现为一个整体,打破了华图的禁区,体现了华人对上海的新认识。此图第一次向广大读者介绍了上海各国租界的形状与内容,使华人第一次看到华界与租界的地理关系。冯许二人在对黄浦江图的处理上,亦与华图传统决裂。它以西洋制图的"指北法"为制图原则,黄浦江由上到下竖立在图中,占据上海地形的统治地位。从它对黄浦江的表现中可以看出,华人在对上海的解释开始与西人靠拢,华商的势力在租界日益壮大;以黄浦江为代表的开放通商精神同时反映了租界华商的世界观。此图在形式上虽多方采取西洋模式,但在内容上却做出了重大的突破与贡献,图中对租界内的大小街道无论重要与否都有标志,其中包括西图一贯不注的租界内里弄地名。里弄是华人在租界生活经商的所在地,以里弄为制图重心,强调了华人的生活方式与营业方法。这个重大的突破也表现在大街的署名上。尽管上海租界内的许多主要街道由英人以中国城市来命的名,但地图上标志出的却是华人在生活中对这些街道的称呼。例如西人的"南京路",华图称为"大马路";"福州路"则为"四马路"。以正名为出发点,华图实际上宣布了华人是租界经济与文化的一个强大组成部分,并以街名和里弄地名具体表示其占有的位置。

比起同时期的西图,冯许二人图重视的是街道而非建筑。城市的空间由街名体现,而不是以形状或颜色来代表。用华人地名来表现上海租界,实际上是一种对城市空间的占有,也是使租界华人化的体现。

冯许二人图积极表现华人利益,给城市带来新一层次的解释。比较各国地图可看出不同的文化与政治倾向。法人制作的法租界图,与法领事馆对法租界的控制一致,强调的是政府机构对法租界的权力:图中多是政府机构所在地,甚至连大街的名称都取法文。英美公共租界图强调的是租界不受任何政府干涉的独立性以及租界的多民族经济文化的结构:除了用中文街名之外,图中多是商业机构所在地。华人租界图创出了自己的版本,图中强调的是华人生活的空间。同时,地图的名称,以及图中上海县城占据的主导位置和比例的略微夸张,均表明此图对哪里是上海的中心,有着明确的立场。

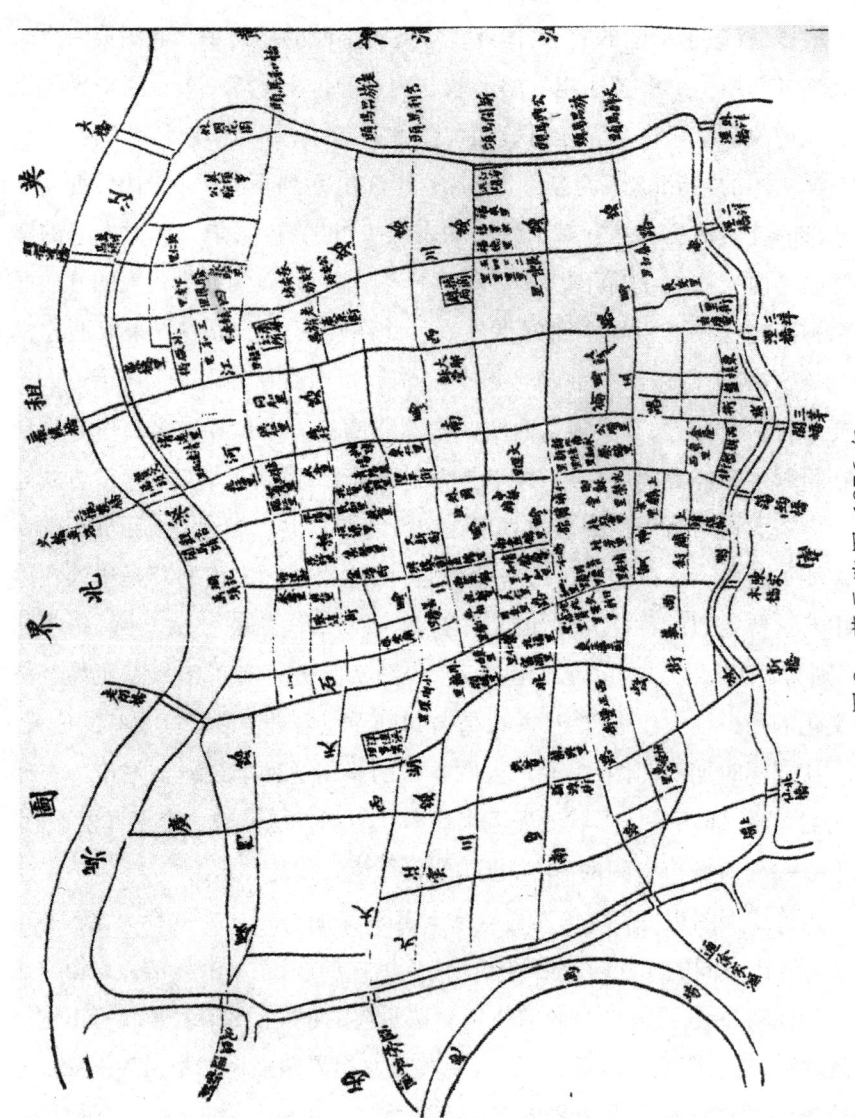

图 9 葛元煦图,1876 年

冯许二人图具体印数多少,分布如何,均无记载,因此很难断定其影响范围。但从后来英人美查(Ernest Major,[1841—1909年])以此图为模式,用石印技术大量印刷增新版这件事上,可以断定此图在当时的地位与历史价值。

十九世纪七十年代中期,出现在上海租界内的新式华图中,影响最大的可能是1876年葛元煦编著的《沪游杂记》中的租界图。[35] 此书是居住在上海的华人撰写的第一部租界指南,出版后立刻成为当时的"畅销书",此后持续几十年不断再版。[36] 书中的地图不再是官方的产物,而是以商品的面目出现在书市上的。图以英、法、美各租界的局部图组成。(图9)。[37] 尽管以西图为模式,这些地图已不是西图。除了取西图的地形为标准之外,其内容反映了华人的视角,与冯许二人图相同。葛图虽然出版晚于冯许二人图一年,其贡献却在于地图形状小,与指南一齐出版,以便利读者,尤其是十年不断再版的历史,可以说影响较大。

十九世纪七十年代的上海租界华人地图,反映了居住租界的华人对租界、对自己在租界的地位与社会角色变化的认识。与1872年同治上海县志图相比,"上海县城厢租界全图"和葛图都代表着对西方挑战的回应。在时间上,这些地图的出现与租界华商及文人人数的增加、其社会与经济地位日益显著属同一时期。华图中展现的上海的新形状,反映了华人作为一个集体自信心的日益增强。虽然这些地图仍带有政治色彩,总的说来,是从商务的角度来描述上海的。其重点在于突出商业,为华人商行服务,使其买卖场所为人所知,等等。从当时的商务行号簿、工部局年终报告、中文报纸《申报》的创立以及《申报》以华人读者为中心的新闻报道、广告中可以看出,租界在七十年代已成为西商和华商共同做生意的地方,这也可以从时人日记中得到印证。[38]

---

35 葛元煦:《沪游杂记》,上海:上海古籍出版社,1989年。
36 参见郑祖安:《题记》,葛元煦:《沪游杂记》,第5页。
37 (图9)此图名为"英租界图",载于葛元煦:《沪游杂记》。同上。
38 从清末日记中可以看出租界在七十年代已逐渐在金融、出版、娱乐方面成为上海的经济中心,并吸引了大批的华商。详见《清代日记汇抄》,上引。

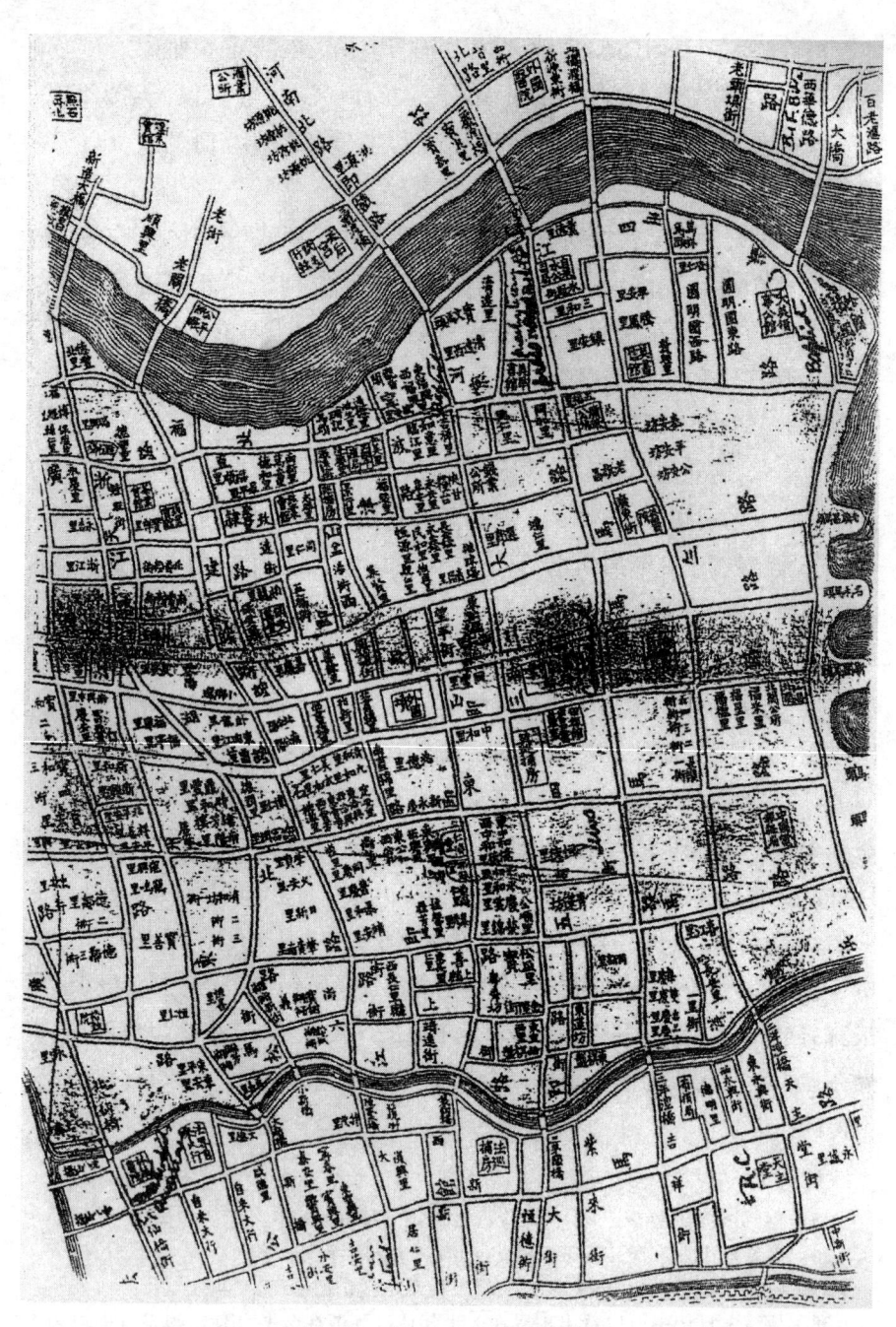

图 10　点石斋图，1884 年

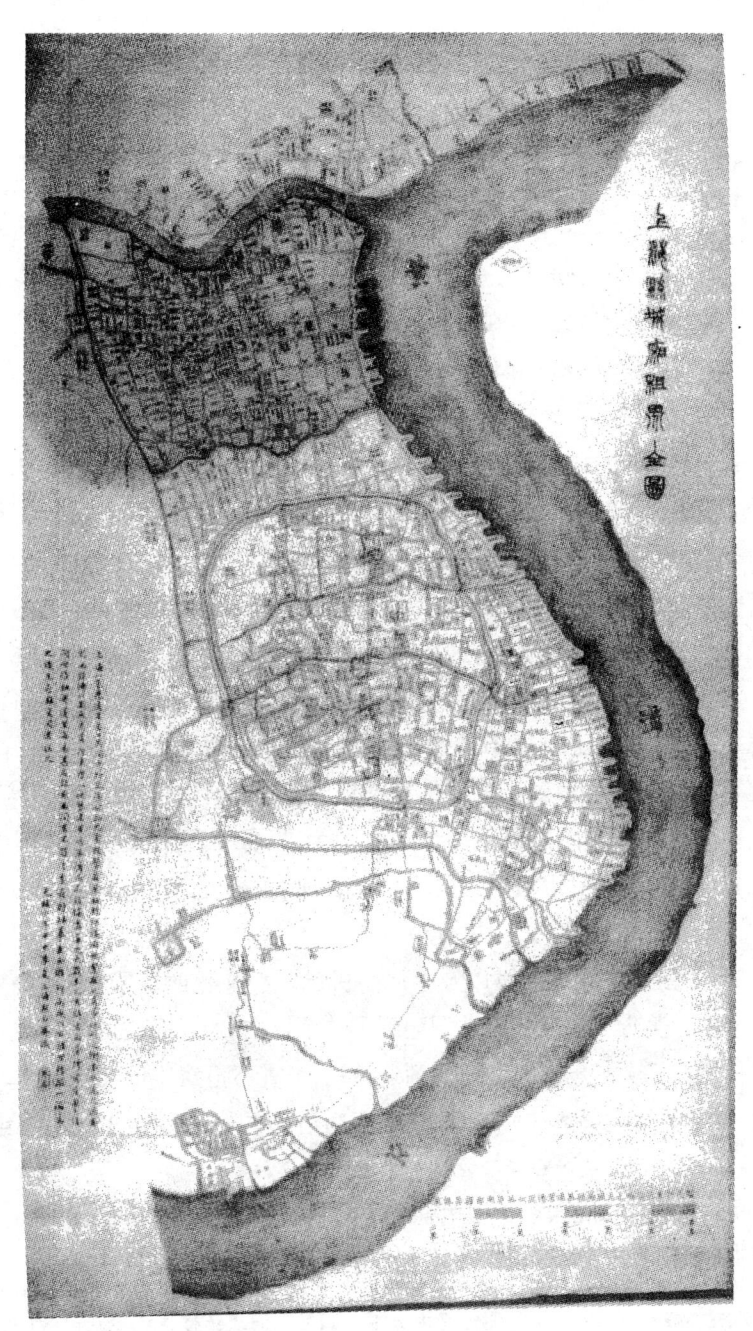

从十九世纪上海地图看对城市未来定义的争夺战

附：图 10　英租界近照

申报馆与世界的新形象

把外国租界划为上海不可否认的一部分,根本上改变了上海的形状,可称为一场视觉革命。但是,把这重大的观念性的转变推广普及到全国,却是上海的申报馆的创办人美查的贡献。[39] 自1879年,美查开始利用点石印刷术,以商品的形式大量印刷出版地图。1880年他出版了属于他的第一张上海地图(图10),后又于1884年由他新创立的点石斋复印。[40] 通过地图及其他视觉文化出版物,美查对当时正处于雏形状态的上海市民文化意识进行了开发。美查的上海地图是以1875年的冯许二人图为基础的。他在图中的序言中指出,由于冯许二人图已出版一段时间,加上图中租界路名里弄地点上的失误,特制新版。这幅点石斋上海地图,可以说是中西文化观念、制图传统结合的产物。作为英国人的美查,使一幅已经十分西洋化的华制上海地图变得更可靠、更普及,其图示意出八十年代华人团体在经济飞速发展的上海租界得到积极肯定。点石斋图线条清晰,制图精致,既讲究科学又富有美感。在当时,这幅地图无论在质量与艺术创新上都可算是最好的了。图内更突出细致地表现了上海县城与租界内的各个重要商行与政府机构,无论国籍所属。其图形仍以冯许二人图为准,保留了上海县城在图中的中央位置,并按原图用比租界大的字体来表现上海道台府。地图立场明确:在这中西结合的空间,华人占主导位置。

当然,租界华人对上海以及上海多民族重叠文化的认同,决不是美查创造出来的。美查的贡献在于他洞察到了这个倾向,通过先进的印刷技术给以表达传播的机会。忠实于上海的商业精神,美查不但对中国文化风格、风趣、风味有极敏锐的理解,而且懂得其市场潜力。从一八八〇到九十年代的

---

39 对美查及其出版事业,见 Rudolf G. Wagner, "The Role of the Foreign Community in the Chinese Public Sphere," *The China Qarterly* 6(1995): 421—443。

40 (图10)此图名为"上海县城厢租界全图",石印,第一版1880年,1884年再版,由大英图书馆收藏;1901年此图曾又由日本出版社上海汉读楼书庄更新再版;见高桥孝助编:《上海史》,东京:东方书店,1995年。

《申报》广告中,我们知道美查把印刷出版地图当作一项头等重要的业务。这些地图质量非常高,有的价钱也相当高。[41]有些地图直接与报纸同发,例如中法战争图;另外也有一些不加资费与《点石斋画报》同送,例如《皇朝直省地舆图》,或为呼吁读者救济灾民绘制的《天灾图》。[42]由美查绘制出版最受欢迎的也是最重要的一幅地图是《亚西亚洲东部域地全图》。这幅大型挂图印制于1884年,是当时民间第一幅东亚地图,使人们可以看到中国与邻国的地理位置。[43]

美查本可以以英图为模式绘制上海地图,他没有这样做,因为他清楚地知道,一幅地图无论多么科学,归根结底是具有高度文化和政治敏感性的产物。这点可以从点石斋1884年图,和达尔文特1903年的上海指南图的对比上看得更清楚。(图7)英人图指示出所有重要的洋行的地点,点石斋图对华商洋商一视同仁,并着重注明西图中没有的华商经营所在地里弄地名。由于《申报》是中文报纸,所以美查的市场是华人。美查扮演的角色是多民族文化交流领域里的先行者。[44]从长远的观点看,这种文化的交织是租界能够发展成为世界大都会的重要因素。十九世纪末二十世纪初的上海,是一个以多种民族文化互相竞争获得其活力的城市。为了使上海成为一个赢利的通商港口,西商需要华商的合作。通过广告等方法,西人从六十年代开始积极主动地邀请华商参加发展上海的事业,从而也为增进华人之间的沟通创造了条件。那时期的《上海新报》,除了给西华商人之间提供一个沟通的渠道,同时也成为华商之间沟通商讯的捷径。另外从人口数字上看,早在1850年代,

---

41 点石斋制印的地图目录复印在其订书广告上。详见《点石斋画报》甲4(光绪十年五月,下)"中外地图"一栏内共列16图。

42 这一组《皇朝直省地舆图》有十几幅之多,作为一种插页在《点石斋画报》中先后发表于几个月之中。插页的用意是让读者抽出地图,最后和《点石斋画报》中提供的封面,美查为此作的前言、目录表等,一同装订成一部完整的中国地图册;详见《点石斋画报》丁,第1页。可惜在《点石斋画报》的复印本中,这些地图没有被重印。这里引用的资料由瓦格纳(Rudolf Wagner)提供,在此表示感谢。

43 北京图书馆藏有此图。

44 关于美查在上海文化领域里扮演的中间人的角色,详见 Rudolf G. Wagner,上引。

华人就已占租界人口的多数,到了1880年代,由于华洋杂居带来的巨大的经济能量,上海移民已把租界演变为世界金融贸易的一个中心。

八十年代的上海,作为商业与旅游中心也给地图带来了新的意义。地图上显示的是城市所能提供给消费者的各类特殊服务。大街里弄中的行名成为显示上海经济势力的"陈列窗"。与地图相呼应,一位十九世纪末在上海长大的商人为上海作了一首名为"沪江商业市景词"的竹枝词。词中,上海是由不同地段提供的不同商品与服务组合起来的整体。词中先将"南市"(县城),"北市"(租界)做了比较:"南北分开两市忙,南为华界北洋场。有城不若无城富,第一繁华让此方。"租界在词中被誉为上海的商业中心:"洋场十里地宽平,无限工商利共争,风俗繁华今愈盛,肩摩毂击路难行。"[45]对租界的描述还包括虹口的赌场,公共租界内的圣约翰大学,福州路和棋盘街的妓院,上海三家最大的海运公司以"怡和"、"太古"、"招商",以及上海著名的水蜜桃、照相馆、戏院、留声机行等。上海以866项商行、商品及服务业为点,汇成一幅"商城图"。

商务原则的金盛期

十九世纪末的上海,是个有着内在反差比较的城市。由于以商务为宗旨的租界地位日趋重要,上海的形象也开始以此为代表。同时,上海各组成部分之间的相互关系开始发生变化。面对以赚钱为准则的租界在经济上的成功,上海县城在地图上表现出更加保守的立场。1918年的《上海县续志》图志,第一次包括了一张十九世纪末绘制的租界图。但此图简陋的程度惊人。[46]这张名为"租界略图"的地图,完全无法反映租界当时的经济实力与人口数量。1910年代,上海地区的一半(130万人)居住在租界。[47]在这之

---

[45] 顾安主人:《沪江商业市景词》载于顾炳权编:《上海洋场竹枝词》,上海:上海书店,1996年,第96页。

[46] 此图名为"租界略图",出于《上海县续志》,台北:成文出版社,1975年。

[47] 详见邹依人:《旧上海人口变迁的研究》,上海:上海人民出版社,1980年,第90、140页。

前,西图对县城已经开始持有两种极端的态度:或把它完全删除,或把它完全纳入其内。到了二十世纪,西图普遍以"本地人之城"(Native City)来称呼上海县城。上海县城也由中心位置移到地图下端。在这时期租界一直不断地扩张,使上海县城在形状上不断地缩小,几乎有被"吞并"的趋势。在一张 1919 年由公共租界工部局制作的上海地图上,县城的形状是一个完全无意义的空白。[48] 一张发表在 1930 年代的英语《上海指南》(City Directory of Shanghai)上、名为"上海地图"的地图,上海县城却被划在其外。[49] 1933 年,在由上海公共租界工部局发表的上海地图中,县城已完全被租界淹没。图中县城原有的中心位置被跑马场代替。一张由 1933 年的中文《上海指南》发表的地图,尽管把上海县城包括在上海大都会的布局之中,然而以红线勾出,像块异邦属地,孤立在图形整体之中。对上海作为商业城市的最有代表性的描述,是 1939 年出版的《上海市行号路图录》(图 11)。在此图册中,上海完全是个商业市场。图中包括上海各个商行之名,其街道位置,其房舍所处的商业环境,甚至商人个人的姓名,也包含其中![50]

在不同的上海地图中,反映出的是租界作为通商港口取胜于上海县城的过程,但这并不是一场种族的竞争。西方虽然以军事力量打开了通商的局面,但中西双方的主要分歧是政治与思想意识性方面的。归根到底,促使租界成功与繁荣的重要因素,是华人自愿地移民到租界,使其发展起来。它提供给中国商人以及文人一个极特殊优越的发展环境。上海租界的创立实得益于其多民族性。以具体的形式保存在地图无声的线条与形状之中的,便是这场不同价值观的交换与冲突的记录。由于这些地图后来以商品在市场上出现,在一定程度上反映并保存了当时上海人以为什么是重要的和必要的,和什么是不代表他们的。具有历史讽刺性的是,当国民政府在 1927 年接管上海华界之后,为实现孙中山的"大上海计划"而制作的地图,

---

48 此图名为"Plan of Shanghai",由纽约市立图书馆收藏。
49 此图名为"Map of Shanghai",由纽约市立图书馆收藏。
50 (图 11)此图名为"福州路",载于《上海市行号路图录》,上海,1936 年。

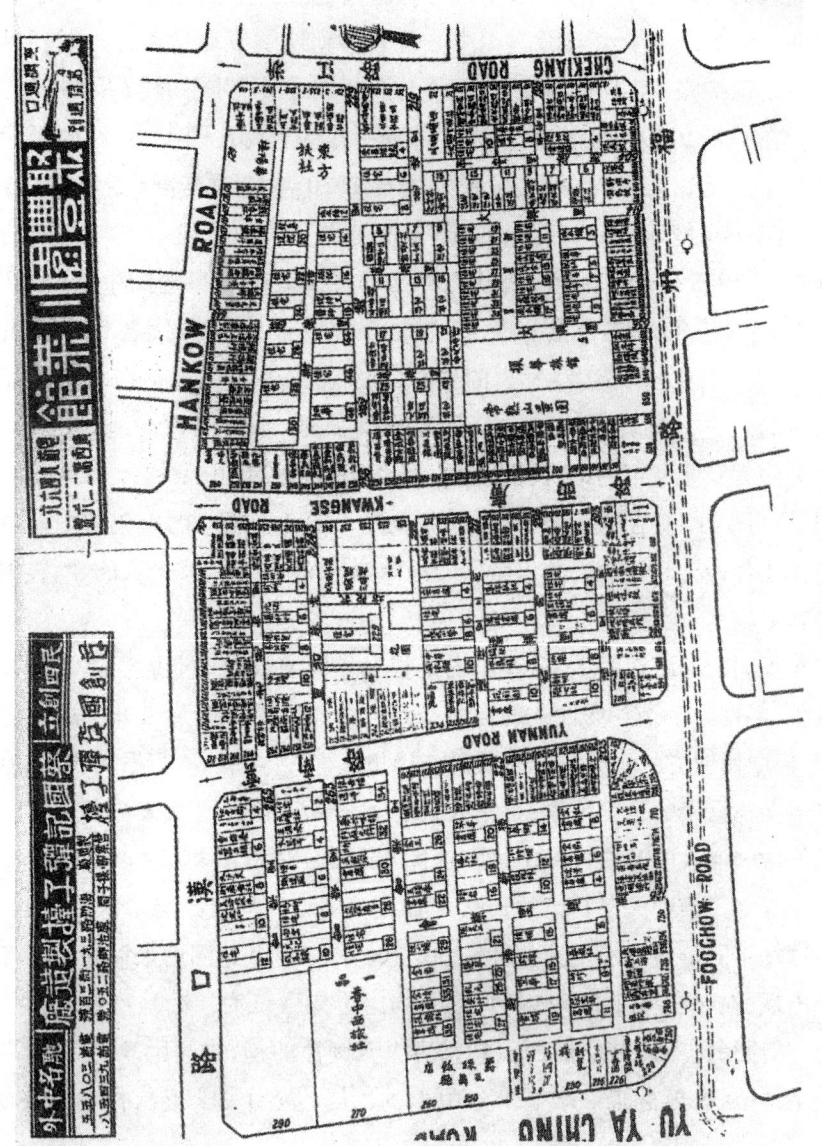

图 11　上海市行号路图录，1939 年

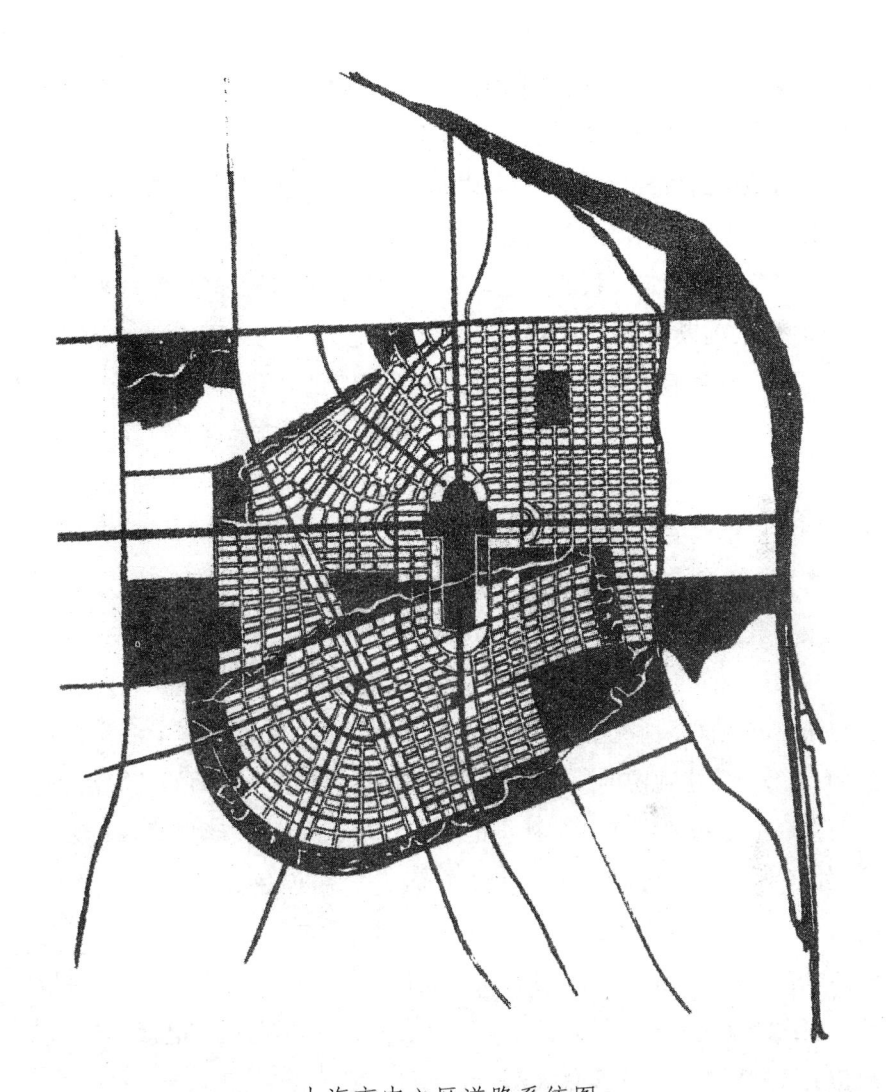

从十九世纪上海地图看对城市未来定义的争夺战

上海市中心区道路系统图

图 12　大上海计划图，1927 年

竟是一幅完全西化的图形。(图 12)[51] 计划中的大上海市中心是由天主教会的十字架组成。实际上在二次大战前夕，这个新市中心已建成，不少政府机

51　(图 12)此图名为"上海市中心区域道路系统图"，出自章明：《上海近代建筑史稿》，上海：上海三联书店，1990 年，第 16 页。

构已开始在那里办公。[52]在与中国传统文化历史的决裂上,这个"大上海计划"的制图,要比租界的多民族文化结构严峻得多。

上海地图的数量、种类以及其内涵的价值观,证明地图在叙述政治与文化分歧上的潜力。上海地图记录下了上海在十九世纪中期起步时的变迁,也表现了争夺城市定义权的过程。从上海县城以城墙、庙宇、学堂来表现城市的世界观,到以黄浦江和商务为租界自身定义,上海地图为这场竞争做了记录。其结果并不能简单地说是某一种世界观的胜利,而是各权力结构的规范性的观念与上海人具体的生活态度之间不断协商的过程。在上海占统治地位的意识形态和地图,当然与走在大街上的人们的行为不同。然而,上海地图在一定程度上却反映了人们的心态,并促成了人们在一定历史时期对上海社会中价值取向的共识。

正如莫门尼亚(Mark Monmonier)在《如何用地图来撒谎》(How to Lie with Maps)一书中指出,选择性地表现是地图的特性:"一张地图,只是其他无数张可能在同一情况用同一数据制作的地图中的一张。"[53]上海作为一个案例,充分显示出地图的地理政治性和文化观念在其中扮演的关键性角色。如何在一张地图中反映一个社会的状况?什么是"城市空间"与"乡村环境"的区别?一张地图应当强调什么?而所强调的又如何反映人们真实的生活?——对这些问题的回答,无一不受到文化与政治的约束。然而上海地图也告诉我们,作为一个整体,城市如何战胜某一个群体或某一种利益。其多层次的文化结构,县城与租界不同的进取方向,正是十九世纪末二十世纪初上海发展成为一座现代大都会的基础。

(原载《中国学术》第三辑)

52　见孙中山《实业计划》,于《国父全集》,台北,1988年,第517、529—534页;有关孙中山的"大上海计划",详见郑祖安:《国民党政府"大上海计划"始末》于《上海史研究》1984年第1期,第208—228页。

53　Mark Monmonier, How to Lie with Maps. Chicago: University of Chicago Press, 1996, p. 2.